하나님의 칭의론

기독교 교리 칭의론의 역사

제3판

앨리스터 맥그래스 지음

한 성 진 옮김

기독교문서선교회

기독교문서선교회(Christian Literature Crusade: 약칭 CLC)는
1941년 영국 콜체스터에서 켄 아담스에 의해 시작되었으며
국제 본부는 영국의 쉐필드에 있습니다.
현재 약 650여명의 선교사들이 59개 나라에서 180개의 본부를 두고,
이동도서차량 40대를 이용하여 문서 보급에 힘쓰고 있으며
이메일 주문을 통해 130여국으로 책을 공급하고 있습니다.
CLC는 청교도적 복음주의 신학과 신앙을 선포하는
국제적, 초교파적, 비영리 문서선교기관으로서, 하나님의 뜻에 합당한 책을 만들고
이 책을 통해 단 한 영혼이라도 구원되길 소망하며
이를 위해 주님이 오시는 그날까지 최선을 다할 것입니다.

IUSTITIA DEI
A History of the Christian Doctrine of Justification

Third Edition

by
Alister E. McGrath

translated by
Sung-Jin Han

Copyright © 2005 by Cambridge University Press

Originally published in English under the title as
IUSTITIA DEI-A History of the Christian Doctrine of Justification Third Edition
by Alister E. McGrath.
Translated by permission of Cambridge University Press,
The Edinburgh Building, Cambridge CB2 2RU, UK.

All rights reserved.

Korean Edition
Copyright © 2008 by Christian Literature Crusade
Seoul, Korea

하나님의 의 Iustitia Dai _ 기독교 교리 칭의론의 역사

기독교 교리 중의 하나인 칭의론은 역사가와 신학자 모두로부터 큰 관심의 대상이었다. 또한 현대의 교회간 논쟁에서도 특별히 중요시되고 있다. 이 책의 초판은 1986년 출판되자마자 이 주제에 관한 주요 교과서의 위치를 차지했다. 고대 근동에 있어서 칭의 개념의 의미론적 배경에 대한 심도 깊은 평가, 중세 시대에 있어 이 교리에 대한 철저한 조사 그리고 특히 16세기의 핵심적인 시기 동안 이루어진 교리의 발전에 관한 주의 깊은 분석이 이 책의 특징이다. 본 제3판은 필요한 부분에 대한 증보와 최근에 이루어진 학적 자료의 발전에 부응하여 이전 판들을 철저하게 업데이트시켰다. 이 책은 기독교 교리의 발전, 기독교의 정체성과 관련된 종교개혁의 논쟁사 및 구원의 성격과 관련된 개신교와 로마 가톨릭 사이의 현대적인 토론과 관련된 주요 자료가 될 것이다.

CONTENTS

저자서문 _ 8
역자서문 _ 14
약어표 _ 15

제1장 _
**칭의:
개념의 발생** _ 18

1. 칭의 개념의 의미론적 측면 _ 24
2. 바울과 기독교 전통의 형성 _ 43
3. 어거스틴 이전의 전통 _ 56
4. 분수령: 히포의 어거스틴 _ 64

제2장 _
**중세:
교리의 통합** _ 86

1. 칭의의 특성 _ 91
2. 하나님의 의 _ 108
3. 칭의에 대한 주관적인 접근 _ 134
4. 칭의와 성례 _ 168
5. 은총의 개념 _ 182
6. 공로의 개념 _ 194
7. 하나님의 두 가지 권능 사이의 변증법 _ 209
8. 예정과 칭의의 관계 _ 220
9. 칭의에서 초자연적인 습성의 역할에 관한 비평 _ 243
10. 중세 사상 학파들의 칭의론 _ 256

제3장 _
**개신교:
종교개혁 시대의 칭의 논쟁** _ 283

1. 종교개혁 칭의론의 전령? _ 285
2. '하나님의 의'에 대한 루터의 발견 _ 294
3. 루터의 칭의 신학 성숙기 _ 301
4. 1516년-1580년 초기 루터파의 칭의론 _ 316
5. 1519년-1560년 초창기 개혁신학 _ 332
6. 잉글랜드 종교개혁: 틴데일에서 후커까지 _ 344

7. 개신교 정통 _ 353
8. 성공회주의: 캐롤라인 신학자들 _ 368
9. 청교도주의: 구세계에서 신세계로 _ 376
10. 경건주의 개신교 정통 비평 _ 388
11. 성공회적-가톨릭의 종교개혁 비판 _ 391
12. 결론 _ 408

제4장 _
**가톨릭주의:
트렌트 회의의 칭의** _ 409

1. 가톨릭주의 내부의 전개, 1490년-1545년 _ 410
2. 칭의에 관해 논쟁 중인 트렌트의 신학 학파들 _ 422
3. 트렌트의 칭의 논의들 _ 429
4. 칭의에 관한 트렌트 회의의 포고 _ 446
5. 트렌트 회의 이후의 칭의 논쟁 _ 454
6. 결론 _ 470

제5장 _
현대 시대 _ 472

1. 전통 칭의 교리에 대한 계몽주의의 비판 _ 474
2. 계몽주의에 대한 도덕적 비판: 임마누엘 칸트 _ 488
3. 계몽주의에 대한 종교적 비판: 슐라이어마허 _ 495
4. 칭의 개념의 재사용: 알브레히트 리츨 _ 501
5. 칭의의 변증법적 접근: 칼 바르트 _ 513
6. 칭의의 퇴조, 1950년-2000년 _ 531
7. 결론 _ 548

중세 구원론 관련 용어 모음 _ 550
참고문헌 _ 553
색인 _ 582

저자서문

본 연구는 서구교회가 바울의 '칭의' 개념을 발전시켜 온 방식에 관한 탐구의 확장이다. '칭의론'은 2천년 동안 사색과 논의를 거쳐 오다, 16세기의 종교개혁으로 정점을 이루었다. 종교개혁은 '칭의 교리'를 '교회가 서고 넘어지는 항목'(articulus stantis et cadentis ecclesiae)으로[1] 선포했다. 이 문제는 여러 학적 측면, 특히 16세기 유럽 종교개혁의 지적 기원, 그리고 기독교 전통 안의 교리 발전의 특성 측면에서 필자의 관심을 반영하고 있다. 알브레히트 벤자민 리츨(Albrecht Benjamin Ritschl)의 선구적 저서인 『기독교의 칭의와 화해 교리』(Die christliche Lehre von der Rechtfertigung und Versöhnung, 1870년)는 찬사와 비판 모두 필요하다. 그러나 이 저서의 무수한 약점에도 불구하고, 초기 저작은 이 분야의 학문적인 이정표로 남아 있다.

이처럼 장문의 책으로 기독교 전통 속에서 칭의 교리의 역사를 탐구하는 데는 아마 세 가지 이유가 있을 것이다. 첫째, 한 특정 교리의 발전을 기원에서부터 현재까지 역사적으로 연구하는 일은 그 자체로 중요하다. 왜냐하면

---

[1] 이 유명한 구절의 의미와 기원에 관해서는 F. Loofs의 'Der articulus stantis et cadentis ecclesiae'를 보라. Loofs의 견해는 몇 가지 점에서 문제제기가 필요하다. 이 구절이 18세기에 루터란 신학자인 Valentine Löscher의 유명한 반(反) 경건주의 비판서인 *Vollständiger Timotheus Verinus oder Darlegung der Wahrheit und des Friedens in denen bisherigen Pietistischen Streitigkeiten*(1712-21)에서 처음 사용되었으며, 개신교내에서 루터란과의 연속성에만 국한된다는 암시는 더욱 그러하다. 이 주장은 완전히 틀린 것이다. 이미 일세기 전에 개혁신학자인 Johan Heinrich Alsted가 '사람의 칭의'에 관한 논의, *Coram Deo*를 시작하면서 'articulus iustificationis dicitur articulus stantis et cadentis ecclesiae' (*Theologia scholastica didacta*, 하노버, 1618년, 711)라는 구절을 사용했다. 아마 Luther 자신의 저작에서도 선구자적인 구절을 발견할 수 있을 것이다. 예를 들어, WA 40/3.352.3에는 'quia isto articulo stante stat Ecclesia, ruente ruit Ecclesia'라는 구절이 있다. 보다 최근에 반영된 것으로는 Schwarz의 'Luthers Rechtfertigungslehre als Eckstein der christlichen Théologie und Kirche'가 있다.

교리 전체의 발전에 영향을 미친 특정 교리의 요인들을 구별하고 평가할 수 있는 수단을 제공하기 때문이다. 따라서 칭의 교리의 발전은 교리 발전에 있어, 신학자들이 자신이 사는 시대의 문화적 상황에 응답함으로 신학적인 개념과 세속적인 개념이 어떻게 관련되는지를 보여줌으로써, 교리 발전에 있어 이데올로기적인 상호교류 연구를 위한 하나의 패러다임이다.

또한 이 연구는 조직신학과도 원초적인 관계가 있다. 따라서 현재의 신학 상황은 적어도 기독교의 화해(reconciliation) 교리에 대한 재진술(restatement), 또는 가능하다면 복원(reinstatement) 필요성의 여지가 있다.[2] 이 교리를 해석, 재해석 또는 재진술하려는 어떠한 시도든지 역사적인 기원과 이에 따른 개념 발전을 올바르게 평가하는 일은 필수 조건이다. 따라서 히브리 어원의 잘못된 이해에서 비롯된 현상, 그리고 보다 오래되고 인정받아 온 교리에 대한 최근의 왜곡, 또는 더 이상 현재에 적합하지 않은 특정한 문화적 상황에 대한 조건적 응답 등에 의지해 칭의, 화해 또는 대속 이론을 발전시키려거나 방어하려는 시도는 초점을 벗어난 행동이다(이 주제는 1990년 옥스퍼드대학의 「뱀톤 강좌」(Bampton Lectures)에서 필자가 탐구한 내용이다).[3]

칭의는 성경과 기독교 전통 안에서, 그리스도를 통한 하나님과 세상의 화해를 설명하고자 사용되어 온 개념들 중의 하나이다. 어떤 측면에서 기독교 신학이 발전, 특히 16세기에 더욱 분명히 드러나는 것처럼, 이 개념은 특별히 중요한 것으로 간주되고 있다. 그러나 한편으로 구원의 근거 또는 크리스천의 삶의 형성이라는 신학적 고려에 있어서 그 중요성은 그다지 높지 않다. 본 연구는 교회의 정체성과 임무라는 교회의 자기 이해에 있어, 칭의 개

---

2) 이 일은 자신의 방대한 역사적 분석을 수행하는 데 있어서 Ritschl의 의도였음이 분명하다. W. Werner의 *Der protestantische Weg des Glaubens* (베른: Haupt, 1955년, 799-815쪽)를 보라. 그러나 Martin Kähler의 중요한 에세이인 *Zur Lehre von der Versöhnung*(1898년)라는 두드러진 예외를 제외하고 그의 인도를 따르는 연구자는 거의 없다. Schäfer의 'Die Rechtfertigungslehre bei Ritschl und Kähler'를 보라. 최근에는 루터란 신학자인 Robert Jenson(1930년生)이 이 교리의 조직신학적 역할에 대한 몇 가지 흥미로운 제안을 하기도 했다. Jenson의 'Justification as a Triune Event'와 'Rechtfertigung und Ekklesiologie'를 참조하라. 그러나 그의 최근작인 *Systematic Theology* 2 vols. (N. Y.: Oxford University Press, 1997-1999)는 기대한 만큼 제안의 진전이 없다.
3) A. E. McGrath, *The Genesis of Doctrine*, Oxford: Blackwell, 1990.

념의 계속적인 역할에 대한 신학적 성찰의 촉진과 홍보를 위한 자료를 제공하는 데 목적이 있다.

세 번째로, 본 연구는 기독교의 여러 전통들 사이, 특히 16세기 유럽의 종교개혁의 결정적인 영향으로 현재의 정체성이 형성된 전통들 사이의 대화 자료로 기능할 것이다. 이 교리는 당시에도 가장 정점이 된 주요 주제였을 것이며, 이 이슈를 둘러싼 논쟁들은 서구 기독교 내에서 다양한 분파들을 발생시키는 데 지대한 공헌을 해왔다. 서로간의 차이를 교정하려는 (또는 적어도 서로를 더 잘 이해하려는) 압력이 증가하면 할수록, 칭의 교리를 둘러싼 16세기의 논쟁에 대한 정확한 이해는 더욱 중요한 역할을 한다. 1980년 이후, 에큐메니칼 대화에 있어 이 교리에 대한 논의가 중요 역할을 담당한 것은 우연이 아니다.

이 책에 포괄된 연구의 유래는 신학자로서 필자의 가장 초창기 시대로 거슬러 올라간다. 필자는 당시 옥스퍼드대학(1976년-1978년)에서 신학부 최우등 과정에서 공부하고 있었다. 나는 스콜라 신학을 전공하려 마음먹었고, 피터 롬바르드(Peter Lombard)에서 가브리엘 비엘(Gabriel Biel)에 이르는 이 시대의 주요 대표자들의 사상에 이끌리고 있었다. 또한 케임브리지대학에서의 연구는 이러한 관심을 더욱 발전시키는 계기가 되었다. 나는 마틴 루터가 어떻게 중세 후기의 배경에 반대하게 되었는지 살피고자 마틴 루터의 신학적 발전에 중점을 두기로 결정했다. 이는 1985년 『루터의 십자가 신학: 마틴 루터의 신학적 기여』(*Luther's Theology of the Cross: Martin Luther's Theological Breakthrough*)라는 제목으로 출판되었다.

종종 그렇듯이, 초창기의 연구 프로젝트는 다른 연구를 위한 모판이 되었다. 나는 이 연구로 인해 종교개혁 시대의 신학 방법론에 관심을 지니게 되었고, 후기 중세 시대 및 르네상스 시대에서 전례들을 찾아보게 되었다. 그 결과가 1987년에 출판된 『유럽 종교개혁의 지적 기원』(*The Intellectual Origins of the European Reformation*)으로, 이 분야에서 이루어진 중요한 학적 성취에 발맞추어 2003년에 개정되었다. 비록 연구의 관심은 역사 신학보다는 조직신학에 가깝게 이동했지만, 이 분야에 대한 관심의 끈을 결코 놓지 않았고, 원본에 대한 수정이나 증보를 요하는 곳에는 새로운 발전들을 첨가했다. 원전에 나온 결론들에 대한 증보와 간혹 수정을 요구하는 이 분야의 지속적인 성과를 반영하여 2003년에는 제2판을 출판했다.

나의 본 연구에서 진전된 두 번째 분야는 신학 역사 전체를 통틀어 '칭의 교리'의 전개를 살펴보는 작업이었다. 루터의 칭의 교리의 기원을 그의 중세 후기 콘텍스트에서 연구하면서, 이 주제를 서구 신학 전체의 포괄적 연구로 확대한 일은 전적으로 올바른 판단이었다.

그 당시 이 분야에서 진지하게 다루어진 유일한 연구는 리츨의 『기독교의 칭의와 화해 교리』(*Die christliche Lehre von der Rechtfertigung und Versöhnung*, 1870년)였다. 그러나 리츨은 주로 독일어를 사용하는 개신교인들의 기여에 주목하느라 11세기에서 19세기까지의 분석에 한정된 점, 그리고 도덕적 전제들을 저서에 불어넣는 바람에 저서의 가치가 다소 감소되었다. 루터의 바이마르판 저작처럼 리츨이 거부한 현대의 주요한 비평판들의 학적 업적은 중세 신학에 새 빛을 비춤과 동시에 리츨의 결론에 대한 수많은 의문을 제기한다. 나의 연구를 통하여 깨달은 가장 큰 문제는, 리츨의 결론들 대부분, 특히 루터의 신학적 형성에 관한 만족스럽지 못한 설명은 더 이상 인정받기 힘들다는 점이다. 본 저 『하나님의 칭의』(*Iustitia Dei*)는 1986년 두 권으로 출판되었다. 이 책은 순식간에 칭의론에 있어서 하나의 모델, 특히 에큐메니칼 논의의 모델로 이 시기를 풍미했다. 1988년에 개정 없이 두 권을 합치는 새로운 판형으로 재출판되었는데, 20세기에 이루어진 발전과 관련된 몇몇 자료가 증보되었다. 비록 '2판'이었지만, 새 판형에는 구체적인 개정이 없었다. 바로 이 때문에 신판이 필요하게 되었다.

제3판은 1986년의 초판 출판 이후 이루어진 학문적 진전에 비추어 초판을 완전히 재개정했다. 신판은 초판의 구석구석 모든 부분을 재평가했으며, 구조와 형태, 심지어는 내가 당시 옹호하던 입장에 대한 변화도 포함하고 있다. 1차 자료와 2차 자료를 모두 섭렵하면서 저작을 아예 새롭게 쓰는 것이 낫겠다는 확신이 들었다. 물론 확실히 올바르고 믿을 만한 이론들은 간직한 채로, 정당한 비평에는 문을 열어 개작과 수정이 이루어졌다. 어떤 측면에서 이 교리와 관련하여 상당한 논란이 있는 문제들에 대해서는 불가피한 판결을 내릴 수밖에 없었다. 물론 현재의 상황에서 입수 가능한 최선의 증거를 바탕으로 결정했다.

자료 제시에서 가장 두드러진 변화가 있었다. 많은 요청 때문에, 비록 원어가 중요한 곳에서는 핵심 단어를 원어로 사용하긴 했지만, 1차 자료는 영역본에서 인용했다. 나는 이 책의 내용상 가장 앞부분에 칭의에 관한 바울의 관점을 탐구했는데, 이는 여기서부터 이 교리에 대한 주도적인 논쟁들이 시작되었다고 보기 때문이다.

초판에는 20세기 초반부에 출판된 학적 연구서들이 주로 사용되었는데, 이 분야의 이정표가 된 저서들이다. 그러나 시간이 흘러 후속 연구가 진행되면서 이 연구서들의 일부는 긍정되었으나, 일부는 수정이 필요하게 되었다. 나는 신판이 가장 최신의 연구에 기반을 두도록 내가 할 수 있는 최선의 노력을 기울였다. 그러나 어떤 주요 문제에 관해서 가장 믿을 만하고 독창적인 학문성이 이전 세대의 것인 경우도 있다. 따라서 이런 경우는 최신 연구가 있음에도 불구하고 예전 저서들의 각주나 학문적 장치에 나타나는 특징들을 계속 사용했다.

도대체 '칭의'라는 단어의 분명한 의미가 무엇인가 하고 기대하는 사람들에게 본서는 다소 실망스러울 것이다. 그러나 이 저서는 역사적 분석이지, 신학적 처방전은 아니다. '칭의' 개념을 정의하려는 시도가 아니라, 서구의 신학 전통이 이해해 온 다양한 방법에 대한 설명의 제공이 이 책의 목적이다. 물론 분명한 정의를 제공하려는 이들에게는 하나의 자료이자 도전이 될 것이다. 지난 2천년의 신학적 반성을 통하여 이 개념이 어떻게 인식되어 왔는지 구체적인 이야기를 담고 있다는 점에서 이 책은 '자료'이다. 그러나 단일한 설명이 가능하다고 믿는 사람들에게는, 이 용어에 대한 단일한 개념 수립이 실패해 왔다는 어색한 사실만으로도 분명히 도전이 된다. 이 책에 제공된 증거들은 다양한 이해들이 기독교 신학이 진행됨에 따라 때로는 의문시되고, 비판되며, 대체되다가 때로는 다시 살아나는 어떤 내재적인 의미론적이며 형이상학적인, 그리고 법률적인 전제들에 의존하고 있음을 알려준다.

끝으로 신판에 도움을 주신 분들에게 감사를 표하고 싶다. 특히 초판을 읽고 비평해 주신 분들에게 특별한 감사를 드린다. OP의 체누(M. D. Chenu)와 퍼거스 커(Fergus Kerr), 올리버 오도노반(Oliver O'Donovan), 카푸친 작은 형제회의 카시안 릴(Cassian Reel OFMCap), 럽(E. G. Rupp), 베릴 스몰레이(Beryl Smalley), 피터 사우스웰(Peter Southwell), 라이트(N. T. Wright), SJ의 야놀드(E. J. Yarnold) 그리고 OESA의 아도라 줌켈러(Adolar Zumkeller)에게 여러 해 동안의 비평과 제안에 대해 특별히 감사한다. 이렇게 훌륭한 저작이 가능하게 해준 케임브리지대학 출판사와 편집을 도와준 엘리자베스 맥그래스(Elizabeth McGrath)에게 특별한 감사를 표한다. 항상 그렇듯이 사실이나 판단의 오류는 전적으로 나의 책임이다.

2004년 7월 옥스퍼드에서
앨리스터 맥그래스

역자서문

본서 『하나님의 칭의론』을 처음 손에 잡았을 때, 번역이 쉽지 않겠다는 생각이 들었습니다. 상당히 많은 원어들이 나와 있었고, 대부분 영어번역이 되어 있지 않았기 때문입니다. 결국 약속했던 1년을 훌쩍 넘어 2년이라는 시간이 걸렸습니다. 라틴어와 독일어 번역에 예상 외의 시간이 걸렸지만, 독자들을 위해 최선을 다했습니다. 인내로써 격려해 주신 사단법인 기독교문서선교회의 박영호 사장님과 편집부에 감사를 드립니다. 또한 오랜 기간 부족한 가장과 아빠를 참아준 사랑하는 아내 이경아와 두 어린 아들 호중과 호진에게도 고맙다는 말을 전하고 싶습니다.

이 책은 기독교 역사 안에서 오랫동안 핵심 교리의 하나로 인정되던 '칭의론'의 역사에 관한 보고서입니다. 저자인 맥그래스의 표현대로 신학을 공부하는 학생들과 기독교 신앙에 대한 심도 깊은 연구를 원하는 분들에게 훌륭한 출발점이자, 동기로 사용될 것입니다. 아무쪼록 이 책을 읽는 많은 분들이 단지 기독교 교리인 '칭의론'을 익히는 것만이 아니라, 죄인인 인류를 구원하신 하나님의 영원하신 계획과 사랑하심을 깨닫는 계기가 되었으면 합니다. 하나님께 영광을 돌립니다.

2008년 5월 5일
수원 합신대학원에서
한 성 진 識

약어표

문서 축약표는 슈베르트너(S. Schwertner)의 Internationales Abkurzungsverzeichnis für Théologie und Grenzgebiete(베를린: de Gruyter, 1974)를 따른다.

ARG	*Archiv für Reformationsgeschichte* 종교개혁사 문고
AnAug	*Analecta Augustiniana* 어거스틴 연감
AthA	*Annee theoligique augustinienne* 어거스틴 신학 연감
Augustinus	*Augustinus: Revista tremestral publicada por los Padres Agustinos Recoletos* 어거스틴: 교부 출판물 계간 리뷰 어거스틴 선집
BHR	*Bibliothéque d'humanisme et Renaissance* 휴머니즘과 르네상스 서고
BIOSCS	*Bulletin of the International Organization for Septuagint and Cognate Studies* 70인역과 관련 연구를 위한 국제기구 잡지
BJRL	*Bulletin of the John Rylands Library* 존 릴란즈 도서관 관보
BSLK	*Bekenntnisschriften der evangelisch-lutherischen Kirche* 복음주의 루터교회 고백서
BSRK	*Bekenntnisschriften der reformierten Kirche* 개혁교회 고백서
CBQ	*Catholic Biblical Quartely* 가톨릭 싱경 계긴지
CChr	Corpus Christianorum Series Latina 기독교 총서 라틴 시리즈
CFr	*Collectanea Franciscana* 프란시스코 선집
ChH	*Church History* 교회사
CR	Corpus Reformatorum 종교개혁 총서
CSEL	Corpus Scriptorum Ecclesiasticorum Latinorum 라틴교회 문서 총서
CT	Concilium Tridentinum: diariorum, actorum, epistolarum, tractatuum nova collecio 트렌트 회의: 새롭게 선집한 일지, 포고문, 서신, 소논문
D	*Enchiridion Symbolorum Definitionum et Declarationum de Rebus Fidei et Morum* 신앙과 행동에 관한 상징적 해설과 선언 요강
DR	*Downside Review* 다운사이드 리뷰

DThC	*Dictionnaire de théologie catholique*	가톨릭 신학 사전
EE	*Estudios eclesiasticos*	교회 연구
EETS	Early English Text Society	초기 영어 텍스트 협회
EThL	*Ephemerides Theologicae Lovanienses*	루방 신학 저널
EvTh	*Evangelische Théologie*	복음주의 신학
FS	*Franziskanische Studien*	프란시스코 연구
FrS	*Franciscan Studies*	프란시스코 연구
HThR	*Harvard Theological Review*	하버드 신학 리뷰
JBL	*Journal of Biblical Literature*	성경문학 저널
JEH	*Journal of Ecclesiastical History*	교회사 저널
JHI	*Journal of the History of Ideas*	사상사 저널
JSNT	*Journal for the Study of the New Testament*	신약 연구 저널
JThS	*Journal of Theological Studies*	신학 연구 저널
KuD	*Kerygma und Dogma*	케리그마와 도그마
MF	*Miscellanea Franciscana*	프란시스코 문집
MGH.Ep	*Monumenta Germaniae historica: Epistolae*	게르만 역사 기록: 서신
MGH.SRG:	*Monumenta Germaniae historica: Scriptores rerum Germanicarum*	게르만 역사 기록: 게르만 저자 작품
MoTh	*Modern Theology*	현대신학
NRTh	*Nouvelle revue théologie*	최신 신학 리뷰
NTS	*New Testament Studies*	신약 연구
NZSTh	*Neue Zeitschrift für Systematische Théologie*	새로운 조직신학 저널
OS	*Calvini opera selecta*	칼빈 저작 선집
PG	*Patrologiae cursus completus, Series Graeca*	교부 전집, 헬라어 시리즈
PL	*Patrologiae cursus completus, Series Latina*	교부 전집, 라틴어 시리즈
REAug	*Revue des études augustiniennes*	어거스틴 연구 리뷰
RechAug	*Recherches augustiniennes*	어거스틴 연구
RelSt	*Religious Studies*	종교 연구
RET	*Revista española de teología*	스페인 신학 리뷰

RMAL	Revue de moyen âge latin	중세 라틴 리뷰
RSPhTh	Revue des sciences philosophiques et théologieque	철학과 신학 리뷰
RSR	Revue des sciences religieuses	종교학 리뷰
RThom	Revue thomiste	아퀴나스 리뷰
RThAM	Recherches de théologie ancienne et médiévale	고대와 중세신학 연구
SCJ	Sixteenth Century Journal	16세기 저널
SJTh	Scotish Jouranl of Theology	스코틀랜드 신학 저널
StA	Melanchthons Werke in Auswahl: Studienausgabe	멜랑크톤 저작 선집: 연구저널
StB	Studia Biblica	성경 연구
StTh	Studia Theologica	신학 연구
ThLZ	Theologische Literaturzeitung	신학 문헌지
ThPh	Théologie und Philosophie	신학과 철학
ThQ	Theologische Quartalschrift	신학 계간지
ThRev	Theological Review	신학 리뷰
ThStKr	Theologische Studien und Kritiken	신학 연구와 비평
ThZ	Theologische Zeitschrift	신학 저널
VCaro	Verbum Caro	육신을 입은 말씀
VT	Vetus Testamentum	구약
VyV	Verdad y Vida	진리와 생명
WA	D. Martin Luthers Werke: Kritische Gesamtausgabe	마틴 루터 저작: 비평적 전집
ZAW	Zeitschrift für die alttestamentliche Wissenschaft	구약학 저널
ZKG	Zeitschrift für Kirchengeschichte	교회사 저널
ZKTh	Zeitschrift für katholische Théologie	가톨릭 신학 저널
ZNW	Zeitschrift für die neutestamentliche Wissenschaft	신약학 저널
ZSTh	Zeitschrift für Systematische Théologie	조직신학 저널
ZThK	Zeitschrift für Théologie und Kirche	신학과 교회 저널

제1장
칭의: 개념의 발생

16세기의 개신교 종교개혁은 서구교회의 생활과 생각에 심대한 변화를 불러일으켰다. 이 책은 이러한 변화 가운데 한 가지에 관심을 가진다. 즉 칭의에 대한 바울의 이미지를[1] 활용하여 구원이라는 전통적인 기독교적 용어에 대한 재개념화와 재정식화를 시도한다. 종교개혁 시기에 이르기까지, 서구의 신학 전통은 인류와 하나님과의 화해 방식을 '은총에 의한 구원'(salvation by grace, 엡 2:8)이라는 용어로 설명하고 있었다. 그런데 개념화와 용어, 두 측면 모두에서 개신교 종교개혁을 특징짓는 한 가지 요소가 등장하면서 기독교 신학 전통의 가장 결정적인 전환이 이루어졌다. 비교적 짧지만, 신학적으론 무척 중요한 이 시기에 서구의 신학 전통 전체에 걸쳐, 인류의 화해라는 개념이 주로 '믿음에 의한 칭의'(justification by faith, 롬 5:1)라는 용어로 설명되면서 논의되었다.

종교개혁과 이에 참여한 주도적 인물들이 서서히 과거 속에 희미해졌지만, 이들의 표현방식과 연관된 어려움은 더욱 분명히 드러났다. 19세기 말 이래, 신약(바울서신을 포함하는)이 칭의 개념을[2] 중시하는 접근법을 가졌는지에 대한 의문이 표출되었다. 윌리엄 브레데(William Wrede), 알버트 슈바이처(Albert Schweitzer) 같은 영향력 있는 신약학자들이 기독교와 유대교 사이에 존재한 초기 긴장과[3] 관련된 변증적 요인이 이 개념의 기원이라고 주장했다. 브레데는 바울 사상의 정수는 대속(redemption) 개념이라고 주장했다.[4] 슈바이처는 바울의 긍정적 사상의 참된 핵심은 이런 '부차적인 분화구' 안에 들어 있는 것이 아니라, '그리스도 안에 거함'(being in Christ)이라

---

1) Subilia, *La giustificazione per fede*, 117-27.
2) Söding, 'Der Skopos der paulinischen Rechtfertigungslehre.'
3) 예를 들어 다음을 보라. A. Schweitzer, *Geschichte der paulinischen Forschung von der Reformation bis auf die Gegenwart*, Tübingen: Mohr, 1954년, 132; F. Flückiger, *Der Ursprung des christlichen Dogmas: Eine Auseinandersetzung mit Albert Schweitzer und Martin Werner*, Zürich: Evangelischer Verlag, 1955, 52.
4) W. Wrede, *Paulus*, 2nd edn, Tübingen, 1907, 90-100.

는 신비적인 사상 어딘가에 들어 있다고 했다.[5] 종교개혁에 대한 가톨릭의 반응은 트렌트 종교회의에 나타난 것처럼 처음에는 단어상의 변화를 시도했으나, 점차 가톨릭 전통은 예수 그리스도의 삶과 죽음, 그리고 부활을 통한 인간 조건의 변화에 관한 보다 전통적인 표현과 사고로 회귀해 갔다. 가톨릭에서 가장 영향력 있고 권위 있는 『가톨릭교회 교리문답서』(Catechism of the Catholic Church, 1992)의 경우, 이러한 개념을 유지하고 있지만, 인간 구원에 관한 논의에 있어서는 바울의 다른 이미지를 더욱 강조하고 있다.

2차 세계대전의 여파인 에큐메니칼 운동과 더불어 칭의 교리에 대한 새로운 관심이 일어나기 시작했다. 그러나 이 관심이 이러한 표현 방식의 긍정적 중요성에 대한 새로운 개념을 불러일으키지는 못했으며, 서구의 신학적 재생은 칭의가 구체적인 개념형성으로 회복되는 데 달려 있다는 인식에도 미치지 못했다. 칭의란 단지 교회 연합의 장벽으로 해결되어야 할 하나의 문제에 불과했다. 많은 사람들의 시각에 이 문제는 환영받지 못하는 과거의 유산이었으며, 현재와 미래의 에큐메니칼적인 협력을 방해하는 것이었다. 교회의 화해를 위해서는 원래 16세기 분열의 요인이 되었던 종교개혁의 어젠다(의제)를 재조사해야 한다는 필요성이 대두되었다.[6]

이런 성찰 과정을 통해 아주 중요한 결과가 나왔다. '믿음에 의한 칭의' 교리의 기원과 중요성, 그리고 이 교리가 16세기 서구 기독교에 미친 영향력에 대한 새로운 학문적 관심이 싹트기 시작했다. 그러나 새로운 에큐메니칼적인 관심 또한 칭의를 뭔가 존중받고 선포되어야 할 것이라기보다는 과거로부터의 문제, 즉 서구교회의 통일 과정을 위해 중립화되어야만 하는 한 가지 주요한 어려움으로 인식했다. 1960년대에 특히 루터란 서클 내에서 관련 문헌들의 양이 증가되면서, '믿음으로 칭의' 라는 개념이 도대체 현대 서구의 세속사회에 어떤 의미가 있는지에 대한 심각한 문제제기가 일어났다.

'복음의 세속적 의미' (적어도 칭의 개념에 나타난 그대로의)에 관한 점증

---

5) A. Schweitzer, *Die Mystik des Apostels Paulus*, 2nd edn, Tübingen: Mohr, 1954, 216-20.
6) Pannenberg의 'Die Rechtfertigungslehre im ökumenische Gespräch'와 Hövelmann의 'Die ökumenische Vereinbarung zur Rechtfertigungslehre'를 보라.

하는 염려와는 별도로, 2차 세계대전 이후 새로운 문제제기가 있었다. 이는 칭의에 관한 개신교의 전통적인 가르침이 유대의 생활과 사상에 있어 율법의 위치를 잘못 나타낸 것이 아닌가 하는 커져가는 의심이었다. 유대인 신학자인 클라우드 몽테피오레(Claude G. Montefiore, 1858-1938)는 유대인들은 하늘로 이르는 공로를 스스로 얻을 수 있을 정도로 자신들이 의로운 사람들이라고 스스로 생각하지는 않았다고 주장했다. '랍비의 유대교'는 바울이 시사한 유대인과는 달랐다는 것이다. 유대교는 이스라엘의 운명 결정에 있어 인간의 공로가 아니라 하나님의 자비를 인정했다는[7] 것이다. 몇 학자들이 이 비평을 채택했다. 다비스(W. D. Davies)의 『바울과 랍비의 유대교』(*Paul and Rabbinic Judaism*, 1948)의 출판은 서구의 바울 읽기에 대한 새로운 도전이었다. '바울에게 복음은 결코 유대교의 폐지가 아닌 완성이었으며, 유대교의 핵심적 정수를 흡수한 것이었다.'[8] 바울에 대한 '새로운 관점'의 등장은 1977년 샌더스(E. P. Sanders)의 『바울과 팔레스타인 유대교』(*Paul and Palestinian Judaism*)의 출판으로 결정적인 전기를 맞았다. 이후로, 칭의 교리에 관한 개신교의 여러 전통적 견해, 특히 루터의 율법과 복음의 대립성을 추종하는 견해들에 대한 회의가 점증했다. 논쟁이 계속되고 있지만, 언제 끝날지 불분명하다.

    칭의 교리의 역사는 서구에서도 주로 라틴 신학의 전통과 관련되어 있다. 영적인 존재에 인류가 참여하게 되는 것으로 귀결되는 성자의 경륜적 비하에 대한 동방정교의 강조는 대체적으로 칭의보다는 신화(神化, theosis 또는 theopoiesis) 개념에 표현되어 있다. 물론 이 말이 서구교회가 이런 개념들을 무시했다는 의미는 아니다. 적어도 마틴 루터의 구원론(soteriology)에서 이 개념들 중의 하나는 중요한(비록 지금은 무시되는 측면도 있지만) 역할을 담당했다.[9] 또한 동방정교가 신학적 성찰면에서 칭의에 대한 바울의 이미지

---

7) C. G. Montefiore, 'Rabbinic Judaism and the Epistles of St Paul,' *Jewish Quartely Review*.
8) Davies, *Paul and Rabbinic Judaism*, 323.
9) S. Peura의 *Luther und Theosis: Vergöttlichung als Thema der abendländischen Théologie*, Helsinki: Luther-Akademie Ratzeburg, 1990과 R. Flogaus의 *Theosis bei Palamas und Luther: Ein Beitrag zum ökumenischen Gespräch*, Göttingen:

를 무시했다고 암시하는 말도 아니다. 더군다나 적절한 보완성이 있는 신학적 인간론[10] 안에 이 개념들을 통합시킬 수 있는 가능성이 배제된다는 말도 아니다. 문제는 강조점을 어디에 두는가이며, 어떤 구원론적 이미지가 우세한가 하는 점이다. 칭의 개념에 관한 초대교회의 상대적인 관심부족을 고려해 볼 때, 설명이 필요한 부분은 신화에 대한 동방교회의 강조라기보다는 칭의에 관한 서구교회의 강조이다.[11]

이 책은 서구 기독교 사상의 중요한 발전이 어떻게 일어나고 쇠퇴해 갔는지 이야기하면서, 이에 대한 이해가 기독교 교리의 발전에 있어 어떤 함축된 의미를 지니는지 탐구하고자 노력한다. '칭의'에 대한 기독교 전통 속에서의 '어휘'와 '개념 형성'에 대한 재강조를 어떻게 설명해야 할까? 그 함의는 무엇인가? 초기 기독교 사상 속에 이러한 전개가 어느 정도까지 예정되어 있었던 것일까? 이러한 의문들을 해결할 수 있는 유일한 방법은, 어떤 변증적인 목표를 앞세우지 말고 지난 2000년간의 서구 기독교 전통을 낱낱이 살펴보는 학자적인 탐구밖에 없다. 이 새로운 책이 제공하고자 하는 바가 바로 이러한 탐구이다.

놀랄 만한 신학적 독창성과 체계화가 중세 동안 일어났다. 이 기간 동안 기독교적 통찰력을 정식화하는 하나의 수단으로 칭의 개념을 구원의 경륜 전체에 통합시키려는 작업이 있었다. 비록 이 시기의 신학적 전통 사이에는 분명한 차이들도 있었지만 더 많은 공통점이 존재했고, 무엇보다 '칭의'라는 용어가 '의롭게 만들어져'(made righteous) 가는 과정을 지칭한다는 보편적인 승인에서 특별히 두드려졌다. 부분적으로 이러한 승인은 히포의 어거스틴(Augustine of Hippo)에 대한 높은 존경을 반영한다. 어거스틴의 영향력은 12세기의 신학적 르네상스를 지나면서 더욱더 증대했다. 따라서 이 책에서 가장 많은 부분이 중세에 일어난 칭의 교리의 전개에 대한 문서화와 분석 작업에 할당될 것이다. 무엇보다도 왜 '칭의'의 이미지가 하나님과 인류

Vandenhoeck& Ruprecht, 1997을 보라.
10) Hinlicky가 강조한 대로, '신학적 인간론'(Theological Anthropology)을 말한다.
11) 두 전통에 있어, 신화 개념의 역할에 대해서, Williams의 *The Ground of Union: Deification in Aquinas and Palamas*, New York: Oxford University Press, 1999를 살펴보라.

의 화해에 관한 기독교의 비전을 정식화하는 그토록 유용한 도구로 인식되었는지 탐구하는 데 특별한 주의를 기울일 것이다. 물론 개신교 종교개혁 신학의 개념적 우위는 그 다음 시대의 일이기 때문에 이 부분에서 다루지는 않을 것이다.

16세기와 17세기 초기는, 개신교 종교개혁과 가톨릭 양 진영을 통틀어 서구 기독교 전체에서 이 개념의 운명에 있어 '최고 정점'이었다. 이 책의 주요 부분에서 이 교리에 대한 개신교 접근법의 등장을 다룰 것이다. 비평적으로 상당히 중요한 이 부분에서 칭의 개념에 일어난 새로운 관심을 설명하려고 시도할 것이다. 특히 개신교가 자신의 독창적인 통찰을 인간의 대속 개념으로 정식화하면서 동시에 교회의 라이벌인 가톨릭과 자신을 구별하는 수단으로 구원에 있어 바울의 특정한 이미지를 그토록 강하게 강조하게 된 이유에 특별한 관심을 둘 것이다. 또한 칭의 개념에 관한 개신교의 독특한 특징들이 기술될 것이며, 예전의 사고방식과의 연속성과 불연속성이 구별될 것이다.

다음 부분에서는 트렌트 회의에서 천명된 '칭의에 관한 포고'(1547)를 중심으로 종교개혁에 관한 가톨릭의 대응을 고찰할 것이다. 이 논쟁의 배경이 세밀하게 조사될 것이며, 칭의와 관련해서 트렌트에서 표출된 각각의 입장, 그리고 이 입장들이 최종 문서에 미친 영향력에 대한 심도 깊은 분별작업이 행해질 것이다. 트렌트의 결정에서 사용된 '칭의'의 이미지와 언어가 개신교의 도전에 대한 직접적인 반응이라는 데 의심의 여지가 없다. 16세기 후반 서구 기독교 진영 안에서 칭의의 개념적 우위를 통일시키려는 결정적인 중요성을 지닌 트렌트 회의는 어떤 의미에서 자연스러운 전개라기보다는 강요된 것이었다. 그러나 이런 진전은 일시적인 것으로 드러났다. 100년도 지나지 않아, 가톨릭은 구원의 경륜에 대한 보다 전통적인 개념화 방식으로 회귀했다. 자신의 신학적 용어로 종교개혁에 대항해야 한다는 전술적 필요에 의해 일시적으로 억압되었던 오래된 사고 유형이 복귀하면서, '칭의' 개념은 점차 뒤로 밀려났다. 구원의 경륜에 대한 보다 전통적인 방식의 정식화로의 회귀는 17세기 가톨릭 내에서 점증하는 신학적 자신감이 표출된 신호였다.

그러나 서유럽의 지적인 문화 안에서, 그리스도를 통한 인류의 용납 및 변화와 관련된 인기 있는 논의 형식인 칭의의 우세를 잠식시키는 일련의 일들이 일어났다. 17세기 말 잉글랜드에서 진행된 민족주의의 성장은 서유럽 전체에서 발생한 비슷한 사건들의 촉매였다. 특히 독일과 프랑스에서는 칭의 교리의 핵심 요소들이 침범을 받았다. 또한 루터의 바울 독해가 과연 많은 이들이 생각하는 만큼 믿을 만한가 하는 신약학자들의 문제제기가 시작되었다. 비록 독일의 루터란 학자들이 독창적인 선배에게 맹렬한 충성을 표하기도 했지만, 다른 곳에서는 빈번한 불안이 표출되었다. 바울의 신학적 강조점이 정말로 칭의인가? 단지 루터의 개인적인 판단이었을지도 모른다. 바울 전체에 존재하는 또 다른 구원론의 개념들을 이상하게 간과한 것은 아닐까? 이런 염려와는 별도로, 현대에도, 현대의 관심과 어젠다를 고려하면서, 전통 교리를 복원하고 재진술하려는 중요한 시도들이 있다. 비록 칭의 교리에 대한 관심이 시들고 있다고 널리 인정되고 있지만, 지난 300년간 교리의 재평가와 관련하여 상당한 의미가 있었다.

칭의 교리에 관한 이야기가 실제로 중세에 시작되었다 하더라도, 그 기초는 훨씬 전에 놓여졌다. 우리는 칭의 교리의 등장을 보이고, 중세의 위대한 종합에 사용되었을 기초 자료들을 파악함으로써, 우리 이야기를 열어갈 것이다. 칭의에 관한 중세의 논의를 면밀하게 살펴보면, 의심할 바 없이 두 가지 주요한 원천이 드러난다. 벌게이트(the Vulgate) 번역판 성경과 히포의 어거스틴의 작품들이다.

다음 세 가지는 중세 신학에서 칭의 개념의 교리적 지위와 관련하여 특별한 중요성을 지닌다.

1. 12세기의 신학적 르네상스 동안 일어난 놀랄 만한 바울 연구의 성장, 특히 바울 주석서들을 신학적 성찰의 수단으로 활용한 점
2. 고전 법률체계에 대한 서구교회의 전반적인 존경 고조
3. 라틴어 유스티티아(iustitia)와 유스티피카티오(iustificatio) 사이의 의미론적 관계로, 중세 신학자들은 인류를 향한 하늘의 섭리를 공의라는 용어로 합리화시키는 매개로 칭의의 동종 용어인 이 두 단어가 사용될 수

있음을 발견했다.

따라서 필자는 제1장에서 칭의에 대한 기독교 이해의 근본 요소들을 고찰하면서, 이 요소들이 어떻게 현재의 서구 전통을 빚었는지 살펴볼 것이다.

1. 칭의 개념의 의미론적 측면

'내가 복음을 부끄러워하지 아니하노니 이 복음은 모든 믿는 자에게 구원을 주시는 하나님의 능력이 됨이라…복음에는 하나님의 의가 나타나서'(롬 1:16-17). 바울에게 기독교 복음은 어떤 의미에서 하나님의 의로움이 계시되어 만들어진 것이다.[12] 그러나 '하나님의 의'(righteousness of God)라니, 이게 도대체 뭘까? 현재의 연구가 드러내듯이, 서구 신학 전통 속에서 '하나님의 의'에 대한 해석은 가장 난해한 주석이라는 수식어가 붙는다. 칭의(이제까지 우리나라에서 출판된 대부분 번역서는 라틴어 iustificatio 또는 영어 justification을 '칭의'라고 번역한다. 따라서 이 책에서도 칭의라고 번역한다. 그러나 의미에 있어 한국어 칭의[의롭다고 불림]란 16세기 루터 이후의 개신교적 개념이다. 따라서 루터란과 개혁주의를 제외한 루터 이전, 그리고 가톨릭과 웨슬리안 계열에 있어서 칭의라는 단어는 '의롭게 됨' 또는 '의화 교리'라는 의미로 사용됨을 밝혀둔다-역주) 개념은 '의'(라틴어 iustitia)라는 개념과 의미론적, 신학적으로 얽혀 있다.[13] 구원의 경륜에 대한 기독교 이해의 중심에는 하나님은 의로우시며, 인류의 구원 또한 당신의 의로움에 일치하여 운동한다는 확신이 있다. 그러나 이러한 확신은 '의' 개념이 인류를 향한 하나님의 섭리에 부합하는 논의로 간주될 수 있다는 정도가 아닌, 심각한 근본적 문제를 불러일으킨다. 하나님과 인류의 관계는 기독교적 이

---

[12] 이 문제가 일관되게 연구된 것으로 다음 예들을 살펴보라. P. Stuhlmacher, *Gerechtigkeit Gottes bei Paulus*. 그리고 H. Brunner, 'Die Gerechtigkeit gottes,' *Zeitschrift für Religions- und Geistgeschichte* 39 (1987), 269-79.

[13] McGrath의 'Justice and Justification'을 보라.

해에 의하면 다음 세 가지 명제로 정리될 수 있을 것이다.

1. 하나님은 의로우시다.
2. 인간은 죄인이다.
3. 하나님이 인간을 의롭게 하신다.

기독교 교리 칭의의 정수는 이 세 가지 명제가 일관성 있는 삼각관계를 구성한다는 데 있다. 공의롭게 행하시는 하나님은 죄인을 의롭게 하신다. 그런데 교회 밖의 사람에게도 이러한 칭의가 적용된다는 선언으로 인해 어떻게 의로우신 하나님이 죄인을 정당화하시는가 하는 성찰이 교회 내부에서 일어났다. 따라서 칭의 교리의 세밀화에 사용된 '의' 또는 '공의' 개념의 다양한 이해 방식에 대한 고려가 아주 중요한 문제로 다가왔다.

현대 신학 용어는 수많은 히브리어, 헬라어, 라틴어 단어들을 포함한다. 그러나 대부분의 경우 단순히 영어로 번역된 단어들이 원래의 문맥이 지니는 의미의 풍부함과 깊이를 옮기지 못한다. 이 작업은 단지 원 단어를 현대어로 대체하는 것만이 아니라, 원 단어의 고유한 개념적 틀에서 현대어로 전이되는 것이므로 의미상 왜곡이 발생한다.[14] 오랫동안 이러한 문제점이 인식되어 왔다. 예수 벤 시라크(Jesus ben Sirach)는 아마 히브리 원어의 부재에 관심을 돌리려는 시도에서 다음처럼 불평했다. '본래 히브리어로 말해진 단어들은 다른 언어로 번역되었을 때, 같은 힘을 지니지 않는다…다른 언어로 율법서, 선지서 및 다른 저작들을 읽을 때 적지 않은 차이가 발생한다.'[15] 기독교 교리 칭의의 개념적 기초는 아마도 구약에서 발견될 것이다. 단어의 체계적인 정교화가 이루어진 구약의 분위기는 서유럽의 분위기와 상당히 다르다. 히브리 매트릭스에서 서유럽으로 개념의 전이가 일어날 때 심각한 결과가 발생한다. 바로 이 내용을 이 부분에서 다룰 것이다.

---

14) W. Schwarz, *Principles and Problems of Biblical Translation: Some Reformation Controversies and Their Background*, Cambridge: Cambridge University Press, 1970을 보라.
15) Sirach, prologue.

기독교 신학 고찰의 일차 자료는 성경이다. 참으로 기독교 신학이란 성경 자료를 확대시킨 주석으로 간주된다.[16] 따라서 기독교 신학에는 히브리 문맥에서 파생된 수많은 중요 개념들을 포함하고 있기 때문에, 원래의 문맥에서 이러한 개념들이 전이될 때, 의미상 불가피한 신학적 결과가 빚어질 가능성이 다분하다. 특히 '의' 개념의 히브리 및 서구의 어차(語差)가 신학적 작업 속에 내재하고 있으므로, 기독교 교리 칭의의 정식화 과정에서 서구의 '정의' 개념이 전용될 수 있다. '의'에 관한 서구의 고전적 이해를 연구해 보면, 이 이해는 원천적으로 세속적이며 실용적임을 시사한다. 따라서 '하나님의 의'에 대한 논의에 사용하기에는 부적절한 잠재성이 있다. 따라서 '의'에 관한 히브리, 헬라 및 라틴의 이해를 다루는 이 부분은 칭의 교리 연구의 서론에 해당한다. 이 자체로 엄밀한 교리사의 일부는 아니더라도, 계속되는 칭의 논의에 영향을 준 질문들을 이 단계에서 빼놓기는 불가능하다.

모두가 흔히 '의'(righteousness)로 번역하는 히브리 용어 체데크(sedeq)와 체다카(sedaqa)는 어원학적으로 모호한 상태로 받아들여지는 편이다. sdq의 문자소(文字素, grapheme)가 복원되는 과정에서 의미가 상실될 가능성이 다분하다. 흔히 '의'로 번역되는 히브리 단어로 남성형 체데크와 여성형 체다카 두 개가 있다는 사실은 많은 연구의 주제가 되고 있다. 두 용어를 동의어로 추정하려 해도 다음 두 가지 이유 때문에 의문의 여지가 있다.[17] 첫째, 다른 두 단어가 동시에 정확히 같은 의미를 지닌다는 것은 문헌학적으로 개연성이 없다는 것이다. 둘째, 체데크는 레위기 19:36에서처럼 무게와 양을 나타내는 소유격으로 사용되는 반면, 체다카는 이런 방식으로 사용되지 않는다는 것이다. 이 차이를 어느 정도로 파악해야 할지 알기 어렵다. 여성형은 의로운 행동 또는 옹호하는 판결 같은 구체적인 실체를 언급하는 경향이 있으며, 남성형은 '도덕적으로 옳다'라던가 '올바른 질서' 같은 보다 추상적인 경향과 연관되어 있다고 주장할 수 있을 것이다. 그러나 이 사실이 우리 연구에 어느 정도 영향을 미칠지는 분명치 않다.

---

16) 전통의 역할과 관련된 중세의 주요한 논쟁에도 불구하고, 중세 시기 내내 이 점은 사실이었다.
17) A. Jepsen, 'sdq und sdqh im Alten Testament,' in H. G. Reventhloh (ed), *Gottes Wort und Gottes Land*, Göttingen: Vandenhoeck & Ruprecht, 1965, 78–89.

히브리 언어의 배경과 관련된 최근의 이론들은 함-셈계(Hamito-Semitic) 어족을 두 그룹으로 분류하는 경향이 있다. 우선, 고어인 남부 쿠시어(Cushitic)와 차드어(Chadic), 다음 그룹에는 보다 급진적인 북부 어족이 있다. 북부 어족에는 셈어(Semitic), 북아프리카의 베르베르어(Berber), 고대 이집트어(Egyptian) 및 콥틱어(Coptic)가 있다.[18]

삼자음 어근(triliteral root)은 북부 어족의 모든 언어에 나타나는 두드러진 특징이다. 따라서 의미론적, 문법적 또는 음성학적인 모든 측면에서 이 언어들의 특징들은 하나의 공통 뿌리에서 파생했다고 이론적으로는 주장할 수 있다. 다른 고대 근동(the ancient Near East) 언어들을 모델로 활용하여 문자소 sdq의 어원을 연구해 보면, 가능한 의미의 스펙트럼이 나타나는데, 가장 근본적인 의미는 '규범에의 순응'(conformity to a norm)이다.[19] 이러한 관찰은 체데크와 체다카가 '바른 행동' 또는 '올바른 기질'이라는 의미로 드러난다.[20] 세계는 하나님의 창조의 결과이므로 어떤 방식에서든 질서정연한 것으로 이해되었다. 따라서 '올바르게' 행동하는 것은 질서정연한 체계와 사건에 순응하여 행동하는 것이다. 때때로 창조라는 신적 행동은 혼돈(chaos)에 질서를 더한다는 개념으로 강조된다.[21] 이 개념은 고대 근동의 지

---

18) A. Saénz-Badillos, *A History of the Hebrew Language*, Cambridge: Cambridge University Press, 1993.
19) 예를 들어, 텔 엘 아마르나 문서에 보이는 가나안 용어 사둑(saduk)의 활용은 왕이 카시족과 거래할 때 '올바르게' 행동했음을 지칭한다. 다음 자료 D. Hill, *Greek Words and Hebrew Meanings: Studies in the Semantics of Soteriological Terms*, Cambridge: Cambridge University Press, 1967, 82-98 중 특히 82-86페이지를 보라. 다음 연구들도 함께 참조할 수 있다. H. Cazelles, 'A propos de quelques textes difficiles relatifs á la justice de Dieu dans l'Ancien Testament,' *Revue Biblique* 58 (1951) 169-88; A. Dünner, *Die Gerechtigkeit nach dem Alten Testament*, Bonn: Bouvier, 1963; O. Präludium, *Neue Zeitschrift für systematische Théologie und Religionsphilosophie* 7 (1965) 251-75; H. H. Schmid, *Gerechtigkeit als Weltordnung: Hintergrund und Geschichte des alttestamentlichen Gerechtigkeitsbegriffs*, Tübingen: Mohr, 1968.
20) W. Eichrodt, *Theology of the Old Testament*, 2 vols., London: SCM Press, 1975, 1.239-49; Gerhard von Rad, *Old Testament Theology*, 2 vols., London: SCM Press, 1975, 1.370-83.
21) 예를 들어 다음을 보라. R. Rendtorff, 'Die theologische Stellung des Schöpfungsglaubens bei Deuterjesaja,' *ZHtK* 51 (1954); M. Bauks, '"Chaos" als

혜 문학 전체에서 발견된다.

제임스 바(James Barr)는 영어 단어 나이스(nice)를 지칭할 때 발생하는 도구의 부적절성을 예로 들면서, 어원학적 고찰에 호소하는 방법의 적절성 여부를 비판한다.[22] 어원학적으로 이 단어는 라틴어인 네스키우스(nescius), 아마도 '실없는' 이라거나 '무지한'을 뜻하는 프랑스 고어인 니스(nice)를 경유하는 것으로 분석된다. 보다시피 현대의 활용을 지정하는 데 있어 전혀 소용없다. 그러나 그는 후대에 오면서 빈번한 사용의 결과, 지정된 의미(connotation)가 변해 가더라도, 어원학적 고려는 그 용어의 초기 의미를 지시할 수 있다는 사실을 무시했다. nescius의 'nice' 파생어가 현대의 의미가 성립되게끔 허용하지는 않아도, '실없는' 이라거나 '무지한' 이라는 뜻인 16세기의 의미는 완벽할 정도로 적절하게 성립시킨다. 다양한 시대의 텍스트 안에서 해답을 찾는 노력이 있어야 용어의 의미가 세워지듯이, 초기 의미를 찾아가는 시도에 있어 어원학적인 논증은 철저히 수용할 만하다. 원래에는 없는 뉘앙스가 현재의 모습을 만들기도 하므로, 어원학적 고려로 용어의 후기 의미를 결정할 수는 없다. 따라서 체다카는 후기 히브리어에서 '자선'(almsgiving)을 의미하게 되는데, 어원학적인 고려만으로 이러한 의미를 추출할 수는 없다. 여러 예에서 보이듯이, 문자소와 단어의 의미 사이에 존재하는 의미론적 연결은 너무 팽팽해서 완전히 끊어져 버릴 것 같다. 그러나 다음의 예는, 만약 단어의 신학적 연관이 올바르게만 평가된다면 체다카의 후기 의미를 어원학적인 근거에 의지해서도 이해할 수 있음을 보여줄 것이다.

드보라의 노래(삿 5:1-31)의 활용으로 판단해 보면, 체다카의 가장 오래된 뜻은 '승리' 인 것으로 보인다.[23] 비록 용어와 관련된 뉘앙스에는 변화가

Metapher für die Gefärdung der Weltordnung,' in B. Janowski, B. Ego and A. Krüger (eds.), *Das biblische Weltbild und seine altorientalischen Kontexte*, Tübingen: Mohr Siebeck, 2001, 431-64.

22) J. Barr, *The Semantic of Biblical Language*, Oxford: Oxford University Press, 1961, 107-60.

23) G. Wildeboer, 'Die älteste Bedeutung des Stammes sdq,' ZAW 22 (1902) 167-9. 여성 복수형 활용과 관련된 구절로 사무엘상 12:7, 시편 103:6, 이사야 45:24, 다니엘 9:16 그리고 미가 6:5을 보라.

있었다 해도, 조금 더 후의 텍스트인 사무엘상 12:7이나 미가 6:5에도 이 뜻이 유지되는 듯하다. 이 초기 구절에는 특이한 문법 형태와 희귀한 단어들이 많이 등장하는데, 외부 세력의 위협으로 이스라엘의 생존이 위협받고 있을 때, 하나님은 이스라엘을 방어하는 '의로운' 행동을 하는 분으로 이해되고 있다. 이러한 활용을 볼 때, 단어 '의'는 한 가지 개념만으로 축소되거나 두 개념이 전적으로 구별되는 것은 아니더라도, 보복의 측면과 구원의 측면을 동시에 지니는 것으로 평가할 수 있다. 따라서 하나님의 판단 행위는 이스라엘의 적에게는 보복이지만 하나님의 언약 백성에게는 구원이다.

하나님의 의(iustitia Dei)에 대한 이해가 강조되는 이유는 이 이해가 언약의 개념적인 틀을 형성하기 때문이다. 하나님과 이스라엘이 쌍방의 언약적 의무를 각자에게 이행할 때, 모든 일들은 체디크(saddiq), 즉 '그들이 그럴지어다'의 상태, '의'의 상태가 존재한다고 말해질 수 있다. 의에 대한 구약적 사고의 많은 부분이 하나님과 이스라엘 사이의 언약적 개념과 연결되어 있다는 사실은 의심의 여지가 없다. '의'의 상태가 지속되려면, 쌍방 모두 서로에게 충실할 것이 요구된다.[24] 구약에서 창조 주제와 언약 주제 사이의 밀접한 관련은 도덕과 구원의 서정(序程) 사이의 관계를 가리킨다.[25]

'의'에 대한 비슷한 이해는 고대 세계에서는 흔한 일이었다. 예를 들어, 현존하는 아시리안 문서를 보자. 왕은 자신의 제의적 행위를 통해 세계의 일상성을 보장하는 세계 질서의 수호자로 등장한다.[26] 이러한 개념상의 유사성은 아리아어(Aryan)의 르타(rtá)와 이란어의 아샤(aša)에 나타나는[27] '의'

---

24) R. C. Ortlund의 연구인 *Whoredom: God's Unfaithful Wife in Biblical Theology*, Grand Rapids: Eerdmans, 1996을 살펴보라. '의'와 '언약'이라는 용어가 느헤미야 9:32-33, 시편 50:1-6; 111:1-10, 이사야 42:6; 61:8-11; 호세아 2:16-20에서 어떻게 연관되어 있는지 주목해 보자.
25) B. W. Anderson이 *From Creation to New Creation*, Minneapolis: Fortress Press, 1994, 146-64에서 지적한 그대로다.
26) S. M. Maul, 'Der assyrische König: Hüter der Weltordnung,' in K. Watanabe (ed.), *Priests and Officals in the Ancient Near East*, Heidelberg: Universitätsverlag C. Winter, 1999, 201-14.
27) rtá에 관해서, H. Lüders, *Varuna I: Varuna und die Wasser*, Göttingen: Vandenhoeck & Ruprecht, 1997, 13-27, 특히 27페이지(베다어 rtá와 조로아스터교의 aša의 관계에 대해)를 보라. 마찬가지로, *Varuna II: Varuna und das Rtá*, Göttingen: Vandenhoeck &

와 '진리' 개념 사이의 밀접한 의미 연상관계에서도 목격할 수 있다. 따라서 이스라엘의 적에 대한 찬란한 승리는 벌게이트 번역판(the vulgate)에서는 유스티티아이 데이(iustitiae Dei)인, 시드콧 아도나이(sidqot 'adonay, 삿 5:11, 여호와의 의로우신 일)의 증거로 간주된다. '의' 라는 구체적인 용어가 발견되지 않는 곳에서도, 사사로서의 하나님의 활동과 이웃에 대한 이스라엘의 승리 사이에 있는 것으로 이해할 만한 분명한 관련성이 느껴진다(삿 11:27과 삼하 18:31의 경우).[28]

이스라엘 역사의 이 시기에는, 언약의 '의' 가 이스라엘 자체의 위협 때문이 아니라, 외부 세력 때문에 위협받는 것으로 보인다. 그러나 이스라엘의 수립과 함께 예언이 시작되면서, 이스라엘 내부로부터 언약관계의 위협이 주어진다는 점이 점차 분명해진다. 8세기의 선지자 아모스나 호세아는 이스라엘이 공의로우신 하나님과 언약관계를 지속하는 데 있어, 이스라엘 편에서 의를 소중히 여겨야 한다고 강조했다.[29] 선지자들은 하나님의 백성으로서 이스라엘의 조건적 선택(conditional election)이라는 용어로 이런 관계를 통찰력 있게 표현했다. 선지자들에게 만일 이스라엘이 하나님과의 관계를 유지하려면, 체다카의 조건 또는 상태가 효과적으로 지속되어야 하는 것이었다.[30] 비록 체다카가 서구인의 사고를 지배하는 정의의 한 가지 속성인 할당된 의(iustitia distributiva) 개념에 부합하는 것으로 간주할 만한 여러 경우들이 있지만(비록 라이벌 개념인 iustitia commutativa 쌍무적 의도 있긴 하지

Ruprecht, 1997, 402-654도 보라. 이란어에서 파생된 코카서스 용어인 *äcäg* 또한 이 문맥에서 고려되어야 한다. 다음을 보라. H. Hommel, 'Wahrheit und Gerechtigkeit. Zur Geschichte und Deutung eines Begriffspaars,' *Antike und Abendland* 15 (1969), 159-86; 182-3 n. 86.

28) '사사' 로서의 하나님 개념에서 발생하는 주요 이슈로는 다음을 보라. A. Gamper, *Gott als Richter in Mesopotamien und im Alten Testament: Zum Verständnis einer Gebetsbitte*, Innsbruck: Universitätsverlag Wagner, 1966; P. Krawczack, *'Es gibt einen Gott, der Richter ist auf Erden!' (Ps 58, 12b): Ein Exegetischer Beitrag zum Verständnis von Psalm 58*, Berlin: Philo, 2001.

29) H. Gossai, *Justice, Righteousness and the Social Critique of the Eight-Century Prophets*, New York: Peter Lang, 1993.

30) Schmid, *Gerechtigkeit als Weltordnung*, 67; 참조. von Rad, *Old Testament Theology* 1.370.

만), 그렇게만 간주할 수 없는 경우도 상당히 많다.

이러한 사례의 특별히 중요한 예시는 가난한 자, 궁핍한 자, 곤궁한 자에 대한 구약의 태도일 것이다. 앞서 말한 대로, 체다카는 적어도 부분적으로는 불행한 자들의 존재 때문에 침해된 '사건의 바른 질서'를 지칭한다. 하나님의 체다카는 하나님이 그들을 곤경에서 반드시 구하신다는 것이다. 따라서 체다카를 단지 할당된 의로만 해석하려는 사람들의 시도가 어렵게 된 이유는 체다카의 히브리 개념이 가지는 이 측면 때문이다. '의'에 대한 히브리 이해의 바로 이런 측면은 함께 승인한 법을 깨뜨린 당사자에게 정의를 시행한다는 편견 없는 재판관적 용어로는 결코 이해할 수 없음이 분명하다.

헤르만 크레머(Hermann Cremer, 1834-1903)는 구약의 체다카 용법의 의미를 파악하는 유일한 방법을 주장했다. 체다카는 그 본래의 의미에서 두 사람 사이의 실제적 관계를 지칭하는 용어이며, 관련된 어느 쪽에서 또는 어떤 주장이 제기되든지, 그 관계에 부합하거나 일치하는 행동을 암시한다. 즉 하나님과 이스라엘 사이의 언약이 암시하는 관계는 체다카가 지칭하는 최고의 규범으로 간주되어야 한다는 것이다. 따라서 체다카의 히브리 개념은 자기 자체의 개념적 분류에 속해야 하며, 크레머는 이를 구원의 의(iustitia salutifera)라는 용어로 탁월하게 명명했다.[31]

강렬한 구원론적 색조가 두드러지는 체다카 용법은 '의'와 '구원'이 실용적으로 같이 사용되는, 특히 '제2이사야'의 여러 구절에서 찾아볼 수 있다.[32]

> 내가 나의 체다카(공의)를 가깝게 할 것인즉 그것이 멀지 아니하나니 나의 구원이 지체하지 아니할 것이라(사 46:13).

---

31) H. Cremer, Die paulinische Rechtfertigungslehre im Zusammenhange ihrer geschichtlichen Voraussetzungen, Gütersloh: bertelsmann, 1899. 결과적으로 독일 용어인 '공동체 충성'(Gemeinschaftstreue)이 **체다카**의 번역으로 사용되는 횟수가 증가한다.
32) C. F. Whitley, 'Deutero-Isaiah's Interpretation of *sedeq*,' *Vetus Testamentum* 22 (1972), 469-75. '제3이사야'에서 관련된 패턴의 경우 다음을 보라. B. Rosendal, 'Guds og menneskers retfærdighed hos Tritojesaja,' in B. Rosendal (ed)., *Studier i Jesajabogen*, Aarhus: Universitetsforlag, 1989, 94-116.

동일한 주제가 시편에서 반복되는데, '신뢰성 있고 근본적인 언약의 사건, 그리고 역사와 찬양 속에 나타나는 야훼의 지속적인 구원의 충실성'이[33] 강조되고 선포된다. 물론 '의'와 '구원'이 하나님과 이스라엘의 언약적 관계의 설명에서 풀 수 없을 정도로 뒤얽힌 것으로[34] 간주되지만, 동의어는 아니라는 사실이 반드시 강조되어야 한다. 구약의 의미론적 신학적 고려가 결합되어 발생하는 이처럼 강렬한 구원론적 색조의 '하나님의 의' 개념은 결코 할당된 의라는 서구 개념으로는 옮겨질 수 없다.

따라서 히브리 성경 후기(post-biblical Hebrew) 시대에서 사용되는 체다카의 후기 의미('자선')는 시편 112:9과 다니엘 4:27(아람어로는 4:24. 비록 다니엘서의 이 부분은 히브리어가 아니라 아람어로 기록되었지만, 각 언어에 동일한 단어가 사용되었다) 등의 구절에서 이미 분명해진 경향이 발전되어 나타난 것이다. 따라서 가난한 자와 궁핍한 자의 존재로 침해된 '사건의 바른(또는 의도된) 질서'이므로, 체다카가 요구하는 것은 적절한 치유 수단이다. 따라서 탈굼과 탈무드(대체적으로 '자비' 또는 구체적으로는 '자선')에서 체다카가 뜻하는 바는 단어와 어근 사이에서 의미론적 관계의 최종적인 파괴[35]라기보다는, 초기 시대에서부터 이 용어가 관련되었던 구원론적인 뉘앙스가 자연스럽게 발전한 것임을 보여준다. 단어 자체에 대한 어원 조사만으로 이러한 변화를 설명하기는 부적절하다. 단어가 운용된 구원론적인 문맥, 특히 하나님과 이스라엘 사이의 언약의 모티브와 관련된 정황은 이처럼 확장된 의미를 어려움 없이 이해하도록 돕는다.

구약을 현대 영어나 헬레니즘 시대의 헬라어든지 어떤 2차 언어(second language)로 번역할 때 발생하는 문제는 의미장(意味場, semantic field) 이론의 적용에 잘 제시된다. 단어의 의미장에는 단지 동의어(synonym)만이 아니라, 반의어(antonym), 동음이의어(homonym), 동음이형이의어(homophone)까

---

33) H. J. Kraus, *Theology of the Psalms*, Minneapolis: Augsburg, 1986, 157-8.
34) 다음 예들을 보라. R. Murray, *The Cosmic Covenant: Biblical Themes of Justice, Peace and the Integrity of Creation*, London: Sheed & Ward, 1992.
35) J. F. A. Sawyer, *Semantics in Biblical Research: New Methods of Defining Hebrew Words for Salvation*, London: SCM Press, 1972, 50. Sawyer의 저작에 대한 통렬한 비판으로 다음 리뷰를 보라. P. Wernberg-Møller, JThS 24 (1973), 215-17.

지 포함된다.[36] 따라서 의미장은 단어의 용어와 밀접하게 관련된 다른 단어만을 아주 정밀하게 정의하는 어휘장(語彙場, lexical field)[37]보다 폭이 더 넓다. 의미장의 방대한 크기를 보여주는 예로는 대략 2,000개 정도의 단어로 구성된 불어 단어 '샤'(chat)가 적절할 것이다.[38] 한 단어를 다른 언어로 번역할 경우 불가피하게 원래의 의미장에 왜곡이 발생한다. 그 결과 번역된 단어에는 새로운 뉘앙스와 연상관계가 생성되지 않은 채, 원어에 있는 특정한 뉘앙스와 연상관계는 번역된 단어로 적절히 옮겨지지 않게 된다. 원어의 의미를 번역하기 위해 선택한 단어 자체가 이미 잘 정립된 의미장을 지니고 있기 때문에, 외국어의 연상조합이 번역 과정 자체의 결과로 원래의 단어 위에 더해져 버린다.

두 개의 비-인접(non-contiguous) 단어 사이의 의미 전이에서 발생하는 어려움은 우리 연구의 중요 요소다. 예를 들어, 한 개의 히브리 단어는 구약의 벌게이트 번역판에서 라틴어 단어로 대체된다. 중세의 성경 신학자들은 히브리 원전이 아니라 벌게이트를 중세 신학의 표준으로 사용했다.[39] 중세 신학자들의 대부분은 히브리 원전에 접근조차 못했기 때문에(어떤 경우에는 접근했다 해도 고어를 이해하지 못했을 것이다) 이와 관련된 의미론적 문제

---

36) 이에 관해서는 다음을 보라. S. Öhmann, 'Theories of the "Linguistic Field,"' Word 9 (1953), 123-34; N. C. W. Spence, 'Linguistic Fields, Conceptual Spheres and the Weltbild,' Transactions of the Philological Society (1961), 87-106; V. L. Strite, Old English Smantic-Field Studies, New York: Peter Lang, 1989.

37) 어휘장에 관한 탁월한 연구들이 있다. L. M. Sylvester, Studies in the Lexical Field of Expectation, Amsterdam: Rodopi, 1994; J. R. Schwyter, Old English Legal Language: The Lexical Field of Theft, Odense: Odense University Press, 1996.

38) 초기연구인 P. Guiraud, 'Les Champs morpho-sémantiques,' Bulletin de la Société Linguistique de Paris 52 (1956) 265-88을 보라. 그는 이러한 언어장을 '형태 및 단어군에 의해 형성된 의미의 관련복합체'(le complexe de relations de formes et de sens formé par un ensemble de mots)라고 정의한다. 더욱 깊은 연구로는, P. Guiraud, La Sémantique, Paris: Presses Universitaires de France, 1972를 보라.

39) 중세 시대의 히브리어 지식에 대한 연구로 다음을 보라. B. Smalley, 'Andrew of St Victor, Abbot of Wigmore: A Twelfth Century Hebräist,' RThAM 10 (1938), 358-74; 같은 저자의 The Study of the Bible in the Middle Ages, 2nd edn, Notre Dame: University of Notre Dame Press, 1970, 112-95. 이 연구들이 기반을 둔 사본은 다음을 보라. C. Sirat, Du Scribe au livre: les manuscrits hébreux au Moyen Âge, Paris: CNRS Eidtions, 1994.

들을 인식하지 못했다. 또한 히브리어에서 라틴어로 번역되는 과정에 히브리 텍스트의 번역본인 70인역(LXX)의 중간적 헬라 용어들도 끼어들었다. 따라서 이 또한 문제가 되었다. 따라서 아래에서 보이는 두 가지 변이가 일어난다.

'의'(righteousness): 체다카(sedaqa) → 디카이오시네(dikaiosyne) → 유스티티아(iustitia)

'의롭게 함'(to justify): 하스딕(hasdiq) → 디카이오운(dikaioun) → 유스티피카레(iustificare)

이러한 의미상 변이를 하나하나 살펴보자.

1) '의': 체다카 → 디카이오시네 → 유스티티아

형성기의 기독교 사상에 미친 그리스 철학과 문화의 큰 영향에 대해 문서화 작업이 잘 이루어져 있다.[40] 이런 영향은 주전 3세기 초로 기원이 거슬러 올라가는 70인역(LXX)에도 상당히 스며들어 있다.[41] 디카이오시네(dikaiosyne)는 일반적으로 아리스토텔레스적인 의미가 수용되어 있다. 따라서 디카이오시네를 통해서는 '분량에 맞게 배당해 주는'[42] 즉 할당된 의(iustitia distributiva)와 유사한 이해를 가지게 된다. 아리스토텔레스의 윤리적 사고가 정치적 공동체인 폴리스(polis)의 정황 속에 녹아 있다. 따라서 '의' 또한 전체로서의 정치 공동체의 복지(well-being)라는 목적론적으로 정의된

---

40) 예를 들어 다음을 보라. H. Chadwick, *Early Christian Thought and the Classical Tradition*, Oxford: Clarendon Press, 1984.
41) S. Olofsson, *God is my Rock: A Study of Translation Technique and Theological Exegesis in the Septuagint*, Stockholm: Almquist & Wiksell International, 1990.
42) 일반적인 연구로 유용한 것으로 다음을 보라. E. A. Havelock, 'DIKAIOSUNE: An Essay in Greek Intellectual History,' *Phoenix* 23 (1969), 49-70. 현재까지 최고의 연구는 B. Yack의 *The Problem of a Political Animal: Community, Justice, and Conflict in Aristotelian Political Thought*, Berkeley: University of California Press, 1993이다.

다.[43] 동물 같은 하위 존재나 신 같은 고위 존재는 아리스토텔레스의 디카이오시네 논의에는 완전히 배제되어 있다. 왜냐하면 그들은 계약적 정치 공동체의 성원이 아니기 때문이다.[44] 디카이오시네의 영역은 폴리스의 영역에 따라 규정되므로, 하나님의 의 개념이 즉각적이며 현실적인 중요성을 지닐 수 없다. 이스라엘을 언약 공동체로 보는 구약의 개념과는 현저한 차이가 난다. 아리스토텔레스나 구약 모두 '의' 이해의 기초로 언약 공동체를 전제하지만, '계약'에 대한 이해가 상당히 다르다. 한쪽은 '인간사에 개입하는 하나님'이라는 개념을 함축하고 있고, 한쪽은 그렇지 않다.[45]

아리스토텔레스의 '의' 이해는 히브리어 단어 체다카의 의미와 상당히 다름이 분명하다. 특히, 당시 디카이오시네는 히브리 용어와 연관된 구원론적인 색조를 연상하기 불가능한 근본적으로 세속적인 개념이다. 비록 70인역(Septuagint)의 번역자들이 이 히브리 용어의 번역에 일관성을 지니려 노력했지만[46], 디카이오시네만으로 체다카의 의미를 모든 경우마다 수용하기는 불가능했다. 츠드크(sdq)의 번역은 구문형식에 있어 특별한 주의가 필요하다(예를 들어, 레 19:36; 신 25:15; 겔 45:10). 여기서 히브리어는 분명히 정확한(accurate)이라는 뜻이다. 레위기 19:36의 경우 '반드시 그래야만 하는' 정확한 추(weights)여야 한다. 그러나 70인역은 이 구절을 '의의 추'라고 번역한다. 이 구절은 분명히 정확한 추를 의미하기 때문에 제의적이거나 종교적인 의미를 지니는 단어로 단순히 이해될 수 없다. 마찬가지로 70인역이 의의 제사라고 번역한 구절(신 33:19; 시 4:6; 51:21[70인역의 시 51:21은

---

43) Aristotle, *Politics* I, 1253a 2-3.
44) 보다 오래된 시각으로는 다음을 보라. H. Lloyd-Jones, *The Justice of Zeus*, 2nd edn, Berkely: University of California Press, 1983.
45) 2세기 학자들이 직면한 문제들에 대해서 다음을 보라. E. Peretto, *La giustizia: Ricerca su gli autori cristiani del secondo secolo*, Rome: Edizioni Mariaunm, 1977.
46) 그들이 직면한 어려움은 다음을 보라. S. Olofsson, *The LXX Version: A Guide to the Translation Technique of the Septuagint*, Stockholm: Almquist & Wiksell, 1990. 이 주제의 더 오랜 연구들로 다음이 있다. H. S. Gehman, 'The Hebraic Character of LXX Greek,' *VT* 1 (1951), 81-90; H. M. Orlinsky, 'The Treatment of Anthropomorphisms and Anthropopathisms in the Septuagint of Isaiah,' *Hebrew Union College Annual* 27 (1956), 193-200.

현대 성경의 시편 51:19이다-역주])은 근본적으로 정확한 제사, 즉 윤리적으로 '의롭다'는 생각에서 드리는 제사가 아니라, 언약 제사의 규례에 따른 '바른 순서'로 드리는 제사라는 뜻이다.

구문형식에서 sdq의 활용에 있어 '요구사항에 적합함'으로의 sdq그룹의 기본적 의미는 70인역 번역자들에게 어려움을 안겨주었다. 이러한 문법 구조와 동등한 만족할 만한 그리스어가 없었기 때문이다. 많은 경우, 디크(dik) 어휘군이 sdq 그룹을 번역하는 데 고려될 수 있는 대안처럼 보였지만, 때때로 체다카의 구원론적 함의가 너무 강해서 디카이오시네로만 번역할 수 없었다. 때문에 번역자들은 '자비'를 의미하는 또 다른 단어인 엘레에모시네(eleemosyne)를 사용할 수밖에 없었다.[47] 이는 히브리어 원어에는 친숙하지 않는 구약의 그리스어 독자들에게는 어느 정도 심각한 결과를 빚게 된다. 그들은 이 구절에서 하나님의 디카이오시네와 만나지만, 다른 구절에서는 하나님의 엘레에모시네와 만나게 된다. 사실 이 두 단어는 모두 히브리어인 체다카가 어원이다. 이 두 단어가 동일한 히브리 단어에서 파생한 사실을 모르는 독자는 본래의 단어에는 존재하지도 않는 긴장, 즉 하나님의 '의'와 '자비'가 대립되는 것으로 생각할 수 있다.

서구 기독교 1,500년의 역사 동안 서구교회의 신학자들은 신학적 탐구를 위해 주로 성경의 라틴어 번역, 특히 벌게이트를 주로 사용했다. 이 시기 동안 대다수의 학자들은 구약의 히브리 원전에 접근할 수 없었다. 첫째로, 설령 그들이 히브리어를 안다고 해도, 유스티티아 데이(iustitia Dei)나 유스티피카레(iustificare) 같은 라틴 신학 용어에 대한 해석은 필경 그들이 입수 가능한 라틴어 성경에 의존할 수밖에 없었을 것이다.[48] 따라서 '칭의'와 같은 근본적으로 히브리적인 개념을 라틴의 언어적, 개념적 틀로 번역하는 데 발

---

47) 예를 들어, 시편 24:5; 33:5; 103:6 등이다. 특히 문제는 제2이사야에서 두드러진다. 다음을 보라. J. W. Olley, 'Righteousness' in the Septuagint of Isaiah: A Contextual Study, Missoula: Scholars Press, 1979, 65-78.
48) 16세기의 히브리학의 대두에 대해서 다음을 보라. T. Willi, 'Der Beitrag des Hebräischen zum Werden der Reformation in Basel,' ThZ 35 (1979), 139-54; H. P. Rüger, 'Karlstadt als Hebräist an der Universität Wittenberg,' ARG 75 (1984), 297-309.

생하는 난관의 중요성을 깨닫는 것은 상당히 중요한 일이다.[49]

2세기까지, 라틴 단어 유스티티아(iustitia)는 유스티티아 데이, 즉 '하나님의 의' 같은 장래의 신학적 용어에 상당한 영향을 발휘하기에 충분한 법률적 함의를 획득하고 있었다. 유스티티아를 '(그에게) 적합한 것을 (그에게) 준다'(reddens unicuique quod suum est)라는 키케로적 정의로 사용하는 것이 표준이 되었다.[50] 반질(Van Zyl)은 다음처럼 말한다.[51]

> 도덕 철학에 관한 키케로 사상의 모든 것을 관통하는 황금의 줄은 만인이 '지고의 선'(summum bonum)을 이루어야 한다는 필요와 진정한 열망이다. 지고선(至高善)은 지혜, 정의, 불굴의 정신, 자기절제의 주요 미덕에 부합하는 미덕이 있고, 도덕적이며, 윤리적으로 받아들일 만한 생활을 함으로써 성취된다. 그 목적은 사람을 이성, 정의, 공평과 일치하는 자신의 참된 본성(natura)으로 돌아오게 하는 것이다. 자신의 도덕 철학을 안정되고 조화로운 사회의 필수조건인 법률과 좋은 정부에 대한 자신의 접근과 밀접하게 연결시킨다는 점에서 마르쿠스 툴리누스 키케로(Marcus Tullinus Cicero)는 본질적으로 도덕주의자이며 이상주의자이다.

사실상, 키케로의 정의는 각 사람이 합의된 법(iuris consensus)을 통해 수립되고, 법률(ius)로 구현된 '적당함'이라는 서구의 할당된 의(iustitia distributiva)를 요약한 것이다.[52] '의'의 서구적 개념과 구약의 개념 사이의

---

49) 벌게이트를 포함하는 기독교 라틴어가 직면했던 언어적 요구에 어떻게 대응했는가에 대한 논의로 다음을 보라. V. Binder, *Sprachkontakt und Diglossie: Lateinische Wörter im griechischen als Quellen für die lateinische Sprachgeschichte und das Vulgärlatein*, Hamburg: Buske, 2000.
50) Cicero, *Rhetoricum libro duo* II, 53: 'Iustitia virtus est, communi utilitate servata, suam cuique tribuens dignitatem.' 참조. Justinian, *Institutio* I, 1: 'Iustitia est constans et perpetua voluntas suum unicuique tribuens.' Cicero의 근본적인 유스티티아 개념에 관해서 다음을 보라. D. H. van Zyl, *Justice and Equity in Cicero*, Pretoria: Academica Press, 1991.
51) Van Zyl, *Justice and Equity in Cicero*, 34.
52) F. Wieacker, *Römische Rechtsgeschichte: Quellenkunde, Rechtsbildung, Jurisprudenz und Rechtsliteratur*, Munich: Beck, 1988.

긴장은 명백하다. 윤리 또는 법적 규정 또는 관습의 결정 요소로서 하나님과 인간 사이의 언약에 대한 근본적 호소는 서구 개념에는 보이지 않는다.

기독교 교리 '칭의'의 발전과 관련하여 판단할 때, 구약에서 가장 중요한 책은 시편이다. 세 사람만 열거하더라도, 어거스틴, 피터 롬바르드(Peter Lombard), 루터가 이 주제로 중요한 주석을 썼다. 우리가 알다시피, 제롬이 히브리어 구약으로 번역한 벌게이트에도 시편만은 예외다. 벌게이트의 시편은 '갈리아 시편'(Psalterium Gallicum)이다. 이 시편은 제롬(Jerome)이 '옛 라틴 시편'(the Old Latin Psalter)을 두 번째로 개정한 것인데, '옛 라틴 시편'은 오리겐(Origen)의 70인역 개정판을 기반으로 한다.[53] 그의 후속작인 '근접 히브리 시편'(Psalterium iuxta hebraicam vertatem)은 일반적인 승인을 얻지 못했다. 두 시편의 차이는 시편 24:5(벌게이트 23:5)의 번역으로 제시될 수 있다.

 Psalterium Gallicum:
  ···accipiet benedictionem a Domino et misericordiam a Deo salvatore suo.
 Psalterium iuxta hebraicam veritatem:
  ···accipiet benedictionem a Domino et iustitiam a Deo salutari suo.

위에서 '갈리아 시편'은 70인역을 따르는 반면, 근접 히브리 시편은 히브리 원전을 따른다. 갈리아 시편은 구원을 위한 하나님의 자비(misericordia)에 의지하는 반면, 히브리어 근접 시편은 하나님의 의(iustitia)에 의존한다. 근본적인 불일치로 인한 혼란은 그렇다 쳐도, 혼란이 야기하는 신학적 함의도 상당할 것이다.

이러한 번역으로 인해 상당한 혼란이 잠재해 있다는 사실이 분명해 보인다. 그러나 두 가지 중요한 요소가 이러한 가능성을 놀랄 정도로 줄이는 데 기여한다.

---

53) 두 번역판의 세부사항은 다음을 보라. J. N. D. Kelly, *Jerome: His Life, Writings and Controversies*, London: Duckworth, 1975.

첫째, 벌게이트 자체가 70인역의 번역과 일관성을 지니고 있지 않다. 따라서 체다카를 엘레에모시네(eleemosyne)로 번역한 70인역이 시편 35:24이나 여러 곳에서 라틴어로는 유스티티아(iustitia)로 번역되었다. 어떤 비교 작업이 있었다고 믿을 만한 호소력 있는 논증이 없는데도, 마치 그리스어 번역이 히브리 원전에 맞추어 교정된 것 같은 현상이 발생했다. 이러한 불일치의 이유가 무엇인지 분명하지 않다.

둘째, 시편에서 유스티티아 데이의 서구적 개념에 가장 큰 영향을 끼친 두 구절은 시편 31:1(히브리 원전 및 벌게이트, 30:2)과 71:2(벌게이트, 70:2)이다.[54] 두 구절에서 시편 기자는 구원을 위한 의로움을 행사하시는 하나님께 호소하고 있다.

> 당신에게로, 오 주여, 나는 피난합니다,
> 결코 나를 부끄럽게 하지 마소서.
> 당신의 의로 나를 풀어주시며, 건져주소서

두 경우 모두 70인역은 체다카를 디카이오시네로, 벌게이트는 유스티티아로 번역한다. 마치 이 구절들에 대한 초기 중세 시대의 주석 연구의 결과로 보일 정도로, 이 특정 텍스트의 경우 히브리 근원이 강력한 구원론적 이미가 유스티티아라는 라틴어 단어에 내재되어 있다고 평가할 수 있다.

2) '의롭게 하다': 하스딕(hasdiq) → 디카이오운(dikaioun) → 유스티피카레(iustificare)

일반적으로 '의롭게 하다'(to justify)로 번역되는 히브리 단어 하스딕(hasdiq)을 고려하기 전에 반드시 알아야 될 사항이 있다. 구약 정경에서 하스딕은 단 한번도 '정죄한다' 라든가 '벌을 주다' 등의 부정적인 의미로 사용되지 않는다. 오히려 주요한 의미는 명백하게 '정당함을 입증하다', '무죄

---

54) H. Bornkamm의 연구 'Iustitia Dei in der Scholastik und bei Luther,' ARG 39 (1942), 1-46을 보라.

방면하다' 또는 '올바르다고 선언하다' 등이다.[55] 70인역 번역자들이 직면한 문제는 상응하는 그리스 단어인 디카이오운(dikaioun)이 두 가지 중요 측면에서 하스딕과 다르다는 점이었다.

첫째로 고전적 용법에 의하면, 디카이오운이 사람을 목적어로 할 경우, 거의 변함없이 누군가 정당하지 않은 사람에게 적용되어, '정의를 행사한다' 즉 '벌주다' 라는 의미를 내포한다는 것이다. 물론 디카이오운이 '부당함으로 고통 받는 것을 바로잡다' 는[56] 긍정적 의미로 추정되는 경우도 있기는 하다. 그러나 이는 지극히 드문 경우임이 강조되어야 한다. 일반적으로 디카이오운의 고전적 용법에 의하면, 사람을 목적어로 할 때 '의롭게 하다' 라는 의미 적용은 매우 발견하기 어렵다. 그러나 70인역에서 규범으로 수립되어야 할 동사의 활용은 이런 긍정적 의미이다. 사실상, 히브리 원전에 상응하는 70인역 부분에서[57] 디카이오운이 부정적인 의미로 사용될 만하다고 알려진 곳은 전혀 없다. 따라서 70인역의 단어 사용 용례는 히브리 단어에 상응하는 단어를 찾으면서, 고전적 의미에서 중대한 변경(shift)이 나타났음을 분명히 보여준다. 이러한 변경은 히브리 원전에 낯선 헬라어 구약 독자에게는 별 효력이 없었을 것이다. 디카이오운의 고전적 용례는 70인역에서 단 하나도 찾을 수 없다. 또한 고전 그리스 문학에서 몇몇 고립되거나 논란이 있는 구절에서만 70인역의 일반적 의미와 비슷한 예를 추출할 수 있을 뿐이다.

둘째로 고전 그리스어에서, 사람을 목적어로 지니는 디카이오운이 정당하지 않은 사람에게만 적용된다는 사실은 필연적으로 '벌주다' 라는 부정적인 의미를 시사한다. 동일한 문맥에서 70인역의 동사 활용은 긍정적인 의미, 즉 '의롭게 하다', '올바르다고 선언되다' 또는 '무죄방면하다' 는 의미로 추정될 것을 요구한다. 예를 들어, 이사야 5:22-23(LXX)은 히브리 마소

---

55) N. M. Watson, 'Some Observations Concerning the Use of Dikaioo in the Septuagint,' *JBL* 79 (1960), 255-66.
56) 예를 들어, Olybius III, xxxi, 9; Olley의 *'Righteousnee' in the Septuagint of Isaiah*에서 인용.
57) 시락 42:2 같은 외경에서는 세속 그리스어의 의미로 단어가 사용된 경우를 종종 만난다. 여기 사용된 그리스어 구절 '불경한 자의 칭의' 는 바울적 의미에서 보면 너무 희미한 뉘앙스를 지니므로, 단지 '사악한 자에 대한 처벌' 이라는 뜻이 상식적인 것으로 추정될 뿐이다.

라 사본의 어법을 근접하게 따른다. 불평의 요체는 어떤 사람들이 재정적인 고려 때문에 '악한 자를 의롭다고 한다' 는 것이다. 만약 고전적 의미의 디카이오운(예를 들어, 시락 42:2)이 적용되거나, 또한 정당치 못한 사람이 벌을 받은 것이라면, 즉 '그들에게 정의가 행사된 것' 이라면, 불평할 이유가 없으므로 이런 불평이 말이 안 된다. 그러나 이 용어가 히브리 배경을 지닌 것으로 가정한다면, 불평의 요체는 어떤 사람들이 뇌물을 받고 유죄한 자를 무고하다고 선언한 것이 되므로, 그런 불평이 성립된다. 비록 고전 그리스어가 출처인 디카이오운이지만, sdq 단어군을 번역하는 데 사용되기 때문에 히브리적 의미를 지닌 것으로 분명히 추정할 수 있다. 자료의 히브리적 배경에 익숙하지 못한 구약의 그리스어 독자들은 위의 구절들에 굉장히 당혹스러울 것이다.

이 동사의 세속 그리스어 활용의 표준구(locus classicus)는 아리스토텔레스의 『니코마코스 윤리학』(Nicomachean Ethics) 제4권이다. 만약 고전 아리스토텔레스의 개념 이해가 70인역의 이사야 43:26 번역에 적용된 것이라면 명백한 부조화가 일어난다. 이스라엘은 죄를 고백하려고 그곳에 초대받았고, '그 결과 의롭다고 여겨진다.' 벌 받게 될 것이 뻔한데, 이스라엘이 죄를 고백하러 가야 하는지 단어의 고전적 의미로는 이유가 불분명하다. 물론 그리스어 단어 디카이오운이 세속 그리스어 용법에 따른 것이 아니라 하스딕의 의미를 전용한 것이라면, 의미가 분명하게 이해된다. 이스라엘은 죄에서 방면되고자, 죄를 고백함으로써 그 죄에서 면제되도록 초청된 것이다. 미가 6:11(LXX)에도 비슷한 결론이 내려져야 할 것이다. 수사적 질문은 부정적 답변, 즉 용어의 그리스적 의미가 아닌 히브리적 의미를 기대하고 있음이 분명하다.

따라서 히브리 원전의 영향으로, 70인역의 단어 디카이오운은 세속 그리스어 어원과는 동떨어진 의미를 표방하게 되었음에 틀림없다. 더욱이 이런 의미가 널리 퍼져 그리스어를 사용하는 유대교 내부에서 수용되었음이 분명하다. 그렇지 않았다면, 이 점과 관련하여 70인역은 이해불능 상태에 빠졌을 것이다. 이러한 내재적 어려움은 sdq와 dik 단어군의 상당히 다른 의미장(semantic field)을 반영함이 분명하다.

하스딕 또는 디카이오운의 라틴어 번역 과정에서 상당히 다른 단어의 성질 때문에 한 가지 문제가 일어난다. 라틴어 동사 유스티피카레(iustificare)는 후-고전(post-classical) 시대의 단어이다. 따라서 해석이 필요하다. 라틴어 사용 신학자들은 히포의 어거스틴을 따라(제1장 4. 분수령: 히포의 어거스틴 참조) 유스티피카레(의롭게 하다)를 유스툼 파케레(iustum facere, 의롭게 만들다)로 번역하는 것이 일반적 경향이었다. 예를 들어, 중간적 흐름(medius currens)이라는 단어에서 머큐리우스(Mercurius)라는 불가능한 이름을 유도해 낸[58] 어거스틴의 어원학적 탐구는 오랫동안 조소거리였지만, 유스티피카레의 기원에 대한 해설은 상당히 개연성이 있다. 피카레(-ficare)가 파케레(facere)의 비강세형이라는 추정은 인정할 만하다. 한편 유스티피카레를 개별적으로 본다면 이런 해설을 인정할 수 있지만, 디카이오운의 라틴어 등가어(equivalent)인 동사라는 해석은 인정할 수 없다.

'Messieurs, l'Angleterre est une île' (여러분, 영국은 섬입니다). 이 말은 프랑스의 위대한 역사가 줄 미셸레(Jules Michelet)가 영국 역사 강의의 서두에서 단순하게 지리적 사실을 지적한 말이다. '영국은 섬이다' 라는 말은 모든 사람들이 아주 쉽게 간과해 온 사실이었지만, 그의 주제에 결정적인 영향을 미쳤다. 기독교 교리 '칭의'의 발전에 대한 연구를 시작하면서, 서구교회의 초기 신학자들이 성경의 라틴 번역판들에 의존했으며, 일정한 전제를 지닌 채 텍스트와 주제에 접근했다는 사실에 주목할 필요가 있다. 또한 라틴 언어가 지닌 특수성과 어법의 대부분이 그대로 기독교 자체에 적용되었다는 점도 논의되어야 한다.[59]

복음이 팔레스타인 근원에서 서구 세계로 전파되면서[60], 히브리어 개념에

---

58) *De civitate Dei* VII, 14, CSEL 40.322.10-17.
59) 16세기 이래 서구 기독교 전통의 실질적인 부분에 커다란 충격을 준 또 하나의 의미상 변동, 즉 히브리어, 그리스어 및 라틴어로부터 영어로의 전이 또한 주목해야 한다. 영어는 역사적으로 라틴어 개념 유스티티아를 표현할 수 있는 두 가지 근원을 발전시켜 왔다. '정의'(justice)는 라틴어에서 유래되어 중간매개인 불어를 거쳐 형성된 단어이며, '의'(righteousness)는 앵글로-색슨에 뿌리를 둔다.
60) 다음을 더 보라. H. Thielicke, 'Ius divinum und ius humanum,' in G. Kretschmar and B. Lohse (eds.), *Ecclesia und Res Publica*, Göttingen: Vandenhoeck & Ruprecht, 1961, 162-75.

서 그리스 개념으로의 초기 전이와 연이은 라틴 개념으로의 전이는 '칭의'와 '의' 개념에 근본적인 수정이 일어났음을 가리킨다. '하나님의 의' 개념은 모든 사람들에게 아주 중요한 문제였다. 특히 바울에게는 기독교 복음의 핵심이었다. 그런데 이와 관련한 중대 사건이 발생했다. 신학적 개념인 '하나님의 의'는 "하나님이 각자의 분량대로 나눠주는 것"을 의미한다는 사고가 널리 퍼지게 된 것이다. 이런 사고는 나중에 루터의 지적대로, 루터 같은 죄인은 정죄하면서, 이미 의로운 사람들은 의롭다고 하는 것을 뜻했다. 그는 질문했다. 이게 무슨 좋은 소식이란 말인가?

다음에서 바울이 칭의 교리의 서구적 발전에 끼친 공로를 잠시 언급할 것이다. 그런 후에 바울서신의 역할을 아주 자세히 고찰할 것이다.

2. 바울과 기독교 전통의 형성

기독교 신학자들은 초창기부터 성경과의 순종적이거나 창조적인 교감을 통해 신학을 빚어왔다. 서구에서 칭의 교리 탄생의 결정적인 윤곽을 그리는 데 특별히 중요한 역할을 한 것이 바울서신이다. 이유를 분간하기는 어렵지 않다. 그 중에 하나는 '칭의' 라는 언어가 특별히 바울과 관련되어 있다는 단순한 이유다. '칭의' 는 로마서와 갈라디아서에 집중되어 있다. 어떤 의미에서 칭의를 둘러싼 서구교회의 토론은 바울의 유산을 정리하며, 또한 이 유산으로부터 칭의의 배경과 성격에 대한 일관된 이해를 추출하려는 시도라고 할 수 있다.[61]

그러나 바울의 칭의 개념을 파악하려는 교회의 노력은 지성의 항구에 귀항하는 배라기보다는 망망대해에서 멈춰버린 배라고 생각할 필요가 있다. 이 단원에서 제시되는 내용은 서구의 신학적 전통이 바울의 본질적 자료를 다루는 과정을 지배했던 주제들의 단순한 개관이다. 따라서 기껏해야 하나

---

61) 이러한 토론에 대한 탁월한 요약으로, 훌륭한 참고서적 목록을 갖춘 다음의 저서를 보라. J. Dunn, *The Theology of Paul the Apostle*, Grand Rapids: Eerdmans, 1998.

의 서술이며, 표준인 척하지도 않을 것이다. 토론과 가능성 있는 결론(해결된 결론으로 생각하지는 않으므로)의 중요성을 보여주고자 성경 신학자들이 인용될 것이다. 이 책 전체의 주제 문제(subject matter)는 바울을 정확하게 해석하고, 그 기초 위에 신학적 상부구조를 세우려는 시도를 확장한 것으로 볼 수 있다.

바울의 칭의 개념은 주로 로마서와 갈라디아서의 두 서신에 집중되어 사용된다. 여기에서 칭의는 특히 '율법의 공로' 와 '믿음' 과의 관계와[62] 관련된 기독교와 유대교 사이의 연결과 차이를 밝히는 중요하고도 건설적인 역할을 한다. 바울의 '칭의' 개념이라고 말하면 오해가 생길 수 있다. 이 개념은 바울서신에서만 두 차례 명사(diakaiosis)로 나타난다. 바울에게 있어 칭의란 하나님의 행위이다. 따라서 주로 동사(dikaioun)로 표현된다.[63] 칭의와 관련된 바울의 어휘는 구약에 기반을 두고 있어 '의' 보다는 '올바름' 또는 '올곧음' 의 개념을 나타낸 듯하다.[64] 구약은 다음과 같은 이유로 명사보다는 동사를 선호한다. 칭의는 하나님의 행위에서 비롯되므로, 한 개인이 하나님과 바른 관계에 서 있으면 '정당함이 입증된다' 또는 '올바르다고 선포된다' 는 점을 부각시키려 구약은 명사보다 동사를 선호하는 것일 수 있다. 바울은 '의롭게 하다' 라는 동사를 사용하여 하나님의 행위를 지칭케 함으로써 이러한 강조에 반응하는 것이다. 하나님의 강력하고 우주적이며 보편적인 행위는 죄인인 인류와 하나님 사이의 상황을 변화시키는 효력을 미친다. 또한 하나님은 그의 행위로 신자들의 죄를 사하고, 정당함을 입증하시므로, 신자들을 하나님과 올바르고 충실한 관계에 있게 하시는 것이다.[65]

---

62) 어조상 논증적이라기보다는 변증적으로 해석하는 것이 가장 좋다. 다음을 보라. W. S. Campbell, 'The Romans Debate,' *JSNT* 10 (1981), 9-28.
63) 동사는 23회 발견된다, 갈라디아서에서 8회, 로마서에서 15회다. 명사는 로마서에만 나온다.
64) 많은 주석가들이 이 점을 지적했다. B. F. Westcott는 *St. Paul and Justification*, London: Macmillan, 1913, 38에서, 복음에 대한 바울의 관점에서 '올바름' 이 본질적인 테마임을 시사한다. 보다 깊이는 다음을 보라. L. E. Keck, *Paul and His Letters*, 2nd edn, Philadelphia: Fortress Press, 1988, 110-20; R. K. Moore, *Rectification ('Justification in Paul, in Historical Perspective, and in the English Bible*, Lewiston: Edwin Mellen Press, 2002.
65) D. A. Campbell, *The Rhetoric of Righteousness in Romans 3.21-26*, Sheffield: Sheffield Academic Press, 1992.

그러나 칭의에 관한 바울의 진술을 응집된 신학적 체계에 통합시키는 일은 상당한 문제를 야기함이 입증되었다. 바울은 체계적이거나 일관된 사상가가 아니라는 헤이키 레이세넨(Heikki Räisänen)의 논문은[66] 상당한 저항을 불러왔지만[67] 칭의에 관한 바울의 진술을 미묘한 뉘앙스, 전략적인 강조 또는 선택적인 주목 등에 의지하지 않고 응집된 전체로 통합시키는 일은 여전히 난관이다. 예를 들어, 칼 돈프리드(Karl Donfried)는 바울의 핵심 개념인 칭의, 성화, 구원은 과거-현재-미래라는 틀에 깔끔하게 수용될 수 있음을 최근에 제안했다. 그 내용은 다음과 같다.[68]

> 칭의(justification): 현재적 의미(성화)를 가지는 과거의 사건
> 성화(sanctification): 과거의 사건(칭의)에 기반을 두면서, 미래적 의미(구원)를 가지는 현재의 사건
> 구원(salvation): 과거의 사건(칭의)과 현재의 사건(성화)에서 이미 예시되고 부분적으로는 경험되었으며, 칭의와 성화에 기반을 두는 미래의 사건

놀랄 만한 정연함에도 불구하고 이 접근법은 매우 부적절하다. 예를 들어, 바울 자료에서 칭의는 성도로서의 삶의 시작과 최종적인 완성이 모두 연관된 것으로 보이므로, 과거만이 아니라 미래 또한 언급한다(롬 2:13; 8:33; 갈 5:4-5). 마찬가지로 성화 또한 과거의 사건(고전 6:11)과 미래의 사건(살전 5:23)을 언급할 수도 있다. 구원은 예외적으로 복잡한 개념이다. 단지 미래 사건만을 포괄할 뿐 아니라, 과거에 일어난 일도 포함한다(롬 8:24; 고전 15:2). 심지어는 현재의 일도 포함한다(고전 1:18).

바울에 나타나는 칭의적 언어는 신앙생활의 시작과 동시에 마지막 완성

---

66) Heikki Räisänen, Paul and the Law, 2nd edn, Tübingen: Mohr, 1987, xi. A. J. M Wedderburn, 'Paul and the Law,' SJTh 38 (1985), 613-22의 긍정적인 평가를 보라.
67) 가장 두드러진 비판으로 다음을 보라. T. E. van Spanje, Inconsistency in Paul? A Critique of the Work of Heikki Räisänen, Tübingen: Mohr Siebeck, 1999.
68) Donfried, 'Justifcation and Last Judgement in Paul.' 또한 다음을 보라. Cosgrove, 'Justification in Paul'; Seifrid, Justification by Faith.

을 지칭하는 것으로 보인다. 이것은 복잡하면서 포괄적인 개념으로 궁극적인 면죄 선포에 이은 최후의 심판을 고대한다(롬 8:30-34). 따라서 현재에 의롭다고 여김 받는 신자의 기독교적 실존은 다가올 진노에서 구원받는다는 기대이며 동시에 이 구원에 미리 참여하는 것이다. 또한 최후의 종말론적인 무죄방면 평결에 대한 현재적인 보장이기도 하다(롬 5:9-10).

따라서 칭의 개념은 과연 바울의 핵심 사상인가? 바울의 복음 이해에서 칭의 개념의 정확한 역할에 대한 질문은 현대 바울 학자들 사이에도 의견이 팽팽하게 대립된다. 마틴 루터는 이것이 단지 사도의 신학에서만이 아니라, 기독교 복음 선포 전체의 핵심을 이룬다고 간주했다. 수많은 지도적 개신교 신학자들이 지금까지 루터의 판단을 지지해 왔다.[69] 루터의 입장을 인정하는 최근 학자들이 있는 반면, 전통적인 루터의 입장에 다소 비판적인 학자들도 있다. 이들은 바울 사상의 중심부가 다른 곳에 있다고 본다. 바울을 읽으면서, 어떤 중심 사상을 식별하기는 현실적으로 어려우며, '중심'(center)이라는 말이 도대체 무엇을 의미하는지에 대해서도 많은 불일치가 존재한다는 것이다. 중심이란 일관성의 원리인가? 요약된 원칙인가? 정통성의 척도인가?[70] 바울 사상에서 칭의가 차지하는 중요성에 대한 일치에 도달하려는 길 위에 이런 어려움이 놓여 있다. 이 문제에 관해 존재하는 최근의 학설을 크게 세 가지 입장으로 나눌 수 있다.[71]

첫째, 바울의 기독교 개념에 있어 믿음에 의한 칭의가 핵심적 중요성을 지닌다. 위에 언급된 것처럼, 이 입장은 역사적으로 마틴 루터와 커다란 관련이 있다. 따라서 수많은 독일의 루터파 신약학자들이 이 입장에 공명한다는

---

69) 가장 두드러진 것으로 다음을 보라. Jüngel, *Das Evangelium von der Rechtfertigung des Gottlosen als Zentrum des christlichen Glaubens*.
70) 기타 성경저작에 관한 문학적 또는 신학적 '중심'을 파악하는 문제와 관련해서 다음을 보라. G. Fohrer, 'Der Mittelpunkt einer Théologie des Alten Testaments,' ThZ 24 (1968), 161-72; K. Backhaus, 'Die Vision vom ganz Anderen: Geschichtlicher Ort und theologische Mitte der Johannes-Offenbarung,' in K. Kertelge (ed.), *Théologie als Vision: Studien zur Johannes-Offenbarung*, Stuttgart: Verlag Katholisches bibelwerk, 2001, 10-53.
71) 예를 들어 다음을 보라. C. J. A. Hickling, 'Centre and Periphery in the Thought of St Paul,' *StB* 3, Sheffield: Sheffield Academic Press, 1978, 199-214.

사실은 전혀 놀랄 일이 아니다. 이 학파는 칭의를 바울 사상의 진정한 신학적 중심으로 간주하며, 조금이라도 중요성을 완화시키면 가차 없이 비판을 가한다. 믿음에 의한 칭의는 단지 1세기에 유대교와 기독교 복음을 분명히 구별하려는 시도와 관련된 것만이 아니라, 어떻게 죄인인 인간이 의로우신 하나님의 목전에서 은혜를 입고, 용납되는가에 대한 근본적 질문을 제기한다는 것이다.[72]

이처럼 광범위한 접근법에도 차이가 있다. 예를 들어, 불트만은 루터파로도 여겨질 수 있는 입장을 취한다. 그는 믿음의 긍정적인 중요성을 강조하면서, 동시에 바울의 '칭의' 적 언어를 실존주의적 용어로 해석한다. 한편 크랜필드(C. E. B. Cranfield)는 이 문제에 관한한 좀더 개혁주의의 입장에 가깝게 보이는데(이 입장은 그가 한 고찰의 전제가 아니라 결과라는 점이 강조되어야 한다), 바울에게 있어 율법의 지속적 중요성에 주목한다.[73]

둘째, 믿음에 의한 칭의는 기독교 복음에 대한 바울의 전반적인 제시와 이해에 있어 보조 분화구(알버트 슈바이처)이다. 이 견해의 기원은 아마도 19세기, 특히 윌리엄 브레데(William Wrede)의 저작까지 거슬러 올라간다. 브레데는 믿음에 의한 칭의는 유대교가 던진 신학적 위협을 중화시키려는 시도에서 기획된 하나의 논증적 교리에 불과하다고 주장했다. 위협을 무력화하는 과정에서, 바울은 자기 사상의 긍정적인 측면을 발전시킬 수 있었다(브레데는 그리스도 안에서의 대속을 중심에 두었다). 따라서 바울 사상의 진정한 강조는 칭의 말고 다른 곳에 두어져야 한다는 것이다. 이 입장을 채택한 사람들 중에 다음의 저자들이 (바울 사상의 중심이 실제로 어디에 있는가와 관련해서) 중요하다. 슈바이처(Albert Schweitzer, 신자가 그리스도와 함께 부

---

72) 예를 들어 다음을 보라. H. Bornkamm, *Paul*, New York: Harper & Row, 1971; E. Käsemann, "The Righteousness of God" in Paul,' in *New Testament Questions of Today*, London: SCM Press, 1969, 168–82; Kertelge, '*Rechtfertigung*' *bei Paulus*; C. Müller, *Gottesgerechtigkeit und Gottesvolk*, Göttingen: Vandenhoeck & Ruprecht, 1964.

73) C. E. B. Cranfield, *The Epistle to the Romans*, 2 vols., Edinburgh: T. & T. Clark, 1975.

활하고, 함께 죽음);[74] 마틴(R. P. Martin, 하나님과의 화해);[75] 샌더스(E. P. Sanders, 그리스도 안에서의 참여를 믿음).[76]

세 번째 견해는 위의 두 입장에 대한 타협이다. 믿음에 의한 칭의는 하나님이 신자들을 위해서 그리스도 안에서 그리고 그리스도를 통해서 이루신 일들을 개념화시키는 여러 방법 중의 하나로 간주된다.[77] 따라서 바울 사상의 중심은 칭의에 있는 것이 아니라, 하나님의 은총(the grace of God)에 있다. 그러나 칭의는 이 은총(무조건적인 사면과 용서에 대한 법률 용어로)을 묘사하는 방법 중의 하나다. 따라서 어떤 점에서(복음의 핵심을 표현하는 한 방법이라는 점에서) 중심이다. 그러나 또 다른 점에서(이 핵심을 표현하는 단 하나의 방법이 아니라, 여러 방법 중의 하나라는 점에서) 중심이 아니다.

필자는 '칭의'(dikaiosis)와 '의'(dikaiosyne) 두 단어 사이에 밀접한 의미론적 관련이 바울 사상 안에 있다고 앞서 언급했다. 하나님의 의를 드러낸다는 생각은 구원의 근거와 수단에 관한 기독교적 탐구에서 아주 중요한 위치를 차지한다. 따라서 서구의 기독교 전통 속에는 이 용어의 해석과 관련된 심층적이며 복잡한 역사가 있었다. 히포의 어거스틴은 '하나님의 의'는 하나님의 개인적인 의가 아니라 하나님이 죄인들을 의롭게 하시고자 베푸시는 의(달리 말하면, 하나님에게서 나오는 의)를 가리킨다고 주장했다.

14세기까지 이 해석이 서구 신학의 전통을 지배했다. 가브리엘 비엘(Gabriel Biel) 같은 저자들이 '하나님 자신의 의로움에 의한 의'라는 용어로 재해석하면서 1515년을 전후로 루터 또한 이 문제에 개입하기 시작했다. 하나님의 의의 속성에 관한 이런 이해는 현대에도 지속되는데, 특히 루터파의 바울 해석자들 사이에서 그러하다. 그 중에서 루돌프 불트만(Rudolf

---

74) Schweitzer, *Die Mystik des Apostels paulus*.
75) R. P. Martin, *Reconciliation: A Study of Paul's Theology*, Atlanta: John Knox Press, 1981.
76) E. P. Sanders, *Paul and Palestinian Judaism*, London: SCM Press, 1977, 467-8.
77) 예를 들어 다음을 보라. J. Jeremias, *The Central Message of the New Testament*, New York: Charles Scribner's Sons, 1965. '하나님의 의'와 '하나님의 구원'의 개념적인 유사성에 관한 초기 논의로는 J. Jeremias, *Der Opfertod Jesu Christi*, Stuttgart: Calwer Verlag, 1963, 19가 있다.

Bultmann)과 에른스트 케제만(Ernst Käsemann)의 해석은 자세히 살펴보아야 한다.

불트만은 특별히 로마서 10:3과 빌립보서 3:9에 기반을 두어, '하나님의 의'는 도덕적인 용어가 아니라 관계적인 용어라고 주장했다. 신자는 자신의 믿음 때문에 의롭다고 인정받는다. '하나님의 의'라는 용어는 저자 소유격(genitive of authorship)을 나타낸다. 유대교는 뭔가 역사의 종말에 발생하는 미래의 종말론적 희망의 일부 또는 부분으로, 이 의가 수여된다고 본 반면, 바울은 이 의가 믿음을 통하여 현재에 신자에게 주입된 것임을 천명했다고 불트만은 주장한다.[78]

케제만은 여러 근거로 불트만의 해석에 통렬한 비판을 퍼부었다. 우선, 불트만은 인간 중심적인 신학 접근법에 의존하게 되면서, 급진적인 개인주의의 덫에 걸렸다는 것이다. 불트만은 주로 인간 실존 문제에 관심을 두었는데, 케제만에 의하면 하나님의 의도에 집중해야만 했다. 더욱이 '하나님의 의'를 저자 소유격으로 해석하여 선물을 주시는 하나님과 그 주어진 선물 사이에 간격을 만들 수밖에 없게끔 내몰렸다는 것이다. 불트만의 접근법은 수여자와 선물을 분리시켜, 하나님 자신보다 오직 선물에만 집중하게 만든다. 따라서 케제만은 다음처럼 말한다. '선물은 결코 선물을 준 사람과 분리될 수 없다. 선물은 하나님의 능력과 관련이 있으므로, 선물을 통해 전면에 나서는 분은 하나님이다.'

'하나님의 의'는 하나님이 주신 것보다 하나님 자신을 언급한다고 이해함으로써, 불균형을 회복시킬 수 있다. 따라서 케제만은 '하나님의 의'는 행동하시는 하나님을 의미한다고 주장한다. 즉 하나님의 능력과 하나님의 선물 모두를 가리킨다(엄격히 말해, 케제만은 하나님의 속성에 대한 진술로 '하나님의 의'를 다룬 것이 아니라, 행동하시는 하나님을 가리키고자 다룬 것이다). 다음 구절들이 케제만의 생각을 전달하는 데 도움이 될 것이다. '구

---

78) Stuhlmacher, *Gerechtigkeit Gottes bei Paulus*; 또한 다음을 보라. J. Reumann, *Righteousness in the New Testament*, Philadelphia: Fortress Press, 1982; J. A. Ziesler, *The Meaning of Righteousness in Paul*, Cambridge: Cambridge University Press, 1972; Hempel, *Rechtfertigung als Wirklichkeit*.

원-창조 능력', '우리 실존의 변화', '그 능력-선물의 성격', '주되심(Lordship)의 변화.' 케제만의 논의에 반복적으로 나타나는 테마는 종말론적으로 예수 그리스도 안에서 계시되는 하나님의 구원하시는 능력과 행위이다. 여기에는 그리스도를 통한 승리, 자신의 언약에 대한 하나님의 충실성, 능력과 행위로 자신을 주심 등 바울의 주요 테마들이 모두 포함된다.[79]

케제만의 접근법은 현재 긍정적으로 또는 부정적으로 큰 영향을 미치고 있다. 피터 스툴마커(Peter Stuhlmacher)는 케제만에 기반을 두어, '하나님의 의'를 순전히 하나님 중심적 개념 또는 철저히 인간 중심적 생각으로만 취급하는 것은 수용할 수 없다고 말한다. 그리스도 안에서 하나님의 구원 행위의 구현체로서 신자의 새로운 삶을 가져오는데 두 요소가 모두 필요하다. 그리스도의 구속 사건에서 제시되고 행위로 나타나는 하나님의 의는 언약에 대한 하나님의 충실성과 신자의 구원적 변화의 측면 모두에 나타난다.

한 번 더 말해 중요한 논쟁이 미해결인 상태로 계속 진행 중이다. 레우만(J. Reumann)은 '하나님의 의'에 관한 네 가지 주류 해석과 주창자를 제시했다.[80]

1. 목적 소유격(objective genitive): 하나님 앞에서 통용되는 의(루터).
2. 주어 소유격(subjective genitive): 하나님의 속성 도는 특성으로의 의(케제만)
3. 저자 소유격(genitive of authorship): 하나님에게서 솟아나는 의(불트만)
4. 기원 소유격(genitive of origin): 하나님의 의롭게 하시는 행동의 결과인 인간의 의로운 상태(크랜필드)

바울에 따르면, 어떻게 '하나님의 의'가 사람의 칭의로 연결되는가? 최근

---

79) Käsemann, New Testament Questions of Today; 같은 저자의 Commentary on Romans. 다음을 보라. Zahl, Die Rechtsfertigungslehre Ernst Käsemanns, 58-62. 또한 다음을 보라. S. K. Williams, 'The "Righteousness of God" in Romans,' JBL 99 (1980), 241-90.

80) Reumann, Righteousness in the New Testament, 여러 페이지에 걸쳐.

바울의 칭의 견해와 1세기 유대교의 견해에 대한 상당한 논쟁이 전개되고 있다. 특히 샌더스의 『바울과 팔레스타인 유대교』(*Paul and Palestinian Judaism*, 1977)가 논쟁의 중심이었으며, 몇 년 후 『바울, 율법 그리고 유대 민족』(*Paul, the Law and the Jewish People*, 1983)이 뒤따랐다. 샌더스의 저작은 바울과 당시 유대교 관계에 대한 기존 이해의 완전한 재평가가 필요하다는 요청에 따른 것이다. 샌더스는 너무나 빈번히 루터의 시각으로 바울이 읽혀져 왔다고 기록했다.

루터의 바울 해석(율법과 복음의 차이를 강조함으로써 불링거, 칼빈과 맥을 같이하는 개혁주의 관점과 현저하게 대비된다)에 의하면, 바울은 율법 준수의 공로를 통해 의를 획득하여, 하나님의 눈앞에서 은총과 용납을 발견하려는 전적으로 잘못된 유대교 율법주의자들의 시도를 꾸짖었다. 샌더스는 이 견해가 케제만과 불트만 등 루터파 학자들의 분석을 물들게 했다고 주장한다. 아마도 이 학자들은 부지불식간에 루터파의 안경을 끼고 바울을 읽음으로써, 유대교가 율법의 종교가 아니라 은혜의 종교, 즉 1세기 유대교의 적절한 역사적 정황 속에서 바울이 읽혀져야 함을 깨닫지 못했다는 것이다.[81]

샌더스에 의하면, 바울 당시의 팔레스타인 유대교는 언약적 율법주의(covenantal nomism)의 형태를 띠고 있었다. 율법은 하나님과 이스라엘 사이의 언약의 표현이므로, 이 언약의 맥락 안에서 인간이 어떻게 행동해야 하는지 가능한 한 명료하고 정확하게 설명하려는 목적이 있다. 따라서 의란 하나님과 역사적인 언약을 맺은 백성에 부합하는 행동 또는 태도로 정의된다.[82] 마찬가지로 '율법의 행위'는, 유대인들은 이미 자신들이 언약 안에 서 있다고 생각하므로 언약으로의 통행권을 획득하는 수단(루터의 견해)으로 이해되지 않는다. 오히려 '율법의 행위'는 유대인들이 이미 하나님의 언약 백성이 되었으며, 그 언약 법규를 준수하며 살고 있다는 사실을 표현하는 것이다.

---

81) Sanders, *Paul and Palestinian Judaism*; 같은 저자의 *Paul, the Law, and the Jewish People*. 보다 깊이는 다음을 보라. Dunn, 'The New Perspective on Paul'; Westerholm, *Israel's Law and the Church's Faith*; Wright, *The Climax of the Covenant*.
82) 관련된 테마를 쿰란에서 찾으려면 다음을 보라. Betz, 'Rechtfertigung in Qumran.'

따라서 샌더스는 '율법에서 생기는 의'는 '사람이 공덕을 쌓은 대가로 하나님에게 보상을 요구하게 되므로, 은총을 부정하는 것이다' 라는 견해를 거부한다. '율법의 행위'는 언약으로의 진입이 아니라 언약을 유지하는 기초로 이해되었다. 샌더스는 "행위는 '안'에 머무르는 조건이지, 구원을 얻는 조건은 아니다"라고 말한다. 만약 샌더스가 옳다면, 루터의 바울 해석은 기본적 특징부터 틀리게 된다. 따라서 급진적인 수정이 요구된다.

그렇다면 샌더스의 입장에서 바울은 유대교와 기독교 사이의 차이를 어떻게 이해한 것인가? 유대인들이 결코 행위 또는 인간의 노력만으로 얻는 구원을 믿지 않았다고 치자. 그렇다면 샌더스는 유대교를 뛰어넘은 기독교의 독특한 장점이 무엇으로 증명된다고 생각하는가? 유대교를 공로의 종교로, 기독교를 은총의 종교로 간주하는 것이 틀렸다고 주장하면서, 샌더스는 유대교는 '율법을 소유한 하나님의 언약백성으로의 지위'에서 오는 구원을 유대 백성들의 희망으로 생각하는 반면 기독교는 '전적으로 그리스도에 참예함을 믿음에서 오는 더 나은 의'를 믿는다고 논증한다. 유대교와 마찬가지로 바울도 언약 안으로 들어가며, 또 그 안에 머무는 문제에 관심을 기울였다는 것이다. 근본적인 차이점은 바울의 선포대로, 유대인은 민족적인 특권이 없으며, 언약 백성의 자격은 그리스도를 믿는 모든 이에게 열려 있고, 따라서 아브라함의 연속선상에 서게 된다는 것이다(롬 4장).

이 접근법에도 난제가 있다.[83] 첫째로, 바울이 왜 기독교가 유대교보다 우위에 있다고 생각했는지 샌더스의 견해로는 설명이 안 된다. 단지 기독교가 아니기 때문에 유대교가 잘못된 것으로 제시된 것이 아니다. 두 종교는 동일한 언약에 대한 다른 제도다. 그러나 샌더스의 비평가들이 강조하듯이, 바울은 기독교를 유대교 안에서 일어난 일종의 제도적 변화로 여기지 않았다. 구원사만으로 바울이 말한 모든 것을 설명할 수 없다. 그는 더욱 큰 열정으로 말했다.[84]

---

83) 중요한 평가로 다음을 보라. F. Thielman, *From Plight to Solution: A Jewish Framework for Understanding Paul's View of the Law in Galatians and Romans*, Leiden: Brill, 1989.

84) Gundry, 'Grace, Works, and Staying Saved in Paul,' 1-38.

둘째로, 샌더스는 바울과 유대교 모두 언약을 통한 구원을 유지하는 원칙으로 행위를 이해했다고 제안한다. 그러나 바울은 선한 행위를 증거라고 보았지, 도구라고 생각하지는 않은 것 같다. 달리 말하면, 선한 행위는 신자들이 언약 안에 거하는 도구라기보다는 언약 안에 서 있다는 사실 자체의 표현이다. 사람은 믿음을 통하여 언약의 범위 안으로 들어간다. 여기에 샌더스가 암시하는 당시 유대교 사상과는 쉽게 일치하지 않는 새로운 급진적 요소가 있다. 선한 행위는 언약 안에 머무르는 조건이자 표시라고 주장하는 점에서 샌더스가 옳을 수도 있다. 그러나 바울은 믿음이야 말로 언약 안에 거하는 필요충분조건이자 표시라고 보았다. 행위는 기껏해야 언약의 범위 안에 머물고 있다는 표시에 불과했다.

셋째로, 샌더스는 바울의 칭의 개념은 민족적 인종적 선택이라는 개념에 도전하는 다소 부정적 의미로 바라본다. 달리 말해, 바울의 칭의 개념은 이스라엘이 민족적 정체성 때문에 특별한 종교적 권리를 가진다는 관념에 대한 미묘한 도전이라는 것이다. 그러나 라이트(N. T. Wright)는 바울의 칭의 개념은, 하나님이 아브라함에게 주신 약속의 범위 안으로 들어오는 사람들을 재규정하려는 시도이므로, 긍정적으로 보아야 한다고 주장한다.[85] 따라서 믿음에 의한 칭의라는 바울의 가르침은 어떻게 아브라함의 유산이 율법과 동떨어진 이방인들을 지점으로 포용할 수 있는가에 대한 재정의로 간주된다.

최근의 이런 논쟁은 바울 해석에 있어서 일대 전환을 뜻하기 때문에 상당히 중요하다. 서구의 대다수 초기 기독교 저자들은 바울의 칭의 교리를 연구하면서, 바울과 유대교의 관계는 살피지 않았다.[86] 대다수의 교부 저자와 중세의 저자들은 '율법의 행위'로 의롭게 된다는 개념과 도덕적 노력으로 얻는 구원 또는 사람의 종교적이거나 윤리적인 성취로 인해 하나님에게 용납된다는 개념을 동일시했다. '율법의 행위'라는 용어는 특별히 유대교 문맥

---

85) Wright, *The Climax of the Covenant*. Wright의 접근법에 대한 평가로 다음을 보라. C. C. Newman (ed.), *Jesus and the Restoration of Israel: A Critical Assessment of N. T. Wright's "Jesus and the Victory of God"*, Downers Grove: InterVarsity Press, 1999.
86) Roo, 'The Concept of "Works of the Law" in Jewish and Christian Literature.'

에서 해석되지 않았으며, 인간의 보편적인 자기 의와 자기 주장 경향을 지칭하는 일종의 공통적인 범주로 보았다.

16세기의 루터에게 큰 영감을 얻은 개신교 바울 학자들의 해석 전통은 바울의 저작들에서 믿음에 의한 칭의와 인간의 행위 사이에는 절대적인 모순이 있다고 주장했다.[87] 여기서 '율법의 행위' 라는 구(phrase)는 원래의 유대교 문맥에 있는 구체적인 제의적 의미를 상실하고,[88] '인간의 성취' 라는 뜻으로 이해된다. 바울을 이렇게 읽으면, '믿음' 과 '행위' 는 상호 배타적인 것으로 하나님에 관해 생각하는, 그리고 하나님에게 응답하는 철저히 대립되는 두 가지 방식을 가리키게 된다. 행위의 방식은 인간의 의를 중심에 두고 인간의 공로에 기반을 둔, 인간의 성취를 지향하는 것으로 보인다. 믿음의 방식은 이와 극단적인 반대의 방식으로, 하나님의 의를 중심에 두고 하나님의 은총에 기반을 둔, 그리스도 안에서의 하나님의 성취를 향하는 것으로 보인다.

그러나 최근의 저자들은 이러한 해석이 바울의 칭의 이해의 복잡한 측면을 적절치 못하게 이해한 결과임을 시사한다. 즉 이 해석은 바울 사상, 특히 로마서 2:13 '율법을 듣는 자가 의인이 아니요 오직 율법을 행하는 자라야 의롭다 하심을 얻으리니' 에 간결하게 기술된 믿음과 행위의 굉장한 뉘앙스를 정당하게 이해하는 데 실패했다는 것이다. 어떤 이들은 이 구절이 바울의 유대교 시절의 잔재이므로 떨쳐버리려 하지만, 일반적인 인정을 얻지 못하고 있다.

이 분야의 바울 해석에 있어 바울의 테마, 곧 '믿음에 의한 칭의' 와 '행위에 의한 판결' 사이의 관계를 분명히 하려는 목표가 가장 중요한 현안이다. 여기는 분명한 모순이 존재하는 것 같다. 바울은 미래의 판결을 부정적으로 (불순종에 대한 경고로) 동시에 긍정적으로(순종에 대한 격려로) 말한 것일 수 있다는 사실 때문에 더욱 분석이 어려워진다. 샌더스는 바울이 '하나님은 자신의 은총으로 구원하시려는 자를 그들의 행위에 따라 정하신다' 는 말

---

87) Kroeger, *Rechtfertigung und Gesetz*; Joest, *Gesetz und Freiheit*.
88) Roo, 'The Concept of "Works of the Law" in Jewish and Christian Literature.'

로 요약될 수 있는 1세기 유대교의 특징적인 태도를 재생산한 것이라고 주장한다. 믿음에 의한 칭의가 은총의 테마에 울려 퍼진다면, 왜 인간의 행위 테마에 울려 퍼지는 것에 기반을 두어 신자들이 판단받아야(예를 들어, 롬 2:12; 14:10; 고전 3:15; 고후 5:10) 하는가? 그러나 문제의 이러한 진술은 칭의가 뭔가 과거의 일이 아니라, 뭔가 미래의 것을 지칭한다는 사실(롬 2:13; 8:33; 갈 5:4-5)을 다루는 데 실패한다. 그것은 과거에 의롭게 되고 미래에 확정된다는 단순한 사건이 아니다. 칭의에 대한 바울의 가르침에는 샌더스가 제대로 설명할 수 없는 '아직은 아닌'(not yet)이라는 요소가 있다.

칭의와 미래의 판정과 관련해서 한 가지 가능한 설명이 있다. 곧 바울서신에 전제된[89] 여러 문맥들에 더 민감하게 주목하자는 것이다. 바울의 칭의 메시지는 상당히 다른 배경을 가진 청중들을 대상으로 한다. 한 가지 교리가 아주 다른 목적을 위해 실용적으로 적용되었음을 발견할 수 있다. 고린도인들은 미혹과 영적 교만의 상태에서 살고 있었다. 바울의 목표는 그들에게 심판을 경고함으로써 그들의 교만을 부수는 것이다. 바울은 심판의 메시지를 마지막 말로 의도하지 않는다. 오히려 그들이 복음 전체의 함축된 의미를 모르는 상태에 있으므로 들어야 할 필요가 있는 말임을 알린다. 한편, 영적인 낙담이나 실망 상태에 있는 사람은 무조건적인 은총에 대한 확신이 필요하다. 만약 이 접근법이 옳은 것이라면, 행위에 의한 심판이라는 테마는 청중에 대한 바울의 마지막 말이 아님을 시사한다. 이 말은 청중들의 목회적 상황에 의거, 복음의 은총 선포를 악용하는(따라서 왜곡하는) 사람들을 흔들려는 의도에서 행해진 '마지막 바로 앞'(penultimate)의 말이다. 그러나 '마지막 바로 앞'의 말이라는 생각은 어려움을 불러일으킨다. 그것이 정말 하나님의 '마지막 바로 앞'(마지막 말이 아닌)의 말인지 누가 보증하느냐는 것이다.

필자는 이 책 후반부에서 20세기 말에 제기된 칭의 교리에 대한 도전을 평가하면서, 바울에 대한 '새로운 관점'을 다시 조사할 것이다. 논쟁은 끝나지 않았다. 현재 부분에서, 바울서신에서 제기된 몇 가지 논쟁 주제를 다루

---

89) Watson, 'Justified by Faith, Judged by Works: An Antimony?'

고, 그것들이 칭의의 성격과 수단에 관한 서구의 논쟁에 어떤 영향을 미쳤는지 살펴보려 한다. 이 연구의 목적은 칭의에 관한 바울의 정확한 가르침(여전한 논쟁주제인)을 수립하려는 것이 아니라, 바울의 교리 진술과 관련된 어휘, 개념화 및 문제 등에 관해 알리려는 것이다. 왜냐하면 이 문제들이 필연적으로 또는 적절하게 기독교 신학의 논지를 형성하는 데 있어 여러 세대에 걸쳐 주요한(결정적이지는 않더라도) 역할을 담당해 오고 있기 때문이다.

책의 나머지 부분에서 바울의 칭의 개념이 서구의 신학적 전통 속에서 전개되는 과정이 탐구될 것이다. 이 구체적인 교리의 경우, 가장 중요한 탐구는 교부 시대가 아니라 중세에 이루어진다. 그러므로 이 장에서 히포의 어거스틴(Augustine of Hippo)이 행한 주요한 기여에 특별한 주의를 기울이면서, 후대의 통합에 기초가 된 교부 시대의 논쟁을 살펴볼 것이다. 처음에 어거스틴 이전 전통의 몇몇 경향을 살펴볼 필요가 있다.

3. 어거스틴 이전의 전통

교부 시대는 기독교 공동체 내외로부터의 반대에 직면하여, 신앙의 표준(regula fidei)으로 전통적인 신앙의 집적된 자료들을 유지할 필요성과 그 집적된 총체를 확대하고 발전시킬 필요성 사이에 긴장이 존재하는 시대였으며, 가능한 수정 부분을 찾는 탐험의 시대였다.[90] 초기 교부 시대는 개념의 탐험 시대였다. 왜냐하면 이방 문화 안에서의 복음 전파에는 헬레니즘 문화와 이방 철학이 신학적 진보를 위한 수단으로 함께 사용될 수밖에 없었기 때문이다.[91] 그러나 기독교 신학에 그러한 개념들을 사용하는 일에 위험이 없었던 것은 아니다. 본래부터 복음에 내재되어 있는 히브리적 개념과 복음의 초기 정식화와 전파의 매개로 사용된 헬레니즘 사이의 긴장은, 단지 플라

---

90) G. G. Blum, *Tradition und Sukzession: Studien zum Normbegriff des Apostolischen von Paulus bis Irenaeus*, Berlin: Lutherisches Verlagshaus, 1963.
91) H. Chadwick, *Early Christian Thought and the Classical Tradition: Studies in Justin, Clement, and Origen*, Oxford: Clarendon Press, 1966.

톤과 플로티누스(Plotinus)에게 세례를 주는 것만으론 만족하게 풀 수 없었다. 복음이 이방 문화에 전해질 때보다 직접적인 충격을 주기 위해서는 어느 정도의 적응이 필요했다. 그러나 이러한 적응은 결과적으로 복음의 특징적이고 독특한 요소에 대한 타협과 왜곡을 초래했음이 분명하다. 기독교 신학에 미친 헬레니즘적 분위기의 영향이 두드러진 사례는 하나님의 무고통성(the impassibility of God)[92] 교리이다. 이 교리는 복음이 철학적인 하나님 관념에 종속되었음을 분명히 보여준다.

기독교 교리의 초기 역사는 근본적으로 기독론과 삼위일체 교의의 생성 역사다. 구원론 사항들은 초기 기독교 교리의 발전에 있어서나 그 발전 과정에 있어 규범적 원칙으로서의 중요성이 크지 않았다.[93] 한편 초기 기독교 저자들이 자신의 구원론적 확신을 칭의론적 용어로 표현하지 않으려 했던 점도 분명하다. 이 말은 교부들이 '칭의' 용어를 피했다는 뜻이 아니라, 이에 대한 관심이 적었다는 뜻이다. 이 용어는 교부들의 저작에서 바울서신들의 직접적인 인용이거나 알 수 있는 암시로 사용되었으며, 대개 칭의 개념 자체의 논의보다 다른 목적에 사용되었다.

더욱이 칭의가 구체적으로 논의된 아주 적은 경우에도, 거의 대부분 바울의 진술을 단순히 말 바꾸기로 표현한 것일 뿐 이에 대한 해석이 시도되지 않았다. 믿음과 공로의 관계가 탐구되지만, 바울의 원래 진술을 겸허하게 재진술한 것 이상의 중요한 의미로 넘어가지 않는다.[94] '율법의 공로'라는 구절도 이스라엘의 정체성과 특별히 결부된 구체적인 제의적 의미가 아니

---

92) J. K. Mozley, *The Impassibility of God*, Cambridge: Cambridge University Press, 1926; R. B. Edwards, 'The Pagan Doctrine of the Absolute Unchangeableness of God,' *RelSt* 14 (1978) 305-13. 이 교리에 대한 비평으로는 다음을 보라. J. Moltmann, *Der gekreuzigte Gott: Das Kreuz Christi als Grund und Kritik christilicher Théologie*, Munich: Kaiser Verlag, 1984, 특히 256에서 258 페이지; W. McWilliams, 'Divine Suffering in Contemporary Theology,' *SJTh* 33 (1980), 33-54; K. Surin, 'The Impassibility of God and the Problem of Evil,' *SJTh* 35 (1982), 97-119.
93) Loofs, *Leitfaden zum Studien der Dogmengeschichte*, 229-32; M. F. Wiles, *The Making of Christian Doctrine: A Study in the Principle of Early Doctrinal Development*, Cambridge: Cambridge University Press, 1978, 94-113.
94) Eno, 'Some Patristic Views on the Relationship of Faith and Works in Justification.'

라, 대개 단순히 인간의 일반적인 성취로 번역된다. 한마디로 어거스틴 이전 전통에서 칭의론은 신학적 이슈가 아니었다. 예정론, 은총과 자유 의지 개념들에 대한 이해가 교부들 사이에 언제 싹트게 되었는지는 지금까지 철저한 논의가 필요한 문제로 교회에 남아 있다.[95] 사실 4세기 말엽까지도 그리스 교부들은 성경적인 기초보다는 철학적인 기초에 기반을 두어 인간의 자유 의지에 대한 가르침을 정식화했다. 그들은 위대한 플라톤의 전통에 섰으며, 필로(Philo)로부터 커다란 영향을 받으면서 당시의 운명론에 대항하고 있었다. 이들은 선악 선택에 있어 인간은 전적으로 자유롭다고 가르쳤다. 우리의 관찰에 의하면, 원죄와 부패의 특성 그리고 이의 함의에 관한 성찰은 라틴 교부들에게서 시작되었으며, 이는 인간의 도덕적 능력과 관련된 것이었다.[96]

나는 오랫동안 현 연구의 목적과 관련된 교부 자료들과 씨름하면서 이런저런 경우들을 생각하고 있었다. 크리스터 스탕달(Krister Stendahl)은 이런 생각 중 한 가지를 말로 표현했다. '바울이 교회 역사의 350년 동안 교회의 사상에 아주 작은 비중을 차지한 점은 항상 당혹스러운 사실이었다. 물론 그가 존경받았으며 인용되곤 했다는 것은 틀림없다. 그러나 서구의 신학적 관점에서 바라볼 때, 믿음으로 인한 칭의라는 바울의 위대한 통찰력은 거의 망각되어 온 듯이 보인다.'[97] 바울 저작에 대한 초기 교부들의 무시는 아마 초기 단계에 있던 신약 정경화 과정의 불확실성을 반영한 것일지도 모른다. 교회 내에서 바울서신들이 차지하는 권위의 증가와 더불어 신학적 논쟁에서 차지하는 영향도 커져갔다. 따라서 구전 전승의 말기 무렵(약 150년경)은 어떤 의미에서 바울주의로 회귀하는 시기로 간주할 수 있으며, 따라서 리옹의 이레니우스(Irenaeus)는 안디옥의 이그나티우스(Ignatius)보다 더욱 정확하게

---

95) Beck, *Vorsehung und Vorherbestimmung; Wörter, Verhältnis von Gnade und Freiheit*.
96) 관련 질문들에 대한 서론으로 다음을 보라. S. Lyonnet, 'Le Sens de eph' ho en Rom v. 12 et l' exégèse de Rom v. 12-14,' *RSR* 44 (1956) 63-84; 동일 저자의 'Le Péché originel en Rom v.12: L' Exégèse des pérés grecs et les décrets du Concile de Trente,' *Biblica* 41 (1960), 325-55.
97) K. Stendahl, *Paul among Jews and Gentiles*, Philadelphia: Fortress Press, 1976, 83.

복음을 대표한다고 볼 수 있다.[98]

한편 바울서신들은 칭의 교리를 아주 철저하게 다루고 있지만(예를 들어, 갈라디아서), 초대 교부들은 율법의 공로에 의한 칭의를 가르치는 유대 기독교 행동파들의 위협에 직면한 정도는 아니라는 점도 고려되어야 한다. 이러한 구체적인 위협을 시사하는 것으로 보이는 유일한 교부 저작은 은자 마크(대략 431년경)의 소논문 「칭의론」(*De his qui putant se ex operibus iustificari*)으로 아마 5세기 초의 작품일 것이다.[99] 초대교회, 특히 2세기의 주요한 외부 위협은 영지주의(Gnosticism)와 같은 이교주의 또는 반(半) 이교주의의 운명론이었다. 이교주의는 인간은 자신의 죄에 대해서도, 세상의 악에 대해서도 책임이 없다는 이론을 전파했다. 초대 교부들의 일부가 원죄를 최소화하고 타락한 인류의 자유를 강조한, 흥미로우면서도 당혹스러운 경향은 초대 교부들의 반 영지주의 변증의 결과라는 몇몇 사람들의 생각도 상당한 일리가 있다.[100] 은총 교리의 시작이 초기 단계에서도 구분 가능한 것이 사실이지만, 동시에 타락한 인류의 능력에 대한 전반적으로 난관적인 평가는 적어도 몇몇 학자들에게 과연 이런 생각이 참된 기독교 사상으로 인정될 수 있는가에 대한 의문을 불러일으켰다.

어거스틴 이전의 신학 전통은 실천적인 한 목소리로 인간 의지의 자유를 승인한다. 따라서 순교자 저스틴(Justin Martyr)은 인간의 모든 행동이 예정되어 있다는 개념은 인간의 책임성을 면제시킬 수 있으므로 이러한 개념을 거부했다.[101] 이 논증은 신명기 30:19처럼 명백하게 인간 행동의 자유를 가르치는 성경 구절에 의해 더욱 보강된다. '내가 오늘 하늘과 땅을 불러 너희에게 증거를 삼노라 내가 생명과 사망과 복과 저주를 네 앞에 두었은즉 너와 네 자손이 살기 위하여 생명을 택하고.' 물론 자유 의지에 대한 저스틴의

---

98) O. Cullmann, *The Early Church*, London: SCM Press, 1956, 96.
99) Edition in PG 65.929-66. 아마 이 소논문은 더 큰 저작인 *De Lege spirituali*의 일부일 가능성이 있다. J. Quasten, *Patrology*, 3vols., Westminster, MD: Newman Press, 1963, 3.505-6쪽을 보라.
100) Wörter, *Verhältnis von Gnade und Freiheit*; T. F. Torrance, *The Doctrine of Grace in the Apostolic Fathers*, Edinburgh: Oliver & Boyd, 1948을 보라.
101) *I Apologia*, 43-4.

지적(知的) 옹호의 기초는 기독교적 구체성을 지닌 것으로 보이지 않는다는 점이 지적되어야 한다. 성경을 인용한 명백한 예외 몇 가지를 제외하고 저스틴의 반(反)-운명론 논증은 실제로 천체 운명론에 대한 전통적인 이교도적 반박에서 연유한 것이며, 이는 2세기경으로 거슬러 올라간다.[102] 더욱이 저스틴이 인용한 성경 구절들은 구약에서 압도적으로 나타나는데, 이 구절들은 그러한 운명론에 대한 전통적인 유대적 반박이었다. 따라서 알렉산드리아의 필로는 신명기 30:19이라는 결정적인 인용에 이르기까지 실제적으로 저스틴과 일치하는 반-운명론 논증을 사용했다.[103]

저스틴이 의지의 자유를 변호한 것이 영지주의(Gnosticism)로 인한 상황 때문에 발생한 것 같지는 않지만, 영지주의의 등장은 그의 계승자들에게 심대한 영향을 미쳤다. 영지주의 체계의 주요한 외향적 특징이 강력한 운명주의 또는 결정론이었음에 주목할 필요가 있다.[104] 다수의 초대 교부들은 인간 자유 의지의 한계를 인식하기보다는 오히려 의지의 자유와 자율 결정(autexousia)을 열정적으로 천명했다.[105] 자율적 결정이라는 세속적 개념이 기독교의 신학 용어로 도입된 것은 커다란 의미가 있다. 특히 자율적 결정이란 개개인이 자신을 선이나 악에 적응시킬 수 있음을 의미한다는 후기 마카리우스주의자(Macarian)의 성경 해석에 비추어볼 때 더욱 그러하다.[106] 하나님은 자유 의지를 강제한다고 할 수 없고, 자유 의지에 영향을 미칠 뿐이다. 하나님은 인간이 죄 짓도록 바라지 않으시지만, 선을 행하라고 강요할 수도 없다. 인간 자유 의지의 능력에 대한 존 크리소스톰의 변호가 너무 그럴듯했기 때문에 수많은 펠라기우스 저자들이 이를 전용했다. '선과 악은 인간의 본성 자체에서 비롯된 것이 아니라, 인간의 의지와 결정만으로 비롯된 것이

---

102) Amand de Mendieta, *Fatalisme et liberté dans l'antiquité grecque*, 195-207.
103) Amand de Mendieta, *Fatalisme et liberté dans l'antiquité grecque*, 6-7; J. Daniélou, Philon d'Alexandrie, Paris: Fayard, 1958, 175-81.
104) H. Jonas, *The Gnostic Religion: The Message of the Alien God and the Beginnings of Christianity*, Boston: Beacon Press, 1958, 46-7, 270-7.
105) Theophilus of Antioch, *Epistola ad Autolycum* ii, 27. 초기의 바울 주석에서 autexousia 용어의 사용과 관련하여 다음을 보라. Schelkle, *Paulus Lehrer der Väter*, 439-40.
106) Macarius of Egypt, *De custodia cordis* xii, PG 34.836A. 보다 깊게는 Davids, *Das Bild vom neuen Menschen*.

다.'107) 죄의 기원을 인간의 자유 의지의 오용으로 보는 것은 4세기의 일반적인 신학 현상이었다.

인간의 자유에 대한 논의가 중요한 진전을 이룬 것은 갑바도기아 교부들(Cappadocians)에 의해서였다. 니사의 그레고리(Gregory of Nyssa)는 자유를 두 종류로 구분했다. 구조적 자유로 인해 아담은 하나님 및 그분의 모든 창조물들과 교제할 수 있었다. 기능적 자유로 인해 인류는 선택의 자유를 지녔다. 인류는 타락에 의해 구조적 자유를 상실했지만, 기능적 자유를 적절히 사용한다면 다시금 그것을 회복할 수 있다고 보았다.108) 에메사의 네메시우스(Nemesius of Emesa)는 아리스토텔레스 전통에 따라 이 개념을 발전시킨 것으로 여겨진다. 이를 통해 그는 인간의 자유에 대한 이해에 있어 후기 교부들과 초기 스콜라 학자들 사이의 중요한 연결고리를 제공했다. 네메시우스는 자유 의지(voluntarium)와 부자유 의지(involuntarium)를 구분했는데, 결심 과정에 있어 결정(consilium)의 역할을 강조함으로써, 인간 이성 자체가 인간 자유의 근원이라고 주장하게 되었다.

서방 신학의 전통은 동방보다 다소 느린 진전을 보였고, 이로 인해 동방의 신학 용어들이 서방에도 만연하게 되었다. 그리스어 신학 용어들을 라틴어로 번역할 필요성이 생겼고, 그 결과 의미에 있어 변이가 발생하게 되었다. 물론 서방 신학 전통의 많은 용어들이 터툴리안(Tertullian) 덕분인 것은 사실이다. 이 중에는 그리스어 아우텍수시아(autexousia)의 등가어인 리베룸 아비트리움(liberum arbitrium)이 있다.109) 여기서 아우텍수시아(autexousia)가 진정 '행동할 수 있는 권한'을 의미하는 엑수시아(exousia)와 관련이 있는지,

---

107) John Chrysostom, *In epistolam ad Romanos*, Hom. xix, 6. Chrysostom 설교의 라틴어 번역자가 펠라기우스주의자인 켈레다의 아니아누스(Anianus of Celeda)였음은 중요한 의미가 있다. 다음을 보라. B. Altaner, 'altlateinische Übersetzungen von Chrysostomusschriften,' *Kleine patristische Schriften*, Tesxte und Untersuchungen 83 (1967), 416-36. 참조. PL 48.626-30.
108) J. Gaïth, *La Conception de la liberté chez Grégoire de Nysse*, Paris: Vrin, 1953, 79-80.
109) *De anima* 21, CSEL 20.334.27-9: 'Haec erit vis divinae gratiae, potentior utique natura, habens in nobis subiacentem sibi liberam arbitrii potestatem, quod autexousion dicitur.'

아니면 기껏해야 '의지'(will) 및 '결정'(choice) 개념과 희미한 연관성만 지니는지 번역의 적절성에 대한 논란이 진행 중이다. '의지'(voluntas)라는 개념이 라틴어를 통하여 기독교 철학의 통상적인 매개가 되었을 때, 완벽하게 그 뜻을 표현할 수 있는지 여부는 정말 논쟁이 필요하다. 초대교회에서 바울적인 영향력이 약했다는 사실은 자율 결정(autexousia)이나 자유 선택(liberum arbitrium, 자유 선택이라는 원래의 뜻이 자유 의지라는 신학적 의미로 사용되게 된다-역주) 같은 비(非)-바울적이며, 비(非)-성경적인 용어가 하나님 앞에서 인간의 칭의에 관한 초대교회의 논쟁에 도입된 사실만으로도 잘 입증될지 모른다. 인간 자유 의지의 '자기 결정성'(self-determination)은 구체적인 기독교 개념이 아니었고, 오히려 초기 헬레니즘적 분위기를 지닌 철학적인 개념이었다. 그러나 뒤에 나오듯이 적어도 어거스틴은 보다 바울적인 방향으로 개념의 재설정에 성공할 수 있었다.

바울서신에 대해 가장 초기의 라틴어 주석은 암브로시애스터(Ambrosiaster)의 것이다.[110] 대다수의 현대 주석가들은 이 중요한 저작에서 믿음에 의한 칭의 교리에 대한 설명이 기독교와 유대교 사이의 비교에 기반하고 있다고 인정한다. 그렇지만 믿음에 의한 칭의가 행위의 율법으로부터의 자유를 의미한다는 보다 보편적인 해석의 자취는 보이지 않고, 단순히 유대교의 의식법(儀式法)으로부터의 자유를 의미한다. 율법의 행위로부터의 자유라는 바울적인 교리는 암브로시애스터에 의해 유대교의 배경과 기독교의 배경이라는 구체적인 역사적 정황 속에 위치하게 되었다. 또 다른 측면에서, 암브로시애스터는 어거스틴보다는 펠라기우스에 더 가까웠다. 펠라기우스 논쟁은 아직 일어나지 않았지만, 그 논쟁에 비추어볼 때, 암브로시애스터의 가르침 대부분은 상당히 이상해 보인다. 예를 들어, 그의 동시대인들 대다수처럼 그 또한 인간은 하나님 앞에서 공로를 확보할 수 있으며, 이를 얻기 위해서는 특정한 노력이 필요하다는 생각에 사로잡혀 있었다.[111]

터툴리안의 글에서도 유사한 생각들이 감지되기 때문에, 몇몇 저명한 주

---

110) PL 17.45-508.
111) A. Souter, *The Earliest Latin Commentaries on the Epistles of St. Paul*, Oxford: Clarendon Press, 1927, 65, 72-3, 80.

석가들은 그의 신학이 단지 유대교 신학의 복사판임을 암시하기도 하며, 또 다른 이들은 그가 구약의 율법주의를 로마의 도덕주의 및 법률체계와 연결시킨 것이라고 비판하기도 한다.[112] 칭의에 관한 서방 신학의 전통에 대한 그의 공헌 중에서 리베룸 아비트리움(liberum arbitrium) 용어의 도입은 별도로 치고, 가장 논쟁적인 것은 공로의 신학이다. 터툴리안에게 있어 선한 행위를 한 사람에게 하나님은 채무자가 된다.[113] 이 가르침의 기저에는 '각자에게 적합한 것을 준다'(reddens unicuique quod suum est)는 의미로서 '하나님의 의'에 대한 이해가 녹아 있다. 사람이 죄 때문에 하나님께 지게 된 채무를 고해를 통해서 '충족'시킬 수 있다는 그의 가르침 속에서도 비슷한 경향이 탐지된다.[114] 사실 터툴리안은 법률 역사학자들에게 어떤 매력거리를 안겨주었다. 그들은 터툴리안이 공로(meritum)나 속죄(satisfactio) 같은 법률 용어를 사용한 점에 주목했다.[115] 따라서 인간에 대한 하나님의 빚짐이라는 개념은 서방 신학 전통에 보다 단순한 형태로 등장했고, 이 개념이 비판을 통과하려면 다시 한번 어거스틴의 종교적인 천재성에 의존해야만 했다.

교회 역사의 처음 350년 동안, 칭의에 관한 교회의 가르침은 아직 확정되지 않았고, 개념화가 완전히 이루어지지 않았다. 기독론(Christology)의 발전에 그토록 열정적이었던 사람들 사이에도 이 문제에 관한 진지한 논쟁은 전혀 없었다. 질문에 대한 교부들의 부정확성과 종종 드러나는 천지나마함은 사용된 용어의 보다 정확한 정의를 요구하는 논쟁이 부재했다는 점을 반영한다. 만일 초기 서방 신학 전통이 칭의에 관해서 '행위로 인한-의'라는 접

---

112) A. Nygren, *Agape and Eros*, Philadelphia: Fortress Press, 1953, 343-8.
113) De paenitentia 2, CChr 1.323.44-6: 'bonum factum deum habet debitorem, sicuti et malum: quia iudex omnis remunerator est causae.'
114) De paenitentia 5, CChr 1.328.32-329.25. 물론 Augustins 이전 전통에서의 'mereri와 meritum의 솔직한 사용'을 암시하는 근거가 있다는 주장은 논쟁의 여지가 있다. 이를 위해서는 Bakhuizen van den Brink, 'Mereo(r) and meritum in Some Latin Fathers'를 보라. Hilary of Poitiers의 공로와 믿음 이해에 관한 탁월한 작품으로는 Peãnamaria de Llano, *La salvación por la fe*, 191-247을 보라.
115) A. Beck, *Römisches Recht bei Tertullian und Cyprian: Eine Studie zur frühen Kirchenrechtsgeschichte*, Halle: Niemeyer, 1930; P. Vitton, *I concetti giuridici nelle opere di Tertulliano*, Rome: Brectschneider, 1972, 50-4.

근법으로 특징지어진다면, 이것은 향후 그 의미가 가지는 관련성의 분위기보다 상당히 순진무구한 것이라는 점이 강조되어야 할 것이다. 이 '행위-의' 접근법은 펠라기우스와 그의 추종자들의 체계 속에서 순진함과 단순함을 벗어버리고, 하나님의 자유로운 은총에 대한 소식으로서의 복음을 위협하고 모호하게 만들었다. 따라서 칭의에 관한 서방 교리의 결정적인 진술을 위해서 우리는 히포의 어거스틴에게 관심을 돌려야만 한다.

4. 분수령: 히포의 어거스틴

서방의 기독교 사상에 히포의 어거스틴 만큼 큰 영향력을 발휘한 신학 저자는 없었다. 결코 어느 시기에 국한시킬 수 없는 이 영향력은, 특히 12세기의 신학적 르네상스와 16세기의 종교개혁에까지 관련되어 있다. 비록 지금은 중세의 칭의 교리 발전을 논의하는 도중에, 어거스틴의 견해를 다소 길게 살펴보고 있지만, 앞으로 그의 사상을 보다 세세하게 다루기에 앞서, 현재의 시작 단계서부터 그의 사상에 대한 전반적인 개관을 살펴보는 일은 아주 중요하다.

모든 중세 신학은 그 정도가 크든 작든 '어거스틴적'이다. 그러나 어거스틴의 은총 교리를 다룬 저작에는 많은 관심이 기울여졌으면서도, 칭의 교리를 다룬 연구가 눈으로 보기에도 거의 부재한 것은 놀랄 만한 일이다.[116] 어거스틴의 칭의에 관한 이해가 그의 사회사상과 정치사상에 미치는 중요성을 고려할 때, 이러한 공백은 더욱 충격적이다. 어거스틴의 칭의 교리에 대한 지금 연구의 함의는 중세 시기와 그 이후에까지 미치는 영향력과 관련되어 있다. 어거스틴의 칭의 교리는 서방 신학 전통의 여명기에 솟아난 최초의 중대한 토론 주제였으며, 하나님 앞에서 인류의 칭의가 어떻게 이루어지는

---

116) 예를 들어, V. H. Drecoll, *Die Entstehung der Gnadenlehre Augustins*, Tübingen: Mohr Siebeck, 1999; 그리고 J. Lössl, *Intellectus Gratiae: Die erkenntnistheoretische und hermeneutische Dimension der Gnadenlehre Augustins von Hippo*, Leiden: Brill, 1997의 탁월한 연구들을 살펴보라.

가 하는 미래의 논의를 위한 틀을 형성시켰다.

어거스틴의 칭의 교리가 심대한 발전 과정을 겪었다는 사실을 아는 것이 중요하다. 예를 들어, 395년 히포의 주교로 임명되기 전에 어거스틴은 '믿음의 시작'(initium fidei)에 관한 마실리아적(Massilian) 속성을 인간의 자유의지에 부여하는데, 이는 나중에 그가 정죄한 입장과 똑 같은 견해였다. 임직된 지 30년쯤 후에, 어거스틴은 그의 초기작품들 중에 특히 『로마서 주석』(Expositio quarundam propositionum ex Epistola ad Romanos, 394)이 은총 교리에 관한 후기의 통찰력에 비추어 교정되어야만 한다고 시인했다.[117] 그렇다면 어거스틴이 이 중대 문제에 대한 입장을 바꾼 시기는 언제일까? 이 질문에 대한 그의 대답을 우리가 알고 있는 것은 행운이다. '심플리키아누스에게 쓰인 두 개의 책 중의 첫 번째 책'을 보면 그 시기는 396년 후반이거나 397년 초반이다.[118] 이 저작은 일반적으로 칭의에 관한 어거스틴의 바뀐 입장을 여는 열쇠를 포함하는 것으로 간주된다. 다음 세기의 초반까지 아직 펠라기우스 논쟁이 시작되지 않았다는 사실에 비추어 볼 때, '어거스틴적(的)'이라는 별명을 가진 칭의에 관한 새로운 이해가 비-변증적인 환경에서 전개되었다는 사실에 대한 인식은 중요하다. 따라서 어거스틴의 칭의 교리가 단순히 펠라기우스주의에 대한 반응에서라거나, 또는 변증적인 환경에서 형성되었을 것이라는 추정은 정확한 사실이 아니다.

396년 이전, 어거스틴은 영적인 생활을 완전으로의 상승이라는 플라톤적 용어로 인식한 것처럼 보인다.[119] 크리스천의 삶에 관한 이러한 이해는 인간

---

117) *De praedestinatione sanctorum* iii, 7; Retractiones I, xxiii, 3-4.
118) *De praedestinatione sanctorum* iv, 8, PL 44.966A: 'Nam si curassent, invenissem istam quaestionem secundum veritatem divinarum scripturarum solutam in primo libro duorum, quos ad beatae memoriae Simplicianum scripsi episcopum Mediolanensis ecclesiae…in ipso exordio episcopatus mei.'
119) P. Brown, Augustine of Hippo, London: Faber, 1967, 151. Augustine이 초창기에 '바울을 플라톤주의자로 해석했으며, 말년에도 바울을 플라톤주의자로 해석하기를 멈추지 않았으며, 심지어 Plotinus를 입가에 되뇌며 죽어갔다는 Brown의 암시는 오해의 소지가 있다. 아마도 Brown은 Augustine이 후기에는 달라진 플라톤주의적 전제를 가지고 바울에게 접근했다는 점을 우리가 이해하기를 원한 것인지도 모른.(예를 들어, 신플라톤주의가 운명주의자와 같은 사고의 전환이나, 인간의 행동을 초월적인 힘이나 세력에 부여하는데 대한 공감면에 있어 절대로 부족하지 않았다는 점에서, 그의 예정론 교리의 발전은 바울적인 것만큼이나 플라

이 하나님을 믿고, 구원해 달라고 간구함으로써 하나님께로 이르는 영적 상승에서 주도권을 쥘 수 있으리라는 자신의 초창기 확신을 특별히 잘 표현한 것이다.[120] 어거스틴은 밀라노 시절 알고 지내던 심플리키아누스가 예정론과 관련하여 일련의 질문을 함으로써, 395년 자신의 청년기 견해에 대한 재평가를 요구받기에 이른다. 왜 하나님은 에서를 미워하셨는가? 어거스틴은 그때까지 이런 이슈들을 회피해 왔지만, 이제는 이 질문에 심사숙고해야만 했다. 그리고 그 결과, 무제한적인 의지의 자유를 고수하려던 초기의 시도를 버린 것으로 보인다.

로마서 9:10-29에 대한 성찰의 결과, 칭의에 관한 그의 생각에 중대한 변화들이 발생했다. 그 중에서 다음 사항들은 언급할 가치가 있다.

첫째, 인간의 선택은 이제 하나님의 영원하신 예정의 포고에 의존하는 것으로 이해된다.[121] 초창기의 어거스틴은 유한 속에서 인간이 하나님을 선택하는 사건이 하나님께서 영원 속에서 인간을 선택하신 사건에 선행한다고 가르쳤었다.

둘째, 하나님의 은총 제안에 대한 인간의 믿음으로의 반응은 이제 그 자체로 하나님의 선물인 것으로 이해된다.[122] 초창기의 어거스틴은 하나님에 대한 인간의 반응은 전적으로 도움 받지 않는 인간의 자유 의지에 달려 있다고 가르쳤었다.

셋째, 인간의 자유 의지가 여러 일들을 할 수 있다고 용인하면서도, 어거스틴은 이제 그것이 죄와 타협했으므로 먼저 은총으로 해방되지 않으면 칭의로 이끌 능력이 없다고 주장하게 되었다.[123]

칭의에 관한 어거스틴의 가르침이 이 시점에 이토록 급변했다는 사실과

톤주의적인 것을 반영한다고 주장될 수 있다).
120) 예를 들어, *De sermone Domini in monte* I, xviii, 55; *Expositio quarundam propositionum ex Epistola ad Romanos* 44.
121) *Ad Simplicianum* I, ii, 6.
122) *Ad Simplicianum* I, ii, 12. Augustins은 여기서 바울의 'ostendit etiam ipsam bonam voluntatem in nobis operante Deo fieri'를 언급한다.: CChr 44.36.324-5.
123) *Ad Simplicianum* I, ii, 21, CChr 44.53.740-2; 'Liberum voluntatis arbitrium plurimum valet, immo vero est quidem, sed in venundatis sub peccato, quid valet?

그가 다음 30년 동안 근본적으로 동일한 개념틀 안에서 작업했다고 인정받는 사실에 비추어볼 때,[124] 우리가 흔히 '고전적인 어거스틴의 은총 신학'이라고 부르는 그의 성숙한 칭의 교리를 분석할 때 그의 임직 시기 이전의 저작들을 배제하는 일은 아주 중요하다. 우리는 그의 신학 분석을 가장 어려운 측면 중의 하나, 즉 자유 의지(liberum arbitrium)에 관한 어거스틴의 가르침을 분석하는 것으로 시작한다.

루터의 1525년 논문에서 「노예 의지」(De servo arbitrio)라는 제목은 어거스틴이 펠라기우스주의자인 에클라눔의 줄리안(Julian of Eclanum) 감독과 토론하는 와중에 사용한 구절에서 유래한다.[125] 이 구절을 선택하면서 루터는 자신의 급진적인 노예 의지(servum arbitrium)가 어거스틴의 지지를 받는다고 주장한 듯 보인다. 그러나 어거스틴의 배경을 고려해 보면, 그가 그런 교리를 주장한 것은 어울리지 않게 여겨진다. 그는 한동안 반(反)-마니교 논증에 연루되면서, 운명주의자인 대적자들로부터 가톨릭의 가르침을 방어하고 있었다. 『자유 의지론』(De libero arbitiro, 388-395)은 정확하게 결정주의자들의 그러한 가르침(예를 들어, 악은 인간의 자유 의지의 작품이 아니라 자연적인 것이다)에 대항하여 쓰인 것이다. 비록 어거스틴이 나중에 인간 자유 의지(liberum arbitrium)의 속성에 관한 초기 의견을 수정했다 해도, 자유 의지가 존재한다는 중심 이론은 기각하거나, 급진적으로 수정하지 않았다는 사실은 중요하게 평가되어야 한다.

여러 면에서, 펠라기우스주의는 마니교에 대한 안티테제(antithesis)로 간주되어야 할지도 모른다. 마니교는 자유 의지의 존재를 부정했지만, 펠라기우스주의는 칭의에 있어 그 역할을 과장했다. 어거스틴은 첫 번째 반(反)-펠라기우스 저작인 『공로의 죄악성과 사면론』(De peccatorum meritis et

---

124) G. Nygren, Das prädestinationsproblem, 47-8. 이 사실이 396년에 앞서 일어난 여러 중요한 발전들을 배제하는 것은 아니다. 예를 들어, 초기에 그는 로마서 7장은 바울이 불신자들을 언급한 것이라는 입장이었지만, 후에는 신자를 말한다는 통찰을 제시했다.
125) Contra Iulianum, II, viii, 23: 'Sed vos festinatis et praesumptionem vestram festinando praecipitatis. Hic enim vultis hominem perfici, atque utianam Dei dono et non libero, vel potius servo proprie voluntatis arbitrio.'

remissione, 411)으로 펠라기우스주의에 대한 포문을 열었다. 이 책은 펠라기우스주의는 인간 자유 의지에 너무 많은 것을 부여함으로써, 특별 은총의 필요성을 부인하는 효과를 일으켰다고 주장했다. 여기서 어거스틴이 인간의 자유 의지 자체를 부인함으로써, 펠라기우스주의의 잘못을 반박하려 하지 않았음이 강조되어야 한다. 어거스틴은 인간 자유 의지의 존재를 부정하지 않으면서 은총의 필요성이 변호되어야 한다고 주장한다. 그는 칭의에 있어 인간의 자유를 논의할 때, 은총과 자유 의지 모두 인정되어야 하며, 해결을 요하는 문제는 양자의 정확한 관계라는 전제하에 진행한다. 하나님은 인간이 선하게 살지, 악하게 살지 여부와 관계없이 자유 의지를 주셨는데,[126] 그들의 판단 여부는 이 자유 의지의 사용 여부에 달려 있다. 은총은 자유 의지를 폐지시키는 것이 아니라, 사실상 자유 의지를 완성시킨다.[127] 그렇다면 어떻게 분명히 상충되어 보이는 한 쌍의 생각이 조화될 수 있는가?

타락한 인간의 능력에 대한 펠라기우스주의자들의 과장에 대항하면서, 어거스틴은 인간이 자유 의지를 소유한다는 주장에는 찬성했지만, 이 때문에 자유(libertas) 또한 저절로 소유하게 된다는 주장은 반대했다.[128] 죄인도 자유 의지를 지니지만, 적절하게 기능하지 않기 때문에, 그들을 자유롭게 할 수 없다. '자유 의지는 포로가 될 것이므로(liberum arbitrium captivatum) 죄짓는 용도 외에는 쓸모가 없다. 만일 하나님의 도우시는 조치로 해방되지 않는다면, 의를 행하는 데도 쓸모가 없다.'[129] 어거스틴에게 자유(libertas)란

---

[126] De spiritu et littera v, 7, CSEL 60.159.12-13: 'homini Deus dedit liberum arbitrium sine quo nec male nec bene vivitur.' Augustins의 *liberum arbitrium* 교리에 대한 보다 심화된 분석으로는 다음을 보라. Ball, 'Libre arbitre et liberté dans Saint Augustin'; 같은 저자의 'Les Développements de la doctrine de la liberté chez Saint Augustin'; G. R. Evans, *Augustine on Evil*, Cambridge: Cambridge University Press, 1982, 112-49.

[127] De spiritu et littera xxxiii, 58, CSEL 60.216.20-1: '[omnibus] adimat liberum arbitrium, quo vel bene vel male utentes iustissime iudicentur'; 참조. *De spiritu et littera* xxx, 52, CSEL 60.208.16-27: 'Liberum ergo arbitrium evacuamus per gratiam? Absit; sed magis liberum arbitrium statuimus…quia gratia sanat voluntatem, qua iustitia libere diligatur.'

[128] De natura et gratia Lxvi, 77.

[129] Contra duas epistolas Pelagianorum III, viii, 24, CSEL 60.516.24-6: 'Et liberum arbitrium captivatum non nisi ad peccatum valet, ad iustitiam vero nisi divinitus

선을 선택하고 완수할 수 있는 능력을 의미했는데, 타락한 인간은 결코 이 능력을 소유할 수 없다. 그러나 자유의 상실이 자유 의지의 상실을 뜻하지는 않는다. 어떤 행동을 하기 전에(즉 libertas indifferentiae), 그 행동이 바람직한지 아닌지, 균형 판에 올려놓고 신중히 측정할 수 있는 저울과 인간의 의지가 서로 비교될 수는 없다. 그러나 에클라눔의 줄리안은 인간의 의지는 저울과 같다고 주장했다.[130] 반면 어거스틴은 문제의 저울은 틀림없이 존재하고 작동하지만, 균형 판에서 악의 추 쪽으로 처음부터 기울어져 있어, 언제나 판단이 악의 방향으로 기울 수밖에 없도록 되어 있다고 논박한다. 비록 아담이 타락 이전에 자유 의지를 소유했지만, 인간의 자유 의지는 악과 타협했고, 따라서 이제는 노예가 된 자유 의지(liberum arbitrium captivatum)를 지닌 것이다. 자유 의지는 상실되지도 않았고, 없어진 것도 아니다. 단지 부적당하게 되었으며, 은총에 의해서 치유될 가능성이 있다.[131] 칭의에 있어서 노예가 된 자유 의지는 치유라는 은총 행위에 의해 해방된 자유 의지(liberum arbitrium liberatum)가 된다. 비록 어거스틴이 여기서 인간의 선천적인 자유의 배제는 아니라고 애써 알려주기는 했지만, 타락한 인류에게 더 이상 죄를 짓지 않는 능력은 존재하지 않는다. 하나님께서는 우리가 자유 의지 없이 할 수 없는 일을 명령하시지 않는다. 어거스틴의 윤리학에는 인간의 운명이 공과(功過)에 의해 결정된다는 전제가 있으며, 또한 이러한 공과가 이번에는 (적어도 어거스틴에게는) 인간이 자유 의지를 소유하고 있다는 전제가 된다. '만일 하나님의 은총과 같은 것이 없다면, 하나님이 어떻게 세상의 구원자가 되실까? 그리고 만일 자유 의지 같은 것이 없다면, 어떻게 세상의 심판자가 되실 수 있을까?'[132] 어거스틴의 노예가 된 자유 의지 개념은 은총과 자유 의지 사이의 실존을 부인하지 않고도 양자의 변증법을 해소시킨다.

---

    liberatum adiutumque non valet.'
130) Julian의 견해는 다음을 보라. J. Lössl, *Julian von Aeclanum: Studien zu seinem Leben, seinem Werk, seiner Lehre und ihrer Überlieferung*, Leiden: Brill, 2001.
131) De natura et gratia iii, 3에서 사용된 의학적 이미지를 보라.
132) *Epistola* 214,2.

어거스틴에게 있어, 인간의 노예가 된 자유 의지(liberum arbitrium captivatum)는 칭의를 추구하거나 획득할 수 있는 능력이 없다. 그렇다면 칭의를 일으키는 지레의 받침대인 믿음이 어떻게 개개인 속에 발생할 수 있는가? 어거스틴에 의하면, 믿음의 행위는 그 자체로 하나님의 선물이며, 하나님은 선물을 통해 합리적인 영혼에 작용하셔서 믿음에 이르게 하신다. 그렇다면 칭의에 대한 승낙에 이르게 되는 의지에 작용하는 이 행동은 인간에게 달린 문제인가, 하나님께 달린 문제인가? '당신 없이 당신을 창조하신 그분은 당신 없이는 당신이 의롭다 하지 않을 것입니다' (Qui fecit te sine te, non te iustificat sine te).[133] 비록 인간이 받거나 소유할 수 있는 선물의 기원은 하나님이지만, 받거나 소유하는 행위 자체는 인간의 것이라고 할 수 있을까?

자신이 펠라기우스주의의 속임수라고 간파한 사항을 다루고자 어거스틴은 작용 은총(operative)과 협력 은총(co-operative)을 구분한다(보다 정확하게 말하면, 하나님의 거저 주시는 행위에서 스스로 작동하는 양식과 협력하는 양식을 구분한다. 어거스틴은 이 양자를 전혀 다른 종류로 취급하지는 않는다). 하나님께서 인간의 칭의가 시작되도록 작용하시므로, 사람의 속에는 선을 추구할 수 있는 의지가 주어진다. 곧이어 선한 의지가 함께 작용함으로 선한 행동을 실행하게 되고, 칭의를 완전하게 이끈다. 하나님은 노예가 된 자유 의지의 악한 욕구에 작용하셔서 선을 바라게 하시며, 곧이어 선한 행동 속에서 선한 의지가 현실화되도록 해방된 자유 의지와 협력하신다.

따라서 인간에 대한 칭의는 사람들 쪽에서는 바랄 수도 없고(왜냐하면 노예가 된 자유 의지는 선에 대해 바랄 수 없기 때문) 받을 자격도 없는(왜냐하면 죄와 공로의 부족으로 인해), 하나님 편에서의 자비로운 행위이다. 타락으로 인해 인간의 자유 의지는 비록 파괴되지는 않았지만 약해지고 무능해졌다. 따라서 인간의 노예가 된 자유 의지는 칭의 자체를 바라지 않기 때문에 의로워진다는 기대도 할 수 없다. 그러나 일단 치유하시는 은총에 의해 본래의 능력이 회복되기만 하면, 자신에게 주어진 것이 얼마나 좋은 것인지 깨닫게 된다. 따라서 치유받기를 바라지 않는 것이 주요증상인 인간의 이러

---

133) *Sermo* 169, 13.

한 질병도 하나님께서 치유하신다.

물론 이처럼 명백한 모순은 관련된 인간의 자유 의지를 존중한 것이 아니라는 비판을 받는다.[134] 이에 대한 응답으로, 위에서 개괄적으로 나타난 죄인에 대한 신적 칭의는 해방된 자유 의지 또는 자유(libertas)로 이해되는 인간 자유 의지에 대한 타협이 아니며, 타협하고 있는 자유 의지는 오로지 그 자체로 참된 것의 패러디에 불과한 노예가 된 자유 의지이다. 해방된 자유 의지로 회복되려면 노예가 된 자유 의지와의 절충이 필요하다.

일단 신적 행위에 의해 의롭게 되었다고 해서 죄인이 즉시 성화의 완벽한 모범으로 되는 것은 아니다. 인간은 거룩함과 영적인 생활에서 성장할 수 있도록 하나님께 끊임없이 기도할 필요가 있다. 그럼으로써 하나님이야말로 두 가지 모두의 원천이심을 인정하게 된다. 하나님은 칭의 행위를 통해 인간에게 작용하시며, 칭의의 과정에서 사람들과 협력하신다.[135] 일단 의롭게 되면, 죄인은 하나님의 은총 덕분에 공로를 획득하기 시작한다. 공로는 인간의 행동이라기보다는 신적인 행위이다. 따라서 어거스틴이 공로를 배제하거나 부인했다는 암시는 완전히 잘못된 것이다. 칭의 이전의 공로는 참으로 부인되지만, 칭의 이후의 공적 선포의 실재성과 필요성은 앞의 부인만큼이나 강하게 인정된다. 그러나 어거스틴은 죄인을 의롭다고 하시는 하나님의 선물로 공로를 이해하지, 터툴리안의 다수 율법주의적인 접근법을 수용한 것은 아니라는 사실에 주의해야 한다. 인간의 선한 공로는 하나님의 선물이다 (Hominis bona merita, Dei munera). 참으로 영생은 공로에 대한 보상이지만 공로는 하나님으로부터의 선물 자체이므로, 이 모든 과정은 신적인 관대함에 기원이 있는 것이지, 결코 인간의 행위에 있다고 여겨져서는 안 된다. 만

---

134) 예를 들어, N. P. Williams, *The Grace of God*, London: Longmans, 1930, 19-43에 나오는 다소 통찰력이 떨어지는 논의다.
135) *De gratia et libero arbitrio* xvii, 33: 'Ut ergo velimus, sine nobis operatur; cum autem volumus, et sic volumus ut faciamus, nobiscum cooperatur.' '작용'과 '협력'에 대한 초기의 차이에 대해 다음을 보라. *Ad Simplicianum*, I, ii, 10, CChr 44.35.298-301: 'ut velimus enim et suum esse voluit et nostrum: suum vocando, nostrum sequendo. Quod autem voluerimus, solus praestat, id est, posse bene agere et semper beate vivere.'

일 하나님이 인간의 공로 때문에 인간에게 조금이라도 부채가 있는 것이라면, 그것은 외부에서 부과된 것이거나 선천적인 것이라기보다는 하나님께서 자신에게 부과하신 것이다. 영생, 공로 및 은총 사이의 관계에 대한 고전적인 어거스틴적 진술은 서신 194의 찬양구에 나온다. '하나님께서 우리의 공로에 관을 씌우실 때, 그는 자기 자신의 선물에 씌우시는 것이다.'[136] 공로에 의한 것이든 아니든, 중세 시기의 프란시스코 학파와 관련된 예비적 은총의 가능성과 같은 개념을 어거스틴의 성숙기 저작에서 추론하기는 불가능하다. 그러한 교리의 흔적은 396년 이전 저작에서 발견할 수 있을지도 모른다.[137]

어거스틴 칭의 교리의 핵심은 '하나님의 의', 즉 유스티티아 데이(iustitia Dei)에 관한 이해다. 하나님의 의는 그분 자신이 의로우시다는 뜻의 의가 아니라 죄인을 의롭게 하신다는 의미의 의다.[138] 구약에 희미하게 나타나고 신약에서, 특히 예수 그리스도에게서 확연히 드러나는 하나님의 의는 하나님께서 단지 수여하신다는 의미가 아니라, 사람 자체를 의롭게 만드는 것이다.[139] 어떻게 의 자체이신 하나님께서 의롭지 못한 존재를 의롭게 하시는 일이 가능할까? 어거스틴은 이 질문에 거의 관심을 기울이지 않고, 그리스도의 사역에 관한 체계적인 설명도 해주지 않는다. 대신 그는 그리스도의 임무의 목적을 보여주고자 일련의 이미지와 은유를 활용한다. 이런 예들 중에 인류에 대한 하나님의 사랑을 자신을 통해 드러내신 것(ad demonstrandum erga nos dilectionem Dei)이 가장 중요하다는 데 대부분 동의한다. 그리스도의 사역에 대한 그의 이해를 드러내는 또 다른 은유와 이미지로는 중보, 희생, 사탄의 권능으로부터의 구원, 또는 본받아야 할 모범 등이 있다. 이 질문

---

136) *Epistola* 194, 5, 19, CSEL 57.190: 'cum Deus coronat merita nostra, nihil aliud coronat quam munera sua.'
137) *De diversis quaestionibus lxxxiii*, 68, 4, CChr 44A.180.126-9와 같은 텍스트에 기반을 두어, Dhont, *Le Probléme de la préparation à la grâce*에서 제시된 것처럼: 'Praecedit ergo aliquid in peccatoribus, quo, quamvis nondum sint iustificati, digni efficiantur iustificatione: et item praecedit in aliis peccatoribus quod digni sunt obtunsione.'
138) Studer, 'Jesucristo, nuestra justicia,' 266-70.
139) *De spiritu et littera* xi, 18.

은 그리스도의 사역에 대한 체계적인 설명을 시도하는 어거스틴의 신학에 부과된 드러난 짐이라는 점이 강조되어야 한다. 왜냐하면 이 질문에서 이 감독의 관심사는 하나님이 인간을 어떻게 의롭게 할 수 있을까(가능성)가 아니라, 하나님이 어떻게(방법) 인간을 의롭게 하시는가이기 때문이다. 루터와 마찬가지로, 그도 그리스도의 사역의 특징을 나타내는 광범위한 이미지와 은유를 사용하지만, 이 중 하나에 전적으로 자신을 몰입시킨다.

위에서 언급했듯이, 하나님의 예비적인 은총은 칭의를 위한 인간의 의지를 준비시킨다. 어거스틴은 이러한 은총이 세례의 성례와 밀접하게 연관된 것으로 이해한다. 물론 세례 없이는(또는 보다 정확하게 세례가 나타내는 것 없이는) 구원도 없다고 주장하면서도, 이것이 모든 죄인이 세례만 받으면 의롭게 되어, 마침내 구원받게 된다는 뜻은 아니다. 궁극적 견인의 은총은 크리스천에게 자기 생의 마지막까지 믿음의 유지를 요구한다. 이 말은 분명히 예정의 문제를 일으킬 것이다. 믿음의 중생, 소망과 사랑을 주신 하나님께서 견인(perseverance)은 당장 주시지 않으시다니![140)

종종 어거스틴은 은총을 비인격적인 추상적 힘으로 생각하는 듯한 부분도 있는 반면, 많은 곳에서 은총 개념과 성령 사역 사이에 뚜렷한 관련성을 만들어내고 있다. 따라서 중생은 그 자체로 성령의 사역이다.[141) 칭의를 통해 주어지는 하나님의 사랑은 우리 가슴 속에 널리 퍼져 있다. 신적인 사랑을 성령의 인격성에 비유하는 것은 어거스틴의 삼위일체 교리에 있어 가장 심오한 측면으로 간주될 수 있다. 하나님을 사랑하는 것이 하나님의 선물이다(Amare Deum, Dei donum est). 성령은 사람이 하나님의 사랑으로, 또 이웃에 대한 사랑으로 불붙게 하신다. 왜냐하면 성령은 참으로 사랑이시기 때문이다.[142) 믿음에 관한 어거스틴의 아주 강한 지적인 개념에 의하면, 사랑 없

---

140) De corruptione et gratia viii, 18. 다음을 보라. G. Nygren, *Das Prädestinationsproblem*; F. J. Thonnard, 'La Prédestination augustinienne: sa place en philosophie augustinienne,' *REAug* 10 (1964), 97-123.
141) 예를 들어, *Epistola* 98, 2. 여러 곳에서, Augustine은 그리스도의 은총이 단지 모범으로 구성되었기 때문에, 그리스도를 모방하기만 하면 의롭게 될 수 있다는 펠라기우스주의자의 주장을 비판한다. 사람을 의롭게 하시는 이도 성령이며, 사람으로 하여금 그를 닮도록 인도하시는 이도 성령이다. *Opus imperfectum contar Julianim* II, 46.
142) *De Trinitate* XV, xvii, 31.

는 믿음은 존재할 수도 없고 하나님 면전에 아무런 가치도 없다. 하나님의 또 다른 선물인 믿음과 소망도 사랑과 함께 하거나 사랑에 의해 이끌려지지 않으면 사람들을 하나님께로 이끌 수 없다. 마치 오직 믿음(sola fide)이라는 주제가 그의 후배 해석자들을 지배하는 것처럼, 하나님의 사랑(amor Dei)이라는 주제가 어거스틴의 칭의 신학을 지배한다. 사랑 없는 믿음은 아무런 가치도 없다.[143)]

그렇다면 어거스틴은 믿음에 의한 칭의(예를 들어, 롬 5:1)에 관해 말하는 바울 집성문(corpus)의 구절들을 어떻게 이해했을까? 이 질문은 우리들을 '사랑에 의하여 작동되는 믿음' (fides quae per dilectionem operatur)이라는 고전적인 어거스틴 개념으로 이끄는데, 이 개념은 다음 천년 동안 의롭게 하시는 믿음의 특징에 관한 서구 기독교의 사고를 지배한다. 어거스틴이 의롭게 하시는 믿음의 특징에 관한 이해에 이르는 과정은, 고립된 바울의 몇몇 발췌문보다 이 문제에 관한 성경 전체의 견해를 제대로 파악하려는 그의 열정을 보여준다.

『삼위일체론』(De Trinitate)에서 어거스틴은 사랑 없는 믿음은 쓸모가 없다고 정식화한 고린도전서 13:1-3의 난제에 대해 숙고한다.[144)] 따라서 그는 순전히 지식적인 믿음(약 2:19의 '귀신들도 믿고 떠느니라'는 것과 같은)과 참된 의롭게 하시는 믿음을 구분하는데, 후자야말로 사랑이 함께하는 (accompanied by love) 믿음이라고 강조한다. 바울 집성문 중에서도 깔끔하게 잘 표현된 이 구절을 어거스틴은 갈라디아서 5:6에서 발견한다. '그리스도 예수 안에서는 할례나 무할례나 효력이 없으되 사랑으로써 역사하는 믿음뿐이니라.'

비록 이 구절이 펠라기우스적인 해석의 문을 열어놓았다고 여겨질 수도 있지만, 어거스틴은 논의 중인 믿음과 사랑 모두 자연적인 인간의 능력이라기보다는, 하나님의 선물이라고 주장함으로써 논쟁의 가능성을 배제시킨다. 즉 그것들은 부여된 기능(data)이라기보다는 선물(dona)이며, 창조의 자

---

143) *De Trinitate* XV, xvii, 31; xviii, 32.
144) *De Trinitate* XV, xviii, 32.

연적인 부여물을 능가하는 것이다. 어거스틴은 믿음을 주로 하나님의 말씀에 대한 애정으로 이해하는 경향이 있기 때문에, 상당히 강력한 지적 요소를 믿음의 요소 속에 도입시킬 우려가 있다. 따라서 사람을 의롭게 하는 데는 믿음에다 사랑(caritas) 또는 기쁨(dilectio)의 보완이 필요한 것이다. 믿음은 진리를 드러내기에 충분할지 모르지만, 그 자체로 의롭게 하기는 부족하다.[145] 이 때문에 어거스틴의 칭의 교리를 오직 믿음으로 의롭게 한다(sola fide iustificamur)로 요약하는 일은 받아들일 수 없다. 만일 요약이 가능하다면, 오히려 오직 사랑으로 의롭게 한다(sola caritate iustificamur)고 할 수 있을 것이다. 어거스틴에게 있어 회심을 불러일으키는 것은 믿음이라기보다는, 오히려 사랑이다. 탐욕(cupiditas)이 모든 악의 뿌리인 것처럼, 사랑(caritas)은 모든 선의 뿌리이다. 개개인이 신성과 함께하는 인격적인 연합이 칭의의 근본을 이루는데, 이 연합은 믿음이 아니라 사랑 때문에 일어난다.[146]

어거스틴은 동사 유스티피카레(iustificare)를 '의롭게 하는' 이라는 뜻으로 이해하는데, 그의 활동 시기 전체를 통하여 이 의견을 지킨 것으로 보인다.[147] 이런 이해에 도달하면서 그는 비비카레(vivicare)와 모티피카레(mortificare)의 유추를 통하여 피카레(-ficare)를 파케레(facere)의 무강세형으로 해석한 듯이 보인다. 비록 라틴어 단어로는 허용 가능한 해석이지만, 이 단어가 유래한 히브리어 개념에는 받아들일 수 없는 해석이다(제1장 1. 칭의 개념의 의미론적 측면 참조). 물론 유스티피카레(iustificare)라는 단어는 고전 후기의 단어로 성경의 라틴어 해석을 통하여 도입되었으므로, 라틴 서방의 기독교 저자들로 사용이 한정되었다. 결과적으로 단어의 뜻을 밝히는 데

---

145) J. Burnaby, *Amor Dei: A Study of the Religion of St. Augustine*, London: Hodder & Stoughton, 1938, 78: 'Augustine의 믿음 용어의 일반적인 용례를 볼 때, 그가 생의 말년에 한 정의, 즉 믿음이란 단지 생각으로 긍정하는 것(*cum assensione cogitare*)이라는 지적 의미가 압도적으로 강하게 나타남을 부인할 수 없다.'
146) Bavaud, 'La Doctrine de la justification d'après Saint Augustin,' 31-2.
147) 예를 들어, *Expositio quarundam propositionum ex Epistola ad Romanos* 22; *Ad Simplicianum* I, ii, 3; *Sermo* 131, 9; 292, 6; *Epistola* 160, xxi, 52; *De gratia et libero arbitrio* vi, 13. *efficitur iustus*를 포함하는 다른 구절로는 예를 들어, *De spiritu et littera* xxxii, 56과 *fit pius*를 포함하는 구절은 예를 들어, *Sermo* 160, 7과 *In Ioannis evangelium tractatus* iii, 9가 있다.

있어 어거스틴은 고전 작가들에 주목할 수가 없었고, 혼자 해석할 수밖에 없었다. 그가 '의롭게 하는'(iustificare)과 '의'(iustitia)의 관계를 확립한 일의 심대한 의미가 앞으로 드러날 것이다.

칭의에 관한 어거스틴의 기본 정의를 보다 상세히 조사해 보면 완전한 의미가 보다 잘 이해될 것이다.

> '그는 불의한 자를 의롭다 하시며'라는 말이 '그는 불의한 사람이 의로운 사람이 되게끔 만들었다'라는 뜻을 의미하는 바, 그대로 '의로워진' (justified)이라는 뜻은 '의인으로 만들어지다'(made righteous)라는 의미 외에 무슨 다른 뜻이 있을까?(Quid est enim aliud, iustificati, quam iusti facti, ad illo scilicet qui iustificat impium, ut ex impio fiat iustus?)[148]

어거스틴에게는 순수하게 '의롭다고 여기다'라든지 '의롭다고 취급하다'라는 칭의 개념에 대한 어떤 힌트도 없는데, 마치 이 사건은 인간의 도덕적 또는 영적인 변화 없이도 은총을 통하여 발생하는 현상 같다. 어거스틴 사상에 스며드는 궤도는 모호하지 않다. 칭의는 사역적인(causative) 과정이며, 죄인이 의롭게 만들어지는 과정이다. 그것은 죄인(impius)이 의인(iustus)이 되는 변화에 관한 것이다.

어거스틴은 칭의를 모든 방면에서의 변화로 이해하는데, 여기에는 칭의의 사건(작용 은총으로 일어나는)과 칭의의 과정(협력 은총으로 일어나는) 모두가 포함된다. 사실 어거스틴 자신은 칭의의 두 측면을 구분할 필요가 없었다. 이 구분은 16세기의 것이다. 그러나 후대 논쟁에 있어 어거스틴의 중요성은 이처럼 카테고리화된 용어로 해석할 필요성을 불러일으킨다. 칭의에 의해 일어나는 인간 안의 하나님의 형상의 회복은 새로운 창조에 비견될 만한 것으로, 이를 통해 죄가 제거되고, 대신 하나님의 사랑이 성령의 형식으로 사람들의 마음속에 심겨진다. 하나님의 새 창조는 칭의 사건으로 단번에 영원히(once for all) 완수되는 것이 아니라 완전해지도록 요청되는 것이

---

148) *De spiritu et littera* xxvi, 45.

며,[149] 해방된 자유 의지(liberum arbitrium liberatum)에 협조하는 협력 은총에 의해 이루어진다. 아마도 사랑(caritas)이 개개인 안에서 재생 작업을 시작하면서 욕망(concupiscentia)은 배후로 추방되지만, 끊임없이 자신의 존재감을 느끼게 만들 것이다. 따라서 이생에서는 결코 죄가 완벽하게 극복되지 않으므로 인간이 사는 동안 새롭게 하는 은총의 선물이 계속적으로 필요하다.[150]

어거스틴에게 있어 하나님께서 칭의를 통하여 인간에게 수여하시는 의는 16세기의 용어로 하자면 전가(imputed)되었다기보다는 내재적(inherent)인 것으로 간주된다.[151] 후기 개신교 용어인 '전가된 의'(imputed righteousness) 개념은 어거스틴의 칭의 교리의 틀 안에서 인간이 칭의를 통해 '의롭게 만들어진다'는 뜻이므로 상당히 중복적이다. 그러므로 그들이 받게 되는 의의 출처는 하나님이지만, 그들 안에 자리잡으며, 그들의 것이라고 불릴 수 있고, 그들 존재의 일부로 그들의 인격에 내재적인 것이다. 의롭게 하는 의의 특징에 대한 이러한 이해에 내포되어 있는 한 가지 요소는 신화(神化, deification)라는 그리스 개념인데, 어거스틴의 후기 구원론에 등장한다.[152] 자비로 인해서, 삼위일체 자체가 의롭게 된 죄인의 영혼에 거주하게 된다. 그렇지만 어거스틴이 '은총의 상태'(state of grace)를 엄격한 의미 그대로, 즉 인간의 영혼 안에 창조된 은총이 내주하는 것으로 예상한 것인지 여부가 분명한 것은 아니다.[153]

어거스틴이 성령의 작용으로 일어나는 죄인의 진정한 내적 재생에 관해 말한 것은 틀림없는 사실이다. 그는 후기에 신적인 본성에 참예한다는 용어

---

149) *De gratia et libero arbitium* xvii, 33.
150) *Enchiridion* I, 44.
151) 다음 저자의 중요한 결론을 보라. J. Henninger, *S. Augustinus et doctrina de duplici iustitia*, Mödling: Sankt Gabrieler-Studien, 1935, 79: 'i. Existit aliqua iustitia, qua homo vere, intrinsecus, coram Deo iustus est; ii. Haec iustitia consistit in aliquo dono permanenti, quo homo elevatur ad aliquem statum, altiorem, ita ut sit particeps Dei, deificatus.
152) J. A. A. Stoop, *Die deification hominis in die Sermones en Epistulae van Augustins*, Leiden: Luctor et Emergo, 1952; Capánaga, 'La deificación en la soteriología agustiniana.' 이 주제는 Augustine의 특정한 교리적 작품보다 설교에서 더 잘 표현되어 있다.
153) G. Philips, 'Saint Augustin a-t-il connu une "grâce créée"?' *EThL* 47 (1971), 97-116; P. G. Riga, 'Created Grace in St. Augustin,' *Augustinian Studies* 3 (1972), 113-30.

로 이를 표현했다. 그러나 어거스틴의 신학적 어휘가 후기의 용어 의미 그대로인 '창조된 은총'이라고 말할 수 있을 정도인지는 충분하지 않다고 진술하는 것이 현명할 것이다. 어거스틴은 후기에 빈번히 이 용어를 사용했는데, 갑바도기아 교부들의 향취를 강하게 드러내는 양자(養子)와 신화라는 개념을 칭의 논의의 요소요소에 배치시킨다. 따라서 엄격한 의미 그대로 '은총의 상태'라고 말하기는 어렵더라도 의롭게 하는 의의 특징에 대한 어거스틴의 후기 이해에는 참예라는 요소가 표현되어 있다. 하나님은 신성을 받을 수 있는 능력과 참예할 수 있는 능력 모두를 인간에게 주신다.[154] 삼위일체의 생명에 참예함으로 의롭게 된 죄인은 신화되었다고 말할 수도 있다. 어거스틴의 양자 이해는 신자는 단순히 양자됨의 상태를 받는 것이 아니라, 하나님의 자녀가 되는 것이다. 칭의는 한 사람의 존재에 진정한 변화를 수반하며, 단지 그의(또는 그녀의) 상태만이 아니라 그의 존재 자체에 진정한 변화가 수반되며, 단지 의롭게 된 것 같을 뿐이라거나 하나님의 자녀가 된 것처럼 대우받는 것이 아니라 참으로 의롭게 되어 하나님의 자녀가 된 것이다.

어거스틴에게 있어 칭의는 하나님 앞에서 인간의 의로움이 시작되는 사건임과 동시에 완벽으로 가는 과정이다. 이를 통해 미래의 종교개혁의 '성화'(sanctification) 개념이 칭의의 이름 아래 효과적으로 내포되게 되었다. 비록 어거스틴이 때때로 독립적인 구절들을 통해서 칭의가 단지 죄의 용서만으로 구성된다고 재진술했다고 여겨지지만, 그의 저작을 보다 심도 깊게 살펴보면 이 주장은 성립될 수 없다. 어거스틴은 '칭의'를 성령의 내적인 작용을 통해 윤리적인 재생과 영적인 재생 모두가 죄인에게 일어나는 것으로 보았음이 분명하다. 어거스틴에 의하면, 칭의는 근본적으로 '의롭게 만들어져 가는 과정'이다. 그러나 그는 의인(iustus)과 의(iustitia)를 어떻게 이해하고 있을까? 이 질문과 함께 우리는 어거스틴의 칭의 교리와 윤리적, 정치적 사상과의 관계에 이르게 된다.

어거스틴에 의하면 하나의 행동으로서의 의(iustitia)는 행동 그 자체(officium)와 행동의 내적인 동기(finis)라는 실체를 모두 지니는 용어이다. 의

---

154) *De Trinitate* XIV, xii, 15; *Enarrationes in Psalmos* 49, 2; *Sermo* 192, 1.

로운 행동의 올바른 동기는 오직 작용 은총과 신자 안에서 성령의 내적인 행동을 통해서 일어날 수 있다. 의 자체는 성령의 선물로 간주되는데, 선한 의지(작용 은총으로 효력이 발생하는)의 소유와 협력 은총을 통해 활성화되는 잠재력을 보유한 모두를 포함한다. 따라서 어거스틴은 관계적이라기보다는 참여적으로 의를 이해했다고 보는 것이 보다 확실할 것이다.[155] 그리스도에게 합해진 사람은 누구나 의인 같은 행위를 수행할 수 있다. 달리 말하면, 어거스틴은 의를 다음 방식으로 정의하는데, 이 정의에 의하면 오직 크리스천만이 선한 행위를 할 수 있다. 이 점을 잘 드러내는 유명한 '두 사람 예화'가 있다. 한 사람은 '하나님에 대한 참되고 보편적인 신앙'을 지니지 않았지만 도덕적으로 흠이 없는 삶을 살고 있다. 또 다른 사람은 그러한 믿음은 지니고 있지만, 첫 번째 사람보다 도덕적으로 열등한 사람이다. 하나님의 목전에 누가 더 우월한 사람일까? 어거스틴의 답은, 두 번째 사람이다. 비록 앞사람이 도덕적으로 우월할지는 몰라도, 두 번째 사람은 그 믿음으로 인해 더 우월하다. 물론 첫 번째 사람이 믿음을 지녔다면, 그가 하나님의 목전에서 더 우월했을 것이다.[156] 이 예화는 하나의 행위(officium) 자체의 내재적인 도덕적 가치와 하나의 행동(finis)의 의를 위한 신학적 기초를 성립시키는 내적인 동기 사이의 차이를 제시한다. 올바른 내적 동기는 오직 '사랑으로 작동되는 믿음'을 통해서만 가능하다.

여기서 어떤 사람들은 마치 이방인이 도덕적으로 선한 행위를 하는 능력을 어거스틴이 부인했다고 말하지만, 그는 이를 '부인하지 않았다'는 사실에 주의해야 한다. 선하다고 간주되는 이 행위(officium)는 사람들 앞(coram hominibus)에서의 선이지 하나님 앞(coram Deo)에서의 선은 아니다. 어거스틴은 도덕적인 영역과 공로적인 영역을 면밀하게 구분했다. 이방인들도 절제, 관용, 심지어 인간적 사랑(caritas humana)을 행할 수 있지만, 그것은 하나님 앞에서의 덕은 아니다.[157] 불경건한 자의 미덕(virtutes impiorum)은 행위

---

155) *Contra Julianum* I, ix, 45.
156) *Contra duos epistolas Pelagianorum* III, v, 14. III, v, 14에서 vii, 23 전체 부분을 주의 깊게 연구할 필요가 있다.
157) 예를 들어 다음 예를 보라. *De gratia et libero arbitrio* xvii, 36; *De spiritu et littera*

의 측면에서는 의롭지만, 영원한 구원을 얻는 데 있어 아무 가치가 없다. 그러한 행동 자체는 선한 것인지 모르지만, 구체적인 믿음의 상황 밖에서 행해진다면 무익하며, 심지어 죄된 일이기도 하다. 불경건한 자의 미덕과 경건한 자의 미덕 사이의 중대한 차이는, 하나님께서 한때 불경한 사람을 경건한 사람으로 만드시는(ex impio pius fit) 일, 즉 칭의에 있다. 따라서 어거스틴의 도덕 신학(즉 개개인에게 적용되는 그의 iustitia 신학)은 그의 칭의 교리와 밀접하게 연관된 것으로 간주될 수 있다. 도덕적인 행위와 공로적인 행위, 즉 한 행동에 대한 인간적 판단과 신적인 판단 사이의 다리는 불경건한 사람의 칭의에 달려 있는 것이다.

어거스틴의 정치 신학(즉 공동체에 적용된 그의 iustitia 신학)은 그 자체로 상당한 흥미를 지닌 것이며, 동시에 칭의 교리와도 밀접한 연관이 있다.[158] 사회 정의에 기반을 둔 키케로적 이해에 대한 비판을 담고 있는 『신국론(神國論)』(De civitate Dei, 413-426)은 우리 연구에 결정적으로 중요하다. 칭의를 통하여 영향을 미치는 참된 신적 정의는 오직 하나님의 도성(city of God) 안에서만 발견될 수 있다.[159] 『신국론(神國論)』 안에서 어거스틴의 의 개념은 우주를 자신의 뜻에 따라 명령하시는 가장 의로운 집행관(iustissimus ordinator)으로서의 하나님 개념에 기초한다.[160] 이와 관련된 의 개념으로 만물의 물리적 질서 개념에 접근할 수 있으며, 또한 인간사(人間事)의 올바른 질서와 환경과 인간의 관계에도 반영된다. 어거스틴의 경우 의는 하나님의

---

xxvii, 48. 또한 J. Wang Tch'ang-Tche, *Saint Augustin et les vertus des païens*, Paris: Beauchesne, 1938의 탁월한 연구는 주목할 가치가 있다.
158) 특별히 이단 고발과 관련하여 은총 교리의 수사학적 측면에 대한 흥미로운 고찰로 다음을 보라. B. Kursawe, *Docere, delectare, movere: Die officia oratoris bei Augustinus in Rhetorik und Gnadenlehre*, Paderborn: Schoningh, 2000.
159) '두 도성' 주제에 관해서는 다음을 보라. A. Lauras and H. Rondet, 'Le Thème des deux cités dans l'oeuvre de saint Augustin,' *Etudes Augustiniennes* 28 (1953), 99-160; Y. Congar, "'Civitas Dei" et "Ecclesia" chez S. Augustin,' *REAug* 3(1957), 1-14.
160) De civitate Dei XI, 17. 또한 다음을 보라. De libero arbitrio I, v, 2: 'iustum est, ut omnia sint ordinatissima.' 영혼 부분의 정확한 질서라는 플라톤인 정의 개념은 또한 Augustins의 *amor amato serviens et propterea recte dominans*로서의 정의라는 개념에서도 두드러진다. *De moribus ecclesiae* xv, 25.

의지에 부합하는 인간사의 올바른 질서라는 말과 실제로 동의어를 이룬다.[161]

어거스틴의 칭의에 관한 준(準)-물리적 이해는 존재 질서의 계층적(hierarchical) 구조를 반영한다. 의는 기본적으로 존재의 질서에 따르는 세계의 질서이며, 그 자체로 신적 의지의 표현이다. 하나님은 사물의 자연적 질서를 창조하셨으며, 따라서 이러한 사물의 자연적 질서는 그 자체로 의를 반영한다. 하나님은 그들이 마땅히 그러해야 할 바인 자연의 올바른 질서, 즉 의 안에서 창조하셨다. 이 질서를 무시하기로 작정하면서 인류는 의 밖으로 추방되었으며, 그들의 존재 상태는 '불의'로 규정되었다. 따라서 칭의는 본질적으로 의를 구성하는 올곧음, 즉 '올바르게 하는 것'인데, 이는 하나님과 인류 사이의 관계에 있어 모든 측면에서의 회복이다. 의는 주로 법률적 또는 법정적인 카테고리로 간주되지 않고 이런 카테고리를 초월하는 것으로, 하나님의 인간에 대한, 인간의 동료에 대한 그리고 인간의 환경에 대한 관계 등 하나님과 인간관계의 모든 측면에서 기대할 수 있는 '올바른-바람'을 포괄한다. 칭의는 신적인 의도에 따라 창조된 질서의 올곧음을 성취하는 '정당화'에 관한 것이다. 칭의에 법적이거나 도덕적인 부분이 있는 것은 분명하지만, 어거스틴의 폭넓은 의 개념의 범위 안에서, 법적이거나 도덕적인 개념만이 주된 개념인 것은 아니다.

따라서 의 해석은 구체적인 문맥에 달려 있음이 분명하다. 하나님과 인간 사이의 관계에 있어서의 의로움(iustum)은 사람들 사이의 관계에 있어서의 의로움이 아니므로, 인간의 의 개념을 하나님에 유추한 서술은 애초부터 정당화될 수 없다. 이 점은 '각자에게 적합한 것을 준다'(reddens unicuique quod suum est)는 키케로적 의(iustitia) 개념의 정의(定意)에 대한 어거스틴의 비판을 통해 잘 제시된다.[162] 어거스틴은 이 세속적인 정의도 사정에 따라

---

161) R. A. Markus, *Saeculum: History and Society in the Theology of St. Augustine.* Cambridge: Cambridge University Press, 1970, 72-104.
162) 예를 들어, *De libero arbitrio* xviii, 27; *Enarrationes in Psalmos* 83, 11. Augustine과 Cicero의 관계에 대해서 다음을 보라. M. Testard, *Saint Augustin et Cicéron*, 2 vols., Paris: Etudes augustiniennes, 1958.

사용할 준비가 된 동시에, 자기 자신의 의 개념을 신적인 의지에 굳건히 자리잡아 두었음이 분명하다.

어거스틴이 불경한 사람들의 칭의에 관한 질문을 두고 에클라눔의 줄리안과 논쟁하는 과정에서 '정의'(正義)의 의미를 규정하는 일이 특별히 중요해졌음이 틀림없다. 어거스틴은 세속적인 정의 개념을 인류를 향한 신적인 섭리에 적용시키는 줄리안에 대항할 필요를 느꼈다.[163] 줄리안은 하나님께서 각 사람에게 각자의 분량대로 속임수나 은총 없이 주신다는 의미로 정의를 규정했는데, 그 결과 하나님은 스스로의 도덕적 성취에 기반을 두어 은총을 획득한 사람을 의롭게 하실 것이 기대되었다. 이러한 접근법으로 의로운 사람의 칭의 교리가 만들어진 반면, 어거스틴은 복음의 핵심은 불의한 사람의 칭의여야 한다고 주장했다. 줄리안의 하나님의 정의(Iustitia Dei) 개념과 직면하면서 어거스틴은 포도원의 일꾼 비유(마 20:1-16)에 호소했는데, 이는 하나님의 의란 자신의 은총 약속에 대한 하나님 자신의 충실성을 언급하는 것이며, 그 약속이 이루어지는 개개인의 공로와는 별도라는 점을 드러내고자 함이었다.

어거스틴의 의 개념의 가장 근본적인 것은 개인이 전 존재로 하나님께 순종하는 의이다. 하나님에 대한 순종의 주제는 우주의 수립된 질서를 받아들이는 신플라톤주의의 개념을 반영하는 한편, 『신국론』 안에서 어거스틴의 정의 이해는 락탄티우스(Lactantius, 약 250-317)의 『신적 교훈』(Divinae Institutiones)에서 발견되는 사상과 유사하다. 락탄티우스가 발전시킨 정치신학은 특히 콘스탄틴이 건설 중이던 새로운 기독교 제국에 적합했다. 여기서 의는 실제적으로 경배(religio)와 동일하게 쓰인다. '의란 한 분이신 하나님께 경건하고 종교적인 예배를 드리는 일 외의 것이 아니다.'[164] 이 정의는 '각자에게 분량대로 준다'는 키케로식의 정의 이해에다 하나님에 대한 인간의 적합한 의무(그 중에서 주요 의무는 예배이다)를 포함, 확대시킨 것이라고 해석할 수 있을 것이다. 『신국론』에서 어거스틴은 의를 '법 정의에 관한 공통된 인식(iuris consensus)'의 필수적인 요소로 만듦으로써, 『공화국』(res

---

163) 보다 구체적인 분석으로 다음을 보라. McGrath, 'Divine Justice and Divine Equity.'
164) Lactantius, *Divinae Institutiones* V, vii, 2, CSEL 19.419.12-14.

publica)에 나온 키케로의 고전적인 정의를 수정했다. 즉 참된 의가 없는 곳에는 참된 법(ius)도 없다.[165] 키케로는 의가 합의된 법의식에서 발생하는 법에 기반을 둔다고 가르친 반면, 어거스틴은 법 자체가 정의에 기초하는 것으로 간주되어야 한다고 주장했다. 따라서 어거스틴의 경우 공동체 안의 모든 관계에 있어 신적인 목적에 부합하는 올바른 질서, 즉 참된 의 없이는 공화국도 있을 수 없다.[166] 정의가 존재하지 않는 곳에 '올바름과 공동체의 이익이라는 일반 상식에 의해 연합된 인간의 모임'(키케로가 공화국으로 정의한)은 절대로 존재할 수 없다. 참된 정의가 존재하는 곳은 오직 하나님의 나라뿐이며, 인간의 도성에는 오직 참된 정의의 흔적만이 발견된다. 어거스틴은 그것이 의로운 것이라면 인간의 모든 법은 궁극적으로 하나님의 영원하신 법에서 유래한다고 이해했음이 분명하다. '사람이 하나님께로부터 받은 법의 요소를 제외하면, 인간의 유한한 법에는 어떠한 정의도 적법성이 없다.'[167] 하나님의 법은 영원하고 불변한 데 반해, 신적인 법을 반영하는 긍정적인 법이라 해도 인간관계의 법은 여전히 지역마다 천차만별이다. 칭의를 통하여 '참된 의'(vera iustitia)의 재생이 가능하다 해도, 심지어 의롭게 되지 못한 사람에게도 조금의 '의에 관한 흔적'(vestigia supernae iustitiae)은 남아 있다. 따라서 이 흔적이 사람들의 정의 개념의 기초를 형성해, 사람들이 구성한 인간적인 법적 제도나 정치 제도 속에 그 표현이 나타나게 되다 이러한 흔적이 없었다면 인간들 사이에는 어떠한 종류의 정의도 존재할 수 없다고 어거스틴은 주장한다.[168]

어거스틴의 '의' 논의는, 단지 인간의 칭의에 영향을 미친 칭의 교리가 어

---

165) Cicero, *De republica* 1, 39: 'Est igitur, inquit Africanus, res publica, res populi; populus autem non omnis hominim coetus quoquo modo congregatus, sed coetus multitudinis iuris consensu et utilitatis communione societatis.' 보라. Testard, *Saint Augustin et Cicéron* 2.39-43.
166) *De civitate Dei* XIX, 23. 참조. XIX, 21.
167) *De libero arbitrio* I, vi, 15.
168) F. J. Thonnard, 'Justice de Dieu et justice humaine selon Saint Augustin,' *Augustinus* 12 (1967), 387-402. 보다 깊은 연구로 다음을 보라. J. Rief, *Der Ordobegriff des jungen Augustinus*, Paderborn: Schoningh, 1962, 111-249.

떻게 믿음의 바로 첫 순간부터 크리스천의 존재 전체를 포괄하며 하나님과 사람 앞에서 의로움이 커지면서 마침내 종말론적인 도성에서 그 의가 완성되어 가는지를 잘 보여준다. 칭의는 '의롭게 만들어지는' 것에 관한 것이며, 어거스틴의 '의' 이해는 대단히 폭이 넓기 때문에 사람의 하나님과의 관계, 사람 사이의 관계, 또는 높은 자아 그리고 낮은 자아(어거스틴이 선호한 신플라톤주의적인 인류학적 모델) 사이의 관계를 포괄하는 인간 존재의 모든 측면에서 하나님께서 인간이 살기를 바라는 그대로 살게끔 만들어지는 것이라고 정의될 수 있다. 의가 법적이며 도덕적인 색조를 지니고 있음도 분명하지만, 이 때문에 더욱 근본적인 신학적 기원이 불분명하게 될 수는 없다. 칭의에 의해 어거스틴은 창조 당시에 수립된 본래의 질서로 전체 우주가 회복된다는 이해에 가깝게 되었는데, 이런 이해는 우주적 회복이라는 그리스의 이론과 크게 다르지 않다. 인간 칭의의 궁극적인 목적은 인간이 하나님께 결속되는 것이며, 이 결속(cleave)은 마침내 새롭게 만들어지는 새 예루살렘에서 그 정점과 완성을 맛보게 된다.

어거스틴의 기여는 중세 칭의 교리의 발전을 위한 기초를 놓은 것이다. 비록 12, 13세기의 위대한 신학적 르네상스가 단지 어거스틴 사상의 확장이자 진전이라고 말하는 것은 분명 부정확한 것이지만, 원천과 기준으로서의 역할을 한 그의 신학의 중대함을 생각해 보면 이러한 과도 진술이 크게 난감한 일만도 아니다. 16세기에도 여전히 사용되었던 중세 신학의 교과서는 피터 롬바르드(Peter Lombard)의 『문장집』(Sentences)이었는데, 이 작품은 거의 대부분 어거스틴 저작에서 발췌된 교부 자료의 모음집이다. 이 영향력 있는 저서는 아퀴테인의 프로스퍼(Prosper of Aquitaine)가 집필한 『어거스틴 문장모음집』(Liber sententiarum ex operibus Augustini)에 나타난 형식을 발전시킨 것으로 간주할 수 있다. 이 책은 발전의 여지가 있는 어거스틴 신학의 주요 특징들을 보다 명료하게 묶어보려는 시도이므로, 종종 중세 어거스틴주의의 초기 대표작으로 꼽힌다.[169] 중세 시대 전체의 신학적 기초를 놓은 것으

---

169) D. M. Cappuyns, 'Le Premier Représentant de l'Augustinisme médiévale,' RThAM 1 (1929), 309–37.

로 간주되는 12세기의 신학적 르네상스는 어거스틴의 저작에 크게 의존한다. 신학 토론의 거의 모든 주요 영역에서 그 출발점은 어거스틴의 견해인 것으로 드러난다.[170] 따라서 데이비드 슈타인메츠(David Steinmetz)는 이를 현명하게 진술했다. '모든 중세 신학자들은 심지어 펠라기우스주의자들조차, 그들의 수많은 사상에서 서방 신학의 위대한 아버지에게 빚지고 있다. 모든 중세 신학자들은 정도의 차는 있어도 모두가 어거스틴 신학자이다. 질문은 한 신학자가 어거스틴에게 빚지고 있느냐 아니냐가 아니라, 그가 빚지고 있는 정도와 특성이다.'[171]

따라서 우리는 칭의 교리가 통합되고 발전된 위대한 시대를 탐험하고자 한다. 즉 중세를 향하여 출발하자.

---

170) M. D. Chenu, *La Théologie au XIIe siècle*, Paris: Vrin, 1957; J. de Ghellinck, *Le Mouvement théologique de XIIe siècle*, 2nd edn, Brussels: Culture et Civilization, 1969. 12세기 르네상스의 개론으로는 다음을 보라. G. Pare, A. Brunet and P. Tremblay, *La Renaissance du XIIe siècle*, Paris: Vrin, 1933.
171) Steinmetz, *Misericordia Dei*, 33.

제2장
중세: 교리의 통합

'중세의'(medieval) 또는 '중세'(Middle Ages)는 현대 용어로서, 고전의 지적인 영광과 현대의 영광 사이의 중간기인 시기를 의미한다. 비록 '중세적'이라는 유사한 구절들을 중세 시대 자체에서 발견할 수 있지만, 그 의미는 현대에서 사용하는 중세의 의미와는 상당한 차이가 있다. 따라서 톨레도의 줄리안은 그리스도의 성육신과 두 번째 재림 사이의 시기를 언급하는 어거스틴적인 의미로, '중간 시대의'(the middle age) 또는 '시대의 중간기'(tempus medium)라는 용어를 사용한다.[1] 르네상스 이래로, 중세라는 용어는 고전의 지적인 영광과 르네상스를 통한 회복과는 분리된 뭔가 흥미 없는 시간을 뜻하는 다소 안 좋은 어감으로 사용되었다.[2]

'중세'가 언제 시작되었냐는 질문은 역사가들을 곤혹스럽게 만든다. 왜냐하면 대답은 그러한 정의에 사용된 기준에 달려 있기 때문이다. 많은 사람들은, 특별히 529년에 동시에 일어난 아테네의 플라톤 아카데미 폐지와 몬테카시노 수도원 설립(비록 이 사건으로 고전 후기에서 중세 시대로의 이전이 일어난 것은 아니지만)을 전환점으로 간주한다. 현재 연구의 목적상 중세 시대는 410년 알라릭의 로마 정복에서 시작된 것으로 한다. 이때부터 지성의 중심이 지중해 세계에서 점차 테오도릭과 샤를마뉴의 북부 유럽으로 이전되어, 나중에는 프랑스의 수도원 및 성당 학교들과 파리와 옥스퍼드의 대학들로 옮겨졌다. 어거스틴의 세계는 로마 제국(imperium Romanum)이었으나, 그의 후대 해석자들은 북유럽의 궁정과 수도원의 세계에 속해 있었다.[3] 유럽의 지성적 중심의 이전과 더불어 신학자들이 사용한 방법론의 이전도 중

---

1) Julian of Toledo, *Antikeimenon* II, 69, PL 96.697c. 참조. Augustine, *De civitate Dei* XI, 1, 여기서 Augustine은 유사한 문맥에서 자신이 '중간기 시대'(in hoc interim saeculo)에 살고 있다고 언급한다.
2) 비평으로는 다음을 보라. J. Trier, 'Zur vorgeschichte des Renaissance-Begriff,' *Archiv für Kulturgeschichte* 33 (1955), 45-63; J. von Stackelberg, 'Renaissance: "Wiedergeburt" oder "Wiederwunsch"? Zur Kritik an J. Triers Aufsatz über die Vorgeschichte des Renaissance-Begriffs,' *BHR* 22 (1960), 406-20.
3) J. Marenbon, *From the Circle of Alcuin to the School of Auxerre: Logic, Theology and Philosophy in the Early Middle Ages*, Cambridge: Cambridge University Press, 1981.

세에 일어났다. 이방의 철학과 교부 신학 모두를 포함한 고전 세계의 축적된 전통이 새롭게 등장하는 신학 문헌 속으로 동화되고 흡수되었다. 아퀴테인의 프로스트가 쓴 『어거스틴 문장모음집』이 이런 현상의 초기 사례로 간주될 수 있을 것이다.[4] 중세는 신학 해석의 특정 이슈에 적합하다고 사료되는 성경적, 교부적 자료의 축적 노력이 시대의 특징을 이루었다. 이러한 시도에 자료의 축적 과정에서 발생하는 명백한 모순을 해결하기 위한 해석학적 방법론을 발전시키려는 의도가 더해졌다.[5] 교부 '문장'들의 모음집은 교회법 학자들의 성문화 모델이 되어갔다. 처음 교회법 학자들은 수집된 교황교서를 연대순으로 구분했고, 후에는 주제별로 분류했다. 그러한 교부 '문장'의 모음집에 대한 한 조사는 그것들이 대체적으로 어거스틴의 저작에서 수집되었음을 시사한다.[6] 이러한 모음집 중에서 가장 유명한 피터 롬바르드의 『문장집』(Sententiarum libri quattuor)은 대략 텍스트의 80%를 수천 개의 어거스틴 인용문으로 채움으로써, 어거스틴적 일과기도서의 한 전형이 되었다.[7] 11세기 후반과 12세기의 신학적 르네상스에서 어거스틴이 향유한 높은 평가는 칭의에 관한 중세의 논의 틀을 기본적으로 어거스틴적이게 만들었다.[8] 이 시기의 신학은 새롭게 발전해 가는 시대의 필요성을 충족시키고자 어거스틴의 신학을 재진술하고 정식화하는 체계적인 시도라고 할 수 있다.[9] 중세 시대 동안의 칭의 교리의 발전은 주로 어거스틴의 칭의 틀을 체계화, 명료화하고, 개념적으로 정교화시킨 것으로, 그의 작품의 교의적 내용을 당

---

4) D. M. Cappuyns, 'Le Premier Représentant de l'augustinisme médiévale,' RThAM 1 (1929), 309-37.
5) M. Colish, 'The Sentence Collection and the Education of Professional Theologians in the Twelfth Century,' in N. van Deusen (ed.), The Intellectual Climate of the Early University, Kalamazoo: Western Michigan University, 1997, 1-26.
6) 예를 들어 다음을 보라. Isidore of Seville, Sententiae, PL 83.537-738; Burchard of Worms, Decretum, PL 140.338-1058.
7) Grabmann, Geschichte der scholastischen Methode, 2:385-6.
8) H. A. Oberman, 'Tuus sum, salvum me fac: Augustinreveil zwischen Renaissance und Reformation,' in C. P. Mayer and W. Eckermann (eds.), Scientia Augustiniana: Studien über Augustinus, den Augustinismus und den Augustinerorden, Würzburg: Augustinus Verlag, 1975, 349-94.
9) Oberman, Werden und Wertung der Reformation, 82-140.

시 통용되던 카테고리 안에서 재진술이 가능하게끔 한 것이다.

시대는 칭의 개념의 발전을 서방교회의 구원론적인 확신과 교회에 대한 긍정을 정식화하는 가장 적절한 은유로 인식했다. 이 발전과 관련하여 특별히 두 가지 요소가 중요하다. 이 시대 칭의 교리의 발전에 들어가기에 앞서 짧게라도 고려해 볼 필요가 있다. 우선, 인류의 구원에 관한 논의가 신화적인 영역에서 도덕적인 또는 법률적인 영역으로 이전되었다. 그리고 중세 초기의 신학 발전의 매개로 바울 주석들이 특별히 중요한 역할을 함으로써, 칭의 같은 특정한 바울적 개념들이 통합되어, 중세 후기 시대의 신학 서술 방식(modus loquendi theologicus) 안으로 흡수되었다.

그리스도 안에서의 인류의 구속에 관한 교부 초기의 논의는 종종 그리스도의 십자가 안에서라는 지위(locus)와 함께, 하나님과 악마 사이의 우주적인 전투라는 그림 형식을 취했다. 이 주제는 이후 '지옥의 정복'(Harrowing of Hell)이라는 개념의 중세 전통으로 바뀌었다.[10] 인류를 둘러싼 하나님과 악마의 우주적 전투 이미지와 함께 그 신화의 노골적인 사실주의를 보여주는 몇 가지 개념들이 있다. 예를 들어, 인류에 대한 권리를 소유한 악마(ius diaboli), 그 악마와 거래하는 하나님 그리고 그 악마를 속이는 하나님이라는 개념 등이다.[11] 11세기 후반의 신학적 르네상스 동안 이 구조는 거의 괴멸적인 신학 비평을 받게 되었다. 특히 캔터베리의 안셈(Anselm of Canterbury)은 하나님의 의(iustitia Dei)에 관한 커다란 확신에 기반을 두어 그 의는 하나님께서는 그의 모든 행위에 있어 의롭게 행하시며, 인류의 구속에 있어서도 마찬가지라는 개념을 반드시 수반한다고 비판했다. 이러한 근본적인 확신은 중세 구속 이론의 건설로 이어졌는데, 첫 번째로 인류의 구속, 그리고 다음으로 이 구속을 위해 하나님이 사용하시는 수단 모두가 도덕적 또는 법적인

---

10) K. M. Ashley, 'The Guiler Beguiled: Christ and Satan as Theological Tricksters in Medieval Religious Literature,' *Criticism* 24 (1982), 126-37; J. A Alford, 'Jesus the Jouster: The Christ-Knight and Medieval Theories of Atonement in Piers Plowman and the "Round Table" Sermons,' *Yearbook of Langland Studies* 10 (1996), 129-43.
11) D. M. de Clerk, 'Droits du démon et nécessité de la rédemption: les écoles d'Abelard et de Pierre Lombard,' *RThAM* 14 (1947), 32-64.

타당성을 지닌다는 강조가 이루어졌다. 인류 구속의 수단에 관한 서방교회의 특징적인 사고가 바로 안셈의 통찰력에서 비롯되었다고 주장할 수 있을 것이다.[12]

하나님의 도덕적 또는 법적인 특징에 대한 강조는, 어떻게 하나님의 의가 인간의 의(iustitia hominis)와 관련되는가라는 질문을 통해, 하나님의 의의 정확한 성격에 대한 관심을 커지게 했다. 의, 법, 칭의 사이의 의미론적인 관계에 대한 인식은 구원론적인 은유로서의 칭의 개념의 중요성이 더욱더 커지게 했다.

중세 초기 시기 동안의 신학 발전에 있어 바울 주석이 미친 영향의 중요성이 잘 정리되어 있다.[13] 또한 당시의 다양한 신학 학파의 발전이 이 문학 장르와 관련하여 진행됨을 제시할 수도 있다. 중세 초기의 신학 체계화에 있어 이 주석들은 특별한 중요성을 지닌 것으로 알려져 있다.[14] 바울서신 중에서 가장 중요한 로마서 주석에 대한 연구를 통해 칭의 교리의 발전이라는 관점에서 판단해 보건대, 중세 초기에 주목할 만한 모든 신학자들이 자기 자신의 특징적인 신학 입장에 긍정적인 진술을 위해, 또는 그 입장의 발전을 위해 이러한 주석을 실천적으로 사용하였음이 드러난다.[15] 따라서 크고 작은 정도의 차이가 있어도, 이 신학 입장들은 바울 자료의 영향을 받아 자신들의 입장을 발전시키고 설명해 왔음이 분명하다. 구약 족장들의 구원과 믿음과 행위의 관계와 같은 질문에 대한 토론은 칭의 개념과 관련하여 신학자들이 논의해야만 했던 내용들 중에 두 가지 사례이다. 따라서 주로 로마서 4:4과 관련된 논의로, 아브라함의 구원과 같은 구속사적(heilsgeschichtlich) 질문들

---

12) 따라서 A. B. Ritschl, *Die christliche Lehre von der Rechtfertigung und Versöhnung*, Bonn: Marcus, 1870에서 Ritschl은 Anselm of Canterbury을 언급하면서 교리에 대한 논의를 시작한다.
13) Landgraf, *Einführung in die Geschichte der theologischen Literatur der Frühscholastik*, 29, 39-40.
14) C. Spicq, *Esquisse d'une histoire de l'exégèse Latine au moyen âge*, Paris: Vrin, 1944.
15) W. Affeld, 'Verzeichnis der Römerbriefkommentare der lateinischen Kirche,' *Traditio* 12 (1957), 396-406. 중세 성경 주석의 종합적인 목록은 다음을 보라. F. Stegmüller, *Repertorium biblicum medii aevi*, 7 vols., Madrid: Casimiro, 1950-77.

과의 관련 속에서 신학자들은 율법을 통한 칭의(iustificatio per legem)와 믿음을 통한 칭의(per fidem)의 차이를 빈번히 사용했다.[16] 한편 믿음과 행위 관계의 논의는 종종 칭의의 개념에 대한 명시적인 언급이 되어 있는, 바울과 야고보 사이에 존재하는 분명한 차이들에 대한 논의로 이어졌다.[17]

긍정적인 신학 정식화와 발전의 매개로 바울 주석들의 초기 사용은, 아마도 가장 중요한 구원론적 개념으로 칭의가 올라서는 촉진제가 되었다. 정확하게 말하자면, 구원론적인 이슈로 사용한 이가 바로 바울이었기 때문에 당시 신학자들의 흥미를 유발시킨 것이다. 후에는 『문장집에 대한 주석』(*Commentaries on the Sentences*)과 『대전』(*Summae*)이 이 주석들을 대체했지만, 초기 주석들에 미친 바울 자료의 영향이 워낙 지대했기 때문에 등장하기 시작한 중세의 신학 어휘에 지울 수 없는 인상을 남겼다.

더욱이 바울 주석외의 중세 초기의 조직적인 저작들의 경향은 자신의 자료를 나타내는 데 있어 구속사적 방식을 사용했다.[18] 이는 율법 시대와 복음 시대 사이의 주의 깊은 구분을 촉발시켰으며, 두 시대 사이의 차이를 밝히고자 자연스럽게 율법을 통한 칭의와 믿음을 통한 칭의라는 바울 개념에 의존하게끔 만들었다. 달리 말하자면, 중세 초기 시대의 신학의 실제적인 체계적 표현 자체는 중세 신학자들에 의한 칭의 은유에 부과된 중요도를 더욱더 강화시켰다고 보는 것도 완전히 가능하다.

제2장은 중세 시대 동안 칭의 교리의 구체적인 측면에서의 발전을 기록하고, 어떻게 어거스틴의 기본적인 통찰이 칭의 교리의 틀 안에서 유지되면서, 이제 동트기 시작한 새로운 신학시대의 필요성을 충족시키게 되었는지 설

---

16) 예를 들어, Robert of Melun, *Questiones de epistolis ad Romanos*, ed. Martin, 80.14-81.20.
17) 예를 들어 다음을 보라. Hervaeus of bourg Dieu, *Commentarius in epistolas divi Pauli*, PL 181.644B-647A.
18) H. Cloes, 'La Systématisation théologique pendant la première moitié du XIIe siècle,' *EThL* 34 (1958), 277-329. Cloes는 이 점을 특히 St. Victor의 *De sacramentis*와 관련하여 설명한다. 또한 다음을 보라. V. Marcolino, *Das Alte Testament in der Heilsgeschichte: Untersuchung zum dogmatischen Verständnis des alten Testament als heilsgeschichtliche Periode nach Alexander von Hales*, Münster: Aschendorff, 1970.

명할 것이다.

1. 칭의의 특성

'칭의'라는 단어의 뜻은 무엇일까? 앞에서 언급했듯이, 라틴 용어인 유스티피카티오(iustificatio)는 고전 후기의 것이며, 거의 전적으로 기독교 신학 저작에 한정되었고, 바울 주석에서처럼 특히 그리스 용어 디아카이오시스(diakaiosis)의 번역으로 제공된 것이다(때때로 diakaiomata를 번역할 때에는 복수형인 iustificationes와 접하게 된다). 칭의(iustificare)를 '의롭게 만듦'(iustum facere)으로 되게 한 어거스틴의 해석은 피카레(-ficare)가 파케레(facere)의 무강세형일 것이라는 가정에 근거했는데, 중세 시대 동안 보편적으로 받아들여졌다. 이는 이 감독의 견해에 대한 상당한 존경의 반영이었다. 비록 때때로 유스티피카레(iustificare)가 유스툼 하베레(iustum habere, 의로운 것으로 여겨진다-역주)로 해석되기도 하지만,[19] 하나님 앞에서(coram Deo)보다는 사람 앞에서의 칭의(iustificatio coram hominibus)를 지시하려고 했음이 분명하다.[20]

칭의의 특성에 관한 중세의 특징적인 이해는 다음처럼 요약될 수 있다. 칭의란 단지 크리스천 생활의 시작을 의미할 뿐 아니라, 그 생활의 계속과 궁극적인 완성을 가리키며, 단지 성도의 지위에서가 아니라 그 본성의 근본적인 변화를 통하여 하나님과 사람의 눈앞에서 의롭게 만들어져 가는 것이다. 사실상, 종교개혁 시기의 특징인 칭의(하나님의 외부적 선언으로 이해되는)와 성화(내적인 재생의 연속적인 과정으로 이해되는)의 차이는 처음부터 배제된다. 칭의의 특성과 관련된 이러한 근본적인 차이가 중세와 종교개혁 시대의 칭의 교리 사이에 가장 커다란 차이(differentiae)로 남는다.[21]

---

19) 예를 들어, Atto of Vercelli, *Expositio epistolarum Pauli*, PL 134.149c; Haimo of Auxerre, *Expositio in divi Pauli epistolas*, PL 119.381A.
20) 예를 들어, Sedulius Scotus, *Collatio in omnes Pauli epistolas*, PL 103.41c: 'aliud est iustificari coram Deo, aliud coram hominis.'
21) McGrath, 'Forerunners of the Reformation?'

'칭의'의 의미에 있어 어거스틴적 해석의 편재성과 관련된 이러한 결론은 초기의 지방어(라틴어가 아닌 지역의 언어) 작품에 대한 조사를 통해서도 인정된다. 이 연구와 관련하여 가장 편리한 지방어 작품들은 울프스탄(Wulfstan, 1023년 사망)과 앨프릭(Ælfric, 955-1020)의 고대 영어(Old English) 설교 및 불필라(Vulfila)로 불리는 고트어 성경이다. 사실 울프스탄은 설교에서 '칭의'라는 단어를 언급하지 않았으며, 우리가 주요하게 관심을 가지는 것은 후자의 작품이다. 고대의 영국교회는 일반적으로 지방어에 존재하는 단어에 새로운 의미를 주거나, 이미 사용 중인 단어들을 새롭게 결합시켜 기독교적인 생각을 표현할 수 있었다.[22] 종종 이런 일이 불가능하게 되었을 때, 그 결과로 '차용 단어'가 도입되었다. 예를 들어, 데오폴(dēofol, 라틴어 diabolus 대신, 악마-역주), 비스콥(biscop, 갈리아식 로마어인 ebescobu 대신, 참조. 라틴어 episcopus, 감독-역주) 등이다. 고대 영어의 신학 어휘는 예를 들어, 라틴어 콘베르시오(conversio, 회심)를 게시레드니스(gecyrrednyss)로 번역하는 등 때때로 라틴어 단어의 문자적 번역에 의지했다. 이 단어들 대부분이 곧이어 사라지게 된 계기는 1066년의 노르만 정복 탓이다. 따라서 호엘(hōel, 구원), 외리스트(ōerist, 부활) 및 여러 어휘들이 사라진 반면, 갓, 헤오펀, 헬(God, heofon, hel)은 남았다.

'칭의'의 고대 영어 및 동일어원은 소멸의 운명을 겪은 반면, 게리트비중(gerihtwīsung)은 중세 영어 유스티피케이션(iustification)으로, 게리트비잔(gerihtwisian)은 유스티피엔(iustifien)으로 살아남았는데, 두 단어는 모두 고대 불어인 유스티피카시옹(justification) 및 유스티피어(justifier)에서 유래했을 것이다. 이러한 소멸의 예는 14세기 지방어 자료인 시편 143:2의 번역에서 볼 수 있는데, 앵글로-색슨어 사이에 근친어인 로망스어의 신학 용어가 부적절한 위치에 놓여 있다.

Lorde, they seruanunt dragh neuer to dome,

---

22) N. O. Halvorsen, *Doctrinal Terms in Ælfric's Homilies*, Dubuque: University of Iowa Press, 1932, 56-7.

For non lyuyande to the is justyfyet.[23)]

앨프릭은 규칙적으로 유스티피카티오(iustificatio)를 게리트비중(gerihtwisung)으로 번역하는데,[24)] 이것은 라틴 텍스트에 대한 전통적인 번역을 따른 것으로 보인다.[25)] 이 고대 영어 어휘는 라틴어 용어의 단순한 번역이 아니라 하나의 해석임이 분명하다. 용어를 서술 동사가 아닌 작위(作爲, factitive) 동사로 해석한 것은, 앨프릭이 '리트와이드 게터알더'(rihtwise getealde)를 '의롭다고 여겨짐' 이라는 뜻으로 사용했다는 사실을 알려준다.[26)] 따라서 게리트비중(gerihtwisung)의 가장 적절한 현재의 번역은 '고치다' 또는 '올바르기를 소망함'이 될 것 같다. 고트어 판본에서도 비슷한 번역이 얻어지는데,[27)] 아리우스주의자인 감독 울필라스(Ulphilas, 383년 사망)가 그리스어에서 직접 번역한 것이 전통적으로 사용되었다. 비록 파편화되어 있어 자료의 가치는 감소되었지만, 바울서신의 고트어 판본에서 디카이오운(dikaioun)을 작위적 의미로 해석한 것을 볼 수 있음이 분명하다. 따라서 갈라디아서 2:16에 나타나는 디카이오운(dikaioun)은 라이츠 바이르탄(raihts wairthan)으로도 번역되는데, '의롭게 되어간다'는 뜻을 분명히 품고 있다. 그러나 고트어 성경에서도 디카이오운(dikaioun)이 라이츠 바이르탄(raihts wairthan)으로 규정적으로 해석되는 것만은 아니라는 사실에 주목해야 한다. 예를 들어, 누가복음 18:14에서는 비교급인 가라이토자(garaithoza)로 번역된다.

---

23) *The Pearl*, ed. Eric V. Gordon, Oxford: Clarendon Press, 1953, 699-700줄.
24) 그의 로마서 8:30 번역을 보라. B. Thorpe, *The Homilies of the Anglo-Saxon Church*, 2 vols., London: Ælfric Society Publications, 1864-6, 2.367.1-3.
25) *The Gothic and Anglo-Saxon Gospels, with the Versions of Wycliffe and Tyndale*, ed. J. Bosworth, London: John Russell Smith, 1865, 10.29; *Libri Psalmorum versio antiqua Latina cum paraphrasi Anglo-Saxonica*, ed. B. Thorpe, Oxford: Oxford University Press, 1835, 18.8 여기서 'iustificati sunt'는 'Hi synt gerihtwisode'로 번역된다. 또한 *Homilies* 2.430.2; 472.2-3을 보라.
26) *Homilies* 2.286.2-5.
27) *Die gotische Bibel*, ed. W. Streitberg, 2 vols., Heidelberg: Winter, 1965. 보다 깊이는 다음을 보라. G. Haendler, *Wulfila und Ambrosius*, Stuttgart: Calwer Verlag, 1961.

칭의의 내적인 체계가 조직적으로 논의된 시기는 칭의 순서(processus iustificationis)를 개념적으로 탐구한, 12세기 초로 거슬러 올라간다. 발전 중이던 교회의 성례 체계와 칭의 순서를 연관시키려 시도했다는 점에서 이 시기의 논의는 칭의 교리의 역사에 있어 중요한 진전이다. 그러나 교리사에 있어 시작은 훨씬 이전으로 거슬러 올라간다. 어거스틴은 불신자의 칭의에 있어 세 가지 측면을 구분했다.

> 이생에서 칭의는 우리에게 세 가지를 수여한다. 첫째, 중생의 씻음, 이를 통해 우리의 죄가 용서된다. 그 다음은 우리 죄의 고백, 범죄 행위가 사면을 받는다. 셋째, 이것은 우리가 '우리 죄를 용서하시고'라고 기도할 때 이루어진다.[28]

카르투지오 수도회 설립자 브루노(Bruno the Carthusian) 또한 칭의 과정의 세 측면을 구분했다.[29] 칭의의 내적 체계에 대한 보다 상세한 논의는 부르즈-듀의 헤르바에우스(Hervaeus of Bourg-Dieu)의 로마서 3:20에 대한 논평에서 발견할 수 있다. 치료하시는 은총의 작용으로 죄의 인정이 따르게 되는데, 이는 의에 대한 사랑으로 이끌어진다.

> 율법을 통하여 죄를 알게 되므로(cognitio peccati), 믿음에 의해 죄에 대항하는 은총이 주입된다. 은총에 의해 영혼이 죄로부터 씻김을 받는다. 영혼의 씻김을 통하여 의지의 자유가 생기며, 의지의 자유를 통하여 의에 대한 사랑이 발생한다. 의에 대한 사랑을 통하여 율법이 행해진다.[30]

한 가지 요소가 인과적인 순서로 다른 결과를 이끄는 순차적인 12세기의

---

28) *Contra Julianum* II, viii, 23, PL 44.689B.
29) *Expositio in Psalmos*, PL 152.1087A: 'Notandum quod haec beneficia non narrat ordine; prius enim fuit a captivitate per fidem averti, postea vero peccata operiri, et sic post iniquitatem remitti; et ad ultimum in bonis operibus et virtutibus benedici.'
30) *Expositio in epistolas Pauli*, PL 181.642D.

칭의 순서(processus iustificationis) 논의를 미리 보여준 셈이다.

초기에 12세기 신학자들은 칭의 순서(processus iustificationis)가 세 가지 요소로 구성된다고 상상했다. 12세기의 연구 작업들이 알려주는 사실은, 비록 삼중적인 구조가 고정된 것으로 보임에도 불구하고 칭의 순서라는 용어 자체가 유동적이므로, 그 요소가 아직 분명하게 정의되지 않았다는 점이다.[31] 피터 만두카터(Peter Manducator)는 삼중 절차를 다음처럼 정의했다. '칭의는 세 가지로 구성된다. 즉 은총의 주입(the infusion of the first grace), 심령의 통회(the contrition of the heart) 그리고 죄의 사면(the remission of sin)이다'[32] 또 다른 곳에서, 칭의 순서는 은총의 주입, 자유 의지의 협력, 완성으로 구성된다고 정의된다.[33] 때때로 이 삼중적인 조합에서 은총의 주입이 누락되고, 죄의 거부, 더 죄를 짓지 않으려는 의도 및 과거 죄에 대한 후회로 이루어지는 경우도 있다.[34] 그럼에도 불구하고 이 삼중 절차는 은총의 주입에서 시작되어, 죄의 사면을 통한 완료가 규범으로 널리 받아들여졌다. 비록 관련된 세 요소가 모두 내적으로 밀접히 연결된 것으로 간주되고 있었지만, 세 요소를 '칭의 과정'으로 동시에 묶으려는 경향의 증가는 교리의 체계적 정식화에 있어 중요한 이정표다.

삼중 구조가 12세기에 상당한 인정을 받았지만, 칭의의 내적 구조의 최종적 규범으로 승인된 것은 사중 구조였다. 삼중 순서는 자유 의지(liberum arbitrium)의 독자적인 활동으로 여겨졌고, 곧 두 구성성분, 즉 하나님을 향한 자유 의지의 운동과 죄로부터 멀어지는 운동으로 나누어졌다. 쁘와티에의

---

31) 중세 초기의 칭의 과정에 대한 탁월한 논의로 다음을 보라. Landgraf, *Dogmengeschichte der Frühscholastik*, 3.287-302.
32) Cod. Paris Nat. lat. 15269 fol. 44, 이는 Landgraf의 *Dogmengeschichte der Frühscholastik*,3.291 n. 11에서 인용되었다.
33) Peter Comestor, *Sermo* 17, PL 198.1769B: 'Iustificatio etiam in tribus consistit, vel notatur; in gratia infusione, in liberi arbitrii cooperatione, tandem in consummatione; primum est incipientium, secundum proficientium, tertium pervenientium.'
34) Cod. Vat. lat. 1174 fol. 83v; Cod. Vat. lat. 1098 fol. 151v, 157. 이는 Landgraf의 *Dogmengeschichte der Frühscholastik*, 3.299에서 인용되었다. 참조. 298 n. 41 및 299 n. 45.

피터(Peter of Poitiers)가 진술한 대로, 이 구조는 다음 형식을 따른다.

불의한 자의 칭의에는 네 가지 사건이 일어난다. 은총의 주입, 은총과 자유 의지에서 솟아나는 운동, 통회 그리고 죄의 사면이다. 비록 속성상 은총의 주입이 다른 세 가지를 선행하는 것 같지만, 네 가지 중 어느 하나가 시간적으로 선행하는 것은 아니다. 그 속성상 이 일들은 시간 안에서 일어나지 않기 때문이다. 만일 이들 중의 하나를 '칭의'라고 묘사하려 한다면, 나머지 세 가지 없이는 어느 것도 그렇게 불릴 수 없다.[35]

따라서 은총의 주입은 결국 칭의로 이어지는 사건 연쇄의 발단이 된다. 만일 이 사건 중의 어느 하나라도 일어난 것 같으면, 나머지 세 개의 사건 또한 발생된 것으로 결론짓는다. 사중의 칭의 순서는 인간 자유 의지의 동작을 하나가 아니라 둘로 포함하기 때문에, 삼중 절차와 다르다. 그렇지 않았다면 전반적인 구조가 동일했을 것이다. 사중 구조는 최초의 요약자인 옥세레의 윌리엄(William of Auxerre)에 의해 은총의 주입(infusio gratiae), 자유 의지의 운동(motus liberi arbitrii), 통회(contritio) 및 죄의 사면(peccatorum remissio)이라는 형식으로 작성되는데,[36] 초기 도미니크 학파와 프란시스코 학파의 박사들이 이 형식을 수용했다.[37] 이 순서에 통회를 포함시킨 것은 13세기의 고

---

35) *Sententiarum libri quinque* III, 2, PL 211.1044A-B. Peter Lombard의 제자였던 Peter of Poitiers는 스승의 『문장집』(*Sentences*)을 본떠 자신의 저서를 만들었다. P. S. Moore, *The Works of Peter of Poitiers*, Notre Dame: University of Notre Dame Press, 1936, 1-24. 이 사람을 세인트 빅터에 있는 Peter of Poitiers 나 클루니에 있는 Peter of Poitiers와 혼동해서는 안 된다. J. W. Baldwin, *Masters, Princes and Merchants*, 2 vols., Princeton: Princeton University Press, 1970, 1.32-4; J. Kritzeck, *Peter the Venerable and Islam*, Princeton: Princeton University Press, 1964, 31-4.
36) *Summa Aurea* lib. III tr. ii q. 1; fol. 121v.
37) Alexander of Hales, *In IV Sent.* dist. xvii n. 7; Albertus Magnus, *In IV Sent.* dist. xviiA a. 10; ed. Borgnet, 29.673: 'Dicitur ab omnibus, quod quattuor exiguntur ad iustificationem impii, scilicet infusio gratiae, motus liberi arbitrii in peccatum sive contritio, quod idem est, motus liberi arbitrii in Deum, et remissio peccati'; Bonaventure, *In II Sent.* dist. xxvi a. 1 dub. 3; Thomas Aquinas, *In IV Sent.* dist. xvii q. 1 a. 4; ed. Mandonnet, 4.843; 같은 저자의 *Summa theologiae* IaIIae q. 113 a. 6; Odo Rigaldi, *In II Sent.* dist. xxvi membr. I q. 2 a. 3 (ed. Bouvy, 331.48-132.68). Matthew

해 성사와 이 순서를 연결시키는 데 큰 도움이 되었으므로, 중요성이 작지 않다.

초기 도미니크 학파의 사중적 칭의 순서는 특별한 흥미를 끄는데, 이 학파의 신학적 사색에 아리스토텔레스 물리학이 상당한 영향을 미쳤음을 보여주기 때문이다.[38] 알베르투스 마그너스(Albertus Magnus)는 칭의를 죄에서 은총과 올바름으로 가는 하나의 운동(motus)이라고 정의했다.[39] 운동 중인 모든 것은 다른 것에 의해 운동하게 되었거나 운동이 유지된다(omne quod movetur ab alio movetur)는 아리스토텔레스의 유명한 경구처럼, 이미 아리스토텔레스의 운동이론이 자유 낙하 같은 물리적 운동(motus)이나 하나님의 존재와 같은 신학적 운동(motus) 문제에도 적용되었으므로, 그는 같은 원리를 칭의 운동(motus)의 내적 구조를 분석하는 데 적용했다. 자연에서 은총으로 전환되는, 아리스토텔레스 생성 이론의 명백한 적용은 자유 의지의 이중적 운동과 함께 사중적인 칭의 순서로 귀결되었다. 아리스토텔레스 물리학을 칭의의 운동에 적용시킨 것은 특히 토마스 아퀴나스다. 그는 칭의 순서를 다음처럼 기술했다.

1. 은총의 주입
2. 믿음을 통한 자유 의지의 하나님을 향한 운동
3. 자유 의지의 죄에 대항하는 운동
4. 죄의 사면[40]

아퀴나스는 위의 내용을 아리스토텔레스 물리학에 기반을 두어 정당화시킨다. 본래 동자(動者)의 운동이 처음으로 오며, 다음으로 물질의 성질 또는

---

of Aquasparta는 네 요소를 *satisfactio, conversio, reformatio, vivificatio*로 재 구분한다. *In II Sent.* dist. xxviii a. 1 q. 1.

38) McGrath, 'The Influence of Aristotelian Physics upon St. Thomas Aquinas' Discussion of the "Processus Iustificationis".' 또한 다음도 보라. Flick, *L'attimo della giustificazione*, 104-54.
39) *In IV Sent.* dist. xviiA a. 15.
40) IaIIae q. 113 a 8.

움직여지는 것의 운동이 뒤따르며, 그 다음에 그 운동의 목적이 이루어질 때 운동이 최종적으로 정지된다. 따라서 은총의 주입은 죄의 사면에 직접 영향을 미치는 원인이므로 반드시 은총의 주입이 죄의 사면보다 선행해야 한다. 또한 칭의라는 운동(motus)은 죄의 사면으로 끝나야 하며, 이는 최종적인 은총 주입으로 간주된다.[41] 모든 운동은 운동의 마지막(terminus)에 따라 정의된다고 할 수 있으므로, 칭의 또한 죄의 사면으로 구성된다고 말할 수 있다.[42]

아퀴나스가 종종 칭의를 오직 죄의 사면이라는 용어만으로 정의했기 때문에 몇몇 주석가들은 그가 칭의의 법정적 개념에 접근하는 것으로 오해했다. 이것은 심각한 오해임이 분명하다. 아퀴나스가 칭의를 죄의 사면으로 정의한 곳에서도, 은총의 주입 같은 다른 요소들을 배제시키지 않았다. 여기에는 다음과 같은 이유가 있다. 첫째, 이 경우, 칭의는 그 내용에 대한 언급 없이 단지 최종적(terminus) 이라는 뜻으로 사용된 것이다. 따라서 이런 정의가 포괄적이지는 않더라도 적당하기 때문에, 그렇다는 식으로 취급되어서는 안 된다. 둘째, 아퀴나스의 칭의 순서는 네 가지 요소 중 하나의 발생이 나머지 세 가지 요소의 발생을 필수적으로 일으키는 것으로 이해한 것이다. 따라서 칭의를 죄의 사면으로 정의한 속에는 나머지 세 요소가 포함되어 표현된 것이다.

죄의 사면을 칭의 순서의 최종 요소로 정하면서, 아퀴나스는 최초의 요소(즉 infusio gratiae)와 최종 요소(즉 remissio peccatorum) 사이에 있는 요소는 칭의 목적물(즉 움직여지는 것의 운동인 motus mobilis)의 성질이어야 한다고 주장한다. 칭의는 정신의 운동(motus mentis)이므로, 이 성질은 반드시 인간의 자유 의지를 지칭해야 하며, 그 속성상 칭의 자체에 선행한다.[43] 이러한 고려를 통해 칭의는 '하나님이 인간 마음을 죄의 상태에서 의의 상태로 감화시키는 운동' (quidam motus quo humana mens movetur a Deo a statu peccati

---

41) IaIIae q. 113 a. 6.
42) IaIIae q. 113 a. 6 ad 1um.
43) IaIIae q. 113 a. 8 ad 2um.

in statum iustitiae)이라는 정의로 이끌어진다.44) 이것은 은총의 주입, 자유 의지의 운동, 죄의 사면이라는 삼중적인 칭의 순서를 성립시킨다. 그러나 칭의 안에는 믿음(하나님을 향한)과 통회(죄에서 멀어지는 것)라는 이중의 운동이 있다는 것이 당시까지 수립된 전통이었다. 아퀴나스는 아리스토텔레스 물리학의 정리를 칭의의 운동(motus)에 더욱 적용시킴으로써 이에 순응한다. '영혼의 운동에 있어, 원리를 이해하는 운동이나 동작의 끝으로 향하는 운동이 가장 먼저 온다.'45) 따라서 하나님을 향한 자유 의지의 운동은 죄에 대한 운동에 선행한다. 왜냐하면 전자는 후자의 원인이기 때문이다.46) 『신학대전』(Summa Theologiae)에서 발견되는 이러한 가르침은 특별한 흥미를 불러일으킨다. 왜냐하면 이 입장은 은총과 죄의 사면의 영향력 사이에는 어떠한 중간적인 매개도 없다는 자신의 초기 가르침을 폐기한 것으로 보이기 때문이다.47)

아퀴나스에 의하면, 칭의에서 인간은 부패한 본성의 상태에서 끊임없는 은총의 상태로, 죄의 사면과 함께 죄의 상태에서 의로운 상태로 이전된다.48) 그러나 어떻게 의로운 상태에 있음을 알 수 있을까? 앞에서 언급했듯이, 어거스틴의 의(iustitia) 이해는 실제적으로 우주 전체의 질서를 포괄하고 있다. 따라서 칭의는 존재의 위계(hierarchy of being)에서 인간이 올바른 자리로 회복되는 것으로 이해될 수 있다. 여기에는 어거스틴이 선호한 신플라톤주의의 인류학적인 모델을 기반으로 하여, 인간 안에서의 다양한 존재론적 층위(strata) 사이의 올바른 관계의 수립이 포함된다. 이 질문에 대한 아퀴나스의 논의는 하나님께서 불어넣으신 정의의 덕(virtue)과 정의의 초자연적인 습성(supernatural habit) 사이의 중대한 차이와 관계가 있다. 획득된 정의의 덕(Iustitia acquisita)은49) 자기 동료들과 관계있는 개개인의 행동을 명령하는 구

---

44) IaIIae q. 113 a. 5.
45) IaIIae q. 113 a. 8 ad 3um.
46) IaIIae q. 113 a. 8.
47) *De veritate* q. 28 a. 8; ed. Spiazzi 1.549: 'et ideo inter gratiae infusionem et culpae remissionem nihil cadet medium.' 동일한 의견이 이전에 나온다. *In IV Sent.* dist. xvii q. 1 a. 4; ed. Mandonnet, 4.847.
48) IaIIae q. 113 aa. 1, 2.
49) IaIIae q. 63 a. 4.

체적인 정의거나, 아리스토텔레스가 정의한 법적인 정의로 간주할 수 있다.[50] 그러나 인간이 의롭게 되는 근거인 주입된 의(Iustitia infusa)는 은혜를 통해 하나님 자신으로부터 온다. 이런 차이를 파악하는 데 실패한다면, 토마스는 순전히 자기 노력이나 도덕적 획득을 통한 칭의를 가르친다는 지지할 수 없는 결론에 도달할 것이다. 칭의는 '하나님의 눈앞에서의 정의'(iustitia quae est apud Deum)와 관계있다.[51] 주입된 의(Iustitia infusa)는 하나님에 의해 인간에게 주어진 정의이며, 그것의 보다 높은 기능은 하나님으로부터 비롯된다. 본질상 아퀴나스의 주입된 의 개념은 인간의 내적인 기질 내에서 질서의 올바름을 주로 가리키는 아리스토텔레스의 형이상학적 의 개념과 매우 유사하다. 바로 이 주입된 의, 그리고 이 의만이 인간 칭의의 바탕이다.

창조된 존재의 위계 안에서 인간 본래 자리로의 회복이라는 어거스틴의 특징적인 칭의 이해가 왜 칭의는 믿음이나 사랑이 아니라 의를 본떠서 이름 지어졌는지에 대한 아퀴나스의 논의에 반영되어 있다. 비록 믿음과 사랑 모두 칭의와 관련이 있고, 그 초자연적 기질들 또한 이 과정에서 주입된다 해도, 아퀴나스는 '칭의'라고 불리는 변화는 의만을 본떠서 이름 지어져야 한다고 주장한다. 왜냐하면 칭의는 전방위적인 특징이 있어서, 인간 영혼의 기능과 함께, 인간 영혼 질서의 전적인 올바름을 가리키기 때문이다. 믿음과 사랑은 이 질서의 특정 측면만을 지칭하는 반면, 의는 그 전체로서의 인간 본성의 보다 높은 것들을 포괄한다.

정신의 운동(motus mentis)으로서의 아퀴나스의 칭의 이해는 인간 본성에 대한 그의 지적 이해를 반영한다는 점이 강조되어야 한다. 만일 보다 고상한 본성이 하나님께 종속적이라면, 그것이 보다 천한 본성을 제한할 수 있게 한다. 인간의 지성은 칭의시키는 믿음에 의해 회복되어 개인은 죽음에 이르는 죄를 피할 수 있게 된다. 비록 고상한 본성이 천한 본성을 지속적으로 제한한다 해도, 완벽하게 극복할 수는 없기 때문에, 칭의 후에도 인간은 여전히 가벼운 죄를 피할 수 없다.[52] 따라서 개인이 은총의 상태에 있더라도 죄로부

---

50) IaIIae q. 58 a. 5.
51) IaIIae q. 113 a. 1.
52) IaIIae q. 109 a. 8.

터 자유롭다고 말할 수는 없다. 아퀴나스의 로마서 7장 주해는 이 점에서 특별한 관심을 끈다. 그는 7장이 분명 은총 안에서 건축되어 가는 기독교인을 언급한다고 이해한다. 칭의는 '의롭게 만들어져 가는' 것에 관한 것이다. 그러나 이 '의롭게 만듦'의 정확한 특성은 주의 깊게 인간 이성의 올바름이라는 용어로 정의된다. 올바르게 된 이성은 두 번째의 원인으로 작용하면서, 그것에 종속되는 모든 것들이 하나님께서 수립하신 본보기에 순응하도록 만든다. 따라서 의로운 기질의 주입이라는 사건은 천한 본성이 고상한 본성에 순종하는 과정을 일으킨다. 이러한 칭의의 이중적인 성격 이해를 통해, 아퀴나스는 어거스틴의 가르침에 충실한 채로 남았다.

칭의를 정신의 운동으로 보는 아퀴나스의 이해는 아리스토텔레스의 운동 이론을 칭의의 내적 구조만이 아니라 전제에도 적용할 수 있게 했다. 또한 이 점은 죄인의 입장에서 칭의를 향하는 기질의 필요성에 관한 그의 토론과 관련 특별한 관심을 가지게 한다. 그러나 초기 프란시스코 학파는 칭의에 관한 보다 심리학적인 접근을 한다. 이는 어거스틴적 조명주의자들의 인식론을 반영한 것인데, 도미니크 학파의 특징은 아니다.

칭의의 특성에 관한 초기 프란시스코 학파의 가르침의 일반적인 형태가 보나벤투라(Bonaventure)의 『영혼의 여행』(Itinerarium mentis in Deum)에서 발견될 수 있을 것이다. 이 책은 디오니시우스(Dionysius)의 영향을 분명히 반영하는 것으로 위계적 칭의 개념을 발전시킨다. 칭의에 있는 은총의 원래적인 삼중 작용은 영혼의 정화(purification), 조명(illumination) 그리고 완성(perfection)이다.[53] 그리스도는 하나님을 향한 인간의 초자연적인 생명을 다시 회복시키고, 다시 질서가 잡히게 하시려고 세 가지의 행동을 수행하셨다. 우리의 범죄를 깨끗케 하시고, 그의 모범으로 우리를 비추시며, 우리가 그의 발자취를 따를 수 있게 하심으로 우리를 완성시키셨다. 크리스천은 위계적인 세 가지 행동 속에서 이에 대한 반응이 요구되는데, 이들은 이와 관련된 유익들을 활용할 수 있다.

보나벤투라의 영성에 있어 특색을 이루는 '삼중도'(三中道)에 부합되

---

53) *Itinerarium mentis in Deum* IV, 3.

는[54] 죄인의 칭의에 있어 세 가지 측면은 시간 안에서의 상호 관계보다는 상호 목표에 의해서 구분되었다. 양심의 가시(stimulus conscientiae)는 정화의 길을, 지성의 빛(radius intelligentiae)은 조명의 길을, 그리고 지혜의 불꽃(igniculus sapientiae)은 하나님과의 연합의 길을 촉진시킨다. 첫 주입의 순간에서부터 거룩케 하는 은총은 영혼의 본질과 기능을 점유하면서, 각각의 자리에 배치시켜 영혼이 하나님께 순응될 수 있도록 질서 있게 만든다.[55] 칭의 과정은 인간의 새로운 생명의 발달을 위협하는 열정의 파괴와 관련되어 있는데, 이 과정을 통해 인간은 자기 안에 있는 하나님의 형상을 다시 발견할 수 있게 된다. 따라서 은총으로 회복된 영혼은 초자연적 완성이라는 목표를 향하여 상승을 시작할 수 있다. 칭의의 특성에 관한 보나벤투라의 이해는 오직 강조점만 토마스의 것과 다르다. 두 사람 모두 칭의를 인간의 보다 높은 본성(mens 또는 anima로 간주될 수 있는) 안에 올바름을 수립하는 것으로 이해했기 때문이다.

보나벤투라의 가르침은 그의 이탈리아인 제자인 아쿠아스파르타의 매튜(Matthew of Aquasprta)에 의해 더욱 발전하는데,[56] 그는 여섯 단계로 칭의를 논의했다. 이 단계는 죄에 대한 믿음과 선에 대한 사랑, 중생, 인간 본성의 개혁과 재질서화, 덕의 발생, 하나님께로의 개종과 연합 그리고 죄의 사면이다.[57] 죄인의 중생 및 하나님과의 궁극적인 연합에 대한 그의 강조는 칭의에 대한 심리학적인 접근법을 보여준다는 점에서 토마스보다는 보나벤투라의 특징에 가깝다.

칭의의 속성에 관한 중세의 진술들은, 칭의가 보편적으로 대상의 진정한

---

54) L. Bouyer, *Introduction to Spirituality*, London: Darton, Longman & Todd, 1961, 243-85.
55) 이 점에 대해서 다음 연구를 보라. Romano Guardini, *Systembildende Elemente in der Théologie Bonaventuras: Die Lehren vom Lumen Mentis, von der Gradatio Entium an der Influentia Sensus et Motus*, Leiden: Brill, 1964.
56) 서론의 경우 보라. Z. Hayes, *The General Doctrine of Creation in the Thirteenth Century with Special Emphasis on Matthew of Aquasparta*, Munich: Schoningh, 1964.
57) *Quaestiones disputatae de gratia* q. 2, ed. Doucet, 45-9.

변화와 관련된 것으로 이해한다. 따라서 중생은 칭의에 포함된다. 라 로셸의 존(John of La Rochelle)이 지적하듯이, 만일 칭의가 인간의 진정한 변화를 일으키지 못한다면, 쓸데없는 목적에 기여하는 셈이다.

> 사람들이 의롭게 된다. 참으로 이 일이 그들 안에 아무것도 남기지 않고 그들 쪽에서 어떠한 변화도 없다면, 그들은 영원하신 하나님께로 그 전보다 더 가까워질 수 없다. 만약 무엇인가가 그들 안에 자리한다면, 나는 이것이 야말로 은총이라고 말한다.[58]

이 진술은 특별한 관심을 끈다. 왜냐하면 이 진술은 칭의를 통하여 사람들 속에 일어나는 변화의 실재성에 호소하는데, 이는 은총은 인간의 영혼에 어떠한 변화도 만들지 않는다(gratia ponit nihil in anima)라는[59] 11세기에 유행했던 초기 견해를 반박하기 때문이다. 일반적으로 칭의는 인간의 중생과 관련된 것으로 이해되는데, 이에 따라 사람 안에서 존재론적인 변화가 일어난다는 견해는 특별히 고(高)-스콜라주의 시대 및 창조된 은총 개념의 발달과 관련되어 있다. 초기의 중세 신학자들은 칭의에서 발생하는 변화를 그의 창조물 안에 하나님이 특별히 임재하는 것으로 표현했는데, 굳이 존재론적인 변화를 일으킬 필요는 없었던 것이다. 따라서 1240년 이후에 쓰인 『알렉산더 총서』(Summa Fratris Alexandri)는 하나님께서 모든 창조물 안에 계시지만, 오직 일부의 창조물만이(즉 의롭게 된 사람만이) 하나님을 소유하는 것으로 말할 수 있다고 선언함으로써[60] 창조물 안에 거하시는 하나님이라는 어거스틴적 개념을 발전시켰다.

---

58) *Quaestiones disputatae de gratia* q. 7, ed. Hödl, 63.
59) 예를 들어, *Glossa in decretum gratianis*, Cod. Bamberg Can. 13. Landgraf, *Dogmengeschichte der Frühscholastik*, 1/1.210에서 인용. 'Talis est gratia, quia nec vinus nec opus vel motus mentis. Et secundum hoc nichil ponit.' 깊은 참고와 논의를 위해서 다음을 보라. Alszeghy, *Nova creatura*.
60) *Alexandri de Hales Summa theologica* pars I inq. I tr. ii q. 3 tit. 3 membr. 2 cap. I sol, ed. Quaracchi, 2.77: 'Dicendum quod "Deus esse per gratiam" ponit necessario gratiam creatam in creatura.'

따라서 『알렉산더 총서』는 의롭게 된 사람 안에 하나님께서 특별히 거주하신다고 생각하는데, 이에 따라 영혼 안에 존재론적인 변화가 일어난다. 의롭게 된 죄인 안에 하나님의 거주는 필연적으로 창조된 은총(창조된 은총은 하나님에 대한 영혼의 일치라고 생각할 수 있다)을 발생시킨다. 의롭게 된 영혼 안의 특별하신 하나님의 임재는 세계 속에 하나님의 일반적인 계심과는 구별되며, 인간과 하나님의 위격 연합으로 이루어지는 독특한 연합과도 구별되어야만 한다. 여기서 『알렉산더 총서』는 만물 안에 있는 신적인 존재(내주하는 은총을 통해 천사들, 의롭게 된 사람의 영혼 그리고 그리스도 안에 거하시는)라는 피터 롬바르드의 논의에 중요한 발전을 이룬다.[61]

중세 후기 시대에는 특히 비아 모데르나(via moderna, 현대의 길 또는 현대적 방법-역주)와 관련된 견해가 등장하는데, 이 견해는 하나님과 인간 사이의 관계를 존재론적인 관계보다 계약적인 관계로 이해한다.[62] 비록 이 견해는 칭의와 신적 승인이라는 외래적인 선언을 연결하는 고리와 관련 있지만, 칭의에 있어 은총의 습성에 대한 사실상의(de facto) 필요성은 계속 유지된다. 비록 사람을 인정하게 되는 궁극적인 이유는 받아들이시는 신적 결정에 달려 있지만, 신적으로 결정된 작동 방식(즉 de potentia Dei ordinata)에 의하여, 은총의 주입, 성령의 내주하심, 신적 승인이 동시에 일어난다는 사실은 유지된다. 따라서 은총의 형이상학적인 습성의 필요성에 대한 거부와 인류를 향한 신적 섭리를 좌우하는 언약 문맥 안에서의 사실상 필요성에 대한 주장을 구분하는 일이 필수불가결 하다.

따라서 칭의에서 창조된 은총의 습성에 대한 필요성은 급진적으로 불확정적이므로, 절대적 필연성(necessitas consequentis)이라기보다는 조건적 필연성(necessitas consequentiae)이다. 그러나 신학이란 현재에도 그렇지만, 인

---

[61] 이런 생각들의 기독론적인 측면을 위해서는 다음을 보라. Richard Cross, *The Metaphysics of the Incarnation: Thomas Aquinas to Duns Scotus*, Oxford: Oxford University Press, 2002.

[62] Oberman, 'Wir sind pettler'; Courtenay, 'Covenant and Causality in Pierre d' Ailly'; Hamm, *Promissio, pactum, ordinatio*; McGrath, 'The Anti-Pelagian Structure of "Nominalist" Doctrine of Justification.'

류를 향한 신적 섭리의 정식화에 관심을 가지므로 하나님 앞에서 인간의 칭의는 사람 안에서의 존재론적인 변화와 관련된다고 여겨져야만 한다. 신적 결정에 의한 작동방식인 창조된 은총의 습성은 죄인인 인류와 하나님의 칭의를 통한 인간의 수용 사이의 중간적인 용어이다. 꼭 그렇게 계속 유지되어야 할 필요는 없지만, 그렇다는 사실 자체는 유지된다. 칭의의 속성에 관한 중세의 이해에 대한 비아 모데르나의 기여는 칭의 시 인간 내부에서 일어나는 존재론적 변화의 우연성에 대한 강조이다. 실제적인 신적 섭리인 질서 유지적 능력(de potentia ordinata, 秩序維持的 能力)과 가설적인 섭리인 절대적 능력(de potentia absoluta, 絶對的 能力) 사이에 혼동이 일어났는데, 이를 통해 종교개혁의 칭의 속성 이해와 약간의 연속성을 지니며 유지된 것일지도 모른다.

비아 모데르나와 특별히 관련된 사항은 전통적인 칭의 순서의 구성 요소들 사이의 고리가 약해진 일이다. 위에서 언급했듯이, 순서의 네 가지 요소는 근본적으로 하나이며 같은 변화의 측면이며, 통상적으로 서로의 속성(ex natura rei)을 통해 연결된다. 둔스 스코투스(Duns Scotus) 시대 이후로, 이 견해는 점증하는 비판을 받고 있다. 은총의 주입과 죄의 사면은 근본적으로 다르다는 시각이 많아졌고, 오직 신적 명령(ex pacto divino)을 통해서만 공존하거나 인과관계로 연결되다 아마도 한 사건은 다른 사건 없이 발생할 수도 있다. 스코투스는 죄의 사면과 은총의 주입이, 하나이며 같은 변화(즉 칭의)의 측면으로 이해되어서는 안 되는 네 가지 이유를 진술한다.

1. 하나님께서는 저질러진 죄 하나하나를 용서하시므로, 죄의 사면은 복수적(multiple)인 반면, 은총의 주입은 단일(single)하다.
2. 은총의 주입은 죄의 사면 없이 일어날 수 있고, 그 역도 마찬가지다. 따라서 하나님은 아담이 순결했을 때 죄의 사면 없이 은총을 불어넣으셨다. 마찬가지로 선한 천사들에게도 그렇게 하셨다.
3. 죄와 은총을 서로 반대되는 것으로 연결시킬 필요가 없다.
4. 칭의가 결핍에 상응하는 질적 상태로의 이전으로 간주된다면 (그때에야) 은총이 필요하다는 식으로 되기 때문에, 결코 죄가 단순한 은총의 결핍

으로 간주되어서는 안 된다.[63]

더욱이 스코투스는 은총의 주입은 사람 안의 진짜 변화인 반면, 죄의 사면은 개개인 자체가 아니라 하나님의 마음속에서 일어나는 상상의 변화인 관념적 변화(mutatio rationis)임을 지적한다. 은총의 주입 개념과 죄의 사면 개념이 전적으로 다른 관계라면, 전통적인 칭의 순서처럼, 인과관계로 연결되어 있다고 인정할 수 없다. 그것들의 관계가 요소들 자체의 속성에서 유래된 것이 아니므로, 하나님의 의지(즉 자유로운)로부터 유래되어야만 한다. 칭의 순서의 요소들 사이의 사실상의 관계에 대해서는 조금도 도전하지 않고 스코투스는 이 관계가 그 자체로 돌발적이며, 그 실체의 속성 자체보다는 신적 섭리의 결과임을 증명했다. 이 점은 칭의와 관련된 인과관계에 따른 순서의 성격과도 관계가 있는데, 칭의에서 초자연적인 습성의 역할에 대한 우리의 논의를 통해 계속 진행될 것이다.

칭의의 중세적 개념은 신생만이 아니라 죄인의 용서도 포함한다. '영혼의 칭의에는 두 사건이 동시에 일어나는데, 이름하여 은총을 통한 범죄의 사면과 생명의 새로움이다.'[64] 비록 몇몇 신학자들은 칭의를 죄의 사면만으로 정의하는 듯 보이는데,[65] 이는 그들이 칭의 논의에서 아리스토텔레스의 카테고리를 사용한 결과라는 점이 지적되어야 한다. 왜냐하면 운동은 운동의 최종성에 좌우되므로, 칭의 또한 죄의 사면에 의해 규정되기 때문이다. 이처럼 칭의에 관한 중세의 전체적 논의는 죄인 안에서 진짜 변화가 일어난다는 가정 하에서 진행되었다. 이 관찰은 비아 모데르나 초창기의 경우 사실이다. 종교개혁의 칭의와 중생의 차이는, 처음부터 이런 차이가 보편적으로 배제되었던 중세의 견해에서 유래되었다는 추정은 상당히 지지하기 어려운 내용이다. 실제로, 현대인(modernus)인 가브리엘 비엘(Gabriel Biel)은 세속 재

---

63) *Opus Oxoniense* IV dist. xvi q. 2. Scotus와 종교개혁이 연관된 신적 승인 개념의 관계에 대한 중요한 성찰들로는 다음을 보라. Pannenberg, 'Das Verhältnis Zwischen der Akzeptationslehre des Duns Scotus und der reformatorischen Rechtfertigungslehre.'
64) Thomas Aquinas, *Summa theologiae*, IIIa q. 56 a. 2 ad 4um.
65) Thomas Aquinas, *Summa theologiae*, IaIIae q. 113 a. 1, 'Remissio peccatorum est iustificatio.'

판관 앞에서의 법정적 칭의와 영적인 재판관이신 하나님과의 관계에서 일어나는 변화인 칭의를 뚜렷이 대조시킨다.[66]

중세 후기 시대에 칭의에 있어 창조된 은총의 습성에 관한 사실상의 필요성이 유지되었는데, 그렇지 않았더라면 개혁자들에게 근접했을 신학자들에게도 그러했다. 심지어 칭의가 창조된 은총의 습성과 굳이 연결될 필요가 없음을 주장하고자 이러한 가설적 구조를 '하나님의 절대적인 권능'처럼 활용했던 학자들 중에도 의견의 일치가 지속되었는데, 그러한 가설적인 필연성이 어떠하든지 간에, 구원의 섭리적 질서는 정말로 은총을 통한 인간성의 변화와 연관되어졌다.

칭의란 '의롭게 만들어져 감'에 대한 것이었다. 신자의 영혼에 거하는 은총 없이 어떻게 그러한 변화가 일어날 수 있을까? 만약 칭의가 은총을 통한 용서와 중생 모두(remissio culpae et novitas vitae per gratiam)와 연관된 것이라면, 어떻게 다른 요소 없이 한 요소가 성립될 수 있을까? 칭의 순서에서 중생의 삭제는 불가능해 보인다. 비아 모데르나 신학자들은 이것이 이론적인 가능성일 뿐이라고 주장했다. 그러나 그들은 이러한 이론적 논평을 실재의 칭의 이해를 수정하는 선까지 확장시키지는 않았다. 루터의 개인주의적인 칭의 이해는 신적 수용에 특별한 강조를 두는데, 이것이 14세기, 15세기에 존재하던 기반 위에 건설된 것이라고 주장될 수 있다.[67] 그러나 중세 시대에 칭의 개념과 중생 개념을 해체하라는 압력을 줄 이유가 없었으므로, 이 두 가지가 구조적으로 연관된 것으로 간주했다.

처음부터 끝까지, 중세 시대는 칭의가 죄인 안의 실제적인 변화와 연관된 것으로 보았다. 이러한 이해는 칭의와 중생 사이의 어떠한 차이도 사전 배제했다. 칭의 순서는 그 내적 요소의 하나로 중생 또는 재생을 포함했으므로, 둘 사이의 어떤 차이라도 문제를 가중시켰다. 16세기에 칭의(iustificatio)와 중생(regeneratio 또는 성화, sanctificatio) 사이에 개념적인 구분이 발생하기 시작했는데, 이 차이는 칭의 이해에 관해 가톨릭과 개신교를 구분하는 가장

---

66) *Canonis missae expositio* 31 B, ed. Oberman/Courtenay, 1.314-5.
67) McGrath, *Luther's Theology of the Cross*.

좋은 방법을 제공한다. 이 차이는 종교개혁자들과 서방의 초기 신학 전통 사이의 불연속성을 나타낸다.

2. 하나님의 의

'하나님의 의'가 의미하는 바는 무엇일까? 그리고 그것은 어떻게 발현되는가? 하나님의 '의로움'을 인정한다는 것은 어떤 의미인가? 이 질문의 중요성은 로마서 1:17의 교부 주석들에서 강조되었다.[68] 이 주석에서 바울은 '하나님의 의'의 계시와 복음을 실제적으로 동일시한다. 중세의 로마서 1:17 주석에 대한 한 조사는 바울 주석가들 사이에는 초기부터 하나의 합의가 있었음을 알려준다. 즉 하나님의 의(iustitia Dei)는 주로 불신자의 칭의(iustificatio impii)에서 나타나는 하나님의 의를 말하는 것으로, 하나님의 자비로운 약속에 일치하는 것으로 이해되었다. 일반적으로 두 가지 해석 방침이 중세 초기에 두드러졌다.

첫째, 하나님의 의 구조를 주관적으로 이해하는 방법이다. 즉 하나님의 의는 하나님이 의로우시다는 사실 때문에 의로운 것이다. 암브로시애스터(Ambrosiaster)에게서 뻗어 나온 것으로 보이는 이 해석은 칭의에 있어 신적 통일성의 유지를 강조한다. 구원을 주시기로 약속하신 하나님은 곧이어 그것을 주시며, 그 결과는 '의롭게'(약속하신 바에 충실함) 간주되는 것이다. 따라서 하나님의 의는 구원이라는 신적 약속에 대한 하나님의 충실하심 속에 나타났다.[69]

둘째, 하나님의 의 구조를 객관적으로 해석하는 것이다. 즉 하나님의 의는

---

68) Holl, 'Justitia Dei in der vorlutherischen Bibelauslegung'; H. Bornkamm, 'Justitia Dei in der Scholastik und bei Luther,' ARG 39 (1942), 1-46. 또한 다음의 중요한 분석을 보라. E. Peretto, *La giustizia: Ricerca su gli autori cristiani del secondo secolo*, Rome: Edizioni Marianum, 1977.

69) 'Iustitia est Dei, quia quod promisit dedit, ideo credens hoc esse se consecutum quod promiserat Deus per prophetas suos, iustum Deum probat et testis est iustitiae eius.' Ambrosiaster, *Commentarius in epistolas Pauli*, PL 17.56B. 참조. 17.748, 80A-B.

하나님의 정당함에 의한 의로움이라기보다 칭의 안에서 죄인에게 주어지는 의로서, 그 기원은 하나님이다. 어거스틴에게서 뻗어 나온 것으로 보이는 이 해석은 하나님의 의 구조를 저자 소유격(genitivus auctoris)의 한 가지 예로 취급한다.[70] 하나님의 의는 하나님의 개인적인 의가 아니라, 하나님의 은혜로우신 수용 행위 또는 칭의 시 죄인에게 수여되는 의를 지칭한다.

이 두 경우 모두 '하나님의 의'는 인간성을 넘어서며, 인간성에 대항하여 서 있는 추상적인 신적 속성보다는 칭의의 자비로운 행동을 의미한다. 즉 구조의 주관적 해석 사례에서 하나님의 의는 그 안에서 인류의 칭의가 일어나는 일반적인 틀을 지칭하는 것으로 이해되며(즉 구약의 약속), 구조의 객관적인 해석에서 하나님의 의는 칭의가 일어나는 즉각적인 수단을 지칭한다(즉 아마 '의롭게 만들어지라'는 명령을 통해, 하나님께서 죄인에게 수여하는 '의'). 하나님의 의 구조의 두 가지 해석은 상호 배타적이라기보다 상호 보완적이므로, 같은 저서에서 두 해석을 모두 발견하는 일도 드물지 않다. 따라서 하나님의 의는 그것이 자비로운 신적 약속에 대한 하나님의 충실성의 결과이든지 또는 죄인에게 신적인 의를 수여한 것이든지, 인류의 구원을 지칭하는 것으로 구원론적인 정황에서 설정된 것으로 이해된다.

그러나 중세 초기 세 번째 해석이 나타날 수 있었는데, 분명히 유명한 펠라기우스주의의 형태에 부합한다. 여기서 하나님의 의는 사람의 정당한 공과에 따라 하나님께서 사람에게 수여하는 신적 속성을 의미한다. 이러한 의의 개념에 따라 움직이시는 하나님은 의롭게 행하는 자에게 보상하시고, 불의하게 행하는 자에게 벌을 내리실 것이다. 따라서 의로운 자를 의롭게 하시고, 불의한 자를 벌주신다.[71] 이 개념은 '유명한 가톨릭'의 칭의 이해라고 불릴 수 있는 견해와 같은데, 칭의가 그리스도 안에서 제시된 모범을 모방하려는 인간의 노력에 좌우된다는 입장을 따르고 있다. 이러한 칭의 신학의 초기

---

70) Atto of Vercelli, *Expositio epistolarum Pauli*, PL 134.160B. 참조. 134.161B, 162A; 'Iustitiam Dei vocat gratiam, non qua ipse iustificatur, sed qua hominem induit.'
71) 'Hieromymus,' *Breviarum in Psalmos 70.2*, PL 26.1025D: 'Iustitia enim tua est, ut qui fecerit voluntatem tuam, transeat a morte in vitam, per quam et ego nunc eripi deprecor.'

주창자들은 인간이 자신을 의롭게 할 수 없다고 주장했지만,[72] 이 입장의 정통파는 보다 피상적이었다는 사실이 지적되어야 한다. 칭의는 인간이 올바르다고 여기는 신적 판단에 의해 규정된다. 인간에게는 이러한 판단을 스스로에게 공포할 능력이 정말로 없으므로 하나님의 자리를 찬탈하려 시도하게 된다. 칭의는 인간에 대한 하나님의 결정으로, 개개인이 그리스도(인간이 모방해야만 하는, 의의 신적 표준으로서의) 안에서 인류에게 계시된 하나님의 의에 대한 모방에 기초하여 만들어졌다. 그것은 하나님의 판단이지만, 그 판단의 근거는 인간의 업적이나 상태이다.

이 점에서 '하나님의 의' 개념에 대한 펠라기우스의 해석은 특별한 흥미를 불러일으킨다. 펠라기우스의 경우, 이것은 하나님께서 그리스도 안에서 인간들의 본보기로 주신 의를 지칭한다. 따라서 인간의 칭의는 그리스도의 모범(per exemplum Christi)을 따라 자유 의지(liberum arbitrium)의 자유롭고 자발적인 실천을 통하여 하나님의 의를 모방하려는 자기 자신의 도덕적인 노력에 기인한다. 하나님의 의에 대해 보다 발전되었지만, 비슷한 이해가 에클라눔의 줄리안(Julian of Eclanum)의 글에서 발견된다.[73] 하나님은 평등하게, 전적으로 편견 없이 인간을 다룬다. 칭의에 있어 오직 개개인의 장점과 단점만을 고려한다. '그들에게 적합한 것을 각자에게 주며 기만이나 호의도 없이, 즉 차별대우 없이'(reddentem sua unicuique sine fraude sine gratia, id est sine personarum acceptione).[74] 사실상, 위의 의 이해는 하나님과 인간의 거래에 보상물(quid pro quo)을 적용시킨다. 하나님의 의에 대한 이런 이해는 용어의 키케로적 정의에서 고전적 표현을 찾을 수 있다. 줄리안의 경우, 하나님은 각자의 공로에 따라 보상하신다. 그렇게 하지 않으시면 하나님이 심각한 부정의의 죄를 지은 것이 된다.

줄리안은 이러한 하나님의 의 이해에 기반을 두어 구체적인 비판을 가하고자 어거스틴의 은총 신학에서 몇 가지 측면을 뽑아낸다. 예를 들어, 원죄

---

72) *Breviarum in Psalmos* 30.1, PL 26.906B: 'Quia nisi a Deo iustificemur, per nos non possumus iustificari.'
73) McGrath, 'Divine Justice and Divine Equity.'
74) Augustine, *Opus imperfectum contra Iulianum* III, 2, CSEL 85/1.352.6-7.

의 성격에 관한 그의 이해와 불의한 자의 칭의 교리 등이다. 만일 하나님이 차별대우 없이(sine personarum acceptione) 사람에게 보상한다면, 하나님은 그들이 어떤 사람인가가 아니라, 그들이 이룬 일에 근거하여 보상해야만 한다. 즉 사람들은 공로에 근거하여 보상받아야 한다. 어거스틴은 일찍이 하나님의 의에 대한 키케로적인 이해를 비판했다. 그는 신적 정의의 경우, 포도원 일꾼들의 비유(마 20:1-20)가 줄리안의 키케로적 유추보다 더 믿을 만한 통찰을 제공한다고 지적했다. 모든 사람이 자기가 실제로 일한 시간과 관계없이 각자의 데나리온을 받는다. 비록 일꾼들은 자신들이 수행한 일에 관하여 어떤 주장도 할 권리가 없었지만, 포도원 주인이 그들에게 한 약속을 이용 권리를 주장했다. 이 유추에서, 인간은 자신의 행위에 근거해서 은총을 주장할 권리가 없지만, 약속을 지키시는 하나님의 책임에 근거하여 그런 주장을 한다.[75]

중세 초기의 신학자들은 하나님에게 키케로적인 의 개념을 덧붙이는 진술에 대한 비평을 계속했다. 따라서 옥세레의 레미기우스(Remigius of Auxerre)는 인간의 칭의 개념은 선에는 선을 악에는 악을 주는 것과 관련되지만, 이와는 현저히 두드러지게 하나님은 죄인인 인간을 의롭게 하심으로 악에 대해 선을 주심을 지적했다.[76] 만약 하나님께서 인간을 다루시는 일이 정의에 기초하여 합리화될 수 있다면, 인간의 정의 개념은 반드시 하나님의 정의 개념에 그 길을 양보해야 한다. 이 질문에 대한 다소 다른 접근이 로마서 1:17에 대한 베르첼리의 아토(Atto of Vercelli)의 주석에서 발견된다. 여기서 법적인 의의 카테고리가 키케로적인 의 해석과 함께 유지되지만, 율법에 대한 그리스도의 순종이라는 용어로 해석된다.[77]

이것은 암브로시애스터의 하나님의 의에 대한 접근법의 발전으로 기록된다. 왜냐하면 자신의 자비로운 약속에 대한 하나님의 충실성이 이제 법적 용어로 표현되기 때문인데, '충실성'이란 '법을 준수하다'는 의미로 해석된

---

75) Augustine, *Opus imperfectum contra Iulianum* I, 38, CSEL 85/1.28.10-35.
76) PL 131.291D: 'Mea iustitia est malum pro malo reddere. Tu solus iustus, quam circa nos ostendisti, reddens bonum pro malo, qua de impio facis bonum.'
77) Atto of Vercelli, *Expositio epistolarum Pauli*, PL 134.37A-8B.

다. 그러나 중세 초기에도 하나님의 자비에 근거한 하나님의 의에 대한 확신은 어느 정도 있었지만, 결코 하나님의 의(iustitia Dei)와 하나님의 자비(misericordia Dei) 사이의 정확한 관계를 수립하려는 참된 시도는 전혀 없었다는 점이 강조되어야 한다. 대부분의 신학자들은 하나님께서 당신의 의에 있어 스스로 하신 약속에 충실했다는 사실만으로 만족했다.[78]

11세기 말과 12세기의 신학적 르네상스는 '하나님의 의' 가 비록 밀접하게 연관되었지만, 분리된 두 가지 의미로 논의되었다. 그에 대한 질문은 다음과 같다.

1. 어떤 의(iustitia) 개념이 하나님께서 인류를 다루시는 특징을 드러내는 데 적합한 것일까?
2. 인간 언어의 한계 안에서 하나님께서 의로우시다는 사실을 가장 뚜렷이 표현하는 일이 어떻게 가능할까?

우리는 이 질문들을 하나하나 고찰해 볼 것이다.

하나님께서 인류를 다루심을 적절히 표현하는 의 개념에 대한 중세 초기의 논의 중 가장 뜻 깊은 것은 캔터베리의 안셈(Anselm of Canterbury)의 논의다. 종종 안셈의 구원론은 '법률주의' 라는 비판을 받는데, 이것은 '종교를 법률 영역으로 밀어 넣는' 라틴의 전형이었다.[79] 그러나 안셈에 대한 잘못되거나 신뢰성 없는 비판은 안셈이 하나님 아들의 성육신에 대한 합리성을 변호하기 시작한 바로 그 시점으로 우리를 안내한다. '하나님의 의' 와 '보통 사람의 삶' 에서 나온 '의' 라는 생각의 관계는 어떠한가?

---

78) 예를 들어, Sedulius Scotus, *Collectaneum in omnes Pauli epistolas*, PL 103.18D: 'Iustitia Dei est, quia quod promisit, dedit'; Haimo of Auxerre, *Explanatio in Psalmos*, PL 116.295A; Bruno of Würzburg, *Expositio Psalmorum*, PL 140.13D, 265C. 이러한 *iustitia Dei* 이해는 14세기의 지방어로 『진주』(*The Pearl*)에 다시 나타난다. A. D. Horgan, 'Justice in *The Pearl*,' *Review of English Studies* 32 (1981), 173–80.
79) Hastings Rashdall, *The Idea of Atonement in Christian Theology*, London: Macmillan, 1920, 355: 'Anselm은 의에 호소하는데…그러나 그의 의 개념은 Anselm처럼 평범한 생활을 하는 사람을 만족시키는 생각이라기보다, 고대 롬바르드 왕의 야만적인 이상이나, 롬바르드 법률가의 전문성 같은 것이었다.'

하나님은 전적으로, 그리고 가장 의로우시다.[80] 그렇다면 그는 어떻게 영원한 죽음이 마땅한 자에게 영원한 생명을 주실 수 있는가? 어떻게 죄인을 의롭다고 하실 수 있을까? 『왜 하나님께서 사람이 되셨는가?』(*Cur Deus homo*, 1098)에서 안셈이 관심을 기울인 핵심 질문이 바로 이것이다. 그 전에 안셈은 『대화』(*Proslogion*, 1079)에서 같은 문제들과 씨름했다.[81] 안셈은 처음 하나님의 자비의 원천을 신적인 의(iustitia)와 대조되는 신적인 선함(bonitas)으로 지정했다. 그러나 분명한 모순임에도 불구하고 곧이어 하나님의 자비(misercordia)는 어떻게든지 하나님의 의에 기초한다고 주장한다.

하나님께서 정당하신 것은 그가 인류의 공로에 따라 보상하시기 때문이 아니라 하나님께 적합한 것, 즉 지고의 선(summum bonum)에 적합하시기 때문이라고 주장함으로써 딜레마를 해결한다.[82] 안셈이 비록 키케로를 대놓고 드러내지는 않지만, 이 점과 관련하여, 각자에게 적합한 것을 준다(reddens unicuique quod suum est)는 키케로적인 의 관점에 대한 분명한 비판의 개시라는 데에는 의심의 여지가 없다. 이해력이 부족한 몇몇 비평가들의 주장과는 달리 의에 관한 지배적 견해를 승인하기는커녕, 안셈은 인간에게 배분되는 또는 보복의 유형이라는 선입견으로부터 구속에 관한 신학적 논의를 구출하는 것을 목표로 한다.

의에 관한 세속적 개념과의 논박 또는 비판의 비슷한 유형이 『왜 하나님께서 사람이 되셨는가?』에 보이는데, 안셈은 그의 목적에 가장 적합한 것을 선택하기에 앞서, 의 개념에 대한 다양한 해석을 예를 들어 제시한다. 이 개념들 중에 법 아래에서 적합한 인간의 의(iustitia hominis)와[83] '이보다 더 엄격한 것을 상상할 수 없는' 엄격한 의(iustitia districta)도 포함되는데, 아마도 안셈은 인간의 의(iustitia hominis)를 형평성의 의(iustitia aequitatis)[84]

---

80) 이에 대해 다음을 보라. McGrath, 'Rectitude.'
81) *Proslogion* 9, ed. Schmitt, 1.106.18-107.3.
82) *Proslogion* 10, ed Schmitt, 1.109.4-5: 'Ita iustus es non quia nobis reddas debitum, sed quia facis quod decet te summe bonum.'
83) *Cur Deus homo* I, 12.
84) 중세의 교회법 학자들이 발전시킨 공정(equity) 개념에 대해서는 다음을 보라. Eugen Wohlhaupter, Aequitas Canonica: *Eine Studie aus dem kanonischen Recht*,

이며, 최고의 의(summa iustitia)라고[85] 이해했을 것이다. 안셈이 하나님께서 인간을 다루심을 특징화하는데 가장 적절하다고 선택한 의 개념은, 『대화』 (*Proslogion*)에서처럼, 지고의 선을 지향하는 행동으로 이해된다. 이 지고 선에는 타락한 인간의 구속이 포함되므로, 구원은 신적 정의의 행동으로 간주될 것이다. 그러나 안셈은 논의 과정 중, 그 기본 의미를 결정하는 데 있어, 올곧음(rectitudo) 개념이 의 개념을 강조한다고 이해하고 있음이 분명해진다.

안셈에 따르면, 의는 '그 자신을 위해 봉사하는 의지의 올곧음' (rectitudo voluntatis propter se servata)이다.[86] 마찬가지로, 진리 또한 형이상학적인 올곧음이라는 뜻으로 정의되어야 한다.[87] 따라서 안셈의 기본적인 개념은 형이상학적 차원(진리, 즉 그렇게 해야만 하는 것에 마음을 일치시키는 것)과 도덕적 차원(의, 즉 그렇게 해야만 하는 것에 행동을 일치시키는 것)으로 이해되는 올곧음임이 분명하다.[88]

안셈은 세 개념들 사이의 의미 교환에 주목하면서, 이 개념들이 분명히 밀접히 연관되었다고 가정한다.[89] 물론 오랫동안 '진리'와 '의' 개념이 긴밀한 의미상 연관을 지닌다고 간주되어 왔으므로,[90] 안셈은 이 둘에 대한 '올

Paderborn: Schoningh, 1931; H. Lange, 'Die Wörter aequitas und iustitia auf römischen Münzen,' *Zeitschrift der Savigny-Stiftung für Rechtsgeschichte*, Romanistische Abteilung, 52 (1932), 296-314; Giovanni Caron Pier, 'Aequitas' Romana, 'Misericordia' Patristica ed 'Epicheia' Aristotelica nella dottrina dell 'Aequitas' Canonica (*dalle origini al Rinascimento*), Milan: Giuffre, 1971.

85) *Cur Deus homo* I, 23.
86) *De veritate* 12; *De casu diaboli* 9.
87) *De veritate* 12; ed. Spiazzi, 1.192.6-8; 'Non aliud ibi potest intelligi veritas quam rectitudo, quoniam sive veritas sive rectitudo non aliud in eius voluntate fuit quam velle quod debuit.'
88) G. Söhngen, 'Rectitudo bei Anselm von Canterbury als Oberbegriff von Wahrheit und Gerechtigkeit,' in H. Kohlenberger (ed.), *Sola Ratione*, Stuttgart: Frommann, 1970, 71-7.
89) *De veritate* 4, ed. Spiazzi, 1.181.6-8: 'Habes igitur definitionem iustitiae, si iustitia non est aliud quam rectitudo. Et quoniam de rectitudine mente sola perceptibili loquimur, invicem sese definiunt veritas et rectitudo et iustitia.'
90) H. Hommel, 'Wahrheit und Gerechtigkeit: Zur Geschichte und Deutung eines

곧음'의 개념적 기초를 놓았다고 말할 수 있다. 의는 근본적으로 창조시 하나님에 의해 수립된 창조된 질서의 도덕적 올곧음을 뜻하며, 그 자체가 신적 의지와 속성을 반영한다. 우주의 도덕적 질서는 인간과 하나님, 인간과 동료와의 관계로까지 확대된다. 안셈은 하나님이 주신 우주의 기본적인 질서를 묘사하는 데 올곧음을 사용하며, 여러 가지 파생된 뜻으로 의를 운용하는 듯한데, 각각의 근원을 추적해 보면 올곧음이라는 근본적 개념에서 비롯함을 알 수 있다. 우주에 대한 하나님의 도덕적 지배는 인간사에 관한 신적 규정과 하나님이 인간을 다루시는 데 있어 스스로-부과한 규정 모두와 연관되어 있음이 분명하다. 안셈에게 있어, 각각을 다스리는 법이 동일하다는 주장은 불가능하다. 근본적인 의미에서 의는 올곧음만을 지칭하며, 창조의 다양한 측면과 관련하여 질서화시키는 형식으로 남는 것 같다. 따라서 인간사를 규정하는 의(예를 들어, 각자에게 적합한 것을 준다는 키케로적인 또는 줄리안적인 원리)는 결코 하나님께서 인간을 다루시는 것을 규정한 의와 동일시될 수 없다.

인간은 원초적 의(iustitia originalis)의 상태로 창조되었는데, 타락으로 인해 이를 상실했다. 안셈은 창조된 질서 안에 있는 인간 초기의 도덕적 올곧음을 지칭하는 것으로 '원초적 의'를 이해한다. 안셈의 경우, 의의 기본적인 필수조건은 합리적 창조물이라면 하나님께 복종한다는 것이다.[91] 인간은 창조의 위계적인 도덕 질서 안에서 이러한 복종을 통해 간단히 자신의 자리를 지킬 수 있다. 창조의 도덕적 질서 자체는 신적 의지의 표현으로, 이성적인 본성으로 하나님께 복종해야 한다는 의무이며, 동시에 특정한 지위를 인간에게 부여한다. 인간의 타락으로 인해 우주의 도덕적 질서가 허물어졌다. 그 결과 인간의 현재 상태는 불의(iniustitia)인데, 불의는 그 자체로 긍정적인 실체가 아니라, 의의 결핍인 것으로 이해된다. 타락한 인간 의지에다 도덕적 올곧음의 결핍을 물려받는 것이 원죄의 핵심이다.[92] 창조의 도덕적 질서를

Begriffspaares,' *Antike und Abendland* 15 (1969), 159-86.
91) *Cur Deus homo* I, 11.
92) *De casu diaboli* 16; *De conceptu virginali et originali peccato* II, 22-3. 이에 관해 다음을 보라. Blomme, *La Doctrine du péché*. R. M. Martin의 초기 작품, *La Controverse sur le*

인류가 위반했다는 사실은 더 이상 인류가 이성적인 본성으로 하나님께 순종할 수 없음을 나타낸다. 따라서 인류 스스로 자신을 구원할 수 없게 되었다. 인류가 회복되려면, 신적 구속의 행위가 필요한데, 그 자체로 수립되어 있는 우주의 도덕적 질서와 항상성을 유지하고 있어야만 한다. 자신의 본성과 의지의 표현으로 우주의 도덕적인 질서를 창조하신 하나님은 인류의 구속에 있어서도 스스로 질서를 위반할 수 없다.

특히 『왜 하나님께서 사람이 되셨는가?』(Cur Deus homo)에서 이 점이 분명해졌다는 사실은 아주 중요하다. 여기서 안셈은 왜 하나님은 자비로운 행동으로 간단하게 죄를 용서하실 수 없는가라고 질문한다.[93] 안셈에게 있어, 의지와 행동 면에서 하나님의 자유는 하나님 자신의 본성에 의해 제한받는다. 이 본성에 위배되는 것은 무엇이든지 모순을 일으킨다. 따라서 단지 하나님께서 원하신다고, 의로움이 불의로 변할 수는 없다. 그러한 수정은 신적 본성 자체에 심각한 변화를 초래하기 때문이다. 최고의 의(summa iustitia)인 하나님의 성품은 창조의 도덕적 질서에 나타나 있는데, 자비로 인한 공짜 용서는 창조 질서를 위반한다. 하나님의 속성은 하나님의 존재에 필수불가결한 것이므로, 하나님께서 자의대로 바꾸실 수 있다는 단순한 우연성의 문제가 아니다. 안셈의 근본적인 신학적 통찰은, 신적 속성이 서로에게 부과하는 제한 조건 안에서 공존해야 한다는 것이다. 따라서 수립된 도덕적 질서의 올곧음을 위해서, 하나님께서 최고의 의이신 자신의 본성에 위배되지 않는 방법으로의 인류 구속이 요구된다.

안셈은 간략하지만 아주 중요한 평가를 내린다. 그리스도 안에서 인류의 구속이라는 전통적인 견해는 하나님께서 인류를 구속하시기로 결정하신 이

---

péché originel au début au XIVe siècle, Louvain: Spicilegium sacrum Lovaniense, 1930 또한 유용하다. Anselm의 원죄 개념의 영향이 Albertus Magnus가 원죄의 정식 요소를 privatio iustitiae로 규정하기 전에는 미미했다는 점이 이야기되어야 한다. 물론 같은 개념이 Odo of Cambrai의 De peccato originali, PL 160.1071-102에서도 발견되긴 하지만. 특히 라온 학파는 Augustins의 오래된 원죄 이해는 정욕(concupiscence)이라고 주장했다. William of St Thierry, Disputatio adversus Abaelardum 7, PL 180.275A; Robert Pullen, Sententiarum libri octo II, 27, PL 186.754B-5C.
93) Cur Deus homo I, 12.

유를 설명하는 데 실패했다. 따라서 그는 이 견해에 만족할 수 없음을 분명히 한다. 이런 견해들은 기껏해야 하나님이 인류를 구속하신 방법에 대한 묘사일 뿐이다. 왜 하나님께서 인간을 제일 먼저 구속하시기로 작정하셔야만 했는지 또는 왜 특별한 구속 방법이 선정되어야 했는지 설명이 없다. 그러므로 안셈은 의에 기초한 인류의 구속 이야기를 다음과 같이 제안한다.

1. 인류의 구속은 일종의 정의 문제로서 필요하다.
2. 구속은 우주의 수립되어 있는 신적인 도덕 질서에 부합하는 방식으로 효력이 발생한다.

우리는 이에 대해 하나하나 논의할 것이다.

안셈의 견해에 의하면, 만일 하나님의 의가 상응 보복법(lex talionis) 또는 키케로식의 각자에게 적합한 것을 준다는 의미로 이해된다면, 하나님의 구속 행위를 정의로운 행동으로 간주하기는 불가능하다. 이런 이유로 안셈은 구원론에서 이 같은 정의 개념을 활용하지 않았다. 안셈에게 있어, 인간의 죄로 인해 우주의 도덕적 질서가 침해되었다. 따라서 사건의 현재 상태는 의의 결핍, 즉 불의이다. 불의한 것은 그것이 무엇이든 간에 신적 본성에 위배되므로, 창조된 질서의 도덕적 올곧음으로의 회복이 절실하다. 따라서 최고의 의로서 하나님은 그의 본성상(불의한 상태가 무한정 지속되도록 허용하는 것은 하나님의 본성에 모순되므로), 한 가지 의로운 행동으로 타락한 인류를 구속하여 창조된 질서의 올곧음을 회복시킬 의무가 있다.

안셈은 서두의 논의에서, 유스 디아볼리(ius diaboli) 즉 '악마의 권리'라는 대적 이론을 고찰함으로써 하나님께서 인간을 구속하시는 방법론을 다룬다. 이 이론은 비드(Bede)의 것으로 추정되는 소논문 「인류의 구속」(De rédemptione humana)에 제시되어 있다.[94] 여기서 그리스도의 죽음은 자유로운 신적 행동이므로, 사탄에게서 인류를 구원하는 효력이 있는 수단의 선택

---

94) *Aliquot quaestionum liber XV*, PL 93.471-8. *ius diaboli*의 이런 측면과 여타 측면에 대해서는 다음을 보라. Rivière, *Le Dogme de la rédemption au début du moyen âge*.

을 논하려면, 죄인을 벌주는 당연한 권리가 사탄에게 있다는 점이 반드시 언급되어야 한다고 주장한다. 이러한 가르침의 기원은 대 그레고리(Gregory the Great)로 거슬러 올라간다. 그는 타락의 결과 사탄은 죄인에 대한 법적 권리를 획득했고, 죄 없는 이에 대해서는 권리가 없다고 주장했다. 이에 따라 그리스도는 그의 대적자를 속이고자, 인간의 모습(자연스럽게 나머지 인간들처럼 그도 죄인으로 간주되도록)으로 위장했다. 그리고 마귀는 죄 없는 그리스도를 십자가형에 처함으로써 정의에 위배되게 되었다. 이로써 죄인에 대한 사탄 자신의 합법적 능력이 정당하게 폐지되었다는 것이다.[95] 이 이론 또한 결국 의에 호소하지만, 안셈이 인정하여 사용한 의 개념과는 많이 다르다.

안셈의 경우, 의는 창조의 도덕적 질서와 관련 있으며, 마귀 자신은 하나의 이성적 피조물로 종속적일 뿐이다. 사탄은 인류를 꼬드김으로써 창조 질서를 명백하게 위반했다. 따라서 인간에 대한 어떠한 정당한 권리 주장도 할 수 없다. 그는 스스로 이성을 지닌 피조물이므로, 자신의 이성 본능은 하나님께 순종해야 할 의무가 있다. 만일 그가 하나님의 창조의 일부가 아니라면 도덕적 질서로부터 초연하게 설 수 있으며, 인류에 대한 어떤 '권리'를 청구할 수 있었을 것이다. 그러나 바로 자신의 의 위반으로 인해 마귀는 인류에 대한 어떤 권리 주장도 상실한 것이다. 따라서 안셈은 당시까지 오래 지속되었던 그리스도의 공로 이론과 '그것이 어떤 힘을 소유하든지 나는 보지 않는다'(non video quam vim habeat)라는 의 개념들을 용인할 수 없는 것으로 모두 해체시켰다.

만일 무수한 지엽적 탈선을 무시한다면, 일련의 명제로 안셈 본인의 이론을 기술할 수 있을 것이다. 아래의 경우, 그의 논증에서 의 개념의 중심성이 분명해진다.

1. 인간은 영원한 행복을 위해 영원한 의의 상태로 창조되었다.
2. 이 행복은 하나님께 대한 완전하고도 자발적인 의지의 복종, 즉 의를 필

---

95) Gregory, *Moralium libri* XXXIII, xv, 31, PL 76.692D-3C.

요로 한다.
3. 죄로 인해 인류의 현재 상태는 불의의 상태이다.
4. 이 상태가 영원한 행복의 결핍을 초래하는 상태로 있거나, 그렇지 않으면 적절한 대속(satisfaction)으로 교정되어야만 한다.
5. 대속은 불순종 행위를 능가해야 한다.
6. 인간은 의에 대한 요구를 제외하고는 어떤 것도 하나님께 드릴 수 없으며, 현재 불의로 인해 그렇게 할 수도 없다.
7. 따라서 인류를 창조하신 하나님의 목적이 좌절되었다.
8. 그러나 이것은 올바르지 않다. 그리고 신적 본성에 모순을 일으킨다.
9. 따라서 의가 재정립되려면, 반드시 구속의 수단이 있어야 한다.
10. 인간은 죄를 무를만한 보상을 할 수 없는 존재이므로, 스스로 구속할 수 없다.
11. 하나님은 필요한 대속을 하실 수 있다.
12. 하나님만이 필요한 대속을 하실 수 있고, 또 인간은 대속을 해야만 하므로, 이 일은 반드시 하나님이자 동시에 인간인 어떤 이에 의해 행해져야 한다.
13. 따라서 의로운 행동으로 성육신이 요구된다.

이 논증 단계에서 가끔 의의 중요성이 간과된다. 이미 재발견된 아리스토텔레스의 '연역법'(syllogism)이 사용되어야만 한다! 이 논법은 아래와 같은 성육신의 '필요성'을 제시한다.

A. 오직 인간만이 죄에 대한 보상을 해야 한다. 그러나 그들은 그렇게 못한다.
B. 오직 하나님만이 요구되는 보상을 만들 수 있다. 그러나 하나님은 그렇게 하실 의무가 없다.

이 고대의 '연역법'은 분명 두 가지 결론을 이끌어 낸다.

1. 신적이면서도 인간적인, 동시에 그러한 보상을 할 수도 없으며, 할 의무도 없는 누군가가 필요하다.
2. 신적이면서도 인간적인, 동시에 그러한 보상을 할 수 있으며, 해야 할 의무가 있는 누군가가 필요하다.

순전히 변증법적인 견지에서 보면, 논의 중인 책의 제목은 『하나님은 왜 인간이 되실 수 없는가?』(Cur Deus non homo)로도 잘 통용될 수 있을 것이다. 그러나 인간의 곤경이 해결되기를 요청하는 것이 의이기 때문에, 안셈은 첫 번째 결론은 무시하고 두 번째 결론을 내리는 것이 정당하다고 생각한다.

일반적으로 안셈 구원론의 약점은 속죄 이론이라고 인정되는데,[96] 여기서 더 논의해 보자고 제안하지는 않을 것이다. 그러나 안셈이 고려하는 핵심 사항은 아마도 당시 교회의 참회 제도로 수립되어 있던 속죄-공로 모델에 기반을 두었을 것이다. 신인(God-human)에 의한 보상 지불은 독자들로 하여금 창조의 도덕적 질서를 위반하지 않고도 도덕적 올곧음의 요구를 충족시키는 수단으로 받아들여졌을 것이다. 우리의 연구 지향점에서 안셈 구원론의 이러한 측면은 부차적이다. 주요 요소는 지고의 선을 지향하는 행동을 통해, 인류의 구속을 포용하도록 안셈의 하나님의 의가 발전했다는 것이다. 도덕적 올곧음으로서의 의라는 이해가 안셈의 구원론을 압도하고 있는데, 이는 중세의 '하나님의 의' 논의에 있어 결정적인 전환점으로 기록된다.

사탄이 인류에 대한 권리를 지니고 있으며, 하나님도 이를 존중할 수밖에 없다는 이론은 안셈 사후에도 오랫동안 여전한 영향을 신학자들에게 미쳤다. 따라서 극단적인 신학적 보수주의로 유명한 라온(Laon) 학파는 인류가 자기 죄의 결과로 기꺼이 자신을 사탄의 노예로 만든 것이므로, 사탄이 인류에 대한 정당한 소유권을 획득한다고 가르쳤다. 따라서 하나님은 사탄의 권리를 존중할 수밖에 없다는 것이다.[97] 라온 학파는 성육신을 통해 신학적 정

---

96) 탁월한 분석으로 다음을 보라. F. Hammer, *Genugtuung und Heil: Absicht, Sinn und Grenzen der Erlösungslehre Anselms von Canterbury*, Vienna: Herder, 1966.
97) Anselm of Laon, *Sententiae* 47, ed. Lottin, *Psychologie et morale*, 5.144; *Sententiae*

당화를 시도한다. 오직 하나님만이 마귀를 넘어설 능력을 지녔으며, 오직 인간만이 마귀를 극복해야 할 의무를 지녔다는 것이다. 캔터베리의 안셈과 비슷한 논리로, 여기서 성육신의 필요성이 추론된다. 마귀는 신인(神人)에 대한 권리가 없고, 자기의 합법적 힘을 남용했으므로 인류에 대한 자신의 권리도 상실하게 된다.[98]

안셈 입장의 거의 모든 측면은 피터 아벨라르드의 통렬한 신학적 비판을 받지 않을 수 없었다. 아벨라르드는 마귀가 인류에 대해 사실상의 권능(potestas)을 행사한다는 사실은 부인하지 않으면서도, 이런 권능으로는 정당한 권리(de iure)를 획득하지도, 시행할 수도 없다고 주장했다. 인류를 유혹하는 데 성공했지만, 마귀는 인류에 대한 어떠한 권리도 얻지 못했다.[99] 만일 마귀가 타락한 인류에 대해 조금의 힘이라도 행사한다면, 그것은 전적인 허락을 통해 소유된 것이다. 즉 하나님께서 구원의 경륜 안에서 그에게 죄를 지은 인류의 체포자라는 구체적이며 제한된 기능을 할당하신 것이다. 제한된 영역 안에서, 마귀는 자기 자신의 권리가 아니라 오직 신적 허락에 종속되어 움직인다. 이 영역 밖에서는, 인류에 대한 어떤 형태의 권리도 없다. 마귀의 절대적인 권리로는 이처럼 제한된 권능조차 없기 때문에, 하나님께서는 재량대로 철회하실 수 있다. 세인트 빅터의 휴(Hugh of St Victor)가 비슷한 입장을 취했다. 그는 비록 사탄이 인류에게 벌을 주는 일이 정당하다 하더라도, 그 지배력은 부당하게 획득된 것이라고 주장한다.[100] 아벨라르드 학

Atrebarenses, ed. Lottin, *Psychologie et morale*, 5.414; Sententie divinae paginae, ed. Bliemetzrieder, 41.

98) Anselm of Laon, *Sententiae* 47-8, ed. Lottin, *Psychologie et morale*, 5.44-7; the School of Laon, *Sententiae* 354-5, ed. Lottin, *Psychologie et morale*, 5.269-70. 참조. Peter Lombard, *III Sent.* dist. xviii, 5.

99) Abelard, *Expositio in epistolam ad Romanos*, PL 178.834D: 'Diabolus in hominem quem seduxit nullum ius seducendo acquisierit.' de Clerk, 'Droits du démon et nécessité de la rédemption'; R. E. Weingart, *The Logic of Divine Love: A Critical Analysis of the Soteriology of Peter Abelard*, Oxford: Oxford University Press, 1970, 84-8.

100) Hugh of St Victor, *De sacramentis* I, viii, 4, PL 176.308A-B: 'Iniuste ergo diabolus tenet hominem, sed homo iuste tenetur.' Hugh에 대해서는 다음을 보라. L. J. Taylor, *The Origin and Early Life of Hugh St Victor: An Evaluation of the Tradition*, Notre

파는 예상대로, 마귀는 인류에 대한 정당한 권리가 아닌 명목상의 권능을 소유한다는 스승의 가르침을 고수했다.[101] 많은 문제에 있어 아벨라르드의 대적이었던 클레보의 버나드(Bernard of Clairvaux)는 인류에 대한 사탄의 힘은 하나님으로부터 유래된 것이므로 정당하다고 말할 수 있다며 양보한다. 그러나 사탄은 그 힘을 유용했기 때문에 부당하다.[102] 쁘와티에의 피터(Peter of Poitiers)의 가르침에 12세기 후반의 특징인 고전적 입장이 요약되어 있다. 마귀는 인간을 벌줄 어떠한 권리도 없다. 그러나 인류의 죄로 인해, 인간은 사탄의 힘 아래 놓여도 마땅하게 되었다.[103]

사탄의 권리에 대한 비판의 중요성은 하나님께서 사탄을 다루시는 특징을 묘사하고자 사용된 의(iustitia)의 개념에 있다. 만일 의가 수립되어 있는 권리에 대한 존중을 수반한다면, 즉 사실상 실재적 상황이라면, 하나님도 인류에 대한 사탄의 지배권을 존중해야만 한다. 그러나 그 대신 의가 주로 신적 의지에 대한 순응이라고 가정한다면, 몇몇 신학자들이 구원의 경륜이라는 문맥에서 사탄에게 부여하려 준비했던 제한적이고 조건적인 권리마저 남용한 것이 되므로, 마귀는 인류에 대한 어떠한 정당성도 없다. 그러므로 사탄의 권리에 대한 12세기 신학자들의 일반적 거부는, '하나님의 의'의 정식화에 있어 상당한 중요성을 지닌다.

피터 아벨라르드와 관련된 신학적 진전은 보다 깊고 중요하다. 그의 저작 전체에 걸쳐, 한 가지 가설적인 단정이 있는데, 하나님의 의 개념은 키케로에게서 직접 가져온 것이다. '공동체의 선을 섬기는 덕목은, 그 위계에 따라서 각 사람에게 보상된다'.[104] 사실상 아벨라르드가 사탄의 권리를 거부한

Dame, IN: Medieval Institute University of Notre Dame, 1957.
101) De Clerk, 'Droits du démon et nécessité de la rédemption,' 39-45. *Epitome theologiae Christianae*는 인류가 언제나 마귀의 힘에 종속되었다는 주장을 부인하면서, '계승된 견해'로부터 상당히 이탈한다. *Epitome* 23, PL 178.1730D-1A: 'constat hominem sub potestate diaboli non fuisse, nec de eius servitute redemptum esse.'
102) *Erroribus Abaelardi* v, 13-14, PL 182.10630-65B.
103) *Sententiarum libri quinque* IV, 19, PL 211.1212A. 참조. de Clerk, 'Droits du démon et nécessité de la rédemption,' 56-7.
104) *Expositio in epistolam ad Romanos*, PL 178.864A, 868B: *Sermo* 30, PL 178.567D; *Dialogus*, PL 178.1653A, 1654C, 1656D-7A.; Weingart, *The Logic of Divine Love*,

배경이 바로 이러한 의 개념 때문이다. 자기 몫 이상을 고집했던 마귀는 의의 경계선 밖으로 추방되었다. 비록 일찍이 어거스틴이 키케로적인 의 개념을 신학에 적용하는 일에 통렬한 비판을 퍼부었지만, 12세기 말의 신학자 대부분은 관련된 하나님의 의 개념을 분명히 하고자, 키케로적인 의 개념으로 회귀했다. 아벨라르드 학파 안에서 널리 통용되던 개념은,[105] 이 점에서 아벨라르드의 영향력을 시사한다. 쁘와티에의 곳프리(Godfrey of Poitiers)는 용어 의의 세 가지 측면을 구분하는 데 있어 스테판 랑톤(Stephen Langton)을 따랐다. 그는 아주 중요한 혁신을 도입한 것처럼 보이는데, 각자에게 적합한 것을 주는 것이 의(iustitia reddit unicuique quod suum est)라는 말의 출처를 어거스틴으로 돌린다.[106] 최초의 문장집주석파인 옥세르의 윌리엄(William of Auxerre)은 보통 의미로부터 용어의 구체적인 신학적 사용을 구분했는데,[107] 앞의 경우에서 의와 자비는 상반되는 것이 아님을 지적한다. 힌톤의 사이먼(Simon of Hinton) 또한 키케로적 정의를 재생산하면서, 다시 한번 그것이 어거스틴의 의견인 것처럼 한다.[108] 의 개념을 구체적으로 칭의 문제에 적용한 사례는 라 로쉘의 존이 쓴 『미덕』(De virtutibus)에 잘 나타나 있다.

> 의(iustitia)는 하나님, 자기 자신, 그리고 이웃에게 각자의 권리를 주는 것에 관한 것이다. 마태복음 6장의 '너희는 먼저 그의 나라와 그의 의를 구하라' 는 말씀이 바로 이것이다. 이것은 불의한 사람이 의롭게 되는 일반적인 의인데, 악으로부터 돌이키는 것 그리고 선행을 행하는 것 이 두 가지로 이루어져 있다.[109]

141-2.
105) 예를 들어, *Epitome theologiae Christianae* 32, PL 178.1750C.를 보라. Lottin, 'Le Concept de justice,' 512-13. Stephen Langton의 정의도 유사하다. Lottin, 'Le Concept de justice,' 513-14.
106) Lottin, Psychologie et morale, 5.514 n. 1.
107) Lottin, Psychologie et morale, 5.514 n. 2.
108) Lottin, Psychologie et morale, 5.514 nn. 1-2.
109) Lottin이 만든 텍스트, *Psychologie et morale*, 5.517.13-18 파리 Nat. lat 14891과 15952, 그리고 Brussels Bib. Roy. 12.042-9로부터.

각자가 악을 피하고 선을 행하는 노력에 따라 인간에게 그 몫이 주어지기 때문에, 인간의 칭의가 신적 의의 행위로 보임은 분명할 것이다. 이러한 하나님의 의 이해는 분명 공로 교리와 밀접하게 관련되어 있는데, '각자에게 적합한 것을 준다'로 이해되는 의를 근거로 하여 인간에 대한 신적 칭의가 합리화된다. 또한 이러한 접근법은 신적 의만큼이나 신적 공정성과의 연관도 필요로 한다. 즉 하나님은 공로가 있는 사람을 의롭게 하시는데, '기만이나 호의도 없이, 즉 차별대우 없이'(sine gratia sine fraude sine personarum acceptione) 그렇게 하신다.

이 문제에 대한 다소 다른 접근이 세인트 빅터의 휴에게서 발견된다. 그의 칭의 논의는 권능의 의(iustitia potestatis)와 형평성의 의(iustitia aequitatis) 사이의 구별에서 이루어진다. 전자는 유스티티아 세쿤둠 데비툼 파키엔티스(iustitia secundum debitum facientis)로 언급되는데, 행위자(즉 하나님)는 어떤 일이 불의하지만 않다면 그의 권능 한도 내의 어떤 일이라도 허용된다는 뜻이다. 후자는 신적 칭의의 대상인 인류와 관련된 것으로, 유스티티아 세쿤둠 메리툼 파티엔티스(iustitia secundum meritum patientis)로 불리며, 개개인이 원하든 원하지 않든 간에, 그들이 부여받은 것은 무엇이든지 가지도록 허용되어 있다는 의미다.[110] 휴의 칭의 개념은 하나님께서 인간을 위해 뜻하시는 일은 신적 의지의 권능 덕분에 그것이 칭의가 되든, 정죄가 되든 무엇이든지 정당하다는 결론으로 이끌어짐을 잘 지적할 수 있다. 그럼에도 불구하고 휴는 이러한 의 개념을 인간의 칭의에 적용하여, 하나님은 공평하게 사람들을 의롭게 하실 수 있다고 주장한다.[111]

13세기 중엽 서방교회의 신학으로 아리스토텔레스적인 의 개념이 도입되면서 중요한 변곡점이 형성된다. '하나님의 의'라는 주제에 대한 위대한 12세기의 신학적 탐구에는 의에 대한 언급이 전혀 없었다. 그러나 아리스토텔레스의 저서인 『윤리학』(Ethics)의 영향이 점점 커지면서, 결국 결정적인 위치를 차지했다. 이에 따라 알베르투스 마그너스(Albertus Magnus)의 『문장집

---

110) *De sacramentis* I, viii, 8, PL 176.310D.
111) *De sacramentis* I, viii, 8-9, PL 176.311A-D.

3권에 대한 주석」은 『니코마키아 윤리학』(the Nicomachean Ethics) 5권과 유사점을 보인다.[112] 그는 『4권에 대한 주석』(1249)에서 처음으로 이 책의 번역을 활용한다.[113] 한편 이러한 도입으로 용어 의가 포괄할 수 있는 다양한 의미에 대한 분류가 가능해졌다. 아무도 이 분류가 '하나님의 의'에 관한 중세의 논의에 있어 이처럼 중요한 효력을 일으키리라 생각하지 않았다. 용어상의 차이에도 불구하고 사용된 기본 개념들은 거의 그대로 살아남았다. 15세기 동안 심각한 어려움이 발생했다. 루터는 칭의 교리에 대한 함의를 고려하여 아리스토텔레스 윤리학의 사용을 신학에서 배제시켰다.

아마도 가장 중요한 사건은, 하나님의 의라는 문제에 대한 접근법에서 지성주의(intellectualist)와 의지주의(voluntarist) 사이의 구분이 분명해진 일이다. 각자의 입장은 토마스 아퀴나스와 둔스 스코투스의 저작들을 통해 제시될 수 있을 것이다. 아퀴나스는 의가 단순히 신적 의지의 임의적 측면이라는 견해를 거부했다. 의가 하나님의 의지에 전적으로 의존한다는 단정은, 하나님께서 지혜로운 질서에 따라 운행하시지 않는다는 불경스러운 결론에 이르게 된다.[114] 따라서 올바른 이성이 의의 궁극적 표준을 채택하게 되므로, 지성이라고도 칭할 수 있는 지혜(sapientia)라는 측면에서 의가 강조된다.[115] 특히 그리스도 안에서의 인류 구원의 이론적 근거에 대한 아퀴나스의 논의에서 지성주의가 아주 분명하게 나타난다. 아퀴나스에게 있어 그리스도의 죽음을 통한 인류의 구원은 가장 적합한 구원의 형식이며, 합리적인 근거에서 이루어질 수 있는 것이다. 그는 의지주의자들의 하나님의 의 해석에 대한 비판을 강화한다. 이 비판에 따르면, 하나님의 의는 인류의 죄에 대한 보상의 필요성으로 그리스도의 수난을 요구했다. 인간의 죄는 범죄(culpa)로 간

---

112) Lottin, Pyschologie et moreale, 5.521 n. 1. 참조. A. H. Chroust, 'The Philosophy of Law from St. Augustine to St. Thomas Aquinas,' New Scholasticism 20 (1946), 26-71, 64-70, 특히 64 n. 141.
113) Lottin, Psychologie et morale, 5.521 n. 2.
114) De veritate q. 23 a. 6, ed. Spiazzi, 1.426: 'Dicero autem quod ex simplici voluntate dependeat iustitia, est dicere quod divina voluntas non procedat secundum ordinem sapientiae, quod est blasphemum.'
115) 논증 전체를 보려면, O. Lottin, 'L'Intellectualisme de la morale Thomiste,' Xemia Thomistica 1 (1925), 411-27.

주될 수 있지만, 공적이나 법적인 것보다는 개인적 범죄로 취급되어야 한다고 주장한다. 만일 하나님이 재판관(iudex)으로 여겨지게 되면, 범죄(culpa)에 대한 보상 없는 사면의 재량은 없어진다. 논의 중인 범죄는 보다 높은 권위(예를 들어, 왕)에 대항하여 저질러졌으므로, 재판관은 보다 높은 권위를 위하여 행동할 수밖에 없다.

그러나 하나님은 지고하시며, 우주의 보편 선이시다(supremum et commune bonum totius universae). 따라서 논의 중인 범죄는 하나님보다 더 높은 권위에 대항해서 저질러질 수가 없고 단지 하나님께 대해 저질러지게 된다. 보통 사람들도 자신에게 저질러진 죄를 보상 없이 용서할 수 있다. 이는 쉽게 받아들일 수 있는 견해다. 그러므로 하나님도 보상의 필요 없이 죄인을 용서할 수 있을 것이다. 절대적 보상의 필요성을 주장하는 하나님의 의에 대해 설명하면서, 아퀴나스는 캔터베리의 안셈을 염두에 둔 것으로 보인다. 아퀴나스는 보상이야말로 올바른 이성에 비추어 가장 적절한(convenientius) 것이며, 합리적인 존재들이 보편적으로 그렇다고 인정하고 있으므로, 절대적 보상의 필요성을 거부한다.

이 점은 하나님의 의에 관한 의지주의자들의 해석을 고찰하면서 더욱 분명해진다. 비록 이 방법론의 기원은 둔스 스코투스와 관련되어 있지만,[116] 비아 모데르나의 구원론에서 더욱 분명하게 발전된다. 가브리엘 비엘(Gabriel Biel)은 하나님의 의지는 올바름이나 잘못됨과는 근본적으로 독립적인 것이라고 선언함으로, 어떠한 도덕적 체계도 초월하는 신적 의지의 우월성을 강조한다. 만일 신적 의지가 단순히 선이나 올바름에 대한 승인 정도라면, 하나님의 의지는 창조의 도덕적 원리에 종속될 것이다. 그러나 선이란 하나님이 그렇다고 인정하실 때에만 선이 된다.[117]

---

116) G. Stratenwerth, *Die Naturrechtslehre des Johannes Duns Scotus*, Göttingen, Vandenhoeck & Ruprecht, 1951. 이 책은 자연법과 신적인 법의 영역 사이를 Scotus가 이간질하고 있다고 주장한다. Ockham에 대해서는 다음을 보라. W. Kölmel, 'Das Naturrecht bei Wilhelm Ockham,' *FS* 35 (1953), 39-85; Ockham과 연관해서 Biel에 대해서는 같은 저자의 다음 책을 보라. 'Von Ockham zu Gabriel Biel: Zur Naturrechtslehred des 14. und 15 Jahrhunderts,' *FS* 37 (1955), 218-59.

117) Biel, *Canonis missae expositio* 23E, ed. Oberman/Courtenay, 1.212: 'Nihil fieri

따라서 신적 의지는 이미 수립된 의에 기반을 두어 행동하는 것보다, 그 결정에 의해 의가 세워지는 주요한 조정자이며, 의의 원칙이다. 어떤 행위의 선함은 그 행위 자체가 아니라, 그 행위에 대한 신적 평가에 의해 규정되어야 한다. 따라서 도덕성과 공로는 다 같이 신적 의지에서 유래한 것이다. 둔스 스코투스는 하나님께 드리는 모든 창조된 봉헌의 가치는 정확하게 하나님께서 받으시는 만큼 정해진다는 의지주의의 일반 원칙을 수립했다.[118] 공로 교리에 관한 이 원칙의 결과는 나중에 탐구될 것이다. 스코투스는 그리스도의 수난과 인류의 구속에 이 원칙을 적용함으로써, 만일 하나님께서 봉헌이 충분한 가치를 지닌다고 인정하셨다면 천사라도 그리스도 대신 보상을 할 수 있었을 것이라고 강조한다. 즉 그리스도의 수난의 공로는 전적으로 신적 수용(acceptatio divina)에 달려 있다는 것이다.

중세의 '하나님의 의' 이해와 관련된 가장 중대한 발전 중의 하나가 비아 모데르나를 통해 일어났다. 이 발전은 젊은 루터의 신학적 발전과 관련하여 특별히 중요하다.[119] 가브리엘 비엘의 칭의 교리는 하나님과 사람 사이의 언약(pactum) 개념에 기반을 둔다. 이 언약은 인간이 의롭게 되기 위해 충족해야 하는 조건들을 규정하는데, 이는 동시에 신적 신뢰성에 대한 강조이기도 하다. 비록 구원의 현 질서는 급격할 정도로 돌발적이지만, 그럼에도 불구하고 전적으로 믿을 만하며 엄격한 불변성을 지닌다. 따라서 자의로, 그리고 자유롭게 인류와 언약을 맺기로 작정하신 하나님은 이제 계약 조항을 준수해야 한다. 하나님은 '최선을 다하는 자'에게 은총을 주신다. 왜냐하면 하나

---

dignum est nisi de tua benignitate et misericordia voluntate dignum iudicare volueris, neque enim quia bonum aut iustum. Voluntas nanque divina non ex nostra bonitate, sed ex divina voluntate bonitas nostra pendet, nec aliquid bonum nisi quia a Deo sic acceptum.' 참조. *In I Sent.* dist. xliii q. 1 a. 4 책., ed. Werbeck/Hoffmann, 1.746.5-7.

118) *Opus Oxoniense* III dist. xix q. 1 n. 7: 'Dico, quod sicut omne aliud a Deo, ideo est bonum, quia a Deo volitum, et non est converso; sic mentum illud tantum bonum erat, pro quanto acceptabatur.'

119) McGrath, 'Mira et nova diffinitio iustitiae'; 동일 저자의, *Luther's Theology of the Cross*, 95-113.

님의 결정과 약속이 정확히 그러하기 때문이다.[120]

비엘은 칭의가 발생하는 믿을 만한 도덕적 틀을 만듦으로써, 키케로적인 의 개념을 곧바로 하나님께 적용하면서 생긴, 신학자들을 곤경에 빠뜨린 난관을 풀 수 있게 되었다. 키케로나, 줄리안 그리고 아리스토텔레스적인 칭의 개념들은 모두 공동체의 계약, 즉 합의된 법을 성립시키는 공화국(res publica) 또는 도시국가(polis) 개념에 기초한다.[121] 하나님께 직접 이러한 의 개념을 적용하는 데 있어 신학적 등가무로서의 계약적인 틀의 부재로 인해 문제가 발생했던 것이다.

하나님과 인류 사이의 계약이라는 가정은 이러한 어려움을 제거한다. 계약은 각자에게 적합한 것을 준다(reddens unicuique quod suum est)는 의미로 규정되는 하나님의 의에 요구되는 효과적인 법적 합의로 기능한다. 더욱이 신적인 자기 제한(계약으로 표현된)이라는 중세 개념에 대한 연구는, 그 시대 신학자들이 어떻게 그러한 정식화의 이상적인 수단으로 교회법 용어, 특히 의(iustitia)를 발견하게 되었는지 보여준다.[122] 언약 조건하에서, 하나님이 최선을 다하는(quod in se est) 사람에게 은총을 보상해야 하는 것은 정의의 문제이다. 그러므로 하나님은 그럴 자격이 있는 사람에게 은총을 주시는 것으로 생각된다. 계약은 최선을 다하는 것이 무엇인지 결정하며, 순례자(viator)가 받아야 할 조건들을 구체화시킨다.

따라서 비엘은 현재의 구원 순서를 가리키면서, 신적 정의와 신적 자비를 상호 연관시킬 수 있었다. 정의가 문제가 되므로, 이제 하나님은 이를 철회하실 수 없게 되었는데, 이는 결국 하나님의 자비의 표현이다. 하나님께서 최선을 다한 순례자에게 반드시 의롭게 하시는 은총으로 보상해야만 하는 상설 법(Stante lege)이야말로 신적 자비이다. 하나님은 자비를 행하시면

---

120) *In II Sent.* dist. xxvii q. 1 a. 3 dub. 4, ed. Werbeck/Hoffmann, 2.253.7-9: 'Deus dat gratiam facienti quod in se est necessitate immutabilitatis et ex suppositione quia disposuit dare immutabiliter gratiam facienti quod in se est.'
121) 이에 관해 보라. B. Yack, *The Problems of a Political Animal: community, Justice and Conflict in Aristotelian Political Thought*, Berkeley: University of California Press, 1993.
122) Hamm, *Promissio, pactum, ordinatia*, 462-6.

서, 동시에 하나님이 즉각적으로 그리고 돌이킬 수 없이 묶이는 의의 질서를 세우셨다. 이것은 외부적 필요에 의한 것이 아니라, 충실성과 지속성 그리고 정직성을 위해서이다. 약속된 것은 무엇이든 시행되어야 한다. 하나님 편에서 조약 존중에 실패한다면, 이는 하나님께서 정당하지 않고 의롭지 않게 행하신다는 돌이킬 수 없는 결과를 만들 것이다.[123] 따라서 의롭게 되고자 신적 의지를 깨닫고 이에 순응하는 일은 전적으로 개인의 몫이다.[124] 결국 비엘은 하나님의 의란 하나님께서 인류를 다루시는 방법을 규정하는, 계약이라는 정황 속에서의 공정성을 가리키는 것으로 이해하고 있음이 분명하다.

'하나님의 의'에 대한 이러한 이해는, 마틴 루터(Martin Luther)의 『시편 강론』(*Dictata super Psalterium*, 1513-1515) 초반부에서 다시 살아난다. 로마서 9:9(벌게이트로는 10:9)에 대한 그의 주석으로 이런 사실을 판단할 수 있다.

> 따라서 의(iustitia)는 각자에게 적합한 것을 각자에게 주는 것이라고 말할 수 있다. 그러나 공정성은 의에 우선하며, 이에 앞서 필요하다. 공정성은 공로를 분별하며, 의는 보상을 준다. 따라서 주님은 세상을 '공정성 안에서 (공평하게)'(즉 모든 사람이 구원받기를 원하신다) 판단하시며, '의 안에서 (의롭게)'(왜냐하면 하나님은 각자에게 보상하시므로) 판단하신다.[125]

여기서 루터는 비엘의 하나님의 의의 핵심 요소들을 재생산한다. 의는 신적 공정성에 근거하는 것으로 이해된다. 계약으로 성립된 틀 안에서 인간의 보상이 결정되는데, 사람의 공로만이 결정 요소이다. 따라서 교회의 박사들

---

123) *Missae cononis expositio* 59s; ed. Oberman/Courtenay, 2.446: 'Ita etiam quod stante sua promissione qua pollicitus est dare vitam eternam servantibus sua mandata, non posset sine iniusticia subtrahere eis premia repromissa.' 따라서 *iustitia Dei*가 완전히 임의적인 것으로 이해될 수 있는 가능성에 대해서는 다음을 보라. McGrath, "'The Righteousness of God' from Augustine to Luther,' 72; 동일 저자의, 'Some Observations concerning the Soteriology of the *Via Moderna*,' *RThAM* 52 (1985), 182-93.
124) *In II Sent*. dist. xxxvi q. unica a. 1 nota 3, ed. Werbeck/ Hoffmann, 2.6225-623.10.
125) WA 55 II.108.15-109.11 텍스트 전부와 각주를 보려면 다음을 보라. WA 55 I.70.9-11.

은 당연히 사람이 최선을 다할 때 하나님은 틀림없이 은총을 주신다고 가르쳤다(hinc recte dicunt doctores, quod homini facienti quod in se est, Deus fnfallibiliter dat gratiam).[126] 루터의 신학적 돌파구는 '하나님의 의'의 의미에 관한 새로운 발견과 밀접히 연결되어 있다. 사실 그의 초기 저작들은 비아 모데르나의 가르침을 특징으로 하고 있다. 이는 중요한 점이다. 최선을 다하려(quod in se est) 시도하는 사람은 치명적 죄를 범하는 것이라는 그의 후기 입장도[127] 개념적으로는 이 틀 안에 남아 있지만, 신학적 개연성은 궁극적으로 파괴되었다.

'하나님의 의'와 관련된 두 번째 질문은 신학적 언어의 유추적인 특성에 관한 전체 이슈를 제기한다. 하나님이 '의롭다'(iustus)고 말하는 일이 어떻게 가능할까? 앞에서 살펴보았듯이, 중세 주석가들이 자기 주석의 토대로 삼았던 성경 자료에는 히브리적인 '하나님의 의' 개념이 있었다. 그러나 이것은 서구 유럽 사상의 특징인 할당된 의(iustitia distributiva) 개념과는 조금의 유사성도 없는, 구원의 의(iustitia salutifera)를 특징으로 한다. 그렇기 때문에, 신적인 의를 인간에서 유추하여 논의하기 어려웠다. 초기 성경 주석가들이 이러한 측면이 '의미 이전'의 문제라고 자주 언급하며 강조했다.[128] 따라서 피터 아벨라르드는 일상적인 정황(translata a consuetis significationis)에서 빌려온 용어를 사용하여, 하나님에 관한 진술을 할 때, 고도의 주의를 요청했다.[129] 그러나 필자가 위에서 언급했듯이, 인간의 의 개념을 하나님에게 유추적으로 진술하면서 자신은 자기 원칙을 간과한 듯이 보인다.

인간의 의 개념을 유추시켜 하나님께 적용하는 활용은 12세기의 여러 신학자들로부터 비판을 받는다. 그 중에 릴의 알랭(Alan of Lille)의 비판이 가장 두드러진다. 알랭에 의하면, 하나님을 진술하는 용어는 반드시 적절한 의

---

126) WA 4.262.4-5. 계약의 인과관계에 대한 Luther의 개념에 대해서 다음을 보라. McGrath, *Luther's Theology of the Cross*, 85-90.
127) 정죄된 견해에 대해 다음을 보라. *Exsurge Domine*, D 1486: 'Liberum arbitrium post peccatum est res de solo titulo; et dum facit, quod in se est, peccat mortaliter.'
128) G. R. Evans, *The Language and Logic o the Bible: The Earlier Middle Ages*, Cambridge: Cambridge University Press, 1984, 101-22.
129) *Theologia Christiana* I, 7.

미로부터 이전되어야 한다(transfertur a sua propria significatione). 알랭은 하나님은 오직 적절한 의미로부터 용어가 간접적으로 이전되는 방식을 통해서만 '의로우시다'고 묘사될 수 있음을 깨달았다. 따라서 이러한 이전은 단지 이렇게 이전된 단어(nomen)만을 지칭하는 것으로 이해되어야 하고, 그 의미(res)는 아니라고 주장했다. 하나님을 '의롭다'라고 말할 때, '의롭다'에 해당하는 단어는 적절한 문맥으로부터 하나님에 관해 적용된 하나의 전이로 이해되어야 한다. 이때 원전 문맥의 의미가 동시에 전이된 것으로 간주할 수는 없다.[130]

달리 말하면, '데우스 에스트 유스투스'(Deus est iustus, 하나님은 의로우시다)라는 문장은 인간의 특정한 상황에서 전이된 유스투스(iustus)라는 용어를 포함하고 있다. 이 용어는 구체적인 인간 정황에서 가정된 것이므로, 이 문장 안에서 정확히 동일한 의미를 품는다고 인정될 수 없다. 설령 같은 용어 유스투스(iustus)가 '데우스 에스트 유스투스'(Deus est iustus)라는 문장에서는 하나님을 진술하며, '소크라테스 에스트 유스투스'(Socrates est iustus, 소크라테스는 의롭다)라는 가정적인 문장에서는 소크라테스를 진술한다고 하더라도, 두 경우 모두 같은 의미를 품는다고 인정할 수 없다. 적합한 문맥에서 전이되기 때문에 단어는 '빌려온 의미'를 얻게 된다.[131] 본래 의미와 유사하다 할지라도, 정확히 일치할 수는 없다. 따라서 신적 정의는 인간적 정의와 같을 수 없고, '하나님은 의로우시다'는 문장은 '소크라테스는 의롭다'는 문장과 동일한 진술 측면을 지닌다고 인정할 수 없다. 논의는 필연적으로 다음 결론으로 이어진다. 유스투스(iustus)의 '빌려온 의미'가 무엇인지 모를 뿐더러, 아는 일이 거의 확정적으로 불가능하기 때문에, '하나님은 의로우시다'라는 문장은 아무 뜻도 없다. 만일 우리가 문장 '하나님은 의로우시다'에서 추측되고 있는 용어 '의로우시다'의 의미를 정확히 모른다

---

130) *Theologicae regulae* 26, PL 210.633D. 'Deus est iustus, hoc nomen *iustus* transfertur a sua propria significatione ad hoc ut conveniat Deo, sed res nominis non attribuitur Deo.' G. R. Evans, *Alan of Lille: The Frontiers of Theology in the Later Twelfth Century*, Cambridge: Cambridge University Press, 1983, 29-33.
131) G. R. Evans, 'The Borrowed Meaning: Grammar, Logic and the Problems of Theological Language in Twelfth-Century Schools,' *DR* 96 (1978), 165-75.

면, 그 문장이 무엇을 뜻하는지도 알 수 없다. 따라서 대주교이자 베네딕트 파인 루엔의 휴(Hugh of Rouen) 같은 많은 12세기 신학자들은 신적 불가해성 속에서 피난처를 찾는다.[132]

하나님이 어떻게 의롭다(iustus)고 묘사될 수 있는지에 관한 질문은, 하나님의 속성(attribute)은 어떻게 논의될 수 있는가 하는 관련 질문을 불러일으켰다. 하나님의 지혜 또는 하나님 의란 도대체 무슨 뜻인가? 14세기 말 오캄식 인식론의 등장은 하나님의 속성의 존재에 대한 질문을 요구했다.[133] 겐트의 헨리(Henry of Ghent)는 신적인 속성의 실재성을 주장했다. 만약 하나님의 본질과 속성 사이의 감각적 차이가 피조물 속의 동일한 내용과 관련된 비교에 의한 것이라면, 신적 속성의 존재는 피조물에 좌우되게 된다. 헨리는 이를 불가능한 일로 간주했다. 따라서 신적 속성은 이성의 내적 연상과도 다른 것이며, 피조물 중 동일한 특성과의 어떠한 지적 비교와도 독립된 것으로 간주되어야만 한다. 그러나 퐁뗀느의 곳프리(Godfrey of Fontaines)는 신적 속성 간 구분의 기초는 하나님 안에서보다 피조물 안에 있음이 고려되어야 한다고 주장했다. 동시대인 대부분의 학자들과 마찬가지로, 곳프리는 신적 속성 간의 구분은 순전히 감각적이라는 주장을 받아들였다. 그러나 구분은 감각 밖에서 이루어져야 한다고 주장했다. 헨리가 이러한 구분의 기원을 신적 존재 자체에 둔 반면, 곳프리는 피조물 속에 두었다.

그러므로 속성 간의 구분은 하나님과 피조물 안에 존재하는 다양성에 대한 지성적인 비교에 의존해야 한다. 그렇지 않다면 하나님은 극단적으로 단순한 존재가 되어, 오직 한 가지 속성으로만 생각될 것이기 때문이다. 따라서 신적 속성들은 명목상 모든 완전함의 원천으로서의 신적 본질 안에 실제로 포함되어 있으며, 오직 그 속성들에 가장 근사한 것들과의 비교를 통해서만 알려진다. 즉 하나님과 피조물들 사이의 유사성을 인간의 지성이 인식함

---

132) *Tractactiones in Hexamaeron* I, 12, PL 192.1252B: 'Deus enim semper est id quod est, qui determinari seu describi vel diffiniri non potest, quia incomprehensibilis est.'
133) 뒤의 것들은 Ockham에 근거한 것이다. *In I Sent.*, dist. ii q. 3, *Opera theologica* 2.50-74.

으로써 관련된 특징을 아는 것이다. 피조물의 모양과 성질은 그 존재와 기원이 신적 사고에서 유래했고, 그 완성 또한 하나님께 달려 있으므로, 비록 제한되고 유한함에도 불구하고 동일한 부분이 있다고 기대할 수 있다.

오캄의 윌리엄은 대조적으로 두 의견 모두 거부했다. 인간 이성 편에서의 신적 속성들 간의 구분은 하나님 자신 안의 구분과는 전혀 상관이 없다. 오캄에 의하면, 의(iustitia), 자비(misericordia) 등 하나님의 속성들은 하나님 안에 있는 어떠한 실재와도 상응한다고 말할 수 없다. 그것은 순전히, 그리고 단순히 인간의 인식과 연관된 복합적인 행위에서 생기는 것이다. 따라서 하나님의 의는 순전히 인간 지성 쪽에서의 인식 작용의 결과이므로, 결코 하나님 안에 실존하는 어떤 존재라고 인정될 수 없다. 신적 속성들 간에 승인 가능한 유일한 구분은 그것들이 인간의 마음속에서 서로 다른 개념이라는 사실뿐이다. 그것들은 결코 하나님 안에서의 공식적인 구분을 가리키지 않으며, 그분 안에 있거나 또는 그분과 관련 있는 어떤 차이에도 상응하지 않는다. 관련된 개념들은 전혀 신적 본질과 정말로 그리고 공식적으로 일치하지 않는다. 개념상 구분이 인간 지성에 의해서만 알려진다는 사실은, 결코 지성의 대상물에 그러한 구분을 부과할 수 없으며, 결과적으로 신적 속성에 자리 잡고 있는 어떠한 다양성도 하나님 본체 안의 다양성에 부합한다고 말할 수 없다는 점이다. 이것들은 단지 지성에 의해 구분된 개념일 뿐이다.

극도로 단순화된 하나님은 아예 이해되거나, 전혀 이해되지 않는다. 그 결과, 신적 속성은 인간 지성의 산물로 간주된다. 하나님은 실재이신 반면 신적 속성은 그렇지 않다(물론, 개념들이 실재적이 아니라고 생각될 경우). 신적 속성의 실재적인 존재성에 관한 오캄의 비평의 중요한 핵심은 존재 안에서는 그것들이 발견될 수 없다는 것이다. 따라서 신적 속성에 관해서, 완전하신 하나님으로부터 절대적으로 취해진 것과 하나님에 대해 진술 가능한 개념에서 취해진 두 종류의 구분이 만들어져야만 한다.[134]

만일 하나님의 속성들이 전자처럼 이해되면, 속성들 사이의 참된 구분은 없다. 후자처럼 이해되면, 속성의 구분은 전적으로 감각적인 것이므로, 실

---

134) Ockham, *In I Sent*. dist. ii q. 3, Opera philosophica et theologica, 2.61-2.

재에는 어떠한 기초도 없다. 어느 경우에서든 하나님의 의라는 말에는 아무 의미도 없으며, 하나님의 의와 자비 사이의 긴장을 말하는 것도 큰 의미가 없다.

신적 속성들에 대한 오캄의 비평은 하나님의 의와 하나님의 자비 사이에 참된 구분을 밝힐 수 있다는 전제로 나아갔던 중세 후기의 하나님의 의 논의에서 볼 때 실재적인 중요성을 지닌 것 같지는 않다. 그러나 '의'의 개념화 문제는 난제임이 드러났다. 하나님의 자비, 하나님의 의 그리고 하나님의 진리가 하나님의 인류 구원에서 동시에 발현되었다는 주장이 중세의 특징이었다. 종종 벌게이트(the Vulgate)의 시편 85:10(벌게이트 번역판으로는 84:11) 텍스트에 대한 기독론적인 주석이 이 사실과 연관되어 있다. '자비와 진리는 동시에 만나며, 의와 평화는 서로에게 입을 맞춘다.'

중세의 신학자들은 하나님의 의는 그리스도 안에서의 인류 구속으로 표현되었다고 확신했다. 그러나 '하나님의 의' 이해와 연관된, 특히 하나님의 의와 인간의 의의 상호 연관에서 생긴 난제는 전혀 해결되지 않았다.

3. 칭의에 대한 주관적인 접근

중세의 신학적 전통은, 인간이 자신의 칭의에 있어 확실한 역할을 한다고 주장한다는 점에서 히포의 어거스틴을 따른다. 어거스틴의 명언(名言), '당신 없이 당신을 창조하신 그분은 당신 없이 당신을 의롭게 하지 않을 것입니다' (Qui fecit te sine te, non te iustificat sine te)는,[135] 중세 칭의 논의에서 실제로 경구(axiom)[136]의 지위에 올랐다. 그러나 칭의에서 인간의 역할에 대한 정확한 성격 규명은 중세 신학 학파 사이에 상당한 불일치를 만드는 주제였

---

135) Augustine, *Sermo* 169, 13.
136) 물론 '금언'이란 말은 Euclidian이나 Boethian적인 의미라기보다는 느슨한 의미로 사용되었다. G. R. Evans, 'Boethian and Euclidian Axiomatic Method in the Theology of the Later Twelfth Century,' *Archives Internationales d'Histoire des Sciences* 103 (1980), 13-29.

다. 질문에 대한 다양한 전통적 입장들이 본 단원의 주제가 될 만큼 발전했는데, 편리를 위해 세 가지 제목으로 논의한다.

1. 인간 자유 의지의 성격
2. 칭의에 적합한 경향성의 필요성과 특성
3. '하나님은 최선을 다하는 자에게 결코 은총을 거절하시지 않을 것이다' (facienti quod in se est Deus non denegat gratiam)는 경구의 기원과 해석, 그리고 적용.

칭의의 전유에 따른 세 가지 측면을 고려하기에 앞서, 두 가지 관찰사항을 만들 필요가 있다.

첫째, 칭의에서 성례의 역할에 대한 현대적 논의에 대한 언급 없이 칭의의 주관적 전유에 관한 중세의 이해를 논하기는 불가능하다. 둘째, 칭의의 전유에 관한 중세의 논의는 믿음에 의한 칭의라는 개념으로 진행되지 않는다. 의롭게 하는 믿음은 보편적으로, 칭의로 향하는 하나님의 의향의 결과로서 인간에게 수여되는 하나님의 선물로 이해된다. 사실상 의롭게 하는 믿음이 인간의 사역이 될 가능성은 애초에 배제된다. 칭의의 전유에 대한 중세의 논의는 주로 의롭게 하는 은총과 믿음이 하나님에 의해 개개인에게 수여되는 조건을 만드는 일에 관심을 가진다. 본 단원에서 칭의의 주관적 전유에 관해, 위에서 언급한 세 가지 측면의 질문을 하나하나 고찰할 것이다.

1) 인간 자유 의지의 성격

중세의 칭의 논의에 미친 어거스틴의 영향은 아마도 은총과 자유 의지 부분에서 가장 클 것이다. 물론 자유 의지(liberum arbitrium) 같은 용어는 어거스틴 이전의 것이며, 성경에 안 나온다. 그러나 어거스틴은 이 용어에 해석을 덧붙이는 데 성공했다. 이로 인해 이 용어는 죄에 대한 인간의 굴레, 은총이 유지되어야 하는 이유, 그리고 동시에 인간 자유 의지의 실재성에 대한 지지 등에 관한 심오한 성경적 이해로 인정되었다. 인간 자유 의지의 성격에 관한 이러한 이해는, 그의 생애 동안 펠라기우스 논쟁과 마실리아(Massilian) 논쟁, 그리고 그의 사후에 계속된 일련의 연속적 과정을 통해 명료화되었다.

본질상 펠라기우스주의는 후기 로마 제국의 점차 부패해 가는 세상에 대한 일종의 개혁 운동으로 보아야 한다. 특히 현재의 과도한 불편 없이 다음 세상에서 구원을 획득하는, 거의 마술적인 방법으로 기독교가 인식되는 경향의 증가에 대해 신랄하게 비판했다. 펠라기우스와 지지자들이 주요하게 항거했던 것은 바로 도덕적 나태함이었으며,[137] 그들의 주요 신학적 대적자들도 정확하게 동일한 관심을 지녔는지 뚜렷이 알 수 없다. 펠라기우스 논쟁의 기원에 관한 어거스틴의 설명은, 어거스틴의 『참회록』(*Confessions*)에서 아주 빈번히 인용되는 '주께서 명하시는 바를 주시며, 뜻하시는 바를 명령하소서'[138]라는 기도를 들은 펠라기우스의 격노에 관한 것이다. 펠라기우스에게 이 문장은 인간이란 전적으로 신적 은총에 의해 결정되는 단순한 꼭두각시이며, 따라서 최악의 질서에 대해서도 도덕적 평온을 부추기는 것이었다.

펠라기우스에게 있어, 도덕적 책임감은 의지의 자유를 전제한다. 즉 내가 해야만 한다. 따라서 나는 할 수 있다. 펠라기우스 신학 체계의 기본 교리는 인간 자유 의지의 자율적이며 주권적인 특징에 대한 솔직한 선언이라고 주장될 수 있다. 인간을 창조하면서, 하나님은 그들에게 그들 자신의 선택으

---

137) 최근 연구들은 Pelagius의 의도에 있어서의 정통성을 강조한다. R. F. Evans, *Pelagius: Inquiries and Reappraisals*, London: A. & C. Black, 1968; Gisbert Greshake, *Gnade als konkrete Freiheit: Eine Untersuchung zur Gnadenlehre des Pelagius*, Mainz: Matthias-Grünewald-Verlag, 1972. G. de Plinval의 보다 오래된 연구인 *Pélage, ses écrits, sa vie et sa réforme*, Lausanne: Payot, 1943도 유용하다. 펠라기우스주의의 개혁적인 성격에 대해서는 Peter Brown의 탁월한 두 작품을 보라. 'Pelagius and His Supporters: Aims and Environment,' *JThS* 19 (1968) 93-114; 'The Patrons of Pelagius: The Roman Aristocracy between East and West,' *JThS* 21 (1970) 56-72. 현재 펠라기우스주의의 금욕적 원칙과 목표들이 그 운동의 최소한의 본래 측면으로 여겨지는데, 4세기 말엽 Rufinus의 번역을 통한 동방 수도원 전통에 대한 서방의 일반적인 수용의 한 부분으로 간주된다. F. Winkelmann, 'Spätantike lateinische Übersetzungen christilicher griechischer Literatur,' ThLZ 95 (1967), 229-40).

138) *De dona perseverentia* XX, 53. 참조. Confessiones X, xxix, 40 'da quod iubes et iube quod vis.'

로, 신의 뜻을 이룰 수 있는 독특한 존재적 특권을 주셨다. 그들 앞에 생명과 사망을 놓으신 후, 그들이 생명을 선택하도록 하셨다. 그러나 최후의 선택은 개인 자신이 할 수 있도록 허락하셨다. 펠라기우스는 인간의 자유 의지가 병들었다거나 어떤 식으로든 타협이 되어, 악행이라는 타고난 심리적 경향이 된다는 암시를 특히 위협적인 것으로 보았다.

펠라기우스는 아담의 죄가 그의 후손에게 재난과 같은 결과를 가져왔다는 점에는 양보했지만, 이 일이 유전보다는 모방에 의해 일어난다고 주장했다. 인간에게는 어떠한 유전적 결함도 없다. 그들에게는 악이나 선을 행하게 만드는 특별하거나 일반적인 영향력도 없다. 인간을 창조하신 하나님은 외부적이며, 비강제적인 수단(즉 gratia ab extra) 외에는 어떠한 영향력도 강요할 수 없다. 어거스틴과 펠라기우스의 논쟁과 둘러싼 혼동의 일부분은, 어거스틴이 본성(nature)이라고 이해한 것을 펠라기우스는 은총으로 이해한 듯한 사실에서 발생한다. 따라서 어거스틴과 펠라기우스 모두 인간은 은총이 필요한 상태에 있다는 데 동의했다. 그러나 펠라기우스는 이 상태를 인간이 자신의 자연적 능력으로 하나님의 뜻을 수행 가능하게 하는, 자연의 부여물(즉 특정한 '선물' 보다는 '주어진 것')로 주어지는, 구체적인 일반 은총의 상태라고 생각한다.

펠라기우스 논쟁이 진정한 범위는 예비 은총(prevenient grace)이라는 어거스틴의 교리에까지 이른다. 펠라기우스는 십계명이나 그리스도의 모범 같은, 외부적이며 비강제적인 지식인 외부로부터의 은총(gratia ab extra)으로 은총을 이해한다. 만일 인간이 하고자 한다면, 죄짓지 않고 모세의 율법을 충족시킬 수 있다. 이러한 은총 개념은 결국 율법이 충족될 수 있으며 충족되어야만 한다는 무죄 가능(impeccantia) 교리라는 엄격한 교리로 귀결된다. 이러한 '모범의 신학'은 그리스도를 본받을(imitatio Christi) 필요성에 대한 펠라기우스의 강조와, 아담의 후손이 상하게 된 것은 아담이 죄를 모방했기 때문이라는 단정 두 가지 모두에서 볼 수 있다. 펠라기우스 논쟁에 있어 가장 중요한 자료 중의 하나인, 펠라기우스가 데메트리아스에게 보내는 편지에서 이 점이 분명하게 드러난다.

[하나님의 명령을 특권으로 여기는 대신] 우리는 하나님께 소리치며 말한다, '이것은 너무 과중합니다! 이것은 너무 어렵습니다! 우리는 할 수 없습니다! 우리는 인간일 뿐이라서 육체의 연약함에 방해받고 있습니다!' 무슨 눈먼 광기냐! 무슨 주제넘은 뻔뻔함이냐! 이런 식으로, 우리는 지식의 하나님을 '이것은 마치 하나님 자신의 창조물인 인간의 연약함을 망각한 것이며, 하나님이 우리가 견뎌낼 수 없는 명령을 하신 것이다' 라며, 이중의 무지(하나님 자신의 창조와 하나님 자신의 명령에 대한 무지)로 비난한다. (주여 우리를 용서하소서!) 동시에 우리는 의로우신 일체를 의롭지 않다고 하고, 거룩한 일체에게 잔혹함을 돌린다. 첫째, 하나님은 불가능한 것을 명령한다고 불평하며 둘째, 몇몇 사람들은 우리가 어쩔 수 없는 일 때문에 하나님에게 정죄받는다고 상상하여 (이 무슨 불경인가!) 하나님을 우리의 구원이 아니라 우리의 처벌을 추구하는 분으로 만들어 버린다…우리에게 힘을 주신 바로 그분인 하나님보다 우리 자신의 힘의 정도를 아는 이는 아무도 없다…하나님은 결코 불가능한 일을 명령하지 않으신다. 왜냐하면 하나님은 의로우시기 때문이다. 또 하나님은 결코 그들이 어찌 할 수 없는 일로 아무도 정죄하지 않으실 것이다. 왜냐하면 하나님은 거룩하시기 때문이다.[139]

마실리아 논쟁(the Massilian controversy)은 어거스틴의 예정 교리를 둘러싸고 촉발된 것으로 보인다. 관련 자료들은 여전히 '반(半) 펠라기우스주의'로 지칭하고 있다. 그러나 실제 논의에서 반 펠라기우스주의에 대한 언급은 전혀 찾을 수 없다. 이는 심각한 시대착오적 오류임을 알아야 할 것이다.[140] 어거스틴 스스로도 '마실리아주의' 라는 용어를 사용함으로써, '반 펠라기우스주의' 를 암시하는 펠라기우스주의와의 부당한 비교의 가능성을 제거한

---

139) *Epistola ad Demetriadem* 16, PL 33.1110A-B. 배경에 대해서는 다음을 보라. Joanne McWilliam, 'Letters to Demetrias: A Sidebar in the Pelagian Controversy: Helenae, amicae meae,' *Toronto Journal of Theology* 16 (2000), 131-9.
140) Harnack, *History of Dogma* 5.245 n. 3. 대안적인 '신인 협력설' 또한 받아들일 수 없기는 마찬가지이다. N. P. Williams, *The Grace of God*, Longman, Green & Co., 1930, 44.

다. 어거스틴은 마실리아주의자들에 대해 설명한다. 그들은 '펠라기우스주의자들과 뚜렷이 구별되는' 교리를 지녔으며, 자신들을 펠라기우스주의 종교인으로 묘사한 아퀴테인의 프로스퍼(Prosper of Aquitaine)를 거부할 정도였다는 것이다.[141]

예정에 관한 어거스틴의 가르침은 갈리아(Gaul) 남부 지역에서 상당한 적대감을 경험하게 된다. 사실, 레랭의 빈센트(Vincent of Lérins)는 자신의 유명한 '규범'(canon)을 어거스틴의 예정주의를 염두에 두고서 작성한 것으로 보인다. 가톨릭 교리의 특징적 정의는 '어디서나, 언제나, 누구에게나 믿어지는 것'이다.[142] 따라서 어거스틴의 예정 교리는 보편성(ecumenicity), 고전성(antiquity) 및 승인(consent)이라는 삼중의 시험을 통과하는 데 실패했으므로, 가톨릭적인 것으로 간주될 수 없다는 것이다. 어거스틴의 가르침에 대한 보다 실제적인 접근은 존 카시안(John Cassian)의 저작에서 발견된다. 그도 빈센트처럼 펠라기우스의 자유 의지 교리를 거부한다. 분명 예정 교리와 불가항력적인 은총 교리라는 두 가지 예외를 제외하고는, 어거스틴의 은총 신학을 전체로 수용한다.[143] 특히, 노예가 된 자유 의지(liberum arbitrium captivatum)와 해방된 자유 의지(liberum arbitrium liberatum)라는 변증적인 어거스틴 개념을 파악하고, 지지한 것으로 보인다. '사람은 당신의 죄수가 되기 시작해야만 참으로 자유로울 수 있습니다. 오, 주님!'[144]

인간 자유 의지의 실재성에 관한 카시안의 강조는 수도원적 금욕주의라는 상황 속에서 생겼기 때문에, 영적 생활 속에서 분투의 필요성을 강조하는 특징이 있다. 카시안은 주로 수도승들을 위해 글을 썼는데, 그들은 크리스천으로서의 생활을 시작한 것으로 간주되었다. 따라서 카시안이 은총을 말할

---

141) *De Praedestinatione sanctorum* I, 2.
142) *Commonitorium* 2, PL 50.640B: 'In ipsa item catholica ecclesia magnopere curandum est, ut id teneamus, quod ubique, quod semper, quod ad omnibus creditum est; hoc est etenim vere proprieque catholicum.'
143) MacQueen, 'John Cassian on Grace and Free Will,' 다음의 일반적 연구 두 가지도 가치 있는 배경 자료를 제공한다. Chéné, 'Que significaient "initium fidei"?' 와 'Le Sémipélagianisme du Midi et de la Gaule.'
144) *De incarnatione* VII, I, 2.

때, 작동(operative) 은총보다는 협력(co-operative) 은총(어거스틴의 용어를 사용하면)으로 이해되도록 의도했다고 추정할 수 있다. 만일 카시안이 '신인협력주의자'로 보인다면, 어거스틴과 마찬가지로 칭의 후에 은총과 자유의지의 협력을 강조하기 때문이다. 더욱이 카시안이 영적 상태를 증진시키기 위한 수단으로 기도를 강조한 사실은, 누군가 짐작하듯이 은총의 필요성에 대한 거부라기보다는 은총에 부여한 중요성의 표시라는 점도 지적되어야 할 것이다.

어거스틴의 영향력에 대한 증거가 충분한 예루살렘 회의(415년 7월)와 디오스폴리스 회의(415년 12월)는 펠라기우스주의에 대한 온화한 견책을 이끌어 내었다. 두 회의는 중요성에 있어 결코 카르타고 공의회(418)와 비교될 수 없다.[145] 카르타고 공의회의 결의안은 가톨릭교회의 폭넓은 지지를 받았으며, 펠라기우스주의가 지닌 오류의 특성에 관한 중세 논의에도 현저한 특징을 이루게 된다. 결의안 중 가장 중요한 것은 다섯 번째인데, 은총의 도움이 없거나 은총의 계속적인 필요성 없이는 인간이 율법의 명령을 충족시킬 수 없다는, 인간 자유 의지의 무기력함을 가르친다.[146] 에베소 공의회(431)는 '네스토리우스식의 그리스도는 펠라기우스식의 인간에게 적합한 구세주다'[147]라는 찰스 고어(Charles Gore)의 유명한 발언에 잘 요약된 것처럼 이단들 사이의 밀접한 신학적 연관을 인식한 것으로 보이지는 않는다. 그러나 네스토리우스주의와 펠라기우스주의(이때의 펠라기우스주의는 칼레스티우스의 형식을 따른다) 모두를 정죄했다.

5세기에 발견된 자료 중 펠라기우스주의에 대한 가장 구체적인 공격으로 권위 있는 자료는 『하나님의 은총 목록』(*Indiculus de gratia Dei*, 431)이며, 대

---

145) 이 두 회의와 2차 오렌지 회의는 에큐메니칼 회의라기보다는 지역적인 회의였다. 이것이 일으키는 어려움에 대해 다음을 보라. J. M. Todd (ed.), *Problems of Authority: An Anglo-French Symposium*, London: Darton, Longman& Todd, 1964, 63-4.
146) D 227.
147) Charles Gore, 'Our Lord's Human Example,' *Chruch Quarterly Review* 16 (1883) 298. Nestorius와 Pelagius 사이의 유사한 연관은 John Cassian이 밝혔다(De *incarnatione* I, iii, 5). 또한 Prosper of Aquitaine의 다소 상스러운 시를 보라. *Epitaphium Nestorianae et Pelagianae haeresos*, PL 51.153.

체적으로 아퀴테인의 프로스퍼의 저작으로 인정된다. 이 책의 각 장은 은총의 성격과 인간 자유 의지의 능력에 대한 펠라기우스적 이해를 분명히 거부한다. 개인은 하나님의 은총이 그들을 다시 세우기 전까지 결코 아담의 죄의 심연에서 일어날 수 없다. 심지어 칭의 후라도 사람의 견인을 위해서는 하나님의 은총이 필요하다. 이 문서에서 가장 중요한 진술은 자유 의지에 대한 은총의 효과와 관련되어 있다. 『하나님의 은총 목록』은 은총은 인간의 자유 의지를 폐기한 것이 아니라, 해방시켰음을 확실히 한다.[148]

펠라기우스 논쟁과 마실리아 논쟁에 관한 서방 초대교회의 결정적 진술은 제2차 오렌지 공의회(529)에서 발견된다. 공의회는 타락 이후에도 '영혼의 자유'가 손상되지 않고 남아 있다는 가르침이 펠라기우스적이라고 선언했다.[149] 인간은 자기 자신의 구원에 있어 주도권을 쥘 수 있다는 리즈의 파우스투스(Faustus of Riez)의 '믿음의 시작'(initium fidei) 교리도 명백히 거부되었다. 시작만이 아니라 믿음의 성장 모두 은총의 마찬가지 선물이다.[150] 한편 공의회는 인간의 자유 의지가 손상되었으며, 약해졌고, 희미해졌지만 존재에는 의문의 여지가 없다고 천명했다.[151] 공의회는 이중 예정 교리와 불가항력적 은총 교리를 가르치는 것을 거절했다. 그러나 이 교리들이 진정으로 어거스틴적인 것으로 간주되어야 하는지 질문의 여지가 있음이 지적되어야만 한다. 왜냐하면 비록 그 교리들이 논리적으로는 그의 가르침을 따르는 것처럼 보이지만, 어거스틴이 명시적으로 가르치지는 않았기 때문이다. 만약 '어거스틴적' 이라는 말이 '396년 이후 어거스틴에 의해 분명하게 가르쳐진 교리에 순응함'을 뜻한다면, 제2차 오렌지 공의회는 어거스틴적인

---

148) Cap. 1, *D* 239; Cap. 3, *D* 240; Cap. 9, *D* 247-8.
149) Cap. 1, *D* 371. 여기서 언급된 것은 liberum arbitriu라기보다는, 죄로부터의 자유처럼 보인다.
150) Cap. 5, *D* 375. 결의안에 나타난 대로의 *initium fidei*와 *affectus credulitatis* 용어에 대해서 다음을 보라. Chéné, 'Que significiaent "initium fidei"?'; 동일 저자의, 'Le sémipélagianisme du Midi et de la Gaule.'
151) Cap. 8, *D* 378: 'per liberum arbitrium, quod in omnibus, qui de praevaricatione primi hominis nati sunt, constat esse vitiatum···Is enim non omnium liberum arbitrium per peccatum primi hominis asserit infirmatum.' 이것은 결의안의 부록인 '신앙 고백서'에 특별히 분명히 작성되어 있다(*D* 396).

칭의 교리를 승인했다고 보는 것이 이성적인 제안일 것이다.

따라서 어거스틴의 칭의에 대한 정확하고 확정적인 가르침이 중세로 전해진 것처럼 보이지만, 여러 가지 요인들이 이 문제에 관해 상당한 혼란을 일으키게끔 공모했다. 10세기에서부터 16세기까지 제2차 오렌지 공의회의 결의안이 거의 안 알려진 듯한 사건은 교리사의 신기하고도 설명되지 않는 부분이다.[152] 따라서 중세 신학자들은 어거스틴적 칭의 교리의 결정적인 진술에 접근할 수 없었으며, 존재조차도 몰랐던 것으로 보인다.

중세 시대 동안 더 복잡한 문제는 펠라기우스 저작의 권위 문제였다. 수많은 펠라기우스 저작들이 제롬의 것으로 잘못 추정되면서, 제롬과 어거스틴이 극단적으로 상이한 칭의 신학을 지녔다고 생각되었다. 거기다 수많은 가짜 어거스틴 저작들이 중세에 회람되고 있었으므로, 펠라기우스나 리즈의 파우스투스에서 기인한 칭의 교리들이 어거스틴의 것처럼 가르쳐지는 일이 빈번했다. 특출한 사례를 펠라기우스의 『신앙 개요서』(*Libellus fidei*)에서 볼 수 있다. 위의 언급처럼, 누군가(예를 들어 피터 롬바르드) 제롬을 저자로 추정했다. 다른 사람은 이를 어거스틴의 『설교』(*Sermo*) 191로 생각했다. 비록 14세기의 자료 비평 연구가 이 문제에 대한 해결책을 어느 정도 제시하게 되지만, 12세기의 위대한 신학적 르네상스가 은총과 자유 의지의 관계에 있어 6세기 교회의 정통적인 어거스틴적인 가르침에 근접도 하지 못한 채 일어났다는 실상은 여전히 남게 된다.[153] 이 사실은 우리가 앞으로 논의하게 될, '믿음의 시작'에 관한 토마스 아퀴나스 가르침의 발전과 관련 특별한 중요성을 지닌다.

이러한 상황에도 불구하고 12세기는 은총과 자유 의지 이슈에 관한 상당한 일치를 목도했다. 1053년 레오 9세가 작성한 신앙고백서는 양자 사이의 관계에 대한 분명한 진술을 포함한다. 은총은 인간에 선행하기도 하고 인간

---

152) 이 놀랄 만한 사실은 Bouillard에 의해 처음 주목을 받게 되었다. Bouillard, *Conversion et grâce chez S. Thomas d'Aquin*, 98-102, 114-21. 또한 Max Seckler, *Instinkt und Glaubenswille nach Thomas von Aquin*, Mainz: Matthias-Grünewald-Verlag, 1961, 90-133도 보라.

153) McGrath, *The Intellectual Origins of the European Reformation*, 170-1.

을 뒤따르기도 하지만, 자유 의지에 대해서는 이런 방식으로 타협하지 않는다.[154] 캔터베리의 안셈은 자유 의지를 의지의 올곧음(rectitudo voluntatis)을 유지하는 힘이라 정의했다. 인류가 비록 타락하긴 했어도, 여전히 이런 잠재력을 지니고 있으므로 자유 의지를 소유한다고 말할 수 있다. 그러나 도움이 없이 그런 잠재력을 활성화시킬 능력은 없다.[155] 그리고 만약 인간 자유 의지의 힘이 행동으로 전환되려면, 하나님의 일반적인 또는 특별하신 협력을 통해 활성화되어야만 한다. 사실 자유 의지에 대한 안셈의 정의는, 인간이 스스로 정당화시킬 수 있는가 하는 질문을 처음부터 배제시키는 실제적인 대답이다. 왜냐하면 오직 하나님만이 잠재력을 행동으로 전환시키실 수 있으며, 따라서 하나님만이 의롭게 하실 수 있다.

잠재력의 신적 활성화 개념이 13세기의 '동시적 협력'(concursus simultaneus) 교리로 표현된다. 그러나 잠재력이 행동으로 옮겨진다는 말의 정확한 의미에 대한 상당한 혼란이 있었다. 어떤 사람들은 관련된 수행자를 성령이라고 하고, 또 다른 사람들은 실재하는 또는 내주하는 은총으로 간주했다.[156] 나중에 이 문제에 대한 논의 과정에서, '모든 행위는 완전한 모범을 따라 완전해진다'(omnis actus perfectus a forma perfecta)는 경구가 사용되었다.[157] 그러나 이러한 전개 과정에서 강조되어야 했던 내용은 피터 롬바르드가 『문장집』에서 표현한 기본적인 확신이었다. 즉 인간의 자유 의지는, 만일 의지가 먼저 해방되고 그 다음 은총에 의해 도움 받지 않는다면 선행을 할 수 없다.[158] 협력의 정확한 성격에 대한 연이은 혼동은 질문의 여지없이 은총 자체의 성격과 관련된 이전의 상응하는 혼란, 즉 초기 스콜라주의의 특징적인 모습을 반영한다.

---

154) D 685: 'Gratiam Dei praevenire et subsequi hominem credo et profiteor, ita tamen, ut liberum arbitrium rationali creaturae non denegem.'
155) De libero arbitrio 3.
156) Mitzka, 'Die Anfänge der Konkurslehre.' 초기 어거스틴 학파에서 이 개념에 대해서는 다음을 보라. Trape, Il concorso divino del pensiero di Egidio Romano. 고등 스콜라주의에서 이 개념의 발전에 대해서는 다음을 보라. Auer, Entwicklung der Gnadenlehre, 2.113-45.
157) Mitzka, 'Die Anfänge der Konkurlehre,' 175.
158) II Sent. dist. XXV 8-9.

중세에 제2차 오렌지 공의회의 결의안이 무시된 사건은 비아 모데르나와 관련, 인간의 자유 의지에 관한 '펠라기우스주의'의 가르침에 대한 평가 측면에서 특별히 중요하다. 우리는 가브리엘 비엘을 언급하면서 이 측면을 제시할 것이다. 많은 학자들이 루터의 노예 의지 교리의 발전에 있어 가브리엘 비엘의 자유 의지 교리의 연관성을 강조하고 있다.[159] 루터의 『스콜라 신학자에 대한 논박』(Disputatio contra scholasticam theologiam, 1517)이 '스콜라 신학' 전반에 대항한 것이 아니라, 구체적으로 비엘에 대항한 것이라는 의견이 현재 일반적인 인정을 받고 있다. 비아 모데르나의 공통적인 가르침을 따르면서 비엘은 인간의 지성과 의지에 대한 구분을 거절하고, 자유 의지, 자유 그리고 의지가 본질적으로 일치한다고 여긴다. 이러한 문제 접근법은 자유가 당연한 합리적 결과로 간주되면서 의지의 자유에 대한 강력한 주장으로 되었다. 의지가 자유롭다는 사실은 경험으로 볼 때 분명하며, 더 이상의 증거 제시도 필요 없다. 비엘에 의하면, 자유 의지는 순례자(viator)로 하여금 선과 악사이의 선택을 가능케 하는 영혼의 힘인데, 사람은 이 때문에 동물과 구별된다.[160] 비엘의 자유 의지 교리의 신학적 결론은 다음처럼 기술될 수 있다.[161]

1. 인간의 자유 의지는 순수한 자연 상태에서(ex puris naturalibus) 은총의 도움 없이도, 도덕적으로 선한 행위를 선택할 수 있을 것이다.[162]
2. 인간은 자신의 자유 의지와 다른 자연적 능력들을 활용하여, 자신의 힘으로 율법을 이행할 수 있다. 그러나 하나님이 의도하신 정확한 방식대로 율법을 충족시킬 수는 없다(즉 행위의 본질에 따라서[quoad substantiam actus] 그러나 명령의 의도 그대로인[quoad intentionem praecipientis] 것은 아니다).[163]

---

159) Grane, contra Gabrielem.
160) In II Sent. dist. XXV q. unica a. 1 nota 1.
161) Ernst, Gott und Mensch am Vorabend der Reformation, 325-8.
162) In II Sent. dist. xxviii q. unica a. 2 conc. 1.
163) In II Sent. dist. xxviii q. unica a. 2 conc. 3.

3. 순수한 자연 상태에서 나온 자유 의지는 치명적인 죄를 피할 수 있다.[164]
4. 순수한 자연 상태에서 나온 자유 의지는 하나님을 그 어떤 것보다 더 사랑할 수 있다.[165]
5. 자연적인 힘에 의한(ex suis naturalibus) 자유 의지는 은총의 선물을 받는 방향으로 자유 의지를 향하게 할 수 있다.[166]

타락한 인간의 자유 의지의 능력에 관한 비엘의 가르침에서 마지막 측면이 가장 주목을 받고 있다. 이로 인해 펠라기우스주의 또는 반(半, semi) 펠라기우스주의라는 혐의가 빈번히 제기된다.[167] 그러나 비엘 신학의 계약적인 기초에 비추어 주의 깊게 조사해 볼 때, 이러한 혐의는 근거가 다소 빈약한 것으로 보일 수 있다. 비엘 자신이 분명히 했듯이, 자신의 칭의에 있어 개인의 역할에 대한 논의는 반드시 신적 계약이라는 정황(context) 안에 놓여야만 한다. 신의 은총 제안에 대해 인간에게 요구되는 최소 조건은 할레의 알렉산더(Alexander of Hales)나 보나벤투라 같은 초기 프란시스코 학파와 전적으로 보조를 맞추고 있다. 비엘은 단지 칭의에 있어 신적 주도권에 대한 최소한의 인간 반응이라는 그의 신학을 계약신학 안에 좀더 굳건한 토대로 놓았을 뿐이다. 따라서 변덕스럽다는 혐의에서 하나님을 안전하게 지킨 셈이다.

현대의 비엘 비평가들은 그의 펠라기우스적인[168] 가르침에 대해 당대의

---

164) *In II Sent*. dist. xxviii q. unica a. 2 conc. 2.
165) *In II Sent*. dist. xxvii q. unica a. 3 dub. 2 prop. 1.
166) *In II Sent*. dist. xxviii q. unica a. 2 conc. 1.
167) Oberman, *The Harvest of Medieval Theology*, 176-7; H. J. McSorley, 'Was Gabriel Biel a Semi-Pelagian?,' in L. Scheffczyk (ed.), *Wahrheit und Verkündigung*, 2 vols., München: Schoningh, 1967, 2.1109-20; J. E. Biechler, 'Gabriel Biel on "liberum arbitrium",' *The Thomist* 34 (1970), 114-27.; F. Clark, 'A New Appraisal of Late Medieval Nominalism,' *Gregorianum* 46 (1965), 733-65; Ernst, *Gott und Mensch am Vorabend der Reformation*; McGrath, 'The Anti-Pelagian Structure of "Nominalist" Doctrines of Justification.'
168) 예를 들어, Biechler, Gabriel Biel on "liberum arbitrium",' 125: 'Biel 자신의 칭의 교리는 명백히 펠라기우스적이었지만, 루터파 이전에는 어떠한 반대도 유발하지 않았음이 분명하다.' 트렌트 회의 후에 출판된 금서 목록에 Biel이나 다른 비아 모데르나 신학자들이 언급되지 않았음이 지적되어야 한다. 사실 Biel은 16세기 말 독일의 로마 가톨릭교회에서는 여전히 높은 존경을 받고 있었다. Oberman, *The Harvest of Medieval Theology*, 427.

비평이 부재한 사실에 놀란다. 이는 당시 표준에서, 비엘의 칭의 교리가 펠라기우스적이라고 여겨지지 않았다는 사실을 단순하게 반영한다. '펠라기우스주의'에 대한 한 시대의 이해를 다른 시대의 이해에 적용시키는 일은, 또 다른 기준에서 판단하게 되므로, 심각한 시대착오의 위험이 있다. 비엘의 칭의 교리의 '펠라기우스주의' 여부가 판단받을 수 있는 유일한 적법 기준은 카르타고 공의회의 결의안(이는 당시의 중세 박사들이 소장하던 유일한 기준이다. 이유는 앞에서 언급한 바 있다) 이다.

비엘이 교회 전통에 대해 존중하는 이유는 교회가 정하는 것은 무엇이든지 신앙이 된다는 주장을 받아들였기 때문이다. 전통에 대한 비엘의 태도에 비추어, 그가 만일 제2차 오렌지 공의회의 포고문을 알았었다면 아마 교회의 결정사항(determinationes ecclesiae)으로서 그 핵심을 자신의 칭의 교리에 통합시켰을 것이다.[169] 만일 비엘 신학에 '펠라기우스' 또는 '반 펠라기우스'라는 딱지를 붙이려면, 트렌트 회의 이전의 모든 시대가 이런 역사 누락 사고로 인한 영향으로 고통 받았을 것이라는 점이 고려되어야만 한다. 만약 교회의 알려진 권위 있는 선언문을 언급하는 것이 정통이라고 정해진다면, 이러한 결의안들의 재발견으로 정통의 의미 자체가 급격한 변화를 겪게 될 것이다. 1500년의 표준에서 정통인 사람들도(가브리엘 비엘도 그 중에 넣어야 할 것이다), 1500년 이전에는 표준으로 존재하지 못했을 것이다. 비엘 자신은 카르타고 공의회의 포고문을 알고 있었고, 특히 결의안 5조를 여러 번 인용한다. 따라서 다음처럼 진술한다. '만일 우리가 은총 없이 자유 의지로 하나님의 명령을 충족시킬 수 있다고 누군가 말한다면, 그것은 정죄받을 짓이다.'[170] 율법 시행에 있어 '행위의 본질에 따라서'와 '명령의 의도 그대로'라는 사려 깊은 구분은 그가 이 결의안의 가르침에 순응했음을 보장해 준다.

비엘에게 내려진 '펠라기우스주의' 또는 '반 펠라기우스주의'라는 혐의

---

169) 전통에 대한 Biel의 태도에 대한 탁월한 연구로 다음을 보라. Oberman, *The Harvest of Medieval Theology*, 365-408.

170) 이 시점에서, 중세 시대의 일반적인 회의 모음은 카르타고 공의회와 밀레브 공의회(the Council of Mileve)의 결의안이라는 사실이 주목되어야 한다.

는 사용된 정의가 무엇인가에 따라 승인되거나 폐기될 것이 분명하다. 만일 순례자가 자기 자신의 칭의에서 주도권을 쥘 수 있음을 뜻하는 것이라면, 계약의 존재로 인해 바로 혐의를 벗게 된다. 하나님이 인간과 멀리 떨어져 주도권을 가지신다면, 인간에게는 단지 자신의 자유 의지를 적절히 사용하여 그 주도권에 반응하는 일이 필요하다. 그러나 펠라기우스 논쟁이나 마실리아 논쟁 어디에도 비아 모데르나 신학자들이 사용하고, 계약신학 안에 표현된 복잡한 인과관계의 개념이 사용되지 않았다. 따라서 비엘의 칭의 신학에 '펠라기우스적'이라는 별명을 붙이는 것은, 역사적으로 건전하지 않은 일로 간주되어야 한다. 역사적 논쟁 자체에 비추어 볼 때, 비엘은 이 두 가지 오류에 대해 완전한 무죄로 인정되어야 한다.

인간이 칭의에서 신적 주도권에 반응할 자유를 지니고 있다는 단정이 중세 시대의 특징이기도 하다. 그러나 이러한 일치에는 일반적으로 논의 중인 자유의 정확한 성격과 관련하여 널리 퍼진 불일치도 수반한다. 따라서 자유는 본래 주어진 것으로도, 은총을 통해 얻어진 것으로도 생각될 수 있다. 이 내용은 경구 '하나님은 최선을 다하는 자에게 결코 은총을 거절하시지 않을 것이다'와 관련된 중세의 논쟁을 통해 더욱 분명해지는데, 잠시 후에 다시 논의할 것이다. 칭의를 지향하는 일종의 '경향성'(disposition)의 필요에 대한 중세의 입장에 이제 우리의 관심이 모아진다.

2) 칭의에 적합한 경향성의 필요성과 성격

죄인이 의롭게 되기 전에 무슨 일이 일어나는가? 먼저 죄인 편에서 어떤 준비를 갖추어야 하나님께서 주시는 선물인 칭의를 받게 되는가? 만약 그렇다면, 하나님은 죄인이 스스로 선물을 받을 준비를 갖추었기 때문에 선물을 주시는 것인가? 12세기에 인간이 칭의를 위해서 준비를 갖추어야 한다는 확신이 커졌다. 쁘와티에의 피터는 칭의를 위한 준비의 역할을 제시하고자 '가정 비유'를 사용했다. 어떤 사람이 중요한 손님을 맞이하기 위해 집안 청소를 하고 치장도 하고 있다. 손님이 도착할 때쯤이면 모든 준비가 되어 있을 것이다. 그러나 준비 자체가 손님의 도착을 재촉하는 것은 아니다. 단지

손님이 그 주인에게 얼마나 애정을 가지고 있느냐에 달려 있다.[171]

칭의를 위한 준비 또는 경향성의 필요성은, 우리가 앞으로 제시할 것과 매우 다른 이유이긴 하지만, 초기 프란시스코 학파와 도미니크 학파 모두가 주장했다. 보나벤투라 이전의 프란시스코 학파는 이 문제에 관해 어느 정도 불명확성을 드러낸다. 이는 창조된 은총 개념에 대한 불분명함에 부분적인 이유가 있다. 할레의 알렉산더는 인간의 역할을 제한하여 은총에 저항하지 않도록 만든 듯하다.[172] 그렇지만 그의 가르침은 라 로셸의 존에 의해 중요한 방향으로 전개되어 간다. 존은 사람 안에서 칭의를 향한 경향성이 필요하다고 주장한다. 창조되지 않는 은총(즉 성령)을 받고자 하는 사람들은, 만일 그들의 영혼이 미리 준비되어 있지 않으면 받을 수 없다. 경향성의 필요는 결코 하나님 쪽에서의 결핍 때문에 생긴 것이 아니다. 존은 칭의에서 수여자(즉 하나님) 쪽의 충분성과 수혜자 쪽의 충족성의 차이를 구분한다. 칭의에 있어 하나님은 자기 충족적이지만, 창조되지 않은 은총을 받고자 하는 사람은 우선 창조된 은총을 통하여 창조되지 않은 은총을 수용할 수 있도록 준비가 되어 있어야 한다.[173]

오도 리갈디 또한 성령의 창조되지 않은 선물과 창조된 은총을 통해서 이 선물을 받아들이려는 인간 영혼의 지향성을 구분했다.[174] 창조된 은총이 실제로 무엇인가 불명료하므로, 오도는 그것을 하나의 혼합물로 여겼다는 사실이 언급되어야 한다.[175] 『알렉산더 총서』(*Summa Fratris Alexandri*)에서 이러한 불명확성이 해결된다. 이 책은 창조된 은총의 성격에 관한 최초의 체계

---

171) *Sententiarum libri quinque* III, 2, PL 211.1047A-B.
172) *Quaestiones disputatae* 'antequam esset frater' q. 53 membr. 3, ed. Quaracchi, 2.1020.24-1022.7.
173) *Quaestiones disputatae de gratia* q. 7. ed. Hödl, 64; 참조. *Tractatus de gratia* q. 2 membr. 1 a. 2, ed. Hödl, 72.
174) *In II Sent.* dist. xxvi membr. 1 q. 1, ed. Bouvy, 308.89-92.; B. Pergamo, 'Il desiderio innato del soprannaturale nelli questioni inediti di Oddone Rigaldo,' *Studi Francescani* 32 (1935), 414-46; 33 (1936), 76-108.
175) *In II Sent.* dist. xxvi membr. 1 q. 1 ad 1 um, ed. Bouvy, 308.95-105. 여기서 Thomas Aquinas는 전혀 gratia creata라는 용어를 사용하지 않았다는 점이 언급되어야 한다. 비록 한 가지 점에서 이 용어와 비슷한 점을 보이기는 하더라도(*In II Sent.* dist. xxvi q. 1 a. 1).

적인 논의인 것으로 보인다.[176] 『알렉산더 총서』는 칭의에서 인간 영혼을 변화시키는 창조되지 않은 은총(gratia ponit aliquid in anima) 개념을 고찰하면서 시작된다.[177] 만약 칭의에서 창조되지 않은 은총이 영혼을 변화시키지 않는다면, 의롭게 된 죄인과 의롭게 되지 않은 죄인 사이에 아무런 차이도 없게 된다. 따라서 창조되지 않은 은총은 변화시키는 형태(forma transformans)로, 창조된 은총은 변화된 형태(forma transformata)로 생각할 수 있을 것이다.[178] 창조된 은총의 성격에 대한 이런 중요 해석은 영혼의 성향, 즉 본질보다는 경향성을 가리킨다. 성령은 의롭게 된 사람의 영혼 즉 성전에 거하신다고 말할 수 있다. 만일 영혼 안에 무엇인가(비록 그 자체로 진짜 성전은 아니더라도)가 없다면, 성령을 받을 능력이 되는 성전처럼 영혼을 변화시킬 수 없게 된다.[179]

창조된 은총의 성격과 기능에 관한 해석은 초기 프란시스코 학파의 인간론과 밀접히 결부되어 있다. 그들에 의하면 인간 영혼은 자연 상태로는 은총을 수용할 수 없다. 인간 영혼이 은총을 받을 수 있으려면, 먼저 은총을 받을 만한 상태가 되어야 한다. 이는 초기 도미니크 학파가 인간의 태고 상태에 대한 현저히 다른 이해를 반영하여, 자연적인 영혼이 은총을 받을 수 있다(anima naturaliter est gratiae capax)고 주장한 내용과는 대조적이다. 『알렉산더 총서』는 창조되지 않은 은총의 수용을 위해 인간 영혼의 지향성을, 은총의

---

176) E. Gössmann, *Metaphysik und Heils geschichte: Eine theologische Untersuchung der Summa Halensis*, Munich: Hueber, 1964; Philips, 'La Théologie de la grâce dans la "Summa Fratris Alexandri",' 100-23. 이 저작은 혼합된 것으로, Alexander of Hales 에게서 나온 것이 아니다. J. Auer, 'Textkritische Studien zur Gnadenlehre des Alexander von Hales,' *Scholastik* 15 (1940), 63-75. gratia creata와 gratia increata의 구분에 대한 기원으로는 다음을 보라. Auer, *Die Entwicklung der Gnadenlehre* 1.86-123.
177) *Summa Fratris Alexandri* pars III inq. 1 tract. 2 q. 1 cap. 1 그리고 다음 부분들; *Alexandri de Hales Summa theologica* IV, 1023-60.
178) *Summa Fratris Alexandri* pars III inq. 1 tract. 1 q. 2 cap. 1 a 2 sol., ed Quaracchi, 4.959. 이 질문 전체에 대한 설명은 다음을 보라. Dhont, *Le Problème de la préparation à la grâce*.
179) *Summa Fratris Alexandri* pars II inq. 2 tract. 3 sect. 2 q. 2 tit. 3 cap. 4 a. 1 ad 3um; ed. Quaracchi, 1.729. 이 질문에 대한 보다 상세한 연구는 다음을 보라. Philips, *L'Union personnelle avec le Dieu vivant*.

행동에 의해 발생한 영혼의 성질로 이해한다. 이럴 경우 창조된 은총으로 불려야 할 것이다. 그러나 여전히 창조된 은총(gratia creata)이 창조되지 않은 은총의 수용을 향한 지향성인지 아니면 창조되지 않은 은총의 결과인지 불명확성이 뚜렷이 남게 된다.

초기 프란시스코 학파의 기본적인 가르침은 보나벤투라의 심리학적 계보를 따라 발전했다.[180] 인간의 본성은 충분히 약하기 때문에, 만일 사전에 준비되지 않으면 성화시키는 은총의 선물을 받을 능력이 없을 정도이다.[181] 칭의를 향한 이러한 경향성은 예비 은총, 즉 거저 주어진 은총(gratia gratis data)의 도움으로 효력을 미친다. 그것은 결코 자유 의지의 도움 없이 일어날 수 없다.[182] 인간 영혼으로 하여금 선천적인 은총이라는 초자연적인 선물을 받게끔 준비시키는 예비 은총을 통해 자연으로부터 은총으로의 변화가 이루어진다.[183] 아쿠아스파르타의 매튜(Matthew of Aquasparta)는 은총이 인간의 자연적 자질과 능력에 따라 주어지므로, 칭의를 위한 준비는 쓸모없고 불필요하다는 견해에 대해 보고한다.[184] 그는 이 주장은 전혀 개연성이 없고 경험에 위배된다는 이유로 거부한다. 그는 의지로 하여금 죄를 미워하고, 칭의를 바라게끔 감화시키고 실행하는 거저 주어진 은총 없이는 인간이 칭의를 위해 스스로 준비할 수 없다고 주장한다. 매튜는 보나벤투라를 따라 인간 본성의 연약함을 강조한다. 사람이 적절한 사전 준비를 통하여 태양의 눈부심에 익숙해지기 전까지 태양을 바라볼 수 없는 것처럼, 자유 의지도 은총에 의해 스스로 움직여지지 않으면 은총의 빛을 향한 준비를 할 수 없다.[185] 사실상 실제적 은총이 자연 상태와 초자연 상태 사이의 매개로 간주된다. 한 상태에서 다른 상태로 직접 전이가 불가능하기 때문에, 거저 주어진 은총의

---

180) Mitzka, 'Die Lehre des hl. Bonaventura von der Vorbereitung auf die heiligmachenden Gnade.'
181) *Breviloquium* V, ii, 2.
182) *In IV Sent.* dist. xvii pars I a. 2 q. 2 ad 1.2. 3um. 이 점에 관해 다음을 보라. 'Die Lehre des hl. Bonaventura von der Vorbereitung auf die heiligmachenden Gnade,' 64.
183) *Quaestiones disputatae de gratia* q. 3, ed. Douchet, 69-72. 논증은 경구 'naturaliter est anima gratiae capax'에 기반을 두는데, 이는 초기 도미니크 학파의 특징이다.
184) *Quaestiones disputatae de gratia* q. 4, ed. Douchet, 94-6.
185) *Quaestiones disputatae de gratia* q. 4, ed. Douchet, 97.

이전이 완수되게끔 중간 역할을 수행한다.[186]

미들톤의 리처드(Richard of Middleton)는 칭의를 향한 근접한 경향성과 먼 경향성을 구분한다.[187] 인간은 자신의 잠재력 덕분에 스스로 칭의를 향하도록 마음을 작정할 수 있다. 그러나 이 경향성은 너무 멀리 있고, 칭의를 향한 즉각적인 경향성은 아니다. 따라서 오직 인간의 마음을 흥분시키고 조명하는 실제 은총을 통해서만 효력을 발휘한다.[188] 리처드는 주로 성령에게서 직접 기인하는 특별한 초자연적 동작을 실제 은총으로 언급함이 분명하다.[189] 선천적인 은총과 달리, 실제 은총을 위해서는 경향성이 필요 없다. 따라서 말스톤의 로저(Roger of Marston)는 실제 은총이라는 선물은 하나님께서 은총을 위해 인간 의지를 준비시키는 첫 선물이며, 그 자체가 칭의를 위한 준비를 요구하지는 않는다고 강조했다.[190]

일반적으로 초기 프란시스코 학파의 경향성 또는 칭의를 향한 준비의 필요성에 대한 강렬한 어거스틴적 조명은 도움 받지 못한 인간 이성의 연약성에 기초한 칭의 신학으로 발전되었다. 만일 하나님으로부터 인간 이성이 직접 조명받지 못한다면, 신적 진리를 얻거나 이해할 수 없다.[191] 마찬가지로 인간 의지도 조명받지 못한다면, 칭의를 바라거나 얻지 못할 것이다(제2장 10. 2 초기 프란시스코 학파 참조).

초기 도미니크 학파 또한 칭의를 위한 경향성의 필요를 가르쳤지만 상당히 다른 이유에서였다. 특히 '자연적인 영혼이 은총을 받을 수 있다'는 경구가 초기 도미니크 학파와 연관된다. 이런 인간론에 기반할 경우, 은총의 수

---

186) Quaestiones disputatae de gratia q. 4, ed. Douchet, 98-9: 'Gratia enim gratis data quasi medium tenet inter naturam vel voluntatem et gratiam gratum facientem.'
187) In II Sent. dist. xxix a. 1 q. 1. 보다 깊은 연구를 위해 다음을 보라. Heynck, 'Die aktuelle Gnade bei Richard von Mediavilla.'
188) In II Sent. dist.xxvii a. 1 q. 2.
189) Hocedez, Richard de Middleton, 277.
190) Quaestiones disputatae de statu naturae lapsae q. 2; ed. Quaracchi, 178.
191) Martin Grabmann, Die philosophische und theologische Erkenntnislehre des Kardinals Matthaeus ab Aquasparta, Vienna: Mayer, 1906; E. Gilson, 'Roger Marston, un cas d'Augustinisme avicennisant,' Archives d'histoire doctrinale et littéraire du moyen âge 8 (1952), 37-42.

용을 지향하는 경향성의 필요성이 최우선 순위로 등장하는 일은 없을 것 같다. 만일 인간 영혼이 자연적으로 은총을 받아들일 수 있다면, 그러한 필요성을 부과할 강제적 이유가 없다. 초기 프란시스코 학파는 인간 영혼의 자연적 상태의 변화에는 은총의 수용(capax gratiae)이 필요하다는 사실에 기반하여, 그러한 경향성이 필요하다고 제안했다. 따라서 이 학파(특히 토마스 아퀴나스)의 신학자들이 아리스토텔레스적 운동 분석에 기반하여 그러한 경향성의 필요성을 추출해 내었음에 주목하는 일도 중요하다.[192] 하나의 형태로서의 은총은 그것을 받아들이는 주체 안에 한 가지 경향성으로 존재한다. 여기에 아리스토텔레스의 발생 이론을 적용시킨 결과, 준비 상태에 대한 추론이 만들어졌다. 알베르투스 마그누스(Albertus Magnus)는 이 질문에 대해 오래 진행하지 않았다.[193] 완전한 진술은 토마스 아퀴나스에게서 발견될 것이다.

『문장집에 대한 주석』(Commentary on the Sentences, 1254-1257)에서, 토마스는 '인간이 어느 정도의 은총 없이 은총을 향해서 스스로 준비될 수 있는가?'(utrum homo possit se praeparare ad gratiam sine aliqua gratia)라는 질문을 고찰한다.[194] 그의 대답으로 은총에 대한 두 가지 이해(신적 섭리를 통한 인간 의지의 각성 또는 영혼에 거주하는 선물)를 구분한다.[195] 아리스토텔레스의 발생 이론에 의거하면 일종의 운동인 칭의는 사전 준비가 요구되기 때문에, 두 경우 모두 은총을 위한 준비가 필요하다. 운동 중인 모든 것은 다른 것에 의해 운동하게 되었거나 운동이 유지된다. 하나의 형태로서 은총은 그것을 받는 주체 안에 한 가지 경향성으로 존재한다. 어떻게 인간의 자유 의지가 내주하는 은총의 선물을 받을 준비를 할 수 있을까? 아퀴나스는 이러한 준비를 위해서 필요한 것은, 내주하는 선물들의 무한한 역행의 결과인 내주하게 되는 두 번째 선물의 형태를 취하지는 않고, 안으로부터 영혼을 움직이는 무

---

192) McGrath, 'The Influence of Aristotelian Physics.'
193) Doms, *Die Gnadenlehre des sel. Albertus Magnus*, 163-8.
194) *In II Sent.* dist. xxviii q. 1 a. 4, ed. Mandonnet, 2.726-30.
195) *In II Sent.* dist. xxviii q. 1 a. 4, ed. Mandonnet, 2.728. 보다 깊게는 다음을 보라. Stulfler, 'Die entfernte Vorbereitung auf die Rechtfertigung nach dem hl. Thomas.'

엇인가 거저 주시는 하나님의 선물이라고 지적한다. 인간은 최고 동자(動者, 즉 하나님)에 의해 궁극적인 목적으로 변환되는 반면, 보다 열등한 동자의 동작에 의해서는 근접한 목적(즉 칭의 자체의 상태)으로 전환된다.[196]

『문장집에 대한 주석』에서, 아퀴나스는 칭의를 위해 요구되는 사전 동작(事前動作)을 외부적이며 자연적인 것으로 취급하는데, 그가 제시하는 사전 동작의 사례에는 다른 사람에 의한 훈계 또는 육체적 질병 등이 포함된다.[197] 아퀴나스는 인간이 자연적으로 자신을 은총의 수용을 지향하도록 할 수 있다는 자신의 가장 기본적인 입장에 머무르는 듯 보이지만, 후기의 『진리론』(Quaestiones disputatae de veritate, 1256-1259)에서 사람의 정신 안에서 하나님이 작동하시는 바에 따른 신적 자극(divinus instinctus secundum quod Deus in mentibus hominum operatur)이라는[198] 사전 동작의 내적 수단을 인정한다.

『이교도 대전』(Summa contra Gentiles, 1258-1264)은 일반적으로 칭의를 위한 준비의 성격에 관한 아퀴나스의 가르침에 있어 일대 전환점으로 간주된다. 이 시기에 아리스토텔레스 위작인 『좋은 운명에 관한 책』(Liber de bona fortuna)이 처음으로 아퀴나스의 관심을 끈다.[199] 이 책은 제3권 89쪽에 처음으로 인용된 후, 점차 빈번히 인용된다.[200] 아퀴나스는 이 저작에서, 인간 칭의의 시작은 인간의 작품이지만 완성은 하나님의 작품이라는 주장이 숨겨진 '펠라기우스주의자들의 오류'를 묘사한다.[201] 이 질문에 대한 아퀴나스의 입장 변화를 나타내는 중요한 진술이 다음 문장이다. '물질은 자신의 완성을 향해 스스로 움직이지 않는다. 따라서 무엇인가 다른 것에 의해서 움직여져야 한다.' 그러므로 인간도 스스로 은총을 받도록 움직일 수 없으

---

196) *Summa Theologiae* IaIIae q. 109 a. 6.
197) *Summa Theologiae* IaIIae q. 109 a. 6.
198) *De veritate* q. 24 a. 16, ed. Spiazzi, 1.467.
199) 실제로는 *Eudemian Ethics*의 발췌문인, 이 저작의 상세한 내용으로는 다음 책에 나온다. A. Pelzer, 'Les Versions des ouvrages de morale conservés sous le nom d' Aristôte en usage au XIIIe siécle,' *Revue néo-scholastique de philosophie* 23 (1921), 37-9; T. Deman, 'Le "Liber de bona fortuna" dans la théologie de S. Thomas d' Aquin,' *RSPhTh* 17 (1928), 41-50.
200) Bouillard, *Conversion et grâce*, 114-21.
201) *Summa contra Gentiles* III, 149, 8.

며, 오직 하나님에 의해 은총을 받을 수 있도록 움직여져야 한다.[202)]

두 번째 파리 체제기로 거슬러 올라가는 『첫 번째 논점』(*Quodlibetum primum*)은 하나님의 내적인 작동을 인간 칭의가 시작되는 원인으로 돌린다. 하나님은 내적 작동을 통해 의지가 내부적으로 선한 일을 하도록 하신다.[203)] 이 질문에 대한 아퀴나스의 초기 견해와 후기 견해 사이의 핵심적인 차이는, 각각 『문장집에 대한 주석』과 『신학대전』(*Summa Theologiae*)에 드러나 있다. 두 작품 모두 칭의라는 정신적 운동을 위한 사전 동작의 필요성을 단언하고 있다. 그러나 사전 동작을 일으키는 '열등한 동자'가 사람이라는 초기 견해보다 '열등한 동자'가 하나님이었다는 후기 견해를 선호하여, 초기 견해가 폐기된다. 따라서 칭의를 위한 인간의 준비가 신적 사역인 것으로 대체된다. 하나님이 주시지 않는 한, 인간이 칭의를 위해 준비할 것은 아무것도 없다.[204)] 은총을 위한 사람 안의 준비는 제일 동자(prime mover)이신 하나님, 그리고 그 자체로 움직여지는 수동적 실체로서의 자유 의지, 양자의 사역이다.[205)] 그러므로 인간의 칭의에 관한 아퀴나스의 논의는 철저하게 아리스토텔레스의 계보를 따라간다. 이 과정에 사전 동작(즉 가장 가까운 목적으로서 칭의에 대한 준비)과 운동 자체(즉 초자연적인 의의 주입으로 일어나는, 자연적인 단계에서 초자연적인 단계로의 운동)라는 동등하지 않은 두 단계가 있다고 전제한다. 토마스는 운동에 대한 사전 동작의 선재성은 시간에 따른 것이 아니라, 본성상 그런 것으로 이해한다. 바울의 회심 사례처럼 이 두 가지 일은 동시에 일어날 수도 있다.[206)]

중세 후기 칭의를 향한 인간적 지향성의 필요성이 거의 격언처럼 수용되었다. 이 문제의 논쟁적 측면은 이러한 경향성 자체가 은총의 사역인지, 아

---

202) *Summa contra Gentiles* III, 149. 1.
203) *Quodlibetum primum* q. 1 a. 7. 비슷한 견해가 로마서에도 발견된다. Reportatio cap. 10 lect. 3.
204) *Summa Theologiae* IaIIae q. 112 a. 2 ad 3um: 'nulla praeparatio exigitur quam ipse [Deus] non faciat.'
205) IaIIae q. 112 a. 3.
206) IaIIae q. 112 a. 2 ad 2um. 또한 J. Stufler, 'Zur Kontroverse über die praemotio physica,' ZKTh 47 (1927), 533-64.

니면 은총의 도움 없이 수행된 순전히 인간적인 행동인지 하는 것이었다. 따라서 루터의 스승인 요하네스 폰 슈타우피츠(Johannes von Staupitz)는 타락한 인간의 도덕적 무기력을 강조하면서, 사전에 미리 바라본 의향(ante praevisa menta)에 따라 거저 주어진 선택을 가르쳤다. 그럼에도 불구하고 칭의를 향한 적합한 경향성의 필요성을 인정했다.[207] 이 때문에 우리는 칭의를 향한 경향성의 성격에 관한 질문에 이르게 된다. 이 질문은 경구, '하나님은 최선을 다하는 자에게 결코 은총을 거절하시지 아니하신다'를 매개로 하여, 언제나 실천적으로 논의되었던 문제였다. 지금 우리가 주목하는 것이 바로 이 경구이다.

3) 경구, facienti quod in se est Deus denegat gratiam

아마도 이 경구는 '하나님은 최선을 다하는 사람에게 은총을 거절하지 아니하신다'로 하는 것이 최상의 번역일 것이다.[208] 이 경구에 요약된 핵심 원리는 칭의에서 인간과 하나님이 각각 역할을 한다는 것이다. 인간은 참회를 통해 자기 역할을 완수하고, 곧이어 하나님은 당신의 역할을 완수하실 것이다. 초대 교부 시대에는 경구에 녹아 있는 신학 원리가 유행처럼 보였을 것이다. 예를 들자면, 이레니우스는 분명하게 기술한다. '만일 당신이 [하나님께] 당신의 것을 드리면, 그것이 하나님 안에서의 믿음이며 순종이다. 당신은 은총을 받게 될 것이며, 하나님의 완벽한 작품이 될 것이다.'[209] 중세는 칭의에 있어 인정받는 전통의 일부로서 이 경구가 일종의 교의(dogma)가 되는 것을 목도했다. 경구의 최종적 문장 형태는 12세기에 고정된 것으로 보인다.[210] 탁월한 사례가 라둘푸스 아드덴스(Radulphus Ardens)의 『설교집』

---

207) Steinmetz, Misericordia Dei, 93-5.
208) 문자적으로, '하나님은 자기 안에 있는 것을 하는 사람에게 은총을 거부하지 않는다.'
209) Irenaeus, Adversus haereses IV, xxxix, 2. 참조. Origen, Contra Celsum VII, 42. 또한 J. Rivière, 'Quelques antécédents patristiques de la formule "facienti quod in se est",' RSR 7 (1927), 93-7.
210) 금언에 대한 이 시기의 탁월한 논의는 다음을 보라. Landgraf, Dogmengeschichte der Frühscholastik, 3.251 nn. 14, 15. 참조. n. 16: 'Facite, quod vestrum est, quia Deus

(*Homilies*)에 제시되어 있다.

이것은 마치 주님께서 말씀하신 내용 같다. '너희에게 적절한 일을 하라. 그리고 나는 나에게 적합한 일을 하겠다. 나는 너희를 내 친구로 삼을 것이며, 너희를 위해 행할 것이다. 너희들은 나의 친구로서 나를 사랑하고 나의 계명을 준수할 것이다.[211]

한 사람의 행동은 하나님을 이런 방식의 의무에 묶이게 하는 것일까? 한 사람이 최선을 다한다면, 하나님은 그(또는 그녀)에게 은총을 수여하시도록 강제된다는 의미일까? 만일 그렇다면, 적어도 어떤 의미에서 행위는 공로가 될 것이다. 인간이 '그들 안에 있는 무엇'(quod in se est)을 행함으로 그들에게 보상해야만 하는 의무 아래 하나님을 두게 만든다는 생각은 특히 스테판 랑톤(Stephen Langton)[212]과 그로부터 영향 받은 몇몇 12세기 사람들의 저작에 잘 나타나 있다. 이와 관련하여 12세기 익명의 저자가 데베레(debere, 반드시 ~해야 한다)를 사용한 사실은, 하나님에 대해서 의무라는 단어가 구체적으로 사용되었다는 점에서 특별히 의미심장하다. 만일 인간이 적합한 일을 행하면, 하나님도 적합한 일을 행하셔야만 한다(si homo facit, quod suum est, Deus debet facere, quod suum est).[213] 이 문제에 관해 야고보서 4:8에 근거한 약간 다른 접근법이 있다. '하나님을 가까이하라 그리하면 너희를 가까이하시리라.' 로버트 풀렌(Robert Pullen) 같은 몇몇 12세기 신학자들은, 인간이 하나님께 가까이 가기 때문에 하나님도 인간에게 가까이 와야만 하는

---

faciet, quod suum est.' 밀접히 관련되어 있는 그의 공로 개념에 관해 다음 책에 나온다. Hamm, *Promissio, pactum, ordinatio*, 109-18.
211) Homiliae de sanctis 2, PL 155.1496B.
212) 예를 들어, Landgraf의 Dogmengeschichte der Fr?hscholastik, 3.251 nn. 14, 15에 인용된 그의 로마서 주석을 보라. 참조. n. 16: 'facite, quod vestrum est, quia Deus faciet, quod suum est.' 그의 공로 개념과 관련된 것으로 보라. Hamm, Promissio, pactum, ordinatio, 109-18.
213) Cod. Erlangen lat. 353 fol. 84; 다음에서 인용, Landgraf, *Dogmengeschichte der Frühscholastik*, 3.252.

의무 아래 놓인다는 뜻으로 이 구절을 해석했다.[214]

사람의 참회라는 칭의를 위한 준비와 인간에 대한 신적 칭의 사이의 관계는 12세기 신학자들 사이에 상당한 논란거리가 되었다. 일반적으로, 은총을 위한 준비가 칭의를 위한 효과적인 원인이라는 가능성은 거부되었다. 대부분의 신학자들은 릴의 알랭과 유사한 해결책을 채택한 듯이 보인다. 알랭에 의하면, 칭의를 위한 인간의 준비는 햇빛을 방안에 비추게끔 덧문을 여는 것에 비유된다. 참회 행위는 칭의의 필수조건(causa sine qua non)이며, 원인이지만, 작용인(作用因, causa efficiens)은 아니다.

> 만일 누군가가 참회하지 않는다면, 하나님은 그 사람의 죄를 용서하지 않으실 것이라는 점에서 참회는 참으로 [은총의] 필수적인 원인이다. 그것은 덧문(fenestra)이 열려질 때 태양이 집안을 비추는 것과 같다. 태양 자체가 비침의 효과적인 원인이다. 따라서 덧문의 열림은 조명의 효과적인 원인은 아니지만, 그럼에도 조명의 이유이기는 하다.[215]

사실상, 칭의를 위한 인간의 준비는 은총의 장애물을 제거하는 일(removens prohibens)로 여겨진다. 세인트 셔의 휴(Hugh of St Cher)가 이 분석에 군건한 기초를 놓았다. 그는 저 사면이 세 가지 측면을, 죄로부터 이탈 행위(actus peccandi desertio), 흠 또는 잘못의 제거(maculae sive culpae deletio), 죄의 해소(reatus solutio)로 구분했다. 범죄 행위는 은총의 장애물이다. 인간은 범죄 행위를 중단함으로써 장애를 제거하고, 영혼 속으로 주입될 은총을 위한 길을 예비한다.[216] 오직 하나님만이 죄를 용서한다. 그러나 인간도 자기 능력에 포함되는, 범죄 행위의 중지라는 행동으로 죄 용서의 정점이 되는

---

214) *Sententiarum libri octo* VI, 49, PL 186.893B. Courtney, *Cardinal Robert Pullen*, 226-33.
215) *Contra Hereticos* 1, 51, PL 210.356B. 참조. 356A: 'Nec poenitentia est causa efficiens remissionis peccati, sed tantum gratuita Dei voluntas.' 또한 *Theologicae regulae* 87, PL 210.666A-C.
216) Cod. Vat. lat. 1098 Col. 155v; 다음에서 인용. Landgraf, *Dogmengeschichte der Frühscholastik*, 3.260.

일련의 사건들을 작동시킬 수 있다. 인간이 자신에게 요구되는 일을 하면, 곧이어 하나님이 나머지를 하신다.

라 로쉘의 존에게서 초기 프란시스코 학파의 특징적인 경구 해석의 기원이 발견된다. 인간은 자신을 은총에 적합하게끔 할 수 없다. 따라서 요구되는 경향성은 하나님께서 활성화하셔야만 한다. 만일 사람이 최선을 다하면 하나님은 이 경향성을 활성화하실 것이다. 존은 이러한 사실을 제시하는 데 있어 릴의 알랭이 사용한 덧문 여는 비유를 활용한다. 덧문이 열림으로써 햇빛이 어둠을 쫓아내도록 허용한다. 마찬가지로, 최선을 다하는 행동은 죄를 추방시키는 하나님의 은총을 허용한다. 인간에게는 어둠을 쫓아내는 힘이 없지만 이런 효과를 일으킬 행동의 원인을 촉발시키는 힘은 가지고 있다. 덧문을 개방함으로써 태양 빛의 장애를 제거한다. 비슷하게 사람은 죄를 파괴할 능력은 없지만 신적 은총의 장애물을 제거할 수는 있다. 이로써 죄의 파괴에 필요한 효과를 일으킨다.[217] 하나님은 그의 관대하심을 통하여 끊임없이 은총을 내리시고 계시다. 따라서 인간은 최선을 다함으로써 은총의 도상에 있는 어떤 장애물도 제거한다.[218]

오도 리갈디(Odo Rigaldi)는 최선을 다하여(예를 들어, 뉘우침) 행함으로써 은총을 받을 수 있도록 자신을 순응하는 자들에게 은총이 주어진다고 비슷한 가르침을 준다. 곧 이은 은총의 선물은 뉘우침(attrition)을 참회(contrition)로 변화시키며, 죄의 사면으로 연결된다.[219] 은총을 향한 경향성은 엄격한 용어적 의미의(즉 de condigno, 타당한-역주) 공로로 간주될 수는 없지만, 적합한 공로(de congruo, 또는 준[準]공로-역주)로 간주될 수는 있다.[220] 『알렉산더 총서』는 기독교 신앙에 무지한 선한 이방인들의 경우를 고찰한다. 만일 그들이 최선을 다하면(순전히 자연적인 행동으로 분명히 이해되는), 하나님은 그들이 의롭게 되도록 어느 정도는 그들을 일깨우실 것이라고 주장한

---

217) *Quaestiones de gratia* q. 6, ed. Hödl, 55-6. 또한 *Tractatus de gratia* q. 3 membr. 2 a. 2 sol., ed. Hödl, 61.
218) *Tractatus de gratia* q. 3 membr. 2 a. 2 sol., ed. Hödl, 60: 'Concedo igitur quod si homo faciat quod in se est, Deus necessario, id est immutabiliter dat ei gratiam.'
219) *In II Sent.* dist. xxvi membr. 1 q. 2 a. 3, ed. Bouvy, 331.48-332.68.
220) *In II Sent.* dist. xxvii membr. 1 q. 4 a. 2 ad 3um, ed. Bouvy, 86.49-52.

다.[221] 자신의 자연적인 이성 능력 또는 자유 의지를 적절하게 사용할 때 발생하는 적합한 존엄성(dignitas congruitatis)을 받음으로써, 인간 스스로 칭의를 향한 준비를 하게 된다.[222] 보나벤투라도 이와 비슷하다. 비록 거저 주어진 은총(gratia gratis data)이 의지를 휘젓는다 해도, 그것은 이러한 자극에 반응하거나 또는 거절하는 자유 의지의 힘 아래에 있다. 보나벤투라는 하나님은 사람의 승낙 없이는 사람을 의롭게 하시지 않는다고 여러 번 강조한다.[223] 그런 방식으로 은총을 주시므로, 그것을 받도록 자유 의지가 강요되는 것은 아니다.[224]

『문장집 주석』과 『신학대전』에서 토마스 아퀴나스는 이 경구에 대한 극단적으로 판이한 해석을 제시한다. 이 때문에 초기 도미니크 학파 내에서 경구 해석이 다소 혼란스러웠다. 『문장집 주석』에서 아퀴나스는 '어느 정도의 은총 없이도 인간이 은총을 향해 스스로 준비될 수 있는가?' 라는 질문을 논의한다. 여기에 펠라기우스식 경구 해석이 처음으로 등장하며, 결론으로 이를 사용한다. 인간은 스스로의 자연적 능력이 있기 때문에 은총의 도움이 없어도 칭의를 향하도록 자신을 준비시킬 수 있다.[225] 이 경향성이 공로적 적합성(de congruo)이다.[226] 하나님은 끊임없이 당신의 은총을 인간에게 제공하신다. 따라서 최선을 다하는 사람은 누구라도 반드시 은총을 받게 된다고 토마스는 강조했다.[227] 사실상, 이 결론은 릴의 알랭의 덧문 여는 비유가 더욱 발전한 것이다. 학장 필립(Philip the Chancellor)은 일찍이 아리스토텔레스의 물질과 형식의 인과관계를 각각 태양과 덧문의 열림에 비교했었다. 따라서 은총의 장애물 제거로 이해되는 칭의를 위한 인간의 준비가 칭의의 형식적(즉 바로 옆의) 원인이 된다. 이런 식으로 아퀴나스는 자신의 원인 이론을 아

---

221) *Summa Halensis* inq. 4 tr. 3 q. 3 tit. 1, ed. Quaracchi, 2.730-1.
222) *Summa Halensis* inq. 4 tr. 3 q. 3 tit. 1, ed. Quaracchi, 2.731.
223) *In IV Sent.* dist. xiv pars 1 a. 2 q. 2; dist. xvii pars 1 a. 1 q. 2.
224) 예를 들어, *Breviloquium* V, iii, 4: 'Rursus, quoniam Deus sic reformat, quod leges naturae inditas non infirmat; ideo sic hanc gratiam tribuit libero arbitrio, ut ramen ipsum non cogar, sed eius consensus liber maneat.'
225) *In II Sent.* dist. xxviii q. 1 a. 4.
226) *In II Sent.* dist. xxviii q. 1 a. 4 ad 4um.
227) *In IV Sent.* dist. xvii q. 1 aa. 3-4.

리스토텔레스적 용어로 공식화할 수 있었으며, 더 나아가 자신의 칭의 교리 논의에도 아리스토텔레스적 성격을 보강시켰다.

칭의에 관한 아퀴나스의 초기 가르침에 대한 비평, 특히 초기 프란시스코 학파내의 비판은 그가 칭의를 향한 순전히 자연적인 경향성을 용인함으로써 명백하게 어거스틴의 가르침에 위배된다고 지적했다.[228] 따라서 『신학대전』(1266-1273)에 표현된 보다 성숙한 시기의 가르침을 평가하는 일이 중요하다. 입장이 눈에 띄게 달라진다. 후기 주석가들이 이런 차이를 빈번히 강조한다. 예를 들어, 몇몇 15세기 사본에는 '성 토마스 자신에게 모순되는 듯한 결론들', '토마스가 『신학대전』에서는 이렇게, 『문장집 주석』에서는 다르게 말한 항목'이라거나, 좀더 외교적으로!, '토마스가 『문장집 주석』보다 『신학대전』에서 자신을 더욱 잘 표현한 항목들'이라는 언급들이 나타난다.[229]

토마스 아퀴나스는 칭의를 향한 준비의 필요성을 계속 주장하지만, 사람이 최선을 다한다는 경구의 연장선에서 논의한다. 그는 이제 이러한 준비가 순전히 자연적인 인간 능력의 외부에 있음을 인식한다. 인간은 칭의를 위해 요구되는 초자연적인 선은 고사하고, 자연적인 선조차 완전히 행할 능력이 없다. 따라서 칭의를 위한 준비 자체가 은총의 사역으로 여겨진다.[230] 은총의 사역에서 하나님은 능동적이고 인간은 수동적이다. 아퀴나스는 이제, '최선을 다하여 행하는 자'(facienti quod in se est)라는 경구를, 하나님께서 그렇게 하도록 감화하셔야만 사람이 최선을 다할 수 있으며, 하나님께서 그런 사람에게 은총을 마다하지 않는다는 의미로 생각한다.[231] 아퀴나스가 『신학대전』에서 경구를 선한 이방인 이야기에 적용하면서, 초기 프란시스코 학파

---

228) 따라서 Roger of Marston, *Quaestiones disputatae de statu naturae lapsae* q. 1 ad 11um; ed. Quaracchi, 195.
229) Cod. Paris Nat. lat. 14551 fol. 103r; Cod. Paris Nat. lat. 15690 fol. 228v; Klosterneuburg Cod. 322; Grabmann, *Mittelalterliches Geistesleben*, 2.453-5에서 인용.
230) *Summa Theologiae* IaIIae q. 112 a. 3: 'Praeparatio ad hominis gratiam est a Deo sicut a movente, a libero autem arbitrio sicut a moto.'
231) IaIIae q. 109 a. 6 ad 2um: 'Cum dicitur homo facere quod in se est, dicitur hoc esse in potestate hominis secundum quod est motus a Deo.'

를 추종하지 않는 점은 대단히 의미심장하다. 심지어 추종이 기대될 만한 부분(IIa-IIae q. 10 a. 1)에서도 그렇다.[232] 지금 아퀴나스는 '사람이 은총으로 각성되고 감화되었을 때, 할 수 있는 일을 한다'는 의미로 '최선을 다하는 것'을 이해한다. 따라서 그의 초창기 개념해석과 중대한 이별을 기록하게 된다. 타란태스의 피터(Peter of Tarantaise)의 저작에서도 '최선을 다하는 것'에 대한 비슷한 해석과 접하게 된다.[233]

아퀴나스의 가르침에서 칭의를 향한 경향성이 지니는 공로적 특성에 연관된 심화 발전이 언급되어야 할 것이다. 『문장집 주석』에서, 아퀴나스는 그러한 경향성이 공로가 되는 적합성임을 인정한다.[234] 그러나 우리는 후기의 『진리론』에서, 칭의 이전에는 반(反)-공로(demerits)를 제외하고는 어떤 것도 없다는 철회가 불가능한 단정을 발견하게 된다.[235] 이러한 견해는 『신학대전』에 더욱 완전하게 표현되어 있다. 아퀴나스는 의롭게 된 죄인의 사례가 다른 사람을 위한 첫 은총인 적합성(de congruo)의 공로가 됨을 인정할 준비가 되었다.[236] 그러나 개인이 자기 칭의를 준비하는 일이, 가장 약한 용어적 의미에서라도, 과연 공덕을 쌓는 일인지에 대해서는 인정할 준비가 되지 않았다.[237] 토마스의 '최선을 다하는 것'을 재생산한 타란태스의 피터가, 칭의를 위한 준비는 공로가 되는 적합성이라 가르치면서도 이 문제에 있어서는 그에 대한 추종을 거부한 일은 의미심장하다.[238] 따라서 초기 도미니크 학파에 이 문제에 대한 혼동이 있었음에 틀림없다.

중세 후기 어거스틴 수도회 신학자들의 저작들을 조사해 보아도 경구의

---

232) Dhont, *Le Problème de la préparation à la grâce*, 267-8. 또한 L. Capéran, *Le Problème du salut des infidéles*, 2 vols., Paris, Beauchesne, 1934, 2.49-57.
233) *In II Sent.* dist. xxvii q. 2 a. 4 ad 3um. Peter는 사람들이 그들의 도움 받지 않는 능력을 통한 칭의를 향해 근접한 것은 아니지만, 먼 거리의 경향성은 스스로 준비할 수 있을지도 모른다고 허용한다. *In II Sent.* dist. xxviii q. 1 aa. 2, 3.
234) *In II Sent.* dist. xxvii q. 1 a. 4, ed. Bouvy, 2.728-9.
235) *De veritate* q. 29 a. 6, ed. Spiazzi, 1.564.
236) *Summa Theologiae* IaIIae q. 114 a. 6.
237) IaIIae q. 114 a. 5. 참조. IaIIae q. 112 aa. 2, 3; q. 114 aa. 3, 5.
238) *In II Sent.* dist. xxvii q. 2 a. 2. 여기서 'Meritum impetrativum'는 'meritum de congruo'와 동의어로 간주된다.

해석과 관련한 합의가 상당히 부족함을 알 수 있다. 스트라스부르의 토마스(Thomas of Strasbourg)는 '최선을 다하는 사람'이란 말이 스스로 칭의를 향해 준비한다는 의미로 여겨질 수 없다고 말한다. 자신의 칭의에 있어 개인이 맡은 역할은 그들 내부에서 일어나는 신적 행동에 대한 승인 여부이다.[239] 요하네스 폰 레츠(Johannes von Retz)는 이 점에서(다른 많은 문제에서도) 그를 따른다.[240] 그러나 당시 아퀴나스는 칭의를 향한 경향성이 공로가 되는 적합성임을 승인할 준비가 되었다.[241] 은총을 향한 순전히 자연적인 경향성이라는 레츠의 가능성은, 아리스토텔레스적 전제를 따라 진행된다는 점에서 관심을 끈다. 칭의는 형태에서 물체로의 전환과 관련된다. 하나의 자연적 형태가 자연적 동인(動因)에 의해 자연적 물체로 전환되는 것과 마찬가지로, 초자연적 형태로부터 초자연적 물체로의 전환은 영혼을 움직이는 초자연적인 동인, 이름하여 신적 은총이 요구된다.[242]

어거스틴 수도회 신학자들은 칭의를 향한 경향성의 필요에 대한 전반적인 가르침을 계속했다. 보다 오래된 어거스틴파 신학자들은 이 경향성이 공로가 되는 적합성임을 인정할 준비가 된 반면, 스콜라 아우구스티니아나 모데르나(schola Augustiniana moderna, 현대 어거스틴 학파-역주)는 이런 가능성을 배제하는 경향이 있었다. 따라서 아퀴나스 브래드워딘(Thomas Bradwar-dine), 리미니의 그레고리(Gregory of Rimini), 요하네스 클렌콕(Johannes Klenkok), 앙겔루스 도벨린(Angelus Dobelin), 오르비토의 위골리노(Hugolino of Orvieto) 및 바젤의 요하네스 힐탈링겐(Hiltalingen of Basel)은 칭의를 향한 경향성이 공로가 되는 적합성이라는 견해에 반대했다.[243] 비

---

239) *In II Sent.* dist. xxviii, xxix q. 1 a. 4.
240) *Texbeilage* 119; Zumkeller, 'Der Wiener Théologieprofessor Johannes von Retz.'에서 인용.
241) *In II Sent.* dist. xxvi, xxvii q. 1 a. 3, conc. 2.
242) *Texbeilage* 117. 위에서처럼, 여기서도 Retz는 Thomas of Strasbourg에 크게 의존한다. 이것을 Thomas의 *In II Sent.* dist. xxviii, xxix q. 1과 비교해 보라.
243) Oberman, *Archbishop Thomas Bradwardine*, 155-9; Gregory of Rimini, *In II Sent.* dist. xxvi q. 1 aa. 1, 2; Zumkeller, 'Johannes Klenkok,' 240-52; 동일 저자의, 'Die Lehre des Erfurter Augustinertheologen,' 32-6, 44-8, 46-8, 184-6. Gregory의 칭의 신학에서 *auxilium speciale Dei*의 역할에 관해서는 다음을 보라. Burger, 'Das auxilium

텐베르크에서 루터의 스승이었던 요하네스 폰 슈타우피츠[244]도 비슷한 입장을 취한다. 그러나 에르푸르트대학에서 슈타우피츠의 학생감이었던 요하네스 데 팔츠(Johannes de Paltz)는 그러한 경향성이 공로가 되는 적합성임을 인정했다.[245]

비아 모데르나(via moderna) 신학자들은 경구 '최선을 다하여 행하는 자'에 대해 보다 실제적인 태도를 취했다. 이 입장에 내재된 것은 계약(pactum)의 신학이었다. 이로써 도덕적 행위의 내재적 가치와 하나님과 인간 사이의 계약적 의미에 귀속된 가치 사이에 구별이 만들어졌다. 현재의 경제 구조와 마찬가지로 지폐의 귀속 가치는 발행 기관이나 은행의 요청을 받을 때, 소지자에게 동일가격의 금을 지불해 준다는 계약으로 인해 고유 가치보다 더 큰 가치를 지니게 된다. 중세에도 왕이 '액면가' 동전에 가치를 부여했다. 동전은 납으로 만들어져 고유 가치는 거의 무시할 만하다. 그러나 나중에 귀속 가치 전체가 지불된다.[246] 여기에다, 부가 가치(valor impositus)와 고유 가치(valor intrinsecus) 사이의 관계를 규정하는 계약으로 왕의 약속이 표현되어 있기 때문에, 동전의 귀속 가치는 동전의 고유 가치 보다 엄청나게 크다.

당시 경제 체제의 유추는 비아 모데르나의 특징이었던, 한 행위의 도덕적 가치와 공로적 가치 사이의 중요한 차이를 특별히 잘 조명해 주었다. 왕 쪽에서 굳건하고도 묶이는 계약을 해주기 때문에, 경제 제도 안에 고유한 자연 가치(bonitas intrinseca)와 부가 가치 사이에 커다란 불일치가 발생하는 것처럼, 하나님 쪽에서 상당한 계약을 주시므로, 행위의 도덕적 가치(즉 행위의

---

speciale Dei in der Gnadenlehre Gregors von Rimini.'
244) Steinmetz, *Misericordia Dei*, 94-7, 114-22.
245) Zumkeller, 'Erfurter Augustinertheologen,' 54-5. 그의 신학에 대한 충분한 연구로 다음을 보라. M. Ferdigg, 'De vita et operibus et doctrina Ioannis de Palz,' *AnAug* 30 (1967), 210-321; 31 (1968), 155-318. 또한 Steinmetz, *Misericordia Dei*, 94-7, 114-22.
246) 이 점에 대해 Courtenay, 'Covenant and Causality in Pierre d'Ailly과 동일 저자의 'The King and the Leaden Coin' 그리고 Oberman, *Werden und Wertung der Reformation*, 161-200을 보라. 토큰 주화에 관해서는 다음을 보라. W. J. Courtenay, 'Token Coinage and the Administration of Poor Relief during the Late Middle Ages,' *Journal of Interdisciplinary History* 3 (1972-3), 275-95; T. J. Sargent & F. R. Velde, 'The Big Problem of Small Change,' *Journal of Money, Credit and Banking*, 31 (1999), 137-61.

bonitas intrinseca)와 행위의 공로적 가치(즉 valor impositus) 사이에도 비슷한 불일치가 발생할 수 있다. 하나님의 절대적인 표준에서 볼 때, 비록 인간 행위 자체는 무시할 만한 고유 가치를 지니지만, 그럼에도 불구하고 하나님은 인류와 계약(pactum) 관계를 맺으셨다. 이 계약의 효력으로 인간의 행위는 첫 번째 은총에 적합한 공덕을 쌓기에 충분한 더욱 큰 계약 가치를 지니게 되었다. 무시할 만한 고유 가치를 지닌 작은 납 동전을 왕이 발행하고도, 그것에 더욱 커다란 귀속 가치를 허용해 상품을 구매할 수 있도록 허락한 것과 마찬가지로, 인간의 도덕적 행동은, 비록 그 자체로는 은총의 공로를 쌓을 수 없지만, 이 목적에 적합한 훨씬 큰 계약 가치를 지니게 되는 것이다.

경구 '최선을 다하여 행하는 자'의 특징적인 해석을 비아 모데르나라는 맥락에서 분석해 보면, 다음과 같은 핵심 사항들이 도출된다. 즉 개개인의 경향성이라는 그 자신의 성질(ex natura rei) 때문에 칭의가 야기된다고 말할 수 없으며, 오직 하나님에 의해 귀속된 가치 때문에(ex pacta divino) 칭의가 발생한다. 오캄은 왕과 작은 납 동전의 예를 재사용하여 이러한 논점을 구성했다.[247] 로버트 홀코트(Robert Holcot)도 비슷한 유추를 사용한다. 그는 빵 한 조각의 고유 가치가 훨씬 큰데도, 작은 동전 한 닢으로 빵을 살 수 있음을 지적했다.[248] 최선을 다한 사람에게 보상으로 은총을 준다는 계약상 의무를 하나님 편에서 영예롭게 이행하는 데 실패한다면, 이는 신적 본성의 불일치가 될 것이다. 하나님께서 이렇게 행동해야만 한다는 절대적 필연성(즉 necessitas consequentis)에 묶인 것은 아니다. 그러나 하나님께서는 자신도 존중해야만 하는 조건적 필연성(즉 necessitas consequentiae)이 발생하는 상황을 설정하셨다.

가브리엘 비엘은 경구 '최선을 다하여 행하는 자'를, 죄를 중지한 사람에게 일차 은총을 주는 의무 아래 하나님이 있는 것으로 해석했다. 그러나 사람이 자신의 죄를 사면할 수 있다는 의미는 아니다. 비엘이 강조한 것처럼,

---

247) *In IV Sent.* dist. xvii q. 1c 'Sicut si rex ordinaret quod quicumque acciperet denarium plumbeum haberet certum donum, et tunc denarius plumbeus esset causa sine qua non respectu illius doni.'
248) *Super libros Sapientiae* III, 35.

최선을 다하는 것과 죄 사면 사이의 연결선은 그 자체로 존재하는 실체의 성격보다는 계약에 의해 주어진 것이다. 릴의 알랭과 초기 프란시스코 학파는 위에서 언급한 바대로, 덧문과 태양 광선을 예로 들어 이 경구를 설명했다. 이 유추에 함축된 것은 존재론적 인과관계 개념이다. 장애물의 제거는 햇빛이 방안으로 들어가도록 하는데, 실체(즉 덧문과 햇빛)의 성질도 그렇다. 비엘과 비아 모데르나는 계약적 인과관계 개념을 사용하는데, 인간의 행동과 신적 반응은 실체들의 성격 자체라기보다는 신적 섭리의 결과이다. 하나님은 그러한 행동이 은총의 가치로서 받아지도록 계약으로써 은혜롭게 제정하신 것이다.[249] 비엘은 초기 프란시스코파의 가르침을 재생산한다. 칭의를 향한 인간의 경향성은 신적 은총의 도상에서 장애물을 제거하는 것으로 간주된다.

> 자유 의지를 통해 하나님께 향하는 선한 기동(起動)의 장애물을 제거함으로써 영혼은 첫 은총에 적합한(de congruo) 공덕을 쌓을 수 있다. 이것은 다음 사실로 입증될 수 있다. 곧 하나님은 의에 대한 어떤 부채 때문이 아니라 하나님의 관대하심 때문에, '그 능력 안에 있는 것을 행하는 행동'(actum facientis quod in se est)을 첫 은총을 유도하는 것으로 받아들이시기 때문이다. 장애물을 제거함으로써 영혼은 범죄 행위와 죄에 대한 승인을 중단한다. 이에 따라 원리이자 목적이신 하나님을 향한 선한 운동을 이끌어내게 되어 '그 능력 안에 있는 것'(quod in se est)을 행하게 된다. 하나님은 그분의 관대하심 때문에(ex sua liberalitate) 장애물을 제거하는 행위와 하나님을 향한 선한 기동(movement)이 은총 주입의 기본이 되는 것으로 받아들이신다.[250]

프란시스코 학파의 일반적인 가르침을 따르면서, 비엘은 칭의를 향한 경향성이 공로가 되는 적합성이라고 주장한다. 비록 인간이 은총으로 가는 장애물을 제거할 수 있지만, 죄를 사면하시는 이는 하나님이시며 오직 하나님

---

249) *In II Sent.* dist. xxvii q. unica a 3 dub. 4.
250) *In II Sent.* dist. xxvii q. unica a 2 conc. 4, ed. Werbeck/Hoffmann, 2.517.1-8.

만이 그렇게 할 수 있다. 계약 덕분에 인간이 이렇게 행동할 때, 하나님으로 하여금 이런 식으로 반응하시도록 한다.[251]

스트라스부르에서 1478년부터 1510년까지 성당 설교가였던 카이저스베르크의 요하네스 가일러(Johannes Geiler of Keisersberg)의 설교에서 경구의 목회적 의미가 잘 예시될 것이다. 가일러는 주기도문 강해에서, 만약 인간의 기도가 들려지려면 그들은 반드시 최선을 다해야 함을 강조한다. 주기도문의 일곱 개의 간구 모두, 이미 인간이 그들의 능력 안에 있는 것을 행하고 있음을 전제한다. 하나님께 그들의 일용할 양식을 달라고 사람들이 기도하는데, 이런 간구를 하려면 먼저 자신의 밭을 경작하는 데 있어 최선을 다하고 있어야 한다.[252] 하늘의 아버지가 공중의 새들을 먹이신다는 마태복음 6:26의 언급은 동일한 원리를 더욱 정교하게 만든다. 이 구절은, 새들이 아무 일도 하지 않고 하루 종일 횃대 위에 앉아 있다는 뜻이 아니다. 새들 또한 먹이를 찾아 아침 일찍 나가 최선을 다해야 한다는 뜻이라고 가일러는 진술한다.[253]

이에 따라 인간의 칭의에도 가일러가 동일한 원리를 적용하리라 기대하게 되지만, 그는 준비가 필수적이라고 생각한다. '바보들은 아무 지불도 없이(즉 은총을 위한 경향성 없이) 황금을 가지리라 기대한다.'[254] 먼저 선원이 직접 바람을 향해 돛을 펼치기 전에는 바람이 돛 안으로 들어오지 않는 것처럼, 성령의 바람 또한 영혼이 받아들일 준비가 갖추어져야만 들어오신다. 따라서 인간은 최선을 행함으로써, 은총의 수용을 향하게끔 자신을 준비시켜야만 한다.[255] 가일러 설교의 목회 지향성은 대부분 명령형으로 경구를 사용한 사실에서 뚜렷이 드러난다. 그대는 최선을 다하라!

16세기 초 이 경구의 사용은 일반상식이 되었다. 그리고 이 시대에서 마틴

---

251) *In II Sent.* dist. xxvii q. unica a 3 dub. 4.
252) *Oratio Domini* 9B; Douglass, *Justification in Late Medieval Preaching*, 144 n. 2에서 인용.
253) *Navicula sive speculum fatuorum* 22s; Douglass, *Justification in Late Medieval Preaching*, 145 n. 1에서 인용.
254) *Navicula sive speculum fatuorum* 28v I, Douglass, *Justification in Late Medieval Preaching*, 139 n. 3에서 인용.
255) *Navicula sive speculum fatuorum* 18r I; Douglass, *Justification in Late Medieval Preaching*, 143 n. 1에서 인용.

루터의 초기 저작과 직면하게 된다.[256] 비아 모데르나와 루터의 연속성은 『시편 강해』(Dictata super Psalterium, 1513-1515)에 특히 분명하며, 시편 114:1(벌게이트, 113:1)의 설명에도 드러난다.

> 박사들이 잘 말했다. 사람들이 최선을 다할 때, 하나님은 틀림없이 그들에게 은총을 주신다. 그러나 이것이 은총을 위한 준비로 적합함[공로적인]을 뜻한다고 이해되어서는 안 된다. 왜냐하면 그것들은 비교가 될 수 없기 때문이다. 그러나 하나님의 약속과 자비의 계약 때문에 적합하다고 간주될 수는 있다.[257]

이를 통해(다른 많은 측면에서도), 젊은 루터는 비아 모데르나의 칭의 신학과의 친근성을 보여주었다.

이 단원에 제시된 칭의의 주관적 전유에 대한 논의에서, 중세 신학자들은 이를 순전히 개인적인 의미로 이해했다. 단지 개인적인 순례자(viator)와 그(또는 그녀)의 하나님 앞에서의(coram Deo) 지위와 관련된 것으로만 칭의를 가르쳤다는 인상을 줄 수 있다. 사실은 그렇지 않다. 중세의 칭의 논의는 이러한 칭의가 일어나는 공동체라는 명백한 전제에 기초하여 진행된다. 칭의는 교회 영역 안에서 발생하며, 특히 세례와 참회의 성례와 결부되어 있다. 따라서 칭의와 성례의 관계를 언급하지 않고서는 칭의의 주관적 전유에 대한 중세의 이해를 논의하기는 불가능하다. 그러므로 이번 단원에서는 칭의 전유의 개인적 측면들을 다루었다고 볼 수 있다. 다음 단원에서 칭의와 성례의 관계를 고찰함으로써, 칭의 전유의 공동체적 측면들을 살펴볼 수 있을 것이다.

---

256) McGrath, *Luther's Theology of the Cross*, 72-92.
257) WA 4.262.4-7. 참조. WA 3.288.37-289.4. 더 깊은 이해를 위해 다음을 보라. Grane, *Contra Gabrielem*, 296-301; R. Schwarz, *Vorgeschichte der reformatorischen Buß thélogie*, Berlin: de Gruyter, 1968, 249-59.

4. 칭의와 성례

성례 신학의 체계적 발전은 중세, 특히 1050년에서 1240년 사이의 주요한 특징이다.[258] 이러한 발전은 죽은 자에 대한 성사, 세례 그리고 고해를 구체적으로 연결시킨 일과 관련되어 있다. 즉 이를 교회의 성례제도와 연관시킨 것이다. 카시오도루스(Cassiodorus), 세둘리우스 스코투스(Sedulius Scotus)와 같은 중세 초기 저자들은 세례가 의롭게 하는 성례라고 밝혔었다.[259] 그러나 9세기에 앵글로-아이리쉬(Anglo-Irish)적 제도였던 개인 고해가 유럽 전역에 전파되었다. 그 결과 고해 신학에 중대한 변경이 첨가되었다. 초기 저자들은 참회란 '난파 후의 두 번째 판자'(tabula secunda post naufragiam)로[260] 평생 한 번만 이루어진다고 생각했다. 그러나 이 견해는 반박이 아닌 사회적, 목회적 이유 때문에 폐기되어 갔다. 따라서 8세기 감독인 메츠의 크로데강(Chrodegang of Metz)은 적어도 1년에 한 번 정기적으로 상급자에게 고해하라고 추천했다.[261] 한편 아퀴레이아의 파울리누스(Paulinus of Aquileia)는 미사 전에 회개와 고해를 매번 행할 것을 지지했다. 죽을죄에 대한 대(大) 그레고리의 분류는 9세기 동안 교회의 참회 제도 안으로 통합되었으며, 일반적으로 신부 앞에서의 개인 고해가 수용되었다.[262] 유럽 전역에 참회서적들이 등장하기 시작했다. 여러모로 유사한 책들의 기원은 6세기 웨일즈까지 거슬러 올라간다. 알퀸은 어떤 사람보다 카롤링거 르네상스의 창시자로 불릴 만하

---

258) J. de Ghellinck, 'Un Chapitre dans l'histoire de la définition des sacrements au XIIe siécle,' in *Melanges Mandonnet*, Paris: Vrin, 1930, 2.79-96; N. M. Häring, 'Berengar's Definitions of *Sacramentum* and Their Influence upon Medieval Sacramentology,' *Medieval Studies* 10 (1948), 109-46; D. van den Eynde, 'Les Définitions des sacrements pendant la première période de la théologie scolastique (1050-1235),' *Antonianum* 24 (1949), 183-228, 439-88; 25 (1950), 3-78.
259) Cassiodorus, *Expositio S. Pauli epistola ad Romanos*, PL 68.417B; Sedulius Scotus, *Collatio in omnes B. Pauli epistolas*, PL 103.42D.
260) Jerome, *Epistola* 130, 9, CSEL 56.189.4-5.
261) *Regula canonicorum* 14, PL 89.1104A-5B.
262) 이러한 발전의 최고의 연구로 다음을 보라. Sarah Hamilton, *The Practice of Pénance, 900-1050*, London: Royal Historical Society, 2001. 또한 보다 오래된 연구로 다음을 보라. Oscar D. Watkins, *A History of Pénance*, 2 vols., New York: Franklin, 1961.

다.²⁶³⁾ 또한 카롤링거교회에서 전파는 알퀸의 막강한 영향력에 기인한다. 따라서 그가 고해를 구체적으로 칭의와 연결시킨 일은 상당한 의미를 지닌다.²⁶⁴⁾ 칭의와 고해 사이의 상호 연관성은 에스겔 18:21과 33:12을 합친 것 같은 한 가지 격언을 연상시킨다. 이 구절들은 영적 회복의 전제조건으로서, 죄로부터 돌이킴이 중요하다고 강조했다. 또한 이 과정과 연관된 교회적 예식과의 연결고리를 암시한다.²⁶⁵⁾ 이러한 전개의 핵심적 특징은 칭의가 세례와 함께 시작되고 고해에 의해 지속된다는 것이다.

아마도 라바누스 마우루스(Rabanus Maurus)의 저작에서보다 진전된 생각이 발견될 것이다. 그는 프랑크교회에서 알퀸에 이어 개인 고백의 주도적인 주창자가 되었다. 여기서 칭의는 단순한 고해 행위가 아니며, 구체적인 고백성사와 연결되어 있다.²⁶⁶⁾ 9세기 옥세레의 하이모(Haimo of Auxerre)는 칭의, 세례, 고해의 관계를 특별히 명료하게 정의한다.

---

263) 이 발전에 관한 탁월한 연구로 다음을 보라. John Marenbon, *From the Circle of Alcuin to the School of Auxerre: Logic, Theology and Philosophy in the Early Middle Ages*, Cambridge: Cambridge University Press, 1981.
264) *Liber de divinis officiis*, 55, PL 101.1284B: 'non dubitamus circa fidem iustificari hominem per poenitentiam et conpunctionem.' 참조. *De virtutibus et vitiis* 12, PL 101.622A; *De confessione peccatorum*, PL 101.652B: 'Dic tu prior iniustitias tuas, ut iustificeris.'
265) 'In quacumque hora conversus fuerit peccator, vita vivet et non morietur.' 다양한 형태로 이 시기에 전반적으로 발생한다. Alcuin, *De virtutibus et vitiis* 13, PL 101.623A; Eadmer, *Liber de S. Anselmi similitudinibus* 175, PL 159.695A; Ivo of Chartres, *Decretum* XV, 26, PL 161.862D; Bruno of Asti, *Comm. in Ioannem* II, 11, PL 165.545A; Honorius of Autun, *Speculum ecclesiae*, PL 172.881C; Summa sententiarum v, 7, PL 176.133A; Hugh of St Victor, *De sacramentis* II, xiv, 8, PL 176.567A; Werner of St Blasien, *Deflorationes* 2, PL 157.1184A; Zacharias Chrysopolitanus, *In unum ex quattuor* III, 99-100, PL 186.315D; Richard of St Victor, *De potestate ligandi* 19, PL 196.1171C; Ermengaudus, *Contra Waldenses* 13, PL 204.126A; Alan of Lille, *Contra hereticos* I, 155, PL 210.358B; Peter Lombard, *IV Sent.* dist. xx 1, 5.
266) 사실상, Rabanus는 인용표시 없이 알퀸을 길게 인용한다. 알퀸, PL 101.6210-22B를 라바누스 PL 101.1020-3A와 비교하라; 그리고 알퀸, PL 101.622B-3A을 Rabanus PL 101.103A-4A와 비교하라.

우리는 그리스도의 수난을 통하여 구원받으며 의롭게 된다. 그리스도의 수난이 세례, 그리고 고해와 곧장 결합되어 믿음으로 인간을 의롭게 한다. 이 두 가지는 이런 식으로 함께 결합되어 있으므로, 그 중 하나만 가지고 인간이 의롭게 될 수는 없다.[267]

11세기 말 콜롱의 브루노(Bruno of Cologne)는 전적으로 성례적인 구원의 경륜을 구성할 가능성을 제시했다. 동시대인들 대다수처럼, 브루노는 존재하지 않는 용어로 은총을 정의했다. 그는 죄의 사면으로 은총을 이해하면서, 구체적으로 세례와 고해에 연결시켰다. 모든 죄가 세례를 통해 용서받지만, 계속적인 죄는 고해의 공로를 통하여 정화되어야 한다.[268] 칭의 순서(processus iustificationis)에 대한 이해가 등장하면서, 교회의 성례 제도와 칭의를 통합시키는 일을 도왔다. 이 점에서 특별한 중요성을 지니는 사실은 때때로 전통적인 사중의 칭의 순서에 다섯 번째 요소를 포함시킨 일이다. 이를 통해 일시적인 죄의 사면과 칭의가 직접적으로 연관을 가지게 되었다. 세인트 셔의 휴(Hugh of St Cher)는 다섯 번째이자 최종적인 요소로 사람들의 적절한 고해 행위 시행을 이 요소에 포함하자고 제안했다.[269]

세례 및 고해라는 성례와 칭의 사이의 관계가 12세기 신학자 대부분(물론 다는 아니지만)을 점유하면서, 성례적인 구원의 경륜 측면에서 유아 세례가 어떻게 설명될 수 있을까 하는 문제에 특별한 관심이 표명되었다. 어떻게 합리적인 행동이 불가능한 유아 또는 바보들이 세례를 받는다고 의로워질 수 있을까?[270] 이 문제에 대한 어떤 일반적 해결책도 이 시대에 등장하지 않았다. 이는 적어도 부분적으로 이 시대가 습관, 행동 및 미덕 사이의 전반적인 구분에 실패했다는 사실에 기인한다. 캔터베리의 안셈(Anselm of Canterbury)은 교회의 믿음 덕분에 유아들이 준의인(準義人, quasi iusti)으로 간주된다고

---

267) *Expositio in epistolas S. Pauli*, PL 117.391C.
268) *Expositio in omnes epistolas Pauli*, PL 153.55B-C.
269) Hugh of St Cher, Landgraf, *Dogmengeschichte der Frühscholastik*, 3/1.279-345 에서 인용.
270) 탁월한 논의를 위해서 다음을 보라. Landgraf, *Dogmengeschichte der Frühscholastik*, 3/1.279-345

가르쳤다.²⁷¹⁾ 클래보의 버나드(Bernard of Clairvaux)가 그의 견해를 따랐다. 그는 믿음이 없이는 하나님을 기쁘시게 못하므로, 하나님은 다른 사람의 믿음의 연고로 어린이들이 의로워지도록 허락하신다고 기록했다.²⁷²⁾ 피터 만두카터(Peter Manducator)에 의해 어느 정도 신학적 합리화가 이루어졌다. 첫째, 다른 사람의 죄(즉 아담) 때문에 어린이들이 오염되었으므로, 다른 사람의 믿음 때문에 어린이들이 의로워질 수 있다는 생각도 비이성적인 것은 아니라고 주장했다.²⁷³⁾ 피터 아벨라르드(Peter Abelard)는 유아들이 믿음의 행위를 할 수 있는지 여부에 회의적이었다. 그러나 이렇게 되면 가능성이 아예 없는 것처럼 보이게 된다. 그래서 그는 위안책을 도출해 내었다. 유아기에 사망하는 아기들에게는 사망 시 하나님의 영광에 대한 지각이 주어진다. 따라서 그들 안에 자비가 발생될 수 있다.²⁷⁴⁾ 쥘베르 드 라 포레(Gilbert de la Porrée)는 성령의 신비스러운 사역은 아무도 측량할 수 없기 때문에, 이에 대한 사색을 거절한 많은 사람들의 전형이었다.²⁷⁵⁾

이 난제에 대해 일반적으로 인정받는 해결책이 12세기의 마지막 시기, 아리스토텔레스적 개념인 습속(habitus, 習俗)의 도입과 함께 등장한다. 12세기의 보다 사색적인 신학자인 릴의 알랭(Alan of Lille)은 행위에 따른 덕(virtus in actu)과 습속에 따른 덕(virtus in habitu)을 구분했다.²⁷⁶⁾ 어쩌면 믿음의 습속이 습속에 따른 믿음의 덕(virtus fidei in habitu)으로써 세례 시 유아에게 주어질 수도 있으며, 이것은 그 아이가 성년이 되어 이성적인 행동을 할 수 있

---

271) *De conceptu virginali* 29, ed. Schmitt, 2.173.1–3: 'Quare si sic moriuntur: quia non sunt iniusti, non damnantur, sed et iustitia Christi qui se dedit pro illis, et iustitia fidei matris ecclesiae quae pro illis credit quasi iusti salvantur.'
272) *Tractatus de baptismo* II, 9, PL 182.1037D.
273) Cod. Paris Nat. lat. 15269 fol. 151v; Landgraf, *Dogmengeschichte der Frühscholastik*, 3/1.289 n. 22 에서 인용.
274) *Expositio in epistolam ad Romanos* II, 3, PL 178.838B.
275) Leipzig Universitätsbibliothek Cod. lat. 427, Landgraf, *Dogmengeschichte der Frühscholastik*, 1/2.50 에서 인용.
276) *Theologiae regulae* 86, PL 210.667B: 'Habentur ergo virtutes in habitu, quando homo per illas potentias quamdam habet habilitatem, et pronitatem ad utendum eis, si tempus exigerit.'

을 때 행위에 따른 믿음의 덕(virtus fidei in actu)으로 발현될 것이다. 이노센트 3세의 1201년 편지에는 12세기의 특징이기도 한 합의부재가 잘 드러난다. 그는 이 편지에서 세례의 효과에 관해 결정적이고 실제적인 진술 제공을 거부하면서 가능한 견해 두 가지를 단순하게 건네준다. 첫째, 세례는 죄의 사면 효과를 일으킨다. 둘째, 세례는 습속으로 덕이 주입되는 효과를 일으키며, 성년이 되면 활성화된다.[277]

세례는 초창기부터 성례로 인정받고 있었다. 그러나 그것이 고해에까지 연장되지는 않았다. 세인트 빅터의 휴는 성례를 '외부의 감각 지각에 도달한 물리적 또는 물질적인 물체, 표징으로 제정되어 그 자체를 넘어선 실체를 보여주며, 또한 성별되었기 때문에 그 안에 보이지 않는 영적 은총을 담는다'고 정의했다.[278] 물질적 요소의 실재를 주장하는 이러한 성례의 정의는 성례 목록에서 고해를 배제하도록 이끄는 것임에 틀림없다. 그러므로 피터 롬바르드(Peter Lombard)의 성례 정의는[279] 상당히 흥미롭다. 왜냐하면 그것이 어떤 일을 한다고 언급되어야 하는 부분에서, 그것이 어떤 일을 한다고 언급되지 않기 때문이다. 즉 '외부로부터의 물리적인 또는 물질적인 요소'의 필요성이 언급되지 않는다. 물질 조건을 결정적으로 없앰으로써 롬바르드는 고해를 칠 성례 속에 포함시킬 수 있었다. 서방교회의 영역에서 고해가 성례에 포함된 사건은 칭의 교리의 발전에 심대한 의미를 지닌다.

중세 초기에 많은 학자들이 고해 시에 죄 사면을 위한 성직적 고백의 필요성을 주장했다. 아툰의 호노리우스(Honorius of Autun), 부르즈-듀의 헤르바데우스(Hervaeus of Bourg-Dieu) 그리고 아스티의 브루노(Bruno of Asti) 등은 모두 성직적 고백의 필요성을 예시하고자 모세 5경의 나병-정화 의식을 사

---

277) D 780-1.
278) *De sacramentis* I, ix, 2, PL 176.317D: 'Sacramentum est corporale vel materiale elementum foris sensibiliter propositum ex similitudine repraesentans, et ex institutione significans, et ex sanctificatione continens aliquam invisibilem et spiritualem gratiam.' 보다 충분한 논평으로 다음을 보라. A. Landgraf, 'Die fruhscholastischen Definitionen der Taufe,' *Gregorianum* 27 (1946), 200-19, 353-83.
279) *IV Sent.* dist. I 1-4.

용한다. 죄인이 오직 제사장 앞에서 고백할 때에만 잘못이 씻긴다.[280] 세례가 원죄의 사면에 효력을 미치는 것처럼, 고백은 실제적인 죄의 사면에 효력을 미친다.[281] 이런 차이로 인해, 사면을 받으려면 정기적인 고백을 해야 한다는 분명한 결론으로 이끌어진다. 고백에 대한 권고는 일반적으로 이사야 45:22, 요엘 2:12 또는 스가랴 1:3 등의 텍스트에 호소하면서 함께 이루어졌다.[282] 그러나 고백 권고는 의롭게 된 죄인으로서 교회 내의 교제를 회복하고 싶은 나태해진 신자의 화해라는 정황에서 설정된 것이므로, 이를 펠라기우스적으로 해석하기는 어렵다. 고백 권고는 칭의의 개시라기보다는 칭의의 회복을 위한 것이다. 나중에는 용어 또한 첫 번째 칭의보다 두 번째 칭의를 위한 것으로 사용되었다. 이런 구절들이 사용되었다는 사실은 칭의의 회복과 고해 성사와의 관련성에 대한 인식이 증가했음을 가리킨다. 이는 죄의 고백, 참회 및 사면과의 관련성이다. 그러나 성직적 고백의 필요성에 관해서도 일반적인 합의가 없었음에 주목하자. 예를 들어, 12세기에 아벨라르드 학파는 그러한 필요성을 거부한 반면 빅터 학파는 필요성을 주장했다.[283]

칭의가 고해 성사라는 정황 속으로 통합된 일은 두 가지 사건 전개의 도움을 크게 받아 이루어졌다. 첫째, 13세기 동안 피터 롬바르드의 『문장집』(Sentences)이 일반적 인정을 받아 신학 논의의 기본서가 되었다. 이로써 『문장집』 제4권 17장에서 구별되는 범위(locus), 즉 고해 성사라는 구체적 문맥 안에서 칭의가 언급되면서 논의가 이루어졌다. 둘째, 칭의 순서의 개

---

280) *Speculum ecclesiae*, PL 172.1061C; *Homilia* 13, PL 158.622B-C; *Commentarius in Lucam*, PL 165.427C-D.
281) Honorius of Autun, *Elucidarum* II, 20, PL 172.1050C-D.
282) 'Convertimini ad me, ait Dominus exercituum, et convertar ad vos.' 예를 들어, Anselm of Canterbury, *De concordia praescientiae* III, 6.
283) Anciaux, *La Théologie du sacrement du pénance*, 164-274. 칭의에서 고해의 필요성에 대해서 다음을 보라. Alger of Liège, *Liber de misericordia et iustitia*, PL 180.888D; Richard of St Victor, *Sermo* 53, PL 177.1051C; Bernard of Clairvaux, *Tractatus de interiori domo*, PL 184.509B; Peter of Blois, *Liber de confessione*, PL 207.1081D; Philip of Harvengt, *In Cantica Canticorum*, PL 203.552B; Peter Lombard, *IV Sent.* dist. xiv 1. 비록 그는 여기에 찬성하여 만들어진 강력한 사례를 기록하지만, Gratian은 그의 『데크레툼』(*Decretum*)에, 칭의에서 고백의 필요성에 대한 질문의 여지를 열어 놓은 것으로 보인다. 예를 들어, PL 187.1532A.

념적인 지위상승은 통회(contrition)와 죄의 사면이 각각 세 번째와 네 번째 요소로 간주되게끔 했다. 두 가지 모두 고해 성사와 관련되어 있다. 따라서 죄인의 칭의가 교회의 성례 제도와 명시적으로 연결되게 되었다. 4차 라테란 회의(1215)의 포고문을 통하여 이 관계가 분명히 수립된 것으로 간주된다. 포고문은 신자들이 매년 자신의 사제에게 죄를 고백해야 한다는 의무를 부과했다.[284]

고해의 초기 논의는 다음 세 가지 요소 곧 심령의 통회(contritio cordis), 입의 고백(confessio oris), 선행의 보속(satisfactio operis) 사이의 차이에 관한 것이었다.[285] 이 문제에 관한 중세 초기의 논의는 세 번째 요소인 보속에 커다란 비중을 두게끔 했다. 한 연구는 하나님의 아들의 성육신에 관한 캔터베리의 안셈의 이해와 관련하여 상당한 중요성을 지닌다. 안셈에게 있어, 당시 교회의 참회제도가 제공하는 속죄-공로 모델은 그리스도의 죽으심을 통한 신적인 죄 사면이라는 적합한 패러다임이었다. 그의 독자들은 이 견해를 올바르다고 수용했을 것이다.

그러나 12세기 초 무렵, 중심점이 속죄에서 참회로 이동한다. 이 일은 죄에 대한 속죄가 만드는 외부적 성취보다 고해자의 내적 동기가 강조되면서 이루어진다. 피터 아벨라르드는 일반적으로 심리적인 의미에서 회개(poenitentia)를 규정한다. 그는 전통을 존중한다는 측면에서, 고백과 보속의 사실상 필요성을 부인하지 않는다. 다만 자격조건이라는 말로 상황을 완화시키려 한다.[286] 이러한 통회주의를 발전시킨 피터 아벨라르드는 고해 성사에서 사제의 역할은, 고해자가 의롭게 되었으며, 교회와 화해되었다는 사실을 단순히 보증할 뿐이라고 말한다. 따라서 이는 전적으로 선언적이며, 용서받기 위한 유일한 사전조건은 통회임을 강조했다. 이 문제에 있어 사제가 원인적 기능을 수행한다고 볼 수 없다는 것이다.[287]

---

284) Cap. 21, D 812.
285) G. J. Spykman, *Attrition and Contrition at the Council of Trent*, Kampen: Kok, 1955, 17-89.
286) *Ethica* 18, PL 178.61A; *Ethica* 24-6, PL 178.668C-74A.
287) *I Sent.* dist. xviii 6.

12세기 동안 칭의와 고해의 정확한 관계는 상당한 토론 주제였다. 쁘와티에의 피터는 양자 관계에 대한 오해가 있을 수 있다는 점에 주목했다. 사람은 죄로 인해 첫 번째 은총을 상실할 수 있다. 그러나 고해를 통하여 곧바로 회복될 수 있다. 그러므로 고해가 마치 첫 은총의 공로가 된 것처럼 보일 수 있다. 피터는 인간이 오직 이런 방식으로만 첫 은총을 재획득할 수 있다고 인정하지 않으며, 이러한 해석을 거부한다. 왜냐하면 이미 첫 은총(gratia prima)을 소유한 사람이어야만, 고해에 의해 다시 의롭게 될 수 있기 때문이다.[288] 뚜네의 시몬(Simon of Tournai)은 기도와 자선행위가 사람을 착하게 하는 요건이기는 하지만, 인간은 오직 하나님의 은총을 통해서만 선해지기 때문에 그것들 자체가 사람을 선하게 만든다고 할 수 없다고 주장했다. 은총에서 벗어난 고해는 의롭게 하지 못한다. 릴의 알랭도 이와 비슷하다. 그는 칭의와 고해의 관계에 대한 논의에서, 공로가 되지 않는 은총의 특성에 대해 강조했다. 고해가 칭의의 효력 있는 원인이라고 생각될 수도 있지만, 그 원인은 하나님의 자비로운 의지이다. 고해는 단순히 칭의를 위한 기회(occasio)일 뿐이며, 필수조건(conditio sine qua non)일 뿐이다.[289]

그러나 고해 안에서 칭의의 원인이 어떤 형태로 자리하는가 하는 점은 분명히 중요하다. 칭의가 일어나려면 고해가 필요한가라는 질문에서 자연스럽게 행위 또는 경향성의 성질에 대한 논의가 이어지기 때문이다. 그러므로 교회의 성례제도 안에 심령의 통회, 입의 고백, 선행의 보속이라는 삼중 순서가 수립된 일이 중요하다. 왜냐하면 고해가 의미가 있다는 확신을 심어주는, 즉 고해가 합리화되는 결정적인 정착 과정을 이 순서가 제공해 주었기 때문이다. 고해 성사의 심리적인 측면도 무시되지 않아야 한다.

단테 알리기에리(Dante Alighieri)의 『신곡』 '연옥편'(Purgatorio)에서도 고해적 칭의로 귀결되는 고전적인 삼중 순서의 제시를 발견할 수 있다. 시인은 꿈에서 깨면서 자신이 연옥 입구에 올라와 있음을 깨닫는다. 그가 올라가야만 하는 세 가지 계단이 입구에 펼쳐져 있다. 세 가지 계단은 고해의 세 가지

---

288) *Sententiarum libri quinque* III, 2, PL 201.1047C.
289) *Contra Hereticos* I, 51, PL 210.354A-B, 356A-C.

요소를 나타낸다. 다만 단테는 순서를 바꾸어 고백, 통회, 보속의 순서로 제시한다. 시인이 하얀 대리석으로 만들어진 첫 번째 계단을 밟고 올라서자, 참된 자신의 모습이 비추어진다. 시인은 자기 죄를 깨닫고, 인정하게 되며, 죄를 고백한다. 십자가 모양으로 펼쳐진 두 번째 계단은 검은색으로, 통회하는 심령을 상징한다. 한편 동맥에서 솟구치는 피보다 더 붉은 세 번째 계단은 그리스도의 대속적인 죽음을 상징한다. 이 과정이 모두 완성되려면, 반드시 고해의 보속이 덧붙여져야 한다.[290]

피터 아벨라르드의 '통회주의적' 고해 이해에 대한 가장 중요한 비평을 둔스 스코투스가 맡게 된다. 만일 통회가 성례적 은총의 수납을 위해 필요한 하나의 경향성으로 요구되는 것이라면, 고해의 성례적 역할이 의문에 부쳐진다. 만일 고해 성사를 통한 칭의가 선행하는 통회의 경향성이라는 우발적인 요소에 달려 있다면, 그러한 성례는 더 이상 효력 있는 사효성(ex opere operato, 事效性-성례 집행자나 수혜자의 마음가짐이나 태도에 관계없이 성례 자체가 효력을 지닌다는 견해-역주)이라고 말할 수 없고, 단순한 인효성(ex opere operantis, 人效性-어떤 성사를 집행하는 사제나 그것을 받는 수혜자의 마음가짐에 따라 효력이 달라진다는 견해-역주)일 뿐이다.[291] 스코투스에 의하면, 대안은 '뉘우침'(attritionism)이다. 뉘우침은 본질상 형벌의 두려움에서 생긴 죄에 대한 회개이며, 통회는 하나님의 사랑에 기반을 둔 죄에 대한 회개이다.[292] 스코투스에 의하면, 죄인이 의롭게 되는 두 가지 방법이 있다.

1. 공로로 적합한(de congruo) 은총을 얻을 수 있을 정도로 그들이 충분히 뉘우쳐야 한다.
2. 그들이 고해 성사를 매개로, 의롭게 하는 적합한 은총에는 미치지 못하더라도, 신적 계약 덕분에(ex pacta divino) 칭의를 효력 있게 하는데 충분한 최소한으로 뉘우칠 수 있다(parum attritus).

---

290) *Purgatorio* IX, 94-102.
291) *Opus Oxoniense* IV dist. i q. 6 nn. 10-11.
292) *Opus Oxoniense* IV dist. xiv q. 4 n. 14.

첫 번째 대안은 성례 외적인 칭의(extrasacramental justification)의 가능성을 허용하므로, 아주 중요하다. 만일 충분한 정도로 뉘우치게 된다면 하나님은 뉘우침에 은총을 불어넣으셔서 신적 수용(acceptatio divina)이라는 외래적 요인을 통해 뉘우침을 직접 참회로 전환시킨다. 따라서 이 대안은 고해가 성례가 되는 것을 효과적으로 회피하게 한다. 두 번째 대안에서 스코투스는 죽을 죄를 피함으로써 성례적 은총의 길에 방해물을 두지 않게 하는(non ponere obicem) 최소한의 뉘우침(parum attritus) 개념을 정의한다. 이 가르침은 종종 도덕적 나태함을 일으킨다고 비난받는다. 위의 장치는 성례로써 고해의 사효적 유효성을 보장한다. 한편 토마스 아퀴나스는 통회를 고해 성사 안에 통합시켰다. 따라서 성례 외적인 칭의 가능성을 효과적으로 배제시킨다. 반면 스코투스는 적합한 공로를 얻을 정도의 충분한 뉘우침은 통회로 전환되어 첫 은총을 얻게 한다며 그 가능성을 인정했다. 고해적 칭의의 두 형식이 근본적으로는 동일하다는 사실에 주목이 요구된다. 단지 서로 다른 제2원인을 통해 매개된다는 점이 둘 사이의 차이이다. 둘 다 사전전제로 신적 수용이 필요하며, 그것에 의존하고 있다.

스코투스의 최소한의 뉘우침 교리는 순례자들(viatores)이 절대적 확신으로 은총의 상태에 있는지 여부에 대해서 무능력하다는 중세의 합의에 도전하는 것처럼 보인다. 만일 그들이 최소한의 뉘우침 상태에 있다고 스스로 확신할 수 있다면, 자신들이 은총의 상태에 있음을 보증해 주는 성례의 사효적 효과에 의지하게 될 것이다.[293] 스코투스가 성례 외적인 형식보다 이런 칭의 형식을 통해 더 커다란 확신이 얻어질 것이라고 말한 것은 사실이지만,[294] 또 다른 곳에서 확실한 은총의 가능성에 대한 공식적 거부를 구체적으로 철회하거나, 제한하지 않았다.[295] 그러므로 이 문제에 관한 한, 스코투스에게 은총의 절대적인 확실성을 가르치려는 의도가 없었다고 보아야 한다.

스코투스의 입장은 수많은 동시대인들과 후대인, 특히 가브리엘 비엘로부

---

293) *Opus Oxoniense* IV dist. xiv q. 4 n. 14.
294) Opus Oxoniense IV dist. xiv q. 4 n. 14.
295) 이 점에 관해서 V. Heynck가 잘 개진했다. 'A Controversy at the Council of Trent concerning at the Doctrine of Duns Scotus,' FrS 9 (1949), 181-258.

터 비판을 받는다.[296] 비엘은 완벽한 뉘우침으로 인한 칭의(즉 스코투스의 성례 외적인 칭의 형식)는 고백하려는 의도를 암시하는 것으로만 받아들여져야 하며, 따라서 고해 성사와 암묵적으로 연결되어 있다고 주장했다.[297] 여기서 비엘은 초기 프란시스코 학파가 수립했던 원리로 복귀하는 것처럼 보인다. 고백하려는 의도(propositum confitendi)는 참된 고해를 정의하는 내적 요소이다. 사람에게 자기 죄를 사제에게 고백하려는 의도가 없으면, 진정으로 고해할 수 없다. 비엘이 성례 이전 칭의의 가능성을 배제한 것은 아니지만 고해 성사와 별도인 칭의의 두 번째 방식, 즉 이것이 '성례 외적인' 방식이라고 이해되도록 허용한 것은 아니다.[298]

그러나 고해 시 통회의 필요성에 대한 비엘의 강조는 스코투스가 피터 롬바르드를 지목하여 내린 동일한 혐의, 즉 성례의 유효성이 사효성보다 인효성에 달린 것처럼 정의했다는 혐의가 그에게도 적용되도록 했음이 분명하다. 비엘 본인은 다음처럼 말하며 이러한 난관을 회피한다. 순례자들은 자신의 자연적 역량을 동원하여, 하나님 당신을 위한 사랑의 행위를 이끌어 낼 수 있다. 그리고 그 기반 위에 첫 은총의 주입이 일어난다. 비록 비엘이 원리상 칭의와 성례적 사면이 시간 안에서 동시에 발생할 필요는 없다고 했음에도, 하나님 자신을 위한 하나님의 사랑 행위가 고해 성사라는 문맥 안에 설정되었다는 사실이 강조되어야만 한다. 교회와 사람의 화해는 반드시 고해 성사를 통해서만 가능하며, 따라서 칭의에서도 이렇게 연결된다는 것이다. 사실 사람에 대한 성례 이전의 칭의는, 그것이 칭의가 되기에 앞서 성례적 사면을 통해 교회의 대문 안에 있다고 선언되어야만 함을 비엘이 말하는 것으로 보인다.[299]

초기 프란시스코 학파처럼, 비엘은 고백하려는 의도를 수단으로 하는 고

---

296) Feckes, Rechtfertigungslehre des Gabriel Biel, 66 n. 189.
297) In IV Sent. dist. xiv q. 2 a. 2 conc. 4.
298) Oberman, The Harvest of Medieval Theology, 146-60.
299) *In IV Sent.* dist. xiv q. 2 a. 2 conc. 4. Biel은 고백의 필요성을 예시하고자, 전통적인 나병 정화예식(눅 17:14. 참조. 레 14장)에 의지한다. 그의 Sermones dominicales de tempore, 76을 보라.

해 성사에 칭의를 정착하도록 만든다.³⁰⁰⁾ 비엘은 스코투스의 적합한 공로 양식(modus meriti de congruo, 비엘은 스코투스의 성례 외적인 칭의 양식을 이렇게 명명했다) 교리에 대한 비판을 강화한다. 이 교리는 뉘우침이라는 행위에 의존하고 있는데 그 강도, 정도 및 지속성에 대해서는 아무도 모른다. 또한 성경에 지정되어 있지도 않다. 따라서 올바른 행위가 정확하게, 지속적으로, 수행되는지 확신이 불가능하다.³⁰¹⁾ 비엘은 고해자 편에서의 고정된 지속성과 강도라는 개념을 거부하며, 대신 하나님에 의한 최상의 친교적 사랑의 필요성을 주장한다. 이 교리는 기본적으로 최선을 다하여 행하는 자에 대한 해석을 첫 칭의에서 두 번째 칭의에까지 확장한 것임이 분명하다. 하나님의 질서 유지권은 최선을 다하는 개인에게 은총으로 보상해야 할 의무가 있다. 이 의무는 첫 번째 은총의 수여만큼이나 고해 성사와 연관되어 존재한다. 비엘은 다음과 같이 지적한다. 우리가 고해한다. 하나님은 '우리의 기도에 반응하여 그의 판단을 바꾸시는 것이 아니다. 우리의 기도로 인해 우리가 적합한 경향성을 획득하며, 우리가 요청한 것을 획득할 수 있는 능력이 만들어지는 것이다.'³⁰²⁾

그러나 15세기 다소 다른 유형의 공격이 진행된다. 구원의 성례적 경륜에 있어 잠재적이지만 중요한 결과를 가져온다. 벌게이트 성경은 그리스도의 취임설교, '회개하라(그리스어, metanoiete), 천국이 가까이 왔느니라' (막 1:14)를, '고해하라(poenitentiam agite), 천국이 가까이 왔느니라' 라고 번역했다. 라틴어 포에니텐티아(poenitentia)의 이중 의미(즉 '회개' 나 '고해')는 죄인이 뉘우치는 내적 태도와 고해 성사 사이의 연결고리를 만드는 데 기여했다. 1400년대에 신비평 철학이 등장하면서 이 연결고리에 대한 의문이 제기되었다. 로렌조 발라(Lorenzo Valla)는 위에 나타난 신약성경 본문의 벌게이트 번역에 대해 도전했다.³⁰³⁾

---

300) *In IV Sent.* dist. xiv q. 2 a. 1 nota 2.
301) *In IV Sent.* dist. xiv q. 2 a. 1 nota 2; 참조. *Canonis Missae expositio* 26F.
302) *Canonis Missae expositio* 31C.
303) Valla, *Adnotationes*, in *Monumenta politica et philosophica rariora*, Turin: Bottega d' Erasmo, 1959, 5.807(마 3:2에 관하여), 824(막 1:14에 관하여), 872(고후 7:9-10에 관하여). *punire*와 *poenitere* 사이에 어원학적인 연관이 존재한다는 Isidore of Seville의 견해에

데시데리우스 에라스무스(Desiderius Erasmus)가 발라의 뒤를 이었다. 그의 신약성경(Novum instrumentum omne, 1516)은 벌게이트의 메타노이에테(metanoiete, 회개하라) 번역에 대해서 발라의 도전을 되풀이했다. 에라스무스는 1516년판에서 그리스어 명령형을 포에니테아트 보스(poeniteat vos, 고해하라)로 번역하지만, 1527년판에는 레스피스키테(resipiscite, 너의 마음을 바꾸어라)로 번역한다. 이는 회개의 내적인 태도와 고해 성사 사이의 고리를 더욱 약화시킨다. 그러나 이러한 문헌학적 발전의 중요성은 16세기 종교개혁 첫 국면이 되어서야 인정받기 시작했다. 따라서 중세 후기의 칭의와 성례의 상호관계에 있어 심각한 도전이 되지 못했다.

결론적으로, 중세는 죄인의 칭의가 교회의 성례와 굳게 연결되었으며, 칭의와 성례 사이에 건전한 신학적 고리의 수립을 목도했다고 말할 수 있다.[304] 칭의와 교회의 성례 제도와의 연결은 심대한 신학적, 목회적 결과를 가져왔는데, 가장 중요한 것은 '교회 밖에는 의로움이 없다'(iustificatio extra ecclesiam non est)는 경향이다.[305] 비록 중세 신학자들이 성례가 하나님을 좌지우지할 수 없다고 인식했지만, 일부에는 성례제도가 포함된 채 정립된 구원 서정의 개연성을 강조하는 경향도 있었다. 따라서 하나님과 화해하기를 원하는 죄인은 누구라도, 사실상 사제의 도움을 반드시 요청해야 한다는 인상을 불러일으키는 데 기여했다.

구원의 성례적 경륜에 대한 명시적 진술은 13세기에 완성되었으며, 중세 시기 심각한 공격을 견디며 살아남았다고 볼 수 있다. 시편 기자는 그의 백성들에게 '고백으로 그의 문에 들어가라'고 권고했는데, 중세 신학은 하나님의 문으로 들어가는 유일한 방법은 세례와 고해라는 성례를 통해서임을

주목하는 것이 흥미로운데(*Etymologiae* VI, xix, 71, PL 82.258C), 이 의견은 12세기 동안 일반적으로 거부되었다. 그러나 *poenitentia*와 처벌의 두려움 사이의 긴밀한 연결은 Anselm of Laon 같은 신학자들이 제안했는데, 이러한 어원학적 연결에 기반을 두었을 가능성도 있다. Anciaux, *La théologie du sacrement du pénance*, 155-7.
304) 여기서 언급하는 내용은 Biel이 칭의와 성찬을 연결시킨 것이다. Oberman, *The Harvest of Medieval Theology*, 271-80.
305) 참조. Augustine, *De baptismo* IV, xvii, 24: 'Salus extra ecclesiam non est.'

확신시켰다.[306]

교회의 성례 제도가 구원의 유일한 보증자라는 통찰에 교회 건축도 급속히 동화되어 갔다. 종종 로마네스크 양식의 거대한 교회 문들이 하늘의 영광을 묘사하는 정성스런 조각으로 장식되었다. 이는 오로지 교회에 들어가야만 이러한 실재를 경험할 수 있다는, 손에 만져지는 인정이었다. 교회의 거대한 서쪽 문 위에 종종 비문이 새겨졌다. 이 비문은 교회에 들어와야만 천국이 얻어질 것이라 선포한다. 정문에는 이 목적 하에 그리스도를 새기는 일이 허용되었다. 그리스도는 행인들이나, 웅장한 장식에 압도되어 멈춘 사람들을 향해 말하는 모습이었다. 성 마르셀레소즈(St-Marcel-lès-Sauze) 성당은 985년에 설립되어, 12세기에 크게 확장된 베네딕트파 수도원 소속인데 아주 분명한 사례로, 그리스도가 근처에 다가오는 모든 사람에게 다음 말씀을 하시는 그림이 교회 정문에 장식되어 있다.

> Vos qui transitis, qui crimina flerae venitis,
> Per me transite quoniam sum ianua vitae.[307]
>
> (이곳을 지나가는 당신, 자신들의 죄를 위해 울고자 온 그대들이여, 나를 지나가라, 왜냐하면 나는 생명의 문이기 때문이다.)

이 말들은 분명 그리스도의 말씀이지만(요한복음 10장 '양의 문'으로서 그리스도의 이미지를 채택한), 만질 수 있는 연결고리는 교회 건물 자체이다. 종종 성수반의 물리적 위치를 교회 문 근처에 놓으면 시각적 강화작용이 일어나 하늘의 입구가 세례 성사와 연결되어 있음을 확증시킨다.

---

306) Astesanus of Asti가 만든 이 텍스트의 사용을 보려면, H. J. Schmitz, Die Bußbücher und die Bußdisziplin der Kirche, Graz: Akademische Verlagsanstalt, 1958, 800.

307) 비슷한 성격의 비문으로는 다음을 보라. W. M. Whitehill., *Spanish Romanesque Architecture of the Eleventh Century*, London: Oxford University Press, 1968.

5. 은총의 개념

중세 초기의 저자들은 주로 어거스틴적인 용어로 은총을 생각하는 경향이 있었다. 여기에는 신적 이미지의 회복, 죄의 용서, 중생과 신성의 내주 등의 요소가 포함되어 있다.[308] 우리는 이 단원에서 특별히 칭의 교리의 발전이라는 전반적인 기조에서 중요한 은총 개념 발전의 세 가지 측면에 커다란 관심을 가진다. 그 세 가지 측면은 다음과 같다.

1. 자연과 은총의 효과를 정식화하는 데 있어 초자연 개념의 발전
2. 거저(공짜로) 주어진 은총(gratia gratis data)과 거룩하게 하는 은총 (gratia gratum faciens)의 구분
3. 작용 은총과 협력 은총의 구분

우리는 이 세 가지 측면을 하나씩 살펴볼 것이다. 그러나 심각한 용어상의 어려움이 먼저 언급되어야만 한다. 이 단원 및 이 연구의 여러 곳에서 거저 주어진 은총과 거룩하게 하는 은총이 광범위하게 사용된다. 통상 실제적 은총(actual grace)과 거룩하게 하는 은총(sanctifying grace)으로 번역된다. 사실, 이런 번역은 트렌트 회의 이후 시대의 시대착오다. 비록 썩 만족스럽진 않아도, 그라티아 그라티스 다타(Gratia gratis data)를 선행 은총(prevenient grace)으로 번역하는 것이 나을 것이다. 그라티아 그라티스 다타를 '실제적 은총' 으

---

[308] Alszeghy, *Nova Creatura*; Auer, *Die Entwicklung der Gnadenlehre*; Beumer, Gratia supponit naturam; Doms, Die Gnadenlehre des sel. Albertus Magnus; Gillon, La Grâce incréée; Herve de l'Incarnation, 'La Grâce dans l'oeuver de S. Leon le grand,' RThAM 22 (1955), 193-212; Heynck, 'Die aktuelle Gnade bei Richard von Mediavilla'; R. Javelet, Image et ressemblance au XIIe siécle de S. Anselme à Alain de Lille, 2 vols., Paris: Letouzey et Ané, 1967; Landgraf, Dogmengeschichte der Frühscholastik, 1/1.51-140, 141-201; Molteni, Roberto Holcot; Philips, 'La Théologie de la grâce chez les préscolastiques'; 동일 저자의, 'La Théologie de la grâce dans la "Summa Fratris Alexandri"'; Schupp, Die Gnadenlehre des Petrus Lombardus; Stoeckle, 'Gratia supponit naturam'; Vanneste, 'Nature et grâce dans la théologie du XIIe siécle'; 동일 저자의, 'Nature et grâce dans la théologie de Saint Augustin.'

로 번역하는 유행적 경향에 비추어 볼 때, 받아들일 만한 일반적인 대안이 별로 없다. 대안부재를 느끼면서도 이런 번역 외에 다른 대안이 없음도 느낀다.

12세기 말경 초자연 개념이 등장한다.[309] 중세 초기의 신학자들은 그라티아(gratia), 그라티스(gratis)와 그라투이타(gratuita)가 같은 어원 관계라는 데 의지하여, 공로가 될 수 없는 하나님의 선물이 은총이라는 단정에 대체로 만족했다. 은총의 성격에 관한 논의는 무시할 수 없는 질문의 임박을 지연시켰을 뿐이다. 하나님의 은총과 하나님의 다른 선물들과의 관계는 무엇인가? 은총이 정말로 하나님의 공짜 선물이라면 하나님의 선물 모두를 하나님의 은총으로 여길 수는 없는가? 달리 말해, 은총의 두드러진 특성은 오로지 그것이 하나님에 의해 공짜로 주어진다는 사실에만 달려 있는 것인가?

이 질문에 대한 11세기와 12세기의 논의에서 혼동을 피하려면, 나투랄리아(naturalia, 자연)와 그라투이타(gratuita, 공짜) 사이에 주의 깊고 체계적인 구분이 필요하다는 점이 분명해졌다. 명료화가 요구된 내용은 다툼(datum, 이미 자연적으로 주어진 것)과 도눔(donum, 곧 이어지는 부가적인 은총의 선물)과의 구분이었다. 앞에서 언급했듯이, 정확하게 이 측면을 둘러싼 혼란이 펠라기우스 논쟁 시기를 지배했었다.

주어진 것(datum, 즉 자연)과 선물(donum, 즉 은총) 사이의 체계적인 구분이 이루어진 첫 사례는 9세기경의 일이다. 스코투스 에리게나(Scotus Erigena)는 자연적 질서와 초자연적 질서 사이를 분명히 구분했다.[310] 에리게나가 문맥에서 초자연적 은총(gratia supernaturalis)을 명시적으로 언급한 일은 특히 중요하다.[311] 은총의 영역을 지정하는 구절들에서, 초자연을 지칭하는 용어, 수프라 나투람(supra naturam) 또는 울트라 나투람(ultra naturam)의

---

309) 참조. Henri de Lubac, *Surnaturel: Etude historique*, Paris: Aubier, 1946.
310) *De divisione naturae* v, 23, PL 122.904B: 'Donum gratiae neque intra terminos conditae naturae continetur neque secundum naturalem virtutem operatur, sed superessentialiter et ultra omnes creatas naturales rationes effectus suos peragit.' 상세한 연구를 위해 다음을 보라. F. A. Staudenmaier, *Johannes Scotus Erigena und die Wissenschaft seiner Zeit*, Frankfurt am Main: Minerva, 1966.
311) *Commentarius in Evangelium Johannis*, PL 122.325C; *De divisione naturae* III.3, PL 122.631D.

사용이 증가하는데, 다음 세기에 그 빈도수는 더욱 증가한다.[312] 초자연 개념을 정의하려는 중요한 첫 걸음은 아마도 뚜르내의 시몬(Simon of Tournai)에 의한 것으로 추정된다. 그는 다툼은 순전히 자연적인 반면, 도눔은 순전히 영적이라고 주장했다.[313]

그러나 자연과 초자연의 변증법적인 용어로 은총의 성격을 정의하려는 시도를 통해, 문제가 진정으로 해결될 수는 없었다. 사실 쁘와티에의 피터조차도 나투랄리아와 그라투이타를 각각 인간적 기원과 신적 기원이라는 의미로 정의하려는 시도는 하지 않았다.[314] 만일 은총의 정수를 정의하는 데 있어, 자연과 초자연 사이를 예리하게 구분한 단 한 명의 신학자를 꼽으라면, 그 누구보다 크레모나의 프래포시티누스(Praepositinus of Cremona)일 것이다.

13세기의 동이 틀 무렵, 프래포시티누스는 자연 자체보다 더 높은 질서가 있으리라고 주장한다. 그는 다음 추리로 그 존재를 유추해 내었다. 이성은 자연에서 최고의 것이지만, 믿음은 이성을 초월하는 것으로 간주되어야 한다. 따라서 믿음은 자연을 초월하는 것으로 여겨져야 하며, 존재 자체는 자연을 넘는 무엇(supranaturam)이다.[315] 또한 미덕에도 이 구분을 적용할 수 있

---

312) Hervaeus of Bourg-Dieu, *Comm. in epist. Divi Pauli*, PL 181.1446C-D; Hugh of St Victor, *De sacramentis* I, vi, 17, PL 176.237D-8A; Hugh of Amiens, *Dialogi* IV, 6, PL 192.1184A.

313) *Quaestio* 64, ed. Warichez, 179: 'Datis autem subsistit homo, quod est et qualis est naturaliter; donis vero qualis est spiritualiter. Ex datis ergo contrahit naturalem; ex donis, spiritualem.'

314) *Sententiarum libri quinque* II, 20, PL 211.1025A: 'Naturalia dicunt illa quae habet homo a nativitate sua, unde dicuntur naturalia, ut ratio, ingenium, memoria, etc. Gratuita sunt illa quae naturalibus superaddita sunt, ut virtutes et scientiae; unde etiam dicuntur gratuita, quia a Deo homini per gratiam conferuntur.' 또한 Landgraf, Dogmengeschichte der Frühscholastik, 1.180 n. 76에서 인용된, 익명의 Cod. Paris Nat. lat. 686 fol. 40V를 보라. 'quod dicitur natura quantum ad creationem, dicitur gratia quantum ad recreationem vel reformationem.'

315) Landgraf, *Dogmengeschichte der Frühscholastik*, 1.180에서 인용된, Summa, Cod. Erlangen 353 fol. 32: 'Fides mea est supra rationem et ratione nullum naturale bonum est homine excellentius. Ergo fides supra omnia naturalia.' Praepositinus는 Peter of Poitiers, Peter of Capua, Stephen Langton 등 일련의 학자 그룹과 관련이 있는

다. 예를 들어, 세인트 빅터의 휴에 대항하는 변증에서, 옥세레의 윌리엄은 하나님의 공로적인 사랑으로부터 순전히 자연적인 하나님을 향한 친교적 사랑을 구분했다.[316] 윌리엄은 이런 고려사항에 기반을 두어 두 가지 상이한 존재적 질서를 주장했다. 비록 순전히 공로적인 것으로 은총을 규정하는 경향이 있었지만, 고전적인 초자연의 정의를 만드는 데 중대한 진전이 이루어졌음이 분명하다. 이러한 정의 수립의 전환점은 학장 필립 덕분인 것 같다. 그는 '보다 고상한' 초자연적 질서와 자연적 질서에 대해 전자는 믿음과 자비로, 후자는 이성과 자연적인 사랑으로 구분했다.[317] 이처럼 중요한 구분으로 인해 칭의는 이중적 작용으로 분해되었다.

1. 자연적: 은총은 의지에 작용하며, 도덕적 선에 효력을 미친다.
2. 초자연적: 은총은 인간의 공로적인 행위에 효과를 미치며, 순전히 자연적인 영역에서 초자연적인 영역으로 인간을 상승시킨다.

이러한 칭의의 효력은 어거스틴 시대 이후 일반적으로 받아들여지고 있었으므로, 전혀 새로운 진전이 아니라고 주장할 수도 있다. 그러나 필립의 공헌은 칭의의 두 측면을 두 가지 존재 양식으로 나눈 데 있다. 이 때문에 이 문제를 둘러싼 많은 혼동이 제거되었다. 12세기 초 신학자들은 은총을 공로라는 견지에서 정의하는 경향이 있었다. 세기말에는 일반적으로 공로란 한 가지 행위가 은총의 효과로 인한 전이에 의해 자연(즉 도덕적으로 선한)에서 초자연적인(즉 공로적인) 영역으로 이전된 결과로 간주되었고, 이러한 구분이 이루어지자 일반적인 인정을 받게 되었다. 따라서 토마스 아퀴나스는 '누군가 하나님의 은총을 받았다고 말할 때, 그것은 하나님으로부터 기원한 무엇인가 초자연적인 것(quiddam supernaturale)이 인간 안에 있음을 의미한

데, 가장 강력한 영향을 준 사람은 Peter Lombard였다. J. W. Baldwin, Masters, Princes and Merchants, 2 vols., Princeton: Princeton University Press, 1970.
316) *Summa Aurea* lib. II tr. xiv cap 2; fol. 69.
317) Landgraf, *Dogmengeschichte der Frühscholastik*, 1/1.198-9 n. 84에서 인용된 Summa de bono, Cod. Vat. lat. 7669 fol. 12.

다'[318)]고 진술한다.

  칭의의 다양한 양식의 이해와 관련된 혼동은 중세 초기의 한 가지 특징이었다. 피터 롬바르드는 그라티아 그라티스 단스(gratia gratis dans, 즉 하나님 자신인 창조되지 않은 은총)와 그라티아 그라티스 다타(gratia gratis data, 즉 칭의의 은총)를 구분했다.[319)] 그러나 이러한 후기 개념은 분명히 잘못 정의된 것이다. 따라서 이 용어의 의미가 무엇인지 분명히 하는 일이 급선무가 되었다. 보나벤투라는 넓은 의미에서 은총을 생각하는 일반적인 경향을 기록하면서, 용어를 그라티아 그라티스 다타와 그라툼 파키엔스(gratum faciens)로 한정할 때 생기는 유리한 점에 대해 설명했다.[320)] 자주 두 용어와 관련된 혼동이 발생하기는 했지만, 13세기가 동터올 무렵 '거저 주어지는 은총'과 '거룩하게 하는 은총' 사이의 구분이 정립된 것 같다. 넓은 의미로, '거룩하게 하는 은총'은 인간 안의 초자연적인 습성으로 이해된 반면, '거저 주어지는 은총'은 직접 또는 간접적인 외부의 신적 지원으로 이해되었다. 이러한 명료화는 '그라티아 그라티스 다타'로 이해 가능한 의미 목록을 만드는 초기 과정에서 이루어졌다. 예를 들어, 알베르투스 마그누스(Albertus Magnus)는 이 용어의 여덟 가지 의미를 구분했다.[321)]

  1. 합리적인 자연과 그 능력
  2. 자연적인 도덕적 선
  3. 타락이전의 아담이 지닌 초자연적 재능들
  4. 구원을 향한 불완전한 운동

---

318) Summa Theologiae IaIIae q. 110 a. 1: 'Sic igitur per hoc quod dicitur homo gratiam Dei habere, significatur quiddam supernaturale in homine a Deo proveniens.' 고등 스콜라주의에서 은총과 초자연 사이에 대한 관계는 다음을 보라. Auer, *Die Eintwicklung der Gnadenlehre*, 2.219-50.
319) *II Sent*. dist. xxvii 7.
320) *In II Sent*. dist. xxvii dub. 1, ed. Quaracchi, 2.669: 'Accipitur enim gratia uno modo largissime, et sic comprehendit dona naturalia et dona gratuita…Alio modo accipitur gratia minus communiter, et sic comprehendit gratiam gratis datam et gratum facientem.'
321) Doms, *Die Gnadenlehre des sel. Albertus Magnus*, 167-8.

5. 영감, 마술 및 비슷한 능력들
6. 천사의 도움
7. 세례 성사와 견진 성사를 통해 얻어지는 지워지지 않는 성품
8. 신적 동행(concursus)

보나벤투라는 이 목록에서 신적 동행 개념은 제외되어야 한다고 결론짓지만,[322] '거저 주어지는 은총'(gratia gratis data)은 여전히 넓은 의미에서, 하나님이 인간과 교호하는 실질적 수단을 포함하고 있다고 생각했다. 보나벤투라의 목록에서 '그라티아 그라티스 다타'에 대한 일반적 개념은 '그라티아 그라툼 파키엔스'라는 선물을 향해 사람을 준비시키거나, 마음이 내키도록 하는 무엇이다. 토마스 아퀴나스의 초기 저작에도 비슷한 모호성이 두드러진다. 아퀴나스는 유동적인 방식으로 '그라티아 그라티스 다타'를 사용하는데, 분명 의미상 정의를 넘어서는 존재적 개념으로 인식한다.[323] 대조적으로 '그라티아 그라툼 파키엔스' 개념은 이 측면에 있어 비교적 잘 정의되어진 것으로 보인다.[324] 그러나 어거스틴 칭의 신학의 중요한 특색인 작동 은총과 협력 은총 사이의 구분과 관련하여 더 커다란 혼동이 발생한다.[325] 우리는 토마스 아퀴나스의 진전된 통찰력과 관련하여 이 측면을 제시할 것이다.

---

322) *In II Sent.* dist. xxviii a. 2 q. 1, ed. Quaracchi, 2.682.
323) Thomas, *In II Sent.* dist. xxviii q. 1 a. 4, ed. Mandonnet, 2.728. Stufler, 'Die entfernte Vorbereitung auf die Rechtfertigung nach dem hl. Thomas'; P. de Vooght, 'A propos de la grâce actuelle dans la théologie de Saint Thomas,' Divus Thomas (Piacenza) 31 (1928), 386-416. Thomas는 다른 곳에서 이를 하나의 charism(즉 남을 돕는 은사)으로 여긴다. Summa Theologiae IaIIae q. 111 a. 1.
324) 그러한 혼동의 예로는 다음을 보라. Bonaventure, In II Sent. dist. xxvii a. 1 qq. 1-5; Thomas, In II Sent. dist. xxvi q. 1 aa. 1-6. 이 문맥에서 habitus 용어의 체계적인 사용은 Philip the Chancellor의 영향으로 보인다. P. Fransen, 'Dogmenseschichtlichen Entfaltung der Gnadenlehre,' in J. Feiner and M. Löhrer (eds.), Mysterium Salutis: Grundriß heilsgeschichtlicher Dogmatik, Einsiedeln: Beinziger, 1973, 4/2.631-722, 672-9. 비록 이전에(1201년)에 미덕과 관련하여 사용되었지만(D. 410: 'et virtutes infundi…quoad habitum'), 최초로 은총이 일종의 habitus라고 공적으로 언급된 것은 1312년 비엔나 회의의 결정이다(D. 483: 'et virtutes ac informans gratia infunduntur quoad habitum').
325) Albertus Magnus, *In II Sent.* dist. xxvi aa. 6-7.

자연 그리고 은총의 작동에 대한 토마스 아퀴나스의 이해는 그의 평생에 걸쳐 상당한 진전이 이루어졌음을 인식해야 한다. 은총에 관한 그의 초기 논의가 『문장집 주석』에 들어 있다. 여기서 토마스는 다음 질문을 던지는데, 부정적으로 답변한다. 은총은 영혼 안에 있는 복합적인 실체인가(utrum gratia sit multiplex in anima)?[326] 이 질문에 대한 대답을 통해 실제적 은총 개념에 대한 그의 초기 혼돈을 볼 수 있다. 은총과 미덕 사이의 구분은 이루어진 듯하다. 만일 은총이 미덕과 동일시된다면, 수많은 은총들이 존재해야만 한다. 그런데 그것은 불가능하다. 비록 선행 은총, 후속 은총, 작동 은총, 협력 은총 때문에 은총이 복합적인 것으로 보일지도 모른다. 사실 이런 구분들은 하나 뿐인 은총의 다양한 효력들을 반영할 뿐이다.

달리 말하면, '선행 은총'(gratia praeveniens)과 '후속 은총'(subsequens), '작동 은총'(operans) 및 '협력 은총'(cooperans) 같은 다른 형태의 은총 사이의 구분은, 순전히 개념적인 것이며, 실재하는 것이 아니다. 은총은 우리 안에 무수한 효과를 일으키는데, 은총의 효과가 복수적이라는 측면 때문에 은총을 복수(複數)라고 추론할 필요는 없다. 작동 은총의 효과는 사람 안에 선한 의지를 만드는 것이며, 협력 은총의 효과는 이 선한 의지를 선한 실천으로 활성화시키는 것이다. 이 점에 관련된 많은 내용은 어거스틴의 가르침이 정확하게 재진술된 것이다. 따라서 내적인 행동은 작동 은총에 기인하며, 외적인 행동은 협력 은총에 기인한다. 이와 같은 은총 이해가 표 2.1에 요약되어 있다. 작동 은총과 협력 은총의 공식적이고 효과적인 측면에 기반을 두어, '거저 주어지는 은총'을 언급하지 않고도 은총을 간단히 구분한 일은 은총의 성격에 관한 전체 분석에서 상당한 중요성을 지닌다!

후기의 『진리론』(De veritate)에서도 이 문제를 논하는데, 약간 다른 질문이 제기된다. 한 사람 속에는 한 종류의 거룩하게 하는 은총만 있는 것인가?[327] 질문에 대한 대답을 통하여, 아퀴나스는 거저 주어지는 은총과 거룩하게 하는 은총 사이에 명시적으로 중요한 구분을 만든다. 그러나 이 구분은 정확성

---

326) *In II Sent.* dist. xxvi q. 1 a. 6, ed. Nandonnet, 2.682-6. 다음으로 탁월한 연구인, Lonergan의 *Grace and Reason*을 보라.
327) *De veritate* q. 27 a. 5, ed. Spiazzi, 1.524-8.

표 2.1

은총 { 공식적으로 여겨지는 { 작동(operans), 사람이 하나님에게 받아들여질 만하게 됨
협력(cooperans), 사람의 행위가 하나님에게 받아들여질 만하게 됨
효과로 여겨지는 { 작동(operans), 사람의 의지가 선을 바라도록 함
협력(cooperans), 선한 행위 안에 있는 사람의 선한 욕구를 활성화시킴

이 떨어지며 더 느슨한 목록에다, 앞의 도식보다 훨씬 다양한 가능성을 담기 때문에, 상당히 복잡하다.

그러나 거룩하게 하는 은총(gratia gratum faciens)은 아주 다르다. 만약 이 유형을 선한 생각이나 성스러운 바람 같은 신적 의지의 모든 측면을 언급한 것으로 이해한다면, 분명히 복수적이다. 아퀴나스의 은총 신학에서 거룩하게 하는 은총의 복수성이 이처럼 쉽사리 허용된 일은 분명하고도 중요한 진전이다. 초기의 『문장집 주석』에서, 아퀴나스는 거룩하게 하는 은총의 단수성을 주장한 반면, 효과의 복수성을 인정했다. 은총을 복수로 분류한 것은 순전히 이론적이다. 즉 단일한 그라티아 그라툼 파키엔스의 여러 효과들을 반영한 것이다. 아퀴나스는 이제 습성적인 은총의 선물과 하나님의 거저 주시는 의지의 효과라고 이해되는 은총 사이의 구분을 소개한다. 표 2.2의 요약은 복합적인 구분이다. 공식적인 인과관계와 효과적인 인과관계 사이의 구분은 유지되지만, 은총의 외적, 내적 작동(위를 보라) 사이의 구분으로부터, 작동과 협력 사이의 구분으로 전환된다.

표 2.2

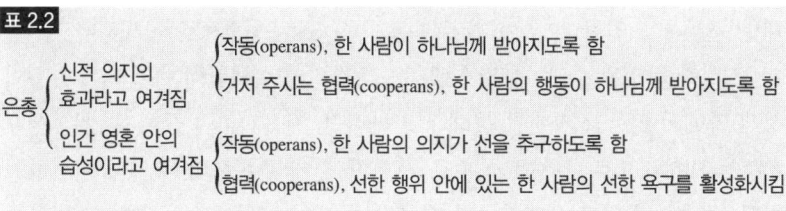

아퀴나스는 『문장집 주석』에서는 작동 은총의 가능성에서 효과 있는 행동을 지지하지만, 여기서는 이를 배제시킨다. 이 결과가 중요하다. 습성적 은총의 공식적 인과관계와 효과적 인과관계 사이의 차이는 단순히 개념적 수

준의 차이가 되었다. 그러나 신적 의지의 효력이라고 이해되는 은총의 경우, 공식적 인과관계와 효과적 인과관계의 차이는 실제적 차이로 귀결된다. 이것은 작동 은총과 협력 은총 사이의 구분에서 분명 어거스틴적 이해와의 중대한 결별을 나타낸다. 사실 아퀴나스는 어거스틴의 개념적 이해에 불만을 느껴 실제로 이를 폐기한 셈이다.

어거스틴은 작동 은총이 의지로 하여금 선을 바라도록 흥분시키며, 곧이어 협력 은총은 이 선한 의지를 선한 행위로 활성화시킨다고 가르쳤다. 이제 토마스는 의지를 선한 욕구로 이끄는 것도, 외적인 행동으로 드러나게 하는 것도 모두 협력 은총이라고 분명하게 가르친다. 그러나 이 견해도 곧바로 폐기된다.

『신학대전』에 나타난 은총의 성격과 구분에 관한 아퀴나스의 보다 성숙한 논의는 특별한 흥미를 끈다. 아퀴나스는 선한 의지와 선한 실천의 관계에 대한 어거스틴의 가르침을 연결시키려고 시도한다. 이 시도는 처음 『문장집 주석』에 나타났으며 『진리론』에서는 거부되었다. 그리고 『신학대전』에 수정된 형태로 재등장한다. 본래 작동 은총과 협력 은총 사이의 어거스틴적인 구분은 선한 의지와 선한 실천 사이의 펠라기우스적 구분에 대항하는 변증적 상황에서 비롯되었는데, 이제 토마스가 중요하게 생각하는 문제의 형이상학적 측면을 전달하는 데 부적절해진 것이다.

아퀴나스는 어거스틴 초기 구분의 실체를 표현하고자, '내적 의지의 행위'(actus interior voluntatis)와 '외적 의지의 행위'(actus exterior voluntatis)에 대한 구분을 도입한다.[328] 이제 은총은 습성 또는 동작으로 이해된다. 두 가지 모두 작동이 될 수도, 협력이 될 수도 있다. 일단 사람이 습성적인 은총의 상태 안에서 믿음과 자비를 통해 성장하려면, 지속적이며 끊이지 않는 실제 은총들(의도적으로 은총을 복수로 사용한 것에 주목하라)이 공급되어야만 한다. 왜냐하면 인간은 연약하기 때문이다. 여기서 생기는 새로운 은총 구분 사이의 관계가 표 2.3의 도식으로 설명되어 있다. 따라서 습성적인 은총(habitual grace)은 인간의 상한 본성을 치유하고 의롭게 함으로써 하나님께

---

328) *Summa Theologiae* IaIIae q. 111 a. 2.

서 그들을 받을 만하도록 만든다는 점에서 작동적이며, 공로적인 인간 행위의 기본이 된다는 점에서는 협력적이다. 운동으로 간주되는 은총은, 인간 의지가 선을 바라도록 인간 의지에 작용한다. 이런 점에서 하나님은 능동적이며, 자유 의지는 수동적이다. 따라서 운동(motus)으로 간주되는 은총은 선한 행동 자체를 이루기 위해 의지와 협력한다. 이 점에서 의지는 능동적이며, 은총과 협력한다고 말할 수 있다. 은총의 성격과 구분에 대한 새로운 해석에서 가장 중요한 점은, 실제 은총이 인간의 칭의에서 결정적인 역할을 하게끔 배치되었다는 사실이다.

표 2.3

은총		
하나의 행위로 간주되는	작동(operans), 내적 행동으로 의지를 움직임	
	협력(cooperans), 외적 행동으로 의지를 움직임	
하나의 습성으로 간주되는	작동(operans), 칭의에서 사람을 하나님께 수용될 만하게 만듦	
	협력(cooperans), 사람의 선한 욕구를 공로의 근거인 선한 행동으로 활성화시킴	

이 논의에서 은총의 성격과 구분에 관한 아퀴나스의 입장 변화는 눈에 띄게 복잡하고 따라가기 어렵다. 따라서 이러한 변화의 주도적 특색을 설명할 수 있는 배후의 요소들을 식별하는 것이 중요하다. 은총의 성격과 구분에 관한 아퀴나스의 입장 변화의 결정적 수정 요소는 인간의 자연적 재능에 대해서 그가 점점 비관적인 견해를 지니게 되었기 때문이다. 이는 칭의를 위한 인간 준비의 필요성과 성격에 관한 아퀴나스의 가르침과 관련하여 앞에서도 언급되었다. 초기에, 아퀴나스는 칭의를 위한 인간의 준비가 필요하며, 준비는 은총의 지원 없이도 가능하다고 생각했다. 따라서 거저 주어지는 은총 개념은 인간의 칭의에서 아무런 중요 역할을 할 수 없었다. 후기에 아퀴나스는 개인적 회심의 시작은 은총의 내적인 작용으로 보아야 하며,[329] 따라서 칭의에 선행하는 거저 주어지는 은총이 지닌 함의가 필요하다고 가르치게 되었다.

초기에 아퀴나스는 일단 한번 의롭게 되면, 어떤 은총의 형식으로도 도움

---

329) *Summa Theologiae* Ia q. 62 a. 2 ad 3um; *Quodlibetum primum* I a. 7.

이 필요 없는 것이 인간의 자연적 재능이라고 생각했다. 거룩하게 하는 은총만이 작동 은총이자 협력 은총으로 간주되었다.[330] 아퀴나스는 습성의 소유는 의지가 자발적으로 행동으로 전환되게 만드는 효과가 있다는 아베로스(Averroes)의 진술을 인정하면서 이를 인용한다.[331] 아퀴나스는 인간은 완벽과는 거리가 멀다는 점을 인정하면서도, 습성적인 은총을 소유하게 되면 이러한 결핍이 치유될 수 있다고 믿었다.

이런 결론을 분명히 하고자 두 가지 고려사항이 덧붙여졌다. 첫째, 하나님이 더 깊숙이 인간의 삶에 개입하시는 일은, 인간의 존엄성을 해친다는 이유로 거부되었다. 둘째, 하나님의 순전한 외부적 행동은 인간 안에 영구적인 변화를 일으키지 않는다. 신적 행동은 특정한 행동을 선하게 만들 수 있지만, 개개인 속에 근본적인 변화를 성취하는 일에는 실패한다. 왜냐하면 인간이란 이러한 외부적 간섭이 있더라도, 이전에 그랬듯이 여전한 결핍상태에 머물기 때문이다. 따라서 하나의 수단으로서의 은총은 인간 안에 내적 변화를 일으키지 못하므로 거부되며, '거룩하게 하는 은총'(gratia gratum faciens)의 습성적 은사가 내적 변화를 일으킨다는 뜻으로 정식화가 이루어졌다.

아퀴나스는 동일한 내용을 『진리론』에서 논의한다. 그는 더 이상 습성적인 은총의 성격에 대한 이해 때문에 논쟁하지 않을 것임을 시사한다. 습성이 아무리 완벽하다 하더라도, 인간은 연약하므로, 협력 은총으로 기능하는(즉 이미 습성적인 은총의 상태에 있는 인간에게 작용하는) 신적 은총들의 지속적 지원이 필요하다. 어떠한 습관이나 습성들도 인간적 동작들을 참으로 선하게 할 만큼 충분히 효과적인 것은 없다.[332] 따라서 하나님만이 완벽한 행동을 하실 수 있다. 이제 아퀴나스는 인간이란 회심 이전에도 이후에도 실제 은총을 필요로 하는 존재라는 사실을 분명히 한다. 창조된 은총의 습성에 의해 그들 안에 만들어지는 내적인 변화는 더 많은 외부적 은총의 보충을 필

---

330) *In II Sent.* dist. xxvi q. 1 a. 6 ad 2um, ed. Mandonnet, 2.685.
331) *In III Sent.* dist. xxiii q. 1 a. 1, ed. Mandonnet, 3.698에서 인용.
332) *De veritate* q. 27 a. 5 ad 3um, ed. Spiazzi, 1.52-7. Aquinas는 이것은 'non quidem propter defectum gratiae, sed propter infirmitatem naturae'에서 생긴다고 강조한다. 참조. q. 24 a. 7.

요로 한다. 따라서 아퀴나스의 은총의 구분 이해에 대한 발전은, 우리가 앞에서 칭의를 향한 인간의 경향성에서 언급했던, 인간의 무기력에 관한 그의 새로운 통찰이 반영되었다고 보는 것이 타당할 것이다.

중세 후기 거저 주시는 은총과 거룩하게 하는 은총 개념의 발전은 지금도 여전히 명료화가 필요하다. 이는 창조된 은총의 습성과 신적 수용이라는 외부적 지정 사이의 정확한 관련성이 분명하지 않기 때문이다. 14세기와 15세기가 되어서야 이런 측면이 이해되었다.[333] 우리는 칭의의 공식적인 원리라는 주제와 관련하여 이 질문으로 돌아올 것이다. 우리는 결론적으로 『신학대전』에 기술된 은총의 성격과 구분에 관한 아퀴나스의 고전적 이해를 요약하면서 이 단원을 맺고자 한다. 은총은 그것이 실제적인가 습성적인가에 따라, 그리고 그것이 인간에 작용하는가 또는 인간과 협력하는가에 따라 정의될 수 있다. 실제 은총인 그라티아 그라티스 다타(gratia gratis data)는 일련의 신적 능력 또는 영향력이, 자연의 영역을 초월하거나 또는 자연의 영역을 넘어 일시적으로 유출되는 것으로, 인간 의지로 하여금 특정한 행동을 하게 하거나 행동을 도와주기 위해 인간 의지와 충돌한다. 그러므로 선행 은총과 후속 은총의 초기 차이는 실제 은총에만 적용되는 것으로 이해해야 한다. 이것과 상당히 다른 것이 습성적인 또는 거룩하게 하는 은총인 그라티아 그라툼 파키엔스(gratia gratum faciens)이며, 하나님이 인간에게 주입하여 영혼의 영구적인 습관의 형식을 취하는 것으로, 인간성이 신적 존재에 참여하는 것으로 간주된다. 이 습성은 의롭게 된 개개인 안에 지속적으로 존재하지만 도덕적 죄로 인해 상실될 수도 있고 고해를 통해서만 재획득될 수도 있다. 이러한 카테고리의 조합에 따라 은총은 다음과 같이 네 가지 유형으로 정리된다.

1. 실제적 작동 은총(Actual operative grace): 인간 의지가 선을 바라도록 하며, 인간으로부터 반응의 필요 없이 작동한다.
2. 실제적 협력 은총(Actual co-operative grace): 선한 의도를 외적인 행동

---

[333] 이 문제에 관한 서론으로는 다음을 보라. Janz, 'A Reinterpretation of Gabriel Biel on Nature and Grace.'

의 형식으로 활성화시키기 위해 새롭게 된 의지를 지원하며, 의지의 협력이 필요하다.

3. 습성적 작동 은총(Habitual operative grace): 아퀴나스적 칭의 과정의 이해 안에서 볼 수 있는 칭의의 형태적 원리이다.
4. 습성적 협력 은총(Habitual co-operative grace): 아퀴나스적 체계 안의 형태적 원리로, 인간의 협력이 필요하다.

이제 우리는 공로의 문제에 관심을 두고자 한다.

6. 공로의 개념

공로에 대한 중세의 논의는 어거스틴의 유명한 경구에 기반을 둔다고 볼 수 있다. 하나님이 인간의 공로에 관을 씌우실 때, 그는 단지 그분 자신의 은사를 인간에게 씌우시는 것이며,[334] 어떤 인간적 속성들이 인정받고 존경받으며 보상받아야 하는 것이 아니다. 펠라기우스 논쟁 이전의 초대 라틴 교부들은 공로란 인간의 노력에 기반을 두어 인간 쪽에서 정말로 신에게 보상을 요구하는 것이라고는 생각하지 않았다.[335] 공로란 단지 의롭게 된 죄인에게 주어지는 신적인 은사이며, 첫 은총이라기보다는 영원한 생명의 수여와 연관된 것이다. 또한 신적인 정의나 공로 그 자체의 성격에서 생기는 하나의 의무라기보다는, 신적 은총에 기반을 둔 것이라고 생각했다.[336] 라틴 용어

---

[334] Augustine, *De gratia et libero arbitrio*, vi, 15: 'si ergo Dei dona sunt bona merita tua, non Deus coronat merita tua tanquam merita tua, sed tanquam dona sua'. 참조. Epistola 194.19.

[335] Bakhuizen van den Brink, 'Mereo(r) and meritum in some Latin Fathers'; Peñamaria de Llano, *La salvación por la fe*, 191-211. 또한 다음의 초기 연구도 보라. K. H. Wirth, *Der 'Verdienst'-Begriff in der christlichen Kirche I: Der 'Verdienst'-Begriff bei Tertullian*, Leipzig: Dorffling & Franke, 1892; II: *Der 'Verdienst'-Begriff bei Cyprian*, Leipzig: Dorffling & Franke, 1901.

[336] Augustine, *Sermo* 111, iv, 4, PL 38.641A: 'Non debendo enim sed promittendo debitorem se Deus fecit.' 어거스틴 신학의 이러한 측면에 대한 우수한 논의로 다음을 보라. Hamm, *Promissio, pactum, ordinatio*, 11-18.

메리툼(meritum, 가치)과의 어원적인 연상에도 불구하고 용어의 초기적 사용은 후대에 사용된 '행위-의' 라는 색조보다 상당히 순박한 것으로 보인다. 11세기와 12세기의 신학적 르네상스는 공로 개념과 관련하여 결정적으로 중요한 몇 가지 진전을 목도했다. 이 진전 중에 가장 중요한 전환은 공로에 대한 논의였다. 어거스틴에게 유한한 인간 존재의 목적은 '우리가 영원을 살기 위한 공로를 얻는 것' 이었다.[337] 어거스틴의 공로 교리가 설정되었던 상황은 사람의 첫 칭의보다는, 영원한 생명의 궁극적 획득과 관련되었음이 분명하다. 하나님이 '공로를 씌우실 때' 인간을 의롭게 하고자 하심이 아니라 인간에게 영원한 생명을 주시려는 것이다. 어거스틴에게 공로는 은총의 전제이며 동시에 은총을 표현한다. 그러나 11세기와 12세기는 공로 문제의 논의가 상당히 다른 문맥, 즉 대가 없는 첫 은총(gratia prima)의 수여라는 관점에서 이루어졌다. 인간은 첫 번째 칭의를 공로로써 획득할 능력이 있는가? 이 단계에서 이 질문의 답변은 보편적으로 부정적이었다. 이런 결과는 적어도 부분적으로 초기 중세의 공로 논의에서, 공로란 은총의 결과라고 여겨진다는 어거스틴적 배경에 따라 공로의 정의가 이루어졌기 때문이다.[338]

11세기와 12세기의 수많은 저작에서 은총 때문에 거저 주어지는 것으로 공로를 보는 어거스틴 식의 해석을 볼 수 있다.[339] 특히 쥘베르 드 라 포레

---

337) Augustine, *Epistola* 130, 14.
338) 예를 들어, Hervaeus of Bourg-Dieu, *Commentarius in epistolae Puli*, PL 181.1052B-D; Anselm of Canterbury, *De casu diaboli* 17; *De veritate* 12; Peter Abelard, *Expositio in Epistolam ad Romanos*, PL 178.903A, 919B, 920A-B; Bernard of Clairvaux, *De gratia et libero arbitrio* vi, 16, PL 182.1010C; Honorius of Autun, *Elucidarum* 11, 3, PL 172.1135D; Robert Pullen, *Sententiarum libri octo* V, 9, PL 186.837B-C; Peter of Poitiers, *Sententiarum libri quinque* III, 2, PL 211.1045a-D; Alan of Lille, *Theologicae regulae* 86, PL 210.665C-6A; Hugh of St Victor, *De sacramentis* I, vi, 17, PL 176.247G-D; Richard of St Victor, *In Apolcalypsim Joannis* VII, 8, PL 196.883G-D; Peter Lombard, *II Sent.* dist. xxvii, 7.
339) 'Magister Martinus' (Martin of Fougères)의 언급은 아주 전형적이다. 'Cum Deus coronat nostra merita, quid aliud coronat quam sua munera' ; Cod. Paris Nat. lat. 14556 fol. 314, Landgraf, *Dogmengeschichte der Frühscholastik*, 1.185에서 인용. 'Master Martin' 은 신학자 그룹의 일원이었는데, 이 그룹에는 Alan of Lille과 Simon of Tournai이 포함되어 있는데, 이들은 특히 Gilbert de la Porrée에게 빚지고 있다. J. W. Baldwin, *Masters, Princes and Merchants*, 2 vols., Princeton: Princeton University

(Gilbert de la Porrée, 때때로 쁘와티에의 길버트라고 언급되기도 한다)와 그 학파와 관련되어 있는데,[340] 그 중에는 라보란스 추기경(Cardinal Laborans), 아워스캠프의 오도(Odo of Ourscamp), 릴의 알랭(Alan of Lille) 및 라둘푸스 아덴스(Radulphus Ardens) 등이 있다. 이와 연관하여 그리스도만이 가치가 있다(Christus solus meruit)는 경구가 특히 중요하다. 이 경구는 오직 그리스도만이 엄격한 용어적 의미에서 공로의 가치가 있다고 말할 수 있다는 포레파의 특징을 요약한 것이다.[341]

그러나 12세기에 일어난 신학적 논의의 조직화는 다음과 같은 인식이 커지게 만들었다. 만일 칭의의 철저한 거저 주어짐과 칭의를 위해 인간의 기질이나 준비가 필요하다는 주장이 동시에 주장된다면, 가치 있는 의무(meritum debitum)로 공로를 보는 엄격한 의미만으로 이 용어의 의미상 스펙트럼을 다루는 일은 상당히 부적절하다. 이는 공로 개념과 적합성(congruity) 개념 사이에 차이가 드러나기 시작했다고 볼 수 있다. 인류는 어떤 인간적 행동을 통해 칭의를 공로로 획득한다고 말할 수 없다. 한편 인간의 칭의를 향한 준비는 그들의 계속적인 칭의에 '적합'하다거나 '적절'하다고 말할 수 있다. 따라서 12세기 말의 사본 자료는 두 개념을 분명하게 구분한다. '가치 있다고 생각한다, 봉헌한다, 공로로 평가받을 만하지는 않지만 적합하다고 여길 수는 있다'(digno, dico, non dignitate meriti, sed dignitate congrui').[342] 이 말이 분명히 의도하는 바는, 적합성은 엄밀한 용어적 의미에서 공로가 되는 것으로 여길 수 없다는 점이다.

Press, 1970, 1.44.
340) Landgraf, 'Untersuchungen zu den Eigenlehren Gilberts de la Porrée'; 동일 저자의, 'Mitteilungen zur Schule Gilberts de la Porrée'; 동일 저자의, 'Neue Funde zur Porretanerschule'; 동일 저자의, 'Der Porretanismus der Homilien des Radulphus Ardens.'
341) Alan of Lille, *Theologicae regulae* 82, PL 210.663C: 'Solus Christus proprie nobis meruit vitam aeternam'; 참조. Hamm, *Promissio, pactum, ordinatio*, 32-4. 공로의 시민적 개념을 신학적으로 적용한 데 대한 라보란스 추기경의 비판 또한 여기서 언급되어야 한다. Hamm, *Promissio, pactum, ordinatio*, 47-66.
342) Cod. British Muséum Harley 957 fol. 179V; Landgraf, *Dogmengeschichte der Frühscholastik*, 1/1.271에서 인용.

어떤 의미에서 마리아가 세계의 구세주를 품은 영광의 공로를 획득했다고 말할 수 있는가 하는 질문에서 이러한 공로 개념의 가장 중요한 적용점이 발견되었다.[343] 마리아가 비록 이런 방식으로 호의를 얻을 수 있을 정도로 적절하거나 '적합하다'고 할지라도, 용어의 엄격한 의미 측면에서 이런 특별함을 공로로 획득했다고 말할 수는 없다. 이것이 가장 널리 인정된 대답이었다. 따라서 '적합한 공로'(meritum congruitas) 또는 '이해될 만한 공로'(meritum interpretativum) 개념이 인구에 회자되었는데, 가장 약한 용어적 의미에서 공로의 한 형식인 것으로 이해되었다.

용어의 엄격한 의미에서와 '특질'이라는 약한 의미에서의 공로 사이의 구분은, '타당한 공로'(meritum de condigno, 또는 가치 있는 공로)와 '준(準) 공로'(meritum de congruo, 또는 적합한 공로)라는 개념으로 13세기의 신학 용어에 흡수되었다. 비록 12세기 말엽에도 종종 이처럼 정확성을 지닌 용어들이 나타나곤 했지만,[344] 언제나 정확하게 후대와 똑같은 의미를 품은 것은 아니었다. 더욱이 초기에는 마리아가 세상의 구세주를 잉태한 사건의 성격과 관련된 질문으로 주로 사용된 준 공로 개념이 점점 다른 문맥, 즉 칭의를 향한 인간 경향성의 공로적 특성과 관련되어 사용되기에 이르렀다. 따라서 12세기의 신학자는 언제나 칭의에 선행하는 공로를 인정했는데, 논의 중인 '공로'는 용어의 엄격한 의미에서의 공로가 아니라 준 공로로 이해되었던 것이다.[345]

개신교 교리사 진영에서 준 공로 개념은 상당한 비판의 주제였다. 아돌프 폰 하르낙(Adolf von Harnack)에게 이 개념은 어거스틴의 은총 교리를 완전히 해체해 버린 것이었다.[346] 물론 그 시대 신학 조류의 대표자들이 아닌 보

---

343) 예를 들어, Cod. British Muséum Royal 9 E XII fol. 95V; Cod. Vat. lat. 4297 fol. 24, Landgraf, *Dogmengeschichte der Frühscholastik*, 1/1.272 nn. 17, 18에서 인용.
344) 예를 들어, Godfrey of Poitiers가 *Summa*에서 사용한 대로. Brugge Bibliothèque de la Ville Cod. lat. 220 fol. 114V, Landgraf, *Dogmengeschichte der Frühscholastik*, 1/1.276 n. 35에서 인용: 'Et ita patet, quod non meretur de congruo. Et certum est, quod nec de condigno.'
345) Landgraf, *Dogmengeschichte der Frühscholastik*, 3.238-302.
346) Harnack, *History of Dogma*, 6.275-317.

다 독자적인 입장의 신학자들을 언급하면서, 약간은 사치스러운 이 이론을 유지할 수도 있다. 따라서 세인트 뿌샹의 두란뒤스(Durandus of St Pourçain)는 준 공로를 은총에 선행하는 공로(meritum ante gratiam)로 간주했는데, 준 공로와 타당한 공로 사이의 유일한 차이를 밝히자면 전자는 은총에 선행하여 존재하고 후자는 후속한다는 점이다.[347] 그러나 이 개념의 기원과 배경적인 의도에 관한 분석을 통해 볼 때 이 비평은 적절하지 않다. 그 이유로 특별히 세 가지 측면이 언급될 수 있다.

첫째, 이 개념의 목회적 의도가 간과될 수 있기 때문이다.[348] 비록 신적 정의에 기반을 둔 칭의에 대한 어떠한 청구권도 사람에게 없지만, 자신의 삶을 복음의 요구에 일치시켜 바꾸려 노력한다는 점을 사서 하나님의 너그러움과 친절을 고대할 수도 있지 않겠냐는 것이다. 공로가 되는 적합성(de congruo)이라는 칭의를 향한 경향성 개념이 특히 프란시스코 수도회 및 이 수도회와 연관을 지니는 신학 학파와 관련되어 있다는 점이 강조되어야 한다. 죄에 빠진 인간을 향한 하나님의 친절하심에 대한 목회적 강조는 적합한 공로 개념에서 적절한 표현을 발견한다.

둘째, 칭의를 향한 경향성으로 간주되는 인간의 행위가 이미 은총이라는 상황 안에 설정되어 있는 것으로 보아야 하기 때문이다.[349] 심지어 비아 모데르나 후기에도, '하나님은 최선을 다하는 자에게 결코 은총을 거절하시지 않을 것이다' 라는 경구는 항상 신적 은총의 표현이자 결과라고 인식되었다. 공로적인 적합성 방식으로는 인간이 칭의를 위해 스스로 준비할 수 없다고 가르쳤던 신학자들은, 이것이 신적 은총의 결과로 이해되어야 함을 변함없이 주장했다. 인간의 칭의는 신적 보상이라기보다는 반드시 신적 선물로 여겨져야 한다.

셋째, 그 시대의 신학자들은 인간이 다른 도움 없이도 자연적 능력을 적절

---

347) *In II Sent.* dist. xxvii q. 2.
348) Auer, *Die Entwicklung der Gnadenlehre*, 2.85: 'Es war das religiöse und vielleicht seelsorgliche Bedürfnis, aus der Güte Gottes die Möglichkeit einer wirksamen Vorbereitung auf die Gnade zu erweisen.'
349) Auer, *Die Entwicklung der Gnadenlehre*, 2.86.

히 활용하면 먼 거리에서나마 스스로 칭의를 지향할 수 있음을 인정했기 때문이다. 그럼에도 인간이 대략적으로나마 칭의를 지향하려는 마음을 지니려면 사전에 실제 은총의 지원이 필요하다고 명시적으로 가르쳤다. 신학자들은 칭의를 향한 대략적인 경향성은 공로가 되는 적합성으로 경향성의 요구에 효력을 미치는데, 이는 거저 주어지는 은총(단순한 일반협력이 아닌)이라는 함의를 사전에 전제한 것이다.

타당한 공로 개념은 하나님께서 자기 스스로 인간의 노력에 보상해야 한다는 의무를 부여하셨다는 개념을 표현하고자 사용되었다. 타당한 공로 개념에 필수적인 의무 개념이 12세기 초에 감지된다. 낭송자 피터(Peter the Chanter)는 공로를 정의하면서, 의무 개념을 노골적으로 암시했다. '공로는 의무에 묶여 있다'(mereri est de indebito debitum facere).[350] 릴의 알랑이 그를 추종했다. 그는 특히 의무 아래에 있다는 개념에 의거, 참된 공로에 필수적인 네 가지 요소의 목록을 작성했다.[351]

13세기 초기의 신학자들이 의무에 묶여 있다는 개념을 채택했다. 여기에는 스티펀 랭톤,[352] 쁘와티에의 곳프리[353] 등이 있으며 특히 오버뉴의 윌리엄(William of Auvergne)이 분명하게 진술했다.[354] 이제 인간이 수행한 하나의 행위라고 정의되는 공로는 하나님을 인간에 대한 의무에 묶이게 한다. 그

---

350) *De tropis loquendi*, Cod. Vat. lat. 1283 fol. 38r, Landgraf, *Dogmengeschichte der Frühscholastik*, 3.270 n. 5에서 인용. 이 저작에 대해 다음을 보라. Gillian R. Evans, 'Peter the Chanter's De Tropis Loquendi: The Problem of the Text,' *New Scholoasticism* 55 (1981), 95–103.
351) *Theologicae regulae* 82, PL 210.663B-C. 'Ad hoc enim, ut aliquis proprie dicatur aliquid mereri, quattuor concurrunt: ut opus quod agit eius proprie sit; ut apud alium mereatur; ut apud talem qui potestatem habet remunerandi; ut de indebito fiat debitum.'
352) Cod. Salzburg St Peter a. x 19 fol. 25, Landgraf, 'Untersuchungen zu den Eigenlehre Gilberts de la Porrée,' 201–2 and n. 7에서 인용.
353) Summa, Cod. Paris Nat. lat. 15747 fol. 42v, Landgraf, Dogmengeschichte der Frühscholastik, 3.276 n. 37에서 인용.
354) De meritis, in Opera omnia 1.310 aF: 'Meritum ergo proprie et rectissima diffinitione obsequium est retributionis obligatorium, hoc est quod recipientem sive illum, cui impenditur, retributionis efficit debitum.'

러나 하나님 쪽에서의 의무는 대개 하나님께서 이런 식으로 인간에 대한 의무에 묶이기를 선택하셨다는, 자비로운 결정의 결과임이 지적되어야 한다.[355] 공로에 대한 비슷한 정의가 오도 리갈디,[356] 보나벤투라[357] 그리고 최초의 총서론자(Summist)인 옥세레의 윌리엄[358] 같은 초기 프란시스코 학파의 저자들의 특징으로 나타난다.

아리스토텔레스 물리학의 도입은 초기 도미니크 학파에 현저하고도 근본적인 영향을 일으켰다. 아리스토텔레스의 물리학이 토마스 아퀴나스의 칭의의 성격과 칭의를 향한 경향성의 필요성에 대한 가르침 모두에 미친 상당한 영향은 이미 언급한 바 있다. 또한 아리스토텔레스식의 고려사항은 공로에 대한 초기 도미니크 학파의 가르침에도 상당한 영향력을 행사했다. 크레모나의 롤란드(Roland of Cremona)의 공로 정의는 인간의 최초의 상태와 최종적인 영원한 생명의 상태 사이에서의 중간적인 운동을 핵심에 위치시킨다.[359] 여기서 우리는 이러한 경향성으로 시초를 볼 수 있는데, 특히 하나님이 기독교인 개개인에 대한 개인적인 의무를 진다는 의미보다는, 공로를 존재론적으로 인식하는 어거스틴의 저작에서 분명히 찾을 수 있다. 중세 초기의 신학자들은 주로 인간에 대한 하나님의 의무로 공로를 언급한 반면, 초기 도미니크 학파의 신학자들은 신적인 본성 자체에 존재론적으로 참여한다는 의미에서 공로를 이해하는 경향이 있었다. 이것은 공로를 개인적으로 이해하는 보다 오래 된 입장을 유지했던 초기 프란시스코 학파의 가르침과 대조를 이룬다.[360]

---

355) 이 점은 Hamm이 강조했는데, 그는 자기-제한 개념이 이해되는 두 가지의 다른 의미, 즉 절대적 의미(Hamm, Promissio, pactum, ordinatio, 41-103)와 제한적 의미(104-249)로 구분했다. 이 유용한 구분으로 인해 이 문제에 관한 초기의 혼동의 대부분이 해소되었다.
356) *In II Sent.* dist. xxviii q. 4 a. 1 arg. 1, ed. Bouvy, 82.10.
357) *In II Sent.* dist. xviii a. 1 q. 2 resp.
358) *Summa Aurea* lib. III tr. 2 q. 6 arg. 1; fol. 136d: 'Mereri ex condigno est facere de indebito debitum vel de debito magis debitum.'
359) *Summa* 35, 2, ed. Cortesi, 117: 'Mereri est motum ex virtute gratuita et libero arbitrio elicere in via militiae; et aliquem mereri sibi est motum virtu tis pro se elicere.'
360) Thomas Aquinas, *In II Sent.* dist. xxvi q. 1 a. 3.

타당한 공로에 대한 중세적 인식의 두드러진 특색은 공로와 보상이 비율적으로 관련되어 있다고 이해한 점이다. 따라서 크레모나의 롤란드는, 타당한(de condigno) 공로는 인정받는 공로(de digno)라고 불릴 수 없다고 주장한다. 왜냐하면 앞의 쿰(cum)이 공로와 보상 사이의 관련성을 지칭하기 때문이라는 것이다.[361] 이 무렵 여러 사람들이 이 생각을 채택하게 되어, 결국 공로와 보상 사이의 관계는 일종의 정의(正義) 문제로 정립된다.[362] 옥세레의 윌리엄의 저작에서 이 사실을 분명하게 찾아볼 수 있다. 아퀴나스가 이런 인식을 발전시킨다. 그는 인간 공로에 대한 신적 보상은 하나님 쪽에서의 정의로운 행동인 것으로 간주되어야 한다고 강조한다. 그러나 아퀴나스는 문맥의 용어에서 '정의'는 그것의 통상적인 사용과는 아주 다른 의미로 사용되었다고 강조한다.[363]

비록 타당한 공로는 때때로 준 공로와 구별되는 '참된' 공로인 것으로 언급되지만, 어떤 형태의 공로도 하나님 앞에서 인간 쪽의 정당한 청구권을 나타내는 것은 아니라고 아퀴나스가 인식했음을 깨달아야 한다. 용어의 엄격한 의미에서 정의란 오직 동등한 관계에서만 존재할 수 있기 때문이다. 아리스토텔레스가 자신의 칭의 개념에서 동물과 신들을 배제한 것은, 동물과 신을 계약적인 정치 공동체에 집어넣기에는 인간과 아주 큰 격차가 있었기 때문이다. 마찬가지로 아퀴나스는 누군가 인간이 하나님 앞에서 '정당한' 청구권을 가진다고 하기에는 인간과 하나님 사이에는 너무나 큰 불일치가 있다고 주장한다. '하나님과 인간 사이에는 커다란 비동등성이 있다. 왜냐하면 서로가 무한정 다르고, 인간의 모든 선이 하나님에게서 나오기 때문

---

361) Roland of Cremona, *Summa* 347, 66, ed. Cortesi, 1050: 'ipsum autem cum adiungitur ibi ad notandum associationem meriti cum praemio.' 여기서 Auer의 *Würdigkeit*(가치)와 *Verdienst*(공로)의 사이의 구분은 가치가 있다. Auer, *Die Entwicklung der Gnadenlehre*, 2,150.
362) *Summa Aurea* lib. III tr. 16 q. 2 arg. 7; fol. 221C.
363) *Summa Theologiae* IaIIae q. 114 a. 1: 'Unde sicut reddere iustum pretium pro re accepta ab aliquo, est actus iustitiae; ita etiam recompensare mercedem operis vel laboris, est actus iustitiae.' 참조. *In II Sent.* dist. xxvii q. 1 a. 3; *In III Sent.* dist. xviii a. 2.

이다.'[364] 따라서 이 문맥에서 아무도 '의는 절대적인 동등성을 따른다' 고 말할 수 없다. 단지 '의는 비율적인 무엇인가를 따른다' 라고 말할 수 있을 뿐이다. 비록 누군가 하나님과 인간의 관계 측면에서 정의와 공로를 말할 수는 있지만, 이 문맥에서의 공로는 의가 절대적인 동등성을 따른다는 점에 기반을 둔 것이 아니라, 의는 '신의 가정적인 포고에 따른다' 는 말에 기반을 두어 이해되어야 한다.

따라서 문제의 공로는 누군가에 의한 공로, 즉 하나님 앞의 공로이다. 비록 어떤 의미에서는 인간의 공로와 유사하지만, 날카롭게 구별된다. 하나님 앞의 공로는 하나님이 특정한 행위에 특정한 보상을 하신다는 신적 포고에 근거한다. 어떤 개념적 의미에도, 결코 하나님이 인간에게 빚진 존재로 인식될 수는 없다. 인간에 대한 의무보다는 자기 의무로서, 그러한 행동에 이런 방법으로 보상하실 것이라는 신적인 명령을 통하여 하나님의 신실하심이 반영된 것이다.[365] 하나님은 그의 피조물에게 은총의 행동으로, 질적인 것을 수여하신다는 점에서, 공로는 은총에서 생긴다. 따라서 공로는 엄격한 정의에 기반을 둔 것이 아니라 피조물에게 보상하신다는 하나님의 결정에 근거한 '부드러운 정의' 에 기반을 둔 것이다. 사실상 아퀴나스는 어거스틴의 원리를 발전시킨 셈이다. 은총은 신적인 약속에 기반을 두며, 하나님 앞의 모든 공로는 동등한 관계 사이의 엄격한 정의에 기반을 둔 것이 아니므로, '부적합한' 공로이다.

도덕적인 것과 공로적인 것의 관계에 대한 지성(知性)주의적 접근법(지성이 중요하다는 접근법-역주)과 의지(意志)주의적 접근법(의지가 중요하다는 접근법-역주)을 구분하기란 불가능하다. 특히 12세기의 신학자들과 초기의 도미니크 학파 및 프란시스코 학파와 연관된 지성주의적 접근법은 한 가지 행동에 있어 도덕적인 가치와 공로적인 가치 사이의 직접적인 관련성을 인정하며, 은총 또는 자비라는 두 실체 사이의 전이도 가능하다. 이런 관계를 흔히 '서로 비교될 수 있는' (comparabilis), '연상' (associatio), '무엇과 같

---

364) *Summa Theologiae* IaIIae q. 114 a. 1.
365) *Summa Theologiae* IaIIae q. 114 a. 1 ad 3 um. 이 중요한 부분이 Aquinas의 비평에서는 빈번히 간과된다.

이 되다'(aequiparari) 또는 '비례하는'(proportionalis)이라는 용어로 지칭한다. 하나님 앞의 행위의 공로는 그것의 고유한 가치보다는 그것이 그러하다고 받아들이시는 하나님의 관대하심과 너그러움의 결과라는 일반적인 일치가 있었다. 그러나 초기 도미니크 학파와 프란시스코 학파 사이에 이러한 공로가 존재론적으로 인식해야 될지 개인적으로 인식해야 될지, 이에 대한 사고의 분열이 존재했다. 물론 초기 프란시스코 학파의 지성주의가 후기 프란시스코 학파의 의지주의보다 두드러진다. 그렇지만 두 학파의 핵심적인 연속성이 '비(非) 존재론적 카테고리'에 공로가 있다고 보는 공통적인 경향성 속에 나타난다.

의지주의적 입장은 특히 후기 프란시스코 학파 및 비아 모데르나와 관련이 있다. 도덕적 영역과 공로적 영역 사이의 불연속성에 대한 인식이 이 입장의 근본적이며 특징적인 측면이다. 공로적 영역은 전적으로 신적 의지 자체에 의존하는 것이라고 이해된다. 스코투스의 경우, 모든 피조물의 봉헌은 하나님께서 그것을 받아들이시는 만큼만 가치가 있으며, 결코 그 이상은 아니다.[366)] 따라서 한 행위의 공로적 가치는 그것의 도덕적 가치와 관련이 없으며 오직 하나님의 평가에 달려 있다. 특별히 오캄의 윌리엄(William of Ockham)이 위의 입장을 명확하게 발전시킨다. 우리는 이와 관련하여 설명할 것이다.

오캄의 경우, 공로가 될지 공로가 안 될지의 결정은 전적으로 신적 의지의 범주에 속한 것이므로, 논의 중인 도덕적 행위를 언급할 필요가 전혀 없다. 한 행위의 도덕적 가치(즉 그 자체로 고려되는 행위)와 그 행위의 공로적 가치(즉 하나님이 그 행위 위에 부과하시기로 결정한 가치) 사이에는 근본적인 불연속성이 있다. 도덕적 미덕은 하나님에게 아무런 의무도 부과하지 못한

---

366) *Opus Oxoniense* III dist. xix q. 1, 7: 'Dico, quod sicut omne aliud a Deo, ideo est bonum, quia a Deo volitum, et non est converso: sic meritum illud tantum bonum erat, pro quanto acceptabatur.' 이는 Peter Aureoli의 견해와 대조된다. In I Sent. dist. xvii q. 1 a. 2: 'ex quo patet quod ex divino amore debetur actibus mostris ut habeant meriti rationem intrinsice et *ex natura rei*' (필자의 이탤릭체: ex natura rei의 우연성을 단언하고자 강조)

다. 만약 그러한 의무가 용인된다면, 그것은 앞서 행해진 무강제적인 신적 결정에 대한 순전히 불확정적인 결과로 존재하는 것이다. 오캄의 가르침의 이러한 측면에는 도덕적 영역과 공로적 영역은 완전히 임의적인 것 같은 암시가 있었으므로, 상당한 비판의 주제가 되었다.[367] 오캄은, 한 행위는 그것이 은총의 상태 안에서 수행되어야만 공로적일 수 있다고 주장했다. 그러나 동시에 행위는 단순히 공로를 위한 특별 조건이며, 신적 수용보다는 부차적인 것으로 간주했음을 보여준다.[368]

오캄에게 있어 하나의 행위는, 은총의 상태에서 수행되기만 하면, 공로가 되는 질서 유지적 능력(de potentia ordinata)일 수 있다. 그러나 그 행위의 공로적 가치는 오직 신적 의지에 의해서만 결정된다. 하나님은 한 행위의 도덕적 가치에 묶이지 않으시며, 그가 적당하다고 생각하시는 만큼의 공로적 가치를 자유롭게 행위에 부과하신다. 따라서 한 행위의 도덕적 가치와 공로적 가치의 관계는 순전히 우연적인 것이다. 이는 하나님께서 존중해야 할 의무를 발생시킨다는 행위 자체의 성격에 의해 요구되는 단순한 결과가 아니라, 신적 의지에 따른 결과이다. 오캄의 계약적 인과성 개념은 도덕적 영역과 공로적 영역의 본성적(ex natura rei) 인과관계에 대한 거절을 불가피하게 한다. 오캄은 비록 동일한 행위가 각각의 경우와 관련이 있다고 하더라도, 현재 공로적이라고 간주되는 절대적 능력(de potentia absoluta)의 행위도 비공로적일 수 있었음을 제시하려 한다. 이를 위해 그는 하나님의 두 능력 사이의 변증을 활용한다.[369]

준(準) 공로의 성격에 대한 오캄의 논의는, 토마스 브래드워딘(Thomas Bradwardine)과 리미니의 그레고리(Gregory of Rimini)가 '현대의 펠라기우스주의자'들을 대항할 때, 그 비판의 근거가 되었다. 오캄에 의하면, 하나님은 은총 밖에서 수행된 덕스러운 행동에도 준 공로로 보상한다.[370] 그러나 이 '공로'가 영생에 대해서는 아무 청구권이 없다. 왜냐하면 단지 타당한 공로

---

367) Iserloh, *Gnade und Eucharistie*, 64-7.
368) Iserloh, *Gnade und Eucharistie*, 111.
369) *In III Sent.* q. 12.
370) *In IV Sent.* q. 9.

만이 영생으로의 청구권이 발생된다고 주장할 수 있기 때문이다.[371] 오캄이 준 공로 개념으로 전달하고자 한 생각은 다음과 같다. 즉 인간은 하나님께서 인간에게 수여하신 은총의 습성이라는 방식을 통해 행동할 능력이 있다는 것이다. 이는 우리가 앞에서 언급한 것처럼, 공로 개념에 대한 당시의 일반적인 인식이었다. 오캄의 구원론의 문맥 안에서 이 개념의 기능은 자연의 상태와 은총의 상태 사이에서 그리고 도덕적 미덕과 신학적 미덕 사이에 필요한(절대적 필연성[necessitas consequentis]이라기보다는 조건적 필연성[necessitas consequentiae]으로 이해되는) 다리를 세우는 것이다. 때때로 인간의 능력에 대한 오캄의 낙관성 때문에 그가 펠라기우스주의 또는 반(半) 펠라기우스주의로 이끌린다고 단언된다. 그러나 오캄의 인간에 관한 낙관은 오직 도덕적 능력과만 연관된 것이라는 점이 강조되어야 한다. 오캄은 한 행위의 도덕적 가치와 공로적 가치를 인정하는데, 여기에는 급격한 불연속성이 있다. 인간의 도덕적 능력은 대단히 부적합하다. 왜냐하면 공로의 궁극적인 근거는 인간성의 외부에 있는 신적 수용이라는 외부적 명령 안에 있기 때문이다. 우리가 앞에서 지적했듯이, 한 행위의 공로적인 가치는 그 행위 고유의 가치 때문이 아니라, 그 행위에 대한 신적인 평가에 달려 있다. 오캄의 공로 신학은 한편으론 인간의 도덕적 능력에 대해 호의적인 관점을 취하게 만든 동시에 또 다른 한편으로 인간이 행위가 은총이나 영생을 획득하게 할 수도 있다는 사고의 신학적 기초를 철저히 파괴한 것이기도 하다.

오캄의 공로 신학에서 가장 찬란하고 독창적인 측면은, 신적 수용이라는 외부적 명령에 공로의 이유(ratio meriti)를 위치시킴으로써 인간의 도덕적 행위가 상당히 고유한 도덕적 가치를 지닌다고 허용하는 한편, 동시에 한 행위의 도덕적 가치가 그 공로적인 가치를 결정하기에는 부적당하다는 견해를 세운 데 있다. 이 문제에 관한 오캄의 가르침은 당대와 현대의 비평가들 모두에게 상당히 잘못된 해석과 오해를 불러일으킨 주제였다.[372] 오캄의 동시

---

371) *In IV Sent.* q. 9: 'Et dico quod respectu gratie nullus actus est meritorius de condigno nisi ille qui est respectu eterne beatitudinis.'
372) Bradwardine에 관한 Leff의 초기 연구는 Ockham을 심각하게 잘못 해석하고 있다. G. Leff, *Bradwardine and the Pelagians: A Study of 'De Causa Dei' and its Opponents*,

대 비평가 중에서 특별한 언급을 위해 그의 동료 잉글랜드인인 토마스 브래드워딘이 선택될 수 있다. 브래드워딘은 나무 자체가 선하지 않으면 선한 열매를 맺을 수 없기 때문에 공로는 은총의 결과라고 주장하면서, 은총에 선행하는 타당한 공로 개념을 전적으로 거부했다.[373]

이와 비슷한 입장이 리미니의 그레고리의 견해이다.[374] 인간은 참회의 행동으로 준 공로적 칭의를 공로로 획득할 수 있다는 오캄 자신보다 더 과도한 오캄 추종자들의 견해에 대답하면서[375] 그레고리는 은총과 동떨어진 참회의 가능성을 부인한다. 이 문제에 대해 다르기도 하면서 다소 놀랍기도 한 접근법이 브래드워딘의 잉글랜드 추종자인 존 위클리프(John Wycliffe)와 관련된 것이다. 이 개념은 하나님이 순전한 의로써 인간 행위에 보상함을 암시하기 때문에 마치 신적 은총의 도움 없이 전적으로 인간 자신에 의해 인간 행위가 수행되는 것처럼 암시한다는 근거에서, 위클리프는 은총 수여 이후의 타당한 공로 개념도 완전히 거부했다. 위클리프는 신적 은총의 영향을 받은 인간의 행위에 하나님께서 보상하는 공로인, 타당한 공로를 거부한다. 그리하여 타당한 공로 개념을 그의 고려사항에서 배제한다.[376]

칭의 후의 준 공로와 타당한 공로를 모두 인정한 브래드워딘과는 달리 위

Cambridge: Cambridge University Press, 1957, 188-210. 그의 후기작인 *William of Ockham*은 이 오해들을 인정하고 바로잡는다. 특히 보라. *William of Ockham*, 470 n. 85.
373) *De causa Dei* I, 39. 참조. Oberman, *Archibishop Thomas Bradwardine*, 155-9; Leff, *Bradwardine and the Pelagians*, 75-7. Bradwardine이 타당한 공로를 전적으로 부인했다고 기술할 때 Leff는 부정확하다.
374) Manuel Santos-Noya, *Die Sünden-und Gnadenlehre des Gregor von Rimini*, Frankfurt am Main: Peter Lang, 1990. 주요 텍스트로는 다음을 보라. *In II Sent.* dist. xxvi, xxvii, xxviii q. 1 a. 1. Gregory의 *Commentary on the Sentences*에 대한 분석으로는 다음을 보라. P. Bermon, 'La *Lectura* sur les deux premiers livres des Sentences de Grégoire de Rimini O. E. S. A. (1300-1358),' in G. R. Evans (ed.), *Medieval Commentaries on Peter Lombard's Sentences*, 2 vols., Leiden: Brill, 2001, 1.267-85.
375) 예를 들어, Robert Holcot, *In IV Sent.* q. 1 a. 8: 'Nam peccator meretur de congruo iustificationem per motum contritionis.'
376) *De sciencia Dei*, J. A. Robson, *Wyclif and the Oxford Schools*, Cambridge: Cambridge University Press, 1961, 209 n. 1에서 인용. 물론 위클리프가 칭의에 선행하는 하나님의 예비 은총에서 생기는 적합한 공로를 의미한 것도 가능하다.

클리프는 단지 적합한 공로만을, 그것도 반드시 칭의 후에만 인정했다. 후스(Huss)도 비슷한 입장을 취했는데, 그는 순전한 의(pura iustitia)는 비율적 동등성(equalitas proportionis)의 형식은 말할 것도 없고, 아예 존재하지도 않는 하나님과 인간 사이의 동등함을 암시한다고 지적했다.[377] 그러므로 인간은 심지어 은총의 상태에 있을 때에도, 타당한 공로로 영원한 생명을 획득하는 일이 불가능하다.[378]

타당한 공로 개념에 암시되는 의 개념과 관련하여 토마스 아퀴나스의 유사한 관찰을 상기하는 일은 교훈이 된다. 그러나 다른 것에 의해서 공로가 일어난다는 성격 때문에 개념을 폐기하는 것은 충분한 이유가 아니라고 느꼈다. 위클리프와 후스의 비평은, 한 행위와 그 보상 사이의 비율적인 관계의 존재가 인간과 하나님 사이의 평등에 대한 지지를 뜻하는 것이 아니라는 사실이다. 따라서 당시 어떠한 신학 학파의 가르침에도 일치하지 않는 타당한 공로의 성격에 관한 잘못된 이해나 해석에 대항한 것으로 보인다.

후기 비아 모데르나는 공로의 성격에 관한 오캄의 가르침을 지속시켰다고 할 수 있다. 가브리엘 비엘은 준 공로 개념이 신적 정의보다는 하나님의 너그러움에 기반을 두었음을 강조했다. 칭의를 향한 인간의 경향성은 의에 의해서가 아니라, 오직 자비로운 수용에 의해서만(non ex debito iusticie sed ex sola acceptantis liberalitate) 공로적인 것으로 간주된다.[379] 이미 우리가 위에서 언급했듯이, 어떤 진영은 준 공로에 관한 비아 모데르나의 가르침이 펠라기우스적인 경향을 보인다고 비판했다. 그러므로 16세기 초기의 저명한 튀빙겐 주석가 벤델린 슈타인바흐(Wendelin Steinbach)가 제공한 교리적 변호는 특히 주목할 만하다. 슈타인바흐는 초대교회가 공로 개념에 관한 혼란을 지녔지만, 그 개념은 이제 준 공로 개념이라는 잘못된 펠라기우스적 이해를

---

377) *In II Sent.* dist. xxvii q. 5, ed. Flajshans, 2.307-9: 'Qui ergo dicunt, quod non potest homo mereri vitam aeternam de condigno, attendunt equalitatem quantitatis; qui autem dicunt, quod homo potest mereri de condigno attendunt equlitatem proporcionis.'
378) *In II Sent.* dist. xxvii q. 5, ed. Flajshans, 308: 'non potest pura creatura de condigno mereri vitam eternam.'
379) *In II Sent.* dist. xxvii q. 1 a. 1 nota 3.

피할 만큼 충분히 이해되었다고 지적한다.[380]

중세 후기와 종교개혁 시대 사이의 연속성은 그리스도의 공로에 관한 존 칼빈(John Calvin)의 가르침에서도 볼 수 있다. 후기 프란시스코 학파와 비아 모데르나, 그리고 스콜라 아우구스티니아나 모데르나(schola Augustiniana moderna)는 신적인 선한 의향에 공로의 이유가 있는 것으로 간주한다. 만약 하나님이 그렇게 받아들이려 하지 않는다면 어떤 것도 공로적일 수 없다. 이 가르침에는 그리스도의 행위도 포함된다고 확대되었다. 즉 '그리스도의 공로'(merita Christi)도 신적 수용에 기반을 둔 것으로 간주된 것이다. 칼빈 자신이 형성기인 파리 시절에 그러한 가르침과 접촉했음을 시사할 만한 탁월한 이유가 있다.[381] 따라서 칼빈이 그리스도 공로의 이유에 관한 중세 후기적 이해의 특성을 재생산했다는 점은 상당한 흥미를 끈다. 이러한 측면은 1559년판 『기독교 강요』(Institutio)만 살펴보아도(XI. xvii. 1-5), 완벽히 이해될 수 있다. 이 부분은 칼빈과 라엘리우스 소시누스(Laelius Socinus) 사이에 주고받은 편지가 근간을 이룬다. 1555년 칼빈은 그리스도의 공로 및 믿음의 확실성과 관련하여 소시누스가 제기한 질문들에 대답한다.[382] 그리고 이 대답을 중요한 수정 없이 1559년판 『강요』에 통합시켰다. 이 서신 교환 중에, 그리스도 공로의 이유에 대한 강력한 칼빈의 의지주의적 인식이 드러난다. 비록 이 문제에 관해서 칼빈과 스코투스 사이의 분명한 유사점이 과거에도 언급되었지만,[383] 스코투스의 공로의 이유가 중세적 논의의 전환점이 되었다고 하는 완전한 수준의 평가는 아니었다. 따라서 14세기와 15세기의 주요 신학 학파들은 공로의 기준 이해에 있어 비슷하게 의지주의적 인식을 채택했다. 달리 말해, 과거에는 스코투스와 칼빈 사이의 이러한 유사성이야말로

---

380) Steinbach, *Opera exegetica* 1.136.4-6: 'Tamen hodie non est absonum dicere, quod peccator mereatur bonis operibus de genere vel impetret de congruo a Deo iustificari et graciam sibi infundi.'
381) 이에 대해 다음을 보라. A. E. McGrath, 'John Calvin and Late Medieval Thought.'
382) 대답들은 1559년판 『기독교 강요』의 다음 부분에 통합되었다. II.xvii.1-5; III.ii.11-12. *Ioannis Calvini Opera Selecta*, ed. Barth and Niesel, 3.509; 4.20-2에 있는 여백 각주를 보라.
383) 예를 들어, A. Gordon, 'The Sozzini and their School,' *ThRev* 16 (1879), 293-322.

스코투스가 칼빈에게 영향을 미쳤음을 암시한다는 경향이 있었는데, 실제로는 후기 중세 신학 안에 편만했던 일반적인 사상 조류로서 더 큰 영향을 미쳤다는 것이다.[384] 칼빈은 '하나님의 선한 의도에서 멀어진다면, 그리스도라도 아무런 공로를 지니지 못했을 것이다' 라고 주장한다.[385] 그리스도의 사역은 우리를 위하여(pro nobis) 공로적이다. 왜냐하면 하나님께서 그렇게 되도록 명하셨고, 그러하다고 받으셨기 때문이다. 칼빈의 그리스도 공로의 이유(ratio meriti Christi) 논의가 비아 모데르나와 유사하다는 사실은, 칼빈이 파리에서 그러한 입장과 조우한 것, 아마도 존 메이저(John Major)의 영향을 통해서임을 시사한다. 그러나 중세 후기 사상과의 연속성은 그 역사적 설명이 어떠하든 간에, 중세 후기 신학과 종교개혁 사이에는 많은 사람들의 생각보다 더 밀접한 관련이 있었음을 제시하는 데 도움이 된다.

7. 하나님의 두 가지 권능 사이의 변증법

앞 단원에서 제시된 공로 논의에서 볼 때, 만약 인간이 최선을 다한다면 인간을 의롭게 해야만 하는 의무에 묶여 있는 존재로서의 하나님 개념은 중세 후기의 칭의 논의에서 상식적인 것이었음이 뚜렷해진다. 그러나 어떤 의미에서 하나님이 인간에 대한 의무 아래 있다고 말할 수 있는 것인가? 이것은 신적 자유와 신적 전능에 대한 타협이 아닌가? 바로 이 질문이 하나님의 두 권능 사이에 변증법적인 상황을 조성했으며, 중세 후기의 칭의 논의에서 가장 중요하며 또한 가장 빈번히 잘못 제시된 질문 중의 하나이기도 하다.

어거스틴도 위에서 드러난 문제를 알고 있었다. 그는 중세 시대의 신학자들, 특히 비아 모데르나의 신학자들이 채택하고 발전시킨 해결책의 개요를 제시했었다. 어거스틴에게 있어, 인간에 대한 신적 의무는 순전히 인간에 대

---

384) 이 점에 관해 중요성은 다음을 보라. McGrath, *The Intellectual Origins of the European Reformation*, 29-33, 67-103.

385) *Institutio* II.xvii.1, ed. Barth and Niesel, 3.509: 'nam Christus nonnisi ex Dei beneplacito quidaquam mereri potuit.'

해 만들어진 신적인 약속에서 생긴다(non debendo enim, sed promittendo debitorem se deus fecit, id est non mutuo accipiendo).[386] 만일 하나님이 인간에 대한 어떤 의무 아래 있다면 그것은 하나님의 자유로우시며 비강제적인 결정에 따라, 인간에게 한 약속이라는 수단으로 그러한 의무로 들어가신 것이다. 우리는 이미 어거스틴의 하나님의 의(iustitia Dei) 인식과 관련하여 인간에 대한 신적 약속의 중요성을 언급했었다.

어거스틴은 인류에 대한 신적 의무 개념을 신적 주권의 표현으로 이해함이 분명하다. 이는 자신의 행동 경로를 제한하는 데까지 그 주권을 확장시키시는 하나님의 능력을 보여준다.[387] 12세기의 신학적 르네상스는 이 점을 채택하고 발전시켰지만, 13세기에는 아베로스주의적 결정론 때문에 새로운 의미가 덧붙여졌다. 이에 따라 토마스 아퀴나스는 하나님은 전능하시므로 하나님이 하실 수 있는 많은 일들이 있지만, 그럼에도 하지 않으시려는 일도 있다고 지적한다. 오직 결과가 자기모순에 빠지지 않아야 된다는 조건에만 제한받는, 할 수 있는 일들의 첫 집합에서 하나님은 오로지 구체적인 부분집합만을 활성화시키려 하셨다. 하나님께서 다른 가능성을 지닌 부분집합을 의지하셨다는 점에서, 선택에 있어 강요받지 않으셨으며, 활성화를 위해 선택된 부분집합도 절대적 필요성에 따른 결과라고 여겨질 수 없다. 그러나 하나님께서 이런 구체적인 방식으로 행동하기로 결정하셨다는 점에서 뜻하지 않았던 가능성의 부분집합은 단지 가설상의 가능성인 별도의 집합으로 간주되어야만 한다.[388]

이러한 두 가지 가능성 집합은 하나님의 권능의 두 가지 영역을 나타낸다. 하나님의 절대적인 권능은 신적 활성화에 열려 있는 최초의 가능성 집합을 가리키며, 오직 그 활성화가 자기모순에 빠지지 않아야 된다는 조건에만 한정된다. 이 첫 가능성들 중에 오직 적은 수만이 활성화되도록 선택된다. 그

---

386) Sermo 110, iv, 4, PL 38.641A.
387) Hamm, Promissio, pactum, ordinatio, 15: 'Der promissio-begrif hat somit im Zusammenhang der Vorstellung von Gott als Schuldner die spezifische Funktion, Gottes Selbstverpflichtung als Ausdruck seiner Souveränität zu interpretieren.'
388) Summa Theologiae Ia q. 25 a. 5 ad 1um.

런 활성화의 결과가 바로 우리가 아는 현재의 질서이며, 하나님의 정해진 권능의 영역으로 한정된다. 이 영역은 하나님이 활성화시키기로 결정하신 가능성의 부분집합을 대표한다. 그리고 그렇게 행동하셔서 하나님은 결정을 지키신다. 따라서 정해진 질서의 문맥 안에서 하나님이 어떤 특정한 행동 경로를 선택해야만 하는 절대적인 필요성은 없다. 그러나 현재의 질서를 수립하시기로 결정하셨으므로 하나님은 그것을 존중해야 한다는, 스스로 부과한 개인적 의무 아래 있게 된다. 이러한 성찰에는 절대적 필연성(necessitas consequentis, 사물의 고유한 성격을 통해 생기는 필연성)과 조건적 필연성(necessitas consequentiae, 존재의 우연적 질서의 성립을 통해 생기는 필연성) 사이의 중요한 차이가 근저에 깔려 있다. 절대적 필연성과 스스로 부여한 조건적 필연성 사이의 중대 구분은 중세의 칭의 논의를 바르게 이해하는 필수 불가결한 요소이다.

13세기 파리에서 아베로스의 결정론이 등장했다. 이는 신적 자유 개념에 대한 심각한 위협이었다. 1277년 파리에서 정죄된 명제들 중에는, 하나님의 자유의 전능성에 대해 부인하거나 심각한 의문을 표하는 것들이 있었다.[389] 브라반트의 시거(Siger of Brabant)에 의하면, 하나님은 하나님께서 창조하시는 모든 것들을 필연에 의해 생성하신다.[390] 이 견해의 근본적인 문제점이 두 가지 명제 형식으로 기술될 수 있다.

    하나님은 자유로우시다. 그리고 행동이 어떠한 외부적 요인에 의해 묶이지 않으신다.
    하나님은 인류를 다루실 때, 믿을 만하게 행동하신다.

아베로스 논쟁은 이 명제들이 동시에 유지 가능한 개념적 틀의 형성을 시

---

[389] 유용한 논의로 다음을 보라. Etienne Gilson, History of Christian Philosophy in the Middle Ages, London: Sheed & Ward, 1978, 406–8.
[390] 질문의 이론은 다음을 보라. P. Mandonnet, Siger de Brabant et l'Averroisme Latin au XIIIe siécle, 2 vols., Louvain: Institut supérieur de philosophie de l'Université, 1908–11, 2.195.

급하게 만들었다. 최초의 형태에서, 하나님의 두 가지 권능 사이의 변증법은 이런 딜레마에 대한 하나의 해결책으로 생각되었다. 이는 특히 겐트의 헨리(Henry of Ghent) 및 둔스 스코투스와 관련이 있다.

스코투스에게 신적 자유는 최초의 결정과 연결되어 확인되는데, 처음 활성화에 열려 있는 가능성들이 연속적으로 활성화된다. 하나님은 현재 수립된 질서의 성격과 관련된 어떤 결정에서도 외부적 제약(모순이 발생하지 않아야 한다는 점만 제외하고는)이 없다는 점에서, 하나님의 자유는 이 결정의 비-강제적 성격을 나타낸다. 따라서 스코투스는 하나님이 절대적인 필연성, 즉 네케시타스 콘세쿠엔티스(necessitas consequentis)에 따라 행동한다는 생각을 거부한다. 그러나 일단 수립된 질서의 성격과 특징이 결정되면 이미 수립된 질서를 존중해야 한다는 돌발적이며, 조건적이고, 스스로-부과한 의무 아래 있게 된다. 따라서 전적으로 신뢰할 만하다고 볼 수 있다. 하나님 쪽에서 인류에 대한 현재의 의무는 신적 자유의 표현임과 동시에 결과이다. 하나님의 절대적 능력(de potentia absoluta)은 행동에 대한 신적인 자유를 승인한다. 하나님의 질서 유지적 능력(de potentia ordinata)은 신적 행동의 현재적 신뢰성을 승인한다. 따라서 위에 기록된 두 가지 명제가 모순 없이 동시에 유지된다.

하나님의 절대적 능력과 질서 유지적 능력에 관한 변증법의 발전은 오캄의 윌리엄과 특별한 관련이 있다.[391] 오캄은 스코투스처럼 그리스-아라비아적 결정론(Greco-Arabian determinism)에 직면한 신적 자유를 수호하고자 사실적(de facto)인 것과 가능적(de possibili)인 것 사이의 긴장을 이용한다. 비록 오캄이 사도신경의 첫 항목인 '전능하신 하나님 아버지를 내가 믿사오며'(Credo in deum patrem omnipotentem)[392]를 자주 언급하지만 이러한 전능성은 비강제적인 신적 결정으로 만들어짐으로써, 자격을 갖추고 경계가 정

---

[391] M. A. Pernoud, 'Innovation in William of Ockham of Ockham's References to the Potentia Dei,' Antonianum 65 (1970), 65-97; Bannach, Die Lehre van der doppelten Macht Gottes bei Wilhelm van Ockham.

[392] *Quodlibetum primum* VI q. 6, *Opera theologica* 9.604.13-16: 'Credo in Deum patrem omnipotentem. Quem sic intelligo quod quodlibet est divine potentiae attribuendum quod non includit manifestam contradictionem.'

해지는 것으로 이해함이 분명하다. 오캄은 하나님이 지금 한 가지 절대적 능력을 행사하시면서 이를 뒤집어 질서 유지적 능력을 행사하실 수 있다고 가르치지 않는다. 그가 자주 강조하듯이 현재 하나님에게는 질서 유지적 능력, 단 한 종류의 권능만이 있으며, 그 자체는 수립된 질서를 만들려는 미확정적이며 강제함을 받지 않는 신적 결정의 표현이다.[393]

하나님의 두 가지 권능 사이의 변증법을 만들면서, 오캄이 스코투스보다 더 나아간 부분은 활용이다. 오캄에게 있어 하나님의 능력의 변증법은 신학 분석을 위한 한 가지 비평 도구였다. 우리는 칭의에서 창조된 습성의 필요성에 대한 그의 비평을 조사함으로써 이 점에 대해 간략히 설명할 것이다. 피터 오레올(Peter Aureole)은 사물의 성격 때문에 칭의에서 창조된 습성의 절대적인 필연성을 주장한 반면, 오캄은 하나님은 칭의의 대안이 되는 방법도 자유롭게 정하실 수 있었음을 지적했다. 칭의에서 사실상의 함의를 거부하지 않은 채, 오캄은 창조된 습성은 절대적인 필연성의 문제와 연관된 것이 아님을 제시했다.

신학적 비평 도구로 하나님의 권능 사이의 변증법을 사용한 오캄도 초기 단계에서는 잘못 이해되곤 했다. 1326년 여섯 명의 신학자로 구성된 위원회는 오캄의 저작에서 나온 51개조에 대해 비난했다. 여기에는 칭의 교리에 해당하는 조항들도 포함되어 있었다. 6세기가 흐른 후, 이 보고서가 재발견되었다.[394] 이 보고서를 통해 우리는 정죄된 명제들의 정확한 성격과 정죄 이

---

393) *Quodlibetum primum* VI q. 1, *Opera theologica* 9.585.14–586.24: 'Circa primum dico quod quaedam potest Deus facere de potentia ordinata et aliqua de potentia absoluta. Haec distincto non est sic intelligenda quod in Deo sint realiter duae potentiae quarum una sit ordinata et alia absoluta, quia unica est potentia in Deo ad extra, quae omni modo est ipse Deus. Nec sic est intelligenda quod aliqua potest Deus ordinate facere et aliqua potest absolute et non ordinate, quia Deus nihil potest facere inordinate. Sed est intelligenda quod "posse aliquid" quandoque accipitur secundum leges ordinatas et institutas a Deo; et illa dicitur Deus posse facere de potentia ordinata.'

394) A. Pelzer, 'Les 51 articles de Guillaume d'Occam censurés en Avignon en 1326,' *Revue d'histoire ecclésiastique* 18 (1922), 240-70. 항목의 더 간략한 두 번째 판이 알려져 있다. J. Koch, 'Neue Aktenstücke zu dem gegen Wilhelm von Ockham in Avignon geführten Prozess,' *RThAM* 8 (1936), 168-97. 이 56개조는 John Lutterell이

유에 대해 알 수 있었다. 이와 관련된 네 가지 명제는 다음과 같다.

1. 하나님의 절대적 능력에 관하여(De potentia Dei absoluta). 개개인은 순전히 자연적인 능력으로 자신의 의지를 선용할 수 있으며, 하나님도 공로적인 것으로 받으실 수 있다.[395] 박사들은 이 견해가 자비의 습성을 전부 폐기시키기 때문에, 펠라기우스적이거나 '더욱 나쁜 것'으로 선포했다.[396]
2. 절대적 능력에 관하여(De potentia absoluta). 하나님은 개개인의 순수한 자연 상태에서, 습성적인 은총을 소유하지 못했는데도 영생의 가치가 있다고 받아들이실 수도 있고 그들이 죄를 짓지 않았는데도 정죄하실 수도 있다.[397]
3. 절대적 능력에 관하여. 하나님은 인간이 자비의 습성을 소유하지 않았어도, 인간의 순수한 자연 상태에서 영생의 가치가 있는 것으로 받아들일 수도 있다. 이 두 가지 명제들을 함께 취하면서 인간은 그들의 자연적 능력으로 영생을 획득할 수도 있다고 한 점에서, 박사들은 그들을 펠라기우스주의로 선포했다.
4. 절대적 능력에 관하여. 하나님은 은총의 주입 없이 죄를 사면하실 수 있다.[398] 이 명제는 다른 명제들에서도 나오는데, 박사들은 그 명제들에 펠라기우스주의의 혐의가 있다고 공정하게 반복한다.

정죄된 명제들의 구절은, 질서 유지적 능력이 아니라 절대적 능력이 폐기될 수 있는 이론적 가능성으로 여겨지도록 의도되었음을 명시적으로 보여준다. 그러나 아비뇽에 있는 오캄의 비평자들은 '하나님의 절대적 능력에

논평을 덧붙여 작성했으며, Fritz Hoffmann이 편집했다. Fritz Hoffmann, *Die Schriften des Oxforder Kanzlers Johannes Lutterell*, Leipzig: St Benno, 1959, 3-102.
395) Pelzer, 'Les 51 articles de Guillaume d'Occam censurés en Avignon en 1326,' 250-1.
396) Pelzer, 'Les 51 articles de Guillaume d'Occam censurés en Avignon en 1326,' 251: 'Dicimus quod iste longus processus in predicto articulo contentus est erroneus et sapit heresim Pelagianam vel peius.'
397) Pelzer, 'Les 51 articles de Guillaume d'Occam censurés en Avignon en 1326,' 253.
398) Pelzer, 'Les 51 articles de Guillaume d'Occam censurés en Avignon en 1326,' 253.

관하여'란 말을 더한다고 해서 명제의 의미에 차이가 생기지 않는다고 주장했다.[399] 즉 이것은 오캄의 의도에 대한 범죄적인 오해라는 것이다. 오캄은 수립된 질서의 우연성과 신뢰성을 보여주는 사례로서, 단지 그럴 수도 있는 것과 실제로 그런 것 사이의 긴장을 이용했을 뿐이다. 위에서 언급했듯이 오캄은 하나님께는 오직 하나의 권능만이 있다고 주장한다. 만약 하나님의 절대적 능력과 질서 유지적 능력 두 가지 모두 지금 활동 중인 것으로 이해된다면, 오캄에 대한 펠라기우스주의라는 혐의가 정당할 것이다. 그러나 오캄이 뜻했던 바는 이것이 아니라는 사실이 남게 된다.

동일한 문제에 대해 중세에서 가장 격렬한 반(反)-펠라기우스주의 신학자의 한 사람인 리미니의 그레고리의 입장을 통해 이 명제에 대한 오캄의 펠라기우스주의 혐의가 무죄로 인정되어야 할 필요가 있다. 그레고리는 오캄처럼 하나님은 개개인이 자비의 습성을 소유한다고 영생으로 수용할 어떤 절대적인 필연성에 묶이지 않으시는 한편, 질서 유지적 능력으로 그러한 습성의 소유가 순례자의 성화로 귀결되게끔 지정하셨다고 주장한다. 그러므로 그레고리는 세 가지 결론을 내린다.[400]

1. 절대적 능력에 관하여. 하나님은 창조된 은총의 습성 없는 사람도 기꺼이 받으실 수 있다.
2. 절대적 능력에 관하여. 하나님은 그러한 습성을 소유한 순례자를 기꺼이 받아야만 하는 의무가 없다.
3. 절대적 능력에 관하여. 하나님은 설령 그것이 은총의 상태 밖에서 시행되더라도, 공로가 되는 행위로 받아들일 수 있다.

이 생각들은 넓게 보면 아비뇽에서 정죄된 오캄의 의견과 유사하다. 이 결

---

399) Pelzer, 'Les 51 articles de Guillaume d'Occam censurés en Avignon en 1326,' 252: 'Nec potest excusari per illam addicionem, quam ponit: de potentia Dei absoluta, quia argumentum suum eque procedit absque illa condicione sicut cum illa. Propositio autem, quam assumit, est heretica et conclusio heretica.'
400) Gregory of Rimini, In I Sent. dist. xvii q. 1 a. 2.

론들은 사실적이라기보다는 하나님의 절대적 능력에 대한 이론적인 가능성을 표현하는 것임에 틀림없다. 더욱이 현대주의자인 피에르 달리(Pierre d' Ailly)의 저서에 대한 주의 깊은 조사는 다음의 사실을 시사한다. 즉 절대적 능력이라는 가설적 사색을 통해 이루어진, 칭의 시 은총의 필요성에 대한 비판은, 성령의 창조되지 않은 은총이 목표가 아니라, 구체적으로 창조된 은총의 습성이 목표였다.[401]

사실상 칭의 시 창조된 은총의 주입된 습성의 필요성은 칭의 교리의 영역 안으로 아리스토텔레스주의가 침범해 온 결과로 간주될 수 있다. '오캄의 면도날'(이 경우에는, 하나님의 두 가지 권능 사이의 변증법에 기반을 둔 비평의 지원을 받는)을 적용해 보면 창조된 습성의 절대적인 필연성은 기각된다. 칭의에서 창조된 은총 또는 자비의 습성의 필연성을 인정하기를 거부한 트렌트의 칭의에 관한 포고문은 이 개념에 대한 이론적 비판의 요점을 잘 파악했음을 보여준다고 할 수 있다.

비아 모데르나 신학자들이 두 가지 권능 사이의 변증법을 사용하여 강조하고자 했던 구원론적인 측면은 현재 정립된 구원의 질서가 비록 급격한 돌발성을 지니고 있다 하더라도, 전적으로 신뢰할 만하다는 사실이다. 성경과 전통을 증인으로 하는 정립된 구원의 질서는 신적 의지의 표현이므로, 하나님이 이처럼 정립되고 계시된 의지에 반하게 행동하게 될 경우의 수는 결코 발생하지 않는다. 이와는 반대로, 현존 질서는 신적 의지에 달려 있으므로 하나님이 의지의 행동을 더함으로써 이 질서를 철회할 가능성도 무시할 수 없을 것이라는 의견과 달리 비아 모데르나 신학자들은 하나님 안에서의 지성과 의지의 통일에 호소함으로써 대응했다. 하나님의 행동은 언제나 전적으로 일관적이며 신뢰성이 있다.

비아 모데르나 안에서 하나님의 두 권능 사이의 변증법 사용은 때때로 가브리엘 비엘의 저서를 언급하며 제시되는데, 하나님의 절대적 능력에 대한 비엘의 가르침에 대해서 심각하고도 잘못된 설명이 미친 영향에 도전할 필요가 있다. 칼 페케스(Carl Feckes)는 비엘은 하나님의 절대적 능력을 자기

---

401) Courtenay, 'Covenant and Causality in Pierre d' Ailly,' 107-9.

자신의 참된 신학을 전달하는 편리한 매개로 사용한 한편, 하나님의 질서 유지적 능력으로는 전통적인 가르침을 유지하는 데 사용했다고 주장한다. 달리 말하자면, 비엘은 질서 유지적 능력으로 할 수도 있는 것을 절대적 능력이라고 기술하는데, 이는 교회 당국에 의한 재소를 두려워했기 때문이 아닐까?[402] 이러한 비엘 비평은 성립될 수 없다. 특히 비엘이 하나님의 두 권능 사이의 변증법을 도구로 사용한 것은 단순히 신적 변덕에 대항하여 정립된 구원의 질서를 방어하려 했을 뿐 아니라, 더욱 든든하게 자리할 수 있는 굳건한 신학적 토대(언약 개념의)를 제공했다는 점에서 더욱 그러하다.

비엘의 사상에 대한 잘못된 설명은 또한 중세 후기 신학과 관련된 질문과 함께 젊은 마틴 루터에게 영향을 주었다. 만약 비엘이 정말로 의미했던 내용이, 하나님의 절대적 권능에 관한 그의 진술을 통해 결정된다면, 루터의 초기 견해가 하나님의 절대적 능력에 관한 비엘의 견해와 비교되어야 할 것이다. 이렇게 된다면 결국 루터는 비엘이 절대적 능력으로 진술한 것을 질서 유지적 능력으로 기술했다는 단순하면서도 상당히 부당한 결론에 도달하게 된다. 즉 캐리커처로 루터 사상을 서투르게 그리면 비엘의 사상이 되는 것이다.[403]

페케스의 비엘 해석은 1925년의 일이며, 비엘에 관한 최초의 중대 비평은 1934년 폴 비노(Paul Vignaux)의 14세기 신학 연구로 커다란 영향을 미쳤다. 여기에 오캄의 '외지주의'에 관한 주의 깊은 연구가 포함되어 있다.[404] 현존하는 구원의 질서는 임의적인 것이 아니라 합리적인 것이며, 그 합리성은 비록 필연적인 것은 아니더라도 개연성 있는 논증에 기반을 두어 제시될 수

---

402) Fecks, *Die Rechifertigungslehre des Gabriel Biel*, 12: 'Darum retten sich die Nominalisten gern auf das Gebiet der potentia absoluta hinuber, wenn die Konsequenzen ihrer Prinzipien mit der Kirchenlehre in Konflikt zu geraten drohen.' 이 전제를 기초로 하여, Feckes는 Biel이 하나는 하나님의 절대적인 권능(Biel 자신의 가르침을 대표하는)에 따른 칭의 교리, 하나는 하나님의 정해진 권능(교회의 가르침을 대표하는)에 따른 칭의 교리라는, 두 가지 근본적으로 독립적인 교리를 발전시켰다고 주장한다 (22).
403) 비아 모데르나 신학과 Luther와의 관계에 대한 질문은 다음을 보라. McGrath, *Luther's Theology of the Cross*, 72-147.
404) Vignaux, *Justification et prédestination*, 127-40. Seeberg 및 Feckes와 관련된 코멘트에 특별히 주의하라. 132 n. 1.

있다. 비노에 의하면, 신적 활성화에 열려진 가능성들이 자기모순적이 아니라는 점에서 절대적 능력의 이론적 질서는 신적 논리의 질서를 보여준다. 또한 하나님이 신적 은총을 소유한 사람들이 의롭게 되도록 자신을 스스로 채무자로 정하셨다는 점에서 질서 유지적 능력의 실제 질서는 신적 자비의 질서이다. 비노는 크게 찬사를 받고 있는 청년 루터에 관한 연구에서 이 점을 더욱 심화시켰다. 그는 절대적인 권능은 이성과 법에 부합하는 것이며 정해진 질서는 오직 임의적인 '사실상'의 상황에만 부합된다는 주장은 비엘 사상을 완전히 잘못 이해한 것이라고 강조했다.[405] 현존 질서는 신적 정의와 동시에 신적 자비를 표현한다고 비노는 강조했다.

이러한 개념 틀에서 비엘을 읽으면서, 후속 연구들은 하나님의 두 권능 사이의 변증법에 대한 비엘의 사용은 무죄라고 강조한다.[406] 가끔 비엘이 하나님의 절대적 능력이라는 이론적 사색에 신학 에너지를 너무 소비했다는 비판이 있기도 하다.[407] 세기의 마지막 10년에 파리의 저명 신학자들을 당황시켰던 신학적 질문들에 관한 에라스무스의 평가에서 보이듯이[408] 15세기에도 비슷한 비판이 있었다. 이 질문 중에 두 가지가 언급될 수 있다.

> 하나님은 창녀를 처녀로 바꾸는 것처럼, 과거를 되돌리실 수도 있을까?
> 하나님이 인간이 되시는 대신 딱정벌레나 오이가 되실 수도 있었을까?

---

405) Vignaux, *Luther, Commentateur des Sentences*, 78: 'La *potentia absoluta* ne représente pas la raison et le droit, ni la *potentia ordinata*, une pure donnée de fait: toute interprétation de ce genre trahirait la pensée de Gabriel Biel…[L'ordre établi] est un ordre fait de libèralité à la fois et de la justice.'
406) 예를 들어, R. Weijenborg, 'La Charité dans la première théologie de Luther,' *Revue d'histoire ecclésiastique* 45 (1950), 615-69, 617.
407) Iserloh, *Gnade und Eucharistie*, 137-46. 여기서 *potentia absoluta*에 대한 Oberman의 초기 강조(예를 들어, H. A. Oberman, 'Some Notes on the Theology of Nominalism with Attention to its Relation to the Renaissance,' *HThR* 53 (1960), 47-76)를 언급할 수 있는데, 이는 나중에 *Harvest of Medieval Theology*, 30-47에서 훨씬 균형 있게 되었다.
408) Erasmus, *Opera omnia*, 6.927B-C.

사실 이 두 가지 질문은 칭의에서 창조된 습성의 필요성과 유사한 심각한 신학적 이슈가 되었으며, 하나님의 두 가지 권능의 변증법에 호소하지 않고는 풀릴 수가 없었다.[409]

비아 모데르나와 연관된 신적 자기 제한의 인식은, 특히 하나님과 인간 사이의 계약(pactum)과 연결된다. 파두아의 마르실리우스(Marsilius of Padua)의 정치사상의 특징인 초기 형태의 사회-계약 이론을 계약과 혼동하지 말아야 한다. 계약은 하나님께서 일방적으로 정하시고 세우신 것으로 인류를 향한 친절함과 관대함의 행동이다. 엄격하게 말해서 우리는 두 가지 종류의 계약을 알아야 할 필요가 있다. 한 종류는 모든 인류와 관련된 자연 질서로, 하나님이 창조하신 우주의 유지와 그것을 다스리는 법을 위해 위임하신 것이다. 또 한 종류는 교회와 관련된 신학적 질서로, 죄에 빠진 인류의 구원을 위해 하나님께서 위임하신 것이다.

우리의 주된 관심사는 후자의 것이다. 계약 개념의 정수는 아리스토텔레스적 신 개념의 합리적 한계성과 분명히 단절하면서, 더욱더 성경적인 하나님 개념으로 돌아왔다는 데 있다. 하나님은 전능하신 분이면서도 아브라함의 후손과의 언약 관계에 들어오셨다. 계약의 존재는 인류 구원과 이를 위해 지정된, 특히 교회의 성례 제도라는 수단에 대한 하나님의 위임을 증명하는 것이다. 비아 모데르나가 칭의 교리와 관련하여 전향적인 지렛대로 구성한 것이 바로 이러한 계약이다.[410]

중세 시대에 기록된 하나님의 두 권능 사이의 변증법에서 가장 중요한 활용은 칭의에서 창조된 습성의 급진적으로 우발적인 역할의 제시이다. 이것은 '계약적인 인과관계' 개념의 발전과 연관되어 있다. 나중에 이 주제가 다루어질 것이다. 이제 우리는 예정(prédestination)과 칭의의 관계에 관한 질문

---

409) W. J. Courtenay, 'John of Mirecourt and Gregory of Rimini on whether God can Undo the Past,' *RThAM* 39 (1972) 244–56; 40 (1973), 147–74; A. E. McGrath, 'Homo assumptus? A Study in the Christology of the Via Moderna, with Particular Reference to William of Ockham,' *EThL* 61 (1985), 283–97.
410) 이에 대해 다음을 보라. Oberman, 'Wir sind pettler'; Courtenay, 'The King and the Leaden Coin'; McGrath, 'The Anti-Pelagian Structure of "Nominalist" Doctrines of Justification.'

에 관심을 둔다.

8. 예정과 칭의의 관계

예정과 칭의의 관계에 관한 최초의 체계적인 논의는 히포의 어거스틴의 작품에서 만나게 된다. 비록 초기 저자들이 로마서 9-11장에 들어 있는 바울의 이스라엘에 대한 거절에 관한 논의가 예정과 관련된 질문을 불러일으킴을 깨달았지만,[411] 그들의 주요 관심사는 영지주의와 같은 천체 운명론에 직면하여 자신들이 정통적인 기독교의 자유 의지 이해라고 생각한 내용을 방어하는 것이었다. 예정 개념과 운명론 또는 결정론과의 혼란은 교부들로 하여금 신적 예정에 대한 성찰을 감소시켰다. 결과적으로 초대 교부들의 시대에는 신약의 바울 구문들의 특징에서 발생한 신학적 낙관주의가 팽배하게 되었다. 하나님께서 구원의 전체 과정에서 당장 생각할 수 있는 것보다 더 많은 통제를 행사하신다는 생각에 처음으로 관심이 모아진 것은 어거스틴 때문이었다.

앞에서 언급했듯이, 어거스틴은 밀라노의 심플리키아누스(Simplicianus of Milan)와의 서신 교환 중에 예정의 문제와 처음 직면한 것 같다.[412] 395년경 심플리키아누스는 로마서 9-11장을 읽으면서 생긴 여러 이슈들로 인해 자신이 심란해졌음을 깨달았다. 왜 하나님은 에서를 미워하셨을까? 그리고 바로의 마음을 굳게 만드신 하나님이 어떻게 기독교인들이 이해하는 하나님의 본성 및 인간의 자유와 양립할 수 있을까? 밀라노의 암브로스(Ambrose of Milan)가 문제를 적절히 논파하는 데 실패하자, 좌절한 심플리키아누스는 어거스틴에게 지도를 요청한다. 이 때문에 심플리키아누스는 흔히 '어거스틴 주의'라고 알려진 독특한 신학적 입장이 등장하는 원인이 된다. 또한 예정과 칭의의 관계에 대한 서구 신학의 지속적인 성찰에 헤아릴 수 없는 영

---

411) 예를 들어, Schelkle, *Paulus Lehrer der Väter*, 336-53, 436-40.
412) *Das Prädestinationsproblem in der Théologie Augustinus*, 41-8.

향을 미치게 되는 계기를 제공한다.

이 질문에 관한 어거스틴 입장의 정수는 다음처럼 요약될 수 있다. '시간 안에서의 인류의 선택 또는 칭의는 하나님의 영원하신 선택 또는 예정의 결과이다.'[413] 따라서 어거스틴은 바로의 마음이 완고해진 사건을, 하나님 편에서의 긍정적인 행동으로 이해되는 신적 예정의 결과로 해석한다. 그러나 어거스틴은 이 점과 관련하여 예정은 신적 정의(正義)에 기반을 두며 궁극적으로 신적 정의의 표현이라고 강조함으로써, 하나님 편에서의 우연한 명령이라는 가능성을 완전히 배제한다. 어거스틴은 바로 마음의 완고함을 세 가지 방식의 정의(定意)에 기초하여 설명한다.[414]

1. 바로 마음의 완고함은 그의 과거 죄의 결과로 보아야만 한다.
2. 바로 마음의 완고함이 전적으로 하나님의 사역 때문인 것만은 아니다. 바로도 자신의 의지로 자기 마음을 완고하게 하는 데 기여했다고 간주되어야 한다. 심지어 예정에 관한 논의에서 어거스틴은 인간 자유 의지의 실재성을 주장한다.
3. 하나님의 판정은 공식적인 조사 여부와 관계없이 항상 정의(正義)에 대한 문제이다.

펠라기우스 논쟁을 마칠 무렵 식스투스(Sixtus)에게 보낸 유명한 편지에서, 어거스틴은 신적 예정이 전적으로 정의롭다고 주장한다. 하나님은 정의에 기반을 두어 인간의 운명을 결정한다. 어거스틴은 예정과 운명론과의 차이에 주의를 환기시키고자 예정에서 신적 지혜의 역할을 빈번히 강조한다.[415] 이러한 선택에서 하나님의 전적 주권성이 유지된다. 인간의 칭의보다

---

413) *Ad Simplicianum* I, ii, 6, CChr 44.30.165-31.198.
414) 예를 들어, *De gratia et libero arbitrio* xx, 41; xxi, 42-3; xxiii, 45.
415) Augustine은 지혜는 운명의 안티테제로 이해되어야 함을 분명히 한다. *Epistola* 194, ii, 5. Ælfric이 거의 비슷한 상황에서 고대 영어의 단어 *wyrd*의 운명론적인 연상을 거부한 사실을 주목하는 것도 흥미롭다. *The Homilies of the Anglo-Saxon Church*, ed. B. Thorpe, 2 vols., London, 1864-6, 1.114.13.

하나님께서 인간의 의지를 흔드는 일이 선행한다. 그리고 그 지혜에 따라, 하나님은 오직 소수의 의지만을 준비시키려고 결정하신다.[416] 어거스틴의 비판자였던 에클라눔의 줄리안(Julian of Eclanum)은 신적 정의에 관련된 모든 문제에 의문을 가졌다. 그리고 줄리안은 어거스틴이 승인할 준비가 안 된 세속적인 하나님의 의(iustitia Dei) 개념을 사용했다.[417]

어거스틴은 예정론에서 하나님께서 어떤 사람은 영생에 이르도록, 또 어떤 사람은 정죄받도록 미리 정하셨다는 결론과 그리스도가 오직 택자만을 위하여 죽으셨다는 결론의 작성에 반대했다. 그러나 그 이후 이러한 결론이 빈번히 작성되었다(그리고 반대되었다!). '예정론주의자'라고 합법적으로 불릴 만한 최초의 신학자는 5세기 갈리아 신부인 루키두스(Lucidus)였다. 그의 견해는 아를 회의(473)에서 정죄되었다. 그리스도는 모든 인류를 위해 돌아가신 것이 아니며, 신적 은총은 불가항력적이고, 유기된 자는 하나님의 뜻에 따라 유기되었다는 주장이 그의 주장 중 중요한 것이다.[418] 제2차 오렌지 공의회(529)에서 그의 견해에 대한 정죄가 승인되었다. 구체적으로, 어떤 사람이 하나님에 의해 죄를 지을 운명에 처해졌다고 믿는 사람은 누구든지 이단으로 정죄되었다.[419] 비록 몇몇 사람들이 공의회의 정죄는 어거스틴을 지목한 것이라고 주장했지만, 사실 어거스틴은 이중 예정 교리를 명시적으로 가르치지 않았다(맥그래스의 주장과는 달리, 후기 어거스틴은 이중 예정이라는 용어를 분명히 사용했으며 관련된 내용도 가르쳤다-역주).

중세 시대의 가장 중요한 예정론 논쟁이 9세기에 분출되었다. 베네딕트

---

416) 예를 들어, *Epistola* 194, ii, 3-4. 참조. A. Sage, 'Praeparatur voluntas a Deo,' *REAug* 10 (1964), 1-20.

417) McGrath, 'Divine Justice and Divine Equity in the Controversy between Augustine and Julian of Eclanum.'

418) *D* 332-3. 이 회의의 날짜와 지위 모두가 의문 투성이다. 아마 475년부터 날짜를 정할 수 있을 것이며, 교회의 결정이라기보다는 몇몇 개인 그룹의 사적인 결정을 나타낸다. '[Lucidus] dicit quod Christus Dominus et Salvator noster mortem non pro omnium salute susceperit; qui dicit quod praescientia Dei hominem violenter impellat ad mortem, vel quod Dei pereant voluntate qui pereunt.'

419) *D* 397. 또한 이 문제에 관한 2차 오렌지 공의회의 발표문을 531년 Boniface II가 승인한 것을 보라. *D* 398-400.

수도사 오르바의 고데스칼크(Godescalc of Orbais, 흔히 고초크라고 불리는데 이는 부정확한 이름이다)가 중심이었다. 최근까지 논쟁에 관한 우리의 지식은 주로 고데스칼크의 지지자와 반대자들의 이야기에서 얻어진 것들이다. 고데스칼크 주요 저작의 원전이 20세기의 첫 반백년에 재발견되었다. 이제는 9세기에 있었던 대(大) 예정론 논쟁의 중요성을 어느 정도는 정확히 평가할 수 있는 상황이 되었다.[420]

고데스칼크의 이중 예정 교리인, 프라이데스티나티오 게미나(praedestinatio gemina, 이중 예정론)는 근본적으로 자연과 은총의 관계에 대한 어거스틴적 인식의 논리적인 결과이다. 고데스칼크와 어거스틴의 다른 점은, 그가 이중 예정 교리의 필요성을 칭의 시 은총의 예비로부터 엄밀하게 추론한다는 것이다. 인간이든 천사든 모든 이성적인 피조물이 하나님께 받아들여지려면 끊임없는 신적 은총이 필요하다. 또한 이러한 은총의 필요성은 인간 자유 의지의 적절한 기능으로 확장된다. 따라서 은총을 떠나서는 선을 바라거나 선을 행할 수도 없다. 어거스틴에 대한 전적인 충실성으로 인해 고데스칼크는 인간의 자유 의지는 오직 은총에 의해 해방되었을 때에만 참으로 자유롭다고 단언했다.[421]

고데스칼크의 이중 예정 교리가 기초한 근본 원리는 신적 불변성의 원리이다.[422] 만약 하나님 안에서 어떤 새로운 판단이나 결정이 생기지 않을 경우, 모든 것은 미리 결정되어 있다. 따라서 새로운 판단이나 결정은 배제된다. '만일 하나님이 예정을 통하여 정하지 않으셨던 무엇인가 행하시려면, 하나님은 입장을 변경시키셔야만 한다.' 그런데 고데스칼크의 하나님의 불변성 교리에서 이런 일은 생각할 수도 없다. 하나님이 누군가를 정죄하신다면, 하나님께서 영원부터 그렇게 결정하셨던 것이다. 그렇지 않다면 변화가

---

420) G. Morin, 'Gottschalk retrouvé,' *Revue Bénédictine* 43 (1931) 302-12. MS 베른 83의 내용은 Lambot에 의해 출판되었다. Lambot, *Œuvres théologiques et grammaticales de Godescalc d'Orbais*.
421) *De praedestinatione* 13, ed. Lambot, 234; *Responsa de diversis* 6, ed. Lambot, 148.
422) *Confessio brevior*, ed. Lambot, 52: 'Credo et confiteor deum omnipotentem et incommutabilem praescisse et praedestinasse angelos sanctos et homines electos ad vitam gratis aeternam.'

있어야만 한다. 따라서 고데스칼크는 택자의 구원과 정죄받은 자의 유기 모두 영원으로부터 정해진 것이라는 결론을 내린다. 세빌의 이시도레(Isidore of Seville)의 가르침에도 어거스틴의 가르침과의 급진적 결별과 만날 수 있다. 그는 '택자는 안식에, 저주받은 자는 죽음에 이르는 이중 예정이 있다. 둘 다 신적 판단에 의한 것이다'423)라고 명시적으로 가르쳤다. 고데스칼크는 예정에 관한 그의 가르침을 승인하면서 이 위대한 스페인 감독을 여러 차례 언급한다.424)

만약 누군가 악인으로 예정되었다면, 이는 그리스도가 모든 사람이 아니라 오직 생명으로 예정된 사람만을 위해서 돌아가셨다는 결론이 나온다. 고데스칼크는 주저함 없이 결론을 받아들인다.425) 디모데전서 2:4의 하나님께서 '모든 사람의 구원을' 바라신다는 구절이 고데스칼크에 대항하여 자주 언급된다. 고데스칼크는 이 구절이 하나님께서 모든 사람의 보편적 구원을 원하심을 암시한다는 추정을 거부한다. 대신 구원받는 이는 누구든지 신적 예정에 의해 구원받았다는 사실을 긍정하는 것으로 구절을 해석했다.426)

고데스칼크의 예정 교리에 대한 가장 복잡한 비판이 파리 소재 성당 학교의 아일랜드인 교장이었던 존 스코투스 에리게나(John Scotus Erigena)에게서 나왔다. 스코투스는 850년경 기록된 『하나님의 예정에 관하여』(*De divina praedestinatione*)에서, 고데스칼크가 신학적 언어를 잘못 해석하고, 부적절하게 사용했다고 비판한다. '예정'이나 '예지'(foreknowledge) 같은 용어는 하나님의 수사적인 술어이다(translative de deo predicari). 따라서 '예정하다'는 용어의 정확한 의미가 다음 진술과 일치한다고 짐작해서는 안 된다.

---

423) Isidore of Seville, *Sent.* II, vi, 1, PL 65.656A.
424) 예를 들어, Godescalc, *Confessio brevior*, ed. Lambot, 54: 'Unde dicit et sanctus Isidorus: Gemina est praedestinatio sive electorum ad requiem, sive reproborum ad mortem'; Responsa de diversis 7, ed. Lambot, 154-5.
425) Opuscula theologica 20, ed. Lambot, 279-82.
426) De praedestinatione 14, ed. Lambot, 238. 동일한 결론이 Servatus Lupus, Quaestiones, PL 119.646A-B에서 더 강하게 표현되었다.

1. 하나님은 택자가 구원받도록 예정하셨다.
2. 하나님은 악한 자가 정죄받도록 예정하셨다.

이 진술이 트로에의 프루덴티우스(Prudentius of Troyes)를 만족시키지는 못했지만,[427] 토론에 포함된 몇 가지 어려움에 대한 주목을 이끌어 내는 데 기여했다.

고데스칼크 입장에 대한 가장 무자비한 적은 랭스의 힌크마르(Hincmar of Reims)이다. 그는 '구원받을 사람에게는 구원의 필연성이 주어지고, 멸망당할 사람에게는 정죄의 필연성이 주어진다'[428]는 현대주의적 예정론의 가르침을 비난했다. 그는 이 견해를 받아들일 수 없었다. 왜냐하면 힌크마르는 인간의 자유 의지가 비록 타락으로 인해 약해졌지만 실재한다고 단언했는데, 위의 견해는 자유 의지의 실재성을 부인하는 것으로 보였기 때문이다 (per se sufficiens sibi ad malum, languidum autem atque invalidum ad omne bonum).[429] 또한 힌크마르는 고데스칼크의 진술은 어거스틴의 가르침에 위배된다고 주장했다. 그는 가짜-어거스틴 논문인 「히포그노스티콘」 (Hypognosticon)에 호소함으로써 베네딕트파 안에서 자기 명성을 유지하려 했다. 힌크마르는 '예정론에 관한 어거스틴의 책'으로 이 저작을 인용하면서, 예정과 예지는 구별되어야만 한다고 주장했다.[430] 고데스칼크의 온건한 지지자인 리옹의 플로루스(Florus of Lyons)는 제한된 예정은 택자에게만 주어진다고 지적하지만, 신적 예지가 택자와 멸망당할 자 모두에게 적용되도록 허용했다.[431] 플로루스는 논란 중인 논문이 어거스틴 출전임을 부정하는데 전혀 어려움을 느끼지 않았다.[432]

---

427) G. R. Evans, 'The Grammar of Prédestination in the Ninth Century,' JThS 33 (1982), 134-45; 동일 저자의, The Language and Logic of the Bible: The Earlier Middle Ages. Cambridge: Cambridge University Press, 1984, 111-13.
428) De praedestinatione 26, PL 125.270B.
429) De praedestinatione 23, PL 125.209C.
430) Hypognosticon VI, ii, 2, PL 45.1657D. Hincmar는 이 저작을 Epistola 37b, MGH.Ep 8.17-18에서 인용한다.
431) Liber de tribus epistolis 34, PL 121.1043C.
432) Liber de tribus epistolis 35, PL 121.1044-7. Liber de tribus epistolis는 키에르씨 대회

849년 힝크마르는 퀴에르씨(Quiercy)에서 대회를 소집했다. 대회는 고데스칼크를 정죄하고 그의 지위를 박탈했다. 힝크마르는 853년 대회를 재소집, 네 가지 명제에 의거하여 예정론주의자에 대한 새로운 징계안을 제출했다.[433]

그것은 첫째, 예정과 예지는 구별되어야 한다. 하나님께서 영생을 예정하신다고 말할 수 있지만, 형벌을 예정하신다고 말할 수는 없다. 따라서 형벌의 예정과 형벌로 가는 예정 사이의 구분이 이루어져야 한다. 사실상, 이것은 위에서 언급한 가짜-어거스틴 저작인 「히포그노스티콘」의 가르침을 재진술한 것이다. '하나님은 신적 공평함을 주시려고 예정하시지만, 인간적 범죄가 저질러지도록 예정하지는 않으신다'[434]는 말은 힝크마르에게 하나님께서 악이 처벌받도록 당연히 예정하시지만, 죄인이 처벌되도록 예정하시는 것은 아니다.

둘째, 아담이 상실한 인간의 자유 의지는 그리스도에게서 회복되었다. 이 항목은 자유 의지(liberum arbitrium)와 의지의 자유(libertas arbitrii)를, 즉 자연적 자유와 획득한 자유를 혼동한 것 같다. 첫 항목에도 비슷한 약점이 있다. 하나님이 인간을 '죄 없이 의롭게' 창조하셨고, '자유 의지'를 부여하셨다'는 것이다.[435] 리옹의 플로루스가 지적했듯이, 자유 의지에 관한 이러한 진술은 신적 은총을 인간의 자유와 연관시킨다.[436] 플로루스는 이 항목에서 마찬가지 약점을 발견한다. 곧 은총이 단순히 신적 예지의 결과로 보이게 한다는 점이다.[437] 자연과 은총 사이의 관계를 명료화시키는 데 실패했다는 사실은 이 대회의 두 가지 서두 명제가 지닌 가장 놀랄 만한 특징이다.

셋째, 하나님은 택자만이 아니라 모든 인류를 구원하시고자 하신다.

넷째, 예수 그리스도는 인류의 한정된 일부가 아니라, 모든 인류를 위해

(the Synod of Quiercy)에 관한 우리의 지식과 관련하여 상당히 중요하다.
433) D 621-4.
434) Hincmar, *Epistola* 37b, *MGH. Ep* 8.19.
435) D 621: 'Deus omnipotens hominem sine peccato rectum cum libero arbitrio condidit.'
436) Florus of Lyons, *De tenenda scriptura veritate* 3, PL 121.1087C-D.
437) *De tenenda scriptura veritate* 4, PL 121.1091B-92B.

죽으셨다. 이것은 그리스도는 심지어 인류가 그리스도의 구속의 은사를 수용 거부한다고 할지라도, 모든 인류를 위해 고통 받으시고, 돌아가셨다는 힌크마르의 입장을 재진술한 것이다.[438] 만일 그리스도가 택자만을 위하여 돌아가신 것이라면, 힌크마르에게 있어 분명 하나님은 불의한 죄를 저지르신 것이다.[439] 만약 그리스도의 피가 그것을 믿지 않는 사람을 위해 흘려진 것이라면, 그리스도의 보혈이 헛되이 흘려지셨음(esse inane et vacuum)을 암시한다는 근거에서 리옹의 플로루스는 힌크마르의 가르침을 비판한다.[440] 플로루스는 그리스도의 피는 만인을 위해 흘려진 것이 아니라, 그의 교회, 즉 '그리스도를 믿었거나, 믿고 있거나, 앞으로 믿을 모든 사람'을 위해 흘려진 것이라고 주장한다.

플로루스는 '신앙규칙' 7개조를 작성한다. 그는 성경과 교부들의 권위를 주장하면서, 예정과 예지 개념 사이에 신중한 구분을 만들었다.[441]

1. 하나님의 예정과 예지는, 하나님처럼 영원하고 불변하다.
2. 모든 피조물 중에서 하나님께서 예지하지 않거나, 예정하지 않으신 것은 하나도 없다.
3. 예정된 것은 무엇이든지 예지되었다고 말할 수 있는 것처럼, 미리 예정된 무엇인가는 미리 예지된 무엇인가라고도 말할 수 있다. 예정되어서 존재하는 그 무엇도, 예지되지 않은 것이 없고, 그 역도 마찬가지다.
4. 하나님은 인간과 천사의 선한 행위를 미리 아셨으며, 예정하셨다고 말할 수 있다. 한편 하나님이 악한 행위를 예지하셨다거나 예정하셨다고 말할 수는 없다. 이 항목과 앞의 두 항목 사이의 긴장이 더 길게 설명되지는 않는다.
5. 하나님의 예지와 예정이 누구에게나 필수적으로 부과된다고 말할 수는 없

---

438) Hincmar, *De praedestinatione* 32, PL 125.309B: 'Sanguis Christi redemptio est totius mundi.'
439) *De praedestinatione* 34, PL 125.350A.
440) Florus of Lyons, *Liber de tribus epistolis* 16, PL 121.1015C.
441) Liber de tribus epistolis 1-6, PL 121.989-98.

다. 이 항목은 라트람누스(Ratramnus)[442]와 세르바투스 루푸스(Servatus Lupus) 같은 고데스칼크의 지지자들이 힌크마르에 대항하여 만든 것이다.[443]

6. 비록 이러한 예지와 예정 개념이 성경에 명시적으로 기록된 것은 아니지만, 암시는 되어 있다.

7. 저주받은 사람은 아무도 구원받지 못하듯이, 택함 받은 사람은 그가 누구든지 멸망되지 않을 것이다.

발렌스 공의회(855)에 의해 퀴에르씨 대회의 선언문이 번복되었다.[444] 퀴에르씨는 오직 하나인 하나님의 예정(una Dei praedestinatio tantummodo)이 있다고 주장한 반면, 발렌스는 이중 예정인 '택자의 생명으로의 예정과 불경건한 자의 죽음으로의 예정(praedestinatio electorum ad vitam et praedestinatio impiorum ad mortem)을 주장했다. 후자의 예정론이 택자의 예정론과는 본질적으로 다르다고 공의회가 이해했다는 점이 강조되어야 한다.[445] 발렌스 결의안은 4년 후 랑귀(Langues)에서 열린 지방 대회를 통해 재승인되었다. 같은 해, 니콜라스 1세가 이중 예정 교리와 그리스도는 택자만을 위해 돌아가셨다는 관련 교리를 승인하는 포고문을 발행했다고 보고된다.[446] 이 교황 교서가 현존하지 않기 때문에, 보고서의 확인은 불가능하다. 866년 힌크마르는 이 선언이 사기라는 자신의 믿음을 천명했다.[447]

예정에 관한 9세기의 논의는 흔히 정체 또는 쇠퇴의 시기라고 불리는 10세기 또는 11세기 말과 12세기의 신학적 르네상스로 전달되지 못했다. 비록 주제 면에서 9세기 논쟁의 강도에는 미치지 못하지만, 일반적으로 신적 예

---

442) Ratramnus, De praedestinatione 2, PL 121.54D, 69B-C.
443) Servatus, Epistulae 3, 4, MGH.Ep 6.110-12.
444) D 625-33.
445) Can. 3, D 628: 'In electione tamen salvandorum misericordiam Dei praecedere meritum bonum; in damnatione autem periturorum meritum malum praecedere iustum Dei iudicium.'
446) 보고서는 *Annals of Saint-Berlin* 859에서 발견되며, *MGH.SRG* 31.53에서 인용했다.
447) Hincmar, *Epistola* 187, *MGH.Ep* 8.196.

정의 동기와 관련된 두 사상 학파가 드러난다.

먼저 다수파 입장은 영광을 향한 예정이든지 유기를 위한 예정이든지 어떤 것도 그 근거가 인간 안에 있지 않으며, 그 차이는 오직 신적 의지 자체에 있음을 인정한다. 피터 롬바르드는 자신의 『문장집』[448]에서 이 의견을 지지하며, 고등 스콜라 학파의 신학자 다수, 특히 초기 도미니크 학파의 신학자들로부터 추종을 받았다. 따라서 토마스 아퀴나스는 인간의 공로나 죄과를 미리 본다는 언급 없이, 인간의 선택에 대한 신적 결정은 필연적으로 자유롭고 비강제적인 것이라고 가르쳤다.[449]

다음으로 소수파 입장은 인간성 자체에 예정과 유기를 위한 어떤 근거가 있음을 지지한다. 이 견해는 특히 할레의 알렉산더나 보나벤투라 같은 초기 프란시스코 학파와 관련 있다. 예정은 의지적 행동이라기보다는 지성적 행동으로 이해된다. 신적 의지는 선택이나 거절 이전에 지성에 의해 통보되어야 하며, 지성에 의해 제공된 정보는 논의 중인 개인에게 수여되는 미리 나타난 은총의 사용과 연결된다.[450]

둔스 스코투스는 예정이란 신적 지성이라기보다는 신적 의지의 행동이라고 주장하면서, 초기 프란시스코 학파의 가르침과 이별했다. 예정은 이성적인 피조물을 선택하고, 그들에게 은총과 영광을 수여하는 하나님의 의지적 행동으로 이해된다. 한편 이러한 선택에 지성적 행동이 '부수적으로 따른

---

448) *I Sent*. dist. xl, xli.
449) *De veritate* q. 6 a. 1, ed. Spiazzi, 1.114: 'Praeexigitur etiam et electio, per quam ille qui in finem infallibiliter dirigitur ab aliis separatur qui non hoc modo in finem diriguntur. Haec autem separatio non est propter diversitatem aliquam inventam in his qui separantur quae possit ad amorem incitare: quia antequam nati essent aut aliquid boni aut mali fecissent, dictum est: Iacob dilexi, Ezau odio habui.' 그러나 예정은 *propositum, praeparatio, praescientia exitus*도 포함한다(*In I Sent*. dist. xl q. 1 a. 2, ed. Mandonnet, 1.945), 한편 유기는 단지 *praescientia culpae et praeparatio poenae*이다(*In I Sent*. dist. xl q. 4 a. 1, ed. Mandonnet, 1.954). 참조. *De veritate* q. 6 a. 3; *Summa Theologiae* Ia q. 23 aa 3, 5.
450) Pannenberg, *Die Prädestinationslehre des Duns Skotus*, 30-3, 77-9. *ratio praedestinationis*에 관한 중세의 두가지 주요 전통에 관한 믿을 만한 요약으로는 다음을 보라. Johannes Eck, *Chrysopassus praedestinationis* I, 2.

다'(초기 프란시스코 학파의 경우처럼 '선행한다'가 아니다).[451] 스코투스는 유기와 구별되는 생명을 향한 예정으로 예정을 이해한다. 스코투스 예정 교리의 가장 중요한 측면은 예정의 거저 주심에 대한 유추를 이끌어 내는 수단이다.

스코투스는 예정의 전적인 거저 주심을 설명하고자, 목적에 대한 수단에 앞서 목적이 정해진다(omnis ordinate volens prius vult finem quam ea quae sunt ad finem)는 원리를 사용한 최초의 신학자인 듯하다.[452] 스코투스 이전에는 은총의 거저 주심에서 예정의 거저 주심이 추론되었다. 그러나 스코투스에게 목적 자체의 의지는 그 목적에 대한 수단의 의지에 선행한다. 즉 하나님은 인류의 궁극적인 영화(glorification)라는 목적을 향한 수단을 작정하시기 이전에 인류의 궁극적 영화(榮化)를 작정하신다. 은총은 단지 예정의 목적을 위한 수단이며, 은총의 거저 주심에서 예정의 거저 주심을 연역하는 것은 부적절하다. 따라서 한 영혼의 영화로의 선택은 반드시 공로의 예지에 선행해야 하며, 전적으로 신적 의지에 기초해야 한다. 예정은 목적 달성을 위한 수단보다 논리적으로 선행하는 것이 마땅하다. 예정이 어떠한 피조물 안에 있는 예정적 이유에 대한 지성적 분석을 통해서도 알 수 없는 신적 의지의 행동임을 나타낸다는 점에서, 그것은 전적으로 거저 주시는 것임을 의미하게 된다. 그러므로 예정의 순서(processus praedestinationis)에서 논리적 분석으로는 영생이 공로에 선행하지만, 시간 안에서 시행이라는 점에서는 공로의 결과이다.[453]

유기의 경우 분석이 어려움 속에 빠져든다. 스코투스는 초기 프란시스코 학파의 가르침을 따라, 하나님께서 능동적으로 유기를 작정하셨다는 입장

---

451) Opus Oxoniense I dist. xl q. unica n. 2. Scotus의 예정 교리에 대한 탁월한 분석으로는 다음을 보라. Pannenberg, *Die Prädestinationslehre des Duns Skotus*, 54-68, 90-119, 125-39.
452) H. Lennerz, 'De historia applicationis principii "omnis ordinate volens prius vult finem quam ea quae sunt ad finem".' Lennerz가 기록했듯이(245), Scotus가 초기의 권위에 근거하여 이 입장을 받아들였다는 텍스트(Opus Oxoniense I dist. xli q. unica n. 11) 상의 힌트는 없다.
453) Pannenberg, *Die Prädestinationslehre des Duns Skoutus*, 90-3.

에 대한 승인을 거부한다. 스코투스는 반드시 죄에 대한 예지가 유기에 선행해야 한다고 주장한다.[454] 원칙적으로 모든 선의 출처는 하나님이며 모든 악의 출처는 사람이듯이, 예정과 유기에는 서로 다른 인과적 과정이 작동한다고 스코투스는 주장한다.[455] 예정은 신적 지성보다는 신적 의지의 행동이기 때문에, 스코투스는 예지가 예정의 원인이라는 견해에 반대한다. 왜냐하면 어떤 영혼을 영화롭게 하시려는 하나님의 결정은 신적 지성에 의해서 신적 의지가 사용 가능하게끔 된, 그 영혼에 관한 정보에 의존하지 않기 때문이다. 따라서 예정이란 인간의 선행한 결정에 대한 근본적으로 수동적인 승인이라기보다는, 하나님 편에서의 능동적인 결정으로 이해되어야 함이 마땅하다. 이 견해는 하나님이 인간의 죄와 관련하여 허용하는 수동적 행동을 유기로 이해하는 스코투스의 입장과 대조를 이룬다.

베드로와 유다의 사례를 고려해 보면 차이점이 제시된다. 베드로는 자신의 공로에 대한 예지와 독립적으로 하나님에 의해 예정되었다. 하나님은 베드로를 위해 그가 영화롭게 될 수 있도록 은총의 수단을 준비하셨다. 그러나 유다의 경우, 하나님은 단지 그의 죄를 인정하시며, 그의 죄 때문에 그를 처벌하신다. 이 점에서 아퀴나스와 스코투스는 중요한 차이를 보인다. 또한 초기 프란시스코 학파와 후기 프란시스코 학파의 지성주의와 의지주의 사이의 상당한 차이도 드러난다. 예정에 대한 지성주의적 접근은 다음 사항과 관련되어 있다. 지성은 개개인이 은총의 선물을 만들 수 있도록 예지의 사용과 관련된 정보를 의지에게 알려주며, 이에 따라 이 정보를 통해 의지가 결정을 할 수 있도록 허용한다. 피조물 안에는 예정의 근거(ratio praedestinationis)와 유기의 근거(ratio reprobationis)가 모두 자리잡고 있다. 물론 의지주의적 접근은 필연적으로 신적 의지에 예정의 근거를 위치시킨다. 그러나 스코투스의 의지주의적 전제는 유기의 근거도 신적 의지에 위치해야 한다고 진술한다는 점에서, 초기 프란시스코 학파의 가르침에 대한 충실성은 그로 하여금 심각한 모순에 빠지게 만든다.

---

454) Pannenberg, Die Prädestinationslehre des Duns Skoutus, 95-100. 후기 파리의 Reportata에서 질문의 논의는 상당히 다르다(103-11).
455) Opus Oxoniense I dist. xli q. unica n. 12.

스코투스의 예정 교리는 그의 구원론 전반에 중요한 결과를 낳는다. 잘 알려진 대로, 스코투스는 인간의 타락과 하나님의 아들의 성육신을 본질적으로 독립된 사건으로 인식한다. 인간 범죄의 결과로 성육신이 일어나지 않았다. 단지 인류의 타락에 대한 신적인 예지 이후에야 인류의 죄에 대한 치유책으로 그리스도의 성육신이 결정된 것이다. 스코투스는 의사가 환자를 치료하기 위한 처방을 구체화하기 이전에 먼저 환자의 건강을 바란다고 주장하면서 이 가르침을 뒷받침한다.[456] 달리 말하면, 은총과 영광의 도구로 그리스도의 수난이 정해지기 이전(논리적으로 그리고 시간적으로)에 택자에게 은총과 영광이 예정된 것이다.

예정 교리는 오캄의 윌리엄에 의해 중대한 방향으로 진전되었다. 또한 그는 유기가 신적 의지의 행위에 기초한다기보다 인간 내부의 성질에 기초한다는 프란시스코 학파의 가르침에 충실한 채로 남았다. 오캄에게, 레프로바레(reprobare)가 개개인에 대한 처벌의 부과를 가리키는 그대로, 능동형인 프라이데스티나레(praedestinare)는 미래에 개개인에 대한 영생의 수여를 가리킨다. 두 동사 모두 구체적인 미래를 가리키는 것이 분명하므로, 동사가 포함하는 명제는 반드시 미래를 지칭해야 한다.[457]. 따라서 베드로가 예정되었다는 명제는, 동사가 과거를 가리키는 것으로 보이므로, 반드시 참이어야 할 필요가 없다. 명제는 하나님이 베드로에게 영생을 수여하실 것이라는 미래의 경우만을 언급할 수 있다. 따라서 이 경우에만 참이라고 말할 수 있다. 물론 이 경우 그것이 과거부터 사실이었기 때문에 진술의 진실성이 보장된다. 그 결과로 지금까지도 항상 참이었다고 인정되어진다. 그러나 오캄 예정 교리의 근본적인 종말론적 편향성은 그 시점에 도달하기 전까지는 주어진 명제의 진실성과 관련된 어떠한 긍정적 진술도 할 수 없도록 막는다. 오캄에게

---

456) Opus Oxoniense III dist. xix q. unica n. 6.
457) Tractatus de praedestinatione 1. 1 N, ed. Boehner, 13: 'Quarta suppositio: Quod omnes propostitiones in ista materia, quantumcumque sint vocaliter de praesenti vel de praeterito, sunt tamen aequivalenter de futuro, quia earum veritas depender ex veritate propositionum formaliter de futuro.' 참조. 이 텍스트에 대한 Boehner의 분석. ed. Boehner, 49.

예정이란 세 가지 실체, 즉 하나님, 인간 그리고 영생을 상징한다. 오캄은 예정을 하나님의 필연적인 존재성에 부가되는 실재적 관계로 이해하는 것을 거부하며, 예정되었기 때문에 인간에게 부과되는 실재적 관계(relatio realis)로 보는 이해 또한 거절한다.

일반적으로 예정의 원인에 대한 오캄의 논의는 극히 따라가기 어려운 것으로 간주된다. 첫째, 오캄의 예정 이해가 어렵기 때문인데, 엄밀히 말하자면 애초부터 예정에 원인이 있다고 말하기가 불가능하다. 오캄은 오직 명제들의 우선성이라는 관점에서만 예정을 논의하려 준비했기 때문이다. 오캄은 명제들의 원인적 연속성을 생략 삼단논법 형식으로 제시한다.[458]

1. 이 사람은 끝까지 인내할 것이다.
2. 따라서 이 사람은 예정될 것이다.

물론 논증이 삼단논법 형식을 취하지는 않지만, 주요 명제로 상정할 수 있는 '끝까지 견디는 사람이 예정 될 것이다'를 보강한다면, 삼단논법 형식도 갖출 수 있을 것이다. 오캄의 주어진 용어 정의에 있어서, 예정과 인간의 공로 사이에 가능한 관계를 허용할 수 있는 유일한 명제를 이렇게 구성함과 동시에 그가 예정과 공로 사이에서 보다 전통적인 용어로 언급할 수도 있는 몇몇 구절들도 있다는 사실이 지적되어야 한다. 그러한 구절들에 대한 주의 깊은 검토에 기반을 둘 때, 오캄은 일반적인 '미리 본 공로와 함께하는 예정'(praedestinatio cum praevisis meritis)과 구체적이고 독특한 '특별 은총에서 비롯된 예정'(praedestinatio ex gratia speciali), 두 가지 모두 질서 유지적 능력으로 가능하다고 허용한다. 어떤 사람들은 자신들의 공로로 인해 구원받는데, 행위가 없었다면 구원을 공로로 얻지 못했을 것이다. 예정이 주어진 영생과 등가이므로 이 개인들은 공로로 자신의 예정을 얻었다고 말할 수 있는데, 미래에 이 말이 분명히 입증된 후에야 그렇게 말할 수 있다. 영생이 최종적으로 개인에게 수여된 이후에야, 자신들이 예정되었다고 말할 수 있으며,

---

458) *Tractatus de praedestinatione* q. 4 B, ed. Boehner, 36.

오직 그 때에야 사건의 인과관계에 대해서 적절하게 토론 할 수 있을 것이다. 또 다른 개인들은(구체적인 사례로 성바울을 들 수 있다), 자신들에게 공로가 없는데도 하나님께서 그들의 구원을 작정하신 것 이외에 예정의 다른 이유를 찾을 수 없다고 생각한다.

오캄의 예정 진술의 모호함으로 인해 의문의 여지가 있는 수많은 결론들이 도출되었다. 먼저 오베르만은 오캄의 가르침에서 논란이 되는 해석을 덧붙이면서, 오캄이 미리 본 공로에 종속되는(post praevisa merita) 예정을[459] 가르쳤다고 결론짓는다. 이는 개신교 정통의 용어를 도입한 것으로, 용어의 사용상 지위가 완전히 잘못되었을 뿐더러 심각한 오해이므로 혼란을 가중시킨다. 필자가 주장했듯이,[460] 오캄의 예정 교리는 가브리엘 비엘의 저서를 통하여 가장 잘 접근할 수 있다. 이 저서들은 오캄에 대한 주석으로 취급될 정도이다. 비엘 스스로도 자신의 『요약집』(*Collectorium*)이 오캄 저작의 주요 주제들을 요약하려는 시도라고 표명했다. 실제로 비엘의 예정론 논의는, 이 문제에 관한 오캄의 진술을 축약한 것이라기보다, 상당히 확장한 것이다.[461] 그러므로 필자는 오캄의 가르침에서 이 문제에 대한 중세 후기의 영향력 있는 해석인 비엘의 예정 교리에 대한 분석을 제안한다.

하이꼬 오베르만(Heiko A. Oberman)은 비엘의 예정 교리 분석에서 미리 본 공로에 종속되는(post praevisa merita) 예정과 미리 본 공로에 선행하는(ante praevisa merita) 예정이라는 카테고리를 사용하면서 혼동에 빠진다. 당연히 비엘은 이런 구절들을 사용하지 않았으며,[462] 개신교 정통의 칭의 교리

---

459) Oberman, *The Harvest of Medieval Theology*, 211. 여기서 Oberman은 자신이 시버그 및 비노와 충돌하고 있음을 발견하는데, 이 둘은 Ockham의 사상에서 엄격한 의미의 예정 개념을 정확하게 발견한다.

460) McGrath, 'The Anti-Pelagian Structure of "Nominalist" Doctrines of Justification,' 108-10.

461) Ockham과 Biel의 관계에 대해서는 다음을 보라. M. L. Picascia, *Un occamista quattrocentesco, Gabriel Biel*, Florence: La Nouva Italia, 1971, 37-41. 참조. *In I Sent.* dist. xli q. unica a. 2 conc. 3.

462) F. Clark, 'A New Appraisal of Late Medieval Nominalism,' *Gregorianum* 46 (1965), 733-65에서 지적된 대로, Oberman은 이 점에 있어 Feckes에 의존하는 것 같다. Feckes, *Die Rechtfertigungslehre des Gabriel Biel*, 88 n. 268.

에서 논의되는 개념 틀도 사용하지 않았다. 비엘 해석은 그에게 부여된 외부적 준거틀 대신 그 자신의 문맥과 개념틀 안의 기준에 따라 이루어져야 함이 강조되어야 한다. 비엘은 오캄을 따라 예정 용어가 구체적인 미래를 가리키는 것으로 이해한다. 만일 개개인이 영생을 받는다면, 그들은 바로 그 순간에 예정된 것이지 그 이전에는 아니다. 만일 순례자들(viatores)을 영생으로 받으신다고 작정하시면 그들은 바로 그 때부터, 즉 바로 그 순간부터 예정되었다고 말할 수 있다. 물론 그 순간 그들의 예정은 좀더 이른 시점에서 그들에 대한 예정을 시사하지만, 영생의 실제적 수여가 일어나기 전까지 그 진술의 진실성을 입증하기가 불가능하다. 'A가 예정되었다'는 진술은 하나님이 실제로 A에게 영생을 수여하기 전까지 진실성이 입증될 수 없다.[463]

오베르만은 비엘의 펠라기우스적 칭의 교리는 예정을 단순한 중복이 아니라, 정말로 파괴적으로 만든다는 근거에서, 비엘이 의미 있는 예정 교리를 가질 수 없었다고 단언한다.[464] 그러나 두 가지 이유 때문에 오베르만의 비엘 비판은 폐기되어야 한다. 첫째, 비엘이 펠라기우스적인 칭의 교리를 가르친다는 오베르만의 선입견적인 확신에 이 비판이 의존하는데, 이미 위에서 본 것처럼 상당한 의문의 여지가 있다. 둘째, 오베르만은 비엘이 예정을 칭의에 의존하는 것으로 본다고 오해하는데, 비엘은 예정이 최종적인 영생의 수여에 의존하는 것으로 보았음이 분명하다. 이처럼 잘못된 이해는 오베르만이 후기 개신교적 예정의 성격 이해를 통해 비엘에게 접근한 데서 생긴 것 같다. 그가 '미리 본 공로보다 선행하는 예정' 같은 납득할 수 없는 용어를 사용한 데서 이 점이 분명해진다. 죄인의 칭의가 반드시 그들의 예정을 나타내는 것은 아니며, 오직 그들의 마지막 영화에 의해서만 예정이 드러난다. 인간의 칭의가 반드시 최후의 영화(glorification)를 암시하는 것은 아니다.

공로의 근거에 대한 비엘의 논의를 고려해 볼 때, 오베르만의 이론에는 더욱 개연성이 없다. 영생은 적합성(de congruo)으로 얻어지는 것이 아니라,

---

463) *In II Sent*, dist, xxvii q. unica a. 3 dub. 4, ed. Werbeck/Hoffmann, 2.523.11-16.
464) Oberman, *The Harvest of Medieval Theology*, 196.

순례자가 은총의 습성을 소유하는, 타당성(de condigno)을 통해서만 얻어질 수 있다.[465] 그러나 공로의 궁극적 근거는 신적 의지이다. 신적 의지는 도덕적 영역과 공로적 영역 사이의 벌어진 틈새로 이끈다. 공로의 근거는 인간의 외부, 신적 수용이라는 외래적 명령에 있다. 비엘의 예정 교리에 관한 이러한 검토사항을 적용해 볼 때, 우리는 오베르만의 결론과 아주 다른 결론에 도달할 수밖에 없음을 깨닫게 된다. 비엘도 오캄처럼 '미리 본 공로와 함께하는 예정' 과 '특별 은총에서 비롯된 예정' 이라고도 할 수 있는 두 가지 예정 유형을 인정한다. 전자의 용어가 오베르만의 시대착오며 오해인 '미리 본 공로에 종속되는 예정' 이라는 용어보다 선호된다. 만약 사도 바울처럼 개인이 특별 은총에 따라 예정된다면, 예정의 근거는 사람의 밖에 있게 된다.

그러나 여러 비평가들은 일반 양식인 미리 본 공로와 함께하는 예정은 예정의 근거를 사람 안에 위치시키는 것으로 가정한다. 따라서 인간이 자신의 예정을 일으킬 수 있다는 것이다. 하지만 이것은 분명히 아니다. 심지어 이런 예정 양식에도 예정의 근거는 사람의 밖에 있다. 정확히 말해서 공로의 근거는 사람의 외부, 즉 신적 수용이라는 외부적 명령에 있는 것이다. 만일 이 형식에 따른 인간 예정의 근거가 공로라면, 이러한 공로의 기초는 인간의 밖에, 신적 수용이라는 외부적 명령에 있다는 사실이 즉시 인정되어야만 한다.

이러한 검토를 통해 볼 때 다음 결론이 이어진다. 미리 본 공로와 함께하는 예정은 공로의 두 번째 원인에 의해 매개되는 것으로 그 자체가 특별 은총을 통한 예정이다. 두 종류의 예정에서 하나가 직접적으로 선행하며, 또 다른 하나는 두 번째 원인을 통해 간접적으로 일어난다는 사실 말고는 본질적으로 같다. 이 상황이 다음처럼 제시될 수 있다.

1. 특별 은총을 통한 예정: 신적 수용 −> 예정의 근거
2. 미리 본 공로와 함께하는 예정: 신적 수용 −> 공로의 근거 −> 예정의 근거

---

[465] *In II Sent*, dist, xxvii q. unica a. 1 nota 1.

두 경우에서 예정의 궁극적 근거는 인류 밖에 있는 신적 수용의 외부적 명령에 있다. 신적 수용이라는 관점에서 보면, 두 양식은 본질적으로 같다. 둘 사이의 유일한 차이는, 하나는 직접 선행하며 다른 하나는 간접적이라는 점이다. 그러나 두 경우 모두 예정의 근거는 한 가지이며 동일하다. 또한 신적 수용은 인간 밖에, 인간의 통제 너머에 있다.

그러나 14세기에 신적 예정의 성격에 관한 매우 상이한 이해가 생겨났다. 이는 특히 옥스퍼드에서 어거스틴주의의 학문적 라이벌들과 연관되어 있으며, 파리에서는 흔히 스콜라 아우구스티니아나 모데르나(schola Augustiniana moderna)라고 알려지게 된다.[466] 여러 면에서 스콜라 아우구스티니아나 모데르나는 오르배의 고데스칼크와 유사한 예정 교리를 발전시켰다고 간주된다. 비록 어거스틴 자신이 이중 예정 교리를 명시적으로 가르치지 않았다고 주장할 수 있지만,[467] 그의 은총 교리의 논리적 결과인 것으로 나타날 수는 있다. 따라서 이 입장에 대해서 아프리카 감독의 지지를 얻을 수 있다고 주장한 사람도 있다. 이처럼 보다 엄격한 예정 교리 이해의 기원은 대체적으로 영국의 교구 사제인 토마스 브래드워딘의 반(反)-펠라기우스적 변증이다.

브래드워딘의 주요 저작인 『펠라기우스에 반대하는 하나님의 원인』(*De causa Dei contra Pelagianum*)은 이명이 현대 펠라기우스주의자들, 아마도 14세기에 옥스퍼드의 머톤 칼리지에 자리잡았던 유명한 오캄주의 서클을 목표로 한, 다소 지루한 한담 같은 책이다.[468] 자신의 종교적 입장의 전력에 대

---

466) 보라 McGrath, *Intellectual Origins of the European Reformation*, 82-8. 보다 오래된 저작으로는 다음을 보라. Oberman, *Werden und Wertung*, 81-90; M. Schulze, " 'Via Gregorii" in Forschung und Quellen,' in H. A. Oberman, ed., *Gregor von Rimini: Werk und Wirkung bis zur Reformation*, Berlin: de Gruyter, 1981, 1-126, 25-64.

467) Walter von Loewenich가 지적하듯이, 이중 예정이나 불가항력적 은혜 같은 교리들은 'tatsächlich bedenkliche Elemente in Augustins Gnadenlehre'; *Von Augustin zu Luther*, 111. Oberman은 Augustins의 가장 특징적인 예정의 가르침을 *praedestinatio gemina*라는 잘못된 이해 하에 작업하는데, 이 때문에 Bradwardine의 신학을 '어거스틴적'이라고 지정하는 그의 간단한 설명으로 이끌어지게 된다. Oberman, *Archibishop Thomas Bradwardine*, 145 n. 1.

468) 머톤을 근거지로 하는 이 중요한 그룹에 관한 세부사항으로는 다음을 보라. Courtenay,

한 브래드워딘 본인의 설명에 의하면, 그는 옥스퍼드대학의 철학과 학생이었던 초기 시절 펠라기우스주의에 몰입되어 있었다. 그러나 펠라기우스주의(브래드워딘은 이 용어를 명시적으로 정의하지 않아 우리를 슬프게 한다)에 대한 젊은 시절의 지지는 로마서 9:16과 직면하게 되자 증발해 버렸다. 이 구절은 그의 성숙한 신학에서 주도적인 주제가 되었다. 『펠라기우스에 반대하는 하나님의 원인』에서 브래드워딘의 신학적 자료는 주로 성경이다. 성경 자료들에 대한 그의 해석은 그가 성경에 대한 최고의 해석자로 가치를 두었던 어거스틴에 기초했음이 분명하다.[469]

브래드워딘은 심리적 결정론을 주장한 허풍장이 점성술사 같은 이들에게 대적하여 약해진 자유 의지의 존재를 변호하는 데 있어 어거스틴을 충실하게 따랐다. 그러나 타락에 대해서는 두드러질 정도로 어거스틴의 가르침에서 멀어진다. 브래드워딘에게 있어, 인간이 은총을 필요로 하는 것은 타락의 결과라기보다는 인간이 피조물이기 때문이다. 심지어 낙원에서도 인간은 선을 행할 수 없었다. 또한 어거스틴으로부터의 결별은 예정과 관련해서도 분명하다. 비록 브래드워딘이 최후의 견인과 관련된 질문의 맥락에서 어거스틴을 따르지만, 이중 예정에 대한 분명한 가르침은 어거스틴의 정통적인 가르침과 그를 즉각적으로 구별시킨다. 브래드워딘이 두 번째 원인에 악의 기원을 위치시키는 데 조심스러웠다고 하더라도, 그의 예정 교리는 본질적으로 타락 전 선택설(supralapsarian) 이다. 결과적으로 하나님께서 악에 대한 예정은 하셨지만, 악 자체를 예정하지는 않았다고 말할 수 있다. 이점에서 우리는 우발성에 관한 브래드워딘의 논의에서 몇 가지 새로운 요소가 포함됨을 발견한다. 우발성은 단순히 비-필연성을 포함할 뿐 아니라, 사건이 하나님의 섭리적인 방향과는 별도로 우연에 의해 무작위적으로 일어날 수도 있다는 원리의 표현이기도 하다. 브래드워딘은 이러한 우발성 개념을 거부하면서, 하나님께서 모든 사건을 일으키시고, 지휘하신다는 점에서 모든 사

Adam Wodeham.
[469] *De causa Dei* I, 35. 더 일반적인 것으로 다음을 보라. J.-F. Genest, *Predetermination et liberté créée à Oxford au XIVe siécle: Buckingham contre Bradwardine*, Paris: Vrin, 1992.

건이 필연적으로 일어난다고 가르치는 듯하다. 이런 전제에 기초할 때, 브래드워딘의 이중 예정 교리는 신학적 원리라기보다는 형이상학적 원리를 표현한 것으로 용인될 수 있다.

19세기에 들어 브래드워딘은 그가 제기한 질문들과 위클리프(Wycliffe) 및 후스(Huss)에게 전해진 영향을 통하여 종교개혁의 길을 예비했다고 널리 인정된다.[470] 그러나 이 평가는 원형대로 유지될 수 없다. 브래드워딘은 예정에서 신적 의지의 역할을 강조한 반면, 위클리프는 예정이 현실화되기 이전에 생각 자체라는 형식을 통해 하나님께서 알고 계셨던 신적 진리의 형태로 보았다. 따라서 위클리프의 예정 교리는 신적 의지의 자유로운 선택에 기초하지 않는다. 필연성에 대한 그의 인식에 따르면, 유기자는 신적 의지의 무조건적인 행위에 의한 것이 아니라 예지에 의해 저주받은 것이다.[471] 이 점에서 위클리프의 결정론이 브래드워딘의 영향을 반영할지도 모른다. 또한 위클리프의 결정론은 그의 실제적 보편성과 가능성 교리의 필연적인 결과일 가능성도 다분하다.[472] 위클리프의 결정론 형태를 브래드워딘의 영향으로 보는 견해는 두 가지 고려사항으로 인해 의문의 여지가 있다. 첫째, 브래드워딘의 선행적 필연성(necessitas antecedens) 이해는 인간 자유 의지의 실제적 존재를 전제하는 반면 위클리프는 명백히 이러한 자유를 거부했다. 둘

---

470) 예를 들어, Harnack, *History of Dogma* 6.169-70. Harnack은 Gotthard Lechler의 *Johann van Wiclif und die Vorgeschichte der Reformation*, Leipzig: Friedrich Fleischer, 1873의 초기 연구를 의지하는데, 이는 적당하지 않고, 현명하지도 않다.
471) Laun, 'Die Prädestination bei Wiclif und Bradwardin.' 특히 *De domino divino* I, 14를 주목하라. 'In primis suppono cum doctore secundo, quod omnia quae eveniunt sit necessarium evenire,' 이는 분명 *De causa Dei* III, 1을 언급한 것이다. 'omnia quae eveniunt de necessitate eveniunt.' 그러나 이 이론은 Bradwardine에 의해 이단적인 것으로 정죄된다. *De causa Dei* III, 12. Bradwardine이 사용한 선행하는 필연성과 절대적인 필연성 사이의 중요한 차이로 다음을 보라. Oberman, *Archbishop Thomas Bradwardine*, 70-5. 만사가 절대적인 필연에 의해 일어난다는 위클리프의 이론은 1415년 5월 4일의 콘스탄스 회의에 의해 정죄되고, 또 다시 1418년 2월 22일의 교황 교서로 정죄된다. D 1177.
472) 이에 관해 보라. S. E. Lahey, *Philosophy and Politics in the Thought of John Wycliffe*, Cambridge: Cambridge University Press, 2003, 90. 중세 후기 사상에서 필연성에 관한 이해로는 다음을 보라. B. R. de la Torre, *Thomas Buckingham and the Contingencies of Futures*, Notre Dame, IN: University of Notre Dame Press, 1987, 41-103.

째, 브래드워딘은 발생하는 모든 사건이 절대적 필연에 의해 일어난다는 이론이 이단적이라고 분명히 정죄하는데, 위클리프가 브래드워딘에게서 받은 것이 정확히 이 이론인지 논쟁의 여지가 있다. 현실적으로 브래드워딘의 중요성을 평가할 때, 그는 주로 자신의 반(反)-펠라기우스 저작을 기초로 하여 어거스틴주의의 학문적 양식을 수립했으며, 이것이 스콜라 아우구스티니아나 모데르나의 특징이 되었다. 그러나 두 가지 요소가 결합되어 스콜라 아우구스티니아나 모데르나에 대한 브래드워딘의 영향력을 감소시킨다. 첫째, 브래드워딘은 그의 가르침이 전파된 어거스틴 수도회의 일원이 아니었다. 대조적으로 리미니의 그레고리의 가르침은 어거스틴 수도회 안에 광범위하게 유포되었다. 둘째, 옥스퍼드대학이 100년 전쟁의 여파로 신학연구의 중심지에서 탈락하고, 그 중심지로 파리가 부상했다. 따라서 스콜라 아우구스티니아나 모데르나의 기원은 옥스퍼드였다고 주장할 수 있지만, 근거지는 파리라고 할 수 있다.

브래드워딘의 이중 예정 교리와 여러모로 비슷한 것이 리미니의 그레고리의 예정 교리이다.[473] 예정은 영생을 수여하시려는 신적 결정인 것으로 정의되며 유기는 영생을 수여치 않으시려는 결정으로 정의되지만, 두 가지 모두 신적 의지의 행위로 이해된다. 예정과 유기는 자유 의지에 의해 이루어진 예지의 사용에 의존하지 않으며, 은총의 도상에 놓인 장애물과도 관련이 없다.

성경과 성인들의 진술을 볼 때, 내게는 다음 결론들이 반드시 참인 것으로 받아들여져야 하며, 그렇게 가르쳐지고 전해져야 함이 분명해 보인다. 첫째, 하나님이 미리 보시고 인간의 장점으로 고려하신다는 자유 의지의 선한 사용으로 인해 예정된 사람은 없다. 둘째, 습관적 은총 또는 실제적 은총

---

473) 가장 훌륭한 연구로 다음을 보라. M. Santos-Noya, *Die Sünden- und Gnadenlehre des Gregor von Rimini*, Frankfurt am Main: Peter Lang, 1990. 여전히 유용한 보다 오랜 문헌으로 특별히 보라. M. Schüler, *Prädestination, Sünde und Freiheit bei Gregor von Rimini*, Stuttgart: Kohlhammer, 1934, 39-69; Vignaux, *Justification et prédestination*, 141-75.

의 도상에 어떠한 장애물도 끝까지 놓이지 않게 될 것이라는 사실이 알려지게 되어 사람이 예정되는 것은 아니다. 셋째, 하나님께서 누구를 예정하시든지 그 사람은 은혜롭고 자비로운 방식에 의해서 예정된 것이다. 넷째, 그 사람이 자유 의지를 악하게 사용할 것을 하나님이 미리 아셨다는 이유 때문에 정죄받는 이는 없다. 다섯째, 어떤 사람도 결국은 은총의 도상에 장애물을 놓게 될 것이라는 사실이 미리 알려져서 정죄받는 것은 아니다.⁴⁷⁴⁾

신적 의지에서 예정과 유기의 배타적인 지위는, 적어도 부분적으로나마 인간 자체에 둔다는 점에서 당시의 일반적인 견해와 반대로 흐른다. 그레고리의 견해는 어거스틴 수도회 안에서 오르비에토의 위골리노(Hugolino of Orvieto), 몬티나의 디오니시우스(Dionysius of Montina), 바젤의 요하네스 힐탈링겐(Johannes Hiltalingen of Basel), 요하네스 클렌콕(Johannes Klenkok), 앙겔루스 도벨리누스(Angelus Dobelinus) 등의 신학자들에 의해 널리 전파되었다.⁴⁷⁵⁾

14세기와 15세기 어거스틴에 대한 새로운 관심과 이해의 증대는 흔히 어거스틴의 것으로 알려진 경구에 대해 비등하는 비판적 접근을 반영한다. '만일 당신이 예정받지 않았다면, 예정받도록 노력하라!' (Si non es praedestinatus, fac ut praedestineris). 1519년 라이프치히 논쟁에서 루터이 대적이 된 요하네스 에크(Johannes Eck)는 '트로이의 역사보다 더 잘 알려진 어거스틴의 가르침' 이라고 묘사했다.⁴⁷⁶⁾ 에크는 예정의 근거에 대한 이러한

---

474) *In I Sent.* dist. xl, xli q. 1 a. 2, ed. Trapp, 3.326.17-26.
475) 이에 관해 보라. Zumkeller, 'Hugolin von Orvieto'; 동일 저자의, *Dionysius de Montina*, 77-8; 동일 저자의, 'Der Augustinertheologe Johannes Hiltalingen von Basel,' 81-98; 동일 저자의, 'Johannes Klenkok,' 259-66; 동일 저자의, 'Der Augustiner Angelus Dobelinus,' 77-91.
476) Eck, *Chrysopassus praedestinationis* I, 66: 'Ex data distinctione clare potest haberi verus sensus propositionis divini Augustini, quae est notior alias historia Troiana: "Si non es praedestinatus, fac ut praedestineris"···Recipit ergo veritatem, quando intelligitur de praedestinatione secundum quid et secundum praesentem iusticiam, et est sensus. Si *non es praedestinatus*, scilicet per praesentam gratiam, fac poenitendo et displicentiam de peccatis habendo *ut praedestineris* gratiam acquirendo, a qua diceris praedestinatus secundum praesentem iusticiam.'

접근법을 채택하면서, 자신이야말로 초기 프란시스코 학파의 가르침에 충실히 남은 자라고 믿었다. 에크에게 있어 이 경구는 '하나님은 최선을 다하는 자에게 결코 은총을 거절하시지 않을 것이다' 라는 금언이 중차대한 발전을 이룬 것이었다. 최선을 다함(quod in se est)으로써, 순례자들은 그들이 '예정받는 데' 요구되는 은총을 받았다고 확신할 수 있었다. 따라서 사람들이 최선을 다한 것에 대한 신적 대응물이 예정이라고 생각할 수 있으므로, 결국 순례자들은 선한 행위를 통하여 자신의 예정을 스스로 재확신시킬 수 있었다. 물론 에크가 영생의 최종적 수여보다는, 칭의에 예정을 관련시킨 사실이 중요하다.

중세 말엽 이 경구의 비(非)-어거스틴적 성격에 대한 인식이 커져갔다. 예를 들어, 1517년 유명한 요하네스 알텐슈타이그(Johannes Altenstaig)의 신학 사전은 '만일 당신이 예정받지 않았다면 스스로 예정을 이루라' 는 경구의 출처를 무명의 박사에게로 돌렸다.[477] 같은 해, 요하네스 폰 슈타우피츠는 예정에 관한 유명한 연속 강연집인 「영원한 예정의 실행」(Libellus de exsecutione aeternae praedestinationis)을 출판했다. 그는 여기서 인간의 일시적인 선택은 영원한 신적 선택 이후에야 효과가 발생한다는 자신의 논증을 입증하면서 이 경구의 출처가 어거스틴이 아님을 밝혔다.

마지막으로, 중세 칭의 신학의 맥락 속에서 예정 교리의 기능 탐구가 적절할 것이다. 둔스 스코투스의 예정 교리의 윤곽을 살펴보면 교리의 기능이 가장 잘 제시될 것이다. 스코투스의 칭의 교리는 방어용 해자(ditch)에 둘러싸인 채 아주 쉽게 공격에 노출되는 중심부를 가지고 있는 철기시대 정착지와 비슷하다. 스코투스의 칭의 교리에서 절대적 예정과 신적 수용이라는 두 가지 방어용 해자가 있는데, 칭의에 있어 신적 의지의 우선성이 강조되고 있다. 그러나 스코투스가 칭의에서 인간 의지의 능동성을 주장한다는 점에서, 펠라기우스주의라는 비난에 중심부가 치명적으로 노출되어 있다. 스코투스의 칭의 교리에 관한 어떠한 연구도 그것이 자리하게 된 문맥(즉 신적 수용

---

477) Johannes Altenstaig, *Vocabularius theologiae* (Hagenau, 1517), art. 'Praedestinatio.'

교리와 절대적 예정 교리)에 대해서 설명하지 않고 있기 때문에, 스코투스가 펠라기우스주의 일종의 유사한 이단의 혐의가 있다는 결론을 내리게 된다. 초기 시대의 신학자들이 스코투스에 내린 펠라기우스주의 또는 '반(半) 펠라기우스주의'라는 혐의는, 현재 낙인이 다소 광범위했던 것으로 여겨진다.[478] 따라서 그 혐의의 발생경로에 대한 이해가 비교적 더 쉬운 일일 것이다. 물론 칭의 교리의 내적 구조에 대한 부수적인 강화 없이, 외부 방어를 약하게 만드는 것은 교리의 펠라기우스적 해석 가능성을 치명적으로 증대시키는 일임이 분명하다. 비록 이러한 결론에 대한 유보조항이 여전히 표명되기는 하지만, 중세 후기 여러 학자들의 견해에 따르면, 바로 비아 모데르나의 구원론에서 이러한 약화가 탐지된다는 것이다.[479] 비록 비아 모데르나 신학자들의 칭의 교리에서 기본 윤곽은 스코투스의 교리와 유사하게 남겨지지만, 결과적으로 두 외부 해자는 하나로 통합되기 때문에 사실상 예정 교리와 신적 수용 사이의 밀접한 상호관련성을 인정한 것으로 보인다.

9. 칭의에서 초자연적인 습성의 역할에 관한 비평

이렇게 칭의가 단순히 하나님 쪽에서의 외적인 명령이 아니라, 죄인 안에서의 실재적 변화와 연관된 것으로 언제나 이해되는지 필자가 이미 언급했다. 칭의에 의한 변화는 흔히 인간의 영혼에 은총의 초자연적인 습성이 주입되는 일과 관련된 것으로 생각된다. 그러나 칭의의 세 가지 측면에 관한 질문은 여전히 풀리지 않은 채 또렷이 남겨져 있다. 인간이 하나님께 받아들여질 만하다고 여겨지도록 사람 속에 습성이 주입된 것일까? 아니면 초자연적인 습성이 주입된 결과, 하나님께서 인간을 받아들일 만하다고 여기시는 것

---

478) 처음 Parthenius Minges, *Die Gnadenlehre des Johannes Duns Scotus auf ihren angeblichen Pelagianismus und Semipelagianismus geprüft*, Münster: Aschendorff, 1906. 보다 깊이는 다음을 보라. W. Dettloff, 'Die antipelagianische Grundstruktur der scotischen Rechtfertigungslehre.'
479) 예를 들어, Oberman, *The Harvest of Medieval Theology*, 196.

일까? 비록 이 두 가지 질문은 근본적으로 동일한 것일지도 모르지만, 두 질문의 논리적 관계에 대한 의문이 여전히 남는다. 초자연적 습성의 주입은 신적 수용에 선행하는 것일까 후행하는 것일까? 14세기 칭의에서 초자연적 습성의 역할에 관한 토론의 핵심이 바로 이 질문이었으며, 이 단원의 주제이기도 하다.

칭의 시 영혼에 주입된 사랑(caritas)과 성령을 동일시하는 피터 롬바르드로부터 논의가 출발되어야 한다는 데 대부분 동의할 것이다.[480] 토마스 아퀴나스에게 위의 견해는 유지될 수 없다. 왜냐하면 창조되지 않은 성령과 창조된 인간 영혼의 연합은 이 둘을 유지하는 데 필요한 존재론적 차이와 불일치한 것으로 보이기 때문이다.[481] 그러므로 아퀴나스는 하나님께서 영혼 안에 자체로 생성되게끔 하신 창조된 은사 속에 문제의 해결책을 심어 놓았다. 그러나 그의 견해에서 이것과 초자연적 습성을 구분하기는 불가능하다.[482] 초기 도미니크 학파와 프란시스코 학파는 일반적으로 주입된 은총의 습성이야말로 칭의 그리고 신적 수용의 즉각적 원인, 즉 공식적 원인이라고 가르친다. 이 견해는 어거스틴 수도회내의 초기 학파인 스콜라 아에기디아나(schola Aegidiana)의 특색이다. 또한 이 문제에 관한 스트라스부르의 토마스(Thomas of Strasbourg)의 입장에도 특징적으로 나타난다. '하나님에서 온 창조된 은총에 의해 교육받지 않고는 누구도 공식적으로 하나님을 기쁘시게 할 수 없다.'[483] 만일 사람이 하나님께 받아들여질 만하려면 인간 내부에서 참된 변화가 일어나야 한다. 그리고 그러한 변화는 오직 창조된 은총의 습성에 의해서만 일어난다는 근거에서 전적으로 외적인 수용의 가능성이

---

480) *I Sent.* dist. xvii, 6.
481) Thomas Aquinas, *In I Sent.* dist. xvii q. 1 a. 1.
482) Iserloh, *Gnade und Eucharistie*, 81: 'Besonders Thomas hatte noch betont, daß das Prinzip des übernatürlichen Handelns dem Menschen innerlich zu eigen sein muß, damit die Handlung freiwillig und verdienstlich ist. Deshalb könne sie nicht vom Heiligen Geist unmittelbar hervorgebracht sein, sondern muße einer dem Menschen inhärierenden Form entspringen.' 참조. T. Bonhoeffer, *Die Gotteslehre des Thomas von Aquin*, Tübingen: Mohr, 1961, 87-97.
483) *In II Sent.* dist. xvii q. 1 a. 1.

거부되었다. 은총은 영혼 안에 창조된 무엇(aliquid creatum in anima)으로, 이것만이 홀로 인간을 하나님께 받아들여질 만하게 만든다. 따라서 13세기의 전반적 견해의 일치는 주입된 은총이 신적 수용에 선행한다는 것이다.

14세기는 하나님의 두 권능 사이의 변증법과 계약적 인과관계 개념의 체계적인 적용으로 이러한 일치가 산산이 부서지는 것을 목도했다. 칭의에서 초자연적 습성의 역할에 관한 비평의 기원은 흔히 둔스 스코투스라고 생각되는데, 필자는 이 문제에 관한 그의 가르침을 자세히 살펴볼 것이다.[484] 스코투스가 사용한 가납(acceptatio, 嘉納) 또는 수납(acceptio, 受納)이라는 단어들은 주로 사물이 단순히 그러하리라는 것만이 아니라, 보다 더 위대한 선을 쫓아 그것을 받아들인다는 신적 수용을 지칭한다.[485] 이 점에서 스코투스의 롬바르드 해석은, 죄인의 칭의의 실재성 그리고 인간 공로의 실재적 가능성이라는 명시적으로 인정된 두 가지 전제에 의존한다. 스코투스가 이것들을 사도신경에서 유래한 신조(articuli fidei)로 여긴 사실이 의미심장하다. 해결책이 요구되는 신학적 문제는 다음과 같다. 하나님께서는 어떻게 죄인을 의롭게 하실 수 있으며, 인간의 공로를 허용하실 수 있을까? 이 두 가지 질문에 대한 명시적인 연결고리가 상당히 중요하다. 본질적으로 두 질문에 대해서 동일한 해결책이 있기 때문이다. 칭의의 근거와 공로의 근거는 두 가지 다 신적 수용이라는 외부적 명령에 위치한다는 점에서 동일하다.

신적 의지의 통일성과 단순성에 관한 스코투스의 주장은, 신적 의지는 그 내부에서 변할 수 없다는 결론으로 그를 이끈다. 만일 하나님께서 무언가를 용납하려 하시거나, 다른 무엇을 용납지 않으려 하신다면, 심각한 내적 모순이 야기되지 않는 한 변화의 이유는 신적 의지 자체의 외부에 있는 것으로 간주되어야 한다. 스코투스에 의하면, 신적 의지는 외부적 원인 없이 한 사람은 받아들이고 또 다른 사람은 받아들이지 않도록 스스로 이동할 수는 없기 때문에, 하나님께서 이 사람은 구원하시고 저 사람은 거절하도록 선택해

---

484) 필자는 여기서 Dettloff, *Die Lehre von der acceptatio divina bei Johannes Duns Skotus*를 따른다.
485) *Reportata Parisiensis* I dist. xvii q. 2 n. 4. 용어의 성경적 출처에 대해서는 다음을 보라. Dettloff, Die Lehre von der acceptatio divina bei Johannes Duns Skotus, 3 nn. 6-21.

야 할 경우 이는 두 사람 사이의 근본적인 차이를 반영한 것이어야만 한다. 한 사람의 수용 여부는 그 사람 자신에게 달려 있어야 한다(예정론에 관한 그의 가르침에 있어 이런 주장은 분명히 어려움을 일으킨다. 그러나 여기서 이 문제를 논하지는 않을 것이다). 따라서 인간의 내부에 일종의 습성이 있어야만 한다. 예전에는 받아들여질 수 없다고 여겨지던 사람들이, 그 습성으로 인해 시간상의 한 시점에 받아들여질 수 있게 된다고 스코투스는 주장한다. 그는 자선의 습성이 이런 차이를 만든다고 주장한다.[486] 칭의를 위한 질서 유지적 능력에 자선의 습성이 필요하다는 주장을 지지하고자 스코투스가 제기한 네 가지 논증의 첫 번째가 이것이다. 두 번째 논증은 신적 의지의 불가변성이며, 이미 위에서 살펴보았다. 신적 의지는 변경할 수 없다. 따라서 하나님께서 어떤 이는 수용하시고 어떤 이는 거절한다는 사실을 통해 분명히 드러나는 다양성은 개개인 안에 있는 유사한 다양성 때문에 일어나는 것이어야 한다. 그러므로 개인 내부에 이처럼 판단의 다양성을 이끄는 내재적인 무엇인가가 반드시 있어야만 한다. 그리고 스코투스는 이 차이를 창조된 자선의 습성이 있느냐 없느냐에 따른 것이라고 구별한다. 그의 세 번째 논증은 결핍에 기초한다. 인간은 의로운 상태에서 태어나지 않는다. 따라서 초자연적 습성이라는 방편에 의하지 않고서는 의로움을 증가시킬 수 없다. 만약 이 방편에 따르지 않으려면 인간은 하나님의 친구이자 동시에 적이며, 사랑받으면서 동시에 사랑받지 않을 수 있어야 한다. 따라서 하나님의 적에서 하나님의 친구가 되는 존재상의 전환을 설명할 수 있는 초자연적인 습성이 반드시 존재해야 한다. 이것이 바로 자선의 습성이라는 것이다.[487] 마지막으로 스코투스는 하나님의 질서 유지적 능력에 의한 습성의 필요성을 부정하는 사람들을 개인이 참회 전과 후에 상관없이 하나님께 받아들여질 수 있다고 단정하는 자들로 간주하고 이단이라고 주장한다.[488] 따라서 스코투스는 하나님의 질서 유지적 능력을 위해서는 자선의 습성이 필요하다고 강조한다.

---

486) *Reportata Parisiensis* I dist. xvii q. 1 n. 3.
487) *Reportata Parisiensis* I dist. xvii q. 1 n. 4.
488) *Reportata Parisiensis* I dist. xvii q. 1 n. 4.

스코투스는 이렇게 결론을 내리면서 이를 입증하고자 하나님의 두 가지 권능 사이의 변증법을 이용하기 시작한다. 사실 하나님의 절대적 능력은 어떤 영혼이 창조된 자선의 습성을 지녔다고 해서 영생으로 받아들여야만 하신다거나, 또는 중간적인 매개를 사용하시는 데 있어서도 애초부터 어떠한 강제를 받지 않으신다. 하나님께서는 인간 밖에서 직접 이루어지는 어떤 제2의 원인도 필요 없다. 하나님께서 수용과 칭의를 위해서 그러한 자선의 습성이 필요하다고 정하신 것일 뿐이다. 그러나 이러한 필요성은 신적 수용 자체의 성격(ex natura rei) 때문에 생기는 것이 아니라, 하나님께서 신적으로 정하신 의지를 통해 수립된 법률 때문에(ex pacto divino) 생긴다. 하나님의 절대적 능력은 신적 수용과 관련해서 상당히 다른 법률 체계도 존재하게 하실 수 있다. 따라서 창조된 습성을 통한 신적 수용과 관련된 법률이 전적인 신뢰성을 지니면서도 동시에 우발성을 지니는 것으로 간주될 수도 있다.

이 점은 창조된 자선의 습성이 칭의의 공식적 원인인지 여부에 관한 중요 논의로 스코투스를 이끈다. 이 논의에서 '공식적으로 하나님께 수용된 피조물은 없다'는 경구가 중요한 역할을 한다. 스코투스는 하나님에게 받아들여진 사람은 창조된 자선의 습성 차이 때문에 받아들여지지 못한 사람과 구별되어야 한다는 당시의 일반적인 합의를 지지한다. 그는 어거스틴을 인용하며 논의를 시작한다.[489] 그러나 이 견해가 창조된 자선의 습성이 신적 수용의 공식적 원인으로 간주되어야 함을 뜻하지는 않는다. 왜냐하면 수용 행위를 이끌어 내는 당사자(즉 하나님)의 관점에서 고려해 볼 때, 공식적 원인은 신적 의지 자체 안에 있다고 간주되어야 하기 때문이다.[490] 신적 수용의 제1의 원인(즉 논의 중인 실체의 성질에서 나오는 필연적 원인)과 신적 수용의 제2의 원인(즉 신적 이해 안에서만 그 존재(esse)를 가지게 되는 우연적 원인) 사이에 구분이 이루어져야만 한다. 스코투스는 이런 구분에 기초하여 창조된 자선의 습성이 신적 수용의 제2의 원인으로 간주되어야 한다고 주장한다. 하나님은 영원 전부터 창조된 자선의 습성이 수용의 근거가 되도록

---

489) *Reportata Parisiensis* I dist. xvii q. 2 n. 2: 'sed per solam caritatem distinguitur acceptus Deo a non accepto.'
490) *Reportata Parisiensis* I dist. xvii q. 2 n. 5.

정하셨기 때문에, 관련된 상황 속에서 중요한 것은 필연성이 아니라 우발성이며, 보편적으로 타당한 어떤 법칙이 아니라 전적으로 신적 명령에서 유래한다는 것이다. 사실상 이 개념은 앞에서 언급된 계약적 인과관계 개념 보다 더 명료하다. 수용과 자선의 습성 사이의 내적 연관성은 수용의 성질이나 자선의 습성에 있지 않고, 오직 신적 명령 안에 있다. 따라서 이 둘 사이에 원인적 관련성이 있어야만 하며, 그제야 하나님의 질서 유지적 능력이 활성화된다.

수용에 관한 스코투스의 가르침에서 보다 심화되어야 할 측면은 한 사람에 대한 신적 수용과 그 사람의 행위에 대한 신적 수용 사이의 차이다. 개인의 수용은 행위의 수용보다 우선권을 가진다.[491] 사람의 수용이 그들의 행위에 대한 수용을 일으키므로, 신적 수용 자체에서 사람의 외부에 공로의 근거가 있음이 분명하다. 더욱이 영생으로의 수용과 은총으로의 수용 사이에 구별이 이루어져야만 한다. 전자는 칭의의 목적, 후자는 칭의의 수단과 관련되어 있다. 칭의에 대한 수단 이전에 목적이 작정된다는 스코투스식 일반 원리에 보조를 맞추면서, 은총으로의 수용은 단순히 이차적인 수용(acceptatio secundum quid)으로, 전면적인 수용(acceptatio simpliciter) 즉 영생으로의 수용을 전제한다. 따라서 앞에서 언급했듯이(제2장 8. 예정과 칭의의 관계 참조), 스코투스의 인간 의지의 활동에 대한 주장은 칭의와 예정의 무대가성(無代價性)에 대한 분명한 위협이 됨에도 불구하고 스코투스 칭의 교리의 일반적인 개요에서 이러한 근본적인 무대가성은 그대로 유지된다.

피터 아우레올리(Peter Aureole)는 칭의에서 창조된 습성의 이차적이며 파생적인 역할에 대한 스코투스의 가르침을 비판한다.[492] 일반적으로 그는 스코투스와 오캄의 중간 시대에서 가장 중요한 신학자로 인정받는다. 그의 심리학과 순수이성론 모두 본질상 어거스틴적인 특색을 지닌다는 점에서, 그는 당대의 아리스토텔레스주의에 불만족한 것으로 보인다. 그는 토마스 윌톤(Thomas Wilton)의 짜 맞춘 듯한 질문들을 매개해 준 세인트 푸샹의 두란

---

491) Dettloff, *Die Lehre von der acceptatio divina bei Johannes Duns Sckotus*, 159-60.
492) Vignaux, *Justification et prédestination*, 43-95.

두스(Durandus of St Pourçain)에 크게 의존한다.[493] 피터가 실재주의자들이 인식하는 어떠한 보편 개념을 배격했다 하더라도, 그의 인식론을 용어의 통상적 의미대로 '유명론자'(nominalist)로 규정짓는 것은 부당하다. 인식에 있어 콘켑티오(conceptio, 개념작용-역주)의 역할에 대한 그의 이해는 '유명론'의 독특한 형식인 개념주의로 불려야 함을 시사한다. 피터의 칭의 신학은 신적 수용을 위해 요구되는 명령의 종류와 예정에서 신적 의지의 역할이라는 두 가지 문제에 있어 눈에 띨 정도로 신랄하게 스코투스를 비판하고 있기 때문에 특별한 중요성을 지닌다.

피터는 영혼이 하나님께 받아들여지려면 자선의 습성이 필요하다고 주장한다. 이는 스코투스와 현저히 다른 점이다. 피터는 스코투스의 경우 '공식적으로 하나님께 수용된 피조물은 없다'를 거부하면서 신적 수용을 위해서 요구되는 자선의 습성의 내부적 지명은 그 자체가 원초적인 신적 지명의 결과라고 강조한다. 이 문제에 관한 그의 가르침은 자신의 논리를 지지하려고 제출한 세 가지 명제로 요약될 수 있다.[494]

1. 신적 수용은 영혼 안에 창조된 한 가지 형태의 존재에 따른 자연적이며 필연적인 결과이다.[495]
2. 이 형태 자체가 신적 수용의 결과는 아니다. 이 형태는 신적 사랑의 적용을 통해 영혼이 하나님께 받아들여질 만한 상태가 되도록 만든다.[496]
3. 영혼을 받아들여지게끔 만드는 이 형태는 하나님의 내주하시는 사랑이다. 하나님께서 직접 영혼에 주입하신 것으로, 인간의 자연적인 능력에

---

493) A. Maier, 'Literarhistorische Notizen über Petrus Aureoli, Durandus und den "Cancellarius",' *Gregorianum* 29 (1948), 213-51이 지적한 것처럼.
494) 탁월한 분석으로 다음을 보라. Dettloff, *Die Entwicklung der Akzeptations-und Verdienstlehre*, 29-36.
495) *In I Sent.* dist. xvii q. 1 a. 2; 408 bD: 'Quod est aliqua forma creata a Deo quae ex natura rei et de necessitate cadit sub Dei complacentia et cuius existentiam in anima ipsa gratificetur et sit Deo accepta et dilecta aut cara.'
496) *In I Sent.* dist. xvii q. 1 a. 2; 410 aD: 'Quod huiusmodi forma qua ex natura ei redditur anima Deo grata non profluit ex divina acceptatione in anima.'

서 나온 것이 아니다.[497]

그리고 피터는 이러한 창조된 어떤 형태(aliqua forma creata)를 자선의 습성이라고 명명하는데, 하나님께서 직접 순례자의 영혼에 이것을 주입하신다. 따라서 신적 수용의 외부적 지정은 그 자체로 주입된 자선의 습성의 내재적 지정에 기초한다.

피터는 다음 사항들로 스코투스의 절대적 예정 교리를 비판한다. 스코투스는 하나님께서 최초에 한 영혼이 영화롭게 되도록 예정하시고, 그 다음에 은총을 내린다고 가르쳤었다. 이것은 피터에게 있어 하나님의 보편 구원의 의지를 정당히 다루지 않은 것이다. 신적 의지는 단지 예정된 사람만이 아니라, 모든 인류의 구원으로 확대되어야만 한다. 피터는 자선의 습성의 내재적 지정이 신적 수용의 공식적 원인으로 간주되어야 한다고 주장함으로써, 하나님 쪽에서의 임의성을 분명하게 제거한다. 그는 이런 방식으로 예정을 예지에 기초한 신적 능력의 행위인 것으로 효율적으로 한정시킨다.[498]

초자연적인 자선의 습성의 인과관계에 대한 질문에서 피터와 스코투스 사이에 근본적인 불일치가 있음이 분명하다. 스코투스의 경우 신적 수용과 관련된 습성의 인과성은 계약적이며 그러한 인과성이 존재해야만 하는 신적 지정을 반영한 것이다. 피터의 경우 인과성은 그 자체의 본성에 따른 것(ex natura rei)으로, 그 자체가 창조된 자선의 습성 및 신적 수용 행위의 성질에서 생긴 결과이다. 한 행위 안에 얽혀 있는 이러한 실체들의 성질은, 그러한 인과적 연관성이 그것과 관련된 어떠한 신적 지정과도 독립되어 요구되는 것임을 암시한다. 일단 순례자의 영혼 안에 자선의 습성이 주입되면, 사물 본래의 특성에 따라 하나님은 그 순례자를 받아들여야만 한다.

오캄의 윌리엄은 습성이 행위보다 우월하다고 생각한 피터의 견해를 거부한다. 오캄이 한 비판의 첫 번째 논증에 따르면, 영혼의 창조된 형태는 그

---

497) *In I Sent.* dist. xvii q. 1 a. 2; 410bG: 'Quod forma qua anima sit accepta est quaedam habitualis dilectio, quae ab ipso infunditur nec ex pulis naturalibus generatur.'
498) *In I Sent.* dist. xl a. 1.

본래의 특성으로 하나님을 기쁘시게 한다. 그 결과로 신적 수용과 은총의 수여가 이루어진다. 오캄은 이 가설의 우발성에 대해 즉시 지적한다. 하나님의 절대적인 권능으로 하나님은 어떤 습성이 없더라도, 또는 창조된 습성을 우회하고도 영혼의 영생을 준비하시거나 영혼을 받아들이실 수 있다. 개인에 대한 하나님의 영생 수여와 은총의 비전은 결코 창조된 습성의 소유에 따른 결과가 아니며 독립적이다.[499] 오캄은 순례자가 오직 창조된 습성을 소유했기 때문에 영생의 가치를 지니게 되었다는 주장에 반대하면서, 하나님께서 순례자로 하여금 영생의 방향으로 나가고 싶도록 만드신 것이 실제로 필요한 모든 것이었다고 응답한다.

피터에 대한 오캄의 두 번째 논증은 하나님에 의해 사랑받거나 미움 받는 일은 모두 신적 의지의 효과라는 것이다. 그러나 하나님께 미움 받는다고, 반드시 미움 받는 순례자의 영혼 안에 공식적으로 있는 미움 받는 창조된 형태가 생성되는 것은 아니다. 그러므로 순례자가 하나님께 사랑을 받으려면 순례자의 영혼 속에 그러한 창조된 형태가 필요하다고 주장하면서, 하나님께 미움 받을 때는 그러한 형태가 필요 없다는 주장은 조화되지 않는다. 오캄은 세례 성사 행위와 연관하여 생기는 부조화에 대해 더욱 강조한다. 오캄에 의하면, 피터의 주장이 성립하기 위해서는 새로 회심하고 세례를 받은 죄인은 사랑을 받으면서 동시에 미움도 받아야 하다. 왜냐하면 치명적인 죄의 습성과 자선의 습성이 상호 공존하기 때문이다.

오캄의 피터 비판은 습성에 대한 행위의 우월성을 강력히 주장하면서 계속된다. 행위의 공로적 성격은 순례자가 창조된 자선의 습성을 소유한다는 사실에 있지 않다. 공로는 도덕적 행위자의 비강제적 자발성에 기원한다. 공로 또는 범죄의 척도는 도덕적 동인 밖에 있으며, 순례자에 내재하는 어떤 (창조된 습성 같은) 성질을 반영하는 것이 아니다. 하나님께서 수용하시는가, 거절하시는가 여부에만 달려 있다. 하나님은 초자연적인 습성을 통해 통상적인 일을 직접 하실 수도 있다. 비록 지금은 하나님께서 창조된 초자연적

---

499) *In I Sent.* dist. xvii q. 1. 이 점에 관해 다음을 보라. Vignaux, *Justification et prédestination*, 99-118.

습성을 수단으로 인간을 의롭게 하시지만, 이것은 사물의 성질에 따른 것이 아니라 단지 신적 지정의 성질을 반영한 것이다. 오캄은 토마스 아퀴나스의 공로의 근거에 대한 견해를 고려한 후, 다음과 같은 주장으로 결론을 맺는다. 만약 창조된 습성이 참으로 신적 수용에 영향을 미치는 것이라면, 이것은 사물의 본성에 의한 것이 아니라, 순전히 신적 계약에 의해(ex pacto divino) 일어난 것이다.[500] 오캄은 칭의에서 그러한 습성의 실제적(de facto) 필요성에 대해서 의문을 표명하지 않고도 습성들의 급격한 우발성을 입증했다. 이로써 13세기에 수립된 습성 신학의 개념적 기초에 구멍이 뚫렸다.

가브리엘 비엘은 이러한 오캄의 기본적 입장을 변호했다. 비엘은 칭의에서 습성의 실제적 필요성을 지지하면서도 습성의 절대적 필요성은 거부했다.[501] 창조된 어떤 것이 구체적인 신적 행동을 반드시 이끌어 낸다고 주장할 수 없다는 점에서, 신적 수용에 암시되어 있는 습성들은 신학적 우발성과 관련된 문제를 일으킨다.[502] 그러나 비엘은 능숙한 솜씨로 칭의에서 창조된 습성의 역할에 관한 고전적인 가르침을 방어한다. 실제적 은총은 인간이 지닌 죄의 흉포함과 맞서는 데 역부족이라는 그의 논증에 특별한 관심이 모아져야 한다. 왜냐하면 하나님은 무관심한 행동이나 죄가 되는 행동을 용납하지 않으시므로, 순례자는 항상 이런 것들을 피해야만 한다. 그러나 실제로 그렇기는 분명 불가능하다. 비엘은 가벼운 죄(venial sin)의 현실성을 강조한다. 습성적 은총 개념이 죄에 대한 수용성과 공존하려면, 어느 정도의 죄에 대해서는 무

---

500) *In I Sent.* dist. xvii q. 2, *Opera theologica* 3.471.15-472.5: 'Ideo dico aliter ad quaestionem, quod non includit contradictionem aliquem actum esse meritorium sine omni tali habitu supernaturali formaliter informante. Quia nullus actus ex puris naturalibus, nec ex quacumque causa creata, potest esse meritorius, sed ex gratia Dei voluntari, et libere acceptante. Et ideo sicut Deus libere acceptat bonum motum voluntatis tamquam meritorium quando elicitur ab habente caritatem, ita de potentia sua absoluta posset acceptare eundem motum voluntatis etiam si non infunderet caritatem.'
501) 이에 관해 다음을 보라. Vignaux, *Luther Commentateur des Sentences*, 45-86; Oberman, *The Harvest of Medieval Theology*, 160-84.
502) *In I Sent.* dist. xvii q. 3 a. 3 dub. 2 ed. Werbeck/Hoffmann, 1.433.5: 'nihil creatum potest esse ratio actus divini.'

관심함을 허용하게 된다고 지적한다.[503] 그러나 비아 모데르나의 구원론적 맥락에서, 창조된 은총 개념의 정확한 의미에 질문의 여지가 있음이 인정되어야 한다. 왜냐하면 중세 초기에 창조된 은총 개념의 신학적 토대가 놓였기 때문이다. 당시는 존재론적(즉 사물 자체의 본질에 따른) 인과관계 개념이 자명했던 시기인데, 하나님의 두 능력 사이의 변증법과 계약적(즉 ex pacto divino) 인과관계 개념이 적용되면서, 이러한 자명성이 점차 붕괴되었다. 창조된 은총의 필요성에 관한 논증은 본래 한 사람이 죄인에서 의인으로 변화하는 일, 그리고 하나님께서 그를(또는 그녀를) 수용하시게 되는 효력에 있어 창조된 습성이 명백하게 필요하다는 데 의존하고 있었다. 습성에 대한 행위의 우월성이 새롭게 강조되면서, 이러한 전제가 의문에 빠지게 되었다.

스콜라 아에기디아나(schola Aegidiana, 어거스틴 수도회 내의 초기 신학학파, 로마의 가일스[Giles of Rome]의 가르침에 의존했다)는 신적 수용이란 창조된 은총의 습관에 대한 우발성이라고 가르쳤다. 우리는 스트라스부르의 토마스와 관련하여 이 점을 이미 다루었다. 요하네스 폰 레츠와 같은 후기 어거스틴 수도회의 몇몇 신학자들에 의해 이 가르침이 지속되었다.[504] 그러나 스콜라 아우구스티니아나 모데르나(schola Augustiniana moderna)는 신적 수용 행위가 창조된 습성의 소유보다 우월하다는 가르침을 통해 비아 모데르니외 스코투스를 따랐다. 이러한 발전은 스콜라 아우구스티니아나 모데르나의 신학적 토대를 놓은 신학자인 리미니의 그레고리와 연관된다. 그는 한 영혼이 하나님께 용납받게 되는 두 가지 양식(mode)을 구분한다.[505]

1. 은총의 습성이 영혼에게 정보를 주는 내재적 양식
2. 신적 의지가 영혼을 직접 영생으로 받아들이는 외부적 양식

그러므로 은총은 창조된 내재적 은사 또는 외부적인 신적 수용이다. 그러

---

503) In II Sent. dist. xxvii q. unica a. 1 nota 1.
504) Zumkeller, 'Der Wiener Théologieprofessor Johannes von Retz,' Textbeilage 48: '[nullus] potest esse formaliter carus vel gratus nisi informatus gratia a Deo creata.' 참조. Thomas of Strasbourg, In II Sent. dist. xxvi, xxvii q. 1 a. 1.
505) In I Sent. dist. xvii q. 1 a. 2. 이에 대해 다음을 보라. Vignaux, Justification et prédestination, 142-53.

나 하나님께서 창조된 매개체를 통해 간접적으로 하실 수 있는 일에 대해서도 직접 하실 자유도 지니고 계시다는 점에서 우발성 또한 고려되어야 한다. 따라서 통상적으로 하나님은 영혼에게 정보를 제공하는 창조된 은총에 근거하여 순례자를 용납하신다. 그러나 하나님은 수용(즉 창조된 은총의 습성)이라는 이차적 원인의 일차적 원인이시므로, 수용이라는 내재적 양식을 우회하실 자유재량도 지니신 것으로 간주되어야 한다. 그레고리는 창조된 은총과 창조되지 않은 은총을 구분하면서, 창조되지 않은 은사 자체(즉 성령)는 어떠한 창조된 형식 또는 습성이 없어도 충분히 수용하실 수 있다고 주장한다. 그러므로 그레고리는 순례자에게 수여된 습성은 성령 자체를 출처로 하지 않는 한 어떠한 유익도 없다고 간단히 정리함으로써 전적으로 외부적인 칭의의 가능성을 유지할 수 있었다.[506]

오르비에토의 위골리노는 칭의에서 창조된 습성의 역할에 대한 논리-비평적 접근을 발전시켰다. 그는 어거스틴 수도회 안에서 가장 보수적인 반(反)-펠라기우스 학자의 한 사람으로 유명하다.[507] 위골리노는 그레고리처럼, 인간의 칭의에서 창조된 습성과 관련해서 신적 자유를 유지하는 데 특별한 관심을 기울였다. 습성에 대한 행위의 우월성이 비타협적으로 유지된다. 창조된 은총이 실제적이든 습성적이든 간에 어떠한 은총도 그 공식적 효력으로 하나님 앞에서 그 사람을 기뻐 할 만하게 또는 사랑받을 만하게 또는 영원한 생명으로 받아들일 만하게 만들 수는 없다. 위골리노는 그레고리와 마찬가지로 신적 수용의 외부적인 지정을 칭의의 공식적 원인으로 간주한다.[508] 만약 자선의 습성의 소유가 칭의의 공식적 원인이라면, 한 피조물(즉 창조된 습성)이 창조되지 않은 성령의 은총에 해당하는 영향을 미치게 된다. 위골리노는 이런 일은 생각할 수도 없다고 주장한다. 따라서 위골리노는 칭의에서 창조된 습성의 역할을 최소화시키면서 하나님 자신의 직접적인

---

506) In I Sent. dist. xvii q. 1 a. 2: 'alioquin...caritas creata natura sua aliquam dignitatem in respectu ad vitam aeternam tribueret animae quam nullo modo posset sibi per seipsum tribuere Spiritus sanctus.'
507) Zumkeller는 그를 'der Vertreter eines ausgesprochenen Augustinianismus' 라고 지칭한다. Zumkeller, 'Hugolin von Orvieto,' 110.
508) Zumkeller, 'Hugolin von Orvieto,' 120-1.

인격적 행동으로 칭의를 바라보는 경향이 있다. 위골리노가 하나님의 두 능력 사이의 변증법을 포괄적으로 사용한 것과 관련하여 비아 모데르나가 그의 신학에 끼친 긍정적 영향의 정도를 입증하기는 어렵지만, 그의 신학에 끼친 영향력이 어느 정도인가 하는 질문을 불러일으킨다. 위골리노의 신적 수용에 관한 견해는 스코투스로부터 유래한 것 같은데, 아마도 오캄보다는 리미니의 그레고리를 매개로 한 것 같다.

어거스틴 수도회의 후기 신학자들에게 칭의에서 창조된 습성의 역할에 관한 비슷한 비판이 마치 특징처럼 나타난다. 위골리노의 가르침은 수도회 후배인 몬티나의 디오니시우스에 의해 발전된다. 그는 1371년에서 1372년 학기 동안 파리에서 『문장집』(Sentences)을 가르쳤다.[509] 톨레도의 알퐁수스(Alphonsus of Toledo)도 비슷한 비판을 전개한다. 요하네스 클렌콕은 하나님은 영혼 안에 창조된 어떠한 특성들이 없어도 틀림없이 죄를 사면하실 수 있을 것이라고 주장했다.[510] 바젤의 요하네스 힐탈링겐(Johannes Hiltalingen of Basel)도 비슷한 결론을 내렸다.[511] 앙겔루스 도벨리누스(Angelus Dobelinus)의 입장은 다소 불분명하다. 비록 칭의에서 창조된 습성의 필요성에 대한 본질적인 이유에 대해서 확실하게 만족하진 못했다 해도, 그는 분명히 창조된 습성보다는 창조되지 않은 성령의 은사에 더욱 큰 중요성을 부여했다.[512] 도벨리누스는 이 점에 있어 요하네스 폰 슈타우피츠를 따르는 듯하다. 슈타우피츠는 창조되지 않은 은총이 창조된 은총보다 우월하다고 강조했다. 칭의에서 하나님을 향한 영혼의 운동은 성령을 제외한 어떤 것에도 영향 받지 않는다. 사실 슈타우피츠가 창조된 은총의 습성 개념을 몽땅 버렸다고 의심할 만한 이유가 있다.[513]

중세 후기의 칭의에서 창조된 습성의 역할에 대한 이러한 비판은, 성령의 위격에서 생긴 창조되지 않은 은총의 역할에 대한 점증하는 강조와 함께 칭

---

509) Zumkeller, *Dionysius de Montina*, 76-81.
510) Zumkeller, 'Johannes Klenkok,' 255-6.
511) Zumkeller, 'Der Augustinertheologe Johannes hiltalingen von Basel,' 136 n. 246.
512) Zumkeller, 'Der Augustiner Angelus Dobelinus,' 118-19.
513) Steinmetz, *Misericordia Dei*, 106-7.

의에서 습성의 역할이 드러나야만 한다는 루터의 초기 비판에 대한 배경을 구성한다.[514] 루터는 칭의에서 요구되는 습성은 성령 외의 다른 어떤 것도 아니라고 강조한다. '그 밖의 습성은 성령이다'(habitus adhuc est spiritus sanctus).[515] 칭의에서 창조된 습성의 역할에 관한 루터의 비판과 개인의 하나님과의 인격적 조우로서의 칭의라는 그의 강조는, 창조된 은총의 신학적 근거에 관한 중세 말기의 일반적인 동요와 창조된 은총으로부터 성령의 창조되지 않은 은총으로의 결정적인 전환을 반영한다.

칭의의 공식적 또는 즉각적 원인의 성격에 관한 질문은, 그렇지 않았다면 분간하기 어려웠을 신학적 사상 학파들을 구별시켰다는 점에서 중세 신학을 연구하는 역사학자들에게 특별히 중요한 의미가 있다. 이를 통해 스콜라 아에기디아나와 스콜라 아우구스티니아나 모데르나가 구별되었으며, 마찬가지로 초기와 후기의 프란시스코 학파가 구별될 수 있었다. 이 질문은 당연히 트렌트 회의의 중요 이슈로 부상했는데, 오직 이러한 중세의 논쟁에 비추어보아야만 회의의 논지가 이해될 수 있다.

10. 중세 사상 학파들의 칭의론

11세기 후반과 12세기 초반의 도상에서 교회와 사회 안의 문학, 과학, 철학 및 신학 전반에 놀랄 만한 진보와 통합이 일어났다.[516] 부분적으로 이 르네상스는 서부 유럽에서 증진되던 정치적 안정의 직접적인 결과로 간주된다. 이는 당시의 여러 문인들이 인정한 바이다. 세인트 빅터의 앤드류(Andrew of St Victor) 같은 이는 전쟁과 시민적 동요의 와중에는 지혜를 추구하기 어렵다고 잘 묘사했다.[517] 암흑시대 동안 하나의 사회통합 세력으로 성

---

514) McGrath, *Luther's Theology of the Cross*, 81-5.
515) WA 9.44.1-4; 참조. WA 9.43.2-8.
516) R. L. Benson, *Renaissance and Renewal in the Twelfth Century*, Oxford: Clarendon Press, 1982; R. N. Swanson, *The Twelfth-Century Renaissance*, Manchester: Manchester Univiersity Press, 1999.
517) MS 45, Pembroke College, Cambridge; B. Smalley, *The Study of the Bible in the Middle*

장한 교회에 의해 교회법 신학(canonical theology)의 등장이 크게 고무되었다. 이러한 발전은 12세기 동안 볼로냐의 그라티안(Gratian of Bologna)과 샤르트르의 이보(Ivo of Chartres) 아래서 정점을 이루었다.[518] 베렝가리안 논쟁과 서임권 논쟁은 신학의 체계적인 성문화의 필요성을 더욱 촉진했다. 신학 발전과 성문화의 필요성은 수도원 학교들과 성당 학교들의 수요에 맞아 떨어졌고, 이 학교들은 순식간에 급격히 발전하는 사회의 지적인 중심지가 되었다. 이러한 학교들이 신학적 문제와 영적 문제들에 대하여 각각 독특하고 특징적인 입장을 발전시켰음을 입증하는 것은 쉬운 일이다. 중세의 학교들에서 발생한 칭의 교리에 대한 서로 다른 해석을 문서화하는 것이 이 단원의 목적이다.

9세기경, 생 갈(St Gall), 라이쉐나우(Reichenau), 뚜르(Tours), 마인츠(Mainz), 코르비(Corbie), 라온(Laon), 랭스(Reims) 등이 신학적 중심지로 부상했다.[519] 11세기에 일어난 대성당학교들의 등장은 개혁적인 교황인 그레고리 7세가 주교들에게 보낸 1079년의 지침 때문인 것으로 보인다. 이 지침은 모든 주교들이 '반드시 이 편지들의 원리가 자기 교회에서 가르쳐지도록 주의' 하게 만드는 효과를 가져왔다.[520] 낭송자 피터(Peter the Chanter)가 사망한 1197년경,[521] 파리는 유럽의 신학 중심지로 우뚝 섰다.[522] 12세기 동안 일드라시테(Ille de la Cité)의 파리 학교들과 레프트 뱅크(Left Bank)이 성당들

Ages, Notre Dame, IN: University of Notre Dame Press, 1970, 116 n. 1에서 인용.
518) E. A. Freidberg, Die Canones-Sammlungen zwischen Gratian und Bernhard von Pavia, Graz: Akademische Verlagsanstalt, 1958.
519) J. J. Contreni, The cathedral School of Laon from 850 to 930, Munich: Arbeo 1978; J. Marenbon, From the Circle of Alcuin to the School of Auxerre, Cambridge: Cambridge University Press, 1981.
520) 'Ut omnes episcopi artes litterarum in suis ecclesiis docere faciant' : P. Delhaye, 'L' Organisation des écoles au XII siécle,' Traditio 5 (1947), 240.
521) J. W. Baldwin, Masters, Princes and Merchants: The Social Views of Peter the Chanter and his Circle, 2 vols., Princeton: Princeton University Press, 1970.
522) 이것은 모순이 아니라, 1277년의 불명예스러운 정죄에 의해 입증되었다. J. Aertsen et al. (eds.), Nach der Verurteilung von 1277: Philosophie und Théologie an der Universität von Paris im letzten Viertel des 13. Jahrhunderts, Berlin: de Gruyter, 2001.

이 중요성에 있어 11세기를 지배했던 레옹(Léon), 샤르트르(Chartres), 벡(Bec), 랭스(Reims) 및 오를레앙(Orléans)을 훨씬 능가하게 되었다.[523] 레프트 뱅크 학교들의 성장은 주로 학장의 감독을 피하려고 일드라시테에서 도망한 교사들이 주요인이었다. 생 쥬느비에브(St Geneviève)의 독립 회중의 관할권 안에 자신들을 위치시킨 교사들의 행동이 1227년 교황으로부터 공식 인정을 받게 되듯이, 이미 12세기 말에는 이런 행동이 널리 퍼져 있었다. 12세기 후반 피터 아베일라르드(Peter Abailard), 쁘아띠에의 귈베르(Gilbert of Poitiers), 피터 롬바르드 및 세인트 빅터의 휴(Hugh of St Victor) 같은 교사들이 활동한 학교들이 주도권을 잡았다. 그러나 칭의 교리의 발전과 관련하여 이 학교들의 중요성은 비교적 약하다.

13세기 초, 비록 신학적 성격은 아니었지만 중세 칭의 이해의 와중에 무한한 효력을 발휘한 발전이 파리에 설립된 도미니크파와 프란시스코파의 학교를 통해 이루어졌다. 1218년 탁발수도회 설교자들과 그 다음 해에는 작은 형제회(Friars Minor) 수도승들이 파리에 도착했다. 탁발수도승들이 파리에 오기 전, 파리대학의 교육은 전적으로 세속 승려들의 몫이었다. 도미니크 수도사들이나 프란시스코 수도사들 그 누구도 신학교를 설립하려는 목적으로 파리에 온 것이 아니었지만, 이들의 도착은 보다 중요한 사건들을 일으킨다. 1229년까지, 양 수도회는 파리에 숙소를 마련했으며 다른 과업과 교육을 병행했다. 세속 교사들이 대학에서 신학을 가르쳤는데, 이노센트 3세의 1207년 11월 14일 칙령으로 여덟 개의 신학 강좌를 유지하고 있었다.[524] 1229년경 숫자가 열두 개로 불어났으며, 노트르담 성당 참사회의 회원에게 세 개의 자리가 주어졌다.[525]

---

523) 이 시기 파리 교사들의 역할에 대해서는 다음을 보라. W. J. Courtenay, *Teaching Careers at the University of Paris in the Thirteenth and Fourteenth Centuries*, Notre Dame, IN: University of Notre Dame, 1988. 또한 다음 자료도 유용하다. M. M. McLaughlin, *Intellectual Freedom and Its Limitations in the University of Paris in the Thirteenth and Fourteenth Centuries: The Academic Profession*, New York: Arno Press, 1977.
524) *Chartularium Universitätis Parisiensis*, ed. H. Denifle and E. Chatelain, 4 vols., Paris: Delalain, 1889-97, 1.65 n. 5.
525) *Chartularium Universitätis Parisiensis*, 1. 85 n. 27. 이 시기 강좌의 수는 다음과 같다. 1200년-1218년: 8개, 1218년-1219년: 10개, 1219년-1221년: 11개, 1221 이후: 12개. 보다 자

1229년에 일어난 논쟁은 1229년 3월과 1231년 4월 사이에 교사들과 학생들의 '대 이동'을 불러일으켰다. 비록 교사들이 다른 연구 중심지를 찾아 파리를 떠났지만, 탁발수도사들은 과업을 지속했다. 그들은 대학의 제반 규정에 얽매이지 않았으므로, 대탈출에 동참할 이유가 없었다. 보니페이스 또한 파리를 떠나 쾰른(Cologne)을 향함으로써 그의 신학 교수직이 공석이 되었다. 세속 교사인 세인트 가일스의 존(John of St Giles)의 학생이었던 도미니크 수도회 소속 크레모나의 롤란드(Roland of Cremona)가 그 자리를 대신한 것으로 보인다. 파리의 주교였던 오버뉴의 윌리엄이 스승보다 높은 신학 인증서를 롤란드에게 수여했다.

다음 해인 1230년 9월 22일 세인트 가일스의 존 자신이 도미니크 수도회에 입문함으로써, 두 번째의 도미니크 교수직이 채워졌다. 두 번째 신학 교수직은 이후 파리 외곽의 도미니크파 교사들을 위해 마련된 외부좌(外部座)로 알려지게 된다. 프란시스코 교수좌는 1236년 또는 1237년에 수립되는데, 영국인 세속 교사인 할레의 알렉산더(Alexander of Hales)가 작은 형제회에 가입하면서 커다란 센세이션을 일으켰다. 따라서 1237년까지, 파리대학의 열두 개 신학 강좌 중에 세 개가 도미니크 수도회 또는 프란시스코 수도회 회원들에게 예약되었다. 이러한 교수직 수립은 탁발수도승들과 세속 교사들 사이에 발생한 충돌의 첫 번째 국면으로 간주된다. 13세기와 14세기 동안 이러한 충돌이 파리대학의 한 가지 특징이 되었다. 세속 교사들은 대탈출 시기 동안 수도승들이 자신들의 공백을 이용하려고 일부러 파리에 남았다고 확신한 듯하다.[526]

우리 연구에서 파리대학이 차지하는 비중은 중세 후기에도 나타난다. 13세기와 14세기의 교수진을 살펴보면 비아 모데르나와 스콜라 아우구스티니

세히 보라. P. Glorieux, *Répertoire des Maîtres en théologie de Paris au XIII siécle*, 2 vols., Paris: Vrin, 1933-4.

526) H. Rashdall, *The Universities of Europe in the Middle Ages*, 3 vols., London: Oxford University Press, 1935, 1.370-6; P. R. McKeon, 'The Status of the University of Paris as *Parens Scientiarum*: An Episode in the Development of its Autonomy,' *Speculum* 39 (1964), 651-75; M. -M. Dufeil, *Guillaume de Saint-Amour et la polémique universitaire parisienne 1250-1259*, Paris: Picard, 1972, 146-282.

아나 모데르나의 두 가지 경향이 잘 드러난다. 애초부터 파리의 인문교양 학부 교수진은 비아 모데르나의 영향력을 줄이려 시도했다. 1340년 12월 29일 오캄주의의 오류를 정죄하는 규칙이 발효되었다.[527] 이에 따라 파리대학에서 인문학 석사학위를 취득하려는 후보자는, 21세 이하로 6년 동안 인문학을 공부한다는 규정에 덧붙여, 오캄주의의 학문에 반대하는 인문교양학부 교수진의 규칙을 준수하고, 학생들에게 오캄주의 교리를 가르치지 않겠다고 서약해야 했다. 16세기까지 파리는 비아 모데르나에 대항하는 요새로 남는다. 14세기 무렵 리미니의 그레고리와 그의 제자인 오르비에토의 위골리노 같은 이들의 활약으로 스콜라 아우구스티니아나 모데르나가 대학 내에 자리잡기 시작했다.[528] 그러나 이 두 운동의 역사적 중요성은 주로 그들이 종교개혁 일반, 그리고 특별히 마틴 루터의 신학 발전에 미친 영향력 때문으로, 결과적으로 파리 자체보다는 흔히 중세 후기 독일의 대학들과 연관되어 논의된다.

다음 단원에서, 필자는 중세 시대 다섯 가지 주요 학파들의 칭의에 관한 특징을 살펴보면서 비교할 것이다. 종교개혁 신학에 미친 비아 모데르나와 스콜라 아우구스티니아나 모데르나의 중요성에 비추어 볼 때, 필자는 다른 다섯 학파보다 이 두 학파에 대해 더욱 자세히 살펴볼 것을 제안한다.

1) 초기 도미니크 학파

1316년 6월 24일, 프로방스(Provence) 지방의 도미니카 수도회 지방 총회의 포고령이 작성되었다. 알베르투스 마그너스, 토마스 아퀴나스, 타랑테즈의 피터(Peter of Tarantaise) 등이 작성한 이 문서는 교리 문제에 관한 규범으

---

527) 텍스트에 대해서는 다음을 보라. R. Paqué, Das Pariser Nominalistenstatut: Zur Entstehung des Realitätsbegriffs der neuzeitlichen Naturwissenschaft, Berlin: de Gruyter, 1970, 8-12.
528) 이 학파의 박사들의 명단은 다음을 보라. A. Zumkeller, 'Die Augustinerschule des Mittelalters: Vertreter und philosophisch-theologische Lehre,' AnAug 27 (1964), 167-262, 특히 174-6. 이 학파와 파리와의 밀접한 관련성은 명백하다.

로 간주되었다. 그러나 세 사람의 박사 중에 아퀴나스만이 두드러졌음이 분명하다. 1313년 수도회 총회는, 수도회의 어떠한 수도사도 3년간 아퀴나스의 저작들을 연구하지 않고는 파리에서 신학공부를 받을 수 없으며, 어떠한 강사도 곧바로 반박 견해를 말하지 않고서는 그의 가르침에 위배되는 어떤 입장도 언급할 수 없다고 선포했다.

포고령 어디에도 아퀴나스의 저작에서 발견되는 입장의 다양성에 대한 뚜렷한 언급이 없다. 본 연구 도중에 입장의 다양성에 대해 언급한 바 있다. 『문장집 주석』(*Commentary on the Sentences*, 1252-1256)에 기술된 그의 칭의 교리는 『신학대전』(*Summa Theologiae*, 1270)의 '프리마 세쿤데이'(prima secundae)에 기술된 내용과 많이 다르다. 초기 도미니크 학파 안에서 이 성스러운 박사의 정통적인 입장을 확인시켜 주는 것으로 이 저작들이 사용될 수 있는지 여부에 혼동이 있었던 것 같다. 여기서 주목되어야 할 사실은, 요하네스 카프레올루스(Johannes Capreolus)가 『신학대전』은 아퀴나스의 최종적 결정임과 동시에 자기 초기 진술에 대한 철회라는 점을 강조함으로써 후기 아퀴나스 학파에 결정적인 기여를 했다는 점이다.[529]

크레모아의 롤란드는 당대의 다른 파리 교사들과 마찬가지로, 아리스토텔레스에 대한 관심을 키워왔었는데, 초기 도미니크 학파 안의 그의 계승자들에 의해 이러한 관심이 재생되었다. 여기서 특별히 중요한 내용은, 롬란드의 공로에 관한 존재론적인 해석(제2장 6. 공로의 개념 참조)과 칭의를 죄에서 올바름을 향한 운동(motus)으로 본 그의 정의이다. 칭의의 순서(제2장 1. 칭의의 특성 참조)와 칭의를 향한 기질의 필요성(제2장 3. 칭의에 대한 주관적 접근 참조)에 대한 아퀴나스의 가르침에 나타나 있는 아리스토텔레스적 기초는, 특히 성장 중인 초기 도미니크 학파의 신학에 미친 아리스토텔레스의 신학적 영향력의 중요한 사례다. 아리스토텔레스에 대한 긍정적 평가는 초기 도미니크 학파의 두드러진 특징이며, 초기 프란시스코 학파의 강력한 어

---

529) M. Grabmann, 'Johannes capreolus O.P., der "Princeps Thomistarum" und seine Stellung in der Geschichte der Thomistenschule,' in L. Ott, ed., *Mittelalterliches Geistesleben*, Munich: Hueber, 1955, 3.370-410.

거스틴주의와 비교해 볼 때 더욱 분명하다.

초기 도미니크 학파의 칭의론에서 가장 중요한 특징은 '원초적 의'(iustitia originalis)와 관련된 질문이다. 13세기는 최초의 인간이 은총의 상태에서 창조되었는지, 아니면 순전한 자연적 상태에서 창조되었는지에 관한 논의의 증인이었다. 13세기 초 아담이 은총의 상태가 아니라, 자연의 통일성을 지닌 채 창조되었다는 것이 일반적 견해였다. 만일 아담이 의롭게 하는 은총의 선물을 받았다면, 그는 자유의사로 받았을 것이다.[530] 토마스 아퀴나스는 초기 저작에서 망설이며 알베르투스 마그너스의 견해에 일치할 수 없다고 표명했다. 『문장집 주석』에 나온 논의에 비추어 볼 때, 아퀴나스는 아담이 창조되자마자 즉시 은총을 받았다는 의견을 선호했음이 분명하다.[531] 후기에 논의된 『죄악』(De malo)에 이 입장이 분명하게 기술되어 있으며,[532] 아담이 창조 즉시 받은 거룩하게 하는 은총(gratia gratum faciens)을 포함하는 원초적 의(iustitia originalis)를 인정한다.[533]

이와 동일한 견해가 흔히 이 문제에 관한 출발점처럼 여겨지는 구약 본문의 위치에 대한 중요 논의에서 『신학대전』의 지지를 받는다. '하나님께서 사람이 정직하도록 지으셨으나'(Deus fecit hominem rectum, 전 7:30, 지금 성경으로 전 7:29이다-역주). 하나님께서 인류를 창조하셨으며, 인류에게 원초적 의를 수여하셨다는 의미 말고 어떻게 달리 이 구절을 해석할 수 있을까? 원초적 의의 기초는 반드시 하나님에 대한 의지의 초자연적 복종이며, 이는 오직 의롭게 하는 은총을 통하여 효력이 발휘되는 것으로 간주되어야 한다.[534] 원초적 의는 영혼의 정수와 관련된 것으로, 인간 안에 내재한다. 아퀴나스는 이것이 자연과 은총의 동일가로 간주되어서는 안 된다고 조심스

---

[530] Peter Lombard, Alexander of Hales, Albertus Magnus, Bonaventure의 입장이 이러했다. R. Garrigou-Lagrange, *La Synthèse Thomiste*, Paris: Desclée de Brouwer, 1947, 305-11.

[531] *In II Sent.* dist. xx q. 1 a. 3은 이 문제에 관한 확실한 진술을 피하는 것으로 보인다. 더욱 분명한 진술은 더 뒤에 보인다. *In II Sent.* dist. xxix q. 1 a. 2.

[532] *De malo* q. 4 a. 2 ad 17um.

[533] *Summa Theologiae* Ia q. 95 a. 1.

[534] *Summa Theologiae* Ia q. 100 a. 1 ad 2um.

럽게 지적한다. 아퀴나스에게 있어, 온전한 자연적 상태는 단순한 추상일 뿐이다. 아담은 창조 시에 거룩하게 하는 은총의 초자연적인 은사를 수여받았다. 따라서 아담조차도 온전한 자연적 상태에서 존재한 적은 없다. 비록 자연이 선하다고 인정되어야 하지만, 그럼에도 불구하고 완전하지는 않으며, 초자연적 은총의 도움을 통하여 근원되는 선(즉 하나님의 즐거움)을 향한 지향성을 필요로 한다. 이에 따라 원죄란 공식적으로 원초적인 의로움의 결핍이라고 정의된다. 비록 아퀴나스가 원죄를 원초적인 의의 결핍(privatio iustitiae originalis)으로 보는 캔터베리의 안셈의 정의를 채택하여, 알베르투스 마그너스를 따랐다 하더라도, 용어 의(iustitia)를 안셈과는 상당히 다른 의미에서 사용했다는 점을 주목해야 한다.

아퀴나스에 의하면 아담은 처음 행해진 죄의 주요한 결과로, 창조의 순간 거룩하게 하는 은총을 통해 고양되었던 초자연적 경지에서 전적으로 자연적인 경지로 즉시 추락했다. 따라서 아담으로부터 우리에게 전해진 인간 본성은 한 때 아담에게 수여되었으며, 계속 은사를 받을 수도 있었던 상태에서, 초자연적 은사들이 박탈되어 버린 본성이다. 이 원리는 본래 은총의 수용성이 있는 영혼(anima naturaliter capax gratiae)이라는 신학 경구에 적확하게 잘 표현되어 있다.

토마스 아퀴나스의 예처럼, 파리에 있던 초기 도미니크 학파의 일반적 특징도 다음처럼 요약될 수 있다.

1. 인간이 적합한(de congruo) 칭의를 공덕으로 얻을 가능성은, 모든 공로가 은총을 사전 전제한다는 일반 원칙 때문에 기각된다. 이 입장은 칭의에 협력하는 공로적 기질을 지지하던 『문장집 주석』의 초기 입장이 아니라, 『신학대전』의 것이 지적되어야 한다. 초기 도미니크 학파 안에서 이 문제에 관한 어느 정도의 혼동이 있었던 것 같다.
2. 인간이 은총의 상태에 있는지의 여부를 절대적인 확신으로 알 수 있다는 가능성이 기각된다.[535] 하나님은 전적으로 인간의 이해 위에 계시므로,

---

535) *Summa Theologiae* IaIIae q. 112 a. 5. Thomas는 어딘가에서 최후 견인의 은총은 하나님께서 택자에게 주시는 추가적인 은총이며, 공로화될 수 없다고 가르친다. IaIIae q. 114 a. 9.

설령 신자가 추측을 통해(예를 들어, 그들이 하나님을 즐거워하는지 안 하는지 관찰함으로써) 자신들이 은총 안에 있음을 어느 정도 알 수 있다고 하더라도, 은총의 상태에 있는지에 대한 의심을 뛰어 넘어 아는 일은 불가능하다. 이 견해는 초기 도미니크 학파의 독특한 가르침이라기보다, 이 문제에 관한 중세의 일반적인 견해이다.

3. 원초적 의는 거룩하게 하는 은총의 은사를 포함한다. 그 결과 원죄의 공식적 요인은 원초적 의의 결핍으로 정의될 것이다.
4. 칭의의 공식적인 원인은 창조된 은총의 습성으로 정의된다.
5. 공로의 원리는 창조된 은총의 습성으로 이해된다.
6. 칭의를 향한 인간 기질의 필요성은, 동작은 선행동작을 암시한다는 아리스토텔레스적 전제에 근거하여 유지된다.
7. 마리아의 잉태와 관련하여 강력한 유흠(maculist, 有欠) 수태의 입장이 채택된다.[536] 마리아는 나머지 인류와 마찬가지로 흠이 있는 영혼으로 죄로 의한 영향을 받는 것으로 이해된다(스테판 랭톤).

2) 초기 프란시스코 학파

초기 프란시스코 학파의 신학은 최초의 위대한 파리 교사인 할레의 알렉산더에 기원한다. 일반적으로 『수도사 알렉산더 총서』(*Summa Fratris Alexandri*)으로 알려진 작품은 오랫동안 알렉산더의 진짜 작품인 것으로 생각되었지만, 이제 그 반대로 간주된다.[537] 흔히 1222년에서 1229년까지 행해진 것으로 생각되는 『문장집』(*Sentences*)에 대한 알렉산더의 진짜 강의가 1946년 학생들의 노트형태로 발견되었다.[538] 이 노트에 근거한 일련의 논쟁

---

536) 보다 많은 사례를 위해서는 다음을 보라. *Summa Theologiae* IIIa q. 27 a. 2 ad 3um. 이 문제는 다음 2.10.3에서 보다 깊이 논의된다.
537) J. Auer의 고전적인 작품을 보라. 'Textkritische Studien zur Gnadenlehre des Alexander von Hales,' *Scholastik* 15 (1940), 63-75.
538) *Glossa in Quatuor Libros Sententiarum Petri Lombardi*로 출판되었다. 탁월한 서문으로 다음을 보라. *Golssa* 4, 18*-44*. Peter Lombard의 『문장집』이 현재의 장으로 분할되어, 학교들의 공식 교과서가 된 것은 알렉산더를 통해 이루어졌다는 점에서, 알렉산더는 특별

적 질문들은 그가 프란시스코 수도회에 입회한 시기를 앞당기며, 칭의에 관한 초기 프란시스코 학파의 주요 특징들이 할레의 알렉산더의 초기 가르침과 일치한다고 주장할 수 있게 한다. 달리 말하면, 알렉산더가 작은 형제회(the Friars Minor)에 가입할 때 자기 신학에 심각한 수정을 하지 않았으며, 곧이어 프란시스코 교사로서 자신의 가르침을 수도회의 정통적인 가르침으로 지속했던 것 같다. 그의 원초적 의에 관한 가르침에서 이런 점이 나타날 것이다.

알렉산더는 아담의 초기 상태에 관해서 두 가지 견해가 있다고 기록한다. 첫 번째, 그는 전적으로 자연적인 상태에서 창조되었다. 두 번째, 그는 거룩하게 하는 은총의 상태에서 창조되었다.[539] 다시 한번 전도서 7:30 '하나님께서 사람이 정직하도록 지으셨지만'에 기반을 두어 입장이 채택된다. 알렉산더는 자연적 정의(正義)와 거저 주어지는 정의 사이를 구분하면서, 언급된 구절이 분명 자연적 정의의 상태를 가리킨다고 주장한다.[540] 오도 리갈디가 이 점에서 그를 따랐다. 오도 리갈디는 아담이 전적으로 자연적인 정의와 순전함의 상태에서 창조되었고, 거룩하게 하는 은총보다 실제적 은총(gratia gratis data, 거저 주어지는 은총-역주)에 의존한다고 가르쳤다.[541] 보나벤투라도 인류는 창조 시에 거룩하게 하는 은총을 부여받지 않았지만,[542] 거저 주어지는 은총의 수여는 인정함으로써, 비슷하게 진술한다.

초기 프란시스코 학파의 칭의에 관한 가르침에 나오는 주요 특징은 다음과 같다.

히 중요한 의미가 있다. I. Brady, 'The Distinctions of the Lombard's Book of Sentences and Alexander of Hales,' FrS 25 (1965), 90-116.
539) *In II Sent.* dist. xxiv n. 1, 2.206.9-11.
540) *In II Sent.* dist. xxiv n 1, 2.207.14-19.
541) *In II Sent.* dist. xxix q. 1, 90.57-88.
542) *In II Sent.* dist. xxxiv pars 2 a. 3 q. 2 ad 3um. Bonaventure와 Thomas 사이의 차이에 관한 유용한 요약으로 다음을 보라. Bruch, 'Die Urgerechtigkeit als Rechtheit des Willens nach der Lehre des hl. Bonaventuras,' 특히 193-4. 더욱 깊게는 다음을 보라. Kaup, 'Zum Begriff der justitia originalis in der älteren franziskanerschule.'

1. 적합한 칭의를 공덕으로 얻는 인간의 가능성이 지지된다.
2. 은총의 절대적 확실성에 대한 가능성이 거부된다.
3. 원초적 의는 실제적 은총의 은사를 포함하는 것으로 이해된다. 이 은사에 거룩하게 하는 은총이 포함된다는 견해가 기각된다.
4. 칭의의 공식적 원리는 창조된 은총의 습성으로 이해된다.
5. 공로의 공식적 원리는 창조된 은총의 습성으로 이해된다.
6. 칭의를 향한 인간적 기질의 필요성은 운동(modus)의 특성에 대한 아리스토텔레스적 분석보다는 어거스틴적인 심리학적 근거 위에서 유지된다.
7. 마리아의 수태에 관련해서 유흠 수태의 입장이 채택된다.

13세기 말엽 초기 프란시스코 학파는 자연과 은총의 관계에 대한 이해에서 어려움에 직면했음을 깨닫게 된다. 초기 프란시스코 학파의 어거스틴주의는 구원론과 심리학에만 국한되지 않았으며, 인식론으로 확대되었다. 초기 어거스틴 학파는 어거스틴주의의 신적 조명 교리를 채택했다.[543] 이는 실제로 어거스틴 본인이 하나님이 어떻게 당신이 인간에게 이해되도록 하셨는가를 설명하려는 시도에서 사용했던 은유를 정교하게 만든 것이다. 하나님과 인간의 마음과의 관계는 태양과 물질적 세계와의 관계와 같다. 물질적 대상이 햇빛 없이 보이지 않듯이, 인간의 마음은 신적 조명 없이는 영적 진리를 인식할 수 없다. 인간이 물질적 대상을 바라볼 수 있는 빛의 원천이 태양이듯이, 인간이 신적 진리를 이해할 수 있는 영적인 빛의 원천이 바로 하나님이시다.

이 개념은 지고선(至高善)을 지적 세계의 태양으로 바라보는 플라톤적 개념과 상당히 유사하다. 초기 프란시스코 학파에서 신적 조명의 지지자들이

---

543) M. Grabmann, 'Zur Erkenntnislehre des älteren Franziskanerschule,' *FS* 4 (1917), 105-18; E. Gilson, 'Sur quelques difficultés de l'illumination augustinienne,' *Revue néoscolastique de philosophie* 36 (1934), 321-31; 동일 저자의, 'Roger Marston, un cas d'Augustinisme avicennisant,' *Archives d'histoire doctrinale et littéraire du moyen âge* 8 (1952), 37-42; P. A. Faustino Prezioza, 'L'attività del soggeto pensante della gnoseologia di Matteo d'Acquasparte e di Ruggerio Marston,' *Antonianum* 25 (1950), 259-326.

직면한 근본적인 어려움은 하나님의 조명하시는 영향력이 자연적인 빛으로 아니면 초자연적인 빛으로 생각되어야 하는지 여부가 명료함과는 거리가 멀다는 점이다. 그것은 자연적인 것인가 아니면 거저 주어진 것인가? 겐트의 헨리의 조명론에 대한 스코투스의 과격한 비판은[544] 초기 프란시스코 학파의 말기에 조명론과 관련된 커다란 불안감으로 나타났으며, 후기 프란시스코 학파의 특징인 추상주의적 인식론으로 귀결되었다. 그래서 피터 올리비(Peter Olivi)는 자신이 신적 조명 교리를 지지한 이유는 그것이 단지 소속 교단의 전통적인 가르침이었기 때문이라고 진술했다. 심지어 아쿠아스파르타의 매튜는 신적 조명을 '무엇인가 일반적인 영향력'으로 여겨야 할지, 아니면 하나님의 '특별하신 영향력'으로 여겨야 할지 결정할 수 없었다. 이 질문에 내재되어 있는 근본적인 문제는 자연과 은총의 관계에 관한 것으로, 자연과 칭의를 향한 인간적 기질의 필요성 논의에서 초기 프란시스코 학자들이 직면했던 바로 그 어려움이었다. 초기 프란시스코 신학자들이 직면한 근본적 어려움은 자연에서 은총으로의 전환이 증명불가능하다는 점이었다. 반대되는 것들 사이의 전환은 매개 단계 없이는 불가능한 것으로 여겨졌다. 그러나 이러한 중간적인 매개를 무엇이라고 이해해야 하는가?

자연과 은총 사이의 존재론적인 간격이 남아 있으므로, 공짜 은총 개념이 이 어려움을 해소할 것 같지는 않았다. 원초적 이에 대한 초기 프란시스코 학파의 이해에서 이러한 어려움이 생겼음이 강조되어야 한다. 초기 도미니크 학파의 경우, 인간은 은총을 지닌 채 창조되었으므로, 선천적으로 은총을 감당할 수 있지만 프란시스코 학파의 경우, 자연의 최초 수여물에는 거룩하게 하는 은총이 포함되어 있지 않았다. 칭의에 암시되어 있는 존재론적 전환의 문제는 1294년이 약간 지나 리들톤의 리처드(Richard of Middleton)가 쓴

---

544) *Opus Oxoniense* I dist. iii q. 4 aa. 1-3. Ghent의 Henry의 조명론에 관한 Scotus의 비평에 관한 훌륭한 연구로 다음을 보라. P. C. Vier, *Evidence and Its Function according to John Duns Scotus*, New York: Franciscan Institute, 1951. 초기 도미니크 학파 또한 Augustins의 조명론에 대해서는 비판적이었다고 언급할 수 있다. E. Gilson의 고전적인 연구를 보라. 'Pourquoi S. Thomas a critiqué S. Augustin,' *Archives d'histoire doctrinale et littéraire du moyen âge* 1 (1926-7), 5-127.

『문장집 주석』(Commentary on the Sentences)의 시기까지도 풀리지 않았다. 이때는 초기 프란시스코 학파가 문을 닫아가는 시점이었고, 어려움을 피해 보려는 새로운 시도가 이루어지고 있었다. 그러나 문제의 해결책은 초기 프란시스코 학파가 은총의 성격과 칭의에서의 역할에 대한 자기 전제를 버려야 함을 뜻했는데, 아마 후기 프란시스코 학파에는 새로운 출발의 시작일 수도 있었다.

3) 후기 프란시스코 학파

초기 프란시스코 학파는 보나벤투라에게 영감과 지도를 의지한 반면, 후기 프란시스코 학파는 둔스 스코투스라는 거장에게 역할을 맡겼다. 비록 스코투스의 신학에도 어거스틴적 요소가 있음은 부인할 수 없는 사실이지만, 어거스틴주의에서 아리스토텔레스주의로의 결정적인 이동이 있었음이 분명하다. 더욱이 스코투스의 칭의에 관한 논의는 중요 쟁점에 있어 보나벤투라의 논증과 상당한 거리가 있었는데, 그 중에 칭의 순서의 요소들 사이의 관련성, 성례 외적인 칭의의 가능성, 예정의 이유 그리고 공로와 칭의의 공식적 원리에 관한 그의 가르침 등에서 그러했다.

특히 후자의 쟁점은 우리가 앞 단원에서 초기 프란시스코 학파의 자연과 은총 사이의 관계에서 언급한 어려움과 관련하여 특히 중요하다. 스코투스에게 목적에 대한 의지는 반드시 그 목적에 대한 수단에 선행해야 한다. 따라서 하나님께서 그것이 일어나도록 의지적으로 정하셨다는 사실에 비해서 칭의 발생의 정확한 수단은 부차적 중요성을 지닌다. 은총의 습성의 소유보다 신적 수용의 외부적 지정의 우선성에 대한 강조가 많아지면서, 결과적으로 은총의 습성이 어떻게 영혼 안에 발생하는가에 대한 질문의 관심이 현저히 줄어들게 되었다.

더욱이 스코투스의 계약적 인과성 개념은 초기 프란시스코 학파 신학자들이 자연에서 은총으로의 전이 가능성에서 느꼈던 존재론적 어려움을 제거했다. 왜냐하면 스코투스에게 있어 하나님이 이것을 지정하신 것이므로 이러한 전환도 칭의를 향한 적합한 공로적 기질을 통해서야 효력을 발휘할 수 있다. 따라서 자연 상태와 은총 상태 사이의 간격을 제거하는 데 어려움이 없었다. 스코투스의 접근법은 프란시스코 수도회의 선임자들이 제기한 어려움을 두 가지 방법으로 해소한 것이라 할 수 있다. 첫째, 전혀 다른 문맥에서 질문에 대해 논의한다. 스코투스에게 은총의 습성의 소유보다 신적 수용이 선행한다. 반면 초기 프란시스코 신학자들은 은총의 습성 소유 다음에 우발적으로 신적 수용이 이루어진 것으로 보았다. 둘째, 초기 프란시스코 학파 신학자들에게 어려움을 부과한 사물 본래의 성격에 의한 인과성 개념을 신적 계약에 의한 인과성 개념으로 대치시킴으로써, 단번에 어려움을 제거해버렸다. 그러나 이러한 수정으로 인해, 프란시스코 학파의 칭의에 관한 가르침에 중대한 변화가 야기되었다. 지금부터 이에 대해 논의할 것이다.

후기 프란시스코 학파의 특징으로 간주되는 스코투스 칭의 신학의 개별적 측면들에 대해 이미 앞에서 길게 논의하였다. 그러나 중세 시기 그의 가르침에서 상당한 혼란을 일으킨 한 가지 측면이 남아 있다. 논의가 필요한 질문은 은총의 확실성이 가능한가 하는 질문이다. 트렌트 회의에서 회집한 고위 성직자들 사이에 중요 논쟁이 오가는 것이 목격 되었다. 논쟁은 이 문제에 관한 스코투스의 가르침에 관한 것으로, 스코투스의 진술을 해석하는 데 상당한 난관이 있었음을 반영한다.[545] 비록 스코투스가 성례 외적인 칭의(제2장 5. 은총의 개념 참조)의 가능성 논의에서 난제에 대해 짧게나마 다루었지만, 문제를 결코 솔직하게 취급하지 않은 데서 주로 어려움이 생긴다. 그러나 스코투스가 대체적으로 확실성의 가능 여부를 부인했음이 분명하다. 하나님에게서 사랑의 행위를 이끌어 내었다고 인식하는 사람이라도, 그 때문에 자신들이 주입된 자선의 습성을 소유하게 되었다고 결론내릴 수는 없다. 또한 사랑의 행위 자체의 본질 또는 강도에 따라, 또는 그들이 행위로부터 이끌어 낸 기쁨이나 안전감을 통해서도 그렇게 추론할 수 없다. 만일 그런 결론이 가능하려면, 자신들이 자선의 상태에 있음을 분명하게 인식할 수 있어야 할 것이다.[546] 그러나 신자들이 자신들에게 사랑할 만한 또는 미

---

545) Heynck, 'A Controversy at the Council of Trent concerning the Doctrine of Duns Scotus.'
546) *Opus Oxoniense* IV dist. xvii q. 3 n. 21.

워할 만한 가치가 있는지 알기는 불가능하다. 스코투스는 특히 성례의 수용과의 관련성에서 이러한 확실성이 불가능함을 특별히 강조했다.[547] 따라서 스코투스는 은총의 추론적 확실성 외의 것에 대한 용인을 거부하고, 절대적 확실성의 가능성을 엄격히 배제시켰다. 그가 12세기와 13세기의 일반적 입장을 채택했다는 결론이 안전하다고 볼 수 있다.

후기 프란시스코 학파에서 일어난 중요한 진전은 무흠 수태(immaculate conception) 교리다.[548] 이 교리는 그리스도의 구속 사역과 관련된다는 점에서 칭의 교리의 발전에 있어서도 부차적인 중요성을 지닌다. 아울러 후기 프란시스코 학파와 전기 학파와의 차이를 드러낼 수 있는 신뢰할 만한 수단이기도 하다. 스코투스 이전, 인간의 통상적인 죄의 조건을 마리아도 공유한다는 전반적인 견해의 일치가 있어 왔다. 알베르투스 마그누스나 토마스 아퀴나스 같은 초기 도미니크 학파 신학자들은 마리아의 무죄성은 그리스도 사역의 완벽성을 제한한다고 주장했다. 왜냐하면 그리스도는 한 사람의 예외 없이 모든 인류를 위해 돌아가신 것이어야 하기 때문이다. 스코투스가 교리에 반하는 논증을 교리를 지지하기 위해 사용했다는 점에서 그의 기지가 잘 드러난다.

만일 그리스도가 가장 완전한 구원자라면, 적어도 한 사람쯤은 가장 완벽한 방식으로 구속하는 일도 인정되어야 한다고 스코투스는 주장했다. 죄로부터 사람들을 해방시키는 것보다 아예 한 사람을 전혀 죄에 물들지 않도록 지키는 일이 더욱 완전한 방법이다. 따라서 가장 완벽한 구속의 방법은 애당초 죄에 물들지 않게 하는 것이다. 그렇다면 그 유일한 사람이 누구인가라는 긴장감 넘치는 문제로 관심을 돌림으로써, 스코투스는 반드시 구속주 자신

---

547) *Reportata Parisiensis* IV dist. ix q. unica n. 2.
548) I. Brady, 'The Development of the Doctrine of the Immaculate Conception in the Fourteenth Century after Aureoli,' *FrS* 15 (1955), 175-202; K. Balic, 'Die Corredemptrixfrage innerhalb der franziskanischen Théologie,' *FS* 39 (1957), 218-87. 보다 깊이는 다음을 보라. P. de Alcántara, 'La redención de Maria y los méritos de Cristo,' *Estudios franciscanos* 55 (1954), 229-53; M. Mückshoff, 'Die mariologische Prädestination im Denken der franziskanischen Théologie,' *FS* 39 (1957), 288-502.

의 어머니와 관련 있는 사람이어야 적절하다고 주장한다.[549] 스코투스는 당시 신학 서클들 사이에 널리 용인된 일반 원칙에 호소함으로써 자신의 논증을 지원한다. 즉 가능한 가장 큰 영예를 마리아에게 바치는 일은 성경과 전통에 부합한다는 것이다.[550]

프란시스코 종단 안에 스코투스의 영향력이 막대했기 때문에, 14세기 중반 무흠(無欠) 수태 교리는 종단의 일반적 가르침이 되었다.[551] 또한 비아 모데르나와 스콜라 아우구스티니아나 모데르나에도 급속히 수용되었다. 비록 로버트 홀코트 같은 도미니크 신학자들을 비아 모데르나와 동일시하기는 종단과 학파 사이의 긴장 조율 면에서 어려움이 있지만,[552] 후기 프란시스코 학파와 도미니크 학파의 신학을 구별하는 데 이 교리가 특히 유용하다.

후기 프란시스코 학파의 칭의에 관한 가르침에서 주요 특징들이 다음처럼 요약된다.

1. 인간이 적합한 칭의를 공덕으로 획득하는 가능성이 인정된다.
2. 은총의 절대적 확실성에 대한 가능성이 거부된다.
3. 원초적 의는 습성적 은총이라기보다는 실제적 은총의 선물을 지칭하는 것으로 이해된다.
4. 칭의의 공식적 원인은 신적 수용이 외부적 지정으로 이해된다. 창조된 자선의 습성의 내적 지정은 칭의의 두 번째의 공식적 원인의 지위로 좌천된다.

---

549) Opus Oxoniense III dist. iii q. 1 n. 4.
550) Opus Oxoniense III dist, iii, q. 1 n. 10.
551) 가장 우수한 연구서로, G. Ameri, *Doctrina Theologorum de Immaculata B. V. Mariae Conceptione Tempore Concilii Basileensis*, Rome: Academia Mariana Internationalis, 1954. 여러 견해에 대한 조사로는 다음을 보라. F. de Guimarens, 'La Doctrine des théologiens sur l'Immaculée Conception de 1250 à 1350,' *Etudes Franciscaines* 3 (1952), 181-203; 4 (1953), 23-51, 167-87; A. di Lella, 'The Immaculate Conception in the Writings of Peter Aureoli,' FrS 15 (1955), 146-58; E. M. Buytaen, 'The Immaculate Conception in the Writings of Ockham,' FrS 10 (1950), 149-63.
552) *Super libros Sapientiae* lect. 160c.

5. 공로의 공식적 원리는 신적 수용의 외부적 지정으로 이해된다. 모든 인간 행위는 정확히 하나님께서 받아들이시는 만큼만 가치가 있다.
6. 칭의를 위한 준비의 필요성이 인정된다.
7. 마리아는 원죄라는 인간의 통상적인 조건에서 사면되었으므로, 그리스도의 일반적 구속 양식의 범위 밖에 있는 것으로 여겨져야 한다. 그러나 혹자가 가정하듯이 그리스도가 마리아를 구속했다는 사실을 스코투스가 부인한다는 의미는 아니다. 오히려 다른 형식의 구속이 특정한 경우를 통해 이루어진 것이다.

4) 비아 모데르나

비아 모데르나라는 용어는 통상적으로 오캄의 윌리엄의 가르침에 기반을 둔 신학 학파를 언급하며, 이 의미로 널리 사용된다. 여기에는 삐에르 달리(Pierre d'Ailly), 로버트 홀코트(Robert Holcot), 가브리엘 비엘(Gabriel Biel) 그리고 벤델린 슈타인바흐(Wendelin Steinbach) 같은 신학자가 포함된다. 가끔 잘못된 용어인 '유명론'(Nominalism)과 거의 완벽하게 호환되곤 하며, 옛날에는 흔히 유명론 학파를 지칭하는 것으로 사용되었다.[553]

비아 모데르나는 중세 후기 지역적 이질성이 상당히 발달했음을 보여주는 표시이므로, 비아 모데르나의 신학적 독창성에 대한 일반화는 위험하다. 많은 역사학자들이 복잡한 상황을 단순화시켜, 의미적으로 잘 정의된 용어인 '유명론'을 통해, 서유럽 전역에 퍼진 비교적 동질적인 운동인 것처럼 기술하고 싶어 한다. 그러나 증거를 통해 볼 때, 실제로 비아 모데르나는 기반이 된 지적 중심지의 지역적 특색과 함께 발전했음이 암시된다. 비록 오캄의 윌리엄이 운동의 창시자로 공인되고 있지만, 다양한 관심과 강조점을 지닌 인물들에 의해 옥스퍼드대학, 파리대학, 하이델베르크대학 및 튀빙겐대학이라는 구체적인 지역적 특징이 빚어졌다. 이 운동은 파리에서 장 부리당(Jean

---

[553] 사료편집상의 중요한 전환에 대한 자세한 내용으로 다음을 보라. McGrath, *The Intellectual Origins of the European Reformation*, 67–88.

Buridan)과 니콜라스 오레슴(Nicolas Oresme), 하이델베르크에서는 잉헨의 마르실리우스(Marsilius of Inghen)와 튀빙겐에서는 가브리엘 비엘 및 벤델린 슈타인바흐 등과 관련을 맺었다.[554]

일반적으로 비아 모데르나의 신학자들은 동시대인에 비해 유명론적 인식론을 많이 채택하기는 했지만, 구원론의 특징적 견해는 유명론과 독립된 것이었다. 비아 모데르나 신학자들은 칭의 교리의 특징에서 후기 프란시스코 학파와 유사했다. 전자는 유명론과 후자는 실재론이라는 차이에도 불구하고 양자의 칭의 교리는 실질적으로 동일했다. 두 학파 사이에 차이도 있긴 했다. 칭의에 관한 가르침의 본질보다는 주로 순례자의 칭의가 논의되는 개념적 틀과 관련된 차이였다. 사실상 비아 모데르나는 후기 프란시스코 학파의 가르침을 보다 군건한 개념적 기초 위에 두고자 하나님의 두 능력과 언약 개념 사이의 변증법을 이용했다고 할 수 있다. 더욱이 후기 프란시스코 학파와 비아 모데르나 사이에 칭의 논의의 개념 틀과 관련된 차이가 있다고, 두 학파의 인식론에도 차이가 있다는 직접적 함의는 보이지 않는다.

순례자의 칭의 가능성에 대한 질문이라는 맥락에서 비아 모데르나 신학자들이 주장한 것은 하나님과 인류 사이의 언약으로서의 칭의이다. 비록 인간의 내재적 가치가 무시할 만하지만, 하나님께서는 인간의 행위를 구원의 기치기 있는 것으로 수용한다는 결정을 통해, 인류와의 언약 관계에 진입하시려고 작정하셨다. 도덕적 행위의 내재적 가치와 부과된 가치 사이의 차이가 결정적으로 중요하다. 왜냐하면 이 차이로 인해 '하나님은 최선을 다하는 자에게 결코 은총을 거절하시지 않을 것이다' 라는 경구가 펠라기우스적

---

554) 각각의 연구들로는 다음을 보라. L. M. de Rijk, *Jean Buridan (c. 1292-c. 1360): Eerbiedig ondermijner van het aristotelisch substantie-denken*, Amsterdam: Koninklijke Nederlandse Akademie van Wetenschappen, 1994; P. Souffrin 그리고 A. Segonds, *Nicolas Oresme: Tradition et innovation chez un intellectuel du XIVe siécle*, Paris: Editions Les Belles Lettres, 1988; M. J. F. M. Hoenen 그리고 P. J. J. M. Bakker, *Philosophie und Théologie des ausgehenden Mittelalters: Marsilius von Inghen und das Denken seiner Zeit*, Leiden: Brill, 2000. 비아 모데르나에 대한 Jean Gerson의 질문은 수많은 논의의 주제가 되고 있다. Jan Pinborg, *Logik und Semantik im Mittelalter: Ein Überblick*, Stuttgart: Frommann-Holzboog, 1972, 77-126.

명제의 역할을 한다고 부각시키지 않으면서도 자신의 칭의에 있어 개개인이 긍정적 역할을 수행한다는 의미로 해석될 수 있기 때문이다.

비아 모데르나 신학자들은 이런 방법을 통해 칭의를 향한 인간의 공로적인 기질에 관한 초기와 후기 프란시스코 학자들의 가르침을 유지하면서, 펠라기우스주의라는 비난에서 안전한 개념적 틀을 세울 수 있었다. 또한 비아 모데르나 신학자들은 언약적 인과관계에 있어서도, 초기 프란시스코 학파가 자연에서 은총으로의 이전과 관련하여 겪은 존재론적 어려움을 회피할 수 있었다.

비아 모데르나가 특별한 관심을 가지는 구원론의 한 측면은 구원의 경륜에 대한 이해에 기독론적인 공백이 있다는 점이다.[555] 즉 비아 모데르나 신학자들이 설정한 용어의 범위 안에서 그리스도의 성육신과 사망을 언급하지 않고도, 순례자의 칭의를 논하는 일이 가능하다. 다음 질문을 생각해 보면 이 점이 분명해진다. 비아 모데르나 신학자들에게, 구약 시대 사람들의 칭의와 신약 시대 사람들의 칭의의 차이점은 무엇인가? 비엘은 하나님께서 최선을 다한 사람에 대한 은총의 보상을 하나님과 인류 사이의 언약으로 이해했다. 이런 이해가 옛 언약에 부합하는지, 새 언약에 부합하는지 여부는 별개였다.

최근 비아 모데르나 윤리학의 구약적 특성이 자주 언급된다.[556] 그러나 비아 모데르나에서, 칭의의 구약적 계획이 신약의 계획과 본질적으로 동일하다는 단순한 사실로 볼 때, 이런 언급만으로 충분한 것 같지는 않다. 구약과 신약 공히 선을 행하는 사람에게 보상이 있다고 주장하기 때문이다. 새 언약은 옛 언약의 예식적인 측면은 제거하지만, 구약의 도덕법이 유효하다고 본다. 따라서 다른 크리스천들이 본받아야 할 모세 율법을 충족시키고 완전하게 했다는 점에서, 그리스도는 구원자라기보다 입법자로 묘사되는 것이 적

---

555) McGrath, 'Homo Assumptus?;' 같은 저자의 'Some Observations concerning the Soteriology of the *Via Moderna*,' *RThAM* 52 (1986), 182-93.
556) 예를 들어, Oberman, *The Harvest of Medieval Theology*, 108-11; McGrath, *Luther's Theology of the Cross*, 110-11.

절하다.⁵⁵⁷⁾ 인간이 의로워지기 위해 요구되는 의는 구약 세대에나 신약 세대에나 동일하다는 말이다.⁵⁵⁸⁾

비아 모데르나와 연관된 칭의 교리의 특징적 요소가 다음처럼 요약될 수 있다. 하나님의 질서 유지적 능력에도 이 특징들이 유효하다는 사실이 강조되어야 한다.

1. 인간이 적합한 칭의를 공덕으로 얻어야 하는 필요성이 유지된다. 이는 언약이라는 용어 안에서, 도덕적 영역에서 공로적 영역으로의 전이를 활성화시키는 것으로 여겨진다.
2. 비록 다양한 유형의 추론적 확실성이 인정되더라도 인간이 은총을 소유하고 있는 지 여부를 절대적 확실성으로 인식하는 가능성은 기각된다. 그러나 언약에 대한 전적 신뢰성이라는 관점에서, 이러한 불확실성은 자기가 최선을 다하는지 여부를 알 수 없는 인간의 무능에서 발생한다.⁵⁵⁹⁾
3. 원초적 의는 실제적 선물을 포함하지만, 거룩하게 하는 은총은 포함하지 않는 것으로 이해된다. 따라서 순전한 자연 상태에는 하나님의 일반적 영향력만이 포함되는 것으로 이해된다.
4. 칭의의 공식적 원인은 신적 수용의 외부적 지정으로 정의된다. 비아 모데르니의 구원론 에서 칭그된 습성의 역할은 분명치가 않다.
5. 공로의 공식적 원리는 신적 수용의 외부적 지정으로 정의된다.
6. 칭의를 향한 인간 기질의 필요성이 유지된다. 계약이라는 범주 안에서 자연과 은총의 영역 사이에 계약적 연결고리를 형성한다는 근거 때문이다. 즉 신적 계약에 의한 인과성이라는 맥락에서 은총이 주입되는 원인

---

557) Biel, *In III Sent.* dist. xl q. unica a. 3 dub. 3; ed. Werbeck/Hoffmann, 3.704.18-19. Luther가 초기에 가진 신학적 어려움 속에는 그리스도의 기능에 대한 이러한 이해가 녹아 있는 것 같다. WA 38.148.12; 40/I.298.9; 40/I.326.1; 41.653.41; 45.482.16; 47.590.1.
558) 예를 들어, *Sermones Dominicales de tempore* 32D.
559) Biel, *In II Sent.* dist. xxvii q. unica a. 3 dub. 5; ed. Werbeck/Hoffmann, 2.525.11-14: 'Homo non potest evidenter scire se facere quod in se est, quia hoc facere includit in se proponere oboedire Deo propter Deum tamquam ultimum et principalem finem, quod exigit dilectionem Dei super omnia, quam ex naturalis suis homo potest elicere.'

으로 작동한다. 따라서 인과성을 그 본성에 의한 것으로 이해한 데서 발생하는 초기 프란시스코 학파의 어려움들이 회피된다.

7. 일반적으로 마리아의 수태 문제에 강력한 무흠적 접근법이 적용된다.

5) 중세 어거스틴 전통

종교개혁 초기 세대 역사가들의 의문스런 전제들과 방법론들이 비아 모데르나의 특징과 영향력에 대한 이해의 왜곡을 이끈 것과 마찬가지로, '중세 어거스틴 전통'에 대해서도 비슷한 오해의 느낌이 든다. 종교개혁 자체의(특히 마틴 루터와 연관하여) 관심사와 전제를 가지고 중세 후기에 접근한 초기 세대 역사가들의 경향성 때문에 '유명론'과 '어거스틴주의'는 중세 후기 시대에 화해가 전혀 불가능한 두 가지 대립적 신학 운동으로 구분되었다. 특히 가브리엘 비엘의 '유명론'과 요하네스 폰 슈타우피츠의 '어거스틴주의'가 둔스 스코투스의 사망과 1517년 가브리엘 비엘 신학에 대한 루터의 반란 사이의 일반적 특징으로 여겨지게끔 했다. 그러나 14, 15세기 '유명론'과 '어거스틴주의' 사이의 상호교류에 대한 연구는 이러한 이분법이 입증된 것이 아니라 단순한 추정이라는 사실을 알려준다. 초기 종교개혁 역사편집자들의 매우 의문스러운 방법론이 현대 루터 학자들의 흥미, 관심사, 전제에 독점적으로 또는 널리 반영되어, 결과적으로 종교개혁 이전의 가톨릭이 과소평가되었다.[560]

최근에 이러한 조류가 역전되고 있다. 종교개혁과의 관련성과는 별도로 중세 후기의 신학에 대한 관심이 증가하고 있다. 그 자체로 중요한 연구 주제가 되고 있으며, 중세 어거스틴 신학자들에 대한 상당수의 중요 연구서들이 출판되었다. 이제 그 결과로 우리가 '중세 어거스틴 전통'의 특성과 영향을 평가할 수 있는 자리에 이르게 되었다. 필자는 이 단원에서 칭의에 관해서 어떤 '중세 어거스틴 전통'이 일관성 있는 가르침으로 인정될 수 있는지

---

[560] 상세한 토론을 위해서는 다음을 보라. McGrath, *Intellectual Origins of the European Reformation*, 82-8.

고찰할 것이다.

앞 단원에서 언급한 대로, 중세 후기 시대 동안 '유명론'이 동질적인 사상 학파로 있었다는 관념에 대한 거부 경향이 많아지고 있다. 그러나 이 때문에 동시기의 '어거스틴주의'라는 정의에도 중대한 결과가 발생한다는 사실은 그다지 주목을 받지 않았다. 대체적으로 '유명론'과의 연관성 속에서 '어거스틴주의'가 정의되었다. 따라서 동질적인 사상 학파로의 '유명론'이라는 관념이 폐기된다면, '어거스틴주의'를 정의하는 참고 기준도 바뀌어야 한다. 어거스틴 종단 신학자들에 대한 최근 수십 년 동안의 방대한 연구는 '어거스틴주의'와 '유명론'의 이분법이 더 이상 존속할 수 없음을 분명히 한다. 당시에도 현상학적으로 광범위한 스펙트럼의 신학적 견해가 존재했기 때문에, '유명론자'와 '어거스틴주의자'라는 용어를 상호 연관된 것으로 사용하는 것은 현재에 있어서도 분명히 부적절하다.

뮐러(A. V. Müller)의 시도에 이러한 혼동이 특별히 잘 나타나 있다. 그는 신학 학파라는 측면에서 루터가 토마스 아퀴나스나 보나벤투라의 신학보다 어거스틴 신학에 서 있었음을 입증한다.[561] 뮐러는 특히 루터의 이중적 의 (iustitia duplex) 개념이 카시아의 시몬 피다티(Simon Fidati of Cascia, d.1348), 오르비에토의 위골리노(Hugolino of Orvieto, d. 1373), 아고스티노 파바로니 (Agostino Favaroni, d. 1443) 및 발렌시아의 야쿠부스 페레즈(Jacobus Perez of Valencia)를 포함하는 신학 학파에 연결되어 있음을 논증했다. 에두아르트 슈타케마이어(Eduard Stakemeier) 또한 이유는 다르지만 유사한 가설을 지지한다. 그는 트리엔트 회의 동안 지롤라모 세리판도(Girolamo Seripando)가 이중 예정론과 관련되어 있었다고 한다. 그는 칭의에 관한 회의 의사록이 어거스틴 수도회의 신학 전통을 반영하고 있으므로, 오직 세리판도와 루터가 함께 속했던 어거스틴 수도회의 신학 전통이라는 맥락 속에서만 이 의사록이 적절히 이해된다고 주장했다.[562] 그러나 슈타케마이어의 용어적 의미를 따른다고 해도, 기본적으로 어거스틴적인 칭의 신학 안에서 루터와 세리판도

---

561) A. V. Müller, *Luthers theologische Quellen: Seine verteidigung gegen Denifle und Grisar*, Giessen: Topelmann, 1912.

562) E. Stakemeier, *Der Kampf um Augustin*.

사이에 약간의 변조만이 나타난다는 그의 가설이 입증되기는 매우 어렵다.[563] 사실 중세 후기의 어떤 사상가의 신학을 '어거스틴적'(어거스틴 본인의 사상에 부합한다는 의미에서)이라고 규정하려는 어떤 시도도 어렵다. 필자는 앞으로 이 점을 분명히 할 것이다.

흔히 한 신학자를 '어거스틴주의자'로 규정하는 데 사용되는 척도는, 칭의를 일으키는 일련의 무엇인가가 인간 자신의 내부에 있다고 가르쳤는지 여부와 관련된다. 흔히 피조물 안에 있는 칭의의 근거(ratio iustificationis ex parte creaturae)에 대한 반대가 그가 '어거스틴주의자'라는 증거로 받아들여진다. 그러나 이 척도에는 의문의 여지가 있다. 철저히 비(非) 어거스틴적인 이유에서도 반대가 이루어질 수 있다.

여기서는 인간 속의 무엇인가가 칭의의 원인이라는 가설에 반대한 토마스 브래드워딘(Thomas Bradwardine)의 사례를 제시하겠다. 하나님은 창조물과 관련하여 발생하는 모든 일에서 충족적이며, 공식적이고 최종적인 원인이시다. 따라서 어떤 종류의 인과적 절차에도 피조물이 행사할 역할은 없다.[564] 따라서 피조물 안에 있는 칭의의 근거에 대한 브래드워딘의 반대는 본질적으로 어거스틴적이라기보다 아리스토텔레스적이다. 따라서 그의 신학에서 타락과 관련된 인간의 역할 문제가 분명히 발생한다. 인간이 은총을 필요로 하는 이유는 타락으로 생긴 죄성 때문이 아니라, 그들이 피조물이기 때문이다. 따라서 인간의 타락 이전 상태와 이후 상태 사이에 어떤 본질적 차이도 없다. 왜냐하면 인간은 타락 전후에 상관없이 피조물에 불과하기 때문이다. 어거스틴 신학에서 타락과 인간의 죄가 차지하는 비중을 살펴볼 때, 이 신학자를 '어거스틴주의자'로 보기는 어렵다. 14세기 어거스틴 수도회의 위대한 신학자인 리미니의 그레고리는 타락에 관한 브래드워딘의 비(非) 어거스틴적인 견해를 특별히 비판하였다. 그레고리는 어거스틴주의자에서 브래드워딘을 배제했음에 틀림없다.[565]

---

563) McGrath, *The Intellectual Origins of the European Reformation*, 82-4, 103-11.
564) *De causa Dei*, 174.
565) 이런 맥락에서 Gregory는 (익명의) *unus modernus doctor*를 비판적으로 언급한다. *In II Sent*. dist. xxxix q. 1 a. 1. 두 사본의 여백에 'Bradwardine'이라는 이름이 삽입되어 있다

당시 어거스틴 수도회 회원들의 저작에서도 브래드워딘의 관점에 대한 보다 지속적인 비평을 발견할 수 있다. 예를 들어, 『하나님의 원인』(De causa Dei)이 등장한 수십 년 후, 브래드워딘의 모교인 옥스퍼드대학에서 수학한 조하네스 클렌콕(Johannes Klenkok)이 있다. 클렌콕의 브래드워딘 비판은 그의 동료인 오르비에토의 위골리노의 비판과 유사하다. 어거스틴 신학자인 두 사람 모두 브래드워딘이 어거스틴과 전혀 상관없는 형이상학적인 결정론을 행한다고 보았다.566) 후기 어거스틴주의자인 바젤의 힐탈링겐(Hiltalingen of Basel)과 에르푸르트대학 최초의 신학 교수인 앙겔루스 도벨리누스(Angelus Dobelinus)도 비슷한 평가를 내렸다.567)

중세 후기 동안 어거스틴 수도회 안에서 지배적이었던 신학 조류의 연구는, '중세 어거스틴 전통'에 대한 의미심장한 접근법을 드러낼 것이다. 이 연구가 이루어지면, 수도회에서 중요한 2대 사상 학파였던 스콜라 아에기디아나와 스콜라 아우구스티니아나 모데르나 사이의 구별이 가능해질 것이다. 이제 이 두 학파에 대해 하나씩 고려해 보자.

스콜라 아에기디아나는 로마의 가일스(Giles of Rome)의 저작에 기반을 두어 14세기에 발전했던 사상 학파다. 이런 사실은 수도회 내부의 학파에서 그의 발치에 모여든 추종자들로부터 그가 신학적 권위로 인식되었음을 시사한다. 비록 조사가 충분할 만큼 철저한 것은 아니지만, 그들이 입회 서약을 할 때 로마의 가일스의 가르침에 충성하겠다는 서약의 의무가 있었다는 이론이 있기도 하다. 이를 통해 볼 때, 수도회 분파가 그의 가르침에 충실했음이 분명하다. 특히 그의 원초적 의에 관한 가르침에 충성심이 특별히 두드러진다.568) 따라서 뷔고의 디오니시우스(Dionysius de Burgo)는 로마의 가일스가 토마스 아퀴나스와 동등한 비중을 지니는 신학적 권위로 간주했다. 때

(Paris Nat. lat. 15891과 Mazarin 914).
566) Zumkeller, 'Johannes Klenkok,' 266-90; 동일 저자의, 'Hugolin von Orvieto,' 175-82.
567) Zumkeller, 'Der Augustinertheologe Johannes Hiltalingen von Basel,' 115-18; 동일 저자의 'Der Augustiner Angelus Dobelinus,' 97-103.
568) G. Diaz, *De peccati originalis essentia in Schola Augustiniana Praetridentina*, Real Monasterio de El Escorial: Biblioteca La Ciudad de Dios, 1961.

때로 우리들의 아에기디우스 박사에 대한 선호가 더더욱 눈에 띈다.[569] 스트라스부르의 토마스(Thomas of Strasbourg)는 가일스를 우리들의 박사(doctor noster)로 지칭하면서, 상당히 비중 있는 신학적 권위로 생각했음을 드러낼 만큼 빈번히 인용했다.[570] 수도회 회원 중 두 번째로 교수가 된, 비엔나대학의 신학교수인 요하네스 폰 레츠(Johannes von Retz)도 로마의 가일스를 인용했으며, 특히 가일스의 추종자인 스트라스부르의 토마스를 아주 많이 인용했다.[571] 비록 바젤의 요하네스 힐탈리겐은 그가 고려 중인 '학파'의 특징을 언급하지 않았지만, 어거스틴 수도회 신학자들이 독특한 신학 학파를 형성 중이라고 생각했다.

스콜라 아에기디아나의 주요 특징들은 로마의 가일스 본인에게서 기인했다. 강력한 어거스틴적 특질을 지닌 신학에, 여러 측면에서 아퀴나스주의가 살짝 가미되었다.[572] 스콜라 아에기디아나가 지닌 강한 어거스틴적 색조는 칭의에 있어 사랑(caritas)과 은총(gratia)의 우선성을 특별히 강조한 데서 잘 드러난다.[573]

14세기경 스콜라 아에기디아나는 점차 스콜라 아우구스티니아나 모데르나에 길을 양보했다. 흔히 중세 어거스틴 신학은 두 단계로 나눠진다고 인정된다. 첫 시기는 로마의 가일스와 스트라스부르의 토마스의 시대이다. 두 번째 시기는 리미니의 그레고리에서 16세기에 이르는 기간이다. 어거스틴 수도회 신학자들은 마리아 수태의 성격에 대한 변화하는 이해에서 보이듯이, 수도회 외부의 신학 조류에 상당히 영향을 받은 것 같다. 로마의 가일스, 파두아의 알베르트(Albert of Padua), 앙코나의 아우구스티누스 트리엄푸

---

569) Trapp, 'Augustinian Theology of the Fourteenth Century,' 특히 156-7.
570) 예를 들어, *In I Sent.* dist. xvii q. 2.
571) 예를 들어, Zumkeller's edition of Retz, 'Der Wiener Théologie professor Johannes von Retz,' 540-82, Textbeilage 126, Thomas of Strasbourg를 언급하면서, *In II Sent.* dist. xxviii q. 1 a. 3.
572) J. Beumer, 'Augustinismus und Thomismus in der theologischen Prinzipienlehre des Aegidius Romanus,' *Scholastik* 32 (1957), 542-60.
573) A. Zumkeller, 'Die Augustinerschule des Mittelalters: Vertreter und philosophisch-theologiche Lehre (übersicht nach dem heutigen Stand der Forschung),' *AnAug* 27 (1964), 167-262, 특히 193-5.

스(Augustinus Triumphus of Ancona) 및 리미니의 그레고리 같은 스콜라 아에기디아나 초창기 신학자들은 마리아 신조에 있어 강력한 유흠(有欠)주의자였다.[574]

그러나 14세기 말엽 이후, 어거스틴 수도회 신학자들은 무흠 수태의 입장을 받아들이기 시작했다. 바젤의 요하네스 힐탈리겐, 프라이마르의 헨리 그리고 스트라스부르의 토마스에서 시작하여, 15세기와 16세기 초 발렌시아의 야코부스 페레즈, 요하네스 드 팔츠 및 요하네스 폰 슈타우피츠로 이어지는 일단의 어거스틴 수도회 신학자들은 스콜라 아에기디아나의 가르침에서 벗어났다. 비록 원초적 의 인식 등에서도 스콜라 아에기디아나의 주요 가르침으로부터 이탈이 감지되지만, 신학적 사색면에서 가장 근본적인 차이는 사용한 방법론의 차이다.

14세기 말, 어거스틴 수도회 안에서 비아 안티쿠아(via antiqua, 고전적 방법)와 비아 모데르나(via moderna, 현대적 방법)를 둘러싸고 방법론 및 전제의 양극화가 발생했다.[575] 고전파는 역사-비평적(historico-critical) 연구에 기반을 두어 어거스틴 같은 저자의 의견을 정확히 수립하는데 주요 관심을 둔 반면, 현대파는 하나님의 두 능력 사이의 변증에 있어, 입장들을 '교정하는' 논리-비평적(logico-critical) 장치를 사용했다.[576] 그러한 '교정'의 한 가지 예가 칭의에 있어 창조된 습성이 역할에 대한 비평이었다. 스콜라 아에기디아나 신학자들은 칭의의 공식적 원인은 창조된 은총의 습성이라고 주장했다. 그러나 스콜라 아우구스티니아나 모데르나 신학자들은 칭의의 근거가 신적 수용의 외부적 지정이라는 후기 프란시스코 학파 및 비아 모데르나의 특징적 입장을 수용했다.[577]

15세기 말, 어거스틴 수도회의 내부 분파들에서 발전된 칭의 신학은 어거

---

574) Oberman, *The Harvest of Medieval Theology*, 286-92.
575) Trapp, 'Augustinian Theology of the Fourteenth Century.'
576) Trapp은 어거스틴 수도회의 어떤 신학자도 하나님의 두 권능 사이의 변증에 있어서, John of Mirecourt이나 Nicholas of Autrecourt 같은 현대파(*moderni*)들과 관련된 비정통적인 방식을 사용하지 않았음을 중요한 사실로 지적한다. Trapp, 'Augustinian Theology of the Fourteenth Century,' 265.
577) 이러한 변동에 관한 문서로는 다음을 보라. McGrath, '"Augustinianism"?.'

스틴의 진정한 신학적 강조점들을 상당히 유지하면서도(예를 들어, 인간의 전적타락과 칭의에서 사랑의 우선성에 대한 강조) 혼합된 성격을 지녔다. 그러나 사용된 방법론(하나님의 두 권능 사이의 변증 같은)은 비아 모데르나에 더욱 의존했다(물론 스콜라 아우구스티니아나 모데르나가 비아 모데르나로부터 방법론을 차용했다는 뜻은 아니다. 두 학파 모두 필경 둔스 스코투스에게 배운 것이지만, 전자는 리미니의 그레고리를 매개로, 후자는 오캄의 윌리엄을 매개로 한다.)

따라서 칭의 교리에 관한한 중세 내내 오직 동질적인 하나의 '중세 어거스틴 전통'이 있었다는 주장은 성립될 수 없음이 분명해진다. 혹시 두 전통의 차이점을 드러내야 한다면, 차이는 다음과 같다.

1. 흔히 스콜라 아에기디아나로 언급되는, 로마의 가일스의 가르침에 기반을 둔 사상 학파는 칭의의 근거가 창조된 은총의 습성이라고 이해했다.
2. 리미니의 그레고리와 오르비에토의 위골리노를 매개로 전해져 흔히 스콜라 아우구스티니아나 모데르나라고 불리는 후기 사상 학파는 칭의에서 창조된 습성의 역할과 관련하여 심각한 단서조항을 지녔으며, 점차 성령의 창조되지 않은 은총과 신적 수용의 외적 지정을 강조하게 되었다. 칭의에서 창조된 습성의 역할에 대한 마틴 루터의 초기 비판은 이러한 후기 전통의 범주에서 지정되고 해석되어야 할 것이다.[578]

어떻게 칭의가 일어나는가에 대한 중세의 논의는, 이제 우리를 종교개혁의 칭의에 관한 논쟁으로 자연스럽게 이끈다. 즉 도대체 '칭의'라는 용어가 진정으로 뜻하는 바는 무엇인가? 라는 보다 근본적인 문제로 논의가 확대된다.

---

578) McGrath, *Luther's Theology of the Cross*, 81-5.

제3장
개신교:
종교개혁 시대의 칭의 논쟁

일반적으로 칭의 교리야말로 종교개혁의 주요 화두라고 할 수 있다. 이 말에는 질문이 필요 없는 커다란 진실이 담겨 있지만, 역사적 증거에 부합하는 세심한 수정이 요구된다. 칭의 항목 (articulus iustificationis)은 루터 신학의 핵심 내용임에 틀림없다.[1] 그러나 보다 급진적인 종교개혁 세력들은 결코 이 사실을 수용하지 않았다. 그들은 순종과 규율을 중시했으며, 은총 교리에서도, 개인을 변화시키는 하나님보다는 인간의 책임과 하나님에 대한 의무를 강조했다.[2]

그러나 독일 및 기타 지역의 복음주의 분파 다수에 미친 루터의 막대한 개인적 영향력은 필경 그의 칭의 교리에 대한 높은 평가가 수용되도록 이끌었고,[3] 종교개혁 주류의 결정적이며 두드러진 표시가 되어갔다. 따라서 17세기 초입 칭의 항목은 '교회가 서거나 무너지는 항목(articulus stantis et cadentis ecclesiae)으로 간주되었다.[4]

그러나 본 연구를 통해 분명해지겠지만, 개혁교회의 기원이 루터의 칭의에 관한 통찰력에 빚지고 있는 것 같지는 않다. 현재 루터 자신의 신학적 통찰과 종교개혁 자체의 여명의 관계는 최고로 복잡한 역사의 문제다. 비록 루터의 개인적 신학 전제에서 하나님 앞에서(coram Deo)의 인간의 칭의 문제가 중심임은 분명한 사실이다. 또한 루터의 새로운 통찰력을 근본적인 요인으로 하여 종교개혁이 하나의 운동으로 시작되었다는 주장이 있다. 그러나 이 주장이 역사적 또는 신학적으로 정확하다고 단정하는 일은 이제 불가능하다는 점이 강조되어야 한다.

---

1) E. Wolf, 'Die Rechtfertigungslehre als Mitte und Grenze reformatorischer Théologie,' EvTh 9 (1949-50), 298-308; Schwarz, 'Luthers Rechtfertigungslehre als Eckstein der christlichen Théologie und Kirche.'
2) Beachy, The Concept of Grace in the Radical Reformation.
3) 물론 Luther 자신의 신학과 전체로서의 종교개혁 신학의 사이의 기원에 대한 인과적 관계를 정확히 수립하기란 정말로 어렵다. 보라 H. A. Oberman, 'Headwaters of the Reformation'; McGrath, Luther's Theology of the Cross, 24 n. 45, 52-3, 142.
4) Schwarz, 'Luthers Rechtfertigungslehre als Eckstein der christlichen Théologie und Kirche.'

본 장은 독일과 스위스에서 종교개혁과 연관된 칭의 개념의 문서화와 비평적 분석에 관심을 가진다. 즉 루터란교회와 개혁교회의 기원과 발전을 살펴볼 것이다. 마틴 루터의 신학적 통찰력의 발전이 종교개혁의 기원에 어떤 영향을 미쳤는가 하는 중요한 문제를 다룰 것이다. 필자는 칭의 교리의 핵심 사안인 '하나님의 의에 대한 발견'이 어떻게 중세 신학과의 단절로 이어졌는지 살펴보는 것으로 연구를 시작하려 한다.

종교개혁은 흔히 성경, 특히 바울 문헌의 재발견으로 묘사된다. 이 진술에는 의심할 바 없는 진실이 포함되어 있다. 그렇지만 어거스틴의 은총 교리, 그리고 교회론에 관한 어거스틴의 비평의 재발견이라고 보는 것이 더 정확할 것이다. 어거스틴 연구의 전반적인 부흥을 목도하고 있던 이 시대에, 어거스틴에 대한 새로운 관심은 종교개혁자들의 특징만이 아니라, 르네상스의 보편적 특징이었다. 그러나 종교개혁자들이 어거스틴을 기술하는 방법론은 명백히 새로운 요소였다. 1530년 이후 개혁교회와 루터란교회의 칭의 교리를 가장 정확하게 묘사한다면, 바울식의 '전가된 의' 개념에 대한 새롭고도 급진적인 해석을 어거스틴적 구원론의 틀 속에 집어넣어 제시했다는 점이다.

의롭게 하는 의의 특징과 칭의와 성화 사이의 개념적 관련성 등 새로운 이해에 대한 설명이 매우 중요하다. 초기의 개신교 변증가 세대는 이러한 개선이야말로 어거스틴의 진정한 가르침을 복원했다고 옹호한 반면, 가톨릭 대적자들은 개선이란 단순히 신뢰성 없고, 경직된 오캄주의의 흔적일 뿐으로 심각히 여길 필요가 없다고 주장한다. 이 시점에서 상당히 중요한 전통과의 단절이 일어난다. 이러한 전개 과정을 설명하는 일이 역사가의 과업이다.

종교개혁 칭의 교리의 특징을 단순히 반(反)-펠라기우스 구조에 의거하여, 드러내려는 시도는 매우 부적절하다. 이런 식의 칭의 교리 해석은 실제로 교리사의 어떤 시점에서도 추출할 수 있다. 특히 후기 중세 시대(스콜라 아우구스티니아나 모데르나와 같은)에는 더욱 그렇다. 판정을 선포하시는 하나님의 외부적 행동과 중생이라는 내적 과정 사이, 그리고 의롭게 하는 의의 외적, 내적 특징에 대한 강조와 법정적 칭의 이해에 의해 제기된 개념상의 차이야말로 종교개혁 칭의 교리의 가장 믿을 만한 역사적 특징으로 간주되어야 한다. 오시안더 논쟁에서 분명해졌듯이, 만일 의롭게 하는 의가 내재적인 것으로 간주된다면, 이는 전혀 종교개혁을 대표하지 못하는 반-펠라기우스적 칭의 교리로 거부될 것이다.[5]

사실상 이 논쟁은 종교개혁의 법정적 칭의 개념의 확립에 결정적 영향을 미친 것으로 간주된다. 종교개혁 역사 자체에서 드러나듯이, 어떤 칭의 개념이 개신교적 개념인지 아닌지를 결정하는 데 사용된 척도가 있었다. 즉 의롭게 하는 의는 외적인 것인가 아니면 내적인 것인가? 이러한 칭의 교리의 척도는 한편으로 가톨릭의 교리와 또 다른 한편으로는 급진 종교개혁과 제도적 종교개혁을 구분하는 데 기여했다.

의의 전가 개념이 하나의 사고 자체로서, 그리고 프로테스탄트 칭의 교리의 특성적 척도로서 지니는 중요성에 비추어 이번 장의 대부분을 종교개혁 교회 내부의 발전을 기록하는 데 집중할 것이다. 또한 이 책의 다른 부분에도 칭의 개념의 중요성을 다룰 것이며, 칭의의 공식적 원인을 둘러싼 16세기 말과 17세기 초의 논쟁에 특별히 주목할 것이다.

칭의에 관한 종교개혁의 독특한 관점이 중세 후기에도 있어서, 과연 그 관점을 '선구자' 또는 '전령'이라고 부를 수 있는지 검토하면서 본 단원을 시작하자.

1. 종교개혁 칭의 교리의 전령?

16세기 종교개혁 교회가 등장할 시기의 칭의 교리와 교리사 초기 시대의 칭의 교리 사이의 관계 수립은 대단히 흥미로운 일임이 분명하다. 이 질문의 역사적 중요성은 자명하다. 지성사에 있어 어떠한 특징을 지닌 운동도 독특성과 최종적 의미라는 측면에서, 선행한 운동들과 비교하여 관련성이 긍정적으로 구별될 때 분명히 보다 잘 이해된다. 최근 후기 중세의 사상과 종교개혁 사상 사이의 정확한 관계 설정에 상당한 관심이 집중되는 이유도 이것

---

5) 이에 대해서는 다음을 보라. Hauke, *Gott-Haben, um Gottes Willen*.

이다. 중세 후기와 종교개혁 시대의 연속성과 관련된 질문에는 역사적 측면에 대한 학자적 관심이 녹아 있다. 그러나 학자적 관심에는 종교개혁 당시에는 더 중요하게 생각했던 여러 가지 신학적 질문을 모호하게 하는 경향도 있음을 알아야 한다.

따라서 근본적으로 제기되는 신학적 질문은 다음과 같다. 종교개혁 교회의 가르침이 진정 보편적(catholic)인 가르침으로 간주될 수 있을까? 초기 루터 신학과 초기 종교개혁 모두에서 칭의 교리가 중심이라는 관점에서 볼 때, 이 질문은 칭의 교리 자체를 날카롭게 압박할 것이다. 만일 루터 종교개혁의 중심 사상이자, 초기 종교개혁이 기댄 받침대인 교회가 서고 무너지는 항목이 보다 선행한 15세기 가톨릭 사상에는 전혀 알려지지 않았던 신학적 발명품으로 고안된 것이라면, 종교개혁자들의 보편성 주장은 비록 전적으로 불신되지는 않더라도, 심각한 편견이었다고 생각될 것이다.

그러므로 종교개혁 교회의 가르침과 초창기 시대 칭의론 사이의 역사적 연속성을 둘러싼 질문은 날카로운 압력이 된다. 종교개혁에 대항한 로마 가톨릭 대적자들은 종교개혁의 가르침이 신학적 발명품이라고 생각했다. 부세(Bossuet)는, 종교개혁자들이 칭의론에서 가톨릭교회의 일반적 가르침을 심각히 수정했으며, 이러한 수정은 자신들이 정통적이며 보편적이라는 주장을 상실하게 만든다고 지적한다.

> 교회의 교리는 언제나 동일하다…복음은 결코 옛 것과 다르지 않다. 따라서 만일 그 어떤 시대의 누군가가 신앙이란 예전에는 신앙이라고 여겨지지 않던 무엇인가를 포함하게 되는 것이라 말한다면 그 주장은 언제나 이단이며, 그 어떤 교리라도 정통과 다르다. 잘못된 교리의 구별은 어렵지 않다. 논증도 필요 없다. 언제 나타나더라도 단지 새로운 것이라면 즉시 식별된다.[6]

---

6) Bossuet, *Première Instruction pastorale xxvii*; O. Chadwick, *From Bossuet to Newman: The Idea of Doctrinal Development*, Cambridge: Cambridge University Press, 1957, 17에서 인용했다.

이는 종교개혁 신학자들이 직면한 심각한 고발이었다. 그들은 두 가지 방식으로 대응했다.[7]

첫째, 종교개혁은 중세 후기 신학의 의심스러운 신학적 방법들로 인해 왜곡되고 변형되었던 교회의 참된 보편적 가르침으로의 오랜 기다림 끝의 회귀라고 단언하면서, 주어진 혐의를 즉시 폐기시켰다. 특히 칭의에 대한 종교개혁의 가르침과 어거스틴의 가르침 사이에 추정되는 동일성이 강조되었다.[8]

둘째, 그러나 어떤 측면에서 혐의가 인정되었다. 만일 오직 부패한 중세 후기 교회의 포고령에 의해서만 정통 여부가 결정된다면, 종교개혁의 칭의 교리는 새로운 발견을 대표한다. 부패한 공식 교회의 가르침과 '종교개혁 이전의 개혁자' 개개인의 충실하고 보편적인 가르침이라는 이중적 상황에서, 마침내 후자의 가르침이 종교개혁 시대에 승리를 거두게 되었다는 것이다.[9] 대개 이 논리에 따라 '종교개혁의 전령'이 존재했다고 기술된다.[10] 본 단원에서 필자는 중세 후기 시대와 종교개혁 시대 사이의 연속성과 불연속성의 영역을 밝혀내는 일에 특별한 관심을 가지고 있다. 그러나 이 질문의 신학적 중요성이라는 견지에서, 위에서 구분된 모든 입장을 살펴볼 것이다.

현 칭의론 연구에서 중세 후기 학파들을 분석해 보면, 상당히 다양한 견해들이 중세 후기에 있었음을 알 수 있다. 이러한 다양성은 중세 후기 종교 사상의 일반적 다원성이라는 특별한 사례를 보여주는데, 흔히 14세기부터였을 것이라고 주장된다.[11] 칭의에 관한 트리엔트 포고령은 아마도 통일성 부

---

7) 보다 상세한 연구로, I. Backus, *Historical Method and Confessional Identity in the Era of the Reformation* (1378-1615), Leiden: Brill, 2003.
8) 필립 Melanchthon은 이렇게 말한다. CR(Melanchthon), 2.884: 'So man nun fragt, warum sondert ich euch denn von der vorigen Kirchen? Antwort: wir sondern uns nicht von der vorigen rechten Kirchen. Ich halte es eben das, welches Ambrosius und Augustinus gelehret haben.'
9) Flacius Illyricus의 *Catalogus testium veritatis*(1556), 그리고 그의 저명한 연속물인 *Magdeburg Centuries*(1559-74)에 따른다.
10) 이에 대해서는 다음을 보라. McGrath, *The Intellectual Origins of the European Reformation*, 29-33.
11) H. A. Oberman, 'Fourteenth Century Religious Thought: A Premature Profile,' *Speculum* 53 (1978), 80-93.

여보다, 이러한 다원성의 한계를 정하려는 시도로 보인다. 그러나 종교개혁 칭의 교리의 주요 특성들이 과연 중세 후기의 다원성 속에서 미리 보이게 될까? 질문의 대답에 앞서 다양한 입장들의 주요 특성이 먼저 밝혀져야 할 것이다.

종교개혁의 처음 세대는 칭의의 성격과 칭의가 자리하는 문맥 모두에 대한 폭넓은 견해의 일치가 이루어지는 것을 목격했다. 1530년에서 1730년 사이 칭의의 성격에 대한 개신교적 인식의 특성이 다음의 세 가지 항목이다.

1. 칭의란 신자들이 의롭게 만들어져 가는 과정이라기보다는 신자들이 의롭다는 법정적 선언으로 정의되며, 그들의 본성보다 그들의 상태 변화와 관련된 것이다.
2. 칭의(하나님께서 죄인을 의롭다고 선포하시는 외부적인 행동)와 성화 또는 중생(인간 안에서 일어나는 내적인 재생 과정) 사이에 정교하고 조직적인 차이가 만들어진다. 비록 이 두 과정이 분리될 수 없는 것으로 간주되지만, 이전에는 아무도 인정하지 않았던 개념적 차이가 발생한다.
3. 의롭게 하는 의 또는 칭의의 공식적 원인은 인간이 타고난 것, 또는 인간 안에 위치한 것, 또는 어떤 의미에서 인간에게 속한다고 볼 수 있는 의라기보다는, 그리스도의 외래적 의, 즉 인간에게 외부적이었는데 인간에게 전가된 의라고 정의된다. 그러므로 칭의에 있어 하나님의 심판은 분석적(analytic)이라기보다 종합적(synthetic)이다. 왜냐하면 인간 안에는 칭의라는 신적 평결의 기초로 여길 만한 어떠한 의도 없기 때문이다. 따라서 판정에 필요한 의는 반드시 인간의 외부에 있어야 한다.[12]

이러한 세 가지 요소가 개신교적 칭의 이해의 특징으로 제안된다. 그러나 필자는 이것과 마틴 루터 및 훌드리히 츠빙글리의 칭의 이해가 정확히 일치하는 것만은 아니라는 사실을 인식하고 있다. 1530년대 후반 필립 멜랑크톤의 상당한 영향력을 통해서 이 요소들이 개신교의 특징으로 통합되었다. 그

---

12) 전반적인 이슈의 탐구를 위해서는 다음을 보라. Härle, 'Analytische und synthetische Urteile in der Rechtfertigungslehre.'

럼에도 불구하고 루터의 그리스도의 외래적 의 교리는 법정적 칭의 교리의 개념적 기초임이 분명하다.[13]

사실상, 루터는 칭의의 성격에 관한 경쟁적인 두 가지 인식의 교차로에 서 있는 과도기적 인물로 간주되어야 한다. 앞에서 필자가 설명했듯이, 중세 신학 전통은 칭의 이해에 있어 하나님 앞(coram Deo)에서 인간의 상태는 행동이자 과정이라고 보는 점에서 만장일치를 이루고 있었다. 그러나 근본적인 성격에서 변화가 일어났다. 루터는 칭의를 본질적으로 단일한 과정으로 여겼다. 그러나 칭의를 통해 인간은 내재적으로 죄인이지만 외래적으로 의롭다는 주장을 통해 볼 때, 서방 신학 전체와의 결정적인 단절을 도입한 것은 아니었다. 바로 이 점에서 칭의에 관한 루터의 가르침과 요하네스 폰 슈타우피츠의 가르침 사이의 유사성을 볼 수 있게 된다.[14]

오직 반(反)-펠라기우스적 성격이나 예정론과의 연관성 속에서만 종교개혁의 칭의 교리를 생각할 수는 없다. 이 사실은 강조되어야 한다. 비록 초기 세대 학자들은 어거스틴의 구원론이 지닌 급진적인 반-펠라기우스주의가 갑작스럽게 회복되면서 종교개혁이 시작되었다고 주장하지만, 이 판단은 지지받을 수 없다. 14세기 스콜라 아우구스티니아나 모데르나의 등장은 근본적으로 어거스틴의 반-펠라기우스 저작에 기반을 둔 학술 운동이었다.[15] 그래서 칼빈과 루터 두 사람 모두, 그리고 피터 마터 베르미글리(Peter Martyr Vermigli) 같은 다른 개혁자들도 중세 후기 어거스틴주의와 연속성을 나타낼 가능성이 있으므로, 위의 판단에 의문이 제기되는 것이다.[16] 첫 단계의 종교개혁은 중세 후기 사상의 기성 조류 중 하나인 급진적 반-펠라기우스주의와 놀랄 정도의 연속성을 보였다. 물론 종교개혁이 중세 후기 시대의 전형이라는 말은 아니지만, 중세 후기 신학의 여러 흐름을 형성했던 수많은 신학 조류의 하나와 밀접한 유사성을 보임이 목격된다.

---

13) McGrath, *Luther's Theology of the Cross*, 133-6.
14) Oberman의 *Werden und Wertung*, 110-12에서 지적되었듯이.
15) Oberman, *Werden und Wertung*, 82-140, 특히 83-92.
16) McGrath, *Luther's Theology of the Cross*, 36-40, 63-71; 동일 저자의 'John Calvin and Late Medieval Thought.'

마찬가지로, 종교개혁자들은 거리낌 없이 칭의에서 창조된 습성의 필요성을 거절했다. 1509년과 1510년 이후 루터의 주석 여백을 보면 이런 성향이 더욱 분명해진다.[17] 개혁자들은 창조된 습성의 필요성을 거절하면서, 주로 신적 수용의 외부적 명령에 칭의의 근거를 위치시켰다(제2장 9. 칭의에서 초자연적인 습성의 역할에 관한 비평 참조). 이는 당시의 일반적인 경향, 특히 비아 모데르나와 스콜라 아우구스티니아나 모데르나를 반영한다. 아마 중세 후기 신학의 언약적(존재론적이라기보다는) 기초와 의지주의적(지성주의적이라기보다는) 기초가 종교개혁 첫 국면의 신학에 흘러 들어갔다고 볼 수 있을 것이다. 그러므로 종교개혁의 초기 신학에 중세 후기 구원론의 근본적 전제들이 유입되었음이 분명하다. 중세 후기 신학의 흐름을 살펴보면, 종교개혁 첫 국면의 신학에서 부상 중인 칭의 신학과 중세 후기의 여러 조류들이 다양한 측면의 연속성을 나타냄을 쉽게 파악할 수 있다.

그럼에도 연속성은 칭의의 성격보다는 칭의의 양식과 주로(독점적이지는 않고) 연결되어 있다. 칭의의 발생 방식에 대한 신학 학파들 사이의 불일치에도 불구하고 '칭의'라는 용어 자체가 뜻하는 내용에는 근본적인 합의가 있었다. 중세기 내내, 의화란 인간이 의롭게 만들어져 나가는 과정으로, '성화'와 '중생' 개념을 포괄한다고 이해되었다. 유스티피카레(Iustificare, 의롭게 하다)는 중세 내내 유스툼 파케레(iustum facere, 의롭게 만듦)로 이해되었다. 따라서 알베르트 리츨의 다음 진술은 정확한 것이다.

> 우리가…종교개혁 칭의 개념(칭의와 중생의 의도적인 구분)을 어떤 중세 신학자들에게서 찾으려 한다면 실패할 것이다…그들의 의도적인 칭의 개념 구분은 죄인 안의 참된 변화는 의화와 연관된다는 원칙보다 앞선 것이다. 달리 말해, 이 두 개념 사이의 종교개혁적 구분은 애초에 기각된다.[18]

---

17) Vignaux, *Luther Commentateur des Sentences*, 5-44; McGrath, *Luther's Theology of the Cross*, 81-5.
18) A. B. Ritschl, *A Critical History of the Christian Doctrine of Justification and Reconciliation*, Edinburgh: Edmonston & Douglas, 1872, 90-1.

개신교가 칭의와 중생을 구별한 중요성은, 이러한 차이에 대한 인식을 통해 서구 신학 전통 안에 본질적인 지적 불연속성이 도입되었다는 사실이다. 이전에 그 누구도 이런 구별이 가능하리라 생각하지 못했다. 둔스 스코투스 같은 소수의 중세 저자들이 두 개념을 구별하는 추론적 가능성을 탐구했음은 의심할 바 없는 사실이다. 그러나 그러한 분석에도 불구하고 칭의가 개념적으로 중생의 과정과 분리되지는 않았다.[19] 놀랄 만한 중세 후기의 신학적 다양성에도 불구하고 칭의의 성격에 관한 견해의 일치는 항상 유지되었다.

칭의의 성격에 관한 프로테스탄트의 인식은 신학적 새로움으로 다가왔지만, 칭의의 양식(mode)은 그렇지 않았다. 그러므로 칭의 교리의 특정 부분이 프로테스탄트적인가, 또는 칭의가 외래적으로 이해되는가 여부를 가리기 위해서는 16세기에 운용된 척도의 평가가 아주 중요하다. 오시안더 논쟁이라는 격렬한 환경은 초기 프로테스탄트의 확신을 강화할 뿐이었다. 즉 내재적 의에 의한 칭의 교리는 무엇이든지 본질적으로 반(反)-프로테스탄트다.[20] 종교개혁 자체, 특히 오시안더(Osiander)와 라토무스(Latomus)와 관련된 역사는, 해당 교리가 프로테스탄트적인지 알아볼 때, 주로 의롭게 하는 의의 이해 방식과 그 교리가 어떻게 관련되어 있나 살펴보는 것이 당시 운용된 척도임을 보여준다. 그러므로 이것과 다른 척도의 사용은 역사적으로 올바르지 않다.

일단 이 점이 인정되면, 종교개혁의 초기 국면에서 개신교 칭의 교리의 보편성을 방어한 두 가지 주요 노선에 대해 고려할 수 있다. 첫 번째 접근법은 주로 멜랑크톤과 관련되어 있다. 종교개혁의 칭의 이해는 어거스틴 신학의 올바른 해석이므로, 루터교 종교개혁은 중세의 왜곡에서 아프리카 주교의 정통적 가르침을 회복한 것으로 간주되어야 한다고 주장된다.[21] 그러나 중세 시기는 칭의의 성격에 관한 질문에 있어, 종교개혁자들의 출발점이기도

---

19) Pannenberg, 'Das Verhältnis zwischen der Akzeptationslehre des Duns Skotus und der reformatorischen Rechtfertigungslehre.'
20) 여기서 다음을 보라. W. Niesel, 'Calvin wider Osianders Rechtfertigungslehre,' *ZKG* 46 (1928), 410-30; W. Koehler, *Dogmengeschichte als Geschichte des christilichen Selbstbewußtseins*, Zürich: Niehan, 1951, 354.
21) McGrath, 'Forerunners of the Reformation?,' 228-36.

한 어거스틴의 가르침에 놀랄 정도로 충실했다. 그러나 라토무스가 강력히 지적했듯이 멜랑크톤 본인은 이 사실을 깨닫지 못했다.[22]

칭의의 성격에 관한 개신교적 이해의 보편성이 방어되려면, '종교개혁 칭의 교리의 선구자들'이라고 불릴 사람들이 과연 있었는가 하는 조사가 필요하다. 즉 중세 후기의 저자들로서, 당대 교회의 부패한 교리라고 자신들이 규정한 내용에 대해 의식적으로 반대함으로써 이 문제에 대한 종교개혁의 교리를 미리 맛보게 해준 사람들이 있었는가 하는 조사이다. 비록 이 접근법은 성례신학과 교회론 분야에서, 특히 위클리프 및 후스의 견해와의 관련성에서 귀중한 결과를 내고 있다. 그러나 칭의의 성격과 의롭게 하는 의라는 구체적 질문과 관련된 성과는 못 내고 있다. 물론 중세 후기의 예정론 교리를 살펴보면, '종교개혁 칭의 교리의 선구자들'에 대한 사례 정립이 가능하다고 주장할 수 있다.[23] 그러나 다음에 나오듯이, 이 주장은 오류다.

오베르만은 자신의 중요 연구에서, 데틀로프(Dettloff)가 칭의에 관한 '유명론적' 전통과 '스코투스적' 전통(즉 비아 모데르나의 가르침과 후기 프란시스코 학파의 가르침)을 구분하지 못했다고 주장했다.

> 왜냐하면 그가 칭의 교리에 집중했기 때문이다. 중세 후기의 자료에서 이 주제는 언제나 예정론 논의와 연관되어 있으며 결부되어 있었다. 칭의 교리의 진술에 대한 내용(content) 분석에서 차이를 보이는 것이 아니라, 오히려 칭의에 관한 다른 문맥(context), 즉 예정론 교리를 이해하는 다양한 방식들 안에서 차이가 보인다.[24]

---

22) Latomus, *Duae Epistolae*, Antwerp, 1544, 38.
23) '종교개혁 칭의 교리의 선구자들'에 대한 Oberman의 증거가 명시적으로 드러난 곳은 없으며, 예정론과 관련된 저작에 의지하는 듯 보인다고 지적하는 일은 흥미롭다. Oberman, *Forerunners of the Reformation*, 121-41.
24) H. A. Oberman, "'Iustitia Christi' and 'Iustitia Dei'". 참조. 동일 저자의 *The Harvest of Medieval Theology*, 185-7, 특히 185쪽: '예정론 교리와 관련하여 취해진 입장이 칭의 교리 이해에 대한 가장 명시적인 지표라고 보는 것은 기독교 사상을 연구하는 역사가들에 있어 가장 신뢰할 만한 해석 법칙이다'.

이 주장은 두말할 것 없이 올바르다. 왜냐하면 칭의의 내용과 관련된 중세 전통에는 근본적인 연속성이 있었으며, 칭의의 문맥에 관한 논의에서만 신학자들 사이의 차이가 발견되었기 때문이다. 그러나 예정론 교리에 대한 분석으로, 칭의의 문맥에 관한 저자의 분석이 철저하게 포괄되지는 않는다는 점이 지적되어야 한다. 가능성에 관한 진술이나, 성례 외적인 칭의에 대한 그의 진술이 반드시 포함되어 취급되어야 한다.

그런데 이러한 분석이 칭의 교리에 있어 중세 후기 시대와 종교개혁 시대 사이의 관계를 다루는 적절한 학문적 기초로 간주될 수는 없다는 것이다. 왜냐하면 칭의의 성격에 대한 인식에 중대한 차이가 있기에 칭의의 양식에 대한 질문은 전혀 필요 없기 때문이다. 칭의 교리의 명료화 시도에 있어서 저자의 예정론 진술에 의존하는 방법은, 예정론을 포괄하지 않는다면 저자의 진술을 구별할 수 없을 경우에만 적합하다. 후기 프란시스코 학파와 비아 모데르나의 경우, 서로의 진술이 거의 비슷하기 때문에 이러한 의존이 적절하다. 그럼에도 불구하고 중세 후기 신학과 종교개혁 초기 국면 신학의 경우, 예정론 진술에 의존하지 않고도 칭의론 진술 구별이 즉시 가능하다.

이 경우 중세 후기 사상과 종교개혁의 진술들은, 내용(오베르만의 용어임)에는 적합한 것이 문맥에는 반대된다는 사실에도 불구하고 중세 후기 사상(예로, 스콜리 아우구스디니이니 모데르나)의 조류와 종교개혁의 칭의 진술 사이에는 연속성이 두드러지게 존재한다. 그러므로 중세 후기 시대의 사상과 종교개혁 초기 국면의 사상의 연속성 연구에 이 방법을 적용하는 것은 심각한 오류이며, 정당화될 수 없음이 분명하다.

종교개혁 칭의 교리의 핵심적 요소는 칭의와 중생을 의도적으로, 체계적으로 구분한 것이다. 물론 구원의 순서(ordo salutis)라는 문맥 안에서 둘을 분리하기는 불가능하므로, 전적으로 개념적 구분이라는 점이 강조되어야 한다. 기독교 교리사에서 그 누구도 이전에 이런 개념적 구분을 알지 못했다는 사실이 핵심이다. 일찍이 어디에도 존재하지 않던(또는 생각도 못했던) 본질적인 불연속성이 서구 신학 전통 안에 유입되었다. 따라서 종교개혁의 칭의의 성격(양식과는 반대 의미) 인식은 진정 신학적 새로움으로 간주되어야 한다.

교리사의 모든 시대처럼, 종교개혁도 앞선 시대와의 연속성과 불연속성을 보여준다. 이러한 불연속성 중 가장 중요한 것이 칭의의 성격에 대한 새로운 인식이다. 한편 위에서 언급한 대로, 교리의 또 다른 측면에 있어 중세 후기 신학적 운동(운동의 잘 정의된 부분들)과의 분명한 연속성의 영역이 넓게 존재한다. 칭의 교리 발전의 특성에 대한 현재의 논의를 볼 때, '종교개혁 칭의 교리의 선구자들'이 부재했다는 점은 전혀 신학적인 중요성이 없으며, 부세(Bossuet)가 프로테스탄트를 비평하는 데 사용한 정적 모델을 낡은 것으로 만들어 버린다. 그럼에도 불구하고 이 질문에는 역사적 측면의 적절성이 있다. 종교개혁자들은 무엇 때문에 칭의의 성격에 관한 보편적인 의견일치를 폐기한 것일까? 다음 단원에서 이에 대해 논의할 것이다.

2. '하나님의 의'에 대한 루터의 발견

필자는 앞장에서 1508년에서 1514년 사이 젊은 루터가 본질적으로 비아 모데르나와 일치하는 '하나님의 의' 개념을 받아들인 것 같다고 강조했다. 1509년에서 1514년 사이, 젊은 루터와 후기 중세 신학 사이의 연속성은 그의 칭의 이해에 있어 중요한 핵심 문제들을 포함한다. 젊은 루터는 칭의에 있어 초자연적 습성의 함의를 거부함으로써, 비아 모데르나와 스콜라 아우구스티니아나 모데르나를 따르게 된다. 이 시기 특히 중요한 관찰 사항이 있다. 그는 칭의에 있어 인간의 개입에 대한 이해를 발전시켰는데, 이는 분명 비아 모데르나의 계약신학, 그리고 이 학파의 특징인 하나님께서는 최선을 다하는 자에게 은총을 아끼지 않으신다는 경구의 해석에 기반을 둔 것이다.[25] 그러나 1514년에서 1519년 사이 루터는 칭의 이해의 급격한 변화를 경험한다. 이 변화의 성격과 일시가 현재 루터 학자들 사이에서 논쟁 주제가 되고 있다. 따

---

25) WA 3.289.1-5; 4.261.32-9; 262.2-7. 참조. O. Bayer, Promissio: Geschichte der reformatorischen Wende in Luthers Théologie, Göttingen: Vandenhoeck & Ruprecht, 1971, 119-23, 128-43, 313-17; McGrath, *Luther's Theology of the Cross*, 85-92.

라서 본 단원에서 이를 폭넓게 논의해야 할 정당성이 부여된다.

루터의 칭의 교리에 있어 이러한 급격한 변화에 대해 우리의 이해를 도울 중요한 자료가 있다. 1545년 루터가 '하나님의 의' 개념에 관해서 맹렬한 개인적 어려움을 토로한 자전적인 글의 일부다.

> 나는 분명 바울의 로마서를 이해하고자 하는 강한 열망에 압도되어 있었다. 그러나 나를 가로막은 것은 '차가운 피'가 아니라, '하나님의 의(iustitia Dei)가 그 안에 나타나서'라는 첫 장의 구절이었다. 왜냐하면 나는 모든 박사들의 사용법과 관습에 따르는 '하나님의 의'라는 구절을 증오하고 있었기 때문이다. 나는 하나님은 그 의에 의해 의로우시며 그 의로써 불의한 죄인들을 벌주신다는, 공식적이며 능동적인 의라는 철학적인 의미(그들이 정의한 그대로)로 그 구절을 이해하고 있었다.[26]

이 자전적 구절에 대한 현대 학자들의 편견은 1904년까지 거슬러 올라간다. 저명한 가톨릭 사학자인 하인리히 데니플(Heinrich Denifle)은 하나님의 의 용어에 관한 루터의 논의는 거의 전적인 신학적 무지와 무능력을 보여준다고 주장했다.[27] 데니플은 루터주의의 발전에 관한 지극히 호전적인 연구서를 남겼다. 그는 연구서의 우수한 부록에서, 서구교회의 거의 60명에 이르는 박사들의 로마서 1:16-17 주석에 관한 상세한 분석을 했다. 그는 암브로시애스터 이후 아무도 위에 인용된 루터의 방식으로 하나님의 의를 해석한 사람은 없다고 제시한다.[28] 그러나 루터가 가톨릭 전통에 무지했거나 그

---

26) WA 54.185.12-186.21. 이 저작의 이 구절에 대한 논의를 위해서는 다음을 보라. Gerhard Pfeiffer, 'Das Ringen des jungen Luthers um die Gerechtigkeit Gottes,' Luther-Jahrbuch 26 (1959), 25-55; Regin Prenter, Der barmherzige Richter: Iustitia Dei passiva in Luthers Dictata super Psalterium 1513-1515, Copenhagen: Aarhus, 1961; Albrecht Peters, 'Luthers Turmerlebnis,' ZSTh 3 (1961), 203-36; Bornkamm, 'Zur Frage der Iustitia Dei beim jungen Luther'; Oberman, "'Iustitia Christi" and "Iustitia Dei"'; McGrath, Luther's Theology of the Cross.
27) Heinrich Denifle, Luther und Luthertum in der ersten Entwickelung, quellenmäßig dargestellt, 2 vols., Mainz, Kirchheim, 1904 특히 392-5, 404-15.
28) Denifle, Die abendländischen Schriftausleger bis Luther über Iustitia Dei (Röm. 1,17)

렇지 않으면 의도적으로 곡해했다는 데니플의 결론은 완전히 틀렸다.

루터가 이 문제와 관련된 전반적인 서구 전통에 대해 언급하지 않으려 했음이 분명하다. 그러나 그는 특별히 그를 가르쳤던 박사들(루터의 초기 신학 교육을 담당했던 에르푸르트 현대주의자들)에 대해서 명료하게 언급했다. 루터가 비아 모데르나와 관련된 구체적인 하나님의 의 개념을 언급했다는 증거들이 있다. 최선을 다하는(quod in se est) 사람에게 은총으로 보답하시며, 그렇게 하지 않은 사람은 벌주신다는 의미에서 하나님은 의로우시다. 개인은 자신이 실제로 최선을 다하고 있는지 확신적으로는 알 수 없다는 가브리엘 비엘의 단호한 주장에 비추어 볼 때,[29] 루터 초기의 하나님의 의 개념은, 전적으로 알려지지 않은 특질에 기반을 두어 인간을 상주시키거나 벌주시는, 철저하게 양심적이며 공정한 심판관의 의라고 말할 분명한 이유가 있다.

위의 자전적 문서는 '하나님의 의' 개념에 대한 루터의 어려움이 1519년 경에는(정확히 1519년 이라고는 못해도) 해소되었음을 분명히 보여준다.[30] 루터의 시편 강의(1513-1515), 로마서 강의(1515-1516) 그리고 갈라디아서 강의(1516-1517)를 분석해 볼 때, 특별히 '하나님의 의' 그리고 전반적으로 칭의 신학에 대한 루터의 이해가 1514년과 1515년 사이에 심각한 변화를 겪었으며, 1515년에는 분명 중요한 발걸음을 내딛었음이 드러난다.

루터 초기의 칭의 이해(1513-1514)는 다음처럼 요약될 수 있다. 인간은 반드시 자신들의 영적 연약함과 부당함을 깨닫고, 자기 의에 대한 시도에서 겸손히 돌이켜 하나님께 은총을 구해야만 한다. 하나님은 이러한 겸손한 믿음(humilitas fidei)을 계약(즉 인간에게 요구되는 최선을 다하는 것으로)이라는 수단을 통해 칭의에 필요한 사전조건으로 간주하시며, 그리고 나서 그들에게 은총을 수여함으로써 계약에 따른 하나님의 의무를 충족시키신다.[31] 루

---

und Iustificatio, Mainz: Kircheim, 1905.
29) Biel, In II Sent. dist. xxvii q. unica a. 3 dub. 5; ed. Werbeck/Hoffmann, 2.525.11-526.17: 'Homo non potest evidenter scire se facere quod in se est.'
30) 이 '발견'의 성격, 날짜 그리고 신학적 중요성에 대한 상세한 분석으로 다음을 보라. McGrath, Luther's Theology of the Cross, 95-147, 153-161. 지금 저서의 짧은 논의에 대한 핵심적인 보강이 이 부분에 이루어져 있다.
31) WA 3.124.12-14; 3.588.8; 4.91.4-5; 111.33-7; 262.2-7. 참조. Bayer, Promissio, 128;

터는 인간이 특별 은총의 도움 없이도 하나님을 향해 반응할 수 있으며, 하나님의 의에 대한 이런 반응이 의롭게 하는 은총의 수여를 위해 필요한 사전조건(최선을 다하는 것)이라고 이해했음이 분명하다.[32]

몇몇 루터 학자들은 그가 시편 70편과 71편을 강해하는 사이에 하나님의 의 용어에 대한 이해가 심대하게 변화했다고 주장한다. 그러나 루터는 단순히 자신의 신학적 틀 안에서 용어를 명료화했을 뿐이다. 그 결과, 칭의 과정에 연루된 다양한 의들(특히 인간이 의롭게 되기 위해 반드시 소유해야 하는 의, 즉 믿음의 의와 하나님이 은총과 함께 보상해야만 하는 의로서의 의인 하나님의 의) 사이의 정확한 관계가 분명해졌다. 여전히 루터는 비아 모데르나의 계약신학을 훌륭히 설명하고 있다.

1515년과 1516년의 로마서 강의에 칭의 신학과의 결정적 단절이 분명하게 나타난다. 이러한 단절로 귀결된 주요한 세 가지 변화가 주목된다. 첫째, 루터는 인간이 자신의 칭의에 있어 수동적이라고 주장한다.[33] 루터는 아직 칭의에서 인간이 어떤 역할을 담당한다는 사실을 부정하지는 않지만, 칭의로 가는 과정을 개시하거나 협력하는 능력이 인간에게 없음을 분명히 진술한다. 시편 강의에서는 인간이 칭의 과정에서 능동적(인간이 겸손과 믿음으로 하나님을 향하고, 은총을 간구할 수 있다는 점에서)이라고 이해했는데, 루터는 이제 인간을 개종시키는 분은 하나님이심을 분명하게 진술한다. 둘째, 루터는 인간 의지가 은총에 의해 포로가 되어 있으므로, 신적 은총의 도움 없이는 의를 획득할 수 없다고 주장한다.[34] 어거스틴이 에클라눔의 줄리안에게 상기시켰듯이, 사람은 자유 의지가 어느 정도 노예화되었다고 말해야만 한다. 셋째, 아마도 가장 중요한 변화일 것이다. 루터는 비록 자신도 이전에 이런 입장을 취했지만, 인간이 최선을 다할 수 있다는 생각이야말로 더도 덜도 아닌 펠라기우스주의 자체라고 주장한다.[35] 이제껏 그의 칭의 신학

Bizer, *Fides ex auditu*, 19-21; McGrath, *Luther's Theology of the Cross*, 89-92.
32) 논쟁에 대해서는 다음을 보라. McGrath, *Luther's Theology of the Cross*, 113-19.
33) WA 56.379.1-15.
34) WA 56.385.15-22. *servum arbitrium* 용어의 분명한 사용에 주목하라.
35) WA 56.382.26-7; 502.32-503.5.

은 인간이 최선을 다할 가능성이라는 전제의 명시적 진술에 의존하고 있었지만, 이제 루터는 구원이 인간 의지의 결정에 달려 있다는 견해가 펠라기우스주의적임을 인정한다.[36] 비록 당분간 믿음(fides)과 겸손(humilitas)을 계속 구별하지만, 그의 칭의 신학에 진정하고도 급진적인 변화가 일어났음이 분명하다. 아직 그에게 신앙의 성격에 대한 극적으로 새로운 인식이 싹트지는 않았다 하더라도, 신앙이 처음에 어떻게 생기는가에 대한 급진적으로 새로운 인식에 도달한 것임에는 틀림없다.

하나님께서 인간에게 칭의의 전제조건을 수여하신다는 내용의 인정은, 필연적으로 비아 모데르나의 계약신학에 내재한 구원론적인 틀의 폐기와 연결된다. 하나님의 의에 대한 루터의 초기 해석은 공평무사(equitas)하게 행하시는 하나님은 최선을 다한(quod in se est) 사람에게 인간적 수용 없이도(sine acceptione personarum) 은총으로 보상하신다는 전제에 기반을 둔 것이었다. 하나님께서 보상해야 하는 의무 하에 있는 특질을 개인이 소유하거나 획득했다는 신적인 인정에 전적으로 기반을 두어 신적 판정이 이루어진다.

그러나 이 특질을 인간이 성취하거나 획득하는 것이 아니라 하나님께서 수여하시는 것이라면, 불공평(inequitas), 부정의(iniustitia), 인간적 수용(acceptio personarum)이라는 혐의에 하나님이 갑자기 노출되게 된다는 점에서, 비아 모데르나 계약신학과 젊은 루터의 핵심 사항인 공평과 의라는 준거 틀은 더 이상 양립할 수 없게 된다. 따라서 루터의 신학적 돌파구의 핵심 사항은 그의 초기 구원론이 기반했던 준거 틀을 파괴했으며, 다음으로 하나님의 의(iustitia Dei) 개념에 대한 재해석을 요구했던 것이다. 그러므로 1515년 근간에 루터의 칭의 이해에 있어 중요한 변화가 일어났음이 분명하다.

그렇다면 이 사건과 1545년 자서전적인 단편에 기술된 경험과의 관련성은 무엇일까? 주목해야 할 첫 번째 사실은, 이 단편에는 루터의 발견이 1519년에 일어났다거나 하는 상당히 피상적인 추정들이 제기하듯이, 하나님의 의란 하나님께서 우리에게 의로 옷 입히셔서, 우리를 의롭게 하시는(iustitia

---

36) Luther가 여백에서 Biel에게 한 코멘트는 상당히 중요하다. 불행하게도 코멘트의 날짜가 불확실하다. H. Volz, 'Luthers Randbemerkungen zu zwei Schriften Gabriel Biels: Kritische Anmerkungen zu Hermann Degerings Publikation,' *ZKG* 81 (1970), 207-19.

qua nos Deus induit, dum nos iustificat) 것임을 깨닫게 되었다는 등의 진술이 포함되어 있지 않다는 점이다. 만약 이러한 추정이 사실이라면, 우리는 이미 칼슈타트가 1517년에 도달한 결론(루터가 이 책을 읽었을 것이라고 가정하고)과 동일한 결론에 루터가 이르렀다고 판정할 수밖에 없었을 것이다. 그러나 오히려 단편에는 그의 신학적 각성이 1519년경 완성되었으며, 단순히 하나님의 의만이 아니라, 하나님의 지혜(sapientia Dei), 하나님의 능력(fortitudo Dei), 하나님의 영광(gloria Dei)이라는 아주 구체적인 개념들의 재인식과 관련된 각성으로 기술되어 있다. 둘째, 루터가 단편에서 능동적 의로 기술한 하나님의 의 개념은 비아 모데르나의 구원론과 연관이 있음이 분명하다.[37] 그러나 어딘가 에서 필자가 제안한 대로, '의의 놀랍고도 새로운 정의'라는 루터의 발견은 본질적으로 실용적이며,[38] 자전적 단편에 기술된 그대로 어떠한 신적 특성에도 적용 가능하다. 결국 현재 조직신학계 안에 관심이 크게 고조되고 있는 '십자가의 신학'(theologia crucis)으로 연결된다.

루터가 정말로 하나님의 의는 하나님 자신의 의로우심에 의한 의라고 이해되기를 원치 않았고, 오히려 하나님께서 의롭지 않은 사람들을 의롭게 하시는 의로 이해되도록 의도했다고 하더라도, 이것이 그의 개념 인식 전체를 포괄하지도 않으며, 적절히 특징짓기에도 충분하지 않다. 사실상 '하나님의 의'에 대한 루터의 독특한 해석은 동일 개념에 대한 어거스틴의 해석과 구별될 수 없다. 시편의 후반부 강론(1513-1515), 로마서 강의(1515-1516)의 분석을 통해 루터의 하나님의 의 개념의 특징들이 드러날 수 있다. 루터에 의하면 하나님의 의란 다음과 같다.

1. 하나님에게 속한 의라기보다는 하나님께로부터 온 선물인 의
2. 그리스도의 십자가에서 드러난 의
3. 인간의 예상과는 모순되는 의.

세 요소 중 첫 번째는 의문의 여지없이 어거스틴의 하나님의 의 개념의 중

---

37) McGrath, *Luther's Theology of the Cross*, 100-13.
38) McGrath, 'Mira et nova diffinitio iustitiae.'

요한 측면과 일치한다. 한편 다음 두 요소는 루터와 어거스틴의 구분에 기여한다. 왜냐하면 루터에게 있어 '하나님의 의' 란 십자가에서 총체적으로 드러난 것이며, 계시가 이루어지는 양상에 대한 인간적 선입견과 예상에 위배되기 때문이다. 자전적 단편이 제시하듯이 루터의 각성은 본질적으로 방법론적이며, '하나님의 영광', '하나님의 지혜', '하나님의 능력' 같은 다른 신적 속성에도 확장될 수 있다. 모든 것이 십자가에서 드러났지만, 모든 것이 인간의 예상과는 달리 모순적(sub contrariis)이다. 계시된 신적 속성의 특징에 대한 루터의 이해가 바로 이것인데, 이것이 루터의 십자가 신학의 기저를 형성하며, '영광의 신학자' 와 '십자가의 신학자' 를 구별한다.

루터는 처음에 왜 '하나님의 의' 개념이 복음인지 이해할 수 없었다. 왜냐하면 '하나님의 의' 는 죄 많은 인류에게 주어지는 저주로만 보였기 때문이다. 비아 모데르나의 하나님의 의 개념의 기저를 형성하는, '(그에게) 적합한 것을 (그에게) 준다' (reddens unicuique quod suum est)라는 키케로적 개념에 의하면, 최선을 다하는 데 실패한 개인은 벌을 받아야 마땅하다. 키케로적 구원론의 핵심에 있는 근본적인 전제조건은, 인간에게 진정 최선을 다할 능력이 있어야만 한다는 것, 달리 말하면 외부 도움 없이 자신의 능력을 통하여 칭의의 사전조건들을 충족시킬 능력이 인간에게 있어야 한다는 것이다. 루터의 1515년 돌파구 속에 소중히 보호되어 있는 핵심적 통찰은, 인간이 결코 충족시킬 수 없는 전제조건을 하나님께서 스스로 충족시킨다는 것, 달리 말하면 하나님 본인이 인간에게 선물로 그리스도의 믿음(fides Christi)을 주신다는 것이다. 루터의 1545년 단편의 진술과 평행을 이루는 1517년의 언급 안에 들어 있는 통찰력이 바로 이것이다.

> 의에 대한 놀랍고도 새로운 정의! 이것은 통상적으로 다음과 같이 기술된다. '의란 각자에게 맞게끔 주어지는 덕이다' 이 말의 진실은 다음과 같다. '의란 예수 그리스도 안에 있는 믿음이다.'[39]

---

39) Scholion to Galatians 2:16, WA 57.69.14–16; 참조. WA 2.503.34–6. 또한 1516년의 진술도 주목하라. 'Iustitia autem ista non est ea, de qua Aristoteles 5. Ethicorum vel iurisperiti agunt, sed fides seu gratia Christ iustificans' (WA 31 1.456.36). (명백하게 부

루터의 새로운 칭의 신학의 기원을 고려했으니, 이제 우리는 보다 성숙된 시기의 주장들을 다루어야 한다.

3. 루터의 칭의 신학 성숙기

아마도 루터의 칭의 신학 성숙기에서 가장 두드러진 요소는 신학적 중심에 부과한 그의 강조일 것이다. 칭의 항목(Articulus iustificationis)을 다른 모든 것이 종속되는 복음의 그 말씀으로 본 것은 결국 루터 자신이었다. 그가 주창한 칭의 교리는 그로 하여금 교황제도와 당시의 교회를 거부하게끔 강제했다. 이 일은 직접적인 교회론적 논증에서 비롯된 것이 아니라, 당시의 교회가 믿던 칭의 교리란 다름 아닌 펠라기우스주의라는 그의 확신에 의한 것이다.[40] 특별히 유명한 1535년 진술에는 교회론에 대한 구원론의 우위성이 확실하게 드러난다. 루터는 만약 교황이 그리스도 안에서의 죄인에 대한 대가 없는 칭의를 인정한다면, 교황의 권위에 순복하겠다는 취지로 말한다.[41]

루터의 신학적 돌파구 및 당대 교회와의 연이은 논쟁의 초석은 결코 칭의 과정을 인간이 시작할 수는 없다는 통찰력과 당시 교회가(정반대 입장임을 인정하면서) 펠라기우스적 오류에 빠졌다는 그의 확신에서 비롯된다. 물론 모든 경우가 꼭 그런 것만은 아니다. 그는 무엇보다도 비아 모데르나의 학문적 신학과 익숙했지만, (어거스틴 수도회의 일원이었음에도 불구하고) 스콜라 아우구스티니아나 모데르나 같은 다른 라이벌 구원론에 대해서는 몰랐던 것으로 보인다. 몇몇 개혁신학자들(피터 마터 베르미글리와 존 칼빈 같은)의 구원론이 위의 구원론을 정확히 반영했다는 사실에 비추어 볼 때, 부

정확한 '3. Ethicorum'을 필자가 자유롭게 교정했다.) 비아 모데르나 구원론에 있는 의 개념에 대한 Luther의 비판이, Aristotle에 대한 Luther의 후기 비판에 녹아 있다. McGrath, *Luther's Theology of the Cross*, 136-41.
40) 여기서 WA 56.502.32-503.5는 특별히 중요하다.
41) WA 40/I.357.18-22.

적절하고 빈약한 정보로 중세 후기 교회의 신학(특히 목회신학)과 루터를 일반화시키는 데는 상당한 주의가 필요하다.

1515년 비아 모데르나 구원론과의 결정적 단절에 연이은 루터 신학의 발전은 전체적인 동선이 뚜렷하다. 그리스도의 외래적 의(iustitia Christi aliena), 그리스도와 죄인사이의 '교환 거래' 그리고 전인(totus homo, 全人) 신학의 모든 중요 내용이 1515년-1516년의 로마서 강의에 등장한다. 1516년-1519년 사이에 십자가의 신학이 드러난다. 또한 칭의에서 선한 행위가 차지하는 위상이 1520년의 『선한 행위에 대한 강론』(Sermo von den guten Werken)에서 분명해진다. 그리고 아마 루터의 초기 저작 중에 가장 인상적 저작인 『라토무스의 주장 논박』(Rationis Latomianae confutatio, 1521)에서 용서하시는 은총과 성령의 선물 사이의 중요한 구분이 이루어진다. 필자는 각각의 내용을 살펴볼 것이다.

1515년 이후 점차 증가하기 시작한 강력한 반(反)-펠라기우스적 색조의 참조만으로는, 루터 칭의 신학의 특징을 밝혀낼 수 없음을 아는 것이 중요하다. 당시의 가장 두드러진 특징은 어거스틴에 대한 분명한 비판으로, 이 시기에 뚜렷이 나타난다. 루터의 칭의 이해를 점진적인 실제로 의롭게 만들기(reale Gerechtmachung)로 해석한 칼 홀(Karl Holl)이 이런 관점을 제시했다.[42] 홀에게 있어, '루터의 칭의 교리의 수수께끼'에 대한 해결책은 이중 예정 교리나 칭의(Rechtfertigung)와 의롭게 만들기(Gerechtmachung)의 교차점에 있는 것이 아니라, 칭의 과정 안에 내재되어 있는 분석적인 신적 판정에 기반을 둔 예기적(豫期的, 미래의 일을 현재나 과거의 것으로 사용하는-역주) 이해에 있다. 홀은 조각가의 유추를 사용하여 설명한다. 조각가는 대리석 덩어리로 작업을 시작할 때, 최종 완성품이라는 비전을 바라봄으로써 동기를 부여한다. 마찬가지로 현재 죄인에 대한 하나님의 칭의는 최종적 성화에 대한 하나님의 기대에 의존한다. 왜냐하면 인간에 대한 현재의 칭의는 앞서 보이는 그들 미래의 의에 기초하기 때문이다.

---

42) Holl, 'Die Rechtfertigungslehre in Luthers Vorlesung über den Römerbrief mit bessonderer Rücksicht auf die Frage der Heilsgewißheit,' in *Gesammelte Aufsätze* 1.111-54.

몇몇 비평가에 따르면, 루터의 영향에 대한 이러한 해석은 사실 루터의 견해와 초기 루터교 정통의 견해를 혼동한 데서 발생한 것이다. 따라서 잠시 후 우리가 살펴볼 1521년의 논문 『라토무스의 주장 논박』을 기준으로 수정이 필요하다는 것이다. 그럼에도 불구하고 죄인의 현실태(in re)와 예상태(in spe) 사이의 변증에 대한 홀의 설명은 칭의의 치유적 개념과 정말로 잘 부합하며, 1515년-1516년의 로마서 강의에서 루터가 자주 사용한 것이기도 하다. 이런 사실은 칭의에 관한 루터의 초기 가르침에서 과연 그 독특성이 정확하게 무엇이었는가 하는 질문을 하게 만든다.

최근 '핀란드 학파'(the Finnish school)가 그런 질문을 제기한다. 이 학파의 루터 해석은 그리스도와의 연합을 통한 신자의 신적 생명에의 실제적 참여를 특별히 강조하고 있다.[43] 그리스도는 믿음 안에서 신자에게 임재하며, 임재를 통하여 믿음의 의와 동일화된다. 이러한 생각이 1520년의 저작 『크리스천의 자유』(The Freedon of a Christian) 안에서 발견된다.

> 믿음은 단지 하나님의 말씀이 모든 은총, 자유, 거룩함으로 가득 차 있음을 영이 깨닫는 것만을 의미하지 않는다. 믿음은 신부가 신랑과 연합하는 것처럼, 영을 그리스도와 연합시키는(voreynigt auch die seele mit Christo) 것이다. 사도 바울이 말하듯이(엡 5:32 32) 결혼을 통하여, 그리스도와 영이 한 몸이 되고, 좋건 나쁘건 모든 일을 함께한다. 이는 그리스도가 소유한 것을 믿음의 영이 소유하고, 영이 소유한 것은 그리스도께 속함을 뜻한다. 그리스도가 모든 좋은 것과 거룩함을 소유하므로, 이제 이것들은 영에 속한 것이 된다. 영이 소유한 모든 악덕과 죄도, 이제 그리스도의 것이 된다.[44]

이 접근법은 루터의 칭의 신학이 지닌 법정적 요소를 인정하면서도, 변화의 측면 특히 그리스도와의 실제적이며 육체적인 연합이라는 생각을 강조한다. 루터를 이렇게 읽으면, 그의 칭의 신학과 동방교회의 신성화 개념 사

---

43) 이에 대해 다음을 보라. C. E. Braaten and R. W. Jenson, *Union with Christ: The New Finnish Interpretation of Luther*, Grand Rapids: Eerdmans, 1998.
44) WA 7.25.26-26.9.

이의 친근성이 더욱 커진다.[45)]

칭의 과정에 대한 루터의 독특한 초기 이해, 특히 어거스틴과의 차이점의 열쇠는 인간론이다.[46)] 루터는 어거스틴의 신플라톤주의적 인간론과 격렬히 이별하면서, 육(caro)과 영(spiritus) 사이의 바울적 반정립(反定立, antithesis)은 인간론적이 아니라 보다 신학적으로 이해되어야 한다고 주장한다. 이 반정립의 인간론적 접근에 의하면, 육은 '육적인' 즉 인간성의 감각적이고 세속적인 측면이며, 영은 하나님께 향해가는 방향성인 보다 고상한 인간적 성질을 나타낸다. 루터에게 있어 전인은 하나님의 법과 죄의 법을 한꺼번에 그리고 동시에 섬기므로, 이중적인 종속성 아래에 존재한다.[47)] 한 사람이자 같은 사람이 영적이며 육적이고, 의로우면서 죄인이며, 선하면서 악하다.

성도들은 언제나 자신의 죄를 인식하고 있으므로, 하나님의 자비에 맞는 하나님으로부터의 의를 구하고, 언제나 하나님에 의해 의롭다고 간주된다 (semper quoque iusti a Deo reputantur). 그러므로 자신이 보기에, 그리고 실제로도 의롭다. 그러나 하나님은 그들의 죄 고백 때문에 그들을 의롭다고 여기신다. 사실상 그들은 죄인이다. 그러나 그들은 자비로우신 하나님께서 의롭다고 간주하시므로 의롭다(re vera peccatores, sed reputatione miserentis Dei iusti). 그들은 이런 사실을 모르지만 의롭다. 이런 사실을 알게 되면, 자신들이 의롭지 않음을 알게 된다. 그들은 실제로 죄인이지만, 소망 속에서 의롭다(peccatores in re, iusti autem in spe).[48)]

바로 이러한 인간론에서 신자는 의인이자 동시에 죄인(siuml iustus et peccator)이라는 유명한 루터의 말이 이루어졌다.

---

45) 이에 대해 다음을 보라. J. Heubach, *Luther und Theosis*, Erlangen: Martin-Luther-Verlag, 1990; R. Flogaus, *Theosis bei Palamas und Luther: Ein Beitrag zum ökumenischen Gespräch*, Göttingen: Vandenhoeck & Ruprecht, 1997.
46) H.-M. Barth, 'Martin Luther disputiert über den Menschen: Ein Beitrag zu Luthers Anthropologie,' *KuD* 27 (1981), 154-66.
47) WA 56.347.2-11.
48) WA 56.343.16-19.

그렇다면 이러한 인간론에 따라 신자와 불신자는 어떻게 구별되는가? 대답은 하나님 앞(coram Deo)에서 또는 사람 앞(coram hominibus)에서 전인이 드러나는 지시적인 틀 안에 있다. 루터에게 있어, 신자는 하나님 앞에서 의로운 반면, 불신자는 사람들 앞에서 의롭다. 그러므로 신자는 사람들 앞에서의 의인이 아니라 하나님에 의한 의인이며, 그렇다고 간주된 의인이다. 의롭게 된 죄인은 언제나 죄인(semper peccator)이면서, 언제나 회개하는 자(semper penitens)이자, 언제나 의인(semper iustus)인 자로 남게 될 것이다. 이것이 중요한 이유는 어거스틴으로부터의 분명한 이탈이기 때문이다. 어거스틴에 의하면, 인간의 칭의에서 하나님께서 인간에게 수여하는 의는 사람도 인지할 수 있다. 달리 말하면 의롭게 된 죄인은 하나님과 사람 앞에서의 의인이다. 그러므로 루터는 그의 전인적 인간론에 내재된 기본적 전제와의 충돌을 피하기 위해, 의롭게 하는 의의 성격에 대해서 급진적으로 다른 인식을 발전시켜야만 했던 것이다. 외래적 그리스도의 의 개념 안에 새로운 인식이 발견되는데, 아마도 이것이 그의 초기 칭의 이해에서 가장 특징적인 요소일 것이다.

루터에게 복음은 모든 인간적 의를 파괴시킨다. 왜냐하면 인간은 자신들에게 구원을 위한 재료가 전무함을 알게 될 운명이며, 따라서 구원의 재료를 외부로부터(ab extra) 얻으며 노력해야 한다. 인간은 결코 자신의 것이 아닌 자신들이 결코 이룰 수 없는 의, 즉 외래적 그리스도의 의를 획득함으로써 의롭게 되며, 하나님은 자비로서 인간을 '인정' 하신다. '믿음에 의해서 파악되고 가슴 속에 살아 계신 그리스도가 참된 성도의 의며, 그 때문에 하나님께서 우리를 의롭다고 여기셔서 우리에게 영생을 주신다.' [49] 의롭게 하는 의의 핵심은 붙잡는 믿음(fides apprehensiva) 즉 그의 의가 우리의 의가 되며, 우리의 죄가 그의 것이 되도록, 그리스도를 붙잡게 하고, 그에게 딱 달라붙게 하는 믿음이다. 따라서 루터는 셈페르 유스티피칸두스(semper iustificandus)를 '이제 새로이 의롭게 된' 으로 해석하는 반면, 어거스틴은 '더욱더 의롭게 되는' 이라는 뜻으로 다룬다. 루터는 후기 개신교와

---

49) WA 40/I,229,28; 참조. 229,4.

관련된 칭의와 성화 사이의 구분을 만들지 않았으며, 되어가는 과정(fieri est iustificatio)으로 칭의를 다룬다.[50]

그러므로 칭의는 '하나님의 창조의 일부'(inititum aliquod creaturae eius)이며, 그리스도인들은 소망 속에서 그들의 의의 최종 완성을 기다린다.[51] 그의 칭의에 관한 초기 가르침에서 이러한 치료적 측면은 이 문제에 관한 어거스틴의 가르침과 면밀히 부합된다. 칭의는 하나님께서 임박한 근절을 이유로 남아 있는 죄를 묵과하시기로 허용하시는 치료 과정으로 여겨진다. 특히 능숙한 외과의사의 치료를 받고 있는 환자라는 유명한 유추에서 이 점이 분명해진다. 의사의 치료를 받고 있는 환자처럼, 실제로는(in re) 아픈 사람이 소망 속에서(in spe) 건강하다. 크리스천은 의와 죄의 변증에 대한 최종적 해결을 소망 안에서 기다린다.

> 이것은 아픈 사람의 경우와 같다. 그는 회복을 약속한 의사를 신뢰하며, 동시에 그 의사의 지시에 순종한다. 약속된 회복(in spe promissae sanitatis)을 고대하며 자기에게 금지된 것들을 삼간다. 그렇게 함으로써 그는 회복의 약속을 망칠 어떤 일도 하지 않는다…지금 이 사람은 건강한 사람인가? 사실상 그는 아프면서도 동시에 건강한 사람이다(immo aegrotus simul et sanus). 사실상 그는 환자다. 그러나 의사의 약속 때문에 그는 건강하다. 그는 의사를 믿으며, 의사는 이미 그를 건강한 사람으로 여긴다. 왜냐하면 의사가 그의 치료를 확신하기 때문이다. 사실상 이미 의사는 그를 치료하기 시작했으며, 더 이상 그를 말기의 질병을 지닌 사람으로 여기지 않는다. 동일한 방식으로 우리의 사마리아인인 그리스도는 환자의 치료를 위한 여관을 제공했으며, 그의 치료를 시작했고, 영생으로 이어지는 가장 확실한 약속을 하셨다…지금 이 사람이 완벽하게 의로운가? 아니다. 그러나 그는 한꺼번에 그리고 동시에 죄인이자 의인이다. 사실상 그는 죄인이지만, 그를 완전히 치료하실 때까지 계속 죄에서 구해 주실 하나님의 확실한 인정과 약

---

50) WA 56.442.3.
51) WA 40/II.24.2-3.

속에 의해 의인이다. 그러므로 그는 소망 안에서 전적으로 건강하지만, 사실은 죄인이다(sanus perfecte est in spe, in re autem peccator). 그는 언제나 자신이 의롭지 못함을 인식하고 있지만, 의의 시작을 지녔으며, 계속하여 더욱더 의로움을 추구할 것이다.[52]

따라서 홀의 제안처럼 위의 칭의 이해에는 분명히 예기적 요소가 있다. 그러나 루터의 의와 그리스도의 믿음의 방정식(『시편 강의』에 나온 하나님의 의 개념에 미리 예시되어 있는)은 이 점에서 잠재적인 오류의 가능성이 있다. 이 측면의 칭의에서 루터와 어거스틴 사이의 차이점은 은총과 믿음 사이의 관계에 대한 루터의 논의에 가장 잘 나타난다.

루터의 믿음 개념은 다소 지성주의적인 어거스틴의 믿음 개념과 중대한 이탈을 보여준다. 1517년 히브리서 강의에는 강한 실존주의적인 믿음의 차원이 특별히 명료하게 나타난다. 순전히 인간적인 믿음은 하나님이 존재하심을 인정하거나,[53] '그리스도는 다른 사람들을 위하여 하나님의 얼굴 앞에 나타난다'는 점을 용인할 준비가 된 반면, 진정한 의롭게 하는 믿음은 특별한 방식으로 '그리스도는 우리를 위하여 하나님의 얼굴 앞에 나타난다' (Christus apparuit vultui Dei pro nobis)는 점을 인정한다.[54] 오직 후자의 믿음만이 유혹과 절망의 공격에 저항할 수 있다. 루터는 고전적인 시련 (anfechtung) 개념으로 이런 생각을 표현했다. 일그러진 믿음(fides informis) 은, 촛불처럼 시련의 바람에 너무 쉽게 꺼져버리지만, 의롭게 하는 참된 의는 태양 자체와 같다, 가장 격렬한 유혹의 바람에도 영향을 받지 않는다.[55] 루터에게, 하나님의 은총은 언제나 인간 외부의 무엇으로, 부분적인 성질이 아니라 완전무결한 성질이다. 인간은 전적으로 은총 아래 있든가 아니면 전

---

52) WA 56.272.3-21.
53) WA 57.232.26. 참조. Schwarz, *Fides, spes und caritas beim jungen Luther*, 50, 1509년-1510년 Luther는 여기서 *fides*의 전통적인 이해를 사용하는 것으로 보인다.
54) WA 57.215.16-20.
55) WA 57.233.16-19. 더 깊은 연구로 다음을 보라. H. Beintker, *Die Überwindung der Anfechtung bei Luther: Eine Studie zu seiner Théologie nach den Operationes in Psalmos 1519-21*, Berlin: Evangelische Verlagsanstalt, 1954.

적으로 진노 아래 있을 수밖에 없다.

대조적으로 믿음(그리고 반정립인 죄)은 은총 아래 있는 사람이 부분적으로는 믿음이 있고 부분적으로는 죄가 있다는 점에서 내재적이며 부분적이다. 따라서 믿음은 은총 아래의 사람이 자신의 영적 삶에서 발전하고 자라는 수단으로 여겨진다. 이에 따라 루터는 칭의를 인간의 영혼 안에서 작동하는 하나의 성질 또는 일련의 특성이라기보다 개개인을 향한 하나님의 절대적인 호의로 해석함으로써, 칭의에 있어 은총의 역할에 대한 전통적 이해를 버린다. 더 이상 은총이 인간 안에 있는 새로운 성질로 이해되지 않는다. 이제 그리스도의 믿음에 후자의 역할이 부여된다.

루터가 실재적이며 구속하시는 그리스도의 임재를 믿음을 구분하는 표지로 내세운 점을 평가하는 것이 중요하다. 믿음은 그리스도를 '붙잡고' 그를 임재하게 하는 믿음, 즉 붙잡는 믿음이다. 루터는 그리스도 안에서 은총과 믿음이 주어진다고 주장함으로써, 단 번에 그리고 동시에 신자의 의는 그들에게 외래적이며,[56] 외부적일 것인 반면, 그리스도는 신자 안에 실재로 계시면서 그들의 개선과 중생에 영향을 미친다고 단언할 수 있었다. 더욱이 루터는 칭의에서 인간에게 믿음이 주어진다고 주장함으로써, 인간이 자신의 믿음으로 인해 의롭게 된다는 작은 암시라도 피할 수 있었다. 칭의는 믿음 때문(propter fidem)이 아니라, 그리스도 때문(propter Christum)이다.

절대적인 외부적 성질로서의 은총 해석, 그리고 부분적이며 내적인 것으로서의 믿음 해석은 루터로 하여금 그의 칭의 신학에서 명백한 모순이 될 수도 있었던 내용(그리스도의 의의 외래적 성격과 신자 안에서 그리스도의 실재적 임재라는 동시적 주장)을 유지할 수 있도록 했다. 비록 루터가 이 시점에서 전가된 의(iustitia imputata)의 신학을 발전시키지는 않았다 하더라도, 그의 인간론적 전제는 의롭게 하는 의가 외래적인 것으로 생각되어야 함을 지시하고 있음이 분명하기 때문에, 멜랑크톤적인 신자에 대한 그리스도의 의의 전가 교리의 기초를 이룬다. 그러므로 1530년 이후 프로테스탄트 칭의

---

56) WA 56.279.22: 'Ideo recte dixi, quod extrinsecum nobis est omne bonum nostrum, quod est Christus.'

신학의 특징이 되는 '전가된 의' 개념의 기원이 루터임을 인정하는 것이 적절할 것이다.

비아 모데르나 구원론과 루터의 단절에서 가장 중요한 요소는 노예 의지(servum arbitrium) 교리다.[57] 1517년의 『스콜라 신학자에 대한 반박』(Disputa-tio contra scholasticam theologiam)에서, 의롭게 되지 못한 죄인은 오직 악을 의지하고 행할 뿐이라고 단언한다.[58] 다음 해의 하이델베르크 토론에는 '죄 이후의 자유 의지는 오직 명목상 존재하고, 자유 의지가 최선을 다한다고 할 때, 그것은 치명적인 죄가 된다' 는 단언이 포함된다.[59]

이 시점에서 타락 이후 자유 의지의 능력에 대한 어거스틴과 루터 사이의 차이점을 분명히 찾기는 어렵다. 왜냐하면 루터가 어떤 의미로 노예 의지를 이해했는지(예를 들어, 그가 만일 어거스틴의 노예가 된 자유 의지를 언급한 것이라면, 이 명제는 분명히 어거스틴적이다) 정확히 밝혀지지 않았기 때문이다. 그러므로 루터 교리에 대한 정죄가 호기심을 불러일으킬 정도로 나열되어 있는 1520년 6월 15일의 교황 교서 「주여! 쫓아내소서!」(Exsurge Domine)의 검토가 중요하다. 아마 이 교서가 정죄한 41개 항목들은 이단적이거나 비방적이거나 잘못되었거나 경건한 청자에 대해 공격적이거나 또는 단순한 영혼들을 잘못 이끈다는 등의 다양한 의미로 해석되어야 할 것이다. 각 명제기 다섯 항목 모두의 이유로 정죄되지 않았다.[60] 그러므로 어거스틴적인 교리를 근본적으로 인정한 것으로 보이는 36번째 명제는 정통 가톨릭 교리를 공격하거나 잠재적으로 잘못 이끄는 방식으로 진술되었으므로 정죄되었다고 여겨야 할 것이다.

---

57) 이에 대해 다음을 보라. H. J. McSorley, *Luther-Right or Wrong?*, 217-73, 297-366.

58) WA 1.224 Thesis 4. Gabriel Biel이 의인화시킨 비아 모데르나에 대한 Luther의 공격에 관해서는 다음을 보라. Grane, *Contra Gabrielem*, 369-85.

59) WA 1.354 Thesis 13. 참조. D 1481: 'In omni opere bono iustus peccat' ; D 1486: 'Liberum arbitrium post peccatum est res de solo titulo; et dum facit, quod in se est, peccat mortaliter.' 보다 깊이는 다음을 보라. H. Roos, 'Die Quellen der Bulle "Exsurge Domine",' in J. Auer and H. Yolk (eds.), *Théologie in Geschichte und Gegenwart: Festschrift für Michael Schmaus*, 3 vols., Munich: Zink, 1957, 3.909-26.

60) D 1491, 그리고 D 910-16과 1235의 정죄 *in golbo*와 비교하라. 보라 McSorley, *Luther: Right or Wrong?*, 251-3.

그러나 곧 이은 자유 의지에 관한 선포를 통하여 볼 때, 루터는 어거스틴으로부터 멀리 이동했다. 제36조에 대한 방어와 1525년의 반(反)-에라스무스적 저작인 『노예 의지』(De servo arbitrio) 모두에서 노예 의지에 관한 방어의 주요 요소 또는 적어도 중요한 지지 논증으로 숙명론적인 형식이 채택된 것으로 보인다. 모든 일은 절대적 필연성에 의해 발생하며,[61] 모든 악한 인간 행위의 저자가 하나님이라고[62] 한 위클리프의 주장이 옳다는 루터의 단정은, 루터가 단순히 어거스틴의 입장이나 성경의 입장을 재진술했을 뿐이라고 주장하려는 사람들에게 심각한 장애물이었다.

특히 어거스틴과 루터 사이에 존재하는 세 가지 심각한 차이점에 주목이 필요하다.

1. 루터에게 죄의 원저자는 하나님이다. 어거스틴에게 죄의 원저자는 인간이다.
2. 루터는 인간 의지의 노예화를 인간의 죄보다는 인간의 피조물 됨의 결과로 보았다(토마스 브래드워딘과의 유사성이 분명히 드러난다).[63]
3. 루터는 명시적으로 이중 예정 교리를 가르친 반면, 어거스틴은 아무리 논리적으로 적절하게 보이더라도 교리에 대해서는 마지못해 인정하였다.

몇몇 학자들은 루터의 칭의 교리와 노예 의지 교리는 동전의 양면처럼 연관되어,[64] 한 면에서 진술하고 또 다른 한 면으로 그만큼 진술한 것이라 주장한다. 그러나 노예 의지 교리에 관한 진술만으로 총체적 특징이나 적절한 특징이 내려질 수 없음에 주의해야 한다. 루터 칭의 교리의 정수인 그리스도의 외래적 의가 반드시 부자유 의지 교리에 암시되어 있지는 않다. 만약 인

---

61) WA 7.146.6-12; 18.615.12-17.
62) WA 7.144.34-145.4; 18.709.28-36.
63) WA 18.615.13-16은 그들이 죄인이든 아니든 인간을 포함한 어떤 피조물 쪽에서도 어떤 종류의 돌발성에 대한 여지가 보이지는 않는 것 같다.
64) 예를 들어, G. L. Plitt, 'Luthers Streit mit Erasmus über den freien Willen in den Jahren 1525-25,' Studien der evangelisch-protestantischen Geistlichen des Grossgerzogthums Baden 2 (1876), 205-14.

간의 의지가 노예화된다면, 결코 인간이 스스로 의롭게 할 수 없음이 분명하다. 그러나 의롭게 하는 의의 원천은 하나님밖에 없음이 인정된다 해도, 이 사실이 하나님으로 하여금 외부적 의를 수단으로 그들을 의롭게 해야만 하는 의무 아래 묶이게 하지는 않는다. 인간의 의지가 노예화되었다는 사실과 그 결과 하나님께서 한 가지 특정한 방식으로 그들을 의롭게 하시려고 결정해야 한다는 것은 별개의 문제다.

필자는 루터 신학의 역사에는 비교적 초기 단계에서부터 외래적으로 의롭게 하는 의와 노예화된 의지 사이의 간격이 있었음을 제시할 것이다. 전자는 '믿음으로'(de fide) 계속 유지되었으며, 후자는 폐기되거나 원래의 의미와 동떨어진 외침인 '인간은 결코 자신을 의롭게 할 수 없다'는 단순한 단정 수준으로 축소되었다. 루터에 대한 루터주의의 암묵적인 비판은 두 개념 사이에 아무런 신학적 연관성이 없음을 시사하는 것일 수 있다. 두 개념은 근본적으로 칭의에 관한 두 가지 독립된 진술이며, 오직 루터라는 인물에 통해서 관련지어진 것이다. 그의 사망과 함께, 루터주의 안에 이러한 관련성은 자취를 감추었다.

루터가 지속적으로 잘못 이해한 한 가지 측면은 칭의에 있어 믿음과 행위(work에 대한 통일된 번역이 부재하다. 따라서 행위, 노력, 일, 공로 등 문맥에 기장 알맞은 개념으로 번역한다-역주)의 관계다. 루터의 신학적 돌파구는 인간이 어떤 인간적 노력에 기반을 둔 것이 아니라, 인간 안에서의 하나님의 사역을 통하여 의롭게 된다는 사실을 깨달은 것과 밀접히 연관되어 있다.[65] 율법을 통해 의로워지기(per legem iustificari)를 바라는 이들에 대한 루터의 강렬한 적의는 율법과 복음의 관계에 대한 그의 이해가 발전되도록 이끌었고, 크리스천의 삶에 있어 구체적인(그러나 엄격하게 제한된) 역할이 율법에 할당되었다.[66]

---

65) B. Lohse, *Ratio und Fides: Eine Untersuchung über die Ratio in der Théologie Luthers*, Göttingen: Vandenhoeck & Ruprecht, 1958, 82-6; B. A. Gerrish, *Grace and Reason: A Study in the Theology of Martin Luther*, London: Oxford University Press, 1962, 84-99; McGrath, *Luther's Theology of the Cross*, 136-41.
66) Modalsi, *Das Gericht nach den Werken*; Peters, *Glaube und Werk*.

그러나 루터는 흔히 그렇게 여겨지듯이 칭의에서 선한 행위의 필요성을 거부한 것은 아니다. '행위는 구원을 위해 필요하다. 그러나 구원을 일으키지는 않는다. 오직 믿음만이 생명을 준다.'[67] 그가 자주 호소하는 성경의 이미지는 좋은 열매를 맺는 좋은 나무의 이미지다. 열매가 좋은 성질을 불러일으키는 것이 아니라, 좋은 성질임을 제시한다.[68] 후기 시기, 특히 1534년-1535년 사이의 저작에서, 루터는 칭의의 두 차원, 즉 하나님의 시각에서의 칭의와 세상의 시각에서의 칭의를 구별한다.[69] 이 점에서 나중에 '이중 칭의론'으로 불리는 교리를 발전시킨 것은 아님이 분명하다. 단지 칭의의 위치에 있어 율법의 사용이라는 한 가지 구성 요소를 구별한 것임이 분명하다. 의인의 선한 행동은 하나님에 의한 신자의 칭의를 나타내는 것이지, 선한 행동이 칭의를 불러일으킨다고 생각할 수는 없다.[70]

초기 종교개혁에서 루터의 칭의 교리가 적절하게 수정된 방식을 정리하기에 앞서, 중세 초기 전통과의 접촉점을 파악해 보아야만 한다. 루터는 두 시대에 서 있는 신학적 전환기의 인물을 대표한다. 따라서 루터에게 분명한 영향력의 원천이었던 두 가지, 즉 어거스틴과 비아 모데르나 사이에서 이루어진 변환의 특징을 알아보는 일은 무척 흥미롭다. 비록 루터가 어거스틴에게는 공감적이었고 비아 모데르나에는 비평적이었지만, 양쪽 모두와 연속성이 있다.

칭의에 있어 루터와 어거스틴 사이의 관계는 다음처럼 요약 가능하다.

첫째, 루터와 어거스틴 모두 하나님의 의를 하나님께서 죄인을 의롭게 하시는 의로 해석한다. 공로에 기반을 두어 판단할 때 그것은 인간을 위하거나 반하는 추상적인 신적 특질이 아니다. 이 점에서, 비록 루터의 하나님의 의 이해가 일반적인 생각보다 더 복잡하긴 하지만,[71] 비아 모데르나보다 어거

---

67) WA 39/I.96.6-8.
68) WA 39/I.254.27-30.
69) WA 39/I.208.9-10: 'Duplex in scripturis traditur iustificatio, altera fidei coram Deo, altera operum coram mundo.'
70) WA 39/I.96.9-14.
71) 보다 상세한 논의로 다음을 보라. McGrath, *Luther's Theology of the Cross*, 95-147, 특히 113-19.

스틴에 더 가깝다고 볼 수 있다.

둘째, 어거스틴은 하나님의 의가 인간의 의와 가까운 것으로 이해한다. 왜냐하면 하나님의 의가 인간적인 의 개념의 기초를 이루기 때문이다. 루터에게 하나님의 의는 오직 그리스도의 십자가에서만 나타나는 것으로, 인간적인 의 개념과 상충된다. 루터의 칭의 교리는 노예 의지 개념에 기반을 둔 반면, 어거스틴의 교리는 치유하는 은총의 작용을 통해 해방된 자유 의지가 될 수 있는 노예가 된 자유 의지에 기반을 둔다.

셋째, 루터는 칭의 이후에 노예 의지의 해방을 예상한 것 같지는 않다. 왜냐하면 인간 의지의 노예성을 인간의 죄성보다는 인간의 피조물 됨의 결과로 보기 때문이다. 위에서 언급되었듯이 루터와 어거스틴의 예정론 상의 차이점 또한 이런 사실을 반영한다. 비록 노예 의지라는 단어가 어거스틴에서 유래했지만, 어거스틴 사상의 전형적 형태는 아니다.

넷째, 루터와 어거스틴은 그리스도인의 삶의 시작, 발전 그리고 연이은 완성을 포함하는 총체적 과정으로 칭의를 이해하는 데 일치한다. 이 점이야말로 루터와 후기 개신교 사이의 명백한 차이 중 하나이며, 일반적으로 생각하는 것보다 루터를 트렌트 회의의 입장과 더 가깝게 한다.

다섯째, 어거스틴은 신자가 칭의 시에 의로워지는 것을 신적 생명과 존재에 참여하는 것으로 이해하는 반면, 루터는 칭의 시에 인간성이 의롭게 됨을 인정하는 데 주저한다. 설령 인간이 더욱더 자신의 죄성을 인식하게 된다 해도, 그리스도의 외래적 의에 대한 필요성은 더욱 커진다. 인간은 외적으로 의로운 존재가 되었지만, 내적으로는 죄인이며, 계속 죄인일 것이다. 루터는 이 점에 있어 어거스틴을 분명하게 비판한다. 루터가 비록 신자의 의를 자주 언급하지만, 의와 그리스도의 믿음을 동등하게 다루는 것을 볼 때, 신자의 도덕성을 지칭하는 것이 아니라 그리스도의 실재적이며 구속하시는 임재를 가리킴이 분명하다. 신자의 의 개념에 있어 루터의 강력한 그리스도 지향성은 어거스틴과 그를 멀어지게 한다.

여섯째, 루터와 어거스틴은 상당히 다른 인간론적인 전제에서 작업하기 때문에, 그들의 믿음과 죄 이해에 중대한 결과를 발생시킨다.

일곱째, 루터는 로마서 5:1이나 관련 구절 등 사도 바울의 이미지를 사용하면서, '믿음에 의한 칭의'라는 용어를 주로 언급하여 신적 구원의 우위성을 표현한다. 어거스틴은 에베소서 2:8의 이미지를 채택하여 '은총에 의한 구원'으로 동일한 개념을 표현한다. 어휘의 다양성은 상당히 중요한데, 아직까지 만족할 만한 설명이 나오지 않고 있다.

그러므로 루터와 어거스틴의 관계는 분명 양면적이다. 분명히 루터의 사고에 어거스틴적 요소가 있지만, 동시에 어거스틴과 두드러지게 갈라선 요소들(특히 외래적 그리스도의 의 교리)도 있다.

루터와 비아 모데르나의 관계는 보다 복잡하며, 여전한 연구 주제로 남겨져 있다. 1514년까지(어떤 요소들은 1515년까지도 지속된다) 루터의 초기 신학은 근본적으로 비아 모데르나 신학이다. 칭의의 계약적 기초에 대한 이해, 최선을 다하는 사람에게 하나님께서 은총을 아끼지 않으신다는 격언에 대한 해석, 하나님의 의 개념에 대한 이해 그리고 칭의에서 창조된 습성의 암시에 대한 비판 등 여러 경우에서 이 사실은 더욱 분명해진다. 또한 '스콜라신학'에 대한 루터의 1517년의 논박도 실제로는 가브리엘 비엘을 구체적으로 지정한 것이다. 그러나 대답이 필요한 질문이 남는다. 루터는 자신의 후기 칭의 신학에서 비아 모데르나의 신학적 요소를 사용했을까, 사용하지 않았을까?

제1단계에서, 루터의 의의 전가 교리와 죄의 비(非)-전가 교리가 그러한 요소의 한 가지로 간주되었다. 따라서 드 라가드(de Lagarde)는 하나님의 두 능력 사이의 변증에서 루터 교리의 배경이 발견된다고 제안했다.[72] 하나님은 당신의 절대적인 능력을 통해서(De potentia sua absoluta), 아마도 칭의의 은총 없이도 사람을 받아들일 수 있을지도 모른다. 그러므로 루터는 비엘이 신적 수용과 관련하여 절대적 능력(de potentia absoluta)이라고 표현한 것을 질서 유지적 능력(de potentia ordinata)으로 기술했다고 생각할 수 있다. 그러나 비엘과 오캄은 신적 수용 교리의 위치가 신적 의지에 자리해야 한다고 생각한 반면 루터는 기독론에 배치시킨다는 점이 지적되어야 한다. 페케스

---

72) F. de Lagarde, *Naissance de l'esprit laïque au déclin du Moyen Âge*, 6 vols., Paris: Presses Universitaires de France, 1948, 6.86-8.

(Feckes)도 비슷한 논증을 제기한다. 사실 비엘은 질서 유지적 능력으로 쓰고 싶었는데, 교회 당국의 비난 가능성 때문에 절대적 능력이라고 기술했다는 것이다.[73] 페케스의 시도는 신뢰성이 떨어지는 비엘 인식에 기반을 두어 비엘과 루터를 연관시키려 했기 때문에 성립될 수 없다. 더욱이 비노(Vignaux)가 지적하듯이, 특히 루터 본인의 『스콜라신학 논박』(*Disputatio contra scholasticam theologiam*)의 제56조와 제57조에 의하여 이런 가능성은 배제된다.[74] 물론 비엘도 오캄도 의의 전가 교리를 개발하지 않았기 때문에, 이 측면에 관해서 비아 모데르나로부터 어떤 긍정적 영향이 추정된다는 가설은 심각하게 약화된다. 우리는 또 다른 곳에서 신자에 대한 그리스도의 외래적 의의 전가에 대한 루터 이해의 기원을 살펴보아야 할 것이다.

루터에 대한 스콜라 아우구스티니아나 모데르나의 영향은 더 평가하기 어렵다. 루터가 이 학파, 심지어 그의 신학교육 동안 요하네스 폰 슈타우피츠 본인과도 조우하지 않았다고 믿을 만한 결정적 이유들이 있다.[75] 더욱이 루터는 1519년까지 리미니의 그레고리의 저서와도 만나지 못한 것 같다.[76] 그러므로 이 학파에서 그의 독특한 칭의 교리가 유래했다고 주장하기는 불가능하다. 따라서 루터와 슈타우피츠가 어거스틴적 구원론의 틀을 공유하고 있기는 하지만, 의롭게 하는 의의 성격에 관한 질문에서 전적으로 달라진다. 슈타우피츠에게 의롭게 하는 이는 우리 안에 있는 의지만, 루터에게는 우리 밖에 있는 의기 때문이다.[77]

루터의 독특한 칭의 개념의 기원이 무엇이든 간에, 그의 칭의 개념은 비텐베르크의 루터파 종교개혁의 전개에 즉각적인 영향력을 행사했다. 그럼에도 불구하고 루터의 생각이 수정 없이 받아들여진 것은 아니며, 약간의 미묘한 수정이 있었다. 여러 해에 걸친 비평적 전용과 방향성 재설정의 뉘앙스를

---

73) C. Feckes, *Die Rechtfertigungslehre des Gabriel Biels*, 12.
74) Vignaux, 'Sur Luther et Ockham.'
75) McGrath, *Luther's Theology of the Cross*, 27-40, 63-71.
76) Leif Grane, 'Gregor von Rimini und Luthers Leipziger Disputation.'에서 수립되었듯이. 핵심 텍스트는 *Resolutiones Lutherianae super propostitionibus suis Lipsiae disputatis*: WA 2.394.31-395.6이다.
77) Oberman, *Werden und Wertung der Reformation*, 110-12.

풍기는 점진적 과정은 그 자체로 상당한 학문적 관심을 불러일으키는 일치공식(the Formula of Concord)으로 귀결된다. 필자는 다음 단원에서 루터파 안에서 이루어진 루터에 대한 수정 과정의 기원과 이에 따른 발전에 대해 고찰할 것이다.

4. 1516년-1580년 초기 루터파의 칭의론

1516년 비텐베르크대학의 신학부 안에서 어거스틴 칭의 교리의 성격에 관한 상당한 논의가 진행되었다. 1516년 9월 25일의 논쟁에서, 루터는 스콜라 박사들의 가르침이 어거스틴에서 얼마나 멀어졌는지 어거스틴의 저작을 통해 조사해 보라고 칼슈타트(Karlstadt)에게 제안했다.[78] 칼슈타트는 1517년 1월 13일 라이프치히를 향해 길을 떠나면서 어거스틴의 저작들을 가져갈 수 있었기 때문에, 자신의 입장과 어거스틴의 입장 사이에 심각한 불일치가 있음을 발견할 수 있었다. 그 결과 칼슈타트는 1517년 4월 26일의 공개 토론을 열 수 있었다. 그는 루터가 기뻐하는 가운데 151개의 어거스틴 명제들을 옹호했다.[79] 어거스틴의 강력한 반-펠라기우스 저작인 『영과 문자』(De spiritu et litera)에 특별한 매력을 느낀 그는 이 중요 저작에 대한 강의를 했고, 곧이어 주석을 출판하게 되었다. 1517년 칼슈타트가 참된 신학으로 전향하면서, 비텐베르크 신학부 교수진은 어거스틴의 반-펠라기우스 저작들에 막중하게 의존하는 신학개혁 프로그램을 1518년까지 진행시켰다.

이때쯤 루터와 칼슈타트의 차이점이 뚜렷해지기 시작했다. 칼슈타트는 자신의 초기 저작에서 두드러지게 충실한 어거스틴 해석자이며, 때로 루터는 비판자로 등장한다. 칼슈타트는 어거스틴을 따르지만, 율법과 복음이 아

---

78) McGrath, *Luther's Theology of the Cross*, 44-6. Karlstadt 자신의 설명을 위해서는 다음을 보라. Karlstadt, *De spiritu et litera*, ed. Kähler, 4.13-28.
79) 이 명제들의 텍스트로는 다음을 보라. *De spiritu et litera*, 11*-37*. 또한 그는 부분적으로 '엑크'(Eck)에 대항하는 405개조의 명제를 출판했다. *Vollstandige Reformations-Acta und Documenta*, ed. V. E. Löscher, 3 vols., Leipzig, 1720-3, 2.79-104.

니라 율법과 은총 사이의 반정립을 발전시키면서 믿음에 대한 은총의 우위성을 강조한다.[80] 여기서 가장 중요한 사실은, 칭의의 성격에 관한 어거스틴적 이해가 충실히 재생되었다는 점이다. 또한 의롭게 하는 의는 인간에게 내재한 것으로, 그 의가 사람들을 의롭게 만든다는 그의 솔직한 주장은 특히 중요하다.[81] 칼슈타트는 의롭게 하는 의의 성격 이해에서 슈타우피츠를 따르고 있다. 그는 의롭게 하는 의를 외래적 그리스도의 의로 파악하는 루터의 개념을 전혀 몰랐거나, 아예 몽땅 무시해 버리려 했음에 틀림없다. 사실상 이 시기 루터 칭의 신학의 기독론적인 강조는 주로 하나님의 은총신학인 칼슈타트의 칭의 신학과 상당한 거리가 있었다.[82] 또한 이 구절은 루터가 1518년 말 또는 1519년 초 근본적으로 어거스틴적인 하나님의 의 개념을 발견했다는 주장에 명백한 의문을 불러일으킨다. 왜냐하면 칼슈타트의 강의와 출판된 어거스틴 주석이 정확히 이런 하나님의 의 개념을 충실하게 재생산하고 있기 때문이다. 또한 칼슈타트는 의의 전가보다 죄의 비(非)-전가라는 용어로 칭의를 정의하면서 어거스틴을 따르고 있다. 칼슈타트는 1519년에서 1521년 사이의 저작에서, 죄의 비-전가와 의의 분유(分有)로서의 칭의라는 어거스틴적 개념을 충실히 재생산하고 있으며, 루터의 의롭게 하는 외래적인 의 개념은 채택하지 않았다.[83] 앞에서 필자가 지적했듯이, 루터의

---

80) 예를 들어, *De spiritu et litera*, 28*, Theses 103-5. 1516년에서 1521년 사이 Karlstadt는 실제로 '복음'이라는 용어를 비정기적으로 사용했다. Kriechbaum이 그의 저서 중요 단원을 '율법과 복음'의 반정립에 배치한 것은 다소 잘못된 것 같다. Kriechbaum, *Grundzüge der Theologie Karlstadts*, 39-76.

81) *De spiritu et litera*, 69.27-31: 'Non est sensus, quod illa iusticia dei sit per legem testificata, qua deus in se iustus est, sed illa, qua iustificat impium, qua induit hominem, qua instaruat imaginem dei in homine; de hac iusticia, qua deus suos electos iustos et pios efficit, tractamus.' 참조. 55.32-56.2.

82) *De spiritu et litera*, 43*. 참조. Kriechbaum, *Grundzüge der Theologie Karlstadts*, 42-5.

83) Sider는 Karlstadt에 관한 연구에서, '법정적 칭의'라는 용어를 오해하여, 이를 '자비로운 죄 용서'와 동의어로 여기는 것 같다. Sider, *Andreas Bodenstein von Karlstadt*, 67-8, 122-5, 258-9. 비록 Sider가 '전가된 의' 개념을 빈번히 언급하지만, 그가 끌어들인 텍스트는 이 개념에 관한 그의 해석을 지지하지 않는다. 더욱이 그는 Sider가 칭의에 암시된 내적 중생을 Sider가 계속 강조한다고 생각한다. 예를 들어, 126-9, 258. Sider의 칭의 교리는 그가 놀랄 정도로 충실히 재생산하고 있는 Augustine의 것보다 법정적이지 않다.

의롭게 하는 외래적 의 개념은 부분적으로 전인 인간론의 결과로, 어거스틴의 신플라톤주의적 인간 이해와 상당히 다르다. 칼슈타트는 점진적인 죄의 제거를 통한 인간 본성의 재생으로 칭의를 생각한다는 점에서 원초적으로 어거스틴의 인간론을 채택한 셈이다. 비록 의롭게 된 신자는 동시에 의인이자 죄인이라는 루터의 단정과 분명히 비슷하기는 하지만, 두 신학자는 동일 구절을 다르게 해석하고 있음이 분명하다. 루터의 진술은 신자는 외적으로는 의롭고, 내적으로는 죄인이라는 내용이지만, 칼슈타트가 인정한 내용은 의롭게 된 죄인은 부분적으로는 의롭고 부분적으로는 죄인(ex quadam parte iustus, ex quadam parte peccator)이라는 것으로, 정확히 어거스틴이 의도했던 그대로다.[84]

그러므로 1517년에서 1521년 사이 칼슈타트의 칭의 교리는 본질적으로 어거스틴적이며, 루터의 가르침과 아프리카 주교의 가르침을 구분할 만한 새로운 요소가 부족했다고 제안할 수 있는 훌륭한 이유가 된다. 1521년에서 1525년 사이 요한 부겐하겐(Johann Bugenhagen)의 신학에도 동일한 결론이 내려져야 한다.[85] 부겐하겐은 1525년 로마서 강의에서 죄의 용서(remissio peccatorum), 성령의 수여(donatio spiritus) 그리고 죄의 비-전가(non-imputatio peccati)라는 칭의의 세 가지 요소를 구분했다.[86] 심지어 에라스무스가 벌게이트 번역판의 잘못된 번역인 의의 재고(reputatio iustitiae)를 의의 전가(imputatio iustitiae)로 정정한 후에도, 부겐하겐은 로마서 4:5-6의 언급에서, 여전히 이 구절을 외래적 의의 전가가 아니라 죄의 비-전가를 가리키는 것으로 해석한다.[87] 부겐하겐은 구체적인 기독론적 정황에서 전가를 말하는데, 신자의 죄는 그리스도로 인해 그들에게 전가되지 않는다(iusti non imputante deo propter Christum peccatum)는 사실을 가리킨 것이다. 그러나 보

---

84) Augustine, *Ennarationes in Psalmos* 140.15. 보다 깊이는 다음을 보라. Nygren, 'Simul iustus et peccator bei Augustin und Luther.'
85) R. Kötter, 'Zur Entwicklung der Rechtfertigungslehre Johannes Bugenhagens 1521-1525,' *ZKG* 105 (1994), 18-34.
86) Holfelder, *Ausbildung von Bugenhagens Rechtfertigungslehre*, 24-42. 그의 시편 주석에 있는 죄의 비전가 개념에 대해서는 다음을 보라. Holfelder, *Tentatio et consolatio*, 173-98.
87) Holfelder의 자료로 지적되었듯이, Holfelder, *Solus Christus*, 23 n. 25.

다 전반적으로 볼 때, 그의 죄의 비전가 개념은 성령론적인 정황에서 논의된 것이다. 성령의 사람 안에서 새롭게 하시는 사역은 하나님으로 하여금 그들의 죄를 전가하시지 않도록 하신다.

부겐하겐이 비록 그리스도의 외래적 의의 전가에 대한 어떤 언급도 배제한 채, 본질적으로 어거스틴적인 칭의 교리를 전개하지만, 몇 가지 중요한 측면에서 어거스틴에서 떠났음이 분명하다.[88] 특히 은총은 하나님의 호의이며, 외부적인 것으로 생각해야 한다는 주장에서 루터를 따른다.[89] 부겐하겐은 여기서 분명히 멜랑크톤의 1521년작 『주제』(Loci)에 의존하고 있다.[90] 규범으로서 법정적 칭의 개념의 수립에 끼친 멜랑크톤의 개신교 안에서의 중요성에 비추어 볼 때, 이쯤에서 그의 기여를 고찰하는 것이 적절할 것이다.

멜랑크톤은 1518년 한 사람의 에라스무스주의자로 비텐베르크에 도착했지만, 초기 단계부터 루터의 전인 인간론을 채택하여,[91] 죄를 인간의 보다 높은 특질에 스며든 것으로 바라보았다. 1519년 9월 그의 학사학위 논문은 칼슈타트의 것보다 루터의 것과 평행선을 이루는 칭의 신학을 펼치는 반면,[92] 1519년에서 1520년의 저작에서는 여전히 칭의를 '우리 육체와 우리 감정의 억제'로서 윤리적으로 생각하는 경향이 보인다.[93]

멜랑크톤의 초기 저작은 선포적인 용어보다 작위적인(factitive) 용어를 압도적으로 사용하여 칭의를 묘사한다. 따라서 이 저작의 두드러진 특징은 칭의에서 그리스도의 인격이 하는 역할의 강조이다. 예를 들어, 1523년의 『요

---

88) 이 문제에 관한 좋은 설명으로 다음을 보라. R. Kötter, *Johannes Bugenhagens Rechtfertigungslehre und der römische Katholizismus: Studien zum Sendbrief an die Hamburger, 1525*, Göttingen: Vandenhoeck & Ruprecht, 1994.
89) Bugenhagen, *Annotationes im epistolas Pauli* (1525), Holfelder, *Solus Christus*, 24에서 인용.
90) 참조. Melanchthon, *Locus de gratia* (1521), StA 2.85.16-88.4.
91) H. Bornkamm, 'Humanismus und Reform im Menschenbild Melanchthons,' in *Das Jahrhundert der Reformation*, Göttingen: Vandenhoeck & Ruprecht, 1961, 69-87.
92) StA 1.24 Thesis 9: 'Ergo Christi beneficium est iustitia'; Thesis 10, 'Omnis iustitia nostra est gratuita dei imputatio.'
93) *Annotationes in Evangelium Matthaei*, StA 4.173.5-6. 그러나 보라. Bizer, *Théologie der Verheißung*, 123-8.

『요한복음 주석』(Annotationes in Evangelium Iohannis)은 칭의란 그리스도와 신자 사이의 인격적인 연합과 관련된 것이라는 생각을 전개한다.[94] 이것은 1530년 이후 그의 저작에서 특별히 두드러지기 시작하는 법정적 칭의 교리와 관련된 그리스도의 사역이라는 보다 추상적인 개념에 대한 강조와 현저히 대조된다.

그럼에도 불구하고 멜랑크톤은 1521년경 루터의 독특한 칭의 인식을 더욱 깊이 분석하여, 그해의 『신학의 일반 주제』(Loci communes) 첫판에 통합시켰다.[95] 『은총론』(Locus de gratia)에서 이 점이 더욱 분명해지는데, 은총은 하나님의 호의(favor Dei)인 외부적인 것으로 진술하게 정의된다. '왜냐하면 은총이란, 만약 그것이 정확하게 정의된다면, 우리를 향한 하나님의 자비로우심 그 외의 것이 아니다.'[96]

멜랑크톤은 곧이어 1530년까지의 저작에서 신자에게 전가되는 외래적 의 개념을 더욱 강조한다. 이제 칭의는 게레흐트슈프레흥(Gerechtsprechung)으로 번역되며, '의롭다고 선포되는 것'이거나 '의롭다고 받아들여지는 것'이다. 따라서 하나님께서 신자를 의롭다고 선포하시거나 선언하시는 외적인 행위로서의 칭의와 신자가 성령의 사역으로 인한 내적 재생의 과정으로서의 중생 사이에 날카로운 차이가 생기게 된다.

루터는 신자와 그리스도(영과 그리스도 사이와 평행을 이루는 사람들의 결혼이라는 '찬탄할 만한 거래' 같은)의 연합을 묘사하고자 인격적 관계의 이미지와 카테고리를 지속적으로 활용한 반면, 멜랑크톤은 더욱더 로마법의 영역에서 이미지와 카테고리를 차용했다. 따라서 멜랑크톤은 고전적 유비를 통하여 법정적 칭의 개념을 묘사한다. 로마 시민들이 스키피오를 자유

---

94) 예를 들어 보라. CR (Melanchthon) 14.1068, 1080. 참조. Bornkamm, 'Humanismus und Reform in Menschenbild Melanchthons.'
95) 이 시기부터 루터파의 변증적인 칭의 해설을 위해서는 다음을 보라. Hohenberger, Lutherische Rechtfertigungslehre in den reformatorischen Flugschriften der Jahre 1521-2.
96) StA 2.86.23-5; 참조. 2.86.26-8, 106.20-2. W. Maurer, Der junge Melanchthon zwischen Humanismus und Reformation 2. Der Théologie, Göttingen: Vandenhoeck & Ruprecht, 1969, 361-8.

인으로 선언한 것처럼, 하나님은 죄인이 하나님 앞에서 의롭다고 선언하신다.[97] 중요한 사실로, 에라스무스도 1516년의 『헬라어 신약성경』(*Novum instrumentum omne*)에서 동사 임퓨타레(imputare)의 의미를 묘사하고자 법정적 개념인 악켑틸라티오(acceptilatio, 빚 지불 없이 순전히 말에 의한 채무 탕감-역주)를 사용한다.[98]

초기 루터파에서 법정적 칭의 개념의 점증하는 강조는 이 개념의 기원 문제를 일으켰다. 루터에게서 법정적 칭의 개념에 필수불가결한 의롭게 하는 외부적 의 개념이 기인함이 분명하다. 비록 루터가 칭의에 관한 그의 논의에 법률적 용어의 자취를 통합시켰지만,[99] 개념의 실제 기원은 1516년 에라스무스의 신약성경 번역본에 있는 것 같다. 에라스무스의 1516년판 신약성경은 신약성경의 그리스어 본문에 대한 새로운 라틴어 번역을 제공했다. 뿐만 아니라, 벌게이트 번역판으로부터 이탈을 정당하게 만드는 광범위한 각주는 때때로 고전적 선례에 호소한다. 그의 로마서 4:3의 수정에 특별한 관심이 주어진다. 벌게이트가 '아브라함이 하나님을 믿었고, 그것이 의로 간주되었다' (Credidit Abraham Deo et reputatum est illi ad iustitiam)라고 읽는 곳을 에라스무스는 '아브라함이 하나님을 믿었으므로, 그것이 의로 전가되었다' (Credidit aut Abraham Deo et imputatum est ei ad iustitam)로 수정 번역했다. 그리스어 동사 로기조마이(logizomai)의 새로운 번역이 지닌 잠재적인 법정적 함의가 에라스무스 본인에 의해 강조되었다. 법학자들은 '전가'에 녹아 있는 기본 개념을 '구두채무변제' (acceptilation, 口頭債務辨濟-역주)라는 용어

---

97) 이 유추는 *Loci* 1533년 판에 처음 나타난다. Loci; CR (Melanchthon) 21.421. 1555년 판은 다음을 보라. StA 2.359.10-18. 이 점에서 Luther와 Melanchthon의 차이는 다음을 보라. R. Stupperich, 'Die Rechtfertigungslehre bei Luther und Melanchthon 1530-1536,' in *Luther und Melanchthon: Referate und Berichte des Zweitens Internationalen Kongresses für Lutherforschung*, Göttingen: Vandenhoeck & Ruprecht, 1961, 73-88; L. Haikola, 'Melanchthons und Luthers Lehre von der Rechtfertigung,' in *Luther und Melanchthon*, 89-103; Greschat, *Melanchthon neben Luther*.
98) Luther와 Melanchthon 사이의 차이점의 정도와 중요성에 대한 탐구로 다음을 보라. R. Flogaus, 'Luther versus Melanchthon? Zur Frage der Einheit der Wittenberger Reformation in der Rechtfertigungslehre,' *ARG* 91 (2000), 6-46.
99) W. Elert, 'Deutschrechtliche Züge in Luthers Rechtfertigungslehre,' *ZSTh* 12 (1935), 22-35.

로 사용한다.[100]

유추적인 구두채무변제 개념은 법정적 칭의 개념을 잘 설명한다. 사실 이 용어는 후기 개신교 정통의 신학자들이 법정적 칭의의 성격을 논의하면서 자주 사용했던 개념이다. 위에서 언급한 것처럼, 악켑틸라티온은 로마의 법률 용어다. 실제로는 청산되지 않았는데 마치 청산된 것처럼 여겨지는, 순전히 언어적인 채무 면제다. 당시 최고였던 에라스무스의 신약성경을 멜랑크톤이 알았으며 사용했다는 사실에 비추어 볼 때, 순진히 언어적 죄의 사면으로서, 선행한 또는 동반하는 죄인의 회복 없는(어거스틴, 칼슈타트, 부겐하겐에게는 죄인의 회복이 있는) '전가' 개념의 법정적 함의에 주목하지 않았을 리가 없다. 그러므로 에라스무스가 나중에 개신교 정통에서 법정적 칭의 개념을 정의할 때(비록 악켑타티오 개념과 악켑틸라티오 개념이 종종 혼동되긴 했지만) 규범이 된, 고전적 유추로 '전가' 용어의 의미를 고전적 유추로 선택했다는 사실(에라스무스가 선택하지 않았다면, 멜랑크톤이 에라스무스 유추의 원 의미를 채택하지 않거나 발전시키지 않았을 수도 있으므로)은 (과장 없이 말해도) 대단한 우연의 일치다. 용어의 적합한 의미로서 법정적 칭의 교리는 에라스무스의 전가 개념에 대한 해석과 루터의 의롭게 하는 외부적 의 개념과의 결합에서 파생된 것이며, 멜랑크톤은 정확히 이 걸음을 내딛었던 것 같다.

아우그스부르크 고백서(1530)는 제4항에 칭의에 관한 짧은 진술을 포함한다. 이 항목은 사실 그리스도의 외부적 의의 전가를 전혀 언급하지 않고, 대신 '의롭다고 여겨지는 믿음'이라는 사도 바울의 생각(롬 4:5)을 단순히 재진술한다.[101] 그리스도를 통한 믿음으로(propter Christum per fidem)라는 명제의 사용이 중요하다. 왜냐하면 이 명제가 '오직 믿음으로 인한 칭의' 공식의 정확한 이해를 규정하기 때문이다. 인간 칭의의 유일한 근거는 인간 자신이나 그들이 할 수 있는 무엇에 있는 것이 아니라, 오직 그리스도와 그의 사

---

100) Erasmus, *Novum Instrumentum omne*, 429: 'Accepto fert: logizetai, id est, imputat sive acceptum fert. Est autem acceptum fere, debere, sive pro accepto habere, quod non acceperis, *quae apud jure consultos vacatur acceptilatio*.'

101) BSLK 56.1-10.

역에만 있다. 인류는 믿음을 통하여(칭의 교리를 대표하는) 의롭게 되는 것이 아니다. 믿음이 인간의 공로나 성과로 여겨져서도 안 된다. 엄격히 말해서, 믿음은 인간이 그리스도 안에서 하나님의 자비로운 행위를 받는 것이다.

멜랑크톤은 위의 항목에서 명시적으로 진술되지 않고 힌트만 주었던 전가 개념을 『고백서에 대한 변증서』(*Apologia*, 1530)를 통해 중요한 방향으로 발전시킨다. 비록 자신의 부채가 아니더라도, 친구의 부채를 지불하듯이, 신자는 그리스도의 외래적 공로 때문에 의롭다고 간주된다.[102] 멜랑크톤은 어거스틴의 의롭게 하는 의 개념에 대한 루터의 비판을 공공연하게 만들면서, 칭의란 신자가 그리스도의 외래적 의 때문에 의롭다는 선언이며, 법정적으로 이해되어야 한다고 기록한다.[103] 따라서 칭의란 '의롭게 만듦'이 아니라 '의롭다고 선언함'을 뜻한다.[104] 인간 안에는 자기 칭의의 기초로 간주될 의가 없으며, 본래 있었던 것도 아니다. 인간은 그들에게 '간주된' 또는 '전가된' 외부적이고 외래적인 의가 기초가 되어 의롭게 된다. 의의 전가에 관한 이러한 진술들은 죄의 비전가로서의 칭의라는 전통적인 어거스틴식 진술을 뛰어 넘으며, 칭의를 '의롭게 만들어가는' 것으로 정의하는 진술과도 모순됨이 분명해질 것이다. 그러므로 칭의에 관한 루터파교회의 가르침은 이런 면에서 어거스틴의 가르침과 구별되어 정의되었다는 결론이 합리적이다. 그러나 사실이 꼭 이런 것만은 아니다. 법정적 칭의를 명시적으로 정의한 진술들과, 작위적 칭의 해석을 명백히 배제한 진술들을 별도로 치더라도, 우리는 칭의를 보다 작위적 용법으로 정의한 것으로 보이는 진술들을 간간이 발견한다. 중요한 사실은, 그러한 진술들이 변증서 초반부의 네 번째 항목 부근에서 발견되는 경향이 있다는 점이다. 반면 칭의의 작위적 성격을 부정하는 진술은 끝 부분에서 발견되는 경향이 있다.[105]

---

102) 26 *Apologia* art. 21 para. 19, *BSLK* 320.40-6: 'Ut si quis amicus pro amico solvis aes alienum, debitor alieno merito tamquam proprio liberatur. Ita Christi menta nobis donantur, ut iusti reputemur fiducia meritorum Christi, cum in eum credimus, tamquam propria merita haberemus.'
103) *Apologia* art. 4 para. 305, *BSLK* 219.43-5.
104) *Apologia* art. 4 para. 252, *BSLK* 209.32-4.
105) 예를 들어, *Apologia* art. 4 para. 72, *BSLK* 174.37-40. 이 당혹스러운 양면성을 풀려는 주

독일 내 복음주의 분파들의 역사, 특히 루터 사망의 여파(1546), 슈말칼덴 동맹의 패배(1547) 그리고 아우그스부르크 가신조 협정 강제(1548) 등의 연속된 역사는 순간순간마다 칭의 교리의 모든 측면에 대한 쓰디쓴 논쟁으로 특징지어진다. 이 논쟁들은 세 개의 주요 교리와 관련되어 있다. 즉 칭의의 객관적 근거(오시안더 논쟁과 스탄카리 논쟁), 칭의 후의 선한 행위의 필요성(반유명론 논쟁과 메이어 논쟁) 그리고 칭의의 주관적 전용(신인협력설 논쟁과 단일설 논쟁) 등이다. 세 영역의 중요성을 고려하여 하나씩 고찰해 보자.

1) 칭의의 객관적 근거: 오시안더 논쟁과 스탄카리 논쟁

멜랑크톤의 동시대 비평가 중에 안드레아스 오시안더(Andreas Osiander)가 있다. 그는 1522년에서 1547년까지 뉘렌베르크에 있는 한 복음주의 분파의 지도자였다. 오시안더는 단지 '의의 선포' 뿐이라는 멜랑크톤의 칭의 개념을 전혀 받을 수 없었다. 구원하는 의는 그리스도 안에 필수적으로 내재하는 의일 뿐이며, 그의 인성보다 그의 신성에서 솟아난 것이다.[106] 그러므로 칭의는 그리스도의 필수적인 의의 주입으로 구성되는 것으로 이해되어야 한다. 여기서 우리는 칭의의 성격, 특히 하나님의 내주를 통한 개인의 실재적 내적 변화와 관련된 본질적으로 어거스틴적인 이해의 분명한 재주장과 만난다.[107] 마틴 켐니츠(Martin Chemnitz) 같은 비평가들은 이 주장이 칭의를 성화에 의존하게끔 한다고 주장했지만, 실상은 분명히 그렇지 않다. 오시안더는 단지 그리스도가 신자 안에 내주한다고 말하는 성경 구절을 강조함으로써, 그가 받아들일 수 없다고 여긴 『변증서』의 외래적 칭의 개념에 대항하여 행동했을 뿐이다.

의 깊은 분석과 시도는 다음을 보라. Pfnür, *Einig in der Rechtfertigungslehre?*, 155-81, 특히 157-68, 178-81.
106) Hauke, *Gott-Haben, um Gottes willen*.
107) 다음에서 제시된 것처럼. P. Wilson-Kastner, 'Andreas Osiander's Theology of Grace in the Perspective of the Influence of Augustine of Hippo,' *SCJ* 10 (1979), 72-91.

더욱이 오시안더는 근거 없이 행동한 것이 아니라, 그리스도의 내주의 중요성에 관한 루터의 견해로부터 지지를 받는다고 주장했다. 독일 복음주의 분파 안에서 인간에게 전가된 그리스도의 공로에 관한 강조가 늘어나면서, 결국 인간 안에서 그리스도의 인격의 역할에 대한 관심이 줄어들었고, 따라서 루터가 높이 평가한 인간 칭의의 이러한 측면에 대한 무관심이 일어났다는 것이다. 사실상, '핀란드 학파'의 새로운 루터 해석은 오시안더의 루터 읽기에 대한 간접적인 무죄입증으로 여겨질지도 모른다. 그러나 오시안더의 견해는 내재적인 의에 의한 칭의 개념에 대항하여 독일 개신교의 입장을 더욱 강경하게 만드는 데 기여했다. 그리스도의 외부화에 대항한 오시안더에 대한 논리적 저항과 법정적 칭의 교리를 유지하면서도, 그것이 어떻게 전유되었는지 증명하는 과제가 칼빈에게 주어졌다.[108]

프란체스코 스탄카리(Francesco Stancari)는 정반대의 입장을 주장하면서, 자신을 지지하기 위해 멜랑크톤(멜랑크톤에게는 공포였겠지만)을 인용했다. 오시안더가 그리스도의 신성이 인류의 칭의의 근거라고 주장한 반면, 스탄카리는 칭의에서 그리스도의 신성을 연루시키는 것은 생각하기 어려운 일이며, 논리적 모순(그리스도의 신성이 중보자 역할과 위반자 측의 역할을 동시에 해야 하는 것 같은)을 불러일으킨다고 주장했다. 그러므로 인간 칭의의 객관적인 근거는 오직 그리스도의 인성이라는 것이다. 십자가의 고난에 순종했기 때문에 그리스도의 인성 안에, 획득된(본질적이 아닌!) 의가 칭의의 기초로서 인류에게 주입되었다.[109] 이 논쟁들을 통해 의롭게 하는 의의 성격과 구속주의 인격에 대한 아우구스부르크 고백서의 불명료한 진술들을 분명히 해야 할 필요성이 대두되었다.

2) 칭의에서 행위의 역할: 반(反)-율법주의 논쟁과 메이어 논쟁

아마도 루터는 칭의에서 믿음의 우선성을 강조했기 때문에, 그리스도인의

---

108) Niesel, 'Calvin wider Osianders Rechtfertigungslehre.'
109) 아마도 스탄카리의 견해와 영향에 대한 가장 훌륭한 설명은 다음에서 발견될 것이다. C. A. Selig, *Vollstandige Historie des Augsburger Confession*, 3 vols. Halle, 1730, 2.714-947.

삶에 선한 행위는 중요하지 않다고 암시하는 것처럼 보이기도 한다(제3장 3. 루터의 칭의 신학 성숙기 참조). 특히 후기 저작에서 이 문제에 관한 그의 기본 입장이 분명해진다. 행위는 구원을 위한 한 가지 조건이지 원인이 아니다.[110] 루터는 만약 믿음에 행위가 따르지 않는다면 그 믿음은 죽은 것이며, 그리스도 안에서의 살아 있는 믿음이 아니라는 점을 승인할 준비가 되어 있다. 1520년의 선행에 관한 설교는 '그리스도 안에서의 믿음이 가장 우선이며, 최고이며, 가장 고귀한 선행이다'라고 진술한다. 여기서 그는 '행위는 그 자체로 인해 기쁘게 받아들여지는 것이 아니라, 믿음 때문에 기쁘게 받아들여진다'라고 덧붙인다.[111]

그러나 언제나 멜랑크톤은 그리스도인의 삶에서 율법의 역할에 대한 보다 긍정적인 이해를 선호한다. 멜랑크톤은 칭의란 율법을 충족시키는 새로운 역량이며, 그리스도인의 자유는 자발적으로 율법을 충족시키려는 새로운 자유라고 정의한다.[112] 1527년의 『방문자를 위한 지침』(*Articuli de quibus egerunt per visitatores*)에서 이 견해가 되풀이된다. 그는 기독교 교훈의 심장에 율법의 선포를 두면서, 율법이 없이는 회개와 믿음이 불가능하다고 주장한다. 요한 아그리콜라(Johann Agricola)가 이 견해를 비판한다. 그는 회개는 율법의 결과가 아니라, 복음의 결과로 보아야 한다고 반박했다.[113]

메이어 논쟁은 칭의에서 믿음의 독점적 역할을 강조한 라이프치히 과도협정(Leipzig Interim)의 실패를 게오르그 메이어(Georg Major)가 보완하려고 하면서 발생한 논쟁이다. 메이어는 1552년의 논문 『암스도르프의 니콜라우스에 대한 답변』(*Auf des ehrwürdigen Herrn Nikolaus van Amsdorfs Schrift Antwort*)을 통해 전적으로 오직 믿음의 칭의 원리에 헌신했음이 분명하다. 그럼에도 불구하고 그는 선행이 구원을 위해 필요하다고 루터가 가르쳤음

---

110) WA 1.96.6-8: 'Opera sunt necessaria ad salutem, sed non causant salutem, quia fides sola dat vitam.' 참조. WA 30/II.663.3-5; 39/I.254.27-30. 탁월한 연구로 다음을 보라. Modalsi, *Gericht nach den Werken*, 83-9.
111) WA 6.204.25-6; 206-36.
112) StA 2.148.22-4; 149.19-21; 4.153-4.
113) 이에 관해 보라. T. J. Wengert, *Law and Gospel: Philip Melanchthon's Debate with John Agricola of Eisleben over Poenitentia*, Grand Rapids: Baker, 1997.

을 확신했다. 마티아스 플라키우스(Matthias Flacius)는 재빨리 '오직 믿음' 입장은 유아들과 죽어가는 사람들의 구원을 배제한다고 지적했다. 니콜라우스 폰 암스도르프(Nikolaus von Amsdorf)는 율법은 칭의에서 어떠한 역할도 하지 않음을 단언하고, 곧이어 선행은 실제로는 구원에 해로운 것일 수도 있다고 제안했다.[114] 루터의 제자들인 안드레아스 포치(Andreas Poach)와 안톤 오토(Anton Otho)의 비슷한 견해들 때문에 율법폐지 논쟁이 발생했다.[115] 1560년경, 심각한 내적 불일치를 해소하려면, 아우구스부르크 고백서 제6조를 명확히 해야 할 필요성이 모두에게 분명해졌다.

3) 칭의의 주관적 전용: 신인협력설과 단원론 논쟁

인간은 칭의에서 철저히 수동적이라는 루터의 주장은 특히 명제 제36조에 대한 변호와 『노예 의지론』(De servo arbitrio)에 분명히 드러난다. 또한 이 주장은 평생 동안 그의 칭의 교리의 특징으로 남는다. 그러므로 루터 신학의 이러한 측면에 대한 멜랑크톤의 걱정스런 염려가 더욱 커졌음을 언급하는 것이 중요하다. 1535년판 『주제』에서 제안되었고, 1543년판에 더욱 분명해졌듯이, 더 이상 멜랑크톤은 이 점에 관한 한 루터에게 동의하지 않았다. 이제 칭의는 하나님의 말씀, 성령 그리고 인간 의지의 능력 등 세 가지 원인적 요소에 기인한다고 여겨지게 되었다. 멜랑크톤의 경우, 인간은 은총에 자신을 적용시키는 능력(facultas applicandi se ad gratiam)을 칭의에 선행하여 지니고 있다. 그러므로 사람들은 자신이 원하지 않는다면, 하나님께 이끌리지 않을 수도 있다.[116] 마찬가지로, 1521년판 『주제』에 나타난 미리 본 공로에 선

---

114) Amsdorf, *Das die propositio (Güte werck sind sur Seligkeit schedlich) eine rechte ware christliche propositio sey* (Magdeburg, 1559). 1557년에 출판된 Luther의 요한복음 18장-20장 설교에 대한 서문에서, Amsdorf는 선행은 불필요하며 위험하기까지 하다는 가르침으로 Luther를 표현했다. WA 28.765-7. 보다 깊이는 다음을 보라. Kolb, *Nikolaus von Amsdorf*, 123-80, 특히 158-62.
115) W. Joest, *Gesetz und Freiheit: Das Problem des tertius usus legis bei Luther und neutestamentliche Parainese*, Göttingen: Vandenhoeck & Ruprecht, 1961.
116) T. J. Wengert, *Human Freedom*, New York: Oxford University Press, 1998.

행하는 예정론 교리에 대한 멜랑크톤의 초창기 헌신은 1535년판에서 미리 본 공로에 종속되는 예정론으로 대체된다. 아마도 이러한 마음의 변화가 특별히 아우구스부르크 고백서에서 예정론에 관한 논쟁적 질문들을 삭제한 계기가 되었을 것이다.

슈트리겔(Strigel)은 멜랑크톤의 견해를 옹호한 반면, 또 한편으로 암스도르프와 플라키우스는 무거운 비판을 퍼부었다.[117] 요한 페핑거(Johann Pfeffinger)의 『자유 의지에 관한 명제』(*Propostitiones de libero arbitrio*, 1555) 출판으로 신인협력설 논쟁이 불거졌다. 이 책은 어떤 사람이 복음에 반응하고, 다른 사람은 그렇지 않은 원인은 선행한 외부의 신적 결정이 아니라 바로 그 사람 내부에서 찾아져야 한다고 단정했다. 따라서 다윗과 사울 사이 또는 베드로와 유다의 결정적 차이는 그들 각자의 자유 의지에 있다. 페핑거가 비록 하나님께서 칭의에서 주도권(실제로는 높은 손)을 유지한다고 조심스레 주장하지만, 그럼에도 불구하고 성령이 개인의 삶 속에 들어오게 되는 여부를 결정짓는 것은 사람의 자유 의지라고 주장했다.

이러한 성령 안에서의 자유 의지(liberum arbitrium in spiritualibus) 개념은 암스도르프와 플라키우스 같은 단원론자들의 격렬한 반대를 불러일으켰다. 그 결과 이 문제는 바이마르 회의(the Weimar Colloquy, 1560)의 핵심 논제가 되었다. 슈트리겔은 이 논쟁에서, 인간의 자유 의지가 비록 완전히 파괴된 것은 아니더라도 원죄로 인해 손상되고 약해졌다고 제시했다. 그는 자석에 쏟아진 마늘 양념과 자유 의지에 대한 죄의 효과를 비교함으로써 어거스틴적 입장을 설명했다. 일단 더럽혀진 부분이 제거되면, 자석의 힘은 회복된다는 것이다.

이 유추는 그 자체로 흥미를 끌지만, 더 깊은 논평이 필요하다.[118] 이 비유는 그리스 철학자 플루타르크(46-119)의 저작을 관찰한 데서 나왔다. 플루

---

117) Amsdorf와 Flacius 둘 다 절대적 예정론의 'Gnesio-Lutheran' 원칙의 강력한 방어자였다. 그들은 Pfeffinger가 이 원칙에 대해 타협했다고 주장했다. Kolb, *Nikolaus von Amsdorf*, 188-201. 보다 깊이는 다음을 보라. O. K. Olson, *Matthias Flacius and the Survival of Luther's Reform*, Wiesbaden: Harrassowitz, 2002.

118) D. Lehoux, 'Tropes, Facts and Empiricism,' *Perspectives on Science* 11 (2003), 326-45.

타르크는 '천연자석은 바늘로 문지르면 철을 끌어당기지 못한다'고 기록했다.[119] 수십 년 후 천문학자 클라우디우스 톨레미(Claudius Ptolemy)의 저작에 이 표현이 나타난다.[120] 우리는 10세기경 『지오포니카』(Geoponica)라는 제목의 저작모음집에서 좀더 정교화된 표현을 발견한다. 이 책에는 '물리적 동감과 반감'이라는 제목의 짧은 글이 포함되어 있다. '천연 자석으로 알려진 자석은 철을 끌어들인다. 그러나 마늘로 문지르면 그 힘을 잃는다. 그러나 그 위에 다시 염소의 피가 부어지면 힘이 회복된다.'[121] 근대에 이르기까지 이런 주장이 규칙적으로 되풀이된다. 심지어 1636년 말 베르나르도 세시는 '일상의 경험에서 볼 때, 자석의 힘은 마늘에 의해 약화된다'는 사실을 자기와 독자들이 알고 있다고 주장할 정도다.[122] 그러나 지암바티스타 델라 포르타(Giambattista della Porta)는 이 유추의 경험적 기초가 사실이 아닌 것으로 결론을 내렸다. 그는 이 주장에 실증적 보증이 없음을 증명했다.[123] 16세기 말 루터파의 내부 논쟁에 이 유추가 사용된 것은 흥미로운 일탈이다.

플라키우스는 죄를 외부화시키는 슈트리겔을 비난하면서, 마치 멜랑크톤이 논쟁을 지켜보는 것 같은 방법을 사용하여, 칭의에서 인간의 수동성에 대한 루터의 유추를 진행시켰다.[124] 그럼에도 불구하고 내부 분쟁을 피하려면, 칭의에서 인간의 역할에 대한 명료화가 필요하다는 사실이 다시금 분명해졌다.

세 가지 내용에 대한 명료화가 1577년 3월 작성된 일치 신조(the Formula of Concord)에 의해 이루어졌다. 일치 신조는 루터의 자기 정의와 관련하여 칭의 교리에 중요한 역할을 부여했다.[125] 신조가 논쟁을 안정화시킨 방식을

---

119) Plutarch, *Quaestiones conviviales* 641 c5.
120) Ptolemy, *Tetrabiblos* I.iii.13.
121) *Geoponica* XV.i.28.2.
122) B. Cesi, *Mineralogia sive naturalis philosophiae thesauri*, Leiden, 1636, 40.
123) B. della Porta, *Magiae naturalis libri xx*, Naples, 1589.
124) 배경에 대한 유용한 연구로 다음을 보라. I. Dingel, 'Flacius als Schüler Luthers and Melanchthons,' in G. Graf (ed.), *Vestigia Pietatis: Studien zur Geschichte der Frömigkeit in Thüringen und Sachsen*, Leipzig: Evangelische Verlagsanstalt, 2000, 77-93.
125) T. Kaufman, 'Die "kriteriologische Funktion" der Rechtfertigungslehre in den

논의하기에 앞서, 중간기에 루터파와 개혁교회가 실질적인 내부의 일치를 이루었는지 살펴보기 위해 칭의와 의롭게 하는 의의 성격에 대한 질문으로 돌아갈 필요가 있다.

마틴 켐니츠(Martin Chemnitz)의 『트리엔트 회의 조사』(*Examen Concilii Tridentini*, 1563-73)가 이에 대해 가장 잘 제시하고 있다. 이 권위서는 루터파교회와 어거스틴 사이의 차이를 명쾌하게 수립했다. 켐니츠는 '칭의' 용어에는 두 가지 접근방식이 있다고 강조한다. 라틴 접근법은 칭의를 의롭게 만들기(iustum facere)로 해석하고, 히브리 접근법은 죄인이 회개함으로써 죄의 사면을 받고, 그리스도의 의가 전가된다(absolutio a peccato seu remissio peccatorum et imputatio iustitiae Christi)로 해석한다는 것이다.[126] 전자는 어거스틴의 뒤를 이은 로마 가톨릭의 방식이며, 후자는 루터파의 방식이다. 라틴 방식은 칭의를 의의 주입으로 해석했는데,[127] 켐니츠는 세속 그리스 자료에 대한 분석을 기반으로 하여 동사가 반드시 법정적 의미로 해석되어야 한다고 주장한다. 결과적으로 어거스틴은 특히 의의 전가 문제와 관련하여 바울을 잘못 해석한 오류가 있다.[128]

이 입장은 일치 신조 제3항에 의해 승인을 받는다.[129] 여기서 칭의가 명백한 법정적 용어로 정의되며, 의롭게 하는 의로 간주해야 할 것은 믿음이 아니라 우리에게 전가되는 그리스도의 의임을 분명히 한다.

> 이 논의에서 '칭의' 용어는 하나님께서 믿음을 통하여 그리스도에게 전가하신 그리스도의 의 때문에 '의를 산출하며, 죄 그리고 죄의 영원한 결과를 사면한다는 뜻이다.[130]

---

lutherischen Bekentnisschriften,' *ZThK* 10 (1998), 47-64.
126) Chemnitz, *Examen* 129.a 7-16.
127) Chemnitz, *Examen* 130.b 15-18.
128) Chemnitz, *Loci theologici*, Pars II, 626, 642; *Examen* 130.b 24-48; 131.a 39-41; 131.b 18-23; 132.b 1-3.
129) *BSLK* 913-36.
130) *Solida declaratio* III. 17, *BSLK* 919.24-9: 'Vocabulum igitur *iustificationis* in hoc negotio significat iustum pronuntiare, a peccatis et aeternis peccatorum suppliciis absolvere, propter iustitiam Christi, quae a Deo fidei imputatur.'

그리스도의 신성과 인성 모두에 기초한 그리스도의 중보자적인 의에 의한 칭의에 찬성하면서, 오시안더와 스탄카리의 개인적 가르침이 거부되었다.[131]

메이어 논쟁은 신조의 제4항을 통하여 해결되었다. 선행은 선행을 명령받았다는 점에서 의무적이며, 동시에 하나님에 대한 믿음과 감사의 적절한 표현으로 선언되었다. 그러나 선행이 구원을 위한 의무라거나 필수 사항은 아니다.[132]

신인협력설과 단원론 논쟁은 신인협력설의 입장을 명시적으로 정죄함으로써 일단락되었다. 슈트리겔의 자석과 마늘 양념 비유도 명백히 거부되었다.[133] 멜랑크톤이 크리소스톰의 도움을 받아 하나님은 원하시는 자만을 자신에게 이끄신다고 해석한 요한복음 6:44은 이제 반(反)-멜랑크톤적인 의미인, 자유 의지는 전적으로 무기력하며 은총에 의존한다는 뜻으로 해석되었다. 한편 1535년 이래 멜랑크톤은 칭의의 세 가지 동시적 원인(말씀, 성령과 인간의 의지)을 인정하여, 사람들이 자신의 칭의에 관해서 말할 수 있도록 허용했는데, 신조는 이 중에서 성령만을 승인했다.[134]

그러므로 신조는 단원론 입장을 지지한 것으로 보인다. 그러나 예정론에 관한 진술에 비추어 볼 때, 꼭 그런 것만은 아니다. 하나님의 보편적인 자비(benevolentia Dei universalis)에 기초한 예정 교리가 찬성되고, 루터의 『노예의지』의 중요한 요소인 이중 예정 교리가 분명하게 거부되었다. 예정(praedestinatio)과 예지(praescientia) 사이에 주의 깊은 구분이 이루어졌다. 전자는 오직 하나님의 자녀에게만 미치고, 후자는 모든 피조물에게 확대된다.[135] 멸망의 이유(causa perditionis)는 하나님이 아니라 인간에게 있는 것으

---

131) *Solida declaratio* III.4; III.12; III.56, *BSLK* 914.19-916.3; 918.10-12; 933.36-934.11.
132) *Epitome* IV.16, *BSLK* 789.15-20.
133) *Epitome* I.15, *BSLK* 773.28: 'cum magnes allii succo illinitur.'
134) *Epitome* II.6, *BSLK* 778.4-14. 고전적인 연구를 보라. E. F. Fischer, *Melanchthons Lehre von der Bekerhrung: Eine Studie Entwicklung der Anschauung Melanchthons über Monergismus und Synergismus*, Tübingen: Mohr, 1905.
135) *Solida declaratio* XI.4; XI.5, *BSLK* 1065.2-6, 23-7.

로 정의내려졌다.[136] 부수적으로 이런 결론은 다른 어떤 조건에 의한다고 말할 수 없는 유일한 자유의 중심은 하나님 당신뿐이라는 1525년 루터의 강조에 대비된다. 더욱이 자유 의지는 은총의 영향 아래, 믿음으로 상승된다는 주장은 루터의 노예 의지 교리에 급격한 타격을 입혔다.[137] 신조는 인간 의지와 성령 사이의 협력에 대한 어떤 암시도 구체적으로 거부했다. 이것은 인간이 은총과 별도로 하나님과 협력할 수 있다는 멜랑크톤의 견해에 반대하기 위한 것임이 분명하다. 신조는 인간의 자유 의지가 은총에 의해 해방된 것으로 보는데, 반면 루터는 인간의 피조성으로 인해 영구적으로 노예화된 것으로 본다.

그러므로 일치 신조는 루터의 사망과 함께, 루터파교회 내부의 주요 논쟁들의 종언이다. 또한 루터주의 내부로부터의 루터 비판에 대한 승리이자 통합으로 기록된다. 루터의 칭의 개념, 신자 안의 그리스도의 임재 개념, 이중 예정 교리, 노예 의지 교리 모두가 그의 추종자들에 의해 거부되거나 급격히 수정되었다. 이러한 비판과 수정이 정당했는가 하는 질문은 부적절하다. 그러나 루터파 정통이 우리 교리 발전에 기여한 중요성을 모두가 인정하는 가운데 이런 질문이 이루어진다면, 그것은 올바르고도 적절하다.

루터란 정통과 개혁파 정통 내부에서 교리의 행로를 고찰하기에 앞서, 종교개혁의 한 분파인 츠빙글리와 칼빈에게는 이 교리가 어떻게 펼쳐졌는지 조사해야만 한다.

5. 1519년-1560년 초창기 개혁신학

비록 종교개혁의 역사 형성과 신학 형성에 미친 루터의 영향력이 막대하지만, 동일한 시기 유럽의 다른 지역에도 상당히 다른 성격과 양식의 개혁

---

136) *Solida declaratio* XI.81, *BSLK* 1086.26-41: 'enim Deus non est causa peccati.' 참조. XI.41 (1076.4-16). 또한 신적 예정의 결과로써 유기자가 하나님의 말씀을 경멸하는 것일 수도 있다는 가능성이 거부되었다.
137) *Epitome* II. 18, *BSLK* 780.30-781.3. 참조. II. 83, 906.5-24.

이념에 기초한 개혁의 물결이 있었음에 유의할 필요가 있다. 스위스 동부가 그 사례다. 1510년대와 1520년대 이 지역에서 발생한 개혁운동은 이 지역, 특히 바젤대학과 비엔나대학에서 활발히 움직이던 인문주의자 연합과 밀접히 관련되어 있다. 이 지역의 개혁 어젠다는 중세교회가 구원론을 곡해하고 있다는 개념과는 전혀 연결점이 없다. 오히려 개혁 추동 세력은 교회와 그리스도인 개인의 삶과 도덕에 집중했다.

스위스 종교개혁은 그 출발에서부터 주로 개혁을 삶과 도덕에서의 개혁으로 바라보았고, 이를 교회의 미래를 위한 특징적 비전으로 삼았다.[138] 교리적 개혁이 필요하다거나 중요하다고 생각하지 않았다. 교회적 비전의 재생, 그리고 신약성경에 그려진 교회의 구조와 도덕성의 재정립 등이 핵심 이슈였다. 1519년 취리히에서 행해진 츠빙글리의 설교에 이러한 개혁의 꿈이 뚜렷이 보일 것이다.

츠빙글리의 개혁신학과 급진사상가들의 신학 사이에는 종종 간과되곤 하지만 강하고도 커다란 유사성이 있다. 츠빙글리의 특징이기도 한, 원죄 교리에 대한 의심은 피터 리더만(Peter Riedermann) 같은 급진신학자의 공명을 일으킨다.[139] 구속이란 내적 변화에 관한 것이며, 제자의 삶을 보장한다. 칭의에 대한 루터의 강조는 무조건적인 수용을 통하여 제자로서의 충성 요구는 심겨버린 듯히다. 비록 신학적 외교이 필요성이 츠빙글리를 소극적으로 만들었을지 모르지만, 그도 비슷한 관심사를 표명했다.

인문주의가 초기 개혁신학에 미친 영향은 막중하다.[140] 또한 초기 단계 운동의 전형이 된, 구원론 분야의 관심 부족을 이해하는 일에도 중요한 함의가 있다. 비록 칭의 교리에 대한 에라스무스(Erasmus)의 관심이 아주 작은 것으로 보이지만, 이 이슈에 대한 그의 전반적인 접근은 근본적인 색채에 있어

---

138) 다음 중요 연구를 보라. E. Ziegler, 'Zur Reformation als Reformation des Lebens und der Sitten,' *Rorschacher Neujahrsblatt* (1984), 53-71.
139) J. Friedmann, 'Peter Riedemann on Original Sin and the Way of Rédemption,' *Mennonite Quartely Review* 26 (1952), 210-15.
140) B. Moeller, 'Die deutschen Humanisten und die Anfänge der Reformation,' *ZKG* 70 (1959), 46-61; 동일 저자의, 'Die Ursprünge der reformierten Kirche,' *ThLZ* 100 (1975), 642-53.

도덕주의자의 접근이었다.[141] 에라스무스에게, 그리스도의 법(lex Christi)으로서 예수의 가르침과 관련된 신약성경의 중요성으로 인해, 신약성경은 종교적인 교육 및 형성 과정에 있어 가장 일차적인 도구로 간주되었다. 따라서 에라스무스는 성경의 도덕적 의미가 중요하다고 강조했고, 이를 통해 구약성경에서 신약성경으로 복음의 법(lex evangelica)이 계속됨을 제시할 수 있었다.[142]

여기서 우리는 초기 개혁주의 전통과 루터 사이에 결정적인 차이점 한 가지를 발견하게 된다. 부써와 츠빙글리에게, 유대 율법은 (1520년대와 그 이후 루터파의 생각처럼) 이제는 폐지되어 버린 나쁜 것이 아니라 이제 충족된 선한 것으로 여겨진다. 이 점에서 츠빙글리와 부써에 대한 에라스무스의 영향을 고려해 볼 만하다.[143] 그리고 이를 통해 초기 개혁교회의 두 핵심 신학자의 강력한 도덕주의적 칭의 교리를 설명하는 길로 나갈 수 있을 것이다.[144] 그럼에도 불구하고 두 신학자는 분명 이 점에서 자신들의 신학적 발전에 영향을 준 다양한 인문주의 형식들의 도덕주의적 전제보다, 구약과 신약성경 자체에 근거한 긍정적인 율법에 대한 태도를 보여준다.[145]

---

141) E.-W. Kohls, *Die Théologie des Erasmus*, 2 vols., Basel: Reinhard, 1966, 1.43-58.
142) Erasmus의 도덕주의적인 성경 주석에 대한 유용한 논의로 다음을 보라. H. G. Reventlow, *The Authority of the Bible and the Rise of the Modern World*, London: SCM Press, 1984, 39-48.
143) 예를 들어, J. F. G. Goeters, in M. Greschat and J. F. F. Goeters (eds.), 'Zwinglis Werdegang als Erasmianer,' in Reformation und Humanismus: Robert Stupperich zum 65. Geburtstag, Witten: Luther-Verlag, 1969, 225-71; F. Krüger, *Bucer und Erasmus: Eine Untersuchung zum Einfluß des Erasmus auf die Théologie Martin Bucers*, Wiesbaden: Steiner, 1970; R. Stauffer, 'Einfluß und Kritik des Humanismus in Zwinglis "Commentarius de vera et falsa religione",' *Zwingliana* 16 (1983), 97-110; Christine Christ, 'Das Schriftverständnis von Zwingli und Erasmus im Jahre 1522,' *Zwingliana* 16 (1983), 111-25.
144) 16세기 인문주의에 대한 로마법의 영향은, 이 점에서 아주 중요하다. M. L. Monheit, 'Gillaume Budé, Andreas Alciato, Pierre de l'Estoile: Renaissance Intérpreters of Roman Law,' *JHI* 68 (1997), 21-40.
145) Bucer 접근방법의 유대교적 뿌리에 대해서 다음을 보라. G. M. Hobbs, 'Martin Bucer on Psalm 22: A Study in the Application of Rabbinical Exégèse by a Christian Hebräist,' in O. Fatio and P. Fraenkel (eds.), *Histoire de l'exégèse au XVIe siécle*, Geneva: Droz, 1978, 144-63.

초기 인문주의자 시절, 츠빙글리의 칭의 이해는 주로 윤리적인 이해였다. 스위스 인문주의 운동의 동시대인들은 도덕적 성실함에 대한 두드러진 강조로 인해, 그를 그리스도 철학(philosophia Christi)의 탁월한 해설자로 여겼다.[146] 츠빙글리에게, 하나님에 대한 충성에 기초한 '믿음의 의'는 자기 확신에 기초한 '자기 의'와 대조되어야 하는 것이었다. 복음의 법에 대한 에라스무스와 츠빙글리 사이의 유사성은 칭의를 중생에 종속시키는 데서 특별히 잘 드러난다. 츠빙글리는 '칭의'나 '의롭게 됨'이라는 용어를 거의 사용하지 않고, 대신 '올바로-믿기'(rechtglöbige)라는 용어를 사용하는 경향이 있다. 그러므로 그는 올바로 믿는 사람이란 자신을 기꺼이 율법에 복종시키며, 불신자와 대조되는 사람이라고 제시한다.

따라서 '새 사람'(wiedergeborene und neue Menschen)의 도덕적 성품에 관한 츠빙글리의 강조는 칭의를 종합적인 신적 판정이 아니라, 분석적인 신적 판정에 기초한 것으로 이해하도록 이끌었다. 이 시점에서 종교개혁의 급진 분파와의 유사성이 다시 한번 강조되어야 한다.[147] 급진개혁자들은 신자에게 필요한 것은 단순히 하나님의 약속을 신뢰하는 것이 아니라, 그리스도를 모방하는 것임을 강조하고자 의롭게 만들기(Gerechtmachung) 또는 경건하게 만들기(Fromm-machung)라는 용어를 즐겨 사용했다.[148]

루터의 경우, 사람이 어떻게 은혜로우신 하나님을 찾을 수 있는가 하는 질문이 칭의 교리에 대한 그의 강렬한 선입견으로 연결된 반면, 츠빙글리의 관심사는 주로 교회의 개혁과 재생, 달리 말하면, 기독교 르네상스(Christianismus renascens)라는 인문주의적 비전이었다. 츠빙글리는 복음의 중심으로 칭의 교리를 생각하기는 고사하고, 응집력 있는 신학 개혁 프로그램의 기초로 에라스무스의 그리스도의 철학과 분명하고도 중요한 유사점을 나타내는, 일종의 도덕주의를 채택한 것으로 보인다.[149] 츠빙글리의 개혁 프로그램

---

[146] 예를 들어, CR 7.328.17-20. Rich, Anfänge, 56-70.
[147] Beachy, *The Concept of Grace in the Radical Reformation*.
[148] 이 주제에 대해서는 Kaspar Schwenckfeld의 저작들을 보라. A. Séguenny, *Homme charnel, homme spirituel: étude sur la christologie de Caspar Schwenckfeld (1489-1561)*, Wiesbaden: Steiner Verlag, 1975.
[149] McGrath, 'Humanist Elements in the Early Reformed Doctrine of Justification.'

은 초창기에 그가 속한 스위스 인문주의 서클의 것과 일치한다. 아마도 그가 이 프로그램에서 벗어나기 시작한 시점은 1520년 무렵, 그가 취리히에 도착하여 개혁 사역을 개시한 이후일 것이다.[150]

요하네스 외콜람파디우스(Johannes Oecolampadius)의 저작에도 칭의에 대한 비슷한 도덕주의적 접근을 발견할 수 있다. 크리스천의 삶에서 중생의 중요성에 대한 그의 강력한 강조는 사람의 칭의를 사람의 중생에 종속시켰다는 것이다. 외콜람파디우스가 히브리서 10:24 주석에서 언급했듯이, 그리스도인은 그들이 천명한 믿음이 선행으로 드러나고 있는지 알기 위해 자신을 끊임없이 살펴보아야만 한다. 앙리 스트롤(Henri Strohl)은 외콜람파디우스의 주요 관심사는 믿음의 윤리적 차원인 것 같다고 기록한다.[151] 마찬가지로 십자가상에서 그리스도의 죽음은 인류를 향한 신적 사랑을 극대화시켜, 사람들을 도덕적인 경지로 이끌려는 의도였다. 여기서 우리는 츠빙글리와 마찬가지로, 그들의 신학 안에 흘러 들어간 초기 스위스 개혁자들의 도덕적인 주장을 발견한다. 참된 믿음의 사람은 도덕적 성실성을 지닌 사람이다. 마찬가지로 하인리히 불링거(Heinrich Bullinger)는 칭의란 의의 전가가 아니라 의의 실현이라고 주장했다.[152] 후기 경건주의와 마찬가지로, 인간의 칭의는 그들의 도덕적 행위에 의해 승인받는다.

초창기 개혁교회 안에서 칭의 교리에 대한 가장 중요한 제시는 마틴 부써의 설명이다. 여기서 우리는 두드러진 에라스무스적 접근법으로 미성숙된 츠빙글리의 도덕주의가 전개됨을 발견한다. 부써는 초창기 시기부터 에라스무스주의에 강하게 이끌렸다.[153] 비록 부써가 1518년 하이델베르크 회합 이후 분명히 루터에게 영향을 받았다 하더라도, 루터의 많은 가르침을 에라

---

150) 신학적 개혁자로 Zwingli의 출발 시기에 대한 질문으로는, Neuser, *Die reformatorische Wende bei Zwingli*, 38-74.
151) H. Strohl, *La Penseé de la Réforme*, Neuchâtel: Delachaux & Niestle, 1951, 107. 참조. E. Staehelin, *Das theologische Lebenswerk Johannes Oecolampadius*, Leipzig: Heinsius, 1939; E. G. Rupp, *Patterns of Reformation*, London: Epworth, 1969, 3-48.
152) Bullinger, *Sermonum decades quinque* 157b. 바울과 야고보의 조화에 대한 강조에 주목하라. 또한 *De gratia dei iustificante* 65-7에도 분명하다.
153) 이것은 특히 Erasmus의 작품들에 대한 그의 초기 몰두에서 분명히 보인다. M. Greschat, 'Martin Bucers Bücherverzeichnis,' *Archiv für Kulturgeschichte* 57 (1975), 162-85.

스무스적 용어로 해석했고, 동시에 보다 독특한 루터 개혁 사상의 많은 부분을 간과하는 경향이 드러났다는 점이 아주 중요하다.[154] 토라 개념의 철학적 해석에 기초하여 '교리'를 '윤리'로 축소시킨 데서 드러나듯이 부써의 선입관은 분명 도덕주의다. 그에게는 성경 전체가 율법으로 보인다.[155] 이러한 도덕주의적 성경 접근법이 그의 칭의 교리에 반영되어, 루터 교리에 대한 커다란 수정을 보여준다.

부써는 이중 예정 교리를 발전시킨다. 인간의 죄가 용서되고 의가 그들에게 전가되는 '첫 번째 칭의' 후에, 인간이 의롭게 만들어지는 '두 번째 칭의'가 따른다. 부써가 사도 바울을 기초로 설명한 불경건한 자의 칭의 다음으로 성 야고보를 기초로 설명한 경건한 자의 칭의가 뒤따른다.[156] 부써는 첫 번째 칭의의 법정적 개념을 유지하는 데 관심을 기울이면서, 이를 위해서는 두 번째 칭의에서 선행이 드러나야 함을 강조한다. 비록 인간의 첫 번째 칭의는 오직 믿음(sola fide)에 의해서 일어나지만, 두 번째 칭의는 그들의 행위에 근거해서 일어난다. 부써는 첫 번째 칭의의 법정적 성격을 유지하면서, 동시에 이를 위해서 선행이 발현되어야 할 필요성을 강조한다. 비록 두 번째 칭의는 여러 면에서 다음 단계인 성화 개념과 대등한 것으로 보이지만, 여전히 도덕주의적인 의미를 주로 담고 있다.

이러한 분석에는 반드시 다음 질문이 제기된다. 실제로 부써가 엄격한 의미의 이중 예정 교리를 가르친 것일까? 달리 말해서, 칭의의 공식적 원인은 전가되었으면서 동시에 내재된 의인가? 이 점에서 '레겐스부르크 헌장'(Liber Ratisboniensis)의 칭의에 관한 주요 항목 작성에 부써가 관여했다는 가

---

154) 이 점은 Bucer와 Beatus Rhenanus 사이의 서신에 기초하여 Koch가 잘 발견했다. K. Koch, *Studium Pietatis: Martin Bucer als Ethiker*, Neukirchen: Neukirchener Verlag, 1962, 10-15.
155) *Enarrationes in sacra quattuor evangelia* (1530), 48 B-C; 49 C. 참조. Koch, *Studium Pietatis*, 67.
156) *Metaphrasis et enarratio in epist. D. Pauli ad Romanos*, 231 A-B; 232 D-E. 같은 저서의 다른 곳에서, 그는 세 번째 요소로 죄인의 최종적 영화를 포함하는 삼중적 구도를 기록한다. 119 A-B. J. Müller, *Martin Bucers Hermeneutik*, Gutersloh: Mohn, 1965, 122 n. 184.

설에는 상당한 신빙성이 있다.[157] 부써가 그로퍼(Gropper)나 피기우스(Pighius)의 의도대로, 중재적 목적에 기여하는 방식으로 칭의 교리를 정식화 하지는 않았다는 것이 질문에 대한 가장 적절한 대답일 것이다. 오히려 전적으로 거저 주어지는 죄인의 칭의와 곧이어 그들에게 부과되는 도덕적 의무 사이의 확고한 신학적 연결고리를 만들려고 했을 것이다. 성령이 이끄시는 의와 선행은 하나님의 시각 앞에서 인간의 공로 없는 수용의 가시적 증거로 나타난다. 좋은 나무가 좋은 열매를 맺듯이, 의롭게 된 죄인은 반드시 선행을 한다.[158] 부써가 '개혁자들 중의 경건주의자'의 이미지를 굳히게 된 것은, 오직 믿음으로 의롭다 함을 받는 칭의 교리에 잠재되어 있는 부정적인 윤리적 함의에 대한 그의 염려 때문이다.[159] 부써는 경건의 역할은 분명 그리스도인의 삶에서 충분히 칭의 교리 안에 통합될 만한 것이라 생각했다. 믿음은 반드시 온전한 경건과 축복('die ganze Frommheit und Seligkeit')을 산출해야 한다. 부써는 이를 다음과 같은 구원의 순서(ordo salutis)로 책정한다.[160]

예정(praedestinatio) → 선택(electio) → 소명(vocatio) → 칭의(iustificatio) → 영화(glorificatio)

여기서 칭의는 두 가지 요소를 지닌 것으로 이해된다. 믿음에 의한 첫 번

---

157) Stupperich, 'Der Ursprung des Regensburger Buches von 1541 und seine Rechtfertigungslehre.'
158) *Metaphrasis et enarratio in epist. D. Pauli ad Romanos*, 11-14. 참조. W. P. Stephens, *The Holy Spirit in the Theology of Martin Bucer*, Cambridge: Cambridge University Press, 1970, 48-100, 특히 55-61.
159) A. Lang, *Der Evangelienkommentar Martin Butzers und die Grundzüge seiner Théologie*, Leipzig: Dieterich, 1900, 8, 137, 377-8. 불행하게도, Bucer에게 인문주의의 영향이 없다는 Lang의 단정은 비평적 평가에 의해 무너진다. 그러나 Bucer의 이데올로기적 유연성으로 인해 아마 이러한 측면들을 해석할 때 설명하기 어려운 부분이 생기기도 한다. M. Greschat, 'Der Ansatz der Théologie Martin Bucers,' ThLZ 103 (1978), 81-96.
160) 예를 들어, *Metaphrasis et enarratio in epist. D. Pauli ad Romanos*, 405 c. 이것이 논리적 순서로 아니면 시간적 순서로 이해되어야 할지 분명하지 않다. Stephens, *Martin Bucer*, 30페이지는 이것이 논리적 순서라고 제안하는데, 보다 주의 깊은 Müller, *Martin Bucers Hermeneutik*, 24 n. 38의 분석은 시간적 순서라고 제시한다.

째 칭의와 행위에 의한 두 번째 칭의다.

부써가 인간의 도덕적 행위를 칭의라는 신학적 영역에 배치시킨 점이 강조할 측면이다. 반면 멜랑크톤 같은 이들은 중생이나 성화에 도덕적 행위를 배치했다. 부써의 배치는 구원의 순서에 있어 상당히 독특한 요소다. 그러나 최근에 부써 해석자 중 일부가 제시하듯이, 부써는 구원의 순서에 성화를 포함시키지 않았다.[161] 후에 칼빈이 성화(sactificatio)로 명명한 것이 부써에게는 '두 번째 칭의' 또는 '경건한 자의 칭의'였던 셈이다.

초창기 개혁주의 칭의 교리의 발전에 있어 가장 커다란 공헌은 존 칼빈에게 돌려져야 한다는 데 광범위한 지지가 있다.[162] 비록 1536년판 『기독교 강요』(Christianae religionis institutio)에 칭의는 겨우 몇 줄만 들어 있지만, 1539년판과 그 후속판에는 '종교가 지향하는 주요 요체'이며 '모든 경건의 종합'으로 묘사된다. 그러나 초판의 드문 칭의 진술에도, 분명히 법정적 용어로 정의되어 있다는 사실이 아주 중요하다. '의롭게 됨'은 결코 우리가 의롭게 됨을 뜻하지 않으며, 우리가 그리스도 때문에 의롭다고 여겨짐을 의미한다.[163]

『기독교 강요』의 후속판에서 법정적 칭의에 대한 짧은 긍정이 더욱 깊이 발전된다. 인간은 칭의를 통해 의롭게 만들어지는 것이 아니라 의로운 것처럼 받아들여지는 것이니, 그 자신의 의 때문이 아니라, 사람의 외부에 있는 그리스도의 의 때문에 그렇게 된다. 전가의 성격에 관한 칼빈의 짧은 논의는

---

161) Stephens, *Martin Bucer*, 99페이지는 '예정과 소명, 칭의, **성화**와 영화를 모두 붙들어 매는 끊을 수 없는 연결고리가 있다'고 진술한다(굵은 글씨는 필자의 것이다). 주석에는 성화에 대한 어떤 언급도 없다(99 n. 2). 마찬가지로 Stephens의 '칭의'에 관한 전 부분은(71-98) Bucer의 사상 위에 이질적인 구조를 중첩시킨 것으로, 언급된 텍스트를 기초할 때, 지지를 받을 수 없다.
162) 비록 Calvin의 칭의 신학의 주요 특징은 그의 주석에서 발견되지만(예를 들어, H. P. Santmire, 'Justification in Calvin's 1540 Romans Commentary,' *ChH* 33 (1963), 294-313), 우리는 1559년판 『강요』를 토대로 분석을 전개하자고 제안한다. 칭의에서 신자와 그리스도의 관계의 성격에 관한 Calvin과 Osiander의 차이는 오직 이 후기 작품을 통해서만 완벽하게 밝혀질 것이다. 더욱이, 16세기 말 개혁 신학의 전파는 그것이 번역판이든지 요약판이든지 간에 성경 주석들보다는 1559년판 『강요』에 큰 빚을 지고 있다.
163) *Christianae religionis institutio*, Basel, 1536, III, OS 1.73. 1539년판은 초판의 짧은 언급을 대규모로 확장한 장(VI. De iustificatione fidei et meritis operum)을 포함한다.

위에서 언급된 에라스무스의 1516년판 신약성경의 사고와 평행을 이룬다. 칼빈에게 있어, 사람은 하나님에 의해 그들이 마치 의로운 것처럼 받아들여 질 때 자신이 의로워졌다고 말할 수 있다.

> 그러므로 우리는 '칭의'를 단순히 하나님께서 은총 안에서 우리를 받아 들이시며 우리를 의롭게 취급하시는 그분의 용납으로 해석합니다. 칭의는 죄의 사면과 그리스도의 의의 전가로 구성됩니다.[164]

칼빈 자신은 칭의 개념의 강한 법정적 성격을 인정하는 데 어떤 주저함도 없었다. 특히 그의 대적인 오시안더를 상대하는 변증에서 이 점이 두드러진 다.[165] 또한 칼빈이 신적 수용(acceptatio divina)에 부여한 강조는 비아 모데르나와 스콜라 아우구스티니아나 모데르나와 분명한 평행을 이룬다. 이러한 강조는 중세 후기 운동 중 의지주의(voluntarism) 및 외부유래설(extrinsicism)과의 유사성을 암시한다.[166]

인간에게는 신적 수용을 위한 어떤 근거도 없기 때문에, 칭의 시 그들의 의는 언제나 그들 밖(extra seipsum)에 있으며, 우리의 의는 언제나 우리의 것이 아닌 그리스도의 것(non in nobis sed in Christo)이라고 주장한다.[167] 비록 이 문제에서 칼빈이 멜랑크톤의 지도를 따르는 것처럼 보일지 모르지만,[168] 루터의 칭의 이해에서 멜랑크톤이 저버렸던 중요 요소를 칼빈은 유지하고

---

164) *Institutes* (1559) III.xi.2, *OS* 4.183.7-10.
165) *Institutes* III.xi.11, *OS* 4.193.2-5; 193.17-194.21. Osiander에 대한 Calvin의 비판에 대해서 다음을 보라. Zimmermann, 'Calvins Auseinandersetzung mit Osianders Rechtfertigungslehre,' *KuD*.
166) 분석을 위해 다음을 보라. McGrath, 'John Calvin and Late Medieval Thought,' Calvin의 *meritum Christi*(이 점에서 아주 중요한)는 본서의 앞에서 중세 후기의 공로 교리와 관련하여 논의되었다.
167) *Institutes* III.xi.23, *OS* 4.206.29-32. 따라서 Calvin은 Augustin 자신의 내재적인 칭의케 하는 의 개념과 동시에 오시안더적인 변종을 비판하고 있다. *Institutes* III.xi.15, *OS* 4.199.25-200.6.
168) 아우그스부르크 고백서에 대한 Calvin의 태도에 대해서 다음을 보라. Willem Nijenhuis, 'Calvin en de Augsburgse Confessie,' *Nederlands Theologisch Tijdschrift* 15 (1960-1), 416-33.

있다. 칭의 시 그리스도와 신자와의 인격적인 연합이 이런 요소에 포함되는데, 현대 핀란드 학파의 루터 해석자들이 성공적으로 복원시켰다. 칼빈은 신자가 '그리스도에게 접붙임' 된다고 말한다. 그러므로 연합 교리가 칼빈의 칭의 이해의 핵심이 된다. 인간이 의롭게 되는 근거인 그리스도의 의는, 마치 그리스도와 신자의 친밀한 인격적 관계라는 상황 속에서 사람에게 속한 것처럼 취급된다.[169] 오시안더에 대한 칼빈의 논박은 그리스도와 신자의 연합 유무보다 그 기본적 성격에 더 관심을 둔다. 오시안더는 연합을 물질적인 것으로 이해하지만, 칼빈은 순전히 영적인 것으로 이해한다.[170]

신자가 그리스도에게 연합되면서 일어나는 두 가지 결과가 칭의와 성화다. 이 둘은 구별되지만 분리될 수는 없다.[171] 따라서 부써가 '경건한 자의 칭의' 또는 '두 번째 칭의'를 말하는 지점에서, 칼빈은 성화를 말한다. 부써는 성령의 중생시키는 활동에 기초하여 첫 번째와 두 번째 칭의를 연결하지만, 칼빈은 신자의 그리스도에의 접붙임(insitio in Christum)에 근거하여 연결시킨다. 칭의와 성화는 그리스도 안에 있는 신자의 새로운 생명 요소다. 사람이 믿음을 통하여 그리스도의 부분이 아니라 전체를 받는다. 따라서 칼빈이 두 가지 은총 원리라고 부르는, 두 가지 구원 요소의 분리는 상상할 수 없다.[172] 부써와 칼빈의 구원의 순서를 비교하면 도움이 될 것이다.

부써: 선택 → 불경건한 자의 칭의 → 경건한 자의 칭의 → 영화

---

169) *Institutes* III.xi.10, OS 4.191.31-192.4.
170) Niesel, 'Calvin wider Osianders Rechtfertigungslehre.' 이 점에서 Bernard of Clairvaux의 '그리스도와의 연합' 개념에 대한 Calvin의 태도는 상당한 흥미를 유발한다. D. E. Tamburello, *Union with Christ: John Calvin and the Mysticism of St. Bernard*, Louisville: Westminster John Knox Press, 1994. 이는 레겐스부르크의 칭의 항목(1541년)에 대한 Calvin의 태도로도 적합하다. W. H. Neuser, 'Calvins Urteil über den Rechtfertigungsartikel des Regensburger Buches,' in Greschat and Goeters (eds.), *Reformation und Humanismus*, 176-94.
171) *Institutes* III.xi.1, 6. 더 깊은 논의와 자료들로 다음을 보라. Boisset, 'Justification et sanctification chez Calvin'; Stadtland, *Rechtfertigung und Heiligung*; MeGrath, 'Humanist Elements in the Early Reformed Doctrine of Justification,' 14-16.
172) 이 구절을 위해서 다음을 보라 CR (Calvin) 50.437-8.

칼빈: 선택 → 신비적 연합(unio mystica) → 칭의/성화 → 영화

칼빈 칭의 이해의 강점은 칭의가 이제 기독론적으로 인식된다는 점이다. 따라서 츠빙글리와 부써와 관련된 칭의의 필연적인 도덕적 개념이 기각될 수 있게 된다. 츠빙글리와 부써는 칭의를 성령의 재생시키는 사역을 통한 신자의 중생에 의존시키는 경향이 있는데, 칼빈은 신자들의 그리스도로의 접붙임의 결과 신자들에게 동시적으로 그리고 분리되지 않고 수여되는 가장 중요한 그리스도의 호의(beneficia Christi)로서 칭의와 성화를 이해한다. 성화는 칭의의 결과가 아니다. 칭의와 성화 모두 그리스도와의 연합의 결과다. 우리가 그리스도에게 일치되어 가는 과정을 통하여 우리 삶 속에서 그리스도 안에서의 새로운 지위가 현실화되어 간다는 의미인 '우리가 우리 된 것'이라는 용어를 통하여, 성화 또한 어떻게 기독론적으로 생각될 수 있는지 살펴보자.

츠빙글리와 부써는 구원의 순서에서 그리스도를 외래적으로 생각한 반면, 칼빈은 내재적으로 생각한다. 이처럼 새로운 칭의의 접근법은 일종의 복구(아마 의도적인)로 생각될 수 있다. 그리스도 안에서 하나님과 신자와의 개인적 조우라는 루터의 실재적 칭의 개념과 멜랑크톤적 칭의 개념의 외래성을 동시에 유지한다. 칼빈은 루터처럼 칭의에서 믿음은 그것이 그리스도를 붙잡고 전유하는 정도까지만 성립됨을 강조한다.[173] 사실 믿음이 의롭게 하는 것이 아니라 모든 것을 그리스도의 탓으로 돌림으로써, 믿음도 칭의에서 한 몫을 맡게 되었다고 할 수 있다.[174] 달리 말하면, '오직 믿음으로 의롭게 됨'이라는 슬로건은 애초부터 '믿음에 의한 칭의'를 배제하고 이해될 가능성이 있다. 칭의는 오직 그리스도에 의한 것이다. 믿음은 단순히 그리스도를 받아들이는 그릇이다. 그리고 이 그릇은 가치 면에서 그릇이 담는 보물과 비교될 수 없다. 따라서 믿음은 칭의의 도구적 요인이라고 말할 수 있을 것이다.[175] 그러나 칼빈이 실제로 관심을 가진 것은 칭의보다는 그리스도와의

---

173) *Institutes* III.xi.7.
174) *Institutes* IV.xvii.41; III.xvii.11; III.xviii.10.
175) *Institutes* III.xi.7.

연합(그 필연적인 결과로서의 칭의)임이 분명하다. 이 시점에서 칼빈이 1559년판 『기독교 강요』에서 칭의에 대해 그다지 중요성을 부여하지 않은 듯한 상황을 설명해 보자.

칼빈이 1559년판에서 제3권에 이를 때까지 칭의에 대한 논의를 꺼린 사실은 잘 알려져 있다. 그리고 그 다음 성화에 대한 상세한 설명이 이어진다. 이 사실은 루터의 관심사였던 칭의 항목(articulus iustificationis)을 칼빈에게 투사하여, 칭의야말로 『기독교 강요』의 '핵심적 중추'라고 주장하려던 사람들에게 심각한 당혹감을 안겨주었다. 사실상 칼빈의 관심사는 개인이 그리스도 안에 통합되어가는 방식과 그리스도로의 접붙임의 개인적인 그리고 협력적인 결과였다. 칭의는 오직 하나다. 따라서 칼빈은 루터가 직감적으로 파악한 내용을 체계적으로 표현한다. 즉 칭의에 관한 질문은 본질적으로 더 광범위한 질문인 그리스도 안에서 하나님에 대한 인간의 관계에 관한 것이며, 칭의 카테고리의 의미로만 독점적으로 논의할 필요가 없다는 것이다.[176] 결과적으로 이 주제와 연관된 종교개혁의 모든 표어(오직 믿음, 오직 은총, 그리고 심지어 오직 성경까지도)는 공통분모로 모아질 수 있다. 즉 오직 그리스도를 통해서 칭의가 이루어진다.

아마도 칼빈은 개혁파 내부에서 계속되는 칭의 논의의 기틀을 세운 사람이지 다음 세기 개신교 안에 점점 뚜렷이 드러날 한 가지 추세(칭의론의 지위가 차지할 미래의 중요성이 점차 감소하는)를 증폭시킨 사람으로 간주될 것이다. 그러나 결코 이런 추세를 칼빈이 시작한 것은 아니다. 필자가 본 단원에서 논증한 것처럼, 초창기 개혁교회는 결코 독일의 초창기 복음주의 분파들이 칭의 항목에 (아마도 루터의 개인적 영향으로 인해) 부여했던 동일한 중요성을 부여하지 않았다. 기독교 르네상스에 대한 츠빙글리의 초창기 관심사와 그리스도의 법에 대한 부써의 에라스무스적 개념은 칭의 교리와 아무런 상관이 없다. 설령 있다고 하더라도, 평가 면에서 부정적 영향을 줄 뿐

---

[176] 이 사례는 초기 스코틀랜드 개혁교회에도 해당됨을 (예를 들어, John Knox나 1560년 스코틀랜드 고백서의 경우) Torrance가 알아내었다. T. F. Torrance, 'Justification: Its Radical Nature and Place in Reformed Doctrine and Life,' *SJTh* 13 (1960), 225-46, 특히 225-7.

이다. 종교개혁이 칭의 항목에 동일한 관심을 기울였다는 주장은, 활용 가능한 증거에 비추어 볼 때 종교개혁 초창기 국면에도 성립될 수 없는 가설이다. 칭의 항목에 대한 높은 평가와 관심은 오직 독일 종교개혁의 초창기에만 한정되었다는 증거들이 있기 때문이다.

칼빈의 사망으로 개혁신학의 새로운 국면이 시작되었으며, 그 결과 강조점은 칭의로부터 더욱 멀어졌다. 개혁파 스콜라주의의 등장은 예정론을 개혁교회의 핵심 교의로 인정하도록 이끌었다.[177] 예정론 강조는 심지어 칼빈의 1559년판 『기독교 강요』와도 관계가 없다. 초창기 루터교회가 칭의와 관련된 연속 논쟁에 직면한 반면, 당시 개혁교회가 직면한 문제는 주로 예정론이었다. 필자는 다음 단원에서 루터파와 개혁파 정통 내부에서 생긴 칭의 교리의 발전을 살펴보고, 그들의 융합점과 분기점을 세워보고자 한다.

6. 잉글랜드 종교개혁: 틴데일에서 후커까지

비록 롤라드(the Lollard) 운동이 반-성직자, 반-성례적 태도의 진전을 크게 고무시킴으로써 잉글랜드 개혁자들이 오직 믿음 칭의 교리에 호소할 수 있는 기반이 되기는 했지만, 잉글랜드의 종교개혁은 주로 대륙의 상대 국가에서 영감을 얻었다.[178] 잉글랜드 종교개혁의 강력한 정치적 색조는 신학적 이슈를 이차적이며 부과적인 것으로 만들었다. 이러한 사실이 운동의 신학적 빈약함을 설명해 준다. 더욱이 잉글랜드 개혁자들은 칭의 교리보다는, 주로 성례 논쟁(성례에 대한 서로의 차이에 불필요한 관심을 기울이면서)을 하느라 바빴던 것 같다. 그러나 1520년대와 1530년대 초 잉글랜드의 개혁 모임들 안에 유통되던 칭의 교리는 대륙 종교개혁의 주류와 상당히 다른 것

---

[177] Alexander Schweizer, *Die protestantischen Centraldogmen in ihrer Entwicklung innerhalb der reformierten Kirche*, 2 vols., Zürich: Orell & Fuessli, 1854-6. 그러나 Schweitzer는 Calvin이 예정론을 중심으로 다루었다고 주장하는데, 현대 칼빈 학자들은 이 결론을 승인하지 않는다.

[178] J. F. Davis, 'Lollardy and the Reformation in England,' *ARG* 73 (1982), 217-37.

이었다. 비록 1520년대에 케임브리지의 '백마 모임'이 루터의 저작을 토론하려고 모였지만, 일반적으로 잉글랜드에는 종교개혁자의 독특한 생각 중 비교적 적은 일부만이 받아들여졌다.

루터의 영향에서 독립된 기본적으로 어거스틴적 칭의 교리가 잉글랜드에서 회람되었음을 암시하는 멋진 이유들이 있다. 그리고 그러한 영향의 간접적 결과로 발전된 칭의 교리에는 루터 칭의 교리의 핵심 사항인 그리스도의 외래적 의의 전가개념이 전혀 없었다. 예를 들어, '백마 모임'의 지도적 인물이었던 토마스 빌네이(Thomas Bilney)는 순전히 죄의 비전가적인 용어를 틀로 칭의 교리를 발전시켰다. 여기에는 '전가된 의' 개념에 대한 어떤 언급도 없다.[179] 마찬가지로, 윌리엄 틴데일(William Tyndale)은 초기의 변증적 저작에 루터를 광범위하게 사용했음에도, 여전히 칭의를 '의롭게 만드는 것'으로 해석하는 경향이 있었다. 사람 안에서 성령의 새롭게 하고 변화시키는 사역에 대한 강조는 믿음에 대한 루터의 강조와는 상당히 다르며, 분명히 어거스틴의 변화적인 칭의 개념과 평행을 이룬다.[180] 존 프리스(John Frith)는 구조에 있어 명백히 어거스틴적인 회복의 칭의 개념을 재생산 한다. 가장 특징적인 프리스의 칭의 정의는, 칭의가 죄의 비전가로 이루어진다는 것이다. 의의 전가에 대해서는 어떠한 언급도 없다.[181]

잉글랜드 개혁자들의 저서에서 의의 전가 교리가 처음으로 분명하고 명료하게 발견되는 것은 아마도 1534년 로버트 바네스(Robert Barnes)의 「헨리

---

179) Rupp, *The Making of the English Protestant Tradition*, 161; Knox, *The Doctrine of Faith in the Reign of Henry VIII*, 106–9.

180) 예를 들어, *Prologue to Romas*, *Works*, 493–4는 믿음은 '사람을 고치고, 그를 새로운 영적 성품으로 변화시킨다'고 강조한다. 보다 깊이는 다음을 보라. *Mammon, Works*, 53–55. *Exposition of Matthew V VI VII*과 같은 후기 저작에서, 그는 *imputatio iustitiae* 개념의 기본적인 특징을 재생산하는 것 같다.

181) John Konx, *The Doctrine of Faith*, 43–51, 44. Frith가 그리스도의 의가 '우리 자신을 위해 우리에게 접붙임' 된다고 언급한 하나의 독립적인 구절이 있다. *Workes*, 49. 아담의 죄와 그리스도의 의 사이의 평행성은 후기 루터주의라기보다는 분명 어거스틴적인 전제를 기초로 이루어졌다. 비록 신자들이 그리스도 안에서 의롭지만, 실제로는 여전히 죄인이라는 그의 진술은 Augustine과 연관된 칭의의 예기적 이해에 기반을 둔 것으로 보인다. 이 이해는 Luther의 1515년 1516년 로마서 강의에서 재생산되었다. 'Bulwark against Rastell,' *Workes*, 72.

8세에게 보내는 탄원서」일 것이다. 1531년판은 전가 교리를 모호하게 진술했는데,[182] 분명한 의의 전가 개념을 제공하면서 확장된다.[183] 그러나 바네스는 루터주의와의 이해와 친근성에 있어 예외적인 존재다. 전체로서의 초기 잉글랜드 개혁자들은 칭의의 성격에 관한 이해를 제외하고는 대륙의 상대편들과 많은 접촉점을 드러내는 칭의 신학을 보여준다. 1531년 조지 조이(George Joye)는 칭의를 다음처럼 정의한다.

> 의롭게 되는 것, 또는 하나님 앞에서 이 믿음으로 의롭게 만들어지는 것은 하나님에게 죄를 사면받는 것, 용서받는 것 또는 하나님에 의해 그에게 전가된 죄를 가지지 않는 것 외의 다른 것이 아니다.[184]

칭의는 용서이거나 의가 신자에게 전가된다는 동시적인 단정이 없는 죄의 비전가이거나 또는 의롭게 만드는 것으로 이해된다는 단정이 있는 죄의 비전가라는 주장이 1530년대 말까지 잉글랜드 종교개혁의 특징 같다.

헨리 8세의 로마와의 단절, 그리고 그의 사망 사이의 시기에, 새로운 국가 교회의 신학적 입장을 정의하려는 시도에서 「10개조」(1536년 7월), 『주교의 책』(1537년 8월), 「6개조」(1539년 6월 법령으로 제정), 『왕의 책』(1543년 5월 출판) 등 일련의 신앙 공식서가 출판되었다. 이러한 신앙 공식서들은 아마 당시의 신학적 관심사보다 정치적 관심사에 더욱 큰 통찰력을 주었다. 칭의에 관한 진술들은 특히 칭의 개념의 성격에 대해 언급한다는 점에서 흥미롭다.

---

182) 예를 들어, *Supplication* (1531), fol. liiir: '정의를 위해 그들에게 전가된 예수 그리스도의 믿음.' 두 판본 사이의 차이점에 대한 불충분한 리스트로는 다음을 보라. W. D. J. Cargill Thompson, 'The Sixteenth Century Editions of *A Supplication unto King Henry VIII* by Robert Barnes D. D.,' *Transactions of the Cambridge Bibliographical Society* 3 (1960), 133-42.

183) 예를 들어, *Supplication* (1534), *Works*, 242A: '그러므로 우리는 성 바울과 함께, 오직 믿음만이 전가적이라고 정의를 내린다. 즉 우리 구원을 위한 모든 공로와 선, 은총과 호의 그리고 그리스도 안의 모든 것이 우리에게 전가되고 주어진다.'

184) George Joye, *Answer to Ashwell* (London, 1531), B3.

1536년 7월의 10개조는 여러 문제 중에 칭의와 세 가지 성례를 다룬다. 10개조에는 같은 해의 비텐베르크 조항을 통해 중개된 루터주의의 영향이 잘 드러나지만, 이런 영향도 칭의 진술에 있어서는 최소화된 것 같다. 칭의는 다음과 같은 어거스틴 방식으로 정의된다.

> 칭의는 죄의 사면, 그리고 하나님의 은총과 호의로 우리가 수용되거나 재화해되는 것, 즉 그리스도 안에서의 우리의 완전한 갱신을 의미한다.[185]

은총은 분명히 하나님의 호의로서 외래적인 것으로 생각되지만, 칭의는 계속 비법정적이며, 강력한 변화적 용어로 정의된다. 사실상 이러한 칭의 정의는 부분적으로(오직 부분적으로만) 1535년 『일반 주제』에 규정되어 있는 필립 멜랑크톤의 정의에 기초한 것이다.

> 칭의는 죄의 사면과 영원한 생명으로 사람을 받아들이는 재화해를 의미한다. 히브리적 의미에 따라 '의롭게 하는 것'은 법정적 용어이다. 그것은 마치 로마 사람들이 스키피오가 법정에 기소되었을 때, '그를 사면하라, 그리고 그가 의롭다고 선언하라'고 소리쳤던 것과 마찬가지의 것이다.[186]

두 번째 문장 전체가 상당히 중요하다. 여기에는 위의 공식에는 누락되어

---

[185] Hardwick, *A History of the Articles of Religion*, 250; Lloyd, *Formularies of Faith*, xxvi. 이시기 이러한 신앙 공식서들의 발전을 조성한 정치적 요소들에 대해서 다음을 보라. D. MacCulloch, *Thomas Cranmer: A Life*, New Haven: Yale University Press, 1996, 161–6.

[186] CR (Melanchthon) 21.421. R. W. Dixon, *History of the Church of England*, 3rd edn., 6 vols., London: Oxford University Press, 1895–1902, 1.415; P. Hughes, *The Reformation in England*, 3 vols., London: Burnes & Oates, 1963, 2.29 n. 2. 제5조의 성경 구절들이(롬 8:12; 로이드는 이것이 10장이라고 했는데 잘못이다. 그리고 마 19:17) *Locus de gratia et de iustificatione*를 곧바로 뒤이은 Melanchthon의 1535년 *Locus de bonis operibus*에서 인용됨 또한 주목하자. Tyndale의 칭의 개념은 Melanchthon과 밀접한 평행을 이루지만, 그 법정적 성격에 대해서는 어떤 언급도 없다. *Prologue to Romans*, *Works*, 508: '칭의케 함은, 하나님과 재화해 하는 것, 그의 호의로 회복되는 것, 그리고 그대의 죄가 용서되어지는 것 외의 다른 뜻으로 이해되지 않는다.'

있는, 칭의의 법정적 성격에 대한 분명한 단정이 포함되어 있으며, 마지막 구절(그리스도 안에서의 완전한 갱신)은 칭의와 중생 사이의 차이에 대한 어떤 가능성도 완전히 제거되도록 대체되어 있다. 곧이어 이듬해 『주교의 책』속에 이 조항이 축어적으로 통합된다.[187] 『주교의 책』은 그리스도의 의가 신자에게 전가되는 것이 아니라, 교통된다고 강조한다.

> 그는 내 안에 자신의 몸을 심었으며 가지치기하셨다. 그리고 나를 동일한 성원으로 만드셨다. 또 그는 나와 교통하시고 그의 정의, 그의 능력, 그의 생명, 그의 행복 그리고 그의 선의 모든 것에 대한 참여자로 만드셨다.[188]

비록 이 책에 1535년 윌리엄 마샬(William Marshall)의 『프리머』의 요약이 포함되어 있지만, 1523년 루터의 『기도서』(Betbuchlein)에 기초한 것이라고 널리 생각되었다. 그러나 놀랍게도 루터의 독특한 사고들은 이 책에 거의 통합되지 않은 것으로 보인다.

1543년의 『왕의 책』에는 이전의 칭의 정의를 폐기하는 완전히 새로운 조항이 포함된다. 부분적으로 멜랑크톤에 기반을 두어, 어거스틴 본인의 저작에서 직접 인용한 정의를 선호한 것이다.

> 칭의는…전에는 우리가 하나님 앞에서 의롭지 않았지만, 우리를 하나님 앞에서 의롭게 만듦을 뜻한다.[189]

여기서 '하나님 앞'(afore God)이라는 구절은 루터의 코람 데오(coram Deo)보다는 더 어거스틴적이며 중세적인 아푸드 데움(apud Deum)을 반영한 것으로 보인다. 이 책 어딘가에 첫 번째 칭의로서 세례의 가르침과 통회를 통한 '칭의로의 회복'이 발견되는데, 분명 중세 가톨릭 전통에 부합하는 칭의

---

187) Lloyd, *Formularies of Faith*, 209-10.
188) Lloyd, *Formularies of Faith*, 35.
189) Lloyd, *Formularies of Faith*, 364. 항목의 전체 텍스트로는 다음을 보라. 363-9.

개념임을 보여주는 표시다.

칭의의 성격에 관한 초기 잉글랜드 국교회의 입장을 수립하는 데 있어 특별한 중요성을 지니는 저작은, 흔히 토마스 크랜머(Thomas Cranmer) 본인의 작품으로 간주되는, 『구원의 설교』(Homily of Salvation)다.[190] 『구원의 설교』는 여러 면에서 멜랑크톤적인 색조를 띤다. 예를 들어, 오직 믿음 구절의 정확한 해석에 관한 크랜머와 멜랑크톤의 설명 사이의 분명한 유사성, 율법의 역할에 관한 멜랑크톤과 크랜머의 놀라운 언어적 일치가 있다.[191] 그러나 멜랑크톤의 영향이 칭의의 성격에 관한 크랜머의 논의에까지 미치지는 않은 것 같다. 크랜머는 칭의란 '의롭게 함'을 뜻한다고 해석한다. 이것은 그가 『구원의 설교』에서 펼친 입장을 지지하고자 모든 교부 자료집에서 분명히 드러나는 어거스틴적인 강한 작위적 칭의 개념을 반영함이 분명하다. 크랜머는 인간 칭의의 설명에서 자선을 배제하여, 사랑에 의해 작동되는 믿음에 기초하는 어거스틴의 칭의 교리를 거부한다. 그러나 칭의의 성격에 관한 어거스틴의 이해에까지 비판을 확대시키지 않았다는 사실이 매우 중요하다.

여기서 중요한 시사점이 제기된다. 잉글랜드 개혁자들은 대륙의 동료들이 발전시킨 것은 오직 믿음의 칭의 교리이며, 칭의 시 인간 노력의 전적 제거가 교리의 주요 요소인 것으로 이해한 듯하다. 또한 이들 중 일부는 믿음 또한 의로서 '접붙여신' 것으로 이해하는데, 아마 「아우그스부르그 고백서를 위한 변증서」에서 이 용어를 빼내왔을 것이다. 그러나 그들이 의의 전가 개념의 다른 의미는 무엇이며, 잠재적인 신학적 함의가 무엇인지에 대해 정확히 깨달은 것 같지는 않다. 일반적으로, 잉글랜드 개혁자들은 인간이 믿음만으로 의롭게 만들어지며, 선행은 의롭게 하는 믿음의 자연적 결과로 이해되는 칭의 교리를 연구해 온 것 같다. 이것은 1530년의 중요 고백 문서들에 기

---

190) Homily의 텍스트를 위해서 다음을 보라. *The Two Books of Homilies appointed to be read in Churches*, Oxford, 1859, 24-35. 가장 우수한 연구로 다음을 보라. C. Stacey, 'Justification by Faith in the Two Books of Homilies (1547 and 1571),' *Anglican Theological Review* 83 (2001), 255-79.

191) Cranmer: '아무도 율법을 충족시킬 수 없다. 그러므로 모든 사람은 율법에 의해 정죄된다' (*Homily* 32.3-5); Melanchthon: 'nemo legem satisfaciet; lex accusat omnes,' CR (Melanchthon) 21.426.

술된 것처럼, 분명 루터의 가르침에 대한 해석으로 가능하다. 그러나 이것이 가장 신뢰성 있는 해석은 아니다.

1547년은 에드워드 7세의 통치가 시작된 해다. 이는 잉글랜드 개혁자들에게 개신교와 국교회를 통합시킬 수 있는 새로운 가능성이 동터 옴을 의미했다. 크랜머는 유럽의 여러 개혁자에게 편지를 보냈다. 그는 자신의 소망(중요 교리의 명료화를 포함하여)인 종교적 발전을 감독해 달라며 런던으로 그들을 초청했다. 교리의 주요 측면 중 가장 중요한 질문은 다음 질문이다. 칭의란 정말로 개인을 의롭게 하는 것인가? 아니면 마치 그들이 정말로 의롭게 된 것으로 보이게 하여 단지 하나님께 받아들여지게끔 하는 것인가? 1549년경, 부써와 파기우스(Fagius)는 잉글랜드에서 '순수하게 그리고 건전하게 가르쳐지고 있는 칭의 교리'의 효력에 대해 스트라스부르크의 동료들에게 편지를 쓸 수 있겠다고 느꼈다. 심지어 1571년 말에도 이 문제에 대한 영국교회의 가르침이 모호했으므로, 어떻게 그런 판단을 내릴 수 있었는지 알 수 없다.

1552년의 항목 인간의 칭의는 칭의의 설교집에 설명된 의미에 따라 '오직 예수 그리스도의 믿음에서 나온 칭의'(ex sola fide Iesu Christi)가 가장 중요하고 가장 건강한 기독교 교리임을 승인한다.[192]

이 항목은 보다 상세한 내용에 흥미 있는 독자들에게 칭의의 설교집(아마도 크랜머의 『구원의 설교집』을 말하는 것일 것이다)을 권하고 있다는 사실은, 이 『설교집』이 어거스틴적인 칭의 개념과 동시에 멜랑크톤적 칭의 교리인 '오직 믿음을 통하여'를 전개하고 있음을 볼 때, 적어도 잉글랜드 개혁자들이 아직은 대륙의 가르침에 동화되지는 않았다는 사실 또한 알려준다.

물론 아우그스부르크 고백서를 위한 변증서가 실제로 칭의를 '의롭게 만드는 것'으로 지칭하며, 때때로 '전가'(impute) 대신 '간주'(repute)라는 용어 등을 사용하므로, 잉글랜드 개혁자들이 오해했을 가능성도 있다.[193] 『설교집』은 정통적인 멜랑크톤적 의미(분명히 『주제』에서 추출되어 텍스트 안에

---

192) *BSRK* 509.24-8 (왼쪽 칼럼).
193) 예를 들어, *BSLK* 174.34-44; 175.37-9. *Apology* 전체 교리와 관련하여 이 구절들의 중요성에 대해서 다음을 보라. Pfnür, *Einig in der Rechtfertigungslehre?*, 155-81.

들어 왔을 것이다)에서 오직 믿음을 통하여(per solam fidem) 칭의 교리를 분명하게 명시하지만, 여전히 필수적 개념인 전가된 의를 명시적으로 진술하지 않았다는 점이 의미심장하다.

그러나 1536년의 항목에는 중요한 첨가가 포함된다. 단지 믿음이 의롭게 하는 방식에 대한 상세한 설명 때문에 독자들에게 『설교집』을 참조하라고 말한다. 칭의 자체는 '하나님 앞에서 의롭게 접붙임되는 것'(iusti coram Deo reputamur)이라는 의미로 정의된다.[194] 이것은 멜랑크톤적인 오직 믿음을 통하여 의롭다 함을 받는 칭의 교리의 보다 정확한 진술임에 틀림없다. 사실상 이 문장 전체가 멜랑크톤의 1530년 『변증서』의 진술에서 만들어졌을 것이다.

츠리히나 제네바의 스위스 종교개혁보다 루터 종교개혁과의 이처럼 분명한 병렬에도 불구하고 엘리자베스 시대의 잉글랜드는 루터주의의 운명이 전반적으로 쇠락해 감을 목격했다.[195] 메리가 망명을 떠나게 되자, 1559년 파면의 여파에 시달렸던 많은 사람들이 즉시 교구직에 복권되었다. 이들은 일반적으로 루터파 신학의 도시보다 개혁주의에 강하게 영향을 받던 도시들(츠리히, 스트라스부르크 및 제네바 같은)에서 자신들의 망명처를 찾았었다. 엘리자베스 자신도 소녀 시절에 멜랑크톤의 『주제』(1538년판이 그녀의 아버지에게 헌정되었다)를 읽었었고, 1559년에는 영내에 '아우구스부르크 적인 고백서'가 지지되었으면 하는 바람을 표시했다. 따라서 16세기의 마지막 십 년 동안 잉글랜드에서 개혁신학이 상당히 진척되었음이 분명하다. 성공회 교인과 장로회 교인(양교인 모두 통일령에 따라 스스로 같은 교회의 회원이라고 생각하고 있었다) 사이의 긴장은 성공회적인 국교회의 존재와 가르침을 합리화하려는 수많은 주요 변증서들의 등장을 이끌었다.

우리의 연구목표에서 가장 중요한 책은, 1586년에 설교되었지만 1612년

---

194) BSRK 509.20-4 (오른쪽 칼럼).
195) Luther 영향의 쇠락에 대한 주의 깊은 연구로 다음을 보라. Basil Hall, 'The Early Rise and Gradual Decline of Lutheranism in England (1520-1600),' in D. Baker (ed.), *Reform and Reformation: England and the Continent c. 1500-c. 1750*, Oxford: Blackwell, 1979, 103-31.

에야 출판된 리처드 후커(Richard Hooker)의 『하박국 설교』다.[196] 후커는 이 설교집에서 '아직도 우리와 로마교회 사이에 논쟁 중인 거대한 질문, 의롭게 하는 의에 관해서'라고 스스로 문제를 던진다.[197] 그의 대답을 통해 볼 때, 후커는 이중 예정론이라는 믿을 수 없는 평화 제의를 회피하면서, 가톨릭과 개신교 사이에 중재적인 칭의 교리를 수립하려고 시도했음이 분명하다.

후커는 가톨릭 대적자들의 중요한 오류는, 사람 안에 내재적이고 실재적인 의를 생산하고자 첫 번째 칭의에서 은총의 습성이 사람 안에 주입되며, 선행을 통하여 얻어진 공로가 두 번째 칭의에서 점점 증가된다는 가르침이라고 생각했다.[198] 후커에게 있어 하나님은 칭의 시 사람에게 단번에 그리고 동시에 의롭게 하는 의와 성화케 하는 의를 수여하시는 분이었다. 두 가지 사이의 차이점은 전자는 인간에게 외래적이며 전가된 것인 데 비해, 후자는 성령에 의해 인간 안에서 작용한다는 것이다.

따라서 후커는 임재적인 성화의 의와 실재적인 성화의 의를 구별한다. 전자는 성령의 내주하심을 통하여 영혼이 부여받는 의이며, 후자는 그 성령의 동작의 결과로 생기는 의다. 사람의 칭의 순간에 그들은 그리스도 안의 의와 성령이 주시는 의를 동시에 받으며, 이것이 연속적으로 실재하는 성화케 하는 의의 공식적 원인이 된다. 후커는 '오직 믿음에 의한 칭의'를 다음처럼 해석한다.

> 우리는 믿음만으로 의롭게 된다고 가르친다. 그러나 이 말이 의롭게 된 사람 안에서 믿음과 분리될 수 없도록 결합된 친구인 소망과 자선을 배제한다는 의미는 아니다. 또는 모든 의롭게 된 사람들의 손에 요구되는, 필수조건으로 부가되는 사역들을 배제한다는 의미도 아니다. 오히려 믿음은 칭의를 그리스도에게로 돌리는 유일한 수단이다. 그리고 우리의 오염된 성품의

---

196) *Works*, 3.469-81; 483-547. 이 설교들의 분석으로 다음을 보라. Gibbs, 'Richard Hooker's Via Media Doctrine of Justification.'
197) *Works*, 3.486.
198) *Works*, 3.487-9.

수치를 가려주고, 우리 행위의 불완전함을 숨겨주며, 그렇지 않다면 우리 믿음의 약함으로 인해 유죄를 선고받기에 충분한 이유를 지닌 우리를 하나님의 시야에서 흠 없다고 지켜주는 유일한 의복, 우리가 입고 있는 그 의복이 바로 그리스도다.[199]

그러나 후커가 인정한 대로, 믿음 자체는 사람 안의 성령의 사역이다.[200] 그러므로 믿음은 칭의의 요구사항이자 동시에 결과다.[201]

그러므로 칭의의 성격에 대한 후커의 이해는 분명히 칼빈의 이해와 비슷하다. 인류는 그리스도에게 따르는 믿음을 통하여(per fidem propter Christum) 의롭게 된다. 칭의는 신자 안에서 성령을 통한 그리스도의 인격적 임재의 전유라는 의미에서 기독론적으로 인식된다. 또한 그 때문에 사람들이 의롭다고 선포되며, 성화의 과정이 시작된다. 그러므로 전가된 의를 통한 칭의와 내재적인 의를 통한 칭의 사이에 분명한 구분선이 그어진다. 다음 단원에서 이런 구분의 중요성이 분명해질 것이다.

7. 개신교 정통

종교개혁 교회 안에 새로운 형태의 스콜라주의가 놀랄 정도로 쉽게 성립되었다는 사실은 당시 지성사에 있어 가장 중요한 측면 중의 하나다.[202] 개혁파 교의나 루터파 교의 모두 체계화의 필요성이 있었는데, 부분적으로 신학을 방어하고 서로를 구별해야 할 필요성을 인식한 결과다. 또한 트렌트 회의와의 구별만이 아니라, 세 가지 입장 모두의 구별이 필요했다. 개신교의 고백 문서들에 대한 일치를 통해 고백주의가 등장하고, 교리적 정통에 대한

---

199) *Works*, 3.530.
200) *Works*, 3.515. '나무나 돌 또는 철같이 죽고 의미 없는 물질에 작용한다' 는 칭의에서 인간의 수동성에 대한 언급에 주목하라. *Works*, 3.531.
201) 이 패러독스에 대한 논의로 다음을 보라. *Works*, 3.508.
202) 다음의 탁월한 연구 모음들을 보라. C. R. Trueman and R. S. Clark, *Protestant Scholasticism: Essay in Reassessment*, Carlisle: Paternoster, 1999.

강조로 이어졌다. 또한 서로의 신학적 통일성을 지키고자 점점 미묘하고 정교한 개념들을 사용하기 시작했다.[203] 특히 칭의 교리의 예에서 이 점이 두드러진다. 그리고 1620년 무렵에는 개신교의 주요 두 교파 사이의 고백적 차이가 잘 드러나게 되었다.

개혁신학이 루터파 신학보다 새로운 스콜라주의를 발전시키는 데 앞장섰다. 개혁신학의 아리스토텔레스적 스콜라주의로의 전반적인 표류는 흔히 베자와 함께 시작되었다고 여겨지며,[204] 여러 가지 중요 문제에 있어 칼빈의 입장으로부터 중대한 변동이 있었음을 보여준다. 연역적 추론의 기초 위에 신학의 토대를 쌓아 주어진 원리로부터 합리적이며 응집력 있는 체계를 제공하려는 경향은 개혁신학 내부에서 칭의 교리의 발전에 있어 다음과 같은 세 가지 중요한 결과를 낳았다.

첫째, 신학적 사색의 기초가 그리스도 사건에 기반을 둔 귀납법적 방법에서 선택의 신적 포고에 기반을 둔 연역법적 방법으로 이동되면서, 칼빈의 구원론에 뚜렷했던 기독론적 강조가 하나님 중심주의적 강조로 대체되었다.

둘째, 제한 속죄 교리가 분명히 진술되었다. 비록 이 교리가 단순히 칼빈 구원론의 논리적 결론인지는 논쟁이 필요하지만, 그런 결론을 칼빈이 이끌어 내지는 않았다는 사실이 남게 된다.[205]

셋째, 예정론은 구원 교리의 측면이라기보다, 신론의 측면으로 간주된다.

베자의 영감에 따른 칼빈의 수정 과정은 도르트 회의(1619)의 5대 신조에서 정점을 이루었다. 영어권 세계는 다섯 가지 구원론의 요점을 기억하기 쉬

---

203) 교회, 사회 그리고 대학들에 미친 고백주의의 충격에 대해 다음을 보라. Thomas Kaufmann, *Universität und lutherische Konfessionalisierung: Die Rostocker Théologieprofessoren und ihr Beitrag zur theologischen Bildung und kirchlichen Gestaltung im Herzogtum Mecklenburg zwischen 1550 und 1675*, Gutersloh: Vandenhoeck & Ruprecht, 1997; Heiko E. Janssen, *Gräfin Anna von Ostfriesland: Eine hochadelige Frau der späten Reformationszeit (1540/42-1575): Ein Beitrag zu den Anfängen der reformierten Konfessionalisierung im Reich*, Münster: Aschendorff, 1998.
204) 가장 우수한 연구로, J. Mallinson, *Faith, Reason, and Revelation in Theodore Beza, 1519-1605*. Oxford: Oxford University Press, 2003를 보라.
205) 원인에 관해서, *Treze Sermons*의 두 번째를 보라. : CR (Calvin) 58.31-44.

운 튤립(TULIP)으로 표현한 네델란드의 화훼재배자들에게 호기심 어린 찬사를 보냈다. 이 교리는 다음처럼 요약된다. (T) 전적 타락(total depravity), (U) 무조건적 선택(unconditional election), (L) 제한 속죄(limited atonement), (I) 불가항력적 은혜(irresistible grace), (P) 택자의 견인(perseverance of the elect).[206] 이 교리의 반대자들은 그리스도는 세상의 구세주로서, 단지 택자만을 위해 돌아가신 것이 아니라, 각 사람 그리고 모든 사람을 위해 돌아가심으로써 그들을 위한 죄의 사면을 획득하셨다고 주장했다.

한편으로는 칼빈과 또 다른 한편으로는 루터주의와 구별되는 개혁파 정통의 칭의 교리에서 가장 중요한 요소는 하나님과 사람 사이의 언약이다. 이러한 전개는 1520년대의 취리히 개혁신학에서 기원을 찾을 수 있다. 그러나 고마루스(Gomarus), 폴라누스(Polanus), 올레비우스(Wollebius)에 의해 이중 언약이라는 용어로 재진술되었다.[207] 후기 개혁파 정통과 청교도의 규범이 된 것이 바로 후자의 언약이다.[208] 개혁신학 전통에서 칭의의 성약적(聖約的) 기초의 역할은 너무나 막중하기 때문에 언약 개념은 빈번히 '신학의 정수'(medula)로 규정되었다.

우르시누스(Ursinus)의 저작에 이 개념의 핵심 요소가 집약되어 있다. 그는 인간에게 자연스럽게 알려지며, 하나님에 대한 절대적인 충성의 조건으로 구원이 제공되는 자연 언약(foedus naturae)과 계시에 의해 인간에 알려지며, 그들이 예수 그리스도를 믿는 조건으로 구원이 제공되는 은혜 언약(foedus gratia)을 구별했다. 폴라누스는 우르시누스의 자연 언약을 행위 언약(foedus operum)으로 재정의하면서, 초기 개혁파의 규범이 된 신학의 일반적 개요를 완성했다. 결국 하나님과 인간의 계약 개념은 츠빙글리 및 부써와 관련된 도덕주의적 해결책에 호소하지 않고도, 전적으로 거저 주어지는 죄인

---

206) *BSRK* 843.15-861.8. 마지막 요점에 대해 다음을 보라. J. Moltmann, *Prädestination und Perseveranz: Geschichte und Bedeutung der reformierten Lehre 'de perseverantia sanctorum,'* Neukirchen: Neukirchener Verlag, 1961, 특히 110-62.
207) Schrenk, *Gottesreich und Bund im älteren Protestantismus*, 63.
208) 이 전개에 있어 Calvin의 역할에 대해 다음을 보라. P. A. Lillback, *The Binding of God: Calvin's Role in the Development of Covenant Theology*, Grand Rapids: Baker, 2001.

의 칭의와 곧이어 그들에게 부과되는 순종의 요구 사이의 관계 문제에 있어, 칼빈의 구원론적 해결책을 대체하게 되었다. 그러므로 그리스도를 증인으로 삼는 기록론에 기반을 둔 은혜 언약은 칼빈 입장의 대부분은 아니지만 강조점은 유지했다.

올레비우스의 『기독교 신학개론』(*Christianae theologiae compendium*, 1626)을 연구하면 코세이우스 이전, 이중 언약신학의 일반적 개요가 얻어질 것이다. 하나님께서 인류를 다루실 때, 인류의 무죄한 상태와 타락한 상태 사이의 근본적인 구분선이 그어진다. 전자의 상태에서 하나님은 당신의 자유롭고 주권적인 결정으로 인간과의 행위 언약을 맺으시며, 그들에게 하나님께 순종한다면 영생을 주시겠다고 약속하신다.[209] 인류의 타락은 신적 자비의 표현인 인류와의 새로운 언약의 수립을 야기했다. 은혜 언약은 하나님께서 모든 피조물과 맺으신 일반 언약 그리고 아담과 맺으신 행위 언약과도 구별되어야 한다. 그것은 하나님과 그가 택한 자 사이에 수립된 언약으로, 만약 인류가 효성스러운 순종을 하나님께 바치면서 살면, 스스로 그리스도 안에서 인류의 아버지가 되시겠다고 약속하신 언약이다. 비록 은혜 언약이 모든 사람에게 제공되었었지만, 후기 개혁파 구원론의 공공연한 특정 은총론은 오직 택함 받은 자만이 그 혜택을 향유하도록 한다.

은혜 언약이 구약과 신약 시대 모두에 작동한다는 인식이 중요하게 평가되어야 한다. 구약은 그리스도 시대까지 시행된 은혜 언약으로 간주되며, 세 개의 시대로 나누어진다. 아담에서 아브라함 시대까지의 언약은 어떤 외부적 절차를 맺지 않고 단순히 하나님께서 모든 사람에게 하신 약속을 매개로 표현되며, 희생 예식을 특징으로 한다. 아브라함에서 모세 시대까지의 언약은 하나님과 아브라함의 자녀 사이의 약속을 매개로 표현되는데, 순종과 할례 의식에 대한 요구가 보완된다. 모세에서 그리스도 시대까지의 언약은 보다 유언적인 특성이 드러나는데, 유월적 예식과 그리스도의 죽음에 관한 여러 종류의 예식 등이 특징이다. 그리스도는 은혜 언약의 증인으로 간주되는

---

[209] 주의 깊은 분석으로 다음을 보라. H. Faulenbach, *Die Struktur der Théologie des Amandus Polanus von Polansdorf*, Zürich: EVZ-Verlag, 1967.

데, 따라서 구약과 신약 모두의 증인이 된다. 사실상 신구약 모두 순종의 요구와 관련된 은총의 약속을 포함한다는 점에서 본질상 동일한 것으로 여겨진다. 이들은 주로 언약이 시행되는 방식에 차이점이 있다. 그러므로 당시 루터주의의 특징이었던 율법과 복음의 변증은 현저히 모습을 드러내지 않는다.

개혁파 정통의 언약신학은 코세이우스(Cocceius)를 통하여 중대한 진전을 이룬다. 그는 언약(foedus)과 교차적으로 사용될 수 있는 약속(testamentum) 용어가 지닌 신학상의 잠재적 중요성을 강조했다.[210] 코세이우스는 은혜 언약만이 신적 약속('의지'라는 의미에서)의 특징으로 허용된다고 인정함으로써, 행위 언약과 은혜 언약의 차이를 지적했다. 이 약속은 사전에 하나님에 의해 그리스도에게 비준되었다. 이로써 하나님은 하늘의 유산을 자녀들에게 지정하셨고, 예수 그리스도의 중보적 죽음을 통하여 획득된 것이다. 약속의 계약 당사자는 구속주로서의 하나님과 죄인으로서의 인류, 그리고 하나님과 인류 사이의 성약적 중보자로서 그리스도다. 사실상 이미 영원 전에 하나님과 그리스도 사이에 약속이 맺어졌다. 하나님은 율법에 대한 완벽한 준수라는 조건을 당사자인 택자들 대신 그리스도에게 요구하셨다. 이러한 발전은 은혜 언약만이 약속의 지위를 지닌다는 점에서 은혜 언약의 새로운 성격을 강조하게 되어, 행위 언약과 은혜 언약을 구분하는 데 기여했다. 더욱이 제한 속죄 교리를 정당화하기 위해 성부와 성자 사이의 삼위일체간 조약의 존재가 주장되었다. 이에 따라 후기 개혁파 정통 안에서 언약신학의 영향력이 더욱 증대되었다.

하나님과 인류 사이의 삼중 언약 교리는 살무리아 아카데미(the Salmurian Academy)와 특별한 관련이 있다. 1608년 4월 존 카메론(John Cameron)은 『하나님과 인류의 삼중 언약론』(*De triplici Dei cum homine foedere theses*)을 출판했다. 여기서 그는 하나님과 인류 사이의 세 가지 독특한 언약, 즉 자연 언약, 은혜 보조 언약(foedus gratiae subserviens) 그리고 은혜 언약에 기초한

---

[210] 우수한 연구로 다음을 보라. W. J. van Asselt, *The Federal Theology of Johannes Cocceius (1603–1669)*, Leiden: Brill, 2001.

구원사의 분석을 개진했다. 카메론은 은혜 보조 언약을 은혜 언약을 위한 준비로 생각했고, 율법과 복음 사이의 루터적인 구분을 성약적 구도의 문맥 속으로 통합시키려고 시도한 것 같다. 카메론은 개혁파 정통의 이중 언약 구조 안에 암시된 율법과 복음의 조화를 오직 믿음 칭의 교리의 타협으로 간주한 듯하다. 삼중 구조가 중요한 이유는 모세스 아미라우트(Moses Amyraut)가 자신의 독특한 신학의 기초로 삼중 구조를 채택했기 때문이다.[211]

아미라우트의 '가설적 보편주의'와 하나님과 인류 사이의 삼중언약 교리는, 질문의 여지없이 다른 기독교 교리에 대한 칭의론의 우선성을 강조한 결과다.[212] 카메론의 언약 구도에 녹아 있는 율법과 복음 사이의 바울적 변증법은, 용어 율법(lex)을 급진적으로 제한된 의미에서 해석하게 함으로써, 아미라우트로 하여금 전통적인 행위 언약 또는 율법 언약(foedus legale)을 수정하도록 이끌었다. 아미라우트의 논박 『하나님의 삼중 언약』(*De tribus foederibus divinis*)에서, 그는 은혜 언약에서 정점을 이루는 점진적 계시 이론을 발전시켰다. 첫 언약(자연 언약)은 지상 낙원의 사람에게 적합했다. 두 번째 언약(율법 언약)은 이스라엘 민족에 적합했다. 그리고 세 번째 언약(은혜 언약)은 복음 아래 있는 교회에 적합하다.[213]

살무리아 아카데미 사람들이 삼중 언약을 시간 안에 실현되는 것으로 인식했다는 사실을 모른다면, 칭의의 성약적 기초와 관련하여 코세이우스파와 살무리아파를 혼동할 가능성이 생긴다. 코세이우스파의 언약신학은 삼중 언약의 형식을 재진술한 것이다. 사람은 영원 속에서 만들어졌다. 성부와 성자의 영원한 삼위일체간 언약은 시간적인 공로 언약과 은혜 언약에 선행한다. 살무리아 아카데미 사람들은 삼중 언약 모두를 인간역사에 적합한 것으로 간주하므로, 영원한 삼위일체 간의 언약을 인정하지 않는다. 자연 언약은 중재자 없이 하나님과 아담 사이에 직접 만들어졌으며, 자연법에 완벽하게 순종한다는 조건으로 에덴에서의 지복의 삶을 약속받았다. 율법 언약은

---

211) Moltmann, 'Prädestination und Heilsgeschichte bei Moyse Amyraut'; Laplanche, *Orthodoxie et prédication*; Armstrong, *Calvinism and the Amyraut Heresy*.
212) Armstrong, *Calvinism and the Amyraut Heresy*, 222-40.
213) Thesis 2; in *Syntagma thesium theologicarum*, 2 vols., Saumur, 1641, 1.212.

모세를 매개로 하나님과 이스라엘 사이에 만들어졌으며, 기록된 율법과 예식으로 분명해진 자연법에 완벽하게 순종한다는 조건하에 가나안 땅이 약속되었다. 은혜 언약은 그리스도를 매개로 하나님과 모든 인류 사이에 만들어졌으며, 믿음을 조건으로, 구원과 영생을 약속한다. 여기서 아미라우트의 '가설적 보편주의'가 분명하게 드러난다. 아미라우트는 보편 구원을 바라는 하나님의 의지는, 이것이 이루어지려면 믿음의 조건이 충족되어야 한다고 자세히 말하신다고 양보하면서도, 그리스도는 모든 사람을 위해 돌아가시기로 작정하셨다고 진술한다.[214]

17세기 루터파 정통의 주요 관심사는 일치 신조에 보이듯이 칭의 교리의 정식화와 옹호였다. 비록 법정적 칭의 개념이 최고의 엄격함으로 유지되었지만, 칭의의 주관적 전유에 대한 질문으로 관심이 옮겨졌다. 비록 칭의의 실용적 측면에 대한 강조는 실천신학 문제의 논의로 이어졌지만, 루터주의는 개혁파 정통처럼, 칭의 토론에 있어 스콜라적인 용어와 카테고리를 채용하기 시작했다. 따라서 칭의의 외래적이며 법정적인 측면은 공식적으로 살아남았지만, 회심이라는 실천적이고 경험적인 차원에 의해 관심의 빛이 바래졌다(특히 경건주의가 제기한 위협이 커다랗게 다가오면서).[215]

루터파 정통과 개혁파 정통의 칭의에 대한 독특한 입장은 세 가지 제목으로 고려될 때 가장 쉽게 비교되며, 설명된다. 즉 칭의의 성격, 칭의의 객관적 근거, 칭의의 주관적 전유 등이다. 필자는 여기서 세 가지 제목을 하나하나 살펴볼 것이다.

---

214) *Défense de la doctrine de Calvin sur le sujet de l'élection*, Saumur, 1644, 544. 이 장 전체(512-68)가 연구되어야 한다. 또한 Amyraut는 자신이 선택 교리를 연역적 신학의 사색적인 원리라기보다는, 왜 어떤 사람은 믿고, 다른 사람은 그렇지 않은가에 대한 사후(*ex post facto*) 설명적 기능으로 간주한다고 밝힌, 312-313 페이지 또한 주목하라. Amyraut가 구원의 제공이라는 보편성과 믿음의 특수성을 화해시키는 방식에 관해서 다음을 보라. *Brief traitté de la prédestination*, Saumur, 1634, 89-90; Laplanche, *Orthodoxie et prédication*, 87-108.
215) W. Dantine, *Die Gerechtmachung der Gottlosen: Eine dogmatische Untersuchung*, Munich: Kaiser, 1959, 15-29.

1) 칭의의 성격

양측의 고백 모두 칭의는 하나님의 법정적인 선포 행위(actus Dei forensis in foro coeli)로, 소명의 다음, 성화의 앞으로 이해한다.[216] 칭의는 두 가지 요소로 구성된다. 즉 죄의 사면(또는 죄의 사면과 동일한 것으로 취급되는 죄의 비-전가), 그리고 그리스도의 순종의 전가다. 루터에게 여전히 뚜렷했던, 사건이자 동시에 과정인 어거스틴적 칭의 개념을 후기 루터주의는 거부한다. 따라서 칭의에 암시되어 있는 신적 판단은 분석적이라기보다는 오히려 종합적인 것으로 이해된다. 개혁파는 그리스도와 신자 사이의 신비적 연합(unio mystica)과 성약적 관계 원리의 적용을 통하여, 전자의 외래적 의가 후자에게 전가되게 함으로써, 진리를 수반하는 신적 판정(iudicium Dei secundum veritatem)에 대한 강조를 정당화시킬 수 있었다.[217] 루터파 내부에는 이에 부합하는 원칙이나 성약적 기초가 부재했으므로 약점을 노출시켰으며, 칭의를 일종의 법률적 허구로 취급하는 경향까지 발생했다.

칭의의 법정적 칭의는 구두채무변제라는 용어의 사용으로 강조되었다. 로

---

216) 루터파 진영에 대해서 다음을 보라. Hafenreffer, *Loci theologici*, 664; Koenig, *Theologia positiva acroamatica*, §562; 208; Brochmand, *Universae theologiae systema*, 1.471. 개혁파 진영에 대해서 다음을 보라. Heidegger, *Medulla theologiae christianae* XXII, 4; 169; XXI, 6; 169; XXII, 2.6; 183; Wollebius, *Christianae theologiae compendium* I.xxx.2; 234; Bucanus, *Institutiones theologicae* XXXI, 6;332; Alsted, *Theologia scholastica didactica* IV.xxvi.1; 709; Musculus, *Loci communes*, 2.62-3. 어떤 인용구(예를 들어, 무스쿨루스)에서 현저히 드러나는 Augustine에 대한 명시적 비판에 주목하라. Johann Gerhard의 칭의 인과성 이해의 아리스토텔레스적 기초를 분석한 것으로 다음을 보라. R. Schröder, *Johann Gerhards lutherische Christologie und die aristotelische Metaphysik*, Tübingen: Mohr, 1983, 69-96. 최전성기의 루터파 정통을 드러낸 Quenstedt의 칭의 교리에 대한 묘사로 다음을 보라. R. D. Preuss, 'The Justification of a Sinner before God as taught in Later Lutheran Orthodoxy,' SJTh 13 (1960), 262-77.

217) Bucanus, *Institutiones theologicae* XXXI, 27; 341: 'Iustitia Christi aliena est, quatenus extra nos est…sed aliena non est, quatenus nobis destinata est…Est etiam nostra illa iustitia, quatenus illud ipsum eius subjectum, nempe Christus, noster est adeoque spiritualiter per fidem factus est unus nobiscum,' 참조. Polanus, *Syntagma* IV, 27;781.

마의 민사법에서 취해진 이 개념은 채권자 쪽에서 구두로 선언함으로써, 변제가 이루어지지 않았음에도 미래에 변제가 틀림없이 발생한 것처럼 의무(빚이라든지)가 소멸되는 것이다. 죄인 안에서 평결이 지지될 만한 어떤 변화도 생기지 않았음에도, 신적 자비에 의한 순전한 구두 선포로 죄의 사면과 의의 전가가 일어난다. 따라서 칭의는 유추적으로 사고된다. 알스테드(Alsted) 같은 개혁파 신학자들은 이 문맥에서 빈번히 사용되는 구두채무변제(acceptilation)를 오해하여, 스코틀랜드적 개념인 수용(acceptation)과 혼동했다.

개혁파 신학자들은 능동적 칭의와 수동적 칭의 사이의 중요한 구분을 만든다. 이 구분은 죄인을 의롭게 하시는 하나님의 행동(능동적 칭의)과 의롭게 된 죄인의 양심에 계속적으로 타오르는 은총을 향한 주관적인 감정을 가리킨다. 하나님은 의롭게 하시는 행동을 하시며, 인류는 칭의를 받아들이는 데 있어 수동적이다. 이 구분은 죄인을 의롭다고 선언하는 하나님의 칭의 행동은 완전하고 단번에 영원히 성취되는 것인 반면, 칭의 상태의 인간의 현실화는 양심에 생기는 은총의 감정에 기반을 둠으로 불완전하다는 점에서 중요하다. 두 가지가 칭의의 공식적 행동 안에서 동시에 공존하지만, 양심의 정도는 개인에 따라 아주 다양하다. 루터파에는 이에 부합하는 구분이 부재하여 믿음과 칭의 사이의 정확한 인과 관계에서 상당한 혼동이 일어났지만, 개혁파 신학자들은 믿음은 객관을 뒤따르며, 주관에 선행하는 칭의라고 진술할 수 있었다.

2) 칭의의 객관적 기초

양측의 고백 모두 칭의의 객관적 기초는 그리스도의 율법 충족과 그리스도의 고난을 통해 그리스도가 제공한 속죄(satisfaction)임을 동의한다. 그리스도의 능동적 순종(그의 생애에서 율법에 대한 순종과 율법의 완성)과 그리스도의 수동적 순종(십자가상에서의 고난과 죽음으로의 순종) 사이에 구분이 이루어진다. 피스카토르(Piscator)와 소시누스(Socinus)의 견해를 둘러싼 논쟁으로 루터파와 개혁파 모두에게 이 질문에 관한 사고가 촉진되었다.

피스카토르는 『신학 논제』(Theses theologicae)에서 루터파인 파르시모니우스(Parsimonius)의 견해를 발전시켰다. 파르시모니우스는 만약 율법에 대한 인류의 순종이 여전히 요구된다면, 능동적 순종(obedientia activa)은 전혀 교환 가치가 없어진다고 주장함으로써 스탄카리 운동을 어느 정도 지연시킨 사람이었다. 피스카토르는 신자들이 여전히 율법을 충족시켜야 한다는 의무 아래 있음이 분명하므로, 그리스도의 능동적 순종이 직접 인류에게 전가될 수는 없다고 진술했다.[218] 이에 따라 죄의 사면과 의의 전가는 둘 다 수동적 그리스도의 의(iustitia Christi passiva)에 기초한 것으로 이해되었다.

피스카토르는 여러 측면에서 반박을 받았다. 루터파인 요한 게르하르트(Johann Gerhard)는 칭의에는 죄의 사면과 의의 전가가 모두 포함되므로, 전자는 수동적 순종에 기초하며, 후자는 능동적 순종에 기초할 수 있다고 주장했다. 그러나 게르하르트는 이러한 제안이 오직 이차적 원인(secundum rationem)으로만 유효하며, 두 개념 사이의 신학적 관계를 반영한 것은 아니라고 양보한다.[219] 바이에르(Baier)가 지적하듯이, 이차적 원인은 죄의 사면에 대한 의의 전가의 우월성을 암시한다. 피스카토르에 대한 개혁파의 대답은 다소 달랐으며, 주의 깊은 분석이 요구된다. 루터파의 속성 교류(communicatio idiomatum) 이해에 의하면, 말씀의 성육신은 율법에 대한 우위(흔히 exlex로 불리는)를 포함, 인류가 그리스도의 모든 신적 속성에 참여하는 것이다. 따라서 사람이 된 그리스도는 율법을 충족시켜야 할 아무런 긍정적 의무 아래 있지 않다. 그러므로 그가 율법을 충족시킨 것은 그리스도께서 대신하신 행동으로 보여야 한다. 만약 이 행동에 어떤 가치가 있다면, 그 가치는 그리스도 자신보다 다른 사람과 관련된 것이어야 한다. 따라서 능동적 순종은 순수한 대속적 가치를 지닌다.

---

[218] Piscator가 그리스도의 능동적 순종에는 전혀 대속적 가치가 없다고 했다는 암시는 엄격히 말해 정확하지 않다. Piscator는 그리스도의 능동적 순종이 자기 죽음의 속죄적 가치에 영향을 미쳤으며, 그리스도의 죄 없는 순종적인 삶이 없었다면, 그의 수난은 어떤 속죄적인 가치도 지니지 못했을 것이라고 단언한다. 따라서 능동적 순종은 간접적인 속죄적 가치를 지닌다고 말할 수 있다.

[219] Loci theologici, ed. Cotta, 7.260-1.

개혁신학자들은 능동적 순종이란 대신하는 것(달리 말하면, 그리스도의 성육신의 대상인 사람에게 주어지는 가치)이라고 주장하면서, 상당히 다른 속성 교류의 인식을 사용했다. 루터파적인 원리 이해는 실제로 그리스도의 인성을 분산시킨다는 이유로 거부되었다. 개혁파 기독론은 이 점에서 인성과 신성 사이의 구분을 유지하려 노력했고, 루터파의 속성 교류 이해와는 상당히 거리가 먼 성령의 기름부음(unctio spiritus sancti) 원리로 대체했다. 성육신 자체는 신적 속성(소위 exlex를 포함하여)을 던져버리는 것과 관련된 일종의 비하 행위로 보아야 한다. 결과적으로 그리스도의 인성은 인간의 원죄를 제외하고는 주요 속성을 유지한다. 따라서 사람으로서 그리스도는 율법의 의무 아래 있으며,[220] 따라서 대신하는 역할이 능동적 순종일 필요는 없다.

능동적 순종의 대신하는 속성은 개혁파 정통의 엄격한 기독론적 칭의 이해에서 생긴 것으로, 택자의 인도자이자 후견인인 그리스도 교리 안에 표현되어 있다. 이를 통해 택자는 마치 그들 자신의 노력으로 얻은 것처럼 그리스도의 모든 혜택 안에 참여할 수 있다고 말할 수 있다. 능동적 순종은 그리스도의 혜택이므로, 택자에게도 혜택이 된다. 분명 루터파는 루터 구원론의 핵심 요소를 대표하는 택자의 인도자이자 후견인인 그리스도 개념을 전유하는 데 실패한 반면, 칭의 판정이 진리를 수반하는 하나님의 판정이라는 개혁파의 주장 안에 녹아들었다. 이 때문에 많은 사람들이 후기 개혁파 정통은 칭의에서 신적 판정의 분석적 이해에 기초한다는 잘못된 결론을 내리게 되었다. 그러므로 능동적 순종에 대한 개혁파의 이해는 유래된 대속성 또는 전이된 대속성 개념과 관련된 것이라고 주장되어야 한다.

그리스도가 인류의 죄를 대속하셨다는 그리스도의 제사장적 이해에 두 고백 모두가 일치하면서, 공동으로 소시안주의에 반대할 수 있게 되었다. 소시누스(Socinus)는 하나님은 죄를 사하시기 위해 어떤 형태의 속죄도 필요

---

220) 여기서 Burmann 같은 계약 신학자들은 능동적 순종을 그리스도의 인간으로서의 존재 때문에 율법에 자연적으로 복종했으며, 율법에 대한 그의 성약적 복종은 택자를 위해 인간이 되어 가는 덕 때문이라는 의미에서 논의했다.

없다고 주장했다. 하나님은 개인적 채권자이므로, 어떤 종류의 처벌도 부과할 필요 없이 부채를 탕감하실 수 있다.[221] 비록 소시누스는 선지자, 제사장, 왕이라는 전통적인 그리스도의 삼중직 개념을 계속 유지하지만, 제사장 개념을 중재적인(전통적으로 속죄에 포함되었던) 것으로 제한했으며, 그리스도는 인류에 대한 하나님의 뜻을 계시한다고 하면서 선지자직으로 강조점을 옮겼다. 그리스도의 대속에 관한 개신교 일반의 이해를 나타내는 진술은 다음과 같다. 즉 의로운 심판장이신 하나님께서는 죄를 처벌해야만 한다는 의무가 있으므로 죄에 빠진 인간은 죽어야만 할 운명이다. 인간이 죄가 요구하는 속죄를 제공할 수 없기 때문에 성육신하신 하나님께서 속죄를 담당하셨다. 그리스도는 죄가 없기 때문에 고통과 죽음이라는 평범한 인간의 운명에서 사면되었었다. 그리스도는 십자가상에서의 고난과 죽음을 통해 율법에 순종하셨다. 이러한 순종은 인류의 죄를 위한 속죄물로 적합했다. 비록 안셈이 그리스도의 공로가 의의 전가를 위한 기초로 작용한다고 예견하지는 않았지만, 강한 안셈주의적인 기초가 이 구도에 분명히 드러난다.[222] 두 고백은 모두 그리스도 중보의 신성과 인성의 속성을 단언한다.[223] 달리 말하면, 그리스도는 신-인(God-human)으로서 중보자이며, 그냥 사람 또는 그냥 신인 것이 아니다.

두 고백은 그리스도의 구속하시는 사역이 어느 정도인가 하는 질문을 둘러싸고 극적으로 갈라진다. 루터파는 그리스도의 충성으로 얻어진 공로는

---

221) 소시안주의에 대한 가장 탁월한 연구는 다음과 같다. Fock, Der Socianismus nach seiner Stellung. 영어로 된 유익한 분석은, R. S. Franks, The Work of Christ, London: Nelson, 1962, 362-77.
222) 그리스도의 공로와 속죄의 관계에 대해 루터파 내부에 상당한 혼동이 있었던 것 같다. Gerhard는 비록 후에 그 사이에 구분이 생기지만, 동질적인 개념들로 다룬 것 같다. Koenig, *Theologia positiva acroamatica*, §§219-20; §§150-1. 참조. Ritschl, *Justification and Reconciliation*, 261.
223) 루터파 진영에 대해서 다음을 보라. Koenig, *Theologia positiva acroamatica*, §217; 150; §232; 153; Brochmand, *Universae theologiae systema*, 1.709-11; Gerhard, *Loci theologici*, in *Opera* 7.70. 개혁파에 관해서 다음을 보라. Heidegger, *Medulla theologiae christianae* XIX, 15; 53; Wollebius, *Christianae theologiae compendium*, LXVII.4; 117; Polanus, *Syntagma*, VI, 27; 266-82.

비록 중생 후에 말씀에 반응함으로써 의롭게 된 사람들에게 효력을 발휘하지만, 모든 사람을 위해 충분한 것이었다고 단언한다. 게르하르트는 칼빈주의자들의 오류가 칭의 교리의 뿌리가 되는 칼빈주의 예정론이라고 지정했다.[224] 사실상 루터파 정통은 하나님의 예정된 의지의 범위 안에서 일어날 줄 미리 예상하신 내용을 하나님께서 인정하시는 것이 선택 개념이라고 해석했다. 달리 말하면, 선택은 미리 본 믿음(fides praevisa)에 기초하여 발생한다. 중생을 통해 자유 의지가 회복되고, 자유롭게 복음의 말씀에 반응할 수 있게 되는데, 받아들일지 여부는 각자에게 달려 있다. 후기 루터파 정통의 특징이 저항 가능하며 보편적인 소명에 대한 인정이다. 이는 필자가 다음 단원에서 칭의의 주관적 전유를 논의할 때, 중요한 문제를 제기하게 한다.

개혁파 신학자들은 한편으로 그리스도 사역의 보편적 충분성을 인정하면서도, 그 효력의 특수성을 강조했다. 이 견해는 칼빈의 견해가 발전한 것이다. 그러나 그는 제한 속죄를 가르치지 않았으며, 복음은 하나님이 모든 인류를 위해 제공하신 것임을 인정했다. 그러므로 칼빈은 칭의에 관한 트렌트 포고령에 대한 주요 논의에서, 그리스도가 만인을 위해 돌아가셨다는 명제에 어떤 반대도 제기하지 않았다.[225] 그러나 베자는 그리스도가 만인이 아니라 오직 택자만을 위해 돌아가셨다고 명시적으로 기술했다.[226] 후기 정통은 나중에 그리스도가 만인을 위한 것보다 더 충분하게 돌아가셨지만, 오직 택자만을 위해서는 더 효력 있게 돌아가셨다고 기록한다. 모든 인류를 향하신 하나님의 일반적 사랑과 인류를 구속하시려는 구원적 사랑은 반드시 구별되어야 한다. 따라서 만인을 구원하시려는 전반적인 신적 의도가 믿는 자들에게 활성화된다는 루터파의 개념과 개혁파의 효력 있는 개인적 선택 교리 사이에는 분명한 차이가 있다.

---

224) *Loci theologici*, locus xvii, *De iustificatione per fidem, prooemium*, ed. Cotta, 7.1: 'Calviniani errant in articulo praedestinationis; ergo et in articulo iustificationis, quia iustificatio est praedestinationis executio.'

225) T. W. Casteel, 'Calvin and Trent: Calvin's Reaction to the Council of Trent in the Context of His Concilliar Thought,' *HThR* 63 (1970), 91–117.

226) Beza, *Tractationes theologicae*, 1.344, 363, 418.

3) 칭의의 주관적 전유

17세기 루터파 교의에서 가장 중요한 발전은 믿음 자체가 칭의의 원인이라는 견해를 긍정한 것이었다. 비록 믿음은 칭의의 미충족된 동기적 원인(causa impulsiva minus principalis iustificationis)이라고 강조되었지만, 구원의 순서에서 믿음은 논리적으로 칭의에 선행한다고 분명히 진술한다. 이러한 긍정은 칭의란 인간의 변화에 의존함을 의미한다고 해석되면서 조명, 중생, 회심 등의 요소를 포함하는 구원의 순서에서 칭의를 맨 뒤에 위치시키는 결과로 이어졌다. 비록 칭의가 여전히 법정적이라고 규정되었지만, 인간 내부에서의 선행한 변화(즉 그들이 믿는 것)를 뜻하는 것으로 이해되었다. 루터는 칭의를 믿지 않고 있는 죄인과 관련하여 이해한 반면, 정통은 루터의 견해를 수정, 칭의를 믿고 있는 죄인과 연결시켰다. 따라서 칼로프(Calov)와 꾸엔스테트(Quenstedt)가 지지한 구원의 순서는 다음과 같다.

소명 → 조명 → 중생 → 회심 → 칭의

루터파의 최종적 칭의 교리는 데이비드 홀라츠(David Hollaz)의 진술처럼 다음의 형식으로 구성된다. 즉 자연 상태의 인간은 영적으로 죽었다. 은총을 수단으로, 특히 말씀의 대리인을 통하여, 인간의 이해력을 조명하고, 선한 열망에 기뻐하는 새로운 능력을 받게 된다. 이 능력이 자유 의지의 회복을 일으키고, 이제 개인이 원하기만 하면 자유 의지로 믿을 수 있게 된다. 따라서 인간은 그들의 칭의 이전에 은총을 자신에게 적용하는 능력(facultas applicandi se ad gratiam)을 소유하며, 그들의 칭의는 그러한 은총의 적용과 관련해서 정확히 우발적이다. 만일 그럴 필요가 없는데도, 개인이 그렇게 하기를 선택하면, 회개하고 믿는 중생에까지 그 능력들을 사용하게 된다. 그리고 그 결과 의롭게 된다.[227] 따라서 후기 정통과 경건주의 사이에는 믿음과

---

227) Koenig는 구원의 서정에 칭의는 아예 포함도 시키지 않았다. *Theologia positiva acroamatica*, §426; 184 (비록 칭의를 중생 아래에 포함시키려 의도했을 가능성이 있다 해도 흥미로운 일이다 - 참조. §447;188). 보다 깊이는 다음을 보라. B. Hägglund,

칭의의 관련성에 있어 상당한 유사점이 있음이 분명하다.

후기 루터파의 칭의에 대한 중생과 회심의 우선성 강조는 부분적으로 도르트-후기 시대에 개혁파 영성의 지도적 요소인 개혁파의 불가항력적 은혜 교리에 대한 반발을 나타낸다. 개혁파의 가르침을 피하려면, 은총 없이 스스로를 의롭게 하는 데 있어 인간의 무능력과 일단 이런 일이 발생할 때 칭의의 가능성을 거부할 수 있는 능력을 동시에 합리화시키는 칭의 신학을 개발할 필요가 있었다. 따라서 칭의에 대한 중생의 우선성 인정은 후기 루터란 신학자들로 하여금 칭의에서 은총의 필요성(사람의 중생을 위해 필요하다는 점에서)을 유지하면서도, 그 효력을 제한(사람의 중생은 부르심에 반응할 것인지 여부를 스스로 결정할 수 있도록, 그들의 의지적 능력의 재청결화와 관련된 것으로 이해되었다는 점에서)할 수 있게 만들었다. 그러나 결과적으로 중생이 믿음에 선행하고, 믿음이 칭의에 선행하는 신학이 되고 말았다.

개혁파의 이 문제에 관한 이해는 보다 단순하면서도 일관성이 있다. 인간의 칭의는 은총을 통해 일어나는 선택 포고의 일시적인 실행이다. 칭의가 복잡한 인과적 결과를 통해 진행된다는 점은 사건 전 과정이 직접 하나님께 달렸다는 진실을 바꾸지 못한다. 믿음은 사람 안에서 작용하는 신적 선물로 여겨지며, 성령께서 그리스도와 신자 사이에 신비적 연합을 수립하시는 도구이며, 믿음이 세 가지 결과가 칭이, 성화 그리고 영화다. 구원이 순서이 가 단계에서 택자는 부르심을 통해 더 효력 있게 받아들여졌다는 점에서 인간의 역할은 순전히 수동적이다. 이런 관찰은 개혁파 교의학에서 칭의에 낮은 지위가 부여된 이유를 잘 설명한다. 칭의란 단순히 영원한 선택 포고의 일시적 실행의 한 측면이다. 하나님은 택자에 대한 효력 있는 칭의를 통하여 창조에 대한 당신의 자비로운 통치를 수행하신다. 비록 개혁파 교의학에서 칭의의 객관적 근거가 그리스도의 제사장직의 보호 아래로 떨어지지만, 칭의의 주관적 전유는 왕직의 보호 아래에서 다루어진다. 이는 아주 흥미로운 관찰이다.

'Rechtfertigung-Wiedergeburt-Erneuerung in der nachreformatorischen Théologie,' *KuD* 5 (1959), 318-37.

루터파와 개혁파의 칭의의 성격 이해는 분명히 비슷하다. 둘 사이의 주요 차이는 칭의의 객관적 근거와 주관적 전유라는 질문과 관련하여 일어난다. 칭의의 기초에 대한 성약적 이해와 결부된 절대적, 무조건적 예정론 및 제한 속죄라는 개혁파 교리는 루터파의 칭의 교리와 개혁파를 구분시킨다. 개혁파가 루터주의보다 루터(특히 1525년의 루터)에 더 가깝다는 사실이 의미심장하다. 두 고백 모두 강력한 법정적 칭의 개념을 채택함으로써 루터와 멀어지게 되었지만, 개혁파 신학의 강력한 예정론적 색조는 루터와 가깝게 만들었고, 루터파 정통과는 아주 멀어지게 만들었다. 마찬가지로, 루터의 저작에서 발견되는 강력한 기독론적 칭의 개념이 개혁신학에 흡수된 반면, 루터파 정통에는 현저히 부족하다. 후기 루터파 정통의 가르침은 본질과 강조점 모두에서 루터의 가르침과 별로 관계가 없다.

8. 성공회주의: 캐롤라인 신학자들

17세기가 루터파 정통과 개혁파 정통의 틀 안에서 대륙 종교개혁의 양대 신학적 조류를 목격한 것처럼, 잉글랜드 종교개혁에 의해 촉발된 신학적 발전이 다음 세기에 통합되었다고 볼 수 있다. 잉글랜드에서 상당한 변화를 목격했던 이 세기에 '성공회신학의 황금시대'가 펼쳐졌다. 내전과 폐위기간에 생긴 혼란과 불확실성, 그리고 웨스트민스터 총회에 의해 신학적, 교회사적인 변화가 일어났다.

1688년의 정치 혁명은 별도로 치더라도, 거의 동시에 일어난 뉴톤의 『프린키피아』(Principia mathematica)의 출판과 로크의 『인간 이해에 관한 에세이』(Essay concerning Human Understanding)의 출판에 따른 사상계의 혁명은 의미가 결코 작지 않다. 성공회교회 정부 체제와 교회의 머리로서 통치하는 군주를 보유하고 있는 잉글랜드교회는 거의 변화가 없는 듯이 보인다. 그럼에도 불구하고 성공회신학에 중대한 변화가 일어났다. 예를 들어, 종교개혁 후기 신학자의 글 속에서 이신론(Deism)의 기원을 탐지할 수 있다.

본 단원에서, 필자는 1600년-1700년 사이에 칭의에 관한 성공회 사상의 중요한 불연속성을 제시하고, 그 의미를 평가하고자 한다.[228] 흔히 집합적인 명칭인 캐롤라인 신학자들(the Caroline Divines)로 알려진 17세기의 영국 국교도들은 알미니안주의의 지지자들로서, 즉시 청교도들에 적대적 입장을 드러냈다. 이제 필자는 이들을 살펴볼 것이다. 1595년 5월 케임브리지 카이우스대학의 평의원인 윌리엄 바렛(William Barrett)은 예정론 논쟁의 발단이 된 설교를 했고, 결과적으로 1559년의 람버스(Lambeth) 9개조를 이끌어냈다. 그러나 이 강력한 예정론적 항목들은 초고를 작성했던 사람들의 개인적 판단을 제외하고는 어떠한 힘도 발휘하지 못했다. 17세기 잉글랜드교회는 어떠한 권위를 획득하는 데도 실패하고 있었다. 특히 청교도의 대표 존 레이놀즈(John Reynolds)가 종교에 관한 39개조를 부과하려는 1604년의 햄프톤 법정회의에서 그들을 설득하지 못했을 때 더욱 그러했다. 결과적으로 알미니안의 선택 교리와 쉽게 조화를 이루는 17개조 항목이 이 문제에 관한 잉글랜드교회의 유일한 권위적 선언이 되었다.

비록 개혁파의 선택 교리가 널리 지지를 받았던(특히 청교도 서클 안에서) 사실에는 의심의 여지가 없지만, 17세기 초에는 대부분의 학문적 근거지에서 반대가 뚜렷하게 증가했다. 옥스퍼드의 리처드 후커(Richard Hooker), 케임브리지의 랜슬롯 앤드류스(Launcelot Andrews)는 '알미니우스 이전의 알미니안주의'를 발전시켰다. 이들은 윌리엄 라우드(William Laud)의 영향을 통해 상당한 동기부여를 받았고, 연속적으로 캔터베리로 전해졌다. 앤드류스는 레랭의 빈센트(Vincent of Lérins)처럼 최근의 대륙 예정론들에 대한 지지를 거부했다. 왜냐하면 그는 이것이 명백한 발명이라고 느꼈기 때문이었다.

당시 지도적 신학자들의 알미니안주의와 청교도를 향한 강렬한 적대감은 아마도 1644년 헨리 하몬드(Henry Hammond)의 『실용 교리문답서』(Practical Catechism)의 출판을 둘러싸고 벌어진 논쟁에서 가장 잘 묘사될 것이다.[229]

---

228) C. F. Allison, The Rise of Moralism: The Proclamation of the Gospel from Hooker to Baxter, London: SPCK, 1962. '캐롤라인 신학자'라는 독특한 주제에 대해서 다음을 보라. G. Thomann, Studies in English Church History: Essay in the Piety and Liturgical Thought of the Caroline Divines and the Nonjurors, Nurnberg: Thomann, 1992.
229) J. W. Packer, The Transformation of Anglicanism 1643-1660, Manchester:

아마도 이 저서는 그리스도가 만인을 위해 돌아가셨다고 공공연히 선포한 라우드파(Laudian party)의 구원론적 확신에 관한 고전적 문서로 간주될 것이다.230) 대적자들이 이 견해를 다양하게 묘사했다. 체이넬(Cheynell)은 그가 만인 구원 교리에 동의한다고 비난했고, 다른 사람들은 알미니안주의자라는 혐의를 두었다. 알미니안주의자라는 혐의에 대한 클레멘트 박스데일(Clement Barksdale)의 반응은 특히 중요하다.

> 당신들이 보편 구속 교리를 알미니안주의로 생각하는 것은 실수입니다. 그것은 알미니우스가 태어나기 전부터 잉글랜드교회의 교리였습니다. 우리는 오래된 교회-교리문답서에서 그것을 배웠습니다. 나는 나와 모든 인류를 구속하신 예수 그리스도를 믿습니다. 그리고 교회는 보통의 성경책에서 그것을 배웠습니다. 그리스도는 세상의 죄를 도말하신 하나님의 어린양이십니다.231)

위 문장에서, 박스데일은 대체적으로 올바르다고 간주되어야 한다. 베자적인 제한 속죄 교리는 다소 늦게 잉글랜드에 도착했으며, 당시는 보다 오래된 멜랑크톤적 견해가 1549년의 교리문답서 같은 영국 국교회의 고백 문서들 안으로 통합되고 있었다. 이 사실은 분명 용어와 관련된 멋진 문제를 제기한다. 피터 바로(Peter Baro, 1599년 사망) 같은 사람들을 '이 용어가 존재하기 이전의(avant la lettre) 알미니안주의자'라고 불러야 할까? 또는 그들의 가르침을, 알미니안 논쟁이 시작되기도 전에 문제를 전면에 내세워 새로운 신학적 용어가 존재하게끔 만든 전형적인 사례로 받아들여야 할까? 16세기 말과 17세기 초 대부분의 성공회신학자들은 자신들의 대적자들인 청교도들의 베자적인 해결책의 수용을 거부하고, 보편 구속과 만인 구원 사이의 변증법에 자신들의 구원론을 기초하고 있었다. 더욱 중요한 사실은, 초기 캐롤라인 신학자들이 만장일치로 내재적인 의에 의한 칭의 교리를 거부하고 있었

Manchester University Press, 1969, 26-8.
230) *A Practical Catechism*, 2nd edn, London, 1646,9.
231) Packer, *The Transformation of Anglicanism*, 53-6, 56. 참조. *BSRK* 523.3.

다는 점이다.

한때 링컨 지역의 주교였던 토마스 바를로우(Thomas Barlow, 1607-1671)의 편지 두 통이 1701년에 출판되었다. 교구의 한 사제에게 보내진 편지들은 특히 칭의에서 그리스도의 의의 전가에 대한 반대와 관련, 바울과 야고보를 조화시켜 믿음과 행위에 의한 칭의 교리를 제공하려는 경향에 대해 정죄했다. 필자가 이 단원의 후반부에서 지적하겠지만, 이런 교리는 종교개혁 이후 캐롤라인 신학자들의 특징이었다. 그러나 이 편지의 참된 중요성은 편지의 역사적 통찰력에 있다. 바를로우는 진술한다.

> 최근의 불행한 반역 이전에, 우리의 코람데오 칭의에 대해 (성공회신학자들이) 글을 보내왔습니다. 주웰 주교, 후커, 레이놀즈, 휫태커, 필드, 다운한트, 존 화이트 등의 분들이 라코비아, 로마, 교황주의자 및 소시안주의자들의 반대 교리에 대항하여 끊임없이 우리 축복받은 구세주의 의의 전가를 증명하고 진실을 입증해 왔습니다. 그러므로 진실로, (1640년 이래로) 이러한 전가를 부인하는 이들은 오직 당신들 그리고 몇몇 신시대인들밖에 없습니다.[232]

이 사실과 관련하여 바를로우는 올바르다고 판정받아야 한다. 그가 언급한 모든 신학자들은 전가된 의에 의한 칭의 교리를 방어했으며, 1640년까지 캐롤라인교회 안에는 일반적인 신학적 합의가 존재했음을 반영하고 있다. 그가 원한다면, 위의 목록에 어셔(Ussher), 홀(Hall), 잭슨(Jackson), 데브난트(Davenant), 코신(Cosin)과 앤드류스를 더할 수 있을 것이다.[233] 따라서 조지 다운햄(George Downham)은 칭의를 '그리스도의 의를 믿고 있는 죄인에게 전가하시므로, 그를 죄에서 사면하시고, 그를 그리스도 안에서 의롭다고 받

---

232) *Two Letters Written by the Rt Rev. Thomas Barlow*, 139.
233) Ussher, *Whole Works*, 13.250-1, 264; Hall, *Works*, 9.322; Jackson, *Works*, 5.118; Davenant, *A Treatise on Justification*, 164-5; Cosin, *Works*, 2.49; Andrews, *Works*, 5.104-26, 특히 116-17.

아들이시는, 하나님의 가장 자비롭고 의로우신 행동'으로 정의한다.[234]

다운햄은 동시대인들과 마찬가지로, 인간 칭의의 공식적 원인으로 그리스도의 의의 전가와 곧 이은 성화에서의 의의 주입을 구분했다. 내재적 의(또는 보다 엄격히 말하자면, 내재적인 의가 칭의의 공식적 원인이라는 교리)에 의한 칭의라는 트리엔트의 교리는 여섯 차례의 비판을 받는다.[235] 루터파 변증가와 개혁파 변증가들이 트리엔트의 가르침 특히 로베르토 벨라민(Roberto Bellarmine)의 저작에 나타난 가르침에 대해 다운햄과 평행선처럼 유사한 비평을 한다. 사실 1590년에서 1640년까지 캐롤라인 신학자들은 당시까지 루터주의 내부에서 잘 정립된 것과 유사한 근거에서 로마(칭의의 공식적 원인에 관해)와 제네바(예정론의 성격에 관해)를 비판하고 있었으므로, 루터파 정통의 이론과 평행을 이루는 칭의 이해를 발전시키고 있다고 간주되었다.

말썽 많은 찰스 1세의 재위 마지막 시기에 불일치가 많아지는 개별적인 자취가 탐지되었다. 헨리 하몬드는 의의 전가가 아니라, 죄의 비-전가를 포함하는 잉글랜드 종교개혁 초기 시대와 관련된 보다 어거스틴적인 칭의의 정의로 회귀했다. 하몬드는 『실용 교리문답서』에서 다음처럼 칭의를 정의한다.

> 하나님께서 우리 사람들을 받아들여 주심, 그리고 우리 죄를 전가하지 않으심, 우리 범죄를 그가 덮어주심 또는 용서하심, 그가 우리 죄인들과 화해하심, 그는 우리를 영원히 벌주시지 않기로 작정하신다.[236]

비슷한 칭의 이해가 윌리엄 포브스(William Forbes)의 저작, 특히 사후에 출판된 『고려사항들』(*Considerationes*)에서 발견된다. 포브스는 이 책에서 '하나의 실체, 집합으로서의 하나, 그리고 둘로 구성되지만 필수적인 연결

---

234) A Treatise of Justification, 2.
235) Allison, The Rise of Moralism, 181-2.
236) Hammond, A Practical Catechism, 78. 또한 성화에 대한 칭의의 우선성에 관한 그의 비평 (78-83)에 주목하라.

과 협력에 의해 오직 하나' 라는 어거스틴적 칭의 이해로 회귀한다. 달리 말하면, 칭의는 내재적 의를 통한 죄의 용서와 인간의 중생을 둘 다 포함한다.[237] '성화 전체 또는 인류의 재생은 "죄의 용서"라는 표현 안에서 이해될 수 있다'[238]

위의 저자들은 오직 믿음 칭의 개념을 비판한다. 하몬드는 반드시 중생이 칭의의 전제조건으로 간주되어야 한다는데 동의하는 한편,[239] 포브스는 믿음이 '단일한 방식으로' 의롭게 한다고 양보하면서도, 의롭게 하는 것은 믿음 그리고 오직 믿음뿐이라는 의견에는 반대한다. 믿음 자체가 하나의 행위라는 이유 때문에, 결코 칭의에서 행위가 배제될 수 없다는 것이다.[240] 물론 칭의에서 믿음과 행위의 관련성에 대한 이러한 이해는 어거스틴적 칭의 교리로 회귀한 데 따른 필수적인 결과로, 성화보다는 칭의의 보호 아래 신자의 새로운 삶을 둔다.

따라서 왕정복고 시기 주도적인 성공회신학자들은 세기의 초반부에 기대했던 내용들을 칭의 교리의 주요 요소로 보았을 것이다. 주요 요소들은 다음과 같다.

1. 칭의가 사건이자 과정으로 취급되며, 중생 또는 성화를 포함한다.
2. 칭의의 공식적 원인은 전가된 의거나, 내재적 의 그리고 전가된 외이지, 내재적이지 않은 의 단독은 아니라고 주장된다.
3. 바울과 야고보의 가르침은 믿음과 행위 모두가 인간의 칭의와 관련되었다고 인정하는 방식으로, 종종 '믿음 자체가 하나의 행위다' 라는 명시적으로 기술된 전제에 기초하여, 조화를 이룬다.

1662년 제레미 테일러(Jeremy Taylor)의 더블린 설교들과[241] 조지 불

---

237) Forbes, Considerationes, 1.174, 204.
238) Considerationes, 1.216.
239) Allison, The Rise of Moralism, 98-106.
240) Forbes, Considerationes, 1.54.
241) Works, 8.247-302, 특히 284-90 (바울과 야고보의 관계에 대해). H. R. McAdoo, The

(George Bull)의 『사도들의 조화』(*Harmonia Apostolica*, 1669-70)가 위의 칭의 이해를 위한 가장 중요한 해설들이다. 물론 사도들이란 바울과 야고보다.[242]

불이 자신의 칭의 견해는 초기 세대 성공회신학자들과 모순된다고 분명히 인식한 점이 특별한 흥미를 끈다. 그는 의롭게 하는 의에 관한 질문에서 후커와 중대한 불일치점이 있음을 인정한다.[243] 그럼에도 불구하고 초기 캐롤라인신학과의 관련성이 무엇이든지 간에, '성결된 삶의 신학'이 일반적으로 후기 캐롤라인신학에, 그리고 특수하게는 그 도덕적 신학에 심대한 영향력을 행사하기 시작했다는 점은 분명하다. 그러나 후기 캐롤라인 신학자들 중에 새로운 칭의 신학에 대한 비판자가 없었다는 뜻은 아니다. 예를 들어 바를로우, 바로우(Barrow) 그리고 베버리지(Beveridge)는 바울은 하나님 앞의 칭의론을 언급했고, 야고보는 사람 앞의 칭의론을 언급했다고 하면서, '성스러운 생활' 학파의 사도들의 조화론에 도전했다. 비슷한 경우로, 브람홀(Bramhall)과 샌더슨(Sanderson) 같은 많은 초기 캐롤라인 신학자들이 왕정복귀-후기 시대까지 캐롤라인교회 안에 살아남았고, 칭의의 공식적 원인의 성격에 대한 보다 오래된 견해를 지지했다.[244]

리처드 후커(Richard Hooker)는 16세기 말에 배포된 『고등 칭의 대담』(*Learned Discourse of Justification*)에서 '그 웅장한 질문, 아직도 우리와 로마교회 사이에 논쟁이 진행 중인 의롭게 하는 의에 관한 문제'라고 말했다. 다음 세기는 정확히 '이 장엄한 문제'에 대한 불일치가 잉글랜드교회 자체에 발생함을 목도하게 되었다. 명목상으로는 1640년까지 성공회 전통에서 이 문제와 관련된 문제들은 만장일치를 이룬 듯 보였지만(후커 자신은 초기 캐롤라인 신학자들을 따라 의롭게 하는 의가 인간에게 전가되었으며, 믿음은 인간의 사역이 아니고, 칭의와 성화는 구별된다고 주장하였다), 후기 캐롤라

Structure of Caroline Moral Theology, London: Longmans, Green & Co., 1949; Allison, *The Rise of Moralism*, 64-95.
242) Allison, *The Rise of Moralism*, 118-37.
243) *Harmonia Apostolica*, 279-80.
244) Bramhall, *Works*, 1.56; Sanderson, *Sermons*, 1.543.

인 신학자들은 상당히 동떨어진(어떤 사람은 완전히 다르다고 말한다) 칭의 이해(의롭게 하는 의는 인간에게 내재된 것이다. 믿음은 인간의 사역이다. 칭의는 성화를 포함한다)인 '성결된 삶'의 신학에 경도되어 갔다. 두 캐롤라인 신학자들의 시기 중간에 청교도 공화국이 들어선 사건은, 웨스트민스터 신학자들의 신학에 대한 의식적 대항으로써 성공회의 칭의 신학에 새로운 방향이 시작됨을 암시한다. 아마 보다 초기의 캐롤라인 시대에서 이 새로운 방향성의 기원이 발견될 것이다. 그러나 후기 시대에조차, 옛 견해에 대한 의미심장한 지지가 계속되고 있었다.

이러한 관찰은 불(Bull)과 테일러(Taylor) 같은 후기 캐롤라인 신학자들의 가르침을 기초로 중도적(via media) 칭의 신학을 수립하려고 논증적인 시도를 한 존 헨리 뉴만(John Henry Newman)과 관련하여 분명한 중요성을 지닌다. 1837년의 『칭의 강좌』(Lectures on Justification)에 설명된 그대로, 뉴만 자신의 칭의 교리는 방금 언급한 후기 캐롤라인 신학자들의 신학과 근본적인 동일 연장선상에 있다. 그러나 뉴만은 자신의 칭의 사상은 공화국-이전 신학자들과는 편차가 있다고 평가한다. 따라서 뉴만은 '때때로 우리 후기 교회의 특별한 빛으로 간주되는 세 사람, 후커, 테일러, 바로우'에게 호소한다.[245] 또한 자신의 가르침이 테일러와 바로우의 지지를 받고 있다고 말할 기분을 느끼지만 후커에 대해서는 보고를 해야 할 의무를 느낀다. '후커는 반대의 길을 선택했다. 특별한 칭의 견해에 대해서만이 아니라…그 상대 의견은 복음의 진리에 대한 사실상의 부인이라고 선포했다.'[246] 이 '상대 의견'은 뉴만 자신이 정립한 입장과 놀랄 정도의 유사성을 지닌다. 더욱이 최소한도로 말하더라도, 초기 캐롤라인의 칭의 신학과 그의 신학이 지닌 친근성에 비추어 볼 때, 바로우가 뉴만의 입장에 선행하는 것으로 인용된 것인지 의문이다. 뉴만은 단지 바로우가 칭의 용어와 관련된 혼란과 불확실성을 인식하고 있음을 보여주고자 인용한 것이다. 따라서 사려 깊은 비평이 뒤따른다.[247] 그러나 바로우

---

245) Newman, *Lectures on the Doctrine of Justification*, 400.
246) Newman, *Lectures on the Doctrine of Justification*, 402.
247) Newman, *Lectures on the Doctrine of Justification*, 400-1. Barrow, *Theological Works*, 162-79.

로 하여금 내재적 의 대신 전가된 의를, 행위보다는 믿음에 의한 칭의라는 초기 성공회의 가르침을 철저히 인정하지 못하도록 막았다는 뜻은 아니다.

'성공회'의 칭의 신학을 제시한다는 뉴만의 주장은 '성공회'의 자료들을 '성결된 삶' 신학자들에게서 벗어나지 못하도록 무작정 제한한 점과 관련이 있다. 이 제한에는 앤드류스, 베버리지, 다브난트, 다운햄, 후커, 주웰(Jewell), 레이놀즈, 어셔, 휫태커 등 몇몇 초기 세대의 성공회신학자들에 대한 전적인 배제도 포함된다. 따라서 뉴만의 중도적 칭의 신학의 '성공회'적 출처는 겨우 30년 정도 지속되었던 무명의 소규모 신학자 그룹의 가르침이다. 그리고 영국 역사상 가장 거대한 불연속인 공화국 시대가 시작된다.

따라서 왕정복고 시대의 어떤 신학자들이 어떤 식으로든지 '성공회적' 칭의 사상의 고전적 진수를 대표한다는 주장은 전혀 받아들일 수 없다. 그렇게 하는 것은 임의적인 역사 실증주의를 드러낼 뿐이다. 이전에 잘 정립된 전통에 반대했으며, 그토록 짧은 시기만 활동했고, 당대에도 상당한 비판을 받았던, 그처럼 소규모의 신학자 그룹의 가르침이 성공회주의를 지칭한다고 말할 수 없다. 만약 이 문제에 있어 굳이 그러한 그룹을 선택해야만 한다면, 엘리자베스 안정법(the Elizabethan Settlement)에 곧바로 이은 시대에 활동했던 초기 성공회의 신학자 그룹일 것이며, 일반적으로 후커가 대변인으로 알려져 있다.

필자는 나중 단원(제3장 11. 성공회적-가톨릭의 종교개혁 비판)에서 뉴만의 견해를 보다 상세히 살펴볼 것이다. 이제 필자의 관심은 잉글랜드 종교개혁이 기독교 신학과 교회 생활에 끼친 가장 중요한 영향으로 옮겨간다. 그것은 바로 청교도주의다.

9. 청교도주의: 구세계에서 신세계로

'청교도'(Puritan)라는 용어는 정의하기 어렵기로 유명하다. 이 용어가 상당히 오랜 시간 동안 폭넓은 사회적 정황 속에서 무분별하게 사용되면서 낙인이 찍혀버린 용어임을 반영한다는 점에는 질문의 여지가 없다. 이른 시기인 1565년에도, 엘리자베스의 잉글랜드로부터 망명한 가톨릭들은 '매서운 청교도들인 새로운 성직자들'에 대해 불평한다. 또한 셰익스피어의 말볼리오(Malvolio, 1600)는 새로운 문학적 '등장인물'로서, 고정화된 청교도 상을 만들었다. 특히 마프럴레이트 문건(the Marprelate Tracts)의 여파로 이런 이미지가 더욱 증폭되었다.

이 연구의 목표를 위해, '청교도주의'라는 용어를 특히 1564년에서 1640년 사이, 믿음의 경험적 기초와 선택에서의 신적 주권에 대해 특별히 강조하는 잉글랜드에서 발생한 개혁신학을 말하는 것으로 정하자.[248] 이 시기 청교도들은 영국 국교회의 신학, 교회 정치 및 예식에 비판적이었지만, 영국 국교회의 회원으로서 국교회 안에 남기로 결정한 사람들이다. '브라운주의자', '분리주의자', 또는 '바로우주의자'라는 용어들은 실질적으로는 동일한 이유로 동일한 교회를 비판했지만, 국교회의 경계와 관계없이 활동한 사람들을 지칭한다. 비록 몇몇 역사학자들은 청교도주의가 '대륙에서는 경건주의라고 불리는 종교개혁 개신교주의의 한 변종으로 초기 형태이자 잉글랜드적 형태'[249]임을 시사한다. 그러나 경건주의의 주요 특징인 알미니안주의가 절대적 포고(decretum absolutum)를 찬성하는 청교도 신학자들에 의해 거부되었다는 사실이 강조되어야 한다. 사실 1622년의 사용 기록을 보면, 청교도주의는 구체적으로 반(反)-알미니안적 요소를 지닌 의미로 사용되었다.

보다 최근에 청교도주의와 관련된 예정주의의 특별한 형태가 '경험론적 예정주의'로 지칭되는데,[250] 이 용어에는 청교도 칭의 개념의 특징을 이루는 두 요소가 포괄되어 있다. 아마도 하나님과의 감성적인 교제의 추구(이 점에서 후기 경건주의와의 평행성이 질문의 여지가 없는)와 선택(election)

---

248) J. van der Berg, 'Het puriteinse ethos en zijn bronne,' *Vox Theologica* 33 (1963), 161-71; 34 (1964), 1-8.
249) B. Hall, 'Puritanism: The Problems of Definition,' in G. J. Cuming (ed.), *Studies in Church History II*, Leiden: Brill, 1965, 283-96.
250) R. T. Kendall, *Calvin and English Calvinism to 1649*, Oxford: Oxford University Press, 1979, 8-9.

에서의 신적 주권을 동시에 강조하는 데서 생기는 내재적 긴장으로부터 확신을 추구하는 것이 청교도 영성의 가장 중요한 요소라는 제안은 아주 올바르다.

성공회주의와 청교도주의의 긴장은 옛-잉글랜드로부터 새-잉글랜드로 청교도 순례자(pilgrim fathers)들의 대규모 엑서더스를 일으켰다. 초기의 미국 청교도들은 관용이 없는 잉글랜드에서 온 망명자들이었다. 따라서 옛 신학이 신세계에 심겨지게 되었으며, 이곳에서 방해받지 않고 성장하게 되었다. 주로 미국에서 청교도주의의 유산이 발견되는데, 토착 신학이나 문화의 반대가 없는 곳에서, 새 국가의 경건성과 문화에 끼친 영향은 계산이 불가능할 정도로 막대하다. 유럽사를 공부하는 어떤 학생도 종교개혁을 무시할 수 없듯이, 미국사를 공부하는 어떤 학생도 자신들의 하나님의 이미지에 따라 국가의 틀을 만들었던 청교도를 무시할 수 없다.

청교도 칭의 신학의 가장 중요한 특징 중의 하나는 그들이 기초한 성약적 근거다. 애초에 개혁신학자 하인리히 불링거(Heinrich Bullinger), 계속해서 하이델베르크 신학자인 자카리아스 우르시누스(Zacharias Ursinus), 카스파르 올레비아누스(Kaspar Olevianus) 그리고 지롤라모 잔키우스(Girolamo Zanchius) 등과 관련된 언약 개념이 청교도주의의 독특한 기초가 되었다. 언약신학이 잉글랜드교회에 도입된 것은 하인리히 불링거의 커다란 영향 때문이다. 그의 『설교집』(Decades)이 1577년 잉글랜드에서 출판되었으며, 곧이어 휫트기프트(Whitgift) 대주교가 이 책을 추천했다. 같은 해 존 뉴스터브(John Knewstub)는 런던에서 연속 강연을 통하여 하나님과 인간의 '동맹'이 가져다주는 구원론적 유익을 설명했다.[251]

커다란 영향을 끼친 듀들리 펜너(Dudley Fenner)의 『성스러운 신학』 (Theologia sacra, 1585)에서 최종적 형태의 이중 언약 개념의 확실한 첫 진술이 발견되지만, 윌리엄 퍼킨스(William Perkins)의 『황금 팔찌』(Armilla aurea, 1590)를 통해서 일반적으로 회람되었다. 비록 퍼킨스의 신학이 근본적으로 베자적이며, 경건성은 압도적으로 청교도적이지만, 당시 케임브리지

---

251) Knewstub, *Lectures upon the Twentieth Chapter of Exodus*, 5-6.

청교도주의의 특징인 결의론(決疑論, casuistry, 윤리와 종교의 일반원리를 구체적인 인간행위와 양심에 적용하여 해결을 모색하는 방법-역주)과 개인적 선택에 대한 강렬한 관심을 드러낸다. 베자의 『신학대전』(Summa totius theologiae)에 크게 의존하고 있는 『황금 팔찌』는 도르트 회의 이전 시대에 베자적인 선택 교리와 제한 속죄 교리의 증진에 크게 기여했다. 아마도 이 책에서 가장 유명한 부분은 런던 지하의 초창기 지도와 닮은 '구원의 도표'인데, 신학에 어려움을 느끼는 사람들도 잘-정립된 베자의 길을 따라 최소한의 노력으로 자신들의 선택의 경로를 따라갈 수 있게 했다. 퍼킨스는 다음과 같이 말한다.

> 선택의 외적 수단은 언약이며, 그것은 하나님의 인간과의 계약인데, 영생을 얻으려면 어떤 조건이 필요한지에 대한 것이다. 언약은 두 부분으로 구성된다. 즉 하나님의 인간에 대한 약속과 인간의 하나님에 대한 약속이다. 인간에 대한 하나님의 약속은 만약 사람이 조건을 지키면, 사람에게 그들의 하나님이 되겠다고 스스로를 묶는 것이다. 하나님에 대한 사람의 약속은 사람이 그의 주인에게 충성을 맹세하고, 양자 사이의 조건을 수행하는 것이다.[252]

그는 하이델베르크 신학자들을 따라, 행위 언약과 은혜 언약을 구분했으며, 후자는 '하나님께서 자유롭게 그리스도와 자신의 혜택을 약속하시며, 사람에게 다시금 믿음으로 그리스도를 받아들이고, 죄인의 회개를 요구' 하시는 것이라고 말했다.[253]

일반적으로 잉글랜드 청교도들은 칭의에 대한 가르침, 특히 선택 교리와 그리스도의 의의 전가 교리에 있어 개혁파 정통을 따른 것으로 간주된다. 존 오웬(John Owen)의 저서에 잉글랜드 청교도의 강력한 반(反)-알미니안적 특징이 가장 잘 나타난다. 그의 첫 저서인 『알미니안주의 해설』(A Display of

---

252) Workes, 1.32.
253) Workes, 1.71.

Arminianism)부터 이런 특징이 뚜렷이 드러난다.[254] 오웬은 이 책에서 알미니안주의의 가르침을 두 가지로 요약했다. 첫째, 그리스도의 죽음의 정확한 대상과 둘째, 그리스도의 죽음의 효용성과 목적이다. 논쟁은 그리스도가 대신하여 돌아가신 대상의 정체성과 그리스도가 사람들을 위하여 공로를 받은 것인지 또는 획득한 것인지 여부였다.

『구원은 거룩하신 예수 안의 선택』(*Salus electorum, sanguis Jesu*, 1647)에서 두 가지 요점이 더욱 길게 발전한다. 오웬은 청교도들의 공통점인 성경에 대한 존중을 보이지만, 이 책은 본래 알미니안주의의 보편 구원론에 대한 논리적인 분석이라는 측면에서 중요하다.

오웬은 '그리스도는 만인을 위해 돌아가셨다'는 알미니안주의의 명제는 아무도 그의 죽음을 통해 실제적, 효과적으로 구원을 받지 못한다는 점에서 '그리스도는 누구를 위해서도 죽지 않았다'는 더 심층적인 명제를 자체에 포함하고 있다고 주장한다. 오웬의 경우 모든 사람이 구원받는 것은 아니라는 사실에는 논쟁의 여지가 없었다. 그러므로 만약 그리스도가 모든 사람을 구원하기 위해 돌아가셨다면, 자기 임무에 실패한 것이다.

따라서 이런 실패는 생각할 수도 없다.[255] 그러므로 오웬에 따르면, 알미니안주의자들은 '만일 사람들이 믿는다면' 하나님은 그리스도가 만인을 위해 평화, 화해, 죄의 용서를 획득하도록 하는 조건적 구원 교리에 동의하는 셈이다. 따라서 알미니안들은 '그리스도의 보혈'을 한 종류만 가져도 모든 사람을 일으킬 수 있는, 통 속의 만병통치약처럼 취급한다. 비록 그 약이 한 사람이나 또 다른 사람을 위해 처방되지 않았음에도 불구하고 어떠한 정도나 차이 없이, 지금은 이 사람에게 다음은 저 사람에게 처방된다. 따라서 그가 우리를 위해 구입하신 모든 좋은 것들이 있음에도 불구하고 그것이 우리의 것이 되는지 안 되는지 여부에는 무관심하거나 불확실하다.[256]

---

[254] *Workes*, 5.41-204.
[255] *Workes*, 5.284-90.
[256] *Workes*, 5.320-1. 따라서 Owen은 알미니안의 그리스도를 그가 수단이 아니라 목적을 획득한다는 점에서 '반만 중보자'로 그린다(323). 마찬가지로 알미니안의 구원의 조건(즉 믿음)을 불가능한 것이라고 조롱한다. 그것은 '어떤 사람이 시각장애인에게 만약 그가 본다면 천 파

오웬에게, '참으로 구원은 조건적으로 부여되지만, 그 조건인 믿음은 전적으로 얻어지는 것이다.'[257]

비록 오웬 자신은 그리스도의 의의 전가가 의의 공식적 원인이라고 가르쳤지만, 리처드 백스터(Richard Baxter)의 『칭의의 경구』(Aphorisms of Justification, 1649)를 둘러싼 논쟁은 청교도 내에 이 질문에 대한 놀랄 만큼 다양한 견해가 있음을 드러내는 데 기여했다. 백스터 본인에게 있어, 의의 공식적 원인은 그리스도의 의 덕분에 의가 전가되든지 또는 의라고 간주되든지 믿고 있는 개인의 믿음이다.[258] 이 교리 안에는 청교도의 특징인 성약적 기획이 들어 있으며, 옛 언약과 새 언약의 구별이 이루어져 있다. 백스터에 의하면, 그리스도가 옛 언약을 성취하셨으므로 새로운 언약에는 보다 관대한 조건이 부여되었고, 새 언약에 근거하여 사람이 의롭게 되는 일이 가능해졌다. 그리스도의 성취로 인해, 새 언약 아래서 신자의 믿음이 칭의의 공식적 원인이 될 수 있으므로, 옛 언약을 성취하신 그리스도의 의는 칭의의 공로적 원인이다.

존 굿윈(John Goodwin)의 『믿음의 전가』(Imputatio fidei)와 조지 워커(George Walker)의 『변호』(Defence)에서 비슷한 가르침이 발견된다. 두 작가는 인간의 믿음이 의로 간주되는 근거에 있어 달랐다. 워커의 경우, 사람의 믿음은 믿음의 대상이 오직 그리스도인 것으로 이해되기 때문에 의롭다고 여겨진다.[259] 한편 굿윈은 죄의 사면은 죄인이 '완전히 그리고 완벽하게 의로움'을 암시하므로,[260] 그리스도의 의의 전가가 필요하지 않다고 주장했다. 17세기 청교도 내부에서 칭의의 공식적 원인을 둘러싼 의견의 불일치는 여러 측면에서 당시 성공회주의 내부의 불일치와 균형을 이룬다. 그럼에도 불구하고 존 오웬 및 여러 사람들이 채택한 견해가 가장 선호된 입장이라는 데 의문의 여지가 없다. 칭의의 공식적 원인은 그리스도의 의 외에 다른 아

운드를 주겠다고 약속'하는 것이다(323).
257) Workes, 5.324.
258) Baxter, A Treatise of Justifying Righteousness, 29, 88, 129-30.
259) Defence of the True Sense, 15.
260) Imputatio fidei, 3-4. 참조. 212.

무엇도 아니며,²⁶¹⁾ 따라서 잉글랜드의 운동은 대륙의 개혁주의 정통과 보조를 맞춘다.

1633년 네덜란드에서 신세계를 향해 그리핀(Griffin)호가 출항했다. 배는 라우드주의자(Laudian)인 잉글랜드 망명객 토마스 후커와 존 코튼 두 사람을 싣고 있었다. 두 사람 모두 뉴잉글랜드 청교도의 수립에 있어 상당히 중요한 인물이었음이 증명되었다. 그러나 그리핀호와 함께 미국으로 온 것은 단순히 잉글랜드 청교도주의가 아니라 잉글랜드 청교도주의 내부의 긴장이었으며, 이 긴장은 새로운 활기를 띠고 다시금 분출되었다. 이것이 필자가 지금 주목하고 있는 '준비주의'(preparationism)이며, 특히 중요한 주제다.

이미 필자는 청교도 영성의 신학적, 실천적 요소인 기독교적 삶의 경험적 측면(믿음이나 중생 같은)을 확신의 중요성과 확신의 근거로서 취급하는 경향에 대해 언급한 적이 있다. 후커는 어셔(Esher) 지방의 슈레이(Surrey) 교구에서 설교자로 일하는 동안, 조안 드레이크(Joan Drake)라는 부인을 상담한 적이 있었다. 그녀는 자신이 이미 구원을 달성했다고 확신하고 있었다. 후커가 그녀에게 어떻게 조언했는지 기록이 없지만, 다른 사람이 실패한 상담을 성공했다. 아마도 1629년의 설교 「크리스천이 그리스도께 이끌리는 데 대한 불쌍한 의심」(Poor Doubting Christian drawne unto Christ)에 조언의 내용이 들어 있을 개연성이 있다.²⁶²⁾ 후커는 이 설교를 통해 확신의 경험적 측면을 거부했다.

> 한 사람의 믿음은 기분이 좋지 않더라도 강건할 수 있다. 다윗은 의롭게 되었고 성화되었지만 여전히 이러한 기쁨을 원했다. 마찬가지로 욥은 그가 어떤 감정도 느낄 수 없게 되었을 때, 하나님께 의존했다…그러므로 당신의

---

261) 예를 들어, John Eedes, *The Orthodox Doctrine concerning justification* (London, 1642), 56-62; William Eyre, *Vindiciae iustificationis gratuitae* (London, 1654), 7; Thomas Gataker, *An Antidote against Error* (London, 1670), 37-8; Owen, *Works*, 11.214-15, 258-60.

262) T. Hooker, *Writings in England and Holland*, 152-86; Kendall, *Calvin and English Calvinism*, 125-38.

감정을 떠나, 약속을 향해 가라.²⁶³⁾

후커는 확신의 근거이자 척도로서의 경험을 거부하면서, 준비 과정으로 그 자리를 대체했다. 인간의 자연적 능력 속에는 하나님께서 사람들을 의롭게 하실 만큼의 충분한 통회가 들어 있다. '마음이 적합하게 준비되어 있을 때, 주님이신 예수께서 즉시 마음속에 들어오신다.'²⁶⁴⁾ 그러므로 확신 문제에 관한 한 그리스도인의 경험 부족은 부차적일 뿐이다. 후커는 비아 모데르나의 성약적 신학과 유사한 논증을 발전시키면서, 일단 인간이 칭의를 위한 최소한의 사전조건을 충족시키면, 곧이어 그들의 칭의와 칭의에 대한 확신을 보장하신다는 하나님의 자비로운 약속에 대한 충실성에 의존할 수 있다고 주장한다. 따라서 마음이 '그리스도를 향해 적합해지고 준비되는' 칭의를 향한 인간의 준비(그리스도 안에서 존재하기 위한 죄인의 적합화)가 확신의 근거이다.

존 코튼의 초기 저작에도 은총과 확신을 향한 사람의 준비에 관한 비슷한 이해가 발견된다. 그는 요한계시록 3:20에 대한 초창기 논의에서, 회심이란 사람의 마음 문을 두드리시는 하나님의 행위와, 뒤이어 하나님께서 들어오실 수 있도록 문을 여는 인간의 행위로 이루어진다고 주장했다.²⁶⁵⁾ 일단 사람이 필수적 행위를 수행하면, 하나님께서(그가, 아니 오직 그만이 하실 수 있는) 나머지를 하실 것이라는 확신 안에 거할 수 있다. 그는 이사야 4:3-4에 대한 도발적인 강해에서, '만약 우리가 그를 향한 길을 순탄하게 만든다면, 그 다음 그분이 우리의 마음속에 들어오실 것이다'라고 선포한다.²⁶⁶⁾

---

263) *Writings in England and Holland*, 160-2.
264) *The Soules Humiliation*, 170. 참조. *The Unbeleevers Preparing for Christ*, 1, 104; *The Soules Preparation for Christ*, 165. 또한 **구원시키는** 행위 모두가 **성화시키는** 행위의 효력이 나타나는 것은 아니라는 중요한 진술에 주목하라. *Writings in England and Holland*, 145.
265) Cotton, *Gods Mercie Mixed with his Iustice*, 10-12. 참조. N. Pettit, *The Heart Prepared: Grace and Conversion in Puritan Spiritual Life*, New Haven: Yale University Press, 1966, 129-79; Kendall, *Calvin and English Calvinism*, 110-17, 167-83.
266) *Christ the Fountaine of Life*, 40-1.

그러나 코튼의 신학은 잉글랜드를 떠나기에 앞서 중대한 변화를 경험한 듯이 보인다. 이 시기 이전, 코튼과 후커는 인간은 칭의를 향해 스스로 자연스럽게 준비할 수 있다고 가정했었다(여기서 비아 모데르나와의 유사성을 또 한 번 지적할 필요가 있다). 그러나 만일 인간의 타락이 그들로 하여금 스스로를 준비시키지 못하게 만들었다면 어떻게 될까? 마치 1513년-1516년 루터의 발전과 비슷하게, 코튼은 그리스도의 연합에 선행하는, 은총을 위한 구원의 준비는 없다는 통찰에 이른 것으로 보인다. 그리스도는 어떠한 은총적 성질의 사전 조정 없이도 자유로운 약속을 통해 은총을 제공하신다. 달리 말해, 인간은 자기 의지로 하나님을 향할 수 없다. 인간은 하나님께서 붙잡아 주시도록 요청할 뿐이다. 조건적 약속이 아니라, 절대적 약속에 근거하여 죄인에게 그리스도가 주어지신다. 결과적으로 코튼은 준비 또는 성화보다는, 믿음 자체를 사람의 확신의 근거로 만들게 된다. 코튼이 확신의 근거로서의 성화를 거부한 이유는, 그런 주장은 은혜 언약에서 행위 언약으로 되돌아간 것이라는 그의 확신 때문이었다.

유감스럽게도, 그와 친숙했던 몇몇 서클 사람들이 그의 견해를 오해했다. 그 중에 유명한 사람으로 앤 허친슨(Anne Hutchinson)이 있다. 허친슨은 1643년 말 인디언의 손에 종말을 맞기에 앞서, 매사추세츠 베이에 있는 (코튼을 제외한) 모든 사역자는 행위 언약 이상이나 행위 언약 이하를 설교하지 말자고 제안했다. 이에 따른 논쟁으로 그의 명성에 큰 손상이 간 것은 아니다. 그러나 보다 중요한 사실은, 후커가 아주 직설적으로 제기했던 주요 문제를 그가 회피했다는 점이다. 코튼은 신자는 믿음을 지니고 있다는 사실을 안다고 암시했지만, 그 믿음이 처음에 어떻게 획득되는지에 대해서는 아무것도 말하지 않았다.

'준비된 마음'을 둘러싼 논쟁은 여러모로 중요하다. 특히 칭의와 확신에 관한 청교도적 사고방식과 관련하여 더욱 그렇다. 비록 후커와 코튼은 상당히 다른 칭의 신학을 채택했지만(전자는 인간의 칭의에 선행하는 인간의 능동성을, 후자는 수동성을 강조한다), 청교도 신학의 맥락 안에 확신의 근거를 수립하려는 열망을 공유한다. 그러므로 인간이 의롭게 되는 양식에 대한 선(先) 이해의 결과가 확신의 근거라는 점에 많은 주목이 필요하다.

17세기 말과 18세기 초 뉴잉글랜드의 청교도주의는 쇠퇴한다. 주류 청교도 사상의 초석이었던, 신의 전능에 직면한 인간의 무기력함에 대한 강조는 종교적 재생이 아니라 종교적 마비를 일으켰다. 그 결과 뉴잉글랜드의 다음 세대에 개종자가 줄어들었고, 교회가 '중도(Half-Way) 언약'을 도입하도록 만들었다. 이 때문에 웬만한 도덕적 성품을 지닌 세례자라면 교회 회원으로 취급되었다. 뉴잉글랜드에서 특별히 두드러진 '은총의 수단'에 대한 강조는 목사들로 하여금 갱생하지 않은 사람도 회중 성경 낭독, 말씀 선포(그리고 스토다디언 체계에서는 주의 성찬에 참석)는 신적 은총이 인류에게 수여되는 수단이라는 원칙에 근거하여, 예배 참석을 허용하도록 만들었다.

특별히 조나단 에드워즈(Jonathan Edwards)와 관련된 '대각성'을 통해 이런 상황이 급속히 변했다.[267] 1734년 에드워즈는 '믿음에 의한 칭의'라는 주제로 연속 설교를 했다. 비록 이 설교는 급진적인 개혁으로 묘사할 만한 어떤 내용도 포함하지 않았지만, 설교의 진지함은 놀랍고도 환영할 만한 효과를 거두는 데 결정적인 기여를 했다. 에드워즈와 동료들이 영적 갱신의 필요성을 뜨겁게 강조하면서, 영적 갱신이 교회 회원자격의 척도가 되었고, 중도 언약의 종언을 확실히 했다.

대각성은 뉴잉글랜드에서 오랫동안 수용된 것과 비슷한 언약신학에 기반을 두었다. 하나님께서 인간과 계약을 맺으시는 것으로 이해된다. 하나님은 계약을 통해 믿음을 가진 사람을 용서하시고, 사람은 성화를 향해 일하겠다고 약속한다. 은총 계약에 대한 에드워즈의 논의는 개혁주의 전통과 평행을 이룬다. 하나님은 영원부터 그리스도와 구속의 언약을 맺으셨다. 이 계약 덕분에 인류가 구속될 수 있다. 은혜 언약은 영원한 계약의 일시적인 발현이다.[268] 행위 언약에서 아담이 모든 인류의 계약 대표자였기 때문에 후손으로

---

267) 스토다르디안주의에 대한 에드워즈의 반응을 분석한 탁월한 작품으로 다음을 보라. John F. Jamieson, 'Jonathan Edwards' Change of Position on Stoddardeanism,' HthR 74 (1981), 79-99.
268) Works, 2.950b. 언약에 대한 사무엘 윌라드(Samuel Willard)의 견해에 대해서 다음을 보라. E. B. Lowrie, The Shape of the Puritan Mind: The Thought of Samuel Willard, New Haven: Yale University Press, 1974, 160-85. 이 시기 청교도 신학에서 언약 개념의 중요성에 대해서, 다음의 고전적 연구를 보라. P. Miller, 'The Marrow of Puritan

아담의 죄가 전가된 것과 똑같이, 택자에게 그리스도의 의가 전가되는 것은 은혜 언약으로 현실화된 구속 언약에서 그리스도의 존재가 계약의 대표자가 되기 때문이다.

에드워즈의 추종자들은 칭의의 성약적 기초에 대한 다소 전통적인 그의 제시를 발전시키고 수정했다. 조셉 벨라미(Joseph Bellamy)는 '뉴잉글랜드 신학' 의 베자적인 기초를 수정했다. 그는 그로티우스(Grotius)를 따라, 그리스도의 수난은 피해자인 하나님에게 제공된 보상이 아니라 우주의 도덕적 지배자인 하나님께서 제정하신 형법의 사례라고 주장했다. 사무엘 홉킨스(Samuel Hopkins)는 '은총의 수단' 을 강조하는 '구-칼빈주의'(중도 언약의 기초 원리)를 명시적으로 거부했다. 죄의 긍정적인 역할에 대한 그의 이해는 그가 운동의 발전에 끼친 가장 주요한 공로였다.[269]

언약적 알미니안주의가 뉴잉글랜드 청교도주의 내부에 등장한 사건은 특별한 중요성을 지닌다. 뉴잉글랜드 알미니안주의자들은 칭의를 위해 인간에게 요구되는 언약 조건이 믿음('구-칼빈주의자' 들이 인류에 대한 하나님의 선물로 간주하는)이라는 점을 인정하면서도, 믿음을 순종과 동등한, 모든 사람들이 충족시킬 수 있는 하나의 조건으로 간주했다. 청교도 운동 안의 알미니안 분파는 여러 측면에서 유럽 경건주의의 직접적 동류로 간주될 수 있다. 청교도와 경건주의 사이의 중요한 차이는 선택 교리가 폐기되었다는 한 가지 차이뿐이다. 사실 코튼 마터(Cotton Mather)와 할레의 경건주의자들 사이에 오고간 서신들에 비추어 볼 때, 두 운동 사이의 직접적 관련성을 시사하는 탁월한 근거가 있다.[270] 따라서 알미니안주의자들은 '은총의 수단' 원리는 '구-칼빈주의자'(Old Calvinists)를 따랐다. 은총은 특히 성경 읽기, 공예배 참석, 말씀 선포의 청취 등의 '수단' 을 통하여 모든 인류에게 가능한 것으로 이해되었다. 조나단 메이휴(Jonathan Mayhew)가 이 원리를 다음처럼

Divinity,' in *Errand into the Wilderness*, Cambridge, MA: Harvard University Press, 1956, 48-98.

269) Hopkins, *The Wisdom of God in the Permission of Sin* (Boston, 1759).

270) K. Francke, 'The Beginning of Cotton Mather's Correspondence with August Hermann Franke,' *Philological Quarterly* 5 (1926), 193-5.

기록했다. '비록' 하나님이 전능하시지만, 수단 없이는 거의 또는 결코 일하지 아니하신다. 따라서 알미니안주의자들은 은총의 보편성을 주창하면서도, 갱생하지 못한 사람들의 교회 회원자격에 대한 질의에는 '구-칼빈주의자들'과 한 편이 되었다.

> 복음은 다른 종류 또는 다른 유형의 은총(어떤 은총은 특별하다고 불리는데, 또 다른 것은 그렇지 않다는 등, 어떤 은총은 독특하고 구별되는 속성이 있어 회심시키고 구원하는 능력이 있는데, 다른 것은 그렇지 않다는 등의 특별히 구별되는 은총의 종류)에 대해 통지하지 않는다.[271]

칭의에서 믿음과 행위 모두의 필요성에 대한 강조는 일반적으로 바울과 야고보의 견해를 조화시킬 필요성과 관련하여 지지를 받았다. 믿음과 행위 모두 구세주가 지정하신 것으로, 믿음과 행위가 없으면 우리가 '용서받지도 받아들여지지도' 못하는 '자비로운 조항 또는 조건'으로 이해되었다.[272]

뉴잉글랜드에서 대각성의 효과가 순전히 종교적인 영역을 넘어 확대되었지만, 설교를 통한 부흥, 개인적 회심과 종교적 경험에 대한 열렬한 관심은 뉴잉글랜드 청교도주의 안에 칭의에 대한 다양한 차이가 있음을 노출시켰다. 이 현상은 대륙의 프로테스탄트 신학에서 이루어진 진전과 여러모로 닮았다.

---

271) John Tucker, *Observations on the Doctrines and Uncharitableness of the Rev Mr Jonathan Parsons of Newbury* (Boston, 1757), 5.
272) Samuel Webster, *Justification by the Free Grace of God* (Boston, 1765), 27. 이 책이 알미니안주의자들이 행위에 의한 칭의를 가르친다는 혐의(그들은 격렬하게 부인했다)의 문을 열었음이 분명하다. Lemuel Briant, *Some Friendly Remarks upon a Sermon Lately Preached at Braintree* (Boston, 1750), 10; Charles Chauncy, *Twelve Sermons* (Boston, 1765). 12; Jonathan Mayhew, *Striving to Enter In at the Strait Gate* (Boston, 1761), 19-20.

10. 경건주의의 개신교 정통 비평

루터교 정통의 시대는 영향력을 확대 중이던 경건주의 운동, 특히 할레대학과 연루된 운동으로부터 상당한 반대를 받은 시기로 기록된다.[273] 경건주의 운동은 그 최전성기에, 죽은 정통의 공허한 교리에 대항하는 살아 있는 믿음의 저항으로 간주되었다. '경건주의'라는 용어는 루터교 내부 운동 중에서 특히 필립 야콥 슈페너(Philip Jakob Spener)와 관련된 운동에 적용된다. 이 운동은 믿음의 능동적 속성에 대한 지지와 정통의 외래적 의 교리에 대한 비판을 특징으로 한다. 이전에 급진 종교개혁 분파를 포함한 여러 세력도 비슷한 비판을 했었다.[274] 영국인 퀘이커교도인 로버트 바클레이(Robert Barclay)는 칭의는 중생과 동일하며, 공식적 원인은 '영혼 안에 있는 하나님의 계시이며 생각을 변화시키고 새롭게 한다'고 가르쳤다.[275] 인류는 신적 속성을 분유(分有)한 덕분에, 의롭게 만들어진다.[276] 야콥 뵈흐메(Jakob Böhme)에게도 더 확장된 형태이기는 하나 정통 칭의 교리에 대한 비슷한 비판이 발견된다.[277]

리츨의 관찰처럼,[278] 경건주의는 철저하게 정통적인 방식(달리 말해, 인류가 원죄 때문에 하나님으로부터 멀어졌다는 인식)으로 화해 교리를 주장한 반면, 개인적인 성결과 헌신을 위한 목회적 관심에 기초하여 칭의 교리를 광범위하게 수정했다.[279] 일반적으로 베드로후서 1:4을 토대로 신적 성품의 참

---

273) N. Hinske and C. Ritterhoff (eds.), *Halle, Aufklärung und Pietismus*, Heidelberg: Schneider, 1989.
274) A. J. Beachy, *The Concept of Grace in the Radical Reformation*, 특히 28-9. 그는 칭의의 변화적 개념이 운동 내에서, 특히 '신화'(神化, deification) 개념이라는 용어로 통용되면서, 널리 사용되었음을 보여준다.
275) Robert Barclay, *An Apologie for the True Christian Divinity*, 13th edn, Manchester, 1869, 136.
276) *Apologie*, 131.
277) E. Hirsch, *Geschichte der neuen evangelischen Theologie*, 5 vols., Gutersloh: Mohn, 1949-51, 2.245-9.
278) Ritschl, *Justification and Reconciliation*, 515.
279) J. Baur, *Salus Christiana: Die Rechtfertigungslehre in der Geschichte des christilichen Heilsverständnisses*, Gutersloh: Mohn, 1969, 87-110; E. Peschke,

여 개념이 설명되었고, 이것이 초기 단계 경건주의의 칭의의 성격에 대한 특징적 이해가 되었다.

경건주의자들은 정통 칭의 교리에서 다섯 가지의 중요한 수정을 기했다. 각각의 조항이 운동 어젠다에서 독특한 면을 형성한다.

첫째, 칭의에서 믿음은 수동적이라기보다 능동적인 것으로 이해된다. 칭의에 있어 믿음의 능동성에 대한 경건주의의 단언은 특히 루터파인 발렌틴 뢰셔(Valentin Löscher)에 의해 비판을 받는다. 그는 의롭게 하는 의의 수동성에 관한 루터의 주장에 호소했다.[280] 안톤과 랑게가 뢰셔의 비판을 거부했다. 그들은 믿음이 그리스도의 손에 붙잡혀 있는 것이라면, 반드시 능동적이라고 주장했다. 프랑케 자신은 칭의에서 믿음의 능동성은 하나님께서 칭의의 원저자가 되신다는 사실과 불일치하지 않는다고 주장했다.

둘째, 경건주의가 개인적 경건의 필요성에 부여한 강력한 강조는 그리스도의 완전성 교리의 정식화로 귀결되었다. 정통파 내부에 반대파가 없었음에도 이 개념은 사실상 배제되었다.

셋째, 개인 경건에 해가된다는 이유로 공로적 보상 개념이 거부되었다. 칭의의 객관적 기초에 관한 정통적 이해에 대한 비판은 비록 존 웨슬리와 특별한 관련성이 있지만, 슈페너의 저서에서도 사례를 찾을 수 있다. 웨슬리에게는 그리스도가 인류를 위하여 율법을 충족시켰다는 주장이 인간에게 더 이상 율법의 성취 의무가 없다는 암시를 주는 것처럼 보였다. 이러한 웨슬리의 숙고가 웨슬리의 성화 아래에 배치된(sub loco sanctificationis) 율법 논의의 기저를 이루었다.

넷째, 경건을 파괴시킨다는 이유로 정통파 칭의 이해의 필수 요소인 전가된 의 개념이 전반적으로 거부되었다.[281] 따라서 브레이트하웁트(Breithaupt)

'Speners Wiederburtslehre und ihr Verhältnis zu Franckes Lehre von der Bekehrung,' in W. Zeller (ed.), Traditio-Krisis-Renovatio aus theologische Sicht, Marburg: Elwert, 1976, 206-24.
280) 이 논쟁에 관해 다음을 보라. H. M. Rotermund, Orthodoxie und Pietismus: Valentin Ernst Löschers 'Timotheus Verinus' in der Auseinandersetzung mit der Schule August Hermann Franckes, Berlin: Evangelische Verlagsanstalt, 1960, 48-51.
281) Baur, Salus Christiana, 91-5.

는 『믿음의 내용』(Theses credendorum)에서 칭의에서 내재된 의에 대한 암시가 필요하다고 주장했다.282) 웨슬리는 「뿌리에 대한 일격」(A Blow at the Root)이나 「그리스도는 친구의 집에서 칼에 찔렸다」(Christ Stabbed in the House of his Friends)라는 제목의 설교를 통해, '그리스도가 모든 일을 하셨으며, 모든 고난을 받으셨고, 그의 의가 우리에게 전가되었으며, 우리 자신의 것은 아무것도 필요 없다' 는 가르침을 '모든 성결과 모든 진실한 종교의 뿌리에 대한 일격…왜냐하면 이 교리가 열렬히 받아들여지는 곳은 어디서나, 성결을 위한 자리가 없어지기 때문이다' 라고 묘사했다.283) 그리고 『표준설교집』의 「믿음에 의한 칭의」(Justification by Faith)에서 그 비판이 확장되었다.

> 적어도 칭의는 하나님께서 그가 의롭게 하시는 사람들에게 기만당하고 계시다는 사실을 암시하고 있다. 사실 하나님은 그들이 그렇지 않음에도 그렇다고 생각하신다. 그분은 그들의 실체와 다르게 그들을 생각하신다. 그렇다고 이 사실이 하나님은 우리와 관련해서는 사물의 참된 본성과 반대되게 판단하심을 의미하는 것은 결코 아니다. 그분은 우리의 실제보다 우리를 더 낮게 평가하시거나, 우리가 의롭지 않은데도 우리를 의롭다고 믿으신다… [또는]…나를 의롭다고, 다른 사람도 의롭다고 판단하신다.284)

다섯째, 개인적 성결 필요성에 대한 경건주의의 강조는 마치 인간이 때를 선택해서 회개할 수 있다는 정통 교리 때문에 위협을 받는 것처럼 보였다. 종종 정통파 교리는 악명 높은 죄인이 가능한 한 마지막 순간까지 노골적으

---

282) Rotermund, Orthodoxie und Pietismus, 56-7. Löscher는 이러한 전개를 오시안더파의 입장이 재등장하는 것으로 보았다.
283) Wesley, Works, 10.366. 이 이슈의 중요성에 대해 다음을 보라. K. J. Collins, 'John Wesley's Doctrine of the New Birth,' Wesleyan Theological Journal 32 (1997), 53-68.
284) Wesley, Standard Sermons, 1.120. Baur는 루터파 정통의 als-ob-Théologie에 대한 경건주의자들의 일반적인 적대감에 주목한다. Salus Christiana, 94. 이 개념에 대한 Wesley 태도의 구체적인 질문들에 대해 다음을 보라. W. W. Whidden, 'Wesley on Imputation: A Truly Reckoned Reality or Antinomian Polemical Wreckage?,' Asbury Theological Journal 52 (1997), 63-70.

로 회심을 연기할 수 있는 '임종 침상의 회심'으로 이어졌다.

비록 슈페너나 프랑케 같은 초기 경건주의자들은 기독교 교리의 재정립보다 개인적 경건의 증진에 더 관심을 가졌다. 그렇지만 중생에 대한 경건주의적 강조는 경건의 증진을 조건으로 받아들였던 루터파 정통 교리에 대한 재-평가를 회피할 수 없게 만들었다. 중생의 필요성에 대한 강조로 인해 칭의보다 중생이 우선적이라고 단언하게 만들었다. 이미 루터파 정통 자체에 이런 경향이 나타나고 있었지만, 이런 전개에 대한 준비는 잘 이루어지지 않았다.

또 다른 이유에서 신자 쪽에서의 경건, 미덕, 순종의 우선성과 필요성에 대한 경건주의적 강조가 중요하다. 왜냐하면 그것은 계몽(the Enlightenment)의 도덕주의와 직접 연결되기 때문이다. 만약 '능동적 믿음'이 때때로 경건주의자들의 저서에서 발견되듯이 준(準)-알미니안적 의미에서 칭의의 결정자이며 척도로 받아들여진다면, 개인에 의한 경건의 연습은 그들 신앙에 대한 적합한 표시라고 결론지어져야 할 것이다. 달리 말해, 개인의 윤리적 갱신이 그들의 칭의의 원인이자 표현이다. 이런 중대 관찰은, 18세기 말 할레 대학의 경건주의적 신학 교수진 사이에서 발생했던 율법주의의 등장을 설명하는 바람직한 방법을 제시한다. 또한 계몽신학자들의 도덕주의와도 근본적인 친근성이 있음도 지적한다.

11. 성공회적-가톨릭의 종교개혁 비판

이 단원의 끝으로 우리는 시간적으로 19세기 초에 해당하지만, 신학적으로는 17세기 어젠다로의 회귀를 뜻하는 한 가지 전개를 고려해 보고자 한다. 옥스퍼드 운동의 등장, 특히 존 헨리 뉴만(John Henry Newman)과 관련된 루터파 칭의 교리에 대한 비판을 살펴볼 것이다.

앞에서 언급했듯이, 1660년 찰스 2세의 왕정복고는 새로운 성공회신학의 도입 계기가 된 것으로 보인다. 이 신학은 칭의 시 사람의 공로가 믿음으로 이해되는 것과 함께 내재적 의의 긍정적인 역할을 설파했다. 만약 이 후기 성공회신학자들이 오직 믿음으로(sola fide) 칭의를 믿었다고 치면, 믿음이 그 자신의 독특한 방식으로 의롭게 한다는 뜻으로 믿은 것이다. 18세기 후반 '고교회파 성직자'(High Churchmen)들에 의해 후기 캐롤라인 칭의 이해의 이러한 특징이 강조되었다. 그들의 반대파인 복음주의자들이 오직 믿음 칭의 교리를 전파하면서, 성도들로 하여금 선한 행위에 만족하거나 무시하도록 만들 가능성에 대한 변증 선상에서 이러한 강조가 이루어졌다.

19세기에 고교회파와 복음주의자들 사이의 신학적 차이가 상당히 잘 정리되었는데, 이 문제가 주요한 논쟁거리는 아니었다. 사실 논쟁 당사자 모두 칭의의 결과로 개인적 성결의 필요성을 강조했으며, 경건에 대한 가르침에서 놀랄 정도의 통일성을 보여주었다. 섬너(C. R. Sumner) 같은 많은 복음주의자들이 크게 공감하여 옥스퍼드 운동의 초기 단계를 뒤따랐던 사실은 때때로 묵과되곤 한다.

상당한 재능을 지닌 평신도 신학자인 알렉산더 녹스(Alexander Knox)의 『남은 자들』(Remains)의 출판(1834-1837)으로 상대적 평화가 깨어졌다. 『남은 자들』에는 1810년의 에세이 '칭의에 관하여'가 포함되어 있었다.[285] 여기서 녹스는 잉글랜드교회의 설교학과 조항은 법정적 칭의 교리와 거리가 멀고, 실제로는 도덕적 칭의 교리를 실천하고 있다고 주장했다. '잉글랜드교회의 판단에 의하면, 믿음에 의한 칭의는 그 안에 참되고 생명력 있는 믿음을 산출하는 활력을 포함하며, 또한 하나님 앞에서(coram Deo) 의롭다고 간주된다.'[286] 녹스는 크랜머(Cranmer)가 『구원의 설교』(Homily of Salvation)에서 빈번히 교부자료들을 인용했으며, 조셉 밀너(Joseph Milner)는 교부들이 법정적 칭의 교리를 가르쳤다고 주장했지만, 증명에는 실패했다고 언급한다. 녹스는 교부들의 합의는 도덕적 칭의 교리의 선호였음을 시사했다.[287]

---

285) 원래는 1810년 4월 16일자로 D. Parker에게 보낸 편지인데, '칭의에 관하여'라는 제목이 붙여졌다. Remains, 1.281-317.
286) Remains, 1.308. '전가'라는 용어를 의도적으로 회피한데 주목하라. 참조. 1.298-9.
287) G. S. Faber의 Primitive Doctrine of Justification Investigated, London: Seeley & Burnside, 1837은 이 점에서 Knox가 틀렸음을 입증하려고 시도했다. 동시에 칭의에 관한 개인적 견해에 있어 Knox가 성공회파라기보다는 트렌트파임을 제시하고 있다.

1837년 녹스의 『남은 자들』의 편집자인 뉴만은 옥스퍼드 소재 성모 마리아대학교회의 아담 드 브롬 예배당에서 칭의를 주제로 하는 일련의 강연을 했다. 이 강연은 여러모로 아주 중요하다. 뉴만은 이 강연에서 자신이 중도의 길(via media)로 채택한 칭의 개념을 정의했으며, 이 개념은 개신교와 로마 가톨릭의 왜곡에 맞서 성공회 정통파의 칭의 개념을 방어한다고 주장했다.[288] 따라서 뉴만은 '성공회신학자들로부터 나온 신학 체계를 형성'하는 것이 자신의 목표라고 선언하면서, 강연은 목표를 향한 '일시적인 탐구' 일 뿐이라고 지칭했다.[289] 그의 탐구에는 『4세기 아리우스주의자들』(*The Arians of the Fourth Century*, 1833), 『교회의 선지자 직에 관한 강연』(*Lectures on the Prophetical Office of the Church*, 1837) 등 일련의 저서를 포함된다. 이 저서들에 사용된 역사적 분석은 잉글랜드교회의 독특한 입장을 밝히는 수단으로 기여했다.

뉴만은 '로마와 개신교의 교리의 상당 부분을 인정하면서도 동시에 많은 부분을 배제하는 흔히 중도의 길로 암시되는, 성공회교회의 특징적인 입장으로 간주되는 내용'을 묘사하는 목표에서 행해지는 일련의 작업이 『칭의에 관한 강연』(*Lectures on Justification*)이라고 보았다.[290] 향후 성공회주의의 발전에서 뉴만의 역사적 분석이 지닌 중요성에 비추어 볼 때, 그의 칭의 교리는 상당한 관심을 불러일으킨다.

뉴만의 칭의 신학은 주로 루터(그리고 멜랑크톤 정도)와 벨라르민(Bellarmine) 및 가브리엘 바스케즈(Gabriel Vásquez) 같은 로마 가톨릭 신학자들, 그리고 캐롤라인 신학자들의 칭의 교리에 대한 역사적 분석에 기반을 둔다. 그러므로 모든 경우를 살펴보되, 특히 루터의 사례에 대한 분석이 가장 우선적인 일이다. 뉴만의 역사–신학적 분석은 심각하게, 그리고 되돌릴 수 없을 정도로 부정확하다. 달리 말해, 뉴만의 중도의 길 칭의 교리는 그가

---

288) 유용한 서문으로 다음을 보라. Sheridan, *Newman on Justification*.
289) Newman, *Apologia pro vita sua*, London: Everyman, 1964, 86. '칭의에 관한 에세이'는 '믿음에 의한 칭의만이 기독교의 중추 교리라는 루터파의 명제를 목표로 한 것'이라는 진술에 주목하라.
290) Newman, *Lectures on the Doctrine of Justification*, ix. 이 논평은 제3판에 추가되었다.

반대한 로마와 루터의 입장, 그리고 자기 견해의 원형이라고 간주한 17세기 캐롤라인 신학자의 입장 모두를 잘못 해석한 토대 위에 건설된 셈이다. 필자는 본 단원에서 적절한 시기에 이에 대해 비판할 것이다.

   칭의의 속성에 관한 뉴만 이해의 핵심 요소는 의롭게 된 신자의 영혼 안에 삼위일체가 실재로서 존재한다는 주장이다. 넓은 의미에서 이러한 실재주의적 용어는 틀림없이 아타나시우스(Athanasius) 같은 헬라 교부들에 대한 그의 관심과 긍정적 평가를 반영한 것이다.[291] 칭의의 속성에 대한 그의 이해가 유명한 찬송가의 가장 어려운 연(stanza) 속에 스며들어 있다.

    그리고 은총보다 더 고귀한 선물
    몸과 피가 맑아지네!
    하나님의 존재와 그분 자신
    그리고 모든 신성의 정수[292]

   칭의 과정에서 우리 안에 거하시는 이는 '모든 신성의 정수' 이신 하나님 자신이며, 그분은 죄 많은 사람들을 '정화' 시킨다. '이것이야말로 의롭게 되는 것이며, 우리 안에 신성의 존재를 받아들여 성령의 전으로 만들어지는 것이다.'[293] 따라서 칭의는 현재의 실재를 가리키며, '성령을 통하여 성부 하나님과 성육신하신 말씀이 우리 안에 거하시는 것이다.'[294] 비록 신성의 임재가 트렌트적 용어로 이해되긴 하지만, 뉴만은 그것이 그리스도 본인의 임재로 생각할 수도 있는 가장 근사치임을 분명히 한다. '우리 자신의 구속의 이유가 어떤 내적인 이유에서 의로움이 전해지는 것이라면, 그리고 우리 안에 계신 하나님의 임재가 그 이유 때문이라면, 우리의 칭의는 반드시 하나님께서 우리에게 오시는 것과 우리 안에 거하시는 것으로 구성되어야 한

---

291) C. S. Dessain, 'Cardinal Newman and the Eastern Tradition,' *DR* 94 (1976), 83-98.
292) 'Praise to the Holiest in the height,' *English Hymnal* no. 471; *Hymns Ancient and Modern Revised* no. 185. 이 찬송은 1865년 『제론티우스의 꿈』(*Dream of Gerontius*)의 일부로 처음 나타났다.
293) *Lectures on the Doctrine of Justification*, 144. 참조. 150-1.
294) *Lectures on the Doctrine of Justification*, 144.

다.'295)

신자의 영혼 안에 삼위일체의 실재 임재는 연결된 결과와 필연적 결과라는 특정한 결과를 가져온다. 뉴만은 이를 의롭다고 계산되어지는 것과 의롭게 만들어져 가는 것으로 구별했다. 칭의와 성화 모두가 의롭게 된 영혼 안에 신적 임재라는 선물과 동시에 부여된다. 달리 말하면, 뉴만은 용어 '칭의'의 주요 의미 및 근본 의미를 신자의 영혼 안에 삼위일체가 거하는 것으로 이해하며, 전통적(비록 뉴만이 부적절하다고 느꼈겠지만)으로 '칭의'(즉 의롭다고 여겨지는 것)와 '성화'(즉 의롭게 만들어지는 것)라고 불리는 회심 과정에 따르는 필수적 결과로 본 것이다.296) 아마 『강연』의 가장 중요 구절에서 이 점이 분명해질 것이다.

이제 우리는 칭의와 갱신 사이에 실제로 어떤 연결이 존재하는지 보게 될 것입니다. 이것들은 모두 하나님의 위대하신 선물, 즉 크리스천의 영혼 안에 있는 그리스도의 임재입니다. 임재는 바로 그 사실에 의하여(ipso facto) 그 필수적인 결과인 우리의 성화이며 칭의입니다. 우리를 의롭게 하는 것은 신성의 임재이며, 개신교 학파가 말하는 믿음이 아니며, 로마가 말하는 갱신도 아닙니다. 칭의라는 단어는 구체적이며 살아 계신 하나님의 말씀으로, 영혼 안으로 들어가시며 마치 붉이 물질의 본체를 밝히며 정화하는 것처럼 영혼을 조명하고 깨끗케 하십니다. 의롭게 하시는 그분이 또한 성스럽게 하십니다. 왜냐하면 그가 바로 그분이기 때문입니다. 첫 번째 축복은 그 필수적인 한계를 넘어 두 번째 축복으로 흐릅니다. 그리고 두 번째가 거절되면, 첫 번째도 사라져 버립니다. 만약 태양 광선을 태양과 분리시킬 수 없고, 불이나 물의 정화시키는 힘을 빼앗을 수 없다면 결코 이 둘은 생각에서라도 분리될 수 없습니다.297)

---

295) *Lectures on the Doctrine of Justification*, 149.
296) 여기서 Newman은 자신을 칭의는 '의롭게 만들어지는 것'이며, 성화는 '거룩하게 만들어지는 것'이라고 제안했던 Knox와 구별한다. Knox, *Remains*, 1.307-9.
297) *Lectures on the Doctrine of Justification*, 154.

그러므로 칭의와 성화의 차이는 개념적일 뿐이며, 이 둘은 분리될 수 없다. 왜냐하면 칭의와 성화 모두가 하나이자 동일한 측면, 즉 신자의 영혼 안의 삼위일체의 거주이기 때문이다. 칭의와 갱신의 이러한 구분은 뉴만으로 하여금 두 가지 사이의 예기적 관계를 주장할 수 있도록 했다. '처음에 칭의는 갱신의 가능성이지만, 나중에 실재가 된다. 그러므로 결코 갱신의 단순한 결과가 아닌 실재적인 결과이다. 또한 하나님의 자비의 분리된 행위가 아니다.'[298] 따라서 칭의와 성화의 구분은 '단순히 정신적'인[299] 것이며, 행위 자체를 나눌 필요가 없는 단일한 신적 자비의 행위다.

뉴만은 열 번째 강연에서, 칭의에서 믿음의 정확한 역할에 대한 난처한 질문에 주의를 기울인다. 뉴만은 믿음을 사랑이나 순종 같은 다른 기독교적 미덕을 배제하는 것으로 보는 순전히 신용 거래 같은 해석을 거부한다. 뉴만은 '구원을 위해서 믿을 것은 그리스도의 자비와 거기서 나오는 위안밖에 없다'고[300] 주장하는 데까지는 나아가지 않으며, 이런 주장은 참된 기독교의 믿음을 드러내기에 부적절함을 강조한다. 선인과 악인 모두 하나님의 자비를 신뢰할 수 있지만, 선인과 악인은 자선, 사랑 그리고 순종 때문에 구별된다. 따라서 뉴만의 느낌에 프로테스탄트의 믿음 이해는 크게 잘못된 것이 아니라 불충분할 뿐이다.[301] 뉴만은 불과 테일러 같은 후기 캐롤라인 신학자들을 따르면서, 비록 방식은 다르지만 믿음과 행위가 함께 의롭게 한다고 논증한다.[302] 따라서 의롭게 하시는 이는 그리스도라는 모든 지식이 동시에 의롭게 하는 것은 믿음이라는 주장을 막는 것도 아니며, 의롭게 하는 것이 믿음이라는 사실이 행위가 의롭게 하는 것을 배제하는 것도 아니라는 것이다.

우리 쪽의 믿음은, 말하자면, 하나님 쪽의 은총에 적절히 반응하거나, 또

---

298) *Lectures on the Doctrine of Justification*, 74. 이것은 또한 초기 진술을 올바르게 이해하도록 한다. '칭의와 성화는 사실상 본질적으로 하나이며 동일한 것이다…사고의 순서에서, 각각을 개별적으로 바라보면, 칭의가 성화를 따라간다.'
299) *Lectures on the Doctrine of Justification*, 112.
300) *Lectures on the Doctrine of Justification*, 263.
301) *Lectures on the Doctrine of Justification*, 262.
302) *Lectures on the Doctrine of Justification*, 275-6.

는 협력하는 것으로 보이며, 성례는 은총의 발현이며, 선한 행위는 믿음의 발현이다. 그러므로 우리가 믿음으로, 또는 행위로, 또는 성례로 의롭게 된다고 말할 때, 이 모든 주장들은, 성례를 통하여 주어지고, 믿음으로 탄원되며, 행위로 나타나는, '우리는 은총에 의해 의롭게 된다' 는 한 가지 교리를 의미한다.[303]

뉴만이 무엇이 정통 성공회의 칭의 교리인가를 결정하면서, 후기 캐롤라인 신학자들을 활용한 것은 심각한 문제가 있다. 불이나 테일러 같은 왕정복고 이후 신학자들의 칭의 신학은 결코 동시대 성공회주의 안에서 만장일치라거나 다수의 입장조차 형성하지 못했다. 그런데도 뉴만은 칭의 신학이 성공회주의의 특징이며, 개신교와 로마 가톨릭 사이의 중도의 길이라고 규정한 것으로 보인다. 대충 둘러말하더라도, 뉴만은 프로테스탄트들이 인류는 믿음(우리가 보았듯이, 정통적 견해가 아니라 알미니안적 견해인) 때문에 의롭게 된다고 가르치며 로마 가톨릭은 인류는 그들의 행위 또는 갱신 때문에 의롭게 되었다고 가르치므로, 인류가 믿음과 행위 모두로 인해 의롭게 됨을 인정하는 것이 중도의 길이라고 믿었던 것 같다. 뉴만의 견해는 후기 캐롤라인 신학자들 중에서 중도적 교리를 '성공회' 의 특징으로 내세운 '성결된 삶' 학파의 것과 일치한다. 그러나 우리가 앞에서 보았듯이, 1550년에서 1700년 사이에 성공회 내부에는 불연속성이 있었으므로 이 입장을 '성공회적' 이라고 특징지으려는 어떤 시도도 부정하기에 충분하다.

뉴만이 로마 가톨릭의 칭의 신학에 피상적으로 접촉한 점도 언급하지 않을 수 없다. 뉴만이 단 한 군데도 벨라르민이나 바스케즈의 가르침을 자세히 분석하지 않았다는 사실은, 『강연』에서 로마 가톨릭 일반에 대해 스쳐지나간 몇몇 구절에 대한 우리의 잠정적인 결론을 강제하는 근거가 된다. 뉴만은 분명히 인간이 자기의 갱신 때문에 의롭게 된다는 가르침이 로마 가톨릭의 입장이라고 믿었다.[304] 뉴만은 당대의 많은 복음주의자들처럼 다음과

---

303) *Lectures on the Doctrine of Justification*, 303.
304) *Lectures on the Doctrine of Justification*, 154.

같이 생각했던 것 같다. 즉 칭의의 분석적 신적 평결을 암시하는 작위적 칭의 개념은 도덕적 갱신을 통하여 얻어지는 개인의 내재적 의에 기반을 둔 것이며, 이것은 곧 이은 신적 의의 주입이 도덕적 갱생의 원인이므로, 갱신 자체와는 다른 것을 지칭한다는 것이다. 『강연』의 본문에 담긴 증거는 단순히 뉴만이 트렌트의 칭의 교리를 이해하지 못했음을 암시(결론은 아니더라도)한다.

뉴만은 『강연』과 『4세기 아리우스주의자들』 모두에서, 자신의 역사적, 교회사적 어젠다를 위한 얇은 베일로써 역사신학적 방법을 사용했다. 그는 이 방법이 1830년대 잉글랜드교회의 현실에 잘 부합되는 방법이라고 여겼다. 그러나 뉴만의 적은 그의 질문에 명시된 주제(아리우스주의자 또는 루터)가 아니라, 일반적으로는 프로테스탄트이며, 특별하게는 복음주의다. 마찬가지로 두 책 모두 학문성에 결함이 있다. 필자에게도 유감스럽긴 하지만 고의적으로 틀리게 해석하여 사용했다고 할 수밖에 없는 부분들도 있다. 로완 윌리엄스(Rowan Williams)의 탁월한 아리우스 연구서는, 뉴만의 역사적 학문성이 지닌 심각한 한계를 지적한다.

> 어떤 이는 관대하게 뉴만이 이 책에서 자신의 최고를 발휘하지는 못했다고 말할 수도 있다. 온갖 종류의 다양한 현상과 결합된 유치찬란한 논증이 자기만족적 편협성과 역사적 판타지에 기초하여 세워졌다. 그러나 재앙 같은 수사적 표현은 별도로 치더라도, 실제로 그의 논증적 어젠다가 무엇인가는 볼 수 있어야 할 것이다. 대체로 초기 옥스퍼드 운동의 사상이야말로 영적인 종교성과 영적 권위를 지닌 것임을 옹호하고자 쓴 글이 『4세기 아리우스주의자들』이다.[305]

뉴만의 개신교 비판은 『4세기 아리우스주의자들』과 『강연』 모두에서, 과거의 싫은 인물(아리우스와 루터)과 1830년대 복음주의 사이의 연관성에 대

---

305) Rowan Williams, *Arius: Heresy and Tradition*, London: Darton, Longman & Todd, 1987, 4-5.

한 추론을 바탕으로, 상당히 미묘하고 간접적인 방식으로 과거에 대한 '별나고, 피상적이며, 편견에 가득 찬'[306] 역사적 분석을 진행시킨다.

루터의 실패를 요약하면서, 뉴만은 강연의 끝을 맺는다. 그 결론은 다음과 같다.

> 루터는 고위 당국자들의 후원을 받는 교회 안에 커다란 도덕적 부패가 있음을 발견했다. 그는 그들에 대해 깨달았지만, 신성한 무기로 그들과 대적하는 대신 자신의 방법을 사용했다. 그는 로마에 대항하여 독창적이며, 허울만 좋은, 매혹적이며, 설득적인 강력한 교리 하나를 채택했다. 놀랍게도 자기가 무슨 예언자인 양, 그를 따르는 당대의 천재들에게 그 교리를 적용시켰다. 그는 크리스천들이 행위와 규범준수에 묶여 있음을 발견하고, 믿음 교리로 그들을 해방시켰다. 그러고는 그들이 감정의 노예가 되도록 방치했다. 그는 개인 구원의 확신이 믿는 자 모두에게 약속되어 있다고 가르치는 대가로, 명령에 따르게 함으로써 구원에 대한 확신을 찾느라 기운이 몽땅 소진되도록 만들었다. 그는 외적 표지를 내적 표지로 대체시켰고, 교회를 향한 경외심을 자아에 대한 명상으로 바꾸었다.[307]

필자는 루터에 대한 당황스러운 다짐들을 보면서, 옥스퍼드 신학부의 최종 과정에서 루터를 공부하는 학부생이 함직한 몇 가지 답변을 적고자 한다.

첫째, '그는 크리스천들이 행위와 규범준수에 묶여 있음을 발견하고…믿음 교리로 그들을 해방시켰다. 그러고는 그들이 감정의 노예가 되도록 방치했다.' 이 주장이 지지받을 수는 없다. 루터의 십자가 신학이 정확히 어떤 감정에 대해 어떤 식으로 의존하고 있나? 루터는 신학과 경험과의 관련성을 의심하지 않았다. 그러나 경험에 대한 신학의 우위라는 견지에서 관련성이 해석되어야 한다.[308]

둘째, '그는 개인 구원의 확신이 믿는 자 모두에게 약속되어 있다고 가르르

---

306) Williams, Arius, 6.
307) Lectures on the Doctrine of Justification, 339-40.
308) 다음의 철저한 분석을 보라. McGrath, Luther's Theology of Cross.

치는 대가로, 명령에 따르게 함으로써 구원에 대한 확신을 찾느라 기운이 몽땅 소진되도록 만들었다.' 이 말은 다시 한번 루터의 '십자가의 신학'과 아주 상충된다. 루터의 경우, 그리스도인의 확실성의 근거는 단호하게 말해서 어떠한 '개인적 구원의 인식'에 있지 않고, 오직 하나님의 객관적인 약속에 있다.[309] 루터에게, 안도감이란 자기의 바깥에 있는 약속을 봄으로써 생기는 것이다. 이는 그리스도 안에서 시행되고 확고히 되는 하나님의 자비로운 약속을 보는 것이며, 성례를 통해 볼 수도 있고, 만질 수도 있다. 루터는 '자기 자신으로의 경도'(incurvatus in se)가 죄의 본질이라고 주장한다. 왜냐하면 죄는 구원과 보증의 근거를 그리스도가 아니라, 자신에게서 찾기 때문이다.

셋째, '외적 표지를 내적 표지로 대체시켰고.' 나는 루터가 성례 위에 개인적 구원의 인식을 성례보다 높게 두었다는 뜻으로 노만이 이 말을 했으리라고 짐작한다. 그러나 정반대가 정확한 진실이다. 루터는 성례는 신자 개인의 감정이나 정서와는 별도로, 신뢰할 만하며 의존할 수 있는 하나님의 약속에 대한 객관적 표지이자 보증이라고 끊임없이 설파했다.

넷째, '…교회를 향한 경외심을 자아에 대한 명상으로 바꾸었다.' 뉴만은 여기서 루터가 초라하고 외로운 개인주의자로서, 이기적인 생각에서 교회를 걷어찼다는 계몽주의적 관점을 도입한 듯하다. 유행하는 견해에 따르면, 루터의 칭의 교리는 교회, 성례 및 사역의 필요성을 없애버렸다는 것이다. 당연히 루터의 견해는 이런 평가와 아주 다르다.

이쯤에서 필자는 뉴만이 더 친절할 수도 있었는데 루터를 능숙하지 못하게 다루었음을 알 수 있게끔 몇 가지 논평을 하고자 한다.

먼저, 철저히 학문적인 루터 저작집 출간은 1883년에 시작되었으며, 이는 루터 탄생 400주년 기념의 일환이었다. 뉴만이나 그의 동시대인들이 원전으로 된 폭넓은 루터 저작 전체에 접근하는 일은 꿈에도 불가능했다. 또 다른 의미에서, 제1차 세계대전으로 거슬러 올라가는 현대적 루터 연구가 시작되고서야, 이전에는 불가능했던 세밀한 부분의 주요 자료들에 접근이 가

---

[309] Randall C. Zachman, The Assurance of Faith: Conscience in the Theology of Martin Luther and John Calvin, Minneapolis: Fortress Press, 1993.

능하게 되었다.

다음으로, 뉴만에게 익숙했던 수많은 영문번역판 루터 저작은 부정확성으로 악명이 높았다. 예를 들어, 루터의 1535년판 『갈라디아서 주석』(칭의 교리에 있어 기본적인 중요성을 지녔다는 말을 덧붙일 필요가 없을 정도로 중요한)의 번역판으로 널리 사용된 것이 1575년판인데, 수차례의 재작업과 재인쇄를 거쳐, '에라스무스 미들톤'(the Rev. Erasmus Middleton, BD, Rector of Turvey, Bedfordshire)의 주도하에 1807년에야 최종적인 부침과 상승 작업을 마쳤다. 필자는 미들톤판에 대해서조차 단지 자유롭고 상상력이 풍부한 루터 해석이라고 묘사할 수밖에 없다. 번역자들은 루터가 언급했어야만 했다고 느낀 부분에 자기 생각을 첨가했고, 자기 생각에 도움이 안 된다고 느낀 부분은 삭제해 버렸다. 네 단어에 대한 번역을 살펴보면, 전반적인 사고의 흐름이 느껴질 것이다. 루터는 어딘가에서 missis, vigiliis, (&) c 등을 언급했다. 이 구절의 자연스러운 영어 해석은 '미사들, 철야기도들 그리고 기타 등등' 이어야 한다. 그러나 미들톤은 풍부한 상상력으로 '미사들, 철야기도들, 위령미사들 그리고 그러한 쓰레기' 로 번역하여 제공한다.

끝으로, 뉴만은 그가 알고 있던 1830년대 잉글랜드교회 내부의 복음주의자들이라는 렌즈를 통하여 루터를 보았을 가능성이 다분하다. 달리 말해, 루터 본인의 견해가 아니라 당시 유행하던 루터의 복음주의적 이미지를 뉴만이 비판한 것으로 이해할 수 있다. 얼핏 보아 이 견해는 상당히 매력적이다. 당시 복음주의에는 개인적 경험을 상당히 강조하는 추세가 있었고, 일반적으로 성례나 교회를 낮게 평가했다. 이런 복음주의자들에게 역사적으로, 신학적으로 전해진 루터의 입장보다는 하나의 형상화된 루터가 받아들여지기 쉬웠을 것이다. 그러므로 당대 복음주의에 대한 비판으로 『칭의에 관한 강연』을 읽는 것이 아주 적절하다. 뉴만이 그 비판 대상을 루터의 표상이 아니라 루터 본인이라고 명시적으로 지칭하지만 않았다면 말이다.

뉴만의 의도를 이해하는 데 있어 더욱 난해한 측면을 여기서 밝혀야만 한다. 우리가 보는 것처럼, 『칭의에 관한 강연』에서 뉴만의 주요 표적은 루터 본인임이 분명하다. 그러나 당시 잉글랜드교회 내부의 복음주의는 일반적으로 루터적인 영감에 이끌린 것이 아니라, 칼빈주의적 영감에 이끌렸다고 인정된다. 16세기 잉글랜드교회에서 루터의 영향력도 상당한 수준이었겠지만, 그 이후 실제적으로 감소되었다.[310] 복음주의가 직접 루터의 칭의 견해에 의존했다는 가설은 역사적으로 쉽사리 보증을 얻을 수 없다. 비록 당시 많은 복음주의자들이 루터를 호의적으로 언급하지만, 대체로 루터가 교회 개혁의 필요성을 알렸다는 생각 이상도 이하도 아니었다. 구체적인 신학 문제가 관련된 한, 뉴만이 알던 복음주의자들은 직접적이 아니라 간접적으로 개혁주의 자료를 참고하는 경향이 더욱 많았다.

그러나 뉴만은 잉글랜드교회 안의 복음주의자들이 그들의 입장을 루터에 의지하고 있다는 점에서, 자신의 주요 관심사가 루터와 '루터파'의 칭의 교리에 있음을 분명히 한다. 이 시점에서, '루터파'를 '루터에게서 발생한 전통, 그리고 부분적으로 그에게 기초한 전통'으로 해석하게 된 것인지 '루터 자신의 견해'로 한 것인지 필자는 그의 의도를 전혀 모르겠다는 사실을 고백해야만 하겠다. 뉴만에게 후기 루터주의의 관점에서 루터를 해석하는 경향이 있었다는 점에서 이 사실이 중요하다. 그가 믿음과 그리스도 사이의 관련성을 다루는 데 있어 이러한 경향이 아주 분명히 나타난다. 이제 우리는 이에 대해 성과 있는 탐구를 할 것이다.

뉴만은 루터의 근본적인 신념은 그리스도의 의가 믿음을 통하여 신자에게 전가되는 것이라고 주장한다. 뉴만의 주장은 루터가 그리스도의 내주를 통한 개인의 변화보다는, 그리스도의 특질 또는 이익이라는 비인격적 전가로 표현되는 추상적 의미에서 칭의를 보았음을 암시한다. 루터 이후의 추종자인 필립 멜랑크톤에게 이 같은 비판이 행해졌다면 아주 적절하겠지만, 교차로에서 루터에 대한 적절한 비판은 이루어질 수 없다. 뉴만은 비판을 개시하면서 1535년판 『갈라디아서 주석』에 막대하게(그러나 다소 선택적으로) 의존한다. 그러나 주석에는 신자와 그리스도 사이에서 믿음이 개인적이며 살아 있는 관계를 획득하는 방식을 취급하는 구체적인 단원이 포함된다. '마음속에 사시며 믿음으로 파악되는 그리스도가 참된 기독교의 의이며, 그 때문에 하나님께서 우리를 의롭다고 여기셔서 우리에게 영생을 수여하신

---

310) Hall, 'The Early Rise and Gradual Decline of Lutheranism in England (1500-1600).'

다.'[311] 루터는 믿음을 단순히 '신용상의 승인'이라든지 '신뢰' 정도로 이해하지 않고,[312] 그리스도와 신자 사이에 실재적이며 개인적인, 살아 있는 관계를 수립하는 수단으로 이해했음이 분명하다. 특히 1520년의 『그리스도인의 자유』부터 그리스도와 신자의 관계에 대한 루터의 강한 개인주의적 이해가 두드러지게 나타난다.

> 믿음이란, 하나님의 말씀은 모든 은총, 자유 그리고 거룩함으로 가득 차 있음을 영혼이 깨닫는 것만을 뜻하지 않는다. 믿음은 신부가 그녀의 남편과 연합하듯이, 그리스도와 영혼의 연합이다. 바울이 말했듯이(엡 5:32) 그러한 결혼을 통하여 그리스도와 영혼이 한 몸이 되며, 좋은 것이든 나쁜 것이든 모든 것을 공유한다. 이 말은 그리스도가 소유한 것은 믿는 영혼이 소유하는 것이며, 영혼이 소유한 것은 그리스도의 것임을 뜻한다. 따라서 그리스도는 모든 선한 것과 거룩을 소유하므로, 이 모든 것들은 이제 그 영혼의 소유다. 영혼은 수많은 악덕과 죄를 지니는데, 이제 이 모든 것은 그리스도의 것이 된다.[313]

나는 구절 전부를 옮겼다. 이를 통해 볼 때, 분명 뉴만의 루터 해석은 상당히 곤란하다. 특히 믿음이 인식상의 인정 또는 신뢰 이상의 것이라는 명백한 단정에 주목하라. '믿음이란, 하나님의 말씀은 모든 은총, 자유 그리고 거룩함으로 가득 차 있음을 영혼이 깨닫는 것만을 뜻하지 않는다. 그것은 신부가 그녀의 남편과 연합하듯이, 그리스도와 영혼의 연합이다.'

뉴만의 루터 제시는 또 다른 이유 때문에 당혹스럽다. 뉴만은 루터의 부분 누락을 가리키는 생략부호와 함께 루터의 구절을 인용한다. 예를 들어, 그는 마지막 강연에서 요점에 맞추기 위해 루터의 갈라디아서 주석을 인용한다.[314] 뉴만은 인용문의 두 군데에서 생략표시(…)를 사용하여 자료의 누락

---

311) WA 4/I.229.28-9.
312) *Lectures on the Doctrine of Justification*, 256.
313) WA 7.25.26-26.9.
314) *Lectures on the Doctrine of Justification*, 331-3. 이것을 전문과 비교해 보라. WA 40/I.282.

을 알려준다. 원전과 대조하여 무엇이 누락되었는지 살피면, 사람들을 혼란스럽게 만든다. 삭제된 부분은 뉴만이 루터를 불공평하게 다루었다는 결론에 도달하게 한다. 뉴만이 루터 텍스트 전체와 접했다고 가정한다면, 틀림없이 자기 목적 때문에 원문을 수정한 것으로 볼 수 있다.

이것은 잘못된 인용의 가장 극심한 사례이므로 특별한 주의를 요청한다. 뉴만의 칭의 견해는 비록 다른 방식이기는 하지만 믿음과 행위가 함께 의롭게 한다는 것이다.

> 우리 쪽의 믿음은, 말하자면, 하나님 쪽의 은총에 적절히 반응하거나 협력하는 것으로 보이며, 성례는 은총의 발현이고 선한 행위는 믿음의 발현이다. 그러므로 우리가 믿음으로, 또는 행위로, 또는 성례로 의롭게 된다고 말할 때, 이 모든 주장들은 성례를 통하여 주어지고, 믿음으로 탄원되며, 행위로 나타나는, '우리는 은총에 의해 의롭게 된다' 는 한 가지 교리를 의미한다.[315]

이 입장은 믿음(신뢰로 이해되는)만이 의롭게 한다는 루터의 입장과 대조된다.

뉴만은 눈에 띄는 한 단원에서, 루터가 이것을(즉 뉴만의 입장을) 뒷받침한다고 강조한다. '마지못해서…그러나 텍스트에 대한 강조의 결과가 그에게 그렇게 하도록 강요한다'. 뉴만은 이런 사실을 입증하고자 다소 진솔하게 루터의 1535년 갈라디아서 주석에서 인용문을 가져온다. 필자가 뉴만에게 선고하는 혐의가 아주 심각하므로 전문을 인용한다.

> 그는 말한다. '때로는 행위와 분리하여, 때로는 행위와 함께 믿음을 바라보는 것이 우리에게 유익하다. 왜냐하면 예술가가 자신의 재료에 대해 다양하게 말하듯이, 정원사가 나무가 결실을 맺든 안 맺든 다양하게 말하듯이, 성령도 믿음과 관련하여 성경에서 다양하게 말씀하신다. 믿음도 그렇기 때문에 때로는 추상적인 믿음이라고 불릴 수 있다. 조성 중이거나 구현된 것

---

315) *Lectures on the Doctrine of Justification*, 303.

이기 때문에 때로는 구체적인 믿음이라고 불릴 수도 있다. 믿음이 구체적이거나 추상적인 것처럼, 성경의 칭의도 구체적으로 또는 추상적으로 의롭게 하는 것이다(로마서와 갈라디아서를 참조하라). 그러나 성경이 보상과 행위를 말할 때에는, 조성 중이거나 구체적이거나 구현된 믿음을 말하는 것이다. 예를 들어, "사랑에 의해 작동하는 믿음", "이것을 하라, 그리하면 너희가 살리니", "만약 생명으로 들어가고자 하면, 계명을 지키라", "누가 이것들을 하든지, 그 안에서 살리라", "악을 중단하라, 좋은 일 하기를 배우라" 등 수없이 많은 구절들, 그리고 유사한 구절에서 행함이 언급되며, 행함은 언제나 믿음을 뜻한다. 마찬가지로 성경이 "이것을 하라, 그리하면 살리라"고 하면, 그것은 "먼저 그대가 믿고 있는지, 그대의 이성이 올바르고 그대의 의지가 올바른지, 그대가 그리스도를 믿고 있는지, 그것을 확고히 하는 것, 행위를 보라"는 뜻이다. 그리고 나서 그는 계속한다. '구현된 믿음, 즉 아벨과 같은 믿음의 행위, 달리 말하면 믿는 행위에는 공로와 보상이 더해진다니 그 얼마나 굉장한 일인가? 따라서 왜 성경이 믿음에 대해, 심지어 그리스도, 하나님 그리고 사람, 때때로 그리스도의 전인격, 때로는 그리스도의 두 성품인 신성 또는 인성에 대해 다양하게 말할 수밖에 없는가? 성경이 이처럼 한 가지 또는 다른 것을 말할 때에는 추상적인 방식으로 그리스도를 말하는 것이며, 한 사람 안에 신성과 인성이 하나 된 것을 말할 때에는 마치 조성 중이거나 성육신된 그리스도를 말하는 것이다. 학파들 사이에는 속성교류(communicatio idiomatum)와 관련된 유명한 원리가 있다. 그리스도의 신적 속성이 그의 인간성에 부여될 때, 성경에 자주 나타나듯이, 가령 누가복음 2장에서처럼 천사가 동정녀 마리아의 신생아를 사람들의 "구세주"이자 천사들과 사람 모두의 "주님" 그리고 앞장에서는 "하나님의 아들"이라고 하였다. 따라서 문자적 진리에 따라 말하면 구유 안에, 그리고 성모의 품 안에 계신 신생아가 천지를 창조하셨으며, 천사들의 주님…성경이 참으로 말씀하듯이, 마리아의 아들 예수는 만물을 창조하셨으며, 따라서 믿음에 부여되는 칭의는 성육신된 또는 믿는 행위이다.' [316]

---

316) *Lectures on the Doctrine of Justification*, 300-1.

위의 문장은 인용 그대로, 칭의란 '믿는 행위'를 가리킨다고 루터가 말했음을 분명히 제시한다. 또한 이 문장은 뉴만 자신과 동시에 조지 불을 포함한 초기 성공회신학자들 입장의 탁월한 요약이라는 것이다. 뉴만은 언급한 성경 구절들에 기초하여, 루터가 (자기 의지에 반하여) 어쩔 수 없이 이러한 결론을 받아들였다(받아들인 것처럼 보인다)고 선언한다. 따라서 루터의 오직 믿음으로 칭의 교리는 한편으로는 성경에 불일치되므로 배제되고, 또 다른 한편으로 루터 자신의 말에도 위배되므로 배제된다. 루터 인용문을 강연 12회의 최종적인 매듭을 짓는 결론으로서 전략적으로 배치한 점에 비추어 볼 때, 뉴만이 루터 인용의 중요성을 인지하고 있었음을 알 수 있다. 예상도 못했던 토끼를 모자에서 꺼내는 마술사처럼, 뉴만은 심지어 루터조차 그의 입장을 승인한다는 뉴스로 독자들을 깜짝 놀라게 한다.

그러나 이 구문의 흥미로운 특징에 주의하라. 어떤 누락도 없이 광범위하게 인용문이 사용된다. 그러다 갑자기 말미쯤에서, 세 개의 마침표로 구성된 생략표시와 만나게 된다. 학문에 전념 중인 우리 모두는 흔히 논의 중인 이슈와 전혀 관련 없는 구문 자료와 씨름할까봐 걱정하는 독자들을 구출하고자 이런 장치를 사용한다. 아마도 뉴만이 마지막 문장의 극적인 해석효과를 위해 부적절한 일부 문장이나, 한 문장 또는 두 문장을 생략했을 수도 있다. 비록 몇몇 사람은 이 단계에서 그 정도나 단어적 절감이 필요한가 하고 당황할 수도 있겠지만, 이 시점까지 이루어진 인용의 관대한 성질로 볼 때, 내 짐작에 대다수 독자들은 그냥 그런가 보다 하고 넘어갈 것이다.

그러나 루터에게 익숙한 사람에게는 논증으로 제시된 이 문장이 의심스럽다. 분명히 루터가 광범위한 저작의 내용으로 일관되게 주장해 온 것도 아닐 뿐더러, 1535년 갈라디아서 주석같이 중요한 저작에 그가 집어넣을 만한 유형도 아니다. 생략된 부분이 한 문장이 아니라 한 문단임을 밝혀야 하는 내가 서글프다. 그리고 생략된 문단이야말로 마지막 문장의 의미를 드러나게 하므로, 뉴만의 해석을 거부하게끔 만든다. 다음 본문은, 필자가 뉴만의 문장 중 끝에서 두 번째 문장을 선택한 다음, 마지막 문장 사이에, 생략된 자료를 삽입한 것이다. 명료성을 위해서, 뉴만의 문장에 포함된 부분은 이탤릭으로 처리했다.

따라서 내가 문자적 진리에 따라 말하자면, 구유 안에 그리고 성모의 품 안에 계신 신생아가 천지를 창조하셨으며, 천사들의 주님이시다. 나는 여기서 참으로 한 사람에 대해 이야기하고 있다. 그러나 이 진술에서 '사람'은 분명히 새로운 의미이며, 소피스트들이 말하듯이, 신성을 의미한다. 즉 사람이 되신 이 하나님께서 만물을 창조하셨다. 여기서 창조는 오직 신성에만 귀속된다. 왜냐하면 인성은 창조할 수 없기 때문이다. 그럼에도 불구하고 '그 사람이 창조하셨다'고 말하는 것은 올바르다. 왜냐하면 신성만이 창조할 수 있는데 그 신성이 인성을 가지고 성육신하셨으며, 따라서 인성이 양 주체의 속성에 참여하기 때문이다. [이 점과 관련된 성경 구절 목록은 다음과 같다.] 그러므로 '이것을 하라, 그러면 네가 살리라'는 구절의 의미는 '너는 이 믿음 깊은 일 덕분에 살 것이며, 이 일이 너에게 생명을 주는 것은 전적으로 믿음 때문이다'는 뜻이다. 따라서 창조가 신성에 속하듯이, 칭의는 오직 믿음에만 속한다. 성경이 참으로 말씀하듯이, 마리아의 아들 예수는 만물을 창조하셨으며, 따라서 믿음에 부여되는 칭의는 성육신된 또는 믿는 행위이다.

우리는 루터가 위의 분석 내내 '오직 믿음만이 의롭게 하며, 모든 일을 한다'고 주장했음을 발견한다. 행위는 오직 파생적인 방식으로 암시되어 있다. 생략된 구절들의 중요성은 최종 문장의 유일한 의미가 '오직 믿음만이 의롭게 한다'는 것임을 돌이킬 수 없이 증명하는 데 있다.

위의 관찰은 가장 어렵고도 성가신 질문으로 우리를 이끈다. 뉴만 자신이 알면서도 의도적으로 문단의 핵심 구절을 누락했던 것일까? 아니면 그가 원래 잘려진 형태로 이 구절들과 만났던 것일까? 증명할 길은 없지만, 나는 후자 쪽이 개연성이 크다고 짐작한다. 우리 중 아무도 오류가 없을 수 없으며, 뉴만이 단지 왜곡된 자료의 판본에서 이 구절들을 베꼈을 수 있다. 그가 루터에게서 제공한 인용문들이 일반적으로 부정확한 점에 비추어 볼 때, 이 가설을 지지하는 증거가 될 수도 있고, 인용문들이 원전보다 이차 자료에서 왔음을 암시하기도 한다.

12. 결론

본장에서 우리는 프로테스탄트 칭의 이해의 복잡한 발전 과정을 분석했다. 분석을 통하여 분명히 되었듯이, 종교개혁은 기독교의 구원 교리를 명료화하는 차원에서 칭의 개념의 중요성을 새롭게 평가하게 했다. 그러나 칭의의 속성과 양태의 새로운 이해는 도전이었다. 오랫동안 확신에 차 있었고, 신학적으로 정식화되어 있던 교회에 프로테스탄트 서클이라는 도전자와 직면하게 만들었다. 다음 장에서, 칭의에 관한 트렌트 회의의 법적 포고문의 배경을 살펴볼 것이다. 그리고 이 중요 문서에 대한 상세한 분석을 제공할 것이다.

제4장
가톨릭주의:
트렌트 회의의 칭의

가톨릭교회는 1520년대와 1530년대 독일 및 각 지역에서 일어난 복음주의 분파들의 도전에 준비되어 있지 않았다. 1520년대에 루터의 칭의 교리가 상당한 이목을 끌었지만 모두가 반감을 가진 것은 아니었다. 슈미트(Schmidt)에 의하면, 당시의 가톨릭주의(역자는 catholicism을 가톨릭주의라고 번역한다. 일반적인 용례로 '가톨릭'이라고 할 경우, 제도적 가톨릭교회를 말하는 것인지, 신학적 의미인지 구분이 어렵기 때문이다) 안에서 오직 믿음(sola fide) 칭의 교리에 덧붙여진 상당한 중요성을 설명하는 세 가지 이유가 제시될 수 있다.[1] 첫째, 칭의 교리는 종교 생활의 내재화를 요구했다. 따라서 그동안 크리스천의 실존에 있어 지배적이었던 외적 형식과는 날카로운 대조를 이룬다. 둘째, 칭의에서 인간의 역할에 압도적인 중요성을 부여했던 것에 대항하여, 신적 역할이 보다 우월하다는 강조점을 회복시켰다. 셋째, 칭의 교리는 로마 교황청에 대한 암시적인 선전포고에 해당하는 것이었다. 1520년에서 1545년까지 가톨릭 내부에서 출판된 칭의 관련 서적은 상대적으로 숫자가 적었지만, 토마소 데 비오 카제탄(Tommaso de Vio Cajetan)의 『믿음과 행위』(De fide et operibus, 1532)는 두드러진 예외였다.[2] 비록 1530년대에 변증 신학이 등장하여 중요 측면들을 명료화하기는 했지만, 이러한 저작들을 통해 볼 때 종교개혁의 초기 대적자들은 루터파의 칭의 교리를 잘 이해하지 못하고 있었다.[3] 초창기의 반(反)-루터 변증은 주로 루터가 사소한 것(예를 들어 교황제도, 면죄부 또는 성례에 관한 루터의 견해 같은)으로 간주한 것들에 집중하는 경향을 보이고 있었으며, 노예 의지나 의롭게

---

[1] H. Schmidt, *Brückenschlag zwischen den Konfessionen*, Paderborn: Schoningh, 1951, 162.

[2] Pfnür, *Einig in der Rechtfertigungslehre?*, 369-78.

[3] Melanchthon의 칭의 개념의 법정적 차원에 관한 완전한 시사점은 때때로 무시되곤 한다. 예를 들어, 다음 경우들에서도 그렇다. Johannes Dietenberger, *Phimostomus Scripturariorum* (1530), 그리고 Johannes Mensing, *Antapologie* (1535); 보라. Pfnür, *Einig in der Rechtfertigungslehre?*, 359-60.

하는 의의 속성 등 핵심적 질문의 취급에 실패하고 있었다. 사실상, 루터는 그의 저항과 관련된 진정한 신학적 이슈를 분별하고자 에라스무스만을 선택했다.[4]

따라서 트렌트에 결집한 신학자들이 직면한 과업에는 단순히 가톨릭의 칭의 교리를 정식화하는 것만이 아니라, 프로테스탄트의 오류로 추정되는 내용들과 관련하여 가톨릭의 교의를 정의하는 일도 포함되었다. 그러나 사실상 북유럽 개혁자들과 상당히 유사한 칭의 견해가 1520년-1545년 사이에 이탈리아교회의 구조 속으로 깊이 침투했기 때문에, 트렌트 회의의 칭의 논쟁에 참석했던 몇몇 사람들에게는 이 내용에 대한 자세한 설명이 이루어져야 한다는 생각이 널리 퍼져 있었다. 그들의 입장은 무엇이며, 어떤 유래를 지니고 있는가? 이것이 이 단원의 주제다.

1. 가톨릭주의 내부의 전개, 1490년-1545년

15세기 말과 16세기 초 교회 내부의 개혁을 선동하는 여러 그룹들이 등장했다. 이들은 여러 면에서 비텐베르크(Wittenberg) 개혁의 어거스틴주의를 미리 보여주는 칭의 신학을 채택했다. 본 단원에서, 우리는 특히 이탈리아의 전개에 관심을 기울여, 그로퍼(Gropper)와 콘타리니(Contarini)의 칭의 교리의 기원과 중요성에 대해 살펴볼 것이다. 이들은 1536년-1541년 어간에 벌어진 복음주의-가톨릭의 재화해 시도에 영향력을 행사했는데, 이 시도는 트렌트 회의의 이슈로 등장했다.

아마도 스페인에서 이루어진 발전을 통해 15세기 말과 16세기 초 어거스틴주의의 부상이 가장 잘 드러날 것이다. 이 시기 광명파(光明派, alumbrados)의 등장은 가장 주목할 만한 일이다. 스페인 이단재판소의 기록은 1511년경 칭의에 있어 급진적인 하나님 중심주의적 견해가 이 운동 안에 유행하고 있음을 보여준다.[5] 비록 점화파(點火派, alumbramiento)와 초기 루

---

4) WA 18.786.26-8. 그러나 이 점에서 Luther의 변증적 의도는 간과되었다.
5) Pedro Ruiz de Alcaraz와 Isabella de la Cruz의 고백의 적절한 부분들이 주목되어야 한다.

터파의 사상 사이에는 분명한 차별성이 있지만, 변증적 맥락에서 광명파 일부와 루터 사이에는 유사점이 있었으므로, 1520년대 이 운동에 대한 탄압을 행할 충분한 이유가 되었다.

스페인의 종교적 르네상스에서 우리 목적에 부합하는 가장 괄목할 만한 인물은 후안 데 발데스(Juan de Valdés)다. 그의 『기독교 교리 담화』(*Diálogo de doctrina cristiana*, 1529)는 하나님 중심주의적 칭의 교리를 발전시켰고, 1530년대 이탈리아 복음주의의 모델로 기여했다. 발데스가 『110가지 신학적 고려사항』(*Las ciento diez divinas consideraciones*)에서 밝혀낸 칭의 교리의 중심 문제는 다음과 같다.

> 하나님이 전능하시고, 관대하시며, 현명하시고, 강하시며, 자비로우시고, 경건하시다는 사실은 인류에게 유익이 된다. 그러나 하나님께서 의로우시지만, 인류가 의롭지 않다면, 우리에게는 하나님의 심판 때문에 구원의 희망이 사라진다는 점에서 하나님이 의로우시다는 사실이 유익한 것으로 보이지 않는다.[6]

그래서 발데스는 어거스틴이나 비텐베르크 개혁자들과는 다른 '한때 곤경에 치함'이라는 원리에 기반음 둔 하나님의 의(la justicia de Dios) 개념을 발전시킨다. 하나님은 인류의 죄 때문에 그리스도를 처벌하셨기 때문에, 같은 범죄 때문에 두 번씩이나 인류를 처벌하실 수 없게 된다.[7] 그러므로 신자들은 죄에 대한 형벌이 자신들이 아니라 그리스도에게 주어졌다는 점에서, 그리스도 안에서 그들이 의롭다(비록 그 자신 안에서는 죄인이지만)는 사실을 깨달을 필요가 있다.[8] 의인이면서 죄인 원리에 대한 발데스의 진술이 어

M. Serrano y Sanz, 'Pedro Ruiz de Alcaraz, illuminado alcarreno del siglo XVI,' *Revista de archivos, bibliotecas y museos* 8 (1903), 1-16, 126-39; A. Selke de Sánchez, 'Alguno datos nuevos sobre los primeros alumbrados: El edicto de 1525 y su relación con el proceso de Alcaraz,' *Bulletin Hispanique* 54 (1952), 125-52.

6) *Las ciento diez divinas consideraciones*, ed. Id?goras, 85.
7) *Las ciento diez divinas consideraciones*, 85-6.
8) *Las ciento diez divinas consideraciones*, 291.

거스틴의 것이나 루터의 것과 완전히 동일하지는 않음에 주목해야겠지만, 에라스무스적 인간론과도 상당히 다르다. 1531년 발데스가 이탈리아에 도착하면서, 이탈리아의 개혁주의 서클에 상당한 영향력을 미치기 시작했다. 이 점에 대해 살펴보자.

15세기 말과 16세기 초 어거스틴 신학에 대한 부흥이 일어나, 그의 저작들이 광범위하게 출판되었다.[9] 이탈리아에서 어거스틴의 부흥은 신약성경의 바울 저작들에 대한 이탈리아 인문주의자들의 새로운 관심과 함께 이루어졌다.[10] 가스파로 콘타리니(Gasparo Contarini)의 회심 경험은 이런 배경에서 탐구되어야 한다. 콘타리니는 파올로 쥐스티니아니(Paolo Giustiniani)가 포함된 파두아의 학식 있는 인문주의자 그룹의 일원이었는데, 이들은 구원의 획득 수단에 대해 논의했다. 칭의 교리와 관련된 당시 가톨릭교회 내부의 혼란이 이 그룹에 반영되어 있다. 이들 중 보다 영혼-탐구에 치중하는 사람들은 속죄의 유일한 수단으로 지방의 은신처에 들어가는 길을 선택했다. 콘타리니를 포함한 또 다른 사람들은 세속에 머물기를 선호했으며, 택자를 위한 구원의 도구도 반드시 이 세상에 존재하는 것이어야 한다고 믿었다.

1510년에서 1511년 사이 콘타리니와 쥐스티니아니 사이의 서신은 이들이 루터를 사로잡았던 것과 놀랄 정도로 유사한 문제들에 관심을 공유하고 있음을 보여준다.[11] 콘타리니에게 십자가 도상에서 그리스도의 희생은 인간이

---

9) 이 저작들을 자세히 보려면 보라. P. O. Kristeller, 'Augustine and the Early Renaissance,' in *Studies in Renaissance Thought and Letters*, Rome: Storia e letteratura, 1956, 355-72.

10) 주의 깊은 연구를 위해서는 다음을 보라. R. Cessi, 'Paolinismo preluterano,' *Rendiconti dell' Academia nazionale dei Lincei*, Classe di scienze morali, storiche e filologe Ser. VIII, 12 (1957), 3-30. 또한 Valdés는 Augustin의 열렬한 학생으로 간주되었음에 주목하라. J. N. Bakhuizen van den Brink, *Juan de Valdés réformateur en Espagne et en Italie*, Geneva: Droz, 1969, 16.

11) C. Furey, 'The communication of friendship: Gasparo Contarini's letters to hermits at Camaldoli,' *Church History* 72 (2003), 71-101. 1957년에 발견된 서신의 상세한 내용에 대해서는 다음을 보라. Hubert Jedin, 'Contarini und Camaldoli,' *Archivio italiano per la storia della pieta* 2 (1959), 51-117. Luther와의 비교에 대해 다음을 보라. Jedin, 'Ein Turmerlebnis des jungen Contarini,' in *Kirche des Glaubens - Kirche de Geschichte*, 2 vols., Freiburg: Herder, 1966, 1.167-80.

전적으로 신뢰하는 법을 배워야 한다는 점에서, 인간의 죄에 대한 대속으로 충분한 것 이상이었다.[12] 인간이 자신의 행위에 근거하여 의롭게 되기란 완전히 불가능하다. 인간은 그리스도에 대한 믿음을 통하여 의롭게 되며, 결과적으로 그리스도의 의가 우리를 의롭게 만드는 것이다.[13] 콘타리니의 신학적 혁신은 아마 1511년 전반부에 일어났을 것이다. 따라서 이 사건은 루터 이전이며, 심지어 1512년 피에트로 스페지알리(Pietro Speziali)가 믿음에 의한 칭의 교리를 '발견' 했다고 추정되는 시기보다 앞선다.

콘타리니-쥐스티니아니 사이에 교환된 서신은 트렌트 시대 직전의 칭의 교리에 관한 교리적 혼란을 보여준다는 점에서 중요하다. 쥐스티니아니는 구원받으려면 속세를 떠나 최상의 엄격한 삶을 살아야 된다고 확신한 반면, 콘타리니는 구원을 위한 그리스도의 공로를 믿으면서 세상에서 평범한 삶을 사는 것이 가능하다는 생각에 이르렀다. 그러나 둘 중 어느 입장이 가톨릭교회의 가르침을 나타내거나 가장 근접한 것일까? 정확히 종교개혁 때문에 발생한 신학적 혼란의 중대 국면에서, 결국 가톨릭교회가 복음주의 분파들의 가르침에 일관성 있는 체계적 반박을 시도할 상태에 있지 않았음을 이 입장들이 폭로한다는 견해가 널리 인정되었다.

루터와 콘타리니 사이에 중요한 차이가 있음을 알아야 한다. 비록 두 사람 모두 믿음의 역할과 그리스도의 '외래적' 의를 강조했지만, 콘타리니에게는 루터의 독점적인 오직 믿음주의와 외래주의가 발견되지 않는다. 콘타리니의 초기 저작과 1520년대, 1530년대의 저작에서 주요 관심사는, 그가 칭의의 장애라고 간주한 인간적 자기 확신의 제거로 보인다. 그는 하나님과 사람의 협력 가능성을 배제하지도 않았으며, 믿음에 대한 적합한 강조가 칭의에서 은총(caritas)을 배제한다고 생각하지도 않았다.

어떤 면에서 칭의에 대한 콘타리니의 후기 견해, 특히 1541년경의 견해는 1538년 『엔키리디온』(Enchiridion)을 출판한 쾰른 신학자인 요하네스 그로퍼

---

12) Giustiniani가 1511년 4월 24일의 편지에서 언급한 부활절 전야의 에피소드는(Jedin, 'Contarini und Camaldoli,' 64) 전부 연구되어야만 한다.
13) Jedin, 'Contarini und Camaldoli,' 117. 1523년 2월 7일자인 이 편지는 Jedin이 발견한 편지 모음 중 끝까지 살아남은 편지다.

(Johannes Gropper)의 입장과 평행선을 이룬다. 이 저작은 흔히 이중 의 (duplex iustitia)에 기초하여, 이중 칭의 교리를 발전시킨 것으로 간주된다.[14] 사실 이 견해는 그로퍼의 입장을 심각하게 오해한 것으로 보인다. 아마도 벨라르민(Bellarmine)이 정치적 의도에서 레겐스부르크에 참석한 사람들의 평판을 떨어뜨리려 행한 후기의 변증적 시도일 것이다.[15]

슈투페릭(Stupperich)은 레겐스부르크의 배경에 대한 영향력 있는 연구에서 부써, 피기우스 및 그로퍼의 관련성을 조사하면서,[16] 벨라르민의 분석을 따라 그로퍼가 이중 칭의 교리를 가르쳤다고 명시적인 결론을 내렸다. 그의 결론은 수정되어야 한다. '이중 의' 개념(칭의의 이중적 공식 원인이 아닌)은 중세 초기의 칭의 논의에서도 발견되는데, 주입된 의(iustitia infusa)와 획득된 의(iustitia acquisita) 사이에 분명한 차이가(특히 초기 도미니크 학파와 곧이어 아퀴나스 학파 안에서) 나타난다. 칭의는 주입된 의에 기초하여 발생하고, 이어서 획득된 의로 정립된다.

이것은 적절한 용어적 의미에서 이중 칭의 교리가 아니다. 그로퍼는 칭의의 공식적 원인(iustitia infusa 또는 iustitia inhaerens)으로 기능하는 의와 곧이어 은총과의 협력을 통해 신자 안에서 발전하는 의 사이를 주의 깊게 구별

---

14) 예를 들어, S. Ehses, 'Johannes Groppers Rechtfertigungslehre auf dem Konzil von Trient,' *Römische Quartalschrift* 20 (1906), 175-88, 184; Hanns Rückert, *Die theologische Entwicklung Gasparo Contarinis*, Bonn: Marcus & Weber, 1926, 97 n. 1. Kaspar Schatzgeyer가 의중 의 교리를 발전시켰다는 제안은, 칭의의 요소에 대한 스코투스적 분석의 중요성을 잘못 이해한데 기인한다. Valens Heynck, 'Bemerkungen zu dem Buche von O. Müller, Die Rechtfertigungslehre nominalistischer Reformationsgegner,' *FS* 28 (1941), 129-51, 특히 145-50. Contarini의 칭의 입장이 Gropper의 「엔키리디온」에서 유래되었다는 주장은 설득력 있는 증거가 없다. Rückert, *Die theologische Entwicklung Gasparo Contarinis*, 102-4, 이 속에는 Contarini가 1530년대 이탈리아에 만연했던 신학 조류를 반영한다는 가설에 대한 탁월한 이유들이 들어 있다. Contarini-Giustiniani 서신의 발견은 30년가량 후에 Rückert의 조사에서 그의 결론을 강력하게 뒷받침해 주었다.

15) Bellarmine, *Disputationum de controversiis Christianae fidei*, Ingolstadt, 1601, 1028, 참조. 1096-7. Bellarmine은 트렌트에서 Contarini, Cajetan, Pighius, Julius Pflug 및 Gropper가 '이중 칭의' 교리를 가진 것으로 밝혀졌다고 한 Seripando의 표결에 자신의 견해를 기초했을 수 있다. CT 5.487.33-4.

16) Robert Stupperich, *Der Humanismus und die Wiedervereinigung der Konfession*,

한다. 달리 말해, 비록 칭의가 이중 의와 관련이 있지만 이러한 의들은 칭의의 전반적인 기획 안에서 전적으로 다른 방법을 암시하는 것으로 이해된다. 엄격한 의미(트렌트 회의의 칭의에 관한 비망록에서 접하게 되듯이)에서의 '이중 칭의' 교리는 본래 이중적 칭의의 공식적 원인 교리이며, 칭의는 이중적 의(duplex iustitia) 때문에 일어난다.

슈투페릭은 그로퍼의 전가된 의(iustitia imputa)와 내재적 의(iustitia haerens)를 설명하면서, 내재적 의와 획득된 의를 혼동하는 경향이 있는데, 동시에 그로퍼의 칭의 교리와 멜랑크톤 및 가톨릭주의와의 관계에 대해서도 오해하고 있다.[17] 용서와 회복의 불가분성에 대한 단정은 '이중 칭의'와는 전혀 부합되지 않는다. 용어상 정의의 혼동은 그로퍼의 중요성을 적절히 평가하는 데 막대한 장애가 된다. 그로퍼는 『엔키리디온』에서 멜랑크톤 칭의 교리의 단점이라고 생각한 부분을 교정하는 방식으로 중세 초기의 통찰력을 발전시키고 동시에 루터란과 가톨릭 교리 사이의 공통점을 보여주려고 했음이 분명하다.

『엔키리디온』에서 '인간의 칭의에 관해서'(De iustificatione hominis)로 이름 붙여진 단원은 칭의를 두 가지 요소로 정의하면서 시작한다. 즉 죄의 사면과 마음의 내적 재생이다.[18] 그로퍼는 스키피오의 자유를 선언한 로마 시민에 대한 멜랑크톤의 비유를 구체적으로 언급하면서, 멜랑크톤의 법정적 칭의 개념을 비판한다.[19] 그로퍼에게 칭의란 개인의 내적 재생과 꼼짝할 수 없이 연결되어 있다. '의지의 재생을 통하지 않고는 아무도 의롭게 될 수 없

Leipzig: Hensius, 1936, 11-36. 참조. Walter Lipgens, *Kardinal Johannes Gropper (1503-1559) und die Anfänge der katholischen Reform in Deutschland*, Münster: Aschendorff, 1951, 100-8, 192-203.

17) Braunisch, *Die Théologie der Rechtfertigung im 'Enchiridion' (1538) des Johannes Gropper*, 특히 419-38에서 지적된 것처럼.

18) *Enchiridion Christian institutione*, Cologne, 1538, fol. 163r. 참조. fol. 163v: 'Nam quis iustificatum dixerit eum, cui tantum sunt remissa peccata, non autem voluntas etiam commutata, nempe ex mala facta bona? Quemadmodum nemo servum nequam, ob id tantum, quod ei indulgens dominus noxam clementer remiserit iustificatum dixerit, nisi is bonam quoque voluntatem (qua posthac servus non inutilis sed frugi esse contendat) ceperit?'

19) *Enchiridion*, fol. 163r (여백).

다.'[20] 가톨릭의 전통적 칭의 해설과 그로퍼의 견해가 분명히 달라지는 지점은 그가 전가된 의 개념을 사용한다는 데 있다. 그러나 그로퍼는 이 개념을 비(非)-멜랑크톤적 개념으로, 즉 신적 수용과 동등한 것으로 간주하여 해석하는 듯하다.[21] 칭의는 개인이 의롭다는 법정적 선포와 동일한 것으로 여겨지지 않는데, 이 점에서 멜랑크톤으로부터의 이탈은 돌이킬 수 없다. 그로퍼는 의의 전가를 신자의 재생을 통한(remissio peccatorum et renovatio interior voluntatis라는 용어로 표현된) 신자의 신적 수용으로 간주한 것으로 보인다. 따라서 이 개념은 루터란 대적자들이 보다 쉽게 받아들이리라고 그가 생각한 언어로 중세 후기의 표준적인 신적 수용 개념을 단순히 재진술한 것이다. 그로퍼는 '이중 칭의' 교리를 발전시키기는 고사하고, 철저히 어거스틴적인 의미에서 죄의 사면(remissio peccatorum)과 재생(renovatio)의 불가분성을 진술한다.

그로퍼가 적절한 의미에서 '이중 칭의' 교리를 전개했다고 주장한 사람들은 『엔키리디온』이 분명히 이중 칭의의 공식적 원인을 가르치고 있다는 주장을 인정할 수밖에 없다.[22] 그러나 이렇게 단순하지만은 않다. 그로퍼는 분명히 칭의의 단일한 공식적 원인을 상술하고 있으며, 이것을 우리의 회복인 하나님의 자비와 은총(misericordia et gratia Dei nos innovans)이라는 용어로 정의한다.[23] 그로퍼는 신자들이 자기들의 재생 때문에(propter) 의롭게 된다는 가능성('이중 칭의' 교리와 관련될 수밖에 없는)을 엄격히 배제시킨다.[24] 그로퍼는 칭의가 신자의 내적인 재생 때문에 일어나는 것이 아니라, 재생을 포함한다는 중세의 전통적인 가르침을 단순히 재진술하고 있음이 분명하

---

20) *Enchiridion*, fol. 163v (여백).
21) 예를 들어, *Enchiridion*, fol. 129v는 *imputatio iustitiae*와 *acceptatio*를 동의어로 취급한다.
22) 예를 들어, W. van Gulik, *Johannes Gropper (1503-1559): Ein Beitrag zur Kirchengeschichte Deutschlands*, Freiburg: Herder, 1906, 54 n. 5.
23) *Enchiridion*, fol. 167v. 우수한 비평적 분석으로 다음을 보라. Braunisch, Die Théologie der Rechtfertigung im 'Enchiridion' (1538) des Johannes Gropper, 360-72, 381-98, 특히 394-6.
24) *Enchiridion*, fol. 167v (여백).

다. 비록 습성적 은총에 대한 그로퍼의 논의를 좇아가기는 어렵지만, 그가 칭의의 단일한 공식적 원인으로 정의한 '우리를 회복시키는 하나님의 은총'은 기능적으로 아퀴나스적 개념인 주입된 의 또는 내재하는 의(iustitia infusa seu inhaerens)와 일치한다. 따라서 이 점에 있어 그로퍼와 중세 전통은 연속성을 이룬다. 비록 그로퍼가 가톨릭과 개신교의 칭의 이해 사이의 중요한 연속성의 부분을 분명히 드러내지만, 트렌트 회의 이전의 언어로 '이중 칭의'의 적합한 의미를 설명했다고 여길 수는 없다.

그로퍼의 『엔키리디온』과 유사한 견해가 1541년 5월 25일 레겐스부르크에서 쓰인 콘타리니의 『칭의에 관한 서신』(Epistola de iustificatione)에서 발견된다. 콘타리니에게 칭의는 의롭게 되는 것(iustum fieri), 그리고 의롭다고 여겨지는 것(iustum haberi) 모두와 관련된 것이다.[25] 따라서 콘타리니도 그로퍼처럼 자기 신학을 전개하는데, 이는 '이중 칭의' 교리에 대한 트렌트 회의 이전의 진술처럼 해석되곤 하며, 칭의 과정에 포함된 두 종류의 의를 명시적으로 인정하고 있다.

> 그러므로 우리는 이중의 의(duplex iustitia)를 소유하는데, 하나는 우리 안에 있으며, 이것으로 우리가 의롭게 되기 시작하며, '신적 성품의 참여자'로 만들어지고, 우리 마음속에서 밖으로 펼쳐지는 사랑을 수유하게 된다. 그리고 또 다른 하나는 내재적인 것이 아니지만, 그리스도와 함께 우리에게 주어진 것, 즉 그리스도의 의와 그의 모든 공로이다.[26]

콘타리니에 의하면, 무엇이 다른 것에 선행하는가 여부는 무익한 스콜라적 논쟁이며, 중요한 사실은 처음에는 미완성적이며 불완전한 인간의 본래적 의가 곧이어 내재적 의의 작용을 통하여 곧이어 전개될 상태에 대한 예

---

25) Contarini, *Epistola de iustificatione*, in Corpus Catholicorum VII, ed. F. I. Hünermann, Münster, 1923, 24.1-2. 로마에서 편지를 읽은 사람들은 편지의 보편성에 대해 회의적이었다. *Epistola Reginaldi Poli Cardinalis* 5 vols., Brescia, 1744-57, 3.ccxxxi-x.
26) *Epistola de iustificatione*, 28.12-18.

비적인 기다림인 그리스도의 의에 의해 보강된다는 점이다.[27] 그로퍼와 콘타리니의 칭의 견해 사이의 명백한 유사성은 1541년 레겐스부르크 의회(the Diet of Regensburg, 흔히 라틴화된 지명인 라티스본 회의라고도 불린다)에서 칭의에 관한 '일치'를 설명하는 데 상당한 도움을 준다.

그로퍼의 『엔키리디온』이 『라티스본 헌장』(Liber Ratisboniensis) 제5조의 기초가 된 것으로 보이며, 레겐스부르크에서 프로테스탄트와 가톨릭 사이에 전개된 논의의 기반이 되었다.[28] 비록 의회에 참석한 사람들 사이에 칭의 문제에 관한 일치가 이루어졌지만, 이들 각자가 자신이 속한 기관의 대표자로 인정받지 못했음이 분명하다. 부써, 콘타리니, 그로퍼 사이에 칭의 문제에 관한 개인적 일치가 보인다 하더라도, 루터주의와 가톨릭주의 사이의 기구적 일치라는 비중은 없었다. 더욱이 이 일치라는 것도 '함께 다루기'(루터의 용어로 사용된 zusammenleimen) 과정의 일환으로, 논의되는 질문들에 대한 화해나 설명 없이 단순히 반대 견해들을 나열한 것에 불과하다.

칭의에 관한 제5조는 가톨릭과 프로테스탄트의 입장을 중첩시켜 표현한 것처럼 보이며, 논의 중인 심각한 신학적 이슈를 해결하기 위한 어떠한 중대 시도도 보이지 않는다.[29] 레겐스부르크의 실패는 상당한 정치적 결과를 야

---

27) *Epistola de iustificatione*, 29.19-38. 보다 깊이는 다음을 보라. Rückert, *Die theologische Entwicklung Gasparo Contarinis*, 93. Contarini가 이중적 칭의의 원인으로 *iustitia inhaerens*와 *iustitia imputata* 기능을 인정했다는 Rückert의 제안(86 n. 2)은 그것을 지원하려고 인용한 텍스트에 비추어 볼 때, 성립될 수 없다. 부사 formaliter가 그 적절한 구절에서 그 다음 구절로 이전되는데, 본래 구절에서 빼져야 될 것으로 보이지는 않는다.
28) CR (Melanchthon) 4.198-201에 있는 항목의 텍스트. 두 문서 사이의 비교가 Stupperich의 'Der Ursprung des Regensburger Buches von 1541 und seine Rechtfertigungslehre'에서 다루어진다. 탁월한 분석으로 다음을 보라. Lane, 'Cardinal Contarini and Article 5 of the Regensburg Colloquy (1541).' 참석한 다섯 사람의 주요 신학자들 중에서 세 사람인 Bucer, Contarini, Gropper가 '이중 칭의' 교리를 꽤히 받아들였다는 사실에 주목이 필요하다. Eck는 문서에 대해 비판적이었으며, Melanchthon은 보다 호의적이었다. 레겐스부르크의 칭의에 대한 Luther의 태도에 대해서는 다음을 보라. von Loewenich, *Duplex Iustitia*, 48-55. Calvin의 입장은 다음을 보라. Neuser, 'Calvins Urteil über den Rechtfertigungsartikel des Regensburger Buches.'
29) P. Matheson, *Cardinal Contarini at Regensburg*, Oxford: Clarendon Press, 1972, 181: '1541년 레겐스부르크 의회에서 개신교와 가톨릭 사이의 대화는 실패한 것이 아니다. 아예 대화가 없었다.'

기했으며, 결국 '복음주의'로 알려진 이탈리아 개혁 운동에 대한 전반적인 불신으로 이어졌다. 이제 이에 대해 살펴보자.

'복음주의' 라는 용어는 이탈리아교회 안의 자생적인 개혁 운동을 언급하는 것으로 널리 사용된다. 이 운동은 북유럽 개신교의 몇 가지 신학적 특징과 영적 특징을 지니고 있지만, 북유럽 개신교의 잠재적인 분열적 함의로 말미암아 개신교의 교회론적 정신을 따르기는 거절했다.[30] 따라서 지금 분명한 한 형태의 운동이라는 의미에서 '복음주의'라고 지칭한 것이 전적으로 만족스럽지만은 않다.[31] 복음주의는 알프스 북부의 개신교 조류에서 유래하기보다는, 이탈리아 자체에서(그리고 1511년 콘타리니의 경험이 가지는 중요성도 간과되지 않아야 한다) 비롯된 비교리적인 과도기적 운동이었다.[32] 강렬한 어거스틴적 색채와 개인주의적 색채의 칭의 신학은 그 초기 국면에 있어 당시 유럽 가톨릭 내부의 어느 곳에선가 일어난 운동들과 평행을 이룬다. 그러나 이 운동이 개혁자들의 인쇄된 저작의 전파를 통하여 급속히 프로테스탄트의 영향력 속으로 유입되었음은 의심의 여지가 없다.[33]

이 운동과 관련된 가장 도발적인 질문은 익명의 저작 『예수 그리스도의

---

30) S. M. Taylor, 'Hoping for Religious Reform in Italy: Background and Description of Italian Evangelicalism,' *Fides et Historia* 28 (1996), 8-24; E. C. Gleason, 'On the Nature of Sixteenth-Century Italian Evangelicalism: Scholarship, 1953-1978,' *SCJ* 9 (1978), 3-25.
31) 예를 들어 B. Collett, *Italian Bénédictine Scholars and the Reformation: The Congregation of Santa Giustina of Padua*, Oxford: Clarendon Press, 1985의 Collett 같은 저자들에 의해 기록된 운동의 성경적 영성에 대한 강조를 보라.
32) Contra P. McNair, *Peter Martyr in Italy: An Anatomy of Apostasy*, Oxford: Clarendon Press, 1967, 1-50, 특히 8.
33) Carlo de Frede, 'La stampa nel Cinquecento e la diffusione della Riforma in Italia,' *Atti della Accademia Pontiniana* (Napoli) 13 (1963-64), 87-91; 동일 저자의, 'Per la storia della stampa nel Cinquecento in rapporto con la diffusione della Riforma in Italia,' in *Gutenberger Jahrbuch 1964* (Mainz, 1964), 175-84; E. L. Gleason, 'Sixteenth Century Italian Interpretations of Luther' *Archiv für Reformationsgeschichte* 60 (1969), 160-73. 이 점에서 1530년대와 1540년 초기의 비테르보 써클(the Viterbo Circle)이 상당히 중요한 것으로 보인다. Dermot Fenlon, *Heresy and Obedience in Tridentine Italy: Cardinal Pole and the Counter Reformation*, Cambridge: Cambridge University Press, 1972, 69-99의 우수한 서문을 보라.

십자가의 유익에 관한 유용한 에세이』(*Trattato utilissimo del beneficio di Giesu Cristo crocifisso*)이다. 제2판(1543)은 유럽 전역에서 중요한 작품으로 회람되었다.[34] 처음 넉 장에는 믿음에 의한 칭의가 열정적으로 상술되는데, 후안 데 발데스와 유사한 칭의 양식에 찬성하려는 목적에서 콘타리니 및 레겐스부르크 사절단에 대한 중도적 태도를 철회한 것으로 보인다. 이 사실에는 상당한 의미가 있다. 이 책은 오직 믿음(sola fide) 칭의 교리를 인정한다. 믿음을 통하여 그리스도와 그리스도의 의가 신자의 것이 되며, 신자와 그리스도와의 연합에 기초하여 하나님께서 신자를 의롭다고 여기신다.[35]

루터와 칼빈 모두와 관련된 지극히 개인주의적인 칭의 이해가 저작 전체에서 보인다. 믿음을 통하여 신자는 그리스도와 연합하고, 그의 의로 옷 입혀진다. 그리하여 하나님에 의해 의롭다고, 영생의 가치가 있다고 받아들여진다. 비록 이 저작은 북유럽 개혁주의 저자들을 더 많이 암시하고 있지만, 압도적인 영향은 발데스와 관련된 어거스틴적 개인주의의 형태임이 분명하다. 예를 들어, 교회를 칭의 과정 중에 있는 기관으로 암시하는 어떤 언급도 철저히 누락되어 있다. 더욱이 이 저작에는 독특한 개신교 형식인 의의 전가(imputatio iustitiae) 개념이 전혀 발견되지 않는다.

그러나 가장 중요한 사실은 비테르보 서클(the Viterbo Circle) 회원들과 관련된 '믿음 그리고 행위에 의한 칭의'라는 중도 신학을 직설적으로 거부한다는 점이다.[36] 탄압이 일어나기 바로 직전 이탈리아 개혁 운동 내부에 레겐스부르크의 중도적 신학에 비판적인, 보다 급진적인 분파가 생겼음을 알려준다는 점에서 이 사실이 중요하다. 비록 이 저작은 오직 믿음 칭의 교리를 개진하고 있지만, 언어적 공식은 유지하면서도 믿음 개념을 사랑에 의해 작동되는 믿음(fides quae per dilectionem operatur)이라는 어거스틴적 의미에서 해석한 레지날드 폴(Reginald Pole)처럼 충분한 유연함을 가지고 공식을 수용적 방식으로 이해했음이 분명하다. 폴에게 있어 인간이 스스로 의롭게 되는 믿음은 사랑을 통해 활성화되는 믿음이며, 루터와 관련된 신용상의 믿음

---

34) 이 저작의 상세한 내용을 위해서는 *Il Beneficio di Cristo*, ed. Caponetto, 469-96을 보라.
35) *Il Beneficio di Cristo*, 38.281-9.
36) *Il Beneficio di Cristo*, 46.514-47.515.

개념과는 대조를 이룬다.37) 이러한 중도적 접근은 비테르보 서클 내부에 일정한 억제력으로 작용한 것 같다. 나중에 의회 선포문(폴 자신의 중도적 공식과 크게 유사한데, 폴은 선포문을 승인한 것으로 보인다)에 대한 편견을 드러낸 보다 급진적인 회원(마르칸토리노 플라미니오, 프리울리 및 빅토리아 같은)들의 행동을 제어했다.38)

 1542년이 되면서 이탈리아 복음주의자들의 시대는 종말을 맞는다. 마치 1968년 '프라하의 봄' 처럼, 1520년에서 1542년 어간은 외부의 당국이 자유로운 토론을 금지시키려 개입하기 전 일시적으로 사상적 논의의 자유를 경험하는 시기였다. 1542년 루카(Lucca), 모데나(Modena), 베니스(Venice) 등지에서 일어난 종교적 소요에 놀란 바울 3세는 교황교서『처음부터 허용됨』(Licet ab initio)의 출판과 아울러 로마의 이단재판소를 다시 설치했다. 이 마지막 국면에 북유럽 개혁자들이 복음주의에 미친 영향을 부정할 수는 없지만, 오직 믿음 칭의 교리의 한 형식이 처음부터 이곳에서 시작되었으며(북유럽의 개혁 운동과는 별도로), 곧이어 이탈리아교회의 최상층에 이르기까지 폭넓게 회람되었다고 주장할 만한 탁월한 이유들이 있다. 가톨릭과 개신교를 중재하려던 레겐스부르크의 실패는 복음주의 분파의 일시적 일탈이 영구적 분열이 될 수도 있다는 점에서 교회를 향한 가톨릭의 교의를 선포할 필요성을 강요했다. 이처럼 긴급히 요구되던 가톨릭 교리에 대한 정의를 제공하려는 의도에서 트렌트 회의가 소집되었다. 칭의 교리의 발전에서 중요한 이 시기를 다루기에 앞서, 의회에서 나타난 주요 사상 학파들의 칭의 신학, 특히 종종 지롤라모 세리판도(Girolamo Seripando)로 대표되는 학자들의 옛 저작에서 주장되던 '어거스틴' 학파가 과연 존재했는가 하는 문제를 고려할 필요가 있다.

---

37) R. Pole, De concilio, Rome: Manutius, 1562, 24f-v.
38) Fenlon, Heresy and Obedience, 203-4.

2. 칭의에 관해 논쟁 중인 트렌트의 신학 학파들

1546년 6월 칭의 문제를 다루기 위해 모인 트렌트 회의는 문제의 홍수에 직면했다. 중세는 칭의에 관한 한 아주 독특한 사상 학파들의 등장을 목격했다. 서로가 양립될 수 없음이 분명한데도 모두가 자신들이야말로 가톨릭교회의 가르침을 대표한다고 주장했다. 트렌트 회의가 관심을 가진 것은, 다양한 가톨릭 신학 학파들 사이의 오랜 논쟁의 해소가 아니라, 개신교의 도전에 직면하여 가톨릭의 칭의 정의에 대한 일치된 합의의 도출이었다. 칭의 문제를 논의하고자 트렌트에 참석한 신학자들이 처음부터 각각의 책임자 관할 하에 독립하여 종단별로 모여야 한다는 베송(Vaison) 주교의 제안은 기각되었다. 아마도 트렌트에 참석한 사상 학파들의 차이점만 부각시킨다는 우려 때문이었을 것이다. 이 단원에서 우리는 트렌트에 참석한 주요 학파들을 구별할 것인데,[39] 중세 후기의 가톨릭 신학 전반에 대한 최종적 선언이라는 점 때문에 중요한 의미가 있다.

에두와르트 슈타케마이어(Eduard Stakemeier)는 1936년의 중요 연구에서, 칭의에 관한 회기 동안 트렌트에는 세 가지 신학 학파가 있었다고 주장했다. 즉 아퀴나스 학파, 스코투스 학파 그리고 어거스틴 학파이다.[40] 트렌트에 참석한 신학 학파에 대한 구분은 이후 논의에 상당한 영향을 미쳤지만, 이처럼 야망 있는 가설에 요구되는 비평적 조사를 하려는 어떠한 접근도 없었던 것으로 보인다. 사실상 논의 중인 요점과 관련된 학파들 사이의 유사성 때문에 수많은 연사들이 정확히 어떤 입장을 따르고 있었는지 알기란 상당히 어렵다.

트렌트를 대표했던 아퀴나스 학파의 중요성에는 질문이 필요 없다. 아퀴

---

39) CT 5.259.3-6.
40) E. Stakemeier, 'Die theologische Schulen.' H. Lennerz의 옛 연구인 'Das Konzil von Trient und die theologischen Schulmeinungen,' *Scholastick* 4 (1929), 38-53 또한 주목할 필요가 있다. Stakemeier의 연구에서 커다란 결점은 칭의에 관한 의사절차가 오직 학적인 신학자들에게 국한되었다는 암시다. 오히려 많은 주교들이 이 문제를 실제로도 영적으로도 중요한 문제로 생각했음이 분명하다. Giuseppe Alberigo, *I vescovi italiani al concilio di Trento (1545-7)*, Florence: Sansoni, 1959, 337-94.

나스 학파의 부흥은 15세기 카프레올루스(Capreolus)의 주도하에 일어났다.[41] 그는 토마스 아퀴나스의 견해는 초기작품인 『센텐스 주석』(Commentary on the Sentences)이 아니라, 『신학대전』(Summa Theologiae)에 기초하여 결정되어야 한다는 기본 원칙을 수립했다. 우리가 2장에서 주목하였듯이, 아퀴나스의 칭의 견해는 시기에 따라 극심하게 수정되었으므로 카프레올루스의 명제는 예전에 '아퀴나스주의'라고 명명되던 정통적 입장보다 오히려 어거스틴적인 칭의 이해에 근접한 '아퀴나스주의'로 귀결되었다. 카제탄은 바로 이러한 전제에 기반을 두어 아퀴나스를 사용했다. 거기다 카프레올루스는 아퀴나스의 칭의 교리에 있는 어거스틴적 요소를 강조하고자 리미니의 그레고리의 반(反)-펠라기우스 저작을 맹렬하게 끌어들인다.[42] 그 결과 어거스틴과 토마스 아퀴나스의 결합에 기반을 둔 칭의 신학이 가톨릭 서클들 내부의 흐름으로 자리잡게 된다. 비록 논쟁과 관련된 55명의 신학자들 중 겨우 일곱 사람만이 카드를 분배하던 도미니크파였지만, 아퀴나스가 그 어떤 신학자보다(심지어 어거스틴 보다) 더 많이 인용되었다는 사실에서 그가 누린 권위를 측정할 수 있다.[43]

표 4.1 트렌트 회의 비망록 관련 신학자 분석

종 단	개막 회기 참석	6차 회기 참석
프란시스코	34	29
도미니크	9	7
제수이트	2	2
카멜	15	4
세르바이트	19	1
어거스틴	14	4
세속 사제들	11	8

---

41) M. Grabmann, 'Johannes Capreolus O. P., der "princeps Thomistarum", und seine Stellung in der Geschichte der Thomistenschule,' in L. Ott (ed.), *Mittelalterliches Geistesleben: Abhandlungen zur Geschichte der Scholastik und Mystik* III, Munich: Hueber, 1956, 370-410.
42) 이 점은 Friedrich Stegmüller가 처음으로 지적했다. 'Gratia sanans: Zur Schicksal des Augustinismus in der Salmantizienerschule,' in M. Grabmann and J. Mausbach (eds.), *Aurelius Augustinus: Festschrift der Görres-Gesellschaft zum 1500. Tod des heiligen Augustinus*, Cologne: Bachem, 1930, 395-409.
43) the *Index nominum et rerum* of CT 5.1053-72. 트렌트의 아퀴나스 학파에 대해서는 다음을 보라. E. Stakemeier, 'Die theologischen Schulen,' 199-207, 322-31.

프란시스코 데 비토리아(Francisco de Vitoria)에 의해 발전한 제국 스페인의 살라망카 학파(the Salamantine school)는 아퀴나스와 비슷한 접근법을 보여주었다.[44] 그러므로 찰스 5세가 1532년-1545년 어간에 살라망카(Salamanca)의 신학 교수직을 보유하고 있던 아퀴나스주의자인 도밍고 데 소토(Domingo de Soto)를 트렌트의 제국 신학자로 선택한 일은 의미심장하다. 트렌트에 참석했던 아퀴나스 분파에서 가장 중요한 입장은 칭의를 향한 공로적 기질에 대한 전적이며 되돌릴 수 없는 철회였다.[45]

칭의에 관한 의사진행에서 특히 두드러졌던 사람들은 프란시스코 신학자들이었다. 표 4.1은 프란시스코 대표단의 압도를 보여준다.[46] 앞에서 언급했듯이, 프란시스코파는 종단 유일의 권위를 지닌 박사를 인정하는 데 있어 만장일치가 아니었으므로, 초기 프란시스코 학파(할레의 알렉산더, 그리고 보나벤투라 같은), 후기 프란시스코 학파(둔스 스코투스) 그리고 심지어 비아 모데르나(가브리엘 비엘 같은)를 대표하는 여러 박사들이 트렌트 회의 진행 과정 동안 권위를 지닌 것으로 인정되었다. 보나벤투라에 대한 스코투스의 우월성을 인정하는 데 분명한 망설임을 드러낸 어떤 분파의 예는,[47] 이 사실의 중요성을 강조하는 데 기여한다. 칭의 회기 중에 트렌트에 참석한 가장 중요한 프란시스코 신학자는 스페인의 수도회칙 엄수파(Observant)인 안드레 데 베가(Andrés de Vega)였다. 편리하게도 그의 『칭의론 소고』(*Opusculum de iustificatione*)가 그때쯤 출판되어 논의에 관련된 사람들의 손에 배부될 수 있었다.

베가는 이 저작에서, 적합한 공로로 칭의가 되는 데 있어 인간의 기질이

---

44) Stegmüller, 'Zur Gnadenlehre des spanischen Konzilstheologen Domingo de Soto'; Becker, *Die rechtfertigungslehre nach Domingo de Soto*.
45) Becker, *Die rechtfertigungslehre nach Domingo de Soto*, 141-53. 특히 프란시스코 데 비토리아를 언급한 질문에 관해서는 다음을 보라. Xiberta, 'La causa meritoria de la justificación.'
46) 개막회기에 참석한 사람들은 CT 5.1041-4에 출판된 목록을 통해 신원이 보장된다. CT 5.819-20에 출판된 목록은 오해를 일으킬 수 있다. 왜냐하면 이 목록은 1547년 1월 13일 폐막회기에 참석한 사람들을 기록한 것이기 때문이다. 6차 회기의 숫자는 실제로 논쟁에 참여한 사람들에 대한 분석에 기반을 둔 것이다.
47) 1546년 12월 28일자인 Bonaventura Pius de Costacciaro의 논평을 보라. CT 5.741.28-32.

필요하다는 개념을 변호한다. 베가에 의하면, 이 질문에 대한 극단적 견해는 펠라기우스적인 공로 외부의 칭의 개념과 칭의에 선행하는 모든 공로를 거부하는 아퀴나스주의자들의 입장이다.[48] 베가는 중도의 길이라고 생각한 내용을 주장한다. 즉 타당한 공로의 부정과 은총에 선행하는 적합한 공로의 인정이다. 그는 동시대 신학자들 중에서 둔스 스코투스 및 가브리엘 비엘과 이 교리를 연관시킨다.[49]

베가는 프란시스코 종단의 일반적인 가르침을 묘사한 것이 분명하다. 중세 프란시스코 전통 전부가 칭의를 향한 기질이 공로적인 적합성이라고 가르쳤음을 상기할 가치가 있다.[50] 슈타케마이어는 이 질문에 관한 프란시스코파의 전반적인 가르침을 '스코투스주의'로 지칭한 것 같은데, 최근 학계는 이런 전제에 대한 의문을 분명히 표시하고 있다. 예를 들어, 가톨릭주의 안에서의 가능한 대안을 아퀴나스주의나 스코투스주의로 한정한 휘네르만(Hünermann)의 사례도 있다.[51] 슈타케마이어는 간접적으로 칼 슈탄거(Carl Stange)의 1900년, 1902년 에세이에 의존하여 중세 시기의 신학은 본질적으로 종단의 신학이라고 주장하는데, 이는 보다 심각한 주장이다.[52] 수도서약에는 그 종단의 공식적인 박사에 대한 충성이 암시되어 있다. 슈탕거에 의하면, 도미니크파의 경우 토마스 아퀴나스의 권위에, 프란시스코파의 경우는 둔스 스코투스의 권위에 대한 승인을 의미했다는 것이다. 아퀴나스나 스코

---

48) *Opusculum de iustificatione*, fols. 146-8. 보다 깊이는 다음을 보라. Sagués, 'Un libro pretridentino de Andrés de Vega sobre la justificación.' 아마도 Vega는 Capreolus를 염두에 두고서, Thomas Aquinas와 Gregory of Rimini를 함께 '그것이 무엇이든지 칭의에 선행하는 공로는 없다'는 학파의 지지자로 연결시킨다.
49) *Opusculum de iustificatione*, fols. 148: 'theologi recentiores, Gabriel, Maiores, Almanyus et similes; et ante illos, ne adeo nova existemetur, videtur iam tempore doctoris subtilis fuisse haec opinio communis in scholis.'
50) Heynck, 'Der Anteil des Konzilstheologen Andreas de Vega O. F. M. an dem ersten amtlichen Entwurf des Trienter Rechtfertigungsdekretes,' 57.
51) Hünermann, *Wesen und Notwendigkeit der aktuellen Gnade nach dem Konzil von Trient*, 5 n. 1; 참조. E. Stakemeier, 'Die theologischen Schulen,' 341.
52) Carl Stange, 'Über Luthers Beziehungen zur Théologie seines Ordens,' *Neue kirchliche Zitschrift* 11 (1900), 574-85; 동일 저자의, 'Luther über Gregor von Rimini,' *Neue kirchliche Zeitschrift* 13 (1902), 721-7.

투스 둘 다 비아 안티쿠아(via antiqua, 고전의 길)를 대표하므로, 슈타케마이어는 트렌트에서 비아 모데르나(via moderna, 현대의 길)의 영향력이 미미했다고 제시할 수 있었다.[53]

슈탄거에 대한 헤르멜링크(Hermelink)의 1906년 반응을 슈타케마이어가 소개하기는 하지만, 그는 이 반응의 철저히 파괴적인 의미는 간과했던 것 같다. 왜냐하면 그의 반응에는 중세 신학은 종단 신학이라기보다는 대학 신학에 더 잘 어울린다는 사실이 제시되어 있기 때문이다.[54] 아마도 쾰른의 지방 대학이 소재한 도미니크 교단에는 비아 안티쿠아가 압도적이었으므로, 토마스 아퀴나스의 권위가 드러났겠지만, 인문학부 교수진 사이에 비아 모데르나가 호응을 얻고 있던 에르푸르트에서, 도미니크파가 지도를 청했던 사람은 오캄이었다. 비록 트렌트의 프란시스코 신학자들이 오캄을 거의 언급하지 않았지만(1326년 아비뇽의 정죄를 통해 오캄의 신학을 '펠라기우스적 또는 더 나쁜 것'으로 정죄했으므로, 믿을 만한 신학적 근거로 오캄을 칭찬했을 리가 없다), 프란시스코 종단의 신학자인 보나벤투라와 스코투스는 빈번히 언급했다.[55] 때때로 또 다른 두 사람(할레의 알렉산더와 가브리엘 비엘)도 언급되었다. 칭의 교리에 대해서 보나벤투라와 스코투스는 아주 다른 이해를 대표하기 때문에(특히 칭의에서 초자연적인 습성의 역할과 관련하여), 프란시스코 대표단이 종종 어려움에 처했음이 분명하다. 프란시스코 대표단이 이처럼 폭넓은 신학적 범위에 자신들의 입장을 기초하고 있음을 볼 때, 이 대표단을 '스코투스 학파'라고 부르기에는 상당한 한계가 있으며, 부적절하다.[56]

---

53) E. Stakemeier, 'Die theologischen Schulen,' 342-3.
54) H. Hermelink, *Die theologische Fakultät in Tübingen von der Reformation*, Tübingen: Mohr, 1906. Stakemeier는 단지 이 연구에 대해 각주만 달았을 뿐이다. E. Stakemeier, 'Die theologischen Schulen,' 342 n. 3.
55) Stakemeier 본인이 언급한 대로, 예를 들어, 'Die theologischen Schulen,' 344-5.
56) 은총의 확실성에 대한 Scotus의 견해를 다루던 트렌트의 논쟁은 프란시스코 대표단의 '스코투스주의'에 관한 더 근본적인 질문을 불러일으켰다. Heynck, 'A controversy at the Council of Trent.' Heynck은 엄수파(Observant)보다 프란체스코 수녀원이 초기 프란시스코 전통에 대해 훨씬 더 충실했다고 바르게 지적한다(257).

슈타케마이어는 '어거스틴 학파'를 트렌트의 세 번째 학파로 구분한다.[57] 어거스틴 학파에 대한 그의 견해는, 향후 연구에서 더 발전한다.[58] 이를 다음처럼 요약할 수 있다. 칭의에 관한 트렌트 회기 동안, 어거스틴 종단의 종단장으로서 이중 칭의(duplex iustitia) 교리를 변호한 이는 지롤라모 세리판도(Girolamo Seripando)이다. 그는 중세 후기 어거스틴 종단 신학자들의 칭의 신학을 대표했다. 그러므로 트렌트의 '어거스틴 학파'는 세리판도가 증폭시킨 칭의 입장을 채택하고 있었다. 따라서 이는 카시아의 시몬 피다티(Simon Fidati of Cassia)와 오르비에토의 위골리노(Hugolino of Orvieto) 시대 이래의 어거스틴 종단의 신학 전통을 대변했다고 간주할 수 있다. 슈타케마이어 가설이 트렌트의 칭의 논쟁에 관한 해석들에 상당한 영향력을 행사했으므로, 가설의 근거를 논의해 볼 필요가 있다.

어거스틴 신학자들에 대한 슈타케마이어의 언급을 주의 깊이 연구해 볼 때, 그는 어거스틴 신학 전통의 초기 대표자라고 끌어들인 사람들의 저작에 간접적으로 접했으며, 논쟁의 여지가 많은 루터의 칭의 신학적 기원에 대한 뮐러(A. V. Müller)의 연구가 직접적 자료임을 알게 된다.[59] 뮐러는 이 연구에서, 루터야말로 어거스틴 종단의 신학적 전통을 정확히 계승한 사람이라고 주장했다. 슈타케마이어는 루터 대신 트렌트의 어거스틴 대표단에게 이 주장을 덧붙인다.[60] 자기 가설에 대한 슈타케마이어의 증거는 상당히 신빙성이 부족하다. 결론이 설익었을 뿐 아니라,[61] 계속적인 비판적 고찰을 견뎌낼 수도 없다. 트렌트의 칭의 토론에 참여한 어거스틴 종단의 신학자들은 대

---

57) 중세 후기의 어거스틴주의에 대한 후기 학자들의 이해와 Stakemeier의 입장이 대한 강력한 부정적 함의에 대한 상세한 설명으로 다음을 보라. McGrath, *The Intellectual Origins of the European Reformation*, 82-8.
58) E. Stakemeier, *Der Kampf um Augustine*.
59) A. V. Müller, *Luthers theologische Quellen: Seine Verteidigung gegen Denifie und Grisar*, Giessen: Topelmann, 1912; 참조. W. Werbeck, *Jacobus Perez von Valencia: Untersuchungen zu seinem Psalmenkommentar*, 212 n. 6.
60) E. Stakemeier, *Der Kampf um Augustine*, 21-2.
61) Jedin이 Stakemeier의 책에 대한 자신의 논평에서 지적했듯이, 1937년에는 그러한 결론을 위한 자료는 구할 수 없는 것이었다. H. Jedin, in *Theologische Revue* 37 (1938), 425-30. Gropper 논쟁에 대해 더 자세한 사항은 다음을 보라. 312-14.

개 신학보다는 사람에 따라 투표한 것으로 보인다. 따라서 어거스틴 종단의 전반적인 특징을 보이면서, 트렌트의 칭의 의사기간을 대표했던 통일적인 사상 '학파'가 있었다는 제안은 불가능하다.

1546년 10월 8일의 토론에서, 세리판도는 어거스틴주의자인 비테르보의 가일스(Giles of Viterbo)를 '이중 의' 교리의 초기 주창자로 인용하며, 동시에 발렌시아의 야코부스 페레즈(Jacobus Perez of Valencia)가 이 교리와 연결되어 있다고 주장한다. 그러나 어디에서도 그의 주장을 입증하지 않고 있음이 중요하다. 그가 유일하게 버팀목으로 여기는 신학자는 그로퍼(Gropper)이며, 콘타리니(Contarini)는 부정확하게 인용되고 있다. 세리판도는 단지 어거스틴적인 근원이 아닌 그로퍼식의 신학을 제시하는 것 같다.[62] 이것으로는 이중 의 교리가 어거스틴적 출처를 지닌다는 주장을 방어하거나, 트렌트에 '어거스틴 학파'가 있었다는 증거로 내놓기도 어렵다.

그러므로 트렌트의 칭의 의사진행 동안 '어거스틴 학파'의 존재라는 믿을 수 없는 보고를 지속할 이유가 없다. 그렇다고 이 사실이 트렌트의 어거스틴 종파 대표단이 구체적인 신학적 입장을 개진하지 않았다고 말하는 것은 아니다. 단지 이들의 입장이 전체로서의 어거스틴 종단을 대표한다거나 어거스틴 종단에 독특한 사상 학파 또는 전통에 부합한다는 암시에 대한 의문을 표한 것뿐이다.

트렌트의 칭의 비망록은 신(新)-아퀴나스 학파, 초기 프란시스코 학파 및 후기 프란시스코 학파를 모두 나타내고 있고, 동시에 다른 다양한 입장들도 있어서 엄격한 구분을 힘들게 한다. 트렌트는 주요 종단들과 관련된 전통적 교리에 대해서는 비난하거나, 판단하는 것을 피하려고 주의했기 때문에(특히 원죄에 대한 의사진행에서 두드러진 정책), 칭의 논의에서도 전통적 교리는 기대 보다 적은 영향력을 행사했을 것이다.

이러한 관찰사항에 대해 가능한 한 가지 설명이 있다. 독일 내에서 일어나고 있는 복음주의 분파의 등장이 상당히 시급한 문제였기 때문에, 전통적인

---

62) Anselm Forster의 연구는 Seripando의 칭의 신학 대부분이 대체적으로 상투적인 특성을 지님을 제시한다. Anselm Forster, *Gesetz und Evangelium bei Girolamo Seripando*, Paderborn: Verlag Bonifacius-Druckerei, 1963.

논쟁적 질문들은 전체적인 구조망 속에서 중요한 의미가 없다고 여겨졌을 것이다. 새로운 문제는 새로운 대답을 요구했다. 따라서 새로운 질문들에 대한 적절한 대답 제시를 위한 사색에 종단과 관련된 신학 학파들의 전통적 입장들이 양보를 해야만 했을 것이다. 그러나 심층 연구를 통해 볼 때, 특히 이탈리아에서 보다 독립적인 지적 환경의 증가는 신학자들로 하여금 중세 신학 학파들의 패턴에서 자유롭게 벗어날 수 있게 만들었다.[63]

우리는 다음 단원에서, 칭의 교리의 중요 측면들에 대한 트렌트의 논쟁을 살펴봄으로써, 칭의론 자체에 대한 최종 선언문을 적절히 해석하기 위한 빛을 비추고자 한다.

3. 트렌트의 칭의 논의들

트렌트 회의는 개혁적 회의를 소집하려는 교황청의 지속적 시도의 궁극적인 결과였다. 황제와 프랑스 국왕 사이의 전쟁이 유럽에 지속되면서, 만투아 회의(1537)의 추진은 연기되었으며, 트렌트 회의의 소집(1542-1543)은 취소되었다. 1544년 크레피(Crépy) 평화협약으로 합스부르크-발르와 분쟁이 해결되면서, 에큐메니칼 회의 소집을 위한 진정한 가능성이 생겼다. 평화가 결정된 두 달 후, 적대감을 항구적으로 그치게 할 실제적 가능성이 분명해졌다. 바울 3세는 교서 「예루살렘의 환희」(*Laetare Ierusalem*)를 발행, 종교적 불일치 제거, 교회 개혁, 터키로부터 신자들의 해방을 목표로 하는 총회 소집 의도를 공표했다. 회의가 3월에 소집되기를 희망했지만, 황제와 교황 사이의 미해결된 관계 때문에 1545년 12월 13일까지 지체되었다. 이러한 어려움은 부분적으로 볼 때, 황제는 의회에서 교회 개혁이 논의되기를 원한 반면 교황은 교리의 명료화를 원했기 때문이었다. 두 문제를 동시에 다룬다는 현명한 타협이 이루어졌다.

---

63) Alberigo, *I vescovi italiani*, 388-9. Alberigo는 칭의에 관한 트렌트의 의사진행에서 작성된 내용들과 관련된 이탈리아의 지적 환경에 주로 관심을 가진다. 그러나 그의 결론은 폭넓은 적합성을 지닌 것으로 보인다.

이러한 성경과 전통, 그리고 원죄에 대한 교리 논쟁은 처음 시도된 것이다.[64] 그러나 특별히 중요한 사항으로 칭의 문제가 대두되었다. 프로테스탄트의 도전에 비추어, 명료화가 요구되는 중대 사항들이 많이 있었다.[65] 첫째, 칭의는 단지 죄인의 사면(remissio peccatorum)인가 아니면 인간 안에 있는 은총의 행위를 통한 내재적 성화를 포함할 필요가 있는 것인가? 둘째, 믿음과 선행 사이의 정확한 관계는 무엇인가? 프로테스탄트의 오직 믿음 칭의 교리에 대한 신중한 답변이 대답으로 요구되었다. 셋째, 의지의 수동성을 인정하는 프로테스탄트의 일반적 경향에 비교할 때, 칭의에서 인간 의지의 능동적 역할의 정확한 성격은 무엇인가? 넷째, 세례 및 고해에 있는 죽은 자에 대한 성례(sacramenta mortuorum)와 칭의 사이의 관계는 무엇인가? 다섯째, 신자는 자신들이 의롭게 되었다는 사실에 대해 어느 정도의 확신을 지닐 수 있는가? 끝으로, 칭의를 향한 인간 스스로의 기질이 필요한 것인가? 만약 그렇다면 어떤 의미에서 이 기질이 공로적인 것으로 간주될 수 있는가?

이 회의는 처음에 다루어야 할 과제로 여섯 가지 질문을 설정했다. 1546년 6월 22일, 신학 위원회는 다음과 같은 토의 사항을 제기했다.[66]

1. 칭의란 무엇인가? 명목적인 것인가 실재적인 것인가(quoad nomen et quoad rem)? 그리고 '인간이 의롭다'(iustificari hominem)라는 말은 어떻게 이해되어야 하는가?
2. 칭의의 원인은 무엇인가? 하나님은 어떤 역할을 하시는가? 그리고 인간에게 요구되는 것은 무엇인가?

---

64) 원죄와 칭의 교리의 중요성과 불가분성이 1546년 4월 15일 교황특사 보고서에 강조되어 있다 (CT 10.548-60). 그러나 두 교리는 결국 분리되어 논의된다.
65) 약간 다른 목록으로 다음을 보라. Jedin, *Geschichte des Konzils von Trient*, 2.142-4. 의회가 고유한 논의와 번역이 필요한 논의를 동시적으로 다루어야만 했음을 염두에 두어야만 한다.
66) CT 5.261.26-35. 이런 회합들에 대한 배경적 정보를 위해서는 다음을 보라. H. Lennerz, 'De congregationibus theologorum in Concilio Tridentino,' *Gregorianum* 26 (1945), 7-21. 투표와 관련된 비슷한 정보에 대해서는 다음을 보라. 동일 저자의 'Voten auf dem Konzil von Trient,' *Gregorianum* 15 (1934), 577-88.

3. '사람이 믿음으로 의롭게 된다'(iustificari hominem per fidem)는 말은 어떻게 이해되어야 하는가?
4. 칭의에서 인간의 행위와 성례는 어떤 역할을 하는가? 먼저 일어나는가, 아니면 도중에 또는 나중에 일어나는가?
5. 무엇이 칭의에 선행하거나, 함께 일어나거나, 뒤따르는가?
6. 가톨릭 교리를 뒷받침하는 증거는 무엇인가?

그러나 위의 접근법은 은총의 확실성 같은 중요한 문제들이 누락되었다는 이유로, 부적절함이 드러났다. 그러나 칭의에 관한 선언문의 초안 작성을 위한 첫 번째 논의의 출발점으로는 기여했다.

1546년 6월 22일에서 28일까지 여섯 차례의 회합이 있었고, 34명의 신학자들이 직접 논의 사항에 대한 견해를 표명했다. 연사들이 초대된 근거는 분명하지 않지만, 그들의 초기 관심사는 칭의의 성격에 관한 것임이 분명하다. 연사들 대개가 이 부분에 대해 연설했으며, 다양한 칭의 개념이 사용되었다.[67] 다양한 정의에도 불구하고 칭의의 사역적(使役的) 성격과 변화적 성격에 관한 의견 일치가 있었다.[68] 이러한 일치의 두 가지 예외가 언급될 수 있다. 도미니크파인 마르쿠스 라우레우스(Marcus Laureus)와 프란시스코 엄수파인 안드레스 데 베가(Andrés de Vega)다.

마르쿠스 라우레우스는 은총을 통한 죄인의 사면(remissio peccatorum per gratiam)으로 칭의를 정의하면서,[69] 동시적으로 일어나는 영적 중생이나 신자의 도덕적 변화에 대해서는 어떠한 언급도 남기지 않는다. 아마도 라루레우스가 이 점에 관한 한 개신교의 입장에 다가갔음을 보여주는 증거로 여겨

---

67) 몇 가지를 제시해 보자면, 프란체스코 수사 Sigismondo Fedrio da Diruta는 *iustificatio*를 *motus quidam spiritualis de impietate ad pietatem*으로 *iustificari*를 *ex nocente fieri innocens*로 정의한다. Richard of Le Mans는 *iustificatio*를 *adhaesio Dei*로, *iustificari*를 *redire in gratiam Dei*로 정의한다. Gregory of Padua는 *iustificatio*를 어거스틴적인 용어인 *de impio pium facere vel iniusto iustum*으로 *iustificari*를 *fieri Deo gratus*로 정의했다.
68) 예를 들어, CT 5.263.9-10, 22-3, 27-9, 31-2; 264.1-5; 264.43-265.2; 265.12-14; 272.40-1; 273.11-12, 45-6; 274.35-6, 275-6.
69) CT 5.264.31-2.

졌을 것이다. 사실상 이러한 결론은 보강 증거 없이는 성립될 수 없는데, 우리는 그런 증거를 가지고 있지 않다. 앞의 논의에서 언급했듯이, 토마스 아퀴나스는 아리스토텔레스적인 근거에서 다음처럼 제시했다. 칭의 순서는 최종성(terminus)에 따라 정의되었을 것이며, 그 결과 칭의 순서(processus iustificationis)란 이 순서의 마지막 요소인 죄의 사면(remissio peccatorum)을 뜻한다고 간단히 정의될 수 있을 것이다. 아퀴나스가 칭의(iustificatio)는 죄의 사면(remissio peccatorum)으로 정의될 수도 있다고 빈번하게 언급했기 때문에, 이는 그가 칭의 요소에 의의 주입(infusio iustitiae)을 포함시키지 않았다는 암시로 잘못 해석되곤 했다. 이는 분명히 잘못된 해석이다. 그러므로 어떤 반대 증거가 없다면, 1546년 6월 23일의 모임에서 라우레우스가 자기 종단의 주요 박사의 입장을 재진술한 것으로 간주되어야 한다.

안드레스 데 베가는 눈에 띄게 외래적인 방식인, 세 요소라는 관점에서 칭의를 정의했다. 즉 죄의 사면, 신적 은총의 소유 그리고 영생으로의 수용이다.[70] 분명 베가의 칭의 개념은 후기 프란시스코 학파의 것과 유사하다. 이 모임에 참여한 다른 프란시스코 신학자들의 진술에도 이 사실이 반영되어 있다.[71] 죄의 사면(remissio peccatorum)과 은총의 주입(infusio gratiae) 사이의 존재론적인 연결이 약한 것이 이 학파와 비아 모데르나(via moderna) 모두의 공통점인데, 이 점에서 그들은 개혁자들의 외래주의에 가까이 다가간다. 그럼에도 불구하고 트렌트의 프란시스코 대표단이 이 점에 관한 이질성 또한 지녔음을 아는 것이 중요하다. 또 다른 프란시스코 사람들은 내적 사람의 중생(regeneratio hominis interioris),[72] 또는 내재적 의의 주입을 통해 하나님께서 죄인의 영혼에 일으키시는 변화(mutatio quaedam spiritualis in peccatorem a Deo facta per infusionem iustitiae habitualis)[73]와 같은 강한 내재성을 지닌 변

---

70) CT 5.275.9-11: 'Hominem iustificari est absolutum esse a peccatis et gratiam Dei habere. Et acceptum ad vitam aeternam.'
71) 예를 들어, Antonio Delfini, CT 5.274.21-30. 보다 깊이는 다음을 보라. Santoro, 'La giustificazione in Giovanni Antonio Delfini.'
72) CT 5.278.20-1.
73) CT 5.278.1-2.

화적 용어로 칭의를 정의하는데, 이는 초기 프란시스코 학파와 평행을 이룬다. 비록 이러한 칭의 이해가 은총의 주입이나 인간의 변화를 배제하지는 않지만, 그러한 내적 특질을 넘어서는 신적 수용의 외부적 지명이라는 우선성은 엄격하게 유지된다. 이 사실은 트렌트에 스코투스 학파가 존재했는가 하는 질문과 중요한 관련이 있다. 위에서 언급했듯이, 이는 프란시스코 종단 내부에 이미 만연했던 종교적 긴장(특히 초기 프란시스코 학파와 후기 프란시스코 학파 사이의)이 트렌트의 칭의 논쟁 동안에도 분명했음을 시사하는 강력한 증거다.

마르쿠스 라우레우스가 요약한 칭의의 성격에 대한 일반적 합의는 다음과 같다.

> 비록 모든 신학자들이 말로는 다양하게 표현하더라도, 이 문제에 관해서 동의한다. 그들은 신학적 용어로 '칭의'는 의롭게 만드는 것(iustificatio)을 의미하며, '의롭게 하다'는 '하나님 앞에서 의롭게 되어가는 것'을 의미함을 인정한다. 그러므로 칭의는 은총을 통한 하나님에 의한 죄의 사면이다.[74]

세 가지 칭의의 상태(status) 구분에 의해 칭의의 성격 논의가 크게 촉진되었다. 유스티피카티오(iustificatio)이 세 가지 다른 의미가 구분되었으며, 초기 논의에서 혼동을 일으킨 부분들이 제거되었다. 첫 번째 상태는 죄인들이 불신과 죄의 상태에서 믿음과 은총의 상태로 이전되는 죄인의 칭의와 관련된다. 두 번째는 의롭게 된 신자의 의의 증가, 그리고 크리스천의 삶 속에서의 견인과 관련된다. 세 번째는 배교한 신자의 칭의와 관련된다.[75]

칭의의 성격에 관한 일반적 합의가 1546년 7월 24일자인, 칭의 선언문의 초안에 반영된다. 한 때 이 초안이 안드레스 데 베가의 작품으로 생각되긴 했지만, 현재에는 통상 신뢰성이 없는 판단으로 여겨지고 있다.[76] 초안은 짧

---

74) CT 5.279.27-31.
75) CT 5.281-2에 기록된 오류 리스트를 보라. 연이은 논의가 이 구분에 따라 행해졌으며, 관심은 primus status에 집중되었다. 예를 들어 다음을 보라. CT 5.287-96, 298-310.
76) Heynck의 주의 깊은 연구를 보라. 'Der Anteil des Konzilstheologen Andreas de Vega

은 서문, 세 개의 장, 그리고 18조의 법규로 구성되어 있다.[77] 처음 2개조에 첨가된 자료를 통하여 칭의의 정의를 유추해 볼 수는 있겠지만, 칭의의 공식적인 정의는 제공되지 않았다. 처음의 세 법규는 칭의의 성격에 대한 가톨릭과 개신교의 이해 차이를 다음처럼 분명히 한다.

첫째, 죄인은 사실로는 여전히 죄인으로 남지만, 오직 그렇게 간주됨 또는 전가의 문제를 통하여 의롭게 될 수 있다는 견해는 거부된다.

> 그러므로 예수 그리스도를 통하여 하나님에 의해 죄인이 의롭지 않거나, 의롭지 않은 상태로 남아 있음에도, 의롭게 된 것이라기보다는 어느 정도 의롭다고 간주되는 것이므로, 이러한 칭의는 오직 의의 전가라고 말하는 사람은 누구라도 저주받을지어다.[78]

그러므로 칭의란 단지 사람이 의롭다고 간주되는 것이 아니라, 의롭게 되어가는 것(sic vere non modo reputatur, sed efficitur iustus)이라는 의미에서 정의된다. 이 정의는 명시적으로 칭의에서 '법적인 허구' 개념을 배제하고 있지만, 칭의와 중생이 순전히 개념적인 차이라는 점에 비추어 볼 때, 주류 개신교의 가르침에 영향을 미칠지는 분명하지 않다. 멜랑크톤의 경우, 칭의와 성화의 개념적 구분은, 마치 누군가가 곧이어 성화되지 않고서도 의롭게 될 수 있는 것 같은, 둘 사이의 분리를 수반하는 것이 아니다. 그러나 트렌트의 토론 내내 개신교도들은 실제로 의롭게 함(iustificatio)의 용어적 의미를 의롭다고 간주됨(iustum reputatio)으로 제한하고 있을 거라는 생각의 일치가 있었음이 분명하다. 이 사실은 특히 스페인인 제수이트파 알폰소 살메론(Alfonso Salmeron)의 논평에서 분명해진다. 그는 분명 멜랑크톤의 칭의

---

an dem ersten amtlichen Entwurf des Trienter Rechtfertigungsdekretes.'
77) CT 5.384-91. 2차 자료들에서 법규의 개수는 혼란스러우며, 인용의 오류가 빈번하다. 괴레스(Görres)판은 장과 법규를 구분하지 않고 숫자를 매기고 있으므로, 단락 4는 실제로는 법규 1이고, 단락 '18'은 법규 15이다. notationes theologorum(CT 5.392.1-394.6)을 볼 때, 처음 세 단원이 실제 법규처럼 취급되었음이 분명하다. 그러므로 '법규 18'(CT 5.393.36)에 대한 지시는 단원 '18'을 가리키는데, 이마저도 엄밀히 말하자면, 실제로는 법규 15이다.
78) 법규 1, CT 5.386.12-14.

(iustificatio)와 중생(regeneratio) 구분의 의미를 이해하는 데 실패했다.[79] 멜랑크톤이 '칭의'와 '중생'을 이해한 내용과 가톨릭교도들이 '칭의'만을 이해했던 내용을 제대로 인식하지 못한 것으로 보인다. 가톨릭교도들은 칭의를 그 전체성에서 그리스도의 존재를 가리키는 것으로 보듯이, 개신교의 칭의에서 중생을 제외시키는 것은 크리스천의 존재에서 변화적 차원을 모조리 배제시키는 것으로 보인다.

개신교의 오직 믿음을 통하여 칭의 개념은 비슷한 어려움을 노정시킨다. 왜냐하면 트렌트의 신학자들은 일반적으로 개신교의 개념이 크리스천의 존재에서 행위를 배제시키는 것으로 이해했기 때문이다(반면 다소 독특한 칭의 개념을 운용하고 있던 개신교도들은 그것이 단지 크리스천의 삶의 시작 단계에서만 행위를 배제하는 것으로 이해했다). 우리는 밑에서 이 내용으로 다시 돌아올 것이다. 그러나 가톨릭 대적자들이 멜랑크톤과 연관하여, 칭의의 성격에 대한 새로운 이해의 완전한 의미를 전체적으로 파악하지 못했다는 사실에 대한 파악이 아주 중요하다. 왜냐하면 개신교의 칭의 신학에 대한 트렌트 발표문이 과연 적절한 해석인가 하는 중요한 결과와 연관되어 있기 때문이다.

둘째, 칭의가 의의 수여가 아닌 오직 죄의 사면만으로 이루어져 있다는 주장이 정죄되었다.[80] 셋째, 칭의에서 신자들에게 수여되는 의는 십자가상에서 그리스도가 획득한 의라는 견해가 정죄되었다.[81] 이 점은 특히 흥미를 끄는데, 루터파의 그리스도의 의의 외래적 전가(imputatio iustitiae alienae Christi) 교리를 직접 겨냥한 것으로 보인다. 인류가 의롭게 되는 근거인 의는 그리스도를 통해 하나님이 수여하는 신적 은총의 습성으로 정의된다. 달리 말해, 그리스도가 공로로 얻은 것을 하나님께서 효력이 발생되도록 하신다. 이 진술은 그리스도의 의와 하나님의 의 사이의 관계를 분명히 하는데, 전자는 칭의의 공로적인 원인으로, 후자는 공식적 원인으로 이해되었음을 가리

---

79) CT 5.266.3-28.
80) 법규 2, CT 5.386.18-20.
81) 법규 3, CT 5.386.25-7.

킨다.[82]

첫 번째 칭의에 이어지는 행위의 필요성에 대한 일반적 합의는 초기 논의에서도 분명했는데, 결국 오직 믿음주의에 대한 정죄로 귀결되었다. 그러나 믿음을 통하여 인간이 의롭게 되는 단계는 가톨릭의 첫 번째 칭의에 대한 설명에서도 합법적 지위를 차지하고 있었음을 생각할 때, 오직 믿음주의에 대한 정죄는 약간 비정상적인 방식으로 행해진 것이다. 가톨릭은 이미 수용되고 있던 개념적 의미를 거부하게끔 만들었음이 분명하다.

> 만일 누구라도, 행위 없이 믿음만으로 불경건한 자들을 의롭게 한다고, 즉 이 시대의 이단자들이 공언하는 바, 인간 쪽에서는 그들이 믿어야만 할 필요 이외에 다른 것이 전혀 요구되지 않는다는 의미로 그들의 칭의가 일어난다고 한다면, 그런 자는 정죄받을지어다.[83]

트렌트의 칭의 논의 과정 내내, 개신교도들이 피데스(fides)와 크레데레(credere)라는 용어를 굉장히 비정통적인 방식으로 사용한다는 일반적인 합의가 있었다. 알폰소 살메론(Alfonso Salmeron)은 멜랑크톤이 피데스를 하나님의 자비에 대한 믿음(fiducia divinae misericordiae)으로 해석, 가톨릭의 사랑에 의해 작동되는 믿음(fides quae per dilectionem operatur) 개념을 배제시켰다고 비난했다.[84] 트렌트에서 루터란의 오직 믿음 칭의 교리에 대한 가톨릭의 처음 적대감이 믿음(fides)과 의롭게 됨(iustificatio) 개념에 대한 상당히 구체적인 이해에 기반을 둔 것임이 분명해진다.

비록 7월 논쟁의 초안이 불충분한 것으로 판명되었지만,[85] 8월 17일의 논쟁은 여전히 어떤 합의가 이루어지려면 상당히 먼 길을 가야 함을 분명하게 했다.[86] 1546년 8월 11일 세리판도는 개정안의 기초 문서를 교황 사절들에

---

82) CT 5.386.28-33.
83) 법규 9, CT 5.387.40-2.
84) CT 5.268.43-4.
85) CT 5.392-4. 아마 유일한 긍정적 성과는 은총의 확실성을 다루면서(396.36-41), 법규 11의 기존 안과 관련된 심각한 어려움을 깨달은 것이었다.
86) CT 5.408-14. 논쟁의 연기는 고려 중인 문서의 질에 대한 우려 때문이 아니라, 주로 정치적인

게 제시했다.[87] 이 문서는 초안의 주요 결함(용어 사람의 칭의에 대한 공식적 정의의 누락)을 보완한 것이다. 이제 명백히 변화적 용어로 칭의가 정의된다.

> 우리가 '인간의 칭의'라고 말할 때, 우리는 그들이 육체에 따라 태어난 첫 아담의 자손으로, 하나님의 진노와 적대감 아래에 있던 상태에서, 두 번째 아담인 예수 그리스도를 통하여 하나님의 자녀로 입양된 상태로, 새로운 영적 탄생을 통해 변화 중이라는 의미 이외의 것을 뜻하지 않는다.[88]

첫 번째 안에 만족하지 못한 세리판도는 8월 29일 두 번째 안을 발표했다.[89] 포고문 새 안은 이전 안들과 급진적으로 다른 형식을 취하고 있었다. 통상적 형식으로서의 포고문은 긴 법규들과 짧은 서문 또는 도입 장들로 구성되었다. 새 안은 15장과 겨우 8개의 법규로 구성되었다. 그러나 이 문서의 중요성은 새로운 형식만이 아니라, 칭의의 공식적 원인에 대한 관점에 있었다.

첫 안에서 세리판도는 칭의가 일어나는 유일한 근거가 그리스도의 의의 전가라는 루터파의 교리를 명시적으로 거부했다.[90] 그러나 세리판도는 그의 견해를 두 번째 안에서 수정했다. 네 번째 법규는 우리가 '우리의 가슴에 분산된 의를 배제하고 그리스도의 의의 전가만을 통하여' 의롭게 된다는 견해를 책망한다는 점에서, 8월 11일 안의 두 번째 법규의 요지를 반복한다.[91] 비록 이 진술에 대한 분명한 해석은 인간이 주입된 의 또는 내재적인 의에 기반을 두어 의롭게 된다는 것이지만, 분명 세리판도는 이것이 단순히 인간이 그리스도의 의의 전가라는 기초만을 통하여 의롭게 된다는 견해를 거부하

고려 때문에 일어났다.
87) Seripando 안은 CT 5,821-8에서 발견된다.
88) Cap. 4, CT 5,823,6-9.
89) CT 5,828-30. 처음 네 장이 8월 안의 해당 부분에 부합한다. 괴레스판의 날짜는 부정확하므로, 8월 29일로 수정되어야 한다.
90) 법규 3, CT 5,824.33-5. 이 법규 또한 오직 믿음 칭의 교리를 정죄 한다.
91) CT 5,832,27-8; 참조, 824,33-4.

는 것처럼 보이도록 의도한 것 같다.[92]

포고문 9월 초안은 이중의 의(duplex iustitia)에 대한 어떠한 명시적인 언급도 생략하면서, 크리스천은 하나님으로부터 유래하는 하나의 의를 소유하고, 또 다른 하나는 그리스도로부터 유래하는 의를 소유한다는 견해를 제외시키는 방식으로, 7월 안의 법규 3의 가르침을 발전시킨다.[93] 그럼에도 불구하고 9월 안의 법규 7은 여전히 세리판도 원본의 어법을 긴밀하게 따르고 있다. 만일 성령의 행위를 통한 내재적 의를 배제시키는 것이라면, 그리스도의 전가된 의만이 인간의 칭의의 기초라는 견해만을 정죄하는 것이 된다.[94] 따라서 인간이 이중의 의, 즉 전가된 의와 내재적 의에 기반을 두어 의롭게 된다는 견해가 명시적으로 정죄된 것은 아니며, 심지어는 승인된 것으로 간주될 수도 있다.

이 사실이 이 문제에 관한 트렌트의 합의를 암시하는 것으로 이해하지 말아야 한다. 마치 몇 년 전에 레겐스부르크 제국의회에서 주어진 결의에 따라 죄인들은 내재적 의와 전가된 의 양자에 기초하여 의롭게 된다는 내용을 허용할 준비가 된 것으로 이해해서도 안 된다. 사실 1546년 9월 27일에서 10월 8일까지의 비망록 기록을 통해 볼 때, 많은 대표들이 제7장 구절들의 의미를 분명히 할 수 없었음이 확실해진다.[95] 9월 안의 모호한 부분에 대한 명료화와 모호한 부분이 일으킨 혼동을 제거하라는 요청이 늘어나고 있었다. 모호한 '이중의 의는 아니다' 라는 문장을 보다 분명한 '의는 하나이다' 로 교체하라는 압력이 세력을 얻고 있었다.[96] 이는 세리판도와 그의 지지자들-

---

92) 이 점을 평가하려면, Seripando의 두 안과 이 텍스트의 공식 안을 비교해 보라. CT 5.386.13-14; 824.33-4; 832.27-8. solis를 sola로 대체함으로써, Seripando는 이중의 의(전가된 의와 내재적 의) 모두에 기반을 둔 칭의 교리로 가는 문을 열 수 있었다.
93) Cap. 7, CT 5.423.34-6. 보다 깊이는 다음을 보라. Pas, 'La Doctrine de la double justice au Concile de Trente.'
94) 법규 7, CT 5.427.1-7.
95) 예를 들어, Pas, 'La Doctrine de la double justice au Concile de Trente,' 20-3.
96) 예를 들어, CT 5.492.10-11; 496.2: 'Trent quod una sit iustitia tantum, qua iustificamur, videlicet nobis inhaerens.' CT 5.505.26-7에 기록된 반대 또한 주목되어야 한다. Acta의 피레스판에 기록된 22개의 투표에 Salmeron과 Hervet의 것이 추가되어야만 한다. J. Olazarán, 'En el IV centenario de un voto tridentino del jesuito Alfonso

어거스틴파인 로카 콘트라타의 아우렐리우스(Aurelius of Rocca Contrata), 마리아누스 펠트리누스(Marianus Feltrinus)와 세스티노의 스테판(Stephen of Sestino), 마리아회(Servite)의 로렌조 마조치(Lorenzo Mazocchi) 및 스페인의 속가 사제 안토니오 솔리스(Antonio Solis)[97] 등을 포함하는―로 하여금 그들의 견해를 보다 분명히 하고, 자신들의 출처를 확실하게 방어하게끔 강제했다. 그러나 이 문제에 관한 그들의 투표를 면밀히 검토해 보면 심각한 의심이 생긴다. 과연 그들의 '이중 칭의' 교리를 어거스틴적인 것으로 간주할 수 있는지, 또는 방어가 가능하게 입장이 정립된 것인지, 어거스틴에게서 온 것인지 또는 어거스틴 종단의 지도적 저자들에게서 유래한 것인지 등의 문제들은 아주 중요한 것으로 보인다.

로카 콘트라타의 아우렐리우스는 교리를 변호하기는 하는데, 자기 논증을 발전시키지 않고 단지 종단장인 세리판도의 이전 진술을 재요약할 뿐이다.[98] 세스티노의 스테판은 인간 행위의 불충분성과 부적절성을 강조했는데, 그로퍼의 『엔키리디온』의 진술과 유사함을 보이기는 하지만, 『엔키리디온』에 대한 의존은 한 가지 가능성일 뿐이다.[99] 어거스틴파의 세 번째 투표자인 펠트리누스의 투표는 마사렐리(Massarelli)의 요약에만 나온다.[100] 펠트리누스는 세스티노의 의견과 유사하게 보인다. 그러므로 정통 어거스틴파의 칭의 신학이 이 사람들의 진술에 암시되어 있을 것이라는 가설에 비추어 볼 때, 발렌시아의 야코부스 페레즈(Jacobus Perez of Valencia) 같은 어거스틴파 신학자보다는 그로퍼의 진술에 분명한 우위가 주어졌다는 사실에 주목할 필요가 있다.

Salmeron sobre la doble justicia,' EE 20 (1946), 211-40; 동일 저자의 'Voto tridentino de Gentian Hervet sobre la certeza de la gracia y la doble justicia,' Archivio Teólogico Granadino 9 (1946), 127-59.
97) 또 다른 스페인인 세속 사제인 Pedro Sarra도 이 교리의 지지자였을 가능성이 있다.
98) 1546년 10월 19일 아우렐리우스의 투표를 보라. CT 5.561.47-564.12. 유사성에 대해서, CT 5.563.4-13을 12.665.2-12; 5.563.35-6과 비교하고, 5.563.35-6을 12.667.46-668.9와 비교하며, 5.563.37-42를 12.635.37-42 및 5.374.10-15와 비교해 보라.
99) 예를 들어, CT 5.609.22-7을 그로포의 『엔키리디온』 fol. 132v와 5.611.17-24를 『엔키리디온』 fol. 168r-v와 비교해 보라.
100) CT 5.599.4-10.

나머지 교리 지지자들은 고려사항이 너무나 분산되어서 일반화가 불가능할 것이라는 견해에 기반을 두고 있는 것으로 보인다. 솔리스의 투표는 분석하기에 너무 짧은 형태로만 남아 있다.[101] 사라(Sarra)에 대한 내용은 보다 길지만, 카테고리화하기 어렵다.[102] 마조치의 투표는 일종의 수수께끼다.[103] 마조치는 동료 대표들에게 자신이 세리판도를 지지한다는 인상을 준 것으로 보이지만, 실제로 이중의 의 교리를 승인한다는 표시는 거의(조금은 있다고 한다 해도) 없다.

그러나 다수 의견은 분명하다. 비록 이중 의 교리[104]의 역사적 기원에 대해서는 거의-전적 무지를 보여주면서도, 전가된 의 개념은 신학적 발명품이며, 가톨릭 신학자들에게 알려지지 않았던 내용이라는 전반적 확신이 있었다.[105] 더욱이 전가된 의 개념은 칭의에 있어 인간의 갱신을 이유로 무엇인가 부적합한 접근법이라고 널리 간주되고 있었다. 만일 하나님이 칭의에서 인간을 의롭게 만드셨다면, 도대체 전가된 의는 무엇이란 말인가? 완전한 신학적 중복이 아닌가![106] 세리판도는 사실 전가라는 용어를 거의 사용하지 않았지만(그리고 그는 트렌트에서 투표하지 않았다),[107] 그의 동료 중 많은 사람들이 전가된 의에 기반을 둔 칭의 개념에 대한 명시적 정죄를 요청한 사실은 그의 입장에 대한 간접적인 공격으로 간주된다.[108] 또한 그리스도의 의에 대한 세리판도의 호소가 인간의 공로에 대한 기반을 허문다는 일반적인 의견의 일치가 있었던 것으로 보인다.

---

101) CT 5.576.31-5.
102) CT 5.547.8-549.43.
103) CT 5.581.17-590.19.
104) 전체 논쟁에서 Gropper나 『엔키리디온』또는 레겐스부르크 의회에 대한 어떠한 구체적인 언급도 없다. 그러나 Reginald Pole과 유사한 견해들 사이의 개인적 관련성은 많은 대표들에게 알려져 있었다. Fenlon, *Heresy and Obedience*, 161-95.
105) 예를 들어, CT 5.564.38-9; 569.8; 579.5-6; 602.37-42; 617.27-9.
106) CT 5.541.45-6: 'Non quod tunc nova fiat imputatio, ut quidam falso imaginantur, quia, ut patet sufficienter ex praemissis, ista imputatio nulla ratione requiritur.' Seripando 입장에 대한 비판의 주류에 대한 전체 연구로 다음을 보라. Pas, 'La doctrine de la double justice,' 31-43.
107) 예를 들어, CT 5.489.31-2; 12.671.16-32.
108) 예를 들어, CT 5.643.31-2; 644.34; 644.31-2; 647.12-15; 649.10-11.

1546년 10월 31일, 포고문 9월 안이 상기한 토론에 따라 재개정된다. 재개정안에는 이중의 의(또는 두 개의 의) 개념에 대한 압도적인 적대감이 선명히 드러난다. 인간이 내적인 의에 기반을 두어 의롭게 된다는 철저한 단언으로, 전가된 의에 따른 칭의에 대한 명시적 정죄 요청이 충족된다.

> 불경건한 자의 칭의는 죄의 사면, 성화, 은사의 주입과 한 가지로, 그리고 동시에 구성된다…[그것의 공식적 원인은] 하나님의 의 한 가지이며, 이로써 우리 마음의 영에 의해 우리가 새롭게 된다. 그것은 전가에 의한 것이 아니다. 뿐만 아니라 우리는 이름만으로 의로운 것이 아니라, 실제로 의롭게 된다.[109]

비록 새 진술이 내재적 의와 전가된 의 모두에 의한 칭의라는 사고를 허물지만, 만약 칭의의 공식적 원인이 한 가지 이상인 것으로만 인정된다면, 여전히 세리판도의 입장이 수용된 것일 수도 있었다. 1546년 11월 5일 발표된 포고문 안에는 칭의의 공식적 원인에 대한 이처럼 모호한 이해가 흡수되어 있었다.[110] 이에 몇몇 사람들은 세리판도가 변호한 이중의 의 교리의 제거라는 변경을 위해 압력을 행사했다.[111]

1546년 11월 11일이 논의를 위해 포고문 중 8번째 장이 수정되어 작성되었고, 칭의의 공식적 원인에 대한 어떠한 모호성도 피했다. 칭의에는 오직 한 가지 공식적 원인만 있는데, 그것은 하나님의 의며, 하나님은 그의 눈앞에서 우리를 의롭게 만드신다.[112] 이처럼 분명한 진술은 칭의의 유일한 공식적 원인은 하나님의 의라는 효과를 불러일으켜, 같은 날 열린 총회에서 이에

---

109) CT 5.512.12-20.
110) CT 5.636.30-637.11. 특히 35-6에 주목하라. 'formalis iustitia una Dei.'
111) 예를 들어, 11월 23일의 모임에서 Claude Le Jay는 구절 'causa formalis iustitia una Dei'는 'causa formalis una iustitia Dei'로 대체되어야 한다고 제안했다. CT 5.658.24-6.
112) CT 5.700.25-8: 'Demum unica formalis causa est iustitia illa Dei, non qua ipse iustus est, sed qua nos coram ipso iustos facit, qua videlicet ab eo donati renovamur spiritu mentis nostrae et non modo reputamur, sed vere iusti nominamur et sumus.'

따른 정의 그대로가 승인되었고,[113] 결국 칭의에 관한 최종 포고문 안에 통합되었다.[114] 이 시점에 이르러서야 세리판도의 이중의 의 개념에 대한 거부가 완성되었으며, 안이 모호하지 않다고 인정되었다.

칭의의 공식적 원인에 관한 질문은 트렌트에서 논의된 내용들 중에 가장 논쟁적인 이슈이기도 했다. 또 다른 하나는 구원의 확실성으로, 개혁자들, 특히 루터에게 있어 가장 중요한 이슈였다.[115] 이 문제에 관한 중세의 합의에 의하면, 구원에 대한 확신은 불가능한 것이었으므로, 이는 트렌트와 루터교 사이에 푸르른 신학적 바다를 펼쳐 놓았다. 고백적 견해의 이러한 차이는, 변증적인 잠재성과 아울러, 트렌트에 참석한 신학자들로 하여금 초기의 논의 어젠다에는 없었던 이 문제에 대한 무시가 불가능하도록 만들었다.[116]

회의 초기 확신성의 문제는 거의 관심을 끌지 않았다. 1546년 6월 22에서 28일의 모임 기록에는 오직 두 연사만이 이 문제가 고려할 가치가 있다고 생각한 것으로 나타난다. 안드레스 데 베가[117]와 안토니우스 프렉시우스(Antonius Frexius)[118]는 매우 다른 방법들을 채택했다. 이는 곧이어 노출될 분리의 신호였다. 이처럼 극단적으로 두드러진 기고문들이 마르쿠스 라우레우스의 『핵심』(*summarium*)에 포함되지 않았다는 점이 의미심장하다.[119] 6월 30일의 논의를 돕고자 도표화된 두 번째 칭의의 조건과 관련된 금지오류 목록에 루터파의 확신 교리가 포함되었지만, 전혀 주목을 끌지 못했다.[120]

---

113) CT 5.701.14-704.14.
114) Cap. 7, *D* 1528-9. 어법에 약간의 수정이 있었지만, 논의 중인 문장의 근본적인 의미에 영향을 미치지는 않는다.
115) 예를 들어, H. J. Iwand, *Nachgelassene Werke, v: Luthers Théologie*, Munich: Kaiser Verlag, 1974, 64-104, 특히 90-104.
116) 트렌트의 일반적 문제에 대해서 다음을 보라. Guerard des Lauriers, 'Saint Augustin et la question de la certitude de la grâce au Concile de Trente' ; Heynck, 'Zur Kontroverse über die Gnadengewissheit auf dem Konzil von Trient' ; Huthmacher, 'La Certitude de la grâce au Concile de Trente' ; Schierse, 'Das Trienterkonzil und die Frage nach der christliche Gewissheit' ; A. Stakemeier, *Das Konzil van Trient über die Heilsgewissheit*.
117) CT 5.275.14-16은 하나님의 특별 계시와는 별도로, 이 가능성을 거부한다.
118) CT 5.277.42-3은 확실성의 가능성을 지지한다.
119) CT 5.279.6-281.15.
120) 브리핑 자료에 대해서 다음을 보라. CT 5.282.24-5: '9. Quod iustificatus tenetur

1546년 7월 포고문의 초안에서 확신성 문제가 심각한 이슈로 등장한다. 법령 15는 루터파의 확신 교리는 크리스천의 적합한 겸손에 반대되는 가설이라고 명시적으로 정죄한다.[121] 그러나 이 법규가 상당한 소란을 일으켰음이 분명하다. 이 문제를 더 깊이 논의하자는 전반적인 바람도 있었지만, 신학자들 사이에 심각한 불일치가 분명히 있었다.[122] 결과적으로, 코스타키아로(Costacciaro)는 크리스천이 자기 은총의 상태 여부에 대한 확신성을 지녀야 하는지에 대한 전문적 입장을 마련하고, 이 논쟁적 문제에 대한 둔스 스코투스의 입장을 분명히 하고자 프란체스코파 수사인 안토니오 델피니(Antonio Delfini)를 초청했다.[123] 이 문서에서, 델피니는 스코투스를 가브리엘 비엘의 관점에 완전히 적합하지는 않은 것으로 해석하면서,[124] 스코투스가 루터파 확신 교리의 지지자로 여겨질 수 없다고 지적한다. 틀림없이 코스타키아로 본인은 스코투스가 고해 성사의 특성인 성례의 효력이 성례 자체에서 생긴다는 사효성(事效性, ex opere operato) 때문에 은총의 확실성에 대한 가능성을 지지했다고 생각했다.[125] 그러나 자네티노(Zannetino)는 이에 동의하지 않았다. 그는 스코투스의 정확하고 믿을 만한 해석자로 존 피셔(John Fisher)를 인용했다.[126] 8월 17일경, 도미니크파는 은총의 확실성이 가능하다는 어떠한 제안도 철저히 거부했다. 다른 사람들은 확실성의 편차에 따른 다

---

credere, se esse in gratia et sibi non imputari peccata, et se esse praedestinatum.' 이에 대한 다소 잠정적인 반응으로 다음을 보라. CT 5.324.34-42. Seripando는 이 점에 주목했지만(CT 12.634.31-635.11), 자신의 견해가 일반 논의에 포함되는 것을 허용하지 않았다.
121) CT 5.390.22-40, 특히 37-40. 법규의 수에 대해서 다음을 보라 n. 74 윗부분.
122) 예를 들어, CT 5.393.36-41.
123) CT 5.410 n. 1. Scotus를 언급한 것은 중요하다. Heynck이 보여주었듯이, 대표단(특히 프란시스코파) 중에는 은총의 확실성에 대한 Scotus의 견해와 관련하여 상당한 혼동이 있었다. Heynck, 'A Controversy at the Council of Trent,' 델피니에 관해서 다음을 보라. Friedrich Lauchert, Die italienischen literarischen Gegner Luthers, Freiburg: Herder, 1912, 487-536; Santoro, 'La giustificazione in Giovanni Antonio Delfini.'
124) 문서에 대해서는 CT 12.651.22-658.14를, Biel의 Scotus 해석에 대한 의지는 CT 12.657.53-658.11을 보라.
125) CT 5.404.41-3. 이 단언에 대해 그는 카멜파의 대장(CT 5.404.50) 그리고 Martellus of Fiessole(CT 5.406.16-18)의 지지를 받은 것으로 보인다.
126) CT 10.586.22-587.20.

양성이 가능하다는 이유로 정확히 그러한 가능성들을 인정함으로써, 의회 안에 이 문제에 관한 심각한 입장 분리가 명백해졌다.[127] 이러한 어려움에 비추어 볼 때, 1546년 8월 28일의 총회는 이 문제에 관한 가톨릭의 입장을 미제로 남겨둔 채 루터파의 입장만을 직접적으로 정죄하도록 결정했다.[128] 포고문의 9월 초안 작성에서부터 이 원칙이 준수되었다.

9월 초안은 은총의 확실성에 대한 질문을 두 가지 측면에서 언급한다. 7장은 사람의 죄가 용서받았다는 사실을 확신을 가지고 분명히 알 수 있다는 입장을 거부하면서, 이를 '이단들과 분열주의자들'의 입장으로 돌린다.[129] 루터파의 입장에는 반대하면서도, 가톨릭의 명백한 가르침은 제공하지 않는다. 법규 8은 신자가 예정된 사람 안에 있는지, 또는 최후까지 인내할 것인지에 대해 신의 특별 계시와는 별도로 확신할 수 있다는 어떠한 제안에 대해서도 명시적으로 거부한다.[130] 이 문제에 관한 다양한 입장들이 트렌트에서 드러났기 때문에, 개신교 견해에 대한 반대가 가톨릭의 권위 있는 진술을 대안으로 제공하는 일 보다 쉽다는 것이 다시 한번 입증되었다.

곧이어 8월 28일의 타협이 불만족스러운 것으로 인식되었다. 1546년 10월 12일, 질문에 대한 토론이 재개되었다.[131] 1546년 10월 15일에서 26일 사이의 논의는 이 문제에 관한 의회의 내부 분열을 더욱 부각시켰다. 자기 입장을 표명한 37명의 신학자들 중에, 20명은 은총의 확실성의 가능성에 찬성했고, 15명은 반대, 2명은 미결정이었다.[132] 유명한 가능성 지지자인 도미니

---

127) 따라서 프란체스코 수사회와 규칙엄수파의 교단장들 모두 후자에 찬성하여 발언했다. CT 5.410.1-2, 5-6. 본인도 루터파라는 많은 혐의를 받던 잉글랜드 주교 Richard Pate 또한 1546년 8월 28일 후자의 입장에 지지 발언을 했다. CT 5.419.18-19. 그의 견해는 11월 13일 보다 강력하게 천명되었다. CT 5.648.4-5: 'Homo iustificatus secundum praesentem iustitiam potest esse certus certitudine fidei, se esse in gratia Dei.'
128) CT 5.418.1-9; 419.44.
129) Cap. 7, CT 5.424.12-13.
130) 법규 8, CT 5.427.8-11. 여기서 *praedestinatio*라는 용어가 '생명으로의 예정'이라는 긍정적 의미로 사용된 사실에 주목하라.
131) 특히 del Monte의 논평에 주목하라. CT 5.497.3-4; 참조. 497.12-15. 이 장과 법규에 대한 보가 깊은 논평으로 다음을 보라. CT 5.505.46-51; 508.40-2.
132) 각 그룹 신학자들의 이름은, CT 5.632.31-633.10의 Massarelli의 목록을 보라. 우리는 세속 사제 Andrés de Navarra의 이름을 *certitudo fidei, se esse in gratia*를 지지하는 명단에서

크파 주교 암브로기오 카타리노(Ambrogio Catharino)가 방금 의회에 도착했음에도 불구하고 도미니크파 신학자들은 예외 없이 은총 안에 있는 믿음의 확실성에 대한 가능성에 반대했다.[133] 대조적으로 프란시스코 대표단은 심각할 정도로 분리되어 있었다. 7명의 수사회 회원은 가능성을 지지했고, 엄수파도 다소 비슷한 숫자로 나뉘었다.

세 번째 포고문 초안이 1546년 11월 5일 고려되었고, 개정된 진술이 제9장의 형식으로 포고문 속으로 들어갔다.[134] 내용은 두 번째 초안의 해당 진술과 유사하지만, 공개적 확인이 강화되었다.[135]

9월 안: 모든 사람이 전부 그러한 확신과 확실성을 지니는 것만은 아니다.
11월 안: 아무도 그러한 확신과 확실성을 지니는 사람은 없다.

비록 위 문장이 은총 안에 있는 믿음의 확실성에 대한 정죄를 강화하고, 이를 보다 분명히 하자는 대표단의 요구를 수용하는 방향으로 나간 것이지만, 새로운 장이 총의를 얻는 데는 여전히 실패했다. 12월 17일경, 양측 사이에 격론이 오갔지만, 문제는 여전히 미결이었다. 델 몬트(del Monte)는 이런 어려움 때문에 빈번히 발생하는 심각한 지체에 입각하여, 의회는 단지 루터파의 입장만을 정죄하고 가톨릭 입장에 관한 심층 논의는 나중에 다루자고 제안했다.[136] 수개월간 논쟁의 결과가 무위로 되는 것을 원하지 않았던 사람들이 반대했음에도, 그 제안이 받아들여졌다.

반대자의 명단으로 임의로 옮겼다. 그의 투표(CT 5.559.14-561.46)는 그가 이 개념을 분명히 반대한다. 우리는 이 점에서 Massarelli의 실수를 설명할 수 없다.
133) 1546년 11월 22일의 그의 투표는 특별히 중요하다. CT 5.655.34-657.18. 보다 깊이는 다음을 보라. Olazarán, 'La controversia Soto-Caterino-Vega sobre la certeza de la gracia'; Beltrán de Heredia, 'Controversia de certitudine gratiae entre Domingo de Soto y Ambrosio Catarino'; Hernández, 'La certeza del estado de gracia según Andrés de Vega.'
134) Cap. 9, CT 5.637.12-21. 9월 안의 법규 8의 내용은 법규 12와 13에서 발견될 것이다. CT 5.649.39-42. 이 주제에 대한 새 법규는 다음과 같다. 법규 14, CT 5.649.43-4.
135) 9월 안, cap. 7, CT 5.424.13; 11월 안, cap. 9, CT 5.637.14-15.
136) CT 5.727.1-11.

최종 포고문이 발표되기 4일 전인 1547년 1월 9일, 소규모의 중진급 간부들이 은총의 확실성에 대한 제9장의 최종 합의를 이루고자 회동했다.[137] 세 시간의 논의 후, 마침내 타협 공식에 대한 동의가 이루어졌다. '아무도 그가 하나님의 은총을 획득했는지 여부를 전혀 잘못될 수 없는 믿음의 확신성으로 알 수는 없다' (nemo possit esse certus certitudine fidei, cui non potest subesse falsum, se esse in gratia Dei).[138] 이 공식은 곧바로 다섯 번째 포고문 초안에 흡수되었으며, 검토를 위해 당일에 제출되었고,[139] 마침내 승인되었다.

트렌트 회의는 칭의의 원인과 은총의 확실성 문제의 해결과 함께, 포고문의 마지막 장들 안에 포함된, 가톨릭의 칭의 가르침과 관련된 확장된 발표를 진행, 개신교의 오류에 대한 법규를 통해 구체적인 정죄를 할 수 있었다. 엄밀히 말해서 포고문은 1563년 회의의 폐막 이후 교황 수정안이 나올 때까지만 가톨릭교도들을 묶는 것이었다. 그러나 레지날드 폴이 문서의 서명을 거부했음에도, 회의의 결정은 즉각 효력을 발휘하는 것으로 널리 인정되었다. 그러므로 1547년 무렵, 가톨릭교회의 칭의 가르침은 인정된 공식(중요 사안에 대해 어느 정도 해석의 자유를 허용했다)이 수립되었다는 측면에서 확정된 것으로 간주될 수 있다. 다음 단원에서, 포고문 자체의 주요 특징의 개요를 살펴보고, 그 다음 트렌트 회의 직후의 포고문에 대한 해석을 고찰해 볼 것이다.

4. 칭의에 관한 트렌트 회의의 포고

트렌트의 칭의 포고문은 회의 역사에서 중요한 진전으로 기록된다. 그때까지 회의의 결정은 현안에 대한 가톨릭 교리의 구체적인 노출 없이 법규와 구체적인 입장이라는 형식을 통해, 명시적인 정죄의 수단으로 큰 틀이 짜이는 경향이 있었다. 아마도 칭의에 부여된 독특한 중요성 때문에 트렌트의 칭

---

137) CT 5.772.10-773.5.
138) CT 5.773.4-5. 교체가 눈에 띈다.
139) CT 5.777.1-10.

의 포고문에는 가톨릭의 교리를 하나하나 설명하는 첫 16장이 주어졌고, 다음으로 가톨릭교회에서 용납할 수 없는 33가지의 구체적인 입장들을 정죄하는 순서로 진행되었다. 다음 단원에서 분명해지지만, 트렌트 직후 포고문의 정확한 해석을 둘러싼 상당한 불일치가 발생한다. 현 단원에서는 트렌트 회의가 정통 가톨릭주의라고 인정한 폭넓은 칭의 입장들을 알려줄 것이다. 이를 위해 다음 두 가지 원칙이 사용된다.

첫째, 회의의 주 관심사가 개혁자들의 가르침과 가톨릭의 가르침을 구분하는 것이지, 가톨릭 신학 학파들 사이의 논란을 해결하려는 것이 아니었다는 점에서, 학파들이 이전에 공언했던 신학적 입장들이 명시적으로 배제되지 않은 한 여전히 유지되었을 것이다.

둘째, 트렌트의 교부들이 의도했던 구체적 용어들과 문장들의 의미를 바로 세우기 위해, 최종 포고문은 정식화로 귀결된 논쟁들에 비추어 해석될 것이다.[140] 신학 문서를 해석하려는 시도는 어렵다고 악명이 높지만, 우리는 적어도 모호한 진술들이 의도한 뜻을 밝힐 충분한 문서적 증거를 보유하고 있다.

이러한 사실을 염두에 두고 포고문과 포고문 법규의 분석에 들어가기로 하자.

포고문의 최종 배열은 초기 논쟁 동안 등장했던 세 가지 '칭의 단계'를 반영한다. 처음 아홉 장에서 죄의 상태에서 의의 상태로 가는 사람의 처음 변이가 묘사되는 '첫 번째 칭의'에 대해 논의된다. 다음에 일단 의롭게 된 사람이 어떻게 의 안에서 자랄 수 있는가 하는 '두 번째 칭의'를 다루는 네 장이 따라온다. 마지막 세 장은 어떻게 인간이 그들의 칭의를 상실하며, 고해를 통하여 다시 회복하는지, 이 단계가 첫 번째 칭의 단계와 어떻게 다른지를 명확히 알려주는 '세 번째 상태'를 다룬다.

포고문은 인간의 타락한 상태에 대한 분석으로 문을 열면서, 필연적으로 다섯 번째 회기의 특정 문제인 원죄에 관한 문제들과 혼합된다. 원죄(전 인

---

140) 적절한 역사적 관점으로 포고문을 다루는 데 실패한 것이, 트렌트 포고문에 대한 Hans Küng의 분석이 가지는 가장 중요한(성가신) 결점이다. Küng, *Rechtfertigung*.

류에게 효력을 미친다는 조건에서)로 인해 인류는 스스로를 구원할 수 없다. 자유 의지는 타락으로 인해 파괴된 것이 아니라, 약해지고 쇠진해졌다.[141] 따라서 회의는 어거스틴과 제2차 오렌지 회의의 입장을 재승인하는 방식으로 '죄 이후의 자유 의지는 오직 이름만으로 존재한다'는 루터의 진술을 암묵적으로 거절했다. 그리스도는 만인을 위해 죽으셨으며, 인간이 다시 태어나고, 이로써 의롭게 되게 하시려는, 그리스도의 수난의 공로를 통하여 은총을 허락하신다는 명료한 주장에 의해 루터의 선택 교리 안에 암시되어 있는 특정주의가 배제된다. 칭의는 변화적인 용어로 정의되며, 인간의 상태와 성품에 필요한 변화에 대한 언급이 포함된다.

> 불경건한 자의 칭의는 인간이 첫 아담의 자녀로 태어난 상태로부터, 두 번째 아담인 우리 구주 예수 그리스도를 통하여 하나님의 자녀로의 입양과 은총이라는 상태로 이전되는 것이다(translatio ab eo statu, in quo homo nascitur filius primi Adae, in statum gratiae et 'adoptionis filiorum' Dei, per secundum Adam Iesum Christum Salvatorem nostrum).[142]

5장과 6장은 칭의를 향한 준비의 필요성과 양식을 다룬다. 인간은 자신의 공로 없이도, 자신을 칭의로 향하게 하는 예비적 은총을 통하여 부름 받는다. 인간이 그 부름을 인정하고 협력한 결과, 하나님은 그들의 마음을 성령의 조명을 통하여 어루만지신다.[143] 칭의를 향한 기질의 필요성에 관한 논의에서 전통적인 중세 용어의 사용이 신중히 회피되면서, 가능한 한 스콜라적 언어를 피하려는 일반적인 경향이 확대된다. 사실 칭의 포고문은 중세 시기의 어휘를 모두 피하면서, 성경에 대한 직접 호소를 뚜렷이 선호한다.

따라서 칭의를 위한 준비는 사람들이 신적 계시와 신적 약속(실제적으로는 하나님께서 그의 은총을 통해 경건치 못한 사람들을 의롭게 하실 것이라는 약속)의 진실성을 믿음으로 인해, 그들의 죄를 미워하고 회개하는 방향으

---

141) Cap. 1, D 1521.
142) Cap. 4, D 1524.
143) Cap. 5, D 1525.

로 움직인다는 의미로 정의된다. 이것은 세례 성사에서 정점에 이르는데, 세례 안에서 각 사람은 새로운 삶을 살며, 하나님의 계명을 준수하겠다는 결의를 선언한다.[144] 칭의를 향한 기질의 성격이, 중세의 신학 학파보다, 다시 한 번 직접 성경에서 추출되어 논의된다.

7장은 칭의의 원인에 대한 주의 깊은 분석을 보여준다.[145] 칭의의 변화적 특성(non est sola peccatorum remissio, sed et sanctificatio et renovatio interioris hominis)을 재승인하면서 칭의의 원인을 다음처럼 규정한다.

최종적 원인 하나님의 영광과 영생
효과적 원인 하나님의 자비
공로적 원인 그리스도의 수난
도구적 원인 세례 성사
공식적 원인 하나님의 의

비록 스콜라주의의 신학적 어휘를 어느 정도 기계적으로 개정한 것처럼 보이지만, 포고문은 가능한 한 가장 편리한 방식으로 인간 칭의에 기여하는 다양한 요소들을 분명히 제시했을 뿐이다. 칭의의 공식적 원인에 대한 진술이 가장 중요하다. 칭의의 유일한 공식적 원인은, 그것으로 인해 그가 올바른 것이 아니라 그것으로 인해 그가 우리를 의롭게 하는 '하나님의 의' (iustitia Dei, non qua ipse iustus est, sed qua nos iustos facit)라는 단정이다.[146] 이는 하나 이상의 공식적 원인이 존재한다는(칭의에 관한 의사진행에서 특별히 세리판도와 관련된 견해) 가능성을 배제하려는 의도적이며 의식적인

---

144) Cap. 6, D 1526. 이 점에서 포고문에 '신(新) 반(半) 펠라기우스주의' 라는 혐의를 씌운 것은 정말로 성립될 수 없는 일이다. Loofs, *Leitfaden zum Studium der Dogmengeschichte*, 668-9. 비슷한 비판이 Jörgenssen의 연구에도 주어져야 한다. A. T. Jörgenssen, 'Was verstand man in der Reformationszeit unter Pelagianismus?,' *ThStK* 83 (1910), 63-82, 여기서 칭의를 향한 준비의 필요성을 인정하는 어떤 칭의 신학에 대해서도 부당하게(역사적으로도 교의사적으로도) '반 펠라기우스주의' 로 취급한다.
145) Cap. 7, D 1528-31.
146) 인용은 Augustine이다. *De Trinitate*, V.LV.xii.15.

시도다. 이 진술은 전가된 의가 인간의 칭의에 기여하는 원인일 수도 있다는 가능성을 암묵적으로 배제시킨다.

아마도 더욱 중요한 사실은, 칭의의 공식적 원인이 내재적으로 창조된 은총의 습성인지 아니면 신적 수용의 외래적 지정인지에 대한 중세 전체의 논의가 어거스틴적인 하나님의 의 개념으로의 복귀를 통해 교묘히 회피되었다는 점이다. 이것으로 이 문제에 대한 중세의 논의를 이런저런 방식으로 풀었다는 것은 아니다. 다만 중세의 용어를 사용하지 않고, 중세의 두 가지 이해 방식 모두를 위한 공통의 근거를 수립하려는 시도였을 것이다. '첫 번째 칭의'와 세례 성사의 연결은 성례 외적인 칭의의 가능성을 배제시키는 중세의 일반적 전통을 유지하면서 칭의의 회복과 고해 성사의 연결로 평행을 이룬다.

8장은 '믿음으로 의롭게 됨' 개념과 '값없이 의롭게 됨' 개념을 다룬다.[147] 두 용어 모두 가톨릭 전통에 따라 해석된다. 믿음은 인간 구원의 시작이자 모든 칭의의 원천이며 뿌리로서, 이것 없이는 하나님을 기쁘시게 할 수 없다. 칭의에 선행하는 그 어떤 것들도(믿음과 행위를 포함하여) 칭의를 일으킬 만하다고 할 수 없다는 의미에서 이 선물은 값없이(gratis) 주어진 것이다.

> 그러므로 우리는 믿음으로 의롭게 되었다고 말할 수 있습니다. 왜냐하면 믿음은 인간 구원의 시작이며 모든 칭의의 원천이자 뿌리로, 이것이 없이는 하나님을 기쁘시게 할 수 없고, 그의 자녀들의 교제 속으로 들어갈 수 없기 때문입니다. 그러므로 우리는 값없이 의롭게 되었다고 할 수 있습니다. 왜냐하면 칭의에 선행하는 그 어떤 것들도(그것이 믿음이든지 행위든지) 그 자체로 칭의의 은총을 일으키지는 못하기 때문입니다.

이 진술은 인간이 타당한(de condigno) 칭의를 일으키는 가능성을 분명히 배제한다 해도, 적합한(de congruo) 칭의를 일으키는 가능성을 배제하지는

---

147) Cap. 8, *D* 1532.

않는다(그리고 배제하려는 의도도 없다). 달리 말해서, 프란시스코 종단의 전통적인 가르침(칭의를 향한 인간의 기질은 공로적인 타당성이라는)이 명시적으로 허용된 것은 아니지만, 누락되어서는 안 된다는 분명한 의도가 들어 있다.

9장은 믿음의 확실성에 대한 질문을 다룬다.[148] 이 문제는 트렌트에서 강렬한 논쟁 주제였으므로, 9장은 주의 깊게 작성되었다. 하나님의 자비, 그리스도의 공로 그리고 성례의 효력에 관한 신자 쪽에서의 확신(fiducia)은 틀림없이 적절한 것이며, 부적절한 것은 개인의 칭의와 관련된 '이단들의 미친 확신'일 뿐이다.

> 경건한 사람은 아무도 하나님의 자비, 그리스도의 공로 또는 성례의 덕과 효력을 의심하지 않는다. 그럼에도 불구하고 자신의 연약함과 부적당함을 인식하는 모든 사람은, 자신들이 하나님의 은총을 획득하고 있다는 사실을 결코 오류가 없는 믿음의 확신으로 아는 사람은 아무도 없다는 점에서, 그들 자신의 은총에 대해 두려움과 염려를 지녀야만 한다.[149]

10장은 인간이 의 안에서 성장하는 두 번째 칭의를 다루면서 포고문의 단원을 연다. 두 번째 칭의는 첫 번째 칭의 덕분에 인간에게 긍정적인 의무를 부과한다. 트렌트의 두 번째 칭의 개념과 개혁주의의 성화 개념 사이에는 분명한 연관성이 있다. 첫 번째 칭의에서 은총이 인간에게 작용하지만, 두 번째에서는 인간이 은총에 협력한다. 따라서 하나님의 법 준수는 가능한 일이며 또한 필수적인 일이다.[150] 두 번째 칭의와 관련된 그런 선행은 죄라는 입장이 거부된다. 최종 견인이라는 어거스틴 교리가 재승인된다. 이 유한한 삶에서, 특별 계시를 통하지 않고는 자신이 예정된 사람 속에 포함되었는지 알

---

148) Cap. 9, *D* 1533-4.
149) Cap. 9, *D* 1534. 이 진술이 일으키는 이슈들에 대해서 다음을 보라. Jorissen, 'Einig in der Rechtfertigungslehre.'
150) Cap. 11, *D* 1536-9.

수 있는 사람은 아무도 없다.[151] 비록 세례 성사가 첫 번째 칭의와 연결되고 고해 성사는 칭의의 회복과 연결되지만, 여기서는 나머지 성사와 두 번째 칭의와의 관련성에 대한 언급이 전혀 없다는 사실이 중요하다.

마지막 세 장은 죽을죄 때문에 칭의의 은총에서 탈락한 사람들에 관한 것이다. 은총을 상실한 사람들은 아마도 그리스도의 공로 덕분에 고해 성사를 통하여 칭의의 은총을 다시 얻을 수 있을 것이다.[152] 죽을죄로 인해 상실되는 것은 믿음이 아니라, 오직 은총뿐임을 인식하는 것이 중요하다. 잘못한 개인은 신자로 남는다. 마지막 장은 공로 문제를 다루는데, 개신교의 비판에 과감히 직면하는 방식으로 다가간다.[153] 트렌트는 선행은 하나님에 의해 보상받는다는 성경적 원리를 주장하면서, 공로란 인간에 대한 신적 선물이며, 인간의 자랑을 배제한 것임을 강조한다. 그러나 공로는 인간의 자유로운 노력의 결과로 남겨진다.

비록 그리스도의 은총이 인간의 노력과 선행하면서 동반하지만, 그럼에도 불구하고 그러한 노력은 실재한다. 신자들은 은총의 협력을 통해 공로를 부여받고, 칭의에서 자라간다. 끝까지 인내한 개인은 보상으로 영생을 받는다고 언급되는데, 영생은 하나님께서 인내한 사람들에게 약속하신 보답의 선물이다. 중세 학파들의 논쟁 주제의 하나였던 공로의 궁극적인 근거에 대한 질문은 전통적 입장의 유지를 허용하면서도 비(非)-스콜라적인 용어(신자와 그리스도의 연합과 같은)로 대답된다.

포고문에 첨부된 33개조의 법규는 이단적 입장들을 구체적으로 정죄한다. 이는 결코 개신교에만 국한되지 않는다. 시작 법규에서 펠라기우스를 구체적으로 정죄한 사실이 특별히 중요하다. 왜냐하면 이 분야에서 행정적 명료화가 더 많이 요구되었음을 보여주기 때문이다. 그러나 실제로 정죄된 대상은 개신교 자체가 아니라, 개신교의 캐리커처를 비판한 것처럼 보인다. 칭의의 성격과 관련하여 개신교와 가톨릭 사이의 서로 다른 이해들 때문에, 결과적으로 상당한 혼란이 있었던 것으로 보인다. 이런 측면에서 법규 11항이

---

151) Cap. 12, *D* 1540. 참조. Cap. 13; D. 1541.
152) Cap. 14, *D* 1542-3.
153) Cap. 16, *D* 1545-9.

특별히 중요한 것으로 선택될 수 있다.

> 만일 성령께서 사람의 마음에 부어주신 은총과 자비를 배제시킨 채, 사람은 오직 그리스도의 의의 전가에 의해서라거나, 또는 오직 죄의 사면을 통해서 의롭게 된다거나, 심지어 은총을 통해서 의롭게 되는 것만이 하나님의 유일한 호의라고 말하는 사람이 있다면, 정죄받을지어다.[154]

순전히 외래적 칭의(가톨릭적 의미에서) 개념을 목표로 정죄가 이루어졌음이 분명하다. 달리 말해, 크리스천의 삶이 죄인의 변화나 내적 재생 없이 시작될 수 있다거나 지속될 수 있다고 하는 개념에 대해서다. 인간의 초기(외래적) 칭의는 연이은(내재적인) 성화와 풀 수 없을 정도로 연결되어 있기 때문에(멜랑크톤의 경우처럼), 개념들이 개념상의 구별 그 이상이 아니라고 이해되거나 인간의 외래적 칭의와 내재적 성화 둘 다 신자와 그리스도와의 연합이라는 유사한 차원의 것(칼빈의 경우처럼)으로 이해된다는 점에서, 사실상 이 법규는 사람의 칭의 문제로 제도적 개신교를 견책하는 것이 아니다. 법규의 기저에 있는 것은 그리스도의 존재에서 그 존재(esse)의 변화와 신생을 부인하는 개신교도들의 견해에 대한 것으로 보인다. 주로 용어상 혼동 때문에 오류가 발생했으며, 종종 루터가 이 문제에 관해 무절제한(그리고 때로는 모호한) 진술을 함으로써 가중되었다고 생각하는 것 같다.

이 중요 사항에 대해 트렌트의 칭의 포고문 안에 융합된 해석적 범위의 정도에 비추어 볼 때, 마치 그러한 단 하나의 교리처럼 '칭의에 관한 트렌트의 교리'가 있었다고 말하기는 불가능하다. 사실 트렌트는 상당한 범위의 신학을 가톨릭적인 것으로 인정했다. 그러므로 어떤 입장도 '트렌트의 칭의 교리'라고 정당하게 주장될 수 있다. 아마도 트렌트는 칭의에 관한 중세 가톨릭의 유산을 승인한 것으로 간주되어야 할 것 같다. 중세의 기술적 언어 대부분을 제거하고, 대신 성경 구절이나 어거스틴의 구절로 대체시켰다. 따라서 트렌트는 중세가 표현하는 신학은 유지하면서도, 중세 학파들의 수많은

---

154) Cap. 11, *D* 1561.

용어를 의도적이고 체계적으로 제거했음을 드러낸다는 점에서 우리 연구의 중요한 전환점이 된다. 트렌트는 이 문제에 관한 지속적 논의가 진행되는 새로운 틀을 제공했다는 의미에서, 칭의에 관한 중세적 논의의 종말을 가리킨다고 말할 수 있다.

그러나 트렌트가 승인한 암묵적 해석의 범위를 생각해 볼 때, 중세 학파들의 전통적인 가르침이 가톨릭적이라고 허용된 것 이상임이 분명하다. 또한 이러한 범위는 포고문의 정확한 해석에 관련된 불확실성을 야기했다. 아마 불확실성의 결과가 트렌트 직후에 드러날 수 있다. 가톨릭 내부에서 칭의 논쟁은 안정되기는 고사하고 다시 불이 붙었다. 우리는 바로 이 시기를 살펴볼 것이다.

5. 트렌트 회의 이후의 칭의 논쟁

트렌트의 칭의 포고문은 이 문제에 관한 한 일찍이 기독교교회가 만든 가장 중요한 성명서다. 그러므로 정확한 해석 문제는 상당히 의미가 깊다. 한스 뤼케르트(Hans Rückert)는 여전한 영향력을 행사하는 트렌트의 칭의 논의에 대한 설명을 통해, 최종 포고문은 특별히 칭의를 향한 기질의 공로적 성격과 관련된 진술에 있어 궁극적으로 아퀴나스주의의 승리를 뜻한다고 주장했다.[155] 이런 판단이 트렌트 직후에 보편적으로 받아들여지지는 않았으며, 오늘날에도 그렇게 받아들여지지 않는다. 현 단원에서 필자는 바이우스주의(Baianism), 몰린주의(Molinism) 및 얀센주의(Jansenism)가 제기한 몇 가지 이슈에 대한 짧은 논의를 진행하기에 앞서, 포고문의 해석과 관련된 어려움을 보여주고자 칭의를 향한 기질의 공로적 성격에 관한 트렌트의 진술에 대한 해석을 고찰해 보고자 한다.

트렌트 칭의 포고문의 제8장은 다음과 같이 진술한다.[156]

---

155) Rückert, *Die Rechtfertigungslehre auf dem Tridentinischen Konzil*, 185. 참조.
  Gonzáles Rivas, 'Los teólogos salmantinos y el decreto de la justificación.'
156) Cap. 8, *D* 1532.

그러므로 우리는 값없이 의롭게 되었다고 말해진다. 왜냐하면 칭의에 선행하는 어떤 것들도(그것이 믿음이든지 행위이든지) 그 자체로 칭의의 은총을 일으키지 못하기 때문이다(nihil eorum, quae iustificationem praecedunt, sive fides, sive opera, ipsam iustificationis gratiam prometetur).

앞에서 언급한 대로, 프란시스코 종단 내부에는 인간이 적합한(de congruo) 칭의를 일으킬 수 있다고 주장한 실질적인 의견 집단이 있었다. 트렌트의 진술로 이 입장은 배제되는가?
20세기에 하이코 오베르만(Heiko A. Oberman)은 위의 질문에 대한 단호하리만큼 부정적인 대답을 주었다. 그는 위의 진술에서 보다 일반적인 단어인 메레리(mereri, 공로로 얻다) 대신 다소 희귀한 동사인 프로메레리(promereri, 공로로 얻다)가 사용된 사실에 주목한다.[157] 오베르만은 트렌트 회의 당시까지 메레리와 프로메레리의 대조가 가톨릭 안에서 잘 이루어져 있었기 때문에, 후자의 의미는 '완전한 용어적 의미로서의 공로'라고 말한다. 이에 따라, 그는 트렌트의 칭의 의사진행 동안 동사 메레리는 적합한 공로(meritum de congruo)와 관련이 있고, 프로메레리는 타당한 공로(meritum de condigno) 개념인 보다 약한 의미의 공로와 관련이 있다고 주장했다. 그러므로 위에 언급된 진술은 다음처럼 해석되어야만 한다. 칭의에 선행하는 어떤 행동도, 그것이 믿음이든지 행위이든지 타당한 칭의의 은총을 일으킨다. 이렇게 텍스트를 읽으면, 공로적 타당성인 칭의를 향한 기질의 가능성이 포고문에서 배제되지 않아도 된다.
아래의 비평가들은 이처럼 논란의 여지가 다분한 프로메레리와 메레리 사이의 구분을 거부한다. 뤼케르트(Rückert)는 트렌트 회의가 적합한 공로와

---

157) Oberman, 'Das tridentinische Rechtfertigungsdekret.' 동사 *promereri*는 또한 포고문 자체의 예외적인 측면에서도 나타난다(cap. 16, *D* 1546: 'consequendam vere promeruisse censeantur'). 그리고 법규 2(*D* 1552: 'facilius homo iustus vivere ac vitam aeternam promereri possit') 16장에서 *vere*와 함께 한 *promereri*의 자격은 그 자체로 Oberman의 가설에 관한 의심을 불러일으키기에 충분하다.

타당한 공로를 포함하는 중세 신학 어휘와의 단절에 열심이었다는 점에 주목했다.[158] 채무로부터의 공로(mereri ex debitum) 또는 특별하고 참된 공로(proprie et vere mereri) 같은 구절이 타당한 공로의 분위기에서 광범위하게 사용되었다는 것이다. 오베르만은 트렌트의 신부들이 프로메레리를 특별하고 참된 공로, 그 이상도 이하도 아닌 의미로 이해했으며, 보다 통상적인 메레리 대신 이 용어를 사용한 것은 의미를 강조하려는 의도 때문이라고 가정한다. 이 가설은 부적절한 문서적 증거에 의존하고 있다. 중세 후기에 이런 구분이 만연했다는 신념을 지지한다거나, 트렌트에 참석한 사람들이 그렇게 인식하거나 사용했다는 어떤 근거도 없다. 사실 트렌트의 의사 과정에서 프로메레리에 베레(vere)가 보강되어 사용되었다는 사실은 동사 메레리와 프로메레리가 동의어로 간주되었음을 시사한다.[159] 다른 곳을 보면, 오베르만이 생각하는 방식으로 이 용어들이 구분되지 않았음을 보여주는 충분한 증거가 있다.[160] 오베르만 본인도 도밍고 데 소토(Domingo de Soto)가 두 용어를 구분하지 않았다는 중요한 비평적 사실을 인정한다.[161] 더욱이 안드레스 데 베가가 이러한 구분을 만들었다는 그의 주장은 현재 전혀 입증될 수 없는 것으로 밝혀지고 있다.[162]

우리는 다음으로 트렌트 칭의 포고문의 다양한 해석에 대해 고찰할 것이다. 여기에는 트렌트 토론에 참석한 영향력 있는 두 신학자의 펜이 포함될 것이다. 도미니크파 신학자인 도밍고 데 소토는 1547년의 『자연과 은총』(de natura et gratia)에서, 트렌트가 칭의를 향한 인간의 기질이 공로적인 타당성임을 부인했다고 주장했다. 소토는 칭의를 향한 어떤 종류의 기질의 필요성을 인정하면서,[163] 인간은 하나님의 특별하신 도움 없이는 은총으로 자신을

---

158) Rückert, 'Promereri.'
159) 1547년 1월 2일의 의사진행을 보라, CT 5.753.17-20; 그리고 1547년 1월 9일의 것을 보라, CT 5.777.16-19.
160) CT 5.737.15-16, 20-1.
161) Oberman, 'Das tridentinische Rechtfertigungsdekret,' 278-9.
162) Heynck, 'Die Bedeutung von "mereri" und "promereri" bei dem Konzilstheologen Andreas de Vega O. F. M.'
163) De natura et gratia, ii.1, fol. 96r.

향하게 할 수 없다고 주장한다.[164] 소토는 칭의를 향한 순전히 자연적인 기질을 생각할 수 있더라도, 이것은 단지 부적절하거나 멀리 떨어진 기질(dispositio impropria seu remota)일 뿐이라고 고집한다.[165] 용어적 의미에서 칭의에 선행하는 공로는 엄격히 배제된다. 심지어 가장 약한 형태인 타당한 공로에서도 그렇다.[166] 따라서 소토는 트렌트가 칭의를 향한 적합한 공로적 기질 교리를 명시적으로 거절했다고 이해한다. 영국 가톨릭의 망명자 토마스 스타플레톤(Thomas Stapleton)이 그의 뒤를 따른다. 그는 오랫동안 불신을 받아왔다는 이유로 적합한 공로 개념을 거부한다.[167] 이 점에서 트렌트 포고문은 명료하다. 스타플레톤에 의하면, 공로는 오직 갱생한 사람에게만 존재한다.[168]

트렌트 포고문에 대한 아주 다른 해석은 프란시스코파인 안드레스 데 베가의 해석이다. 비록 베가가 사람이 예비적인 은총을 일으킬 수 있다는 점을 분명히 거부했지만,[169] 그는 이것이 타당한 공로를 언급하는 것으로 이해했음이 분명하다.[170] 따라서 그는 트렌트 포고문 제8장을 다음과 같이 해석한다.

> 그리고 믿음도 '칭의에 앞서는 어떠한 선행도 이러한 칭의의 은총을 불러일으킬(promereri) 수 없다'고 신부들이 기술했을 때, 그들은 이를 인정한 것이다. 어떤 죄인도 부채의 문제라거나, 엄격한 정의의 문제라거나, 또는 그의 행위의 타당성 때문에 의롭게 될 수 없다. 그러나 의롭게 된 사람 모두는 그들의 행위의 어떠한 공로나 타당성 없이도, 하나님의 은총과 자비

---

164) *De natura et gratia*, ii.3, fol. 102r.
165) *De natura et gratia*, ii.3, fol. 101r-v.
166) *De natura et gratia*, ii.4, fol. 109r-111v. 칭의에 선행하는 적합한 공로에 대한 Soto의 견해는 Suárez에 의해 변호된다(비록 후자는 그것이 아무리 멀더라도 칭의를 향한 기질의 어떤 형태는 마지못해 인정했다 해도); *De gratia*, VII.vii.9; *Opera* 9.339-42.
167) *De universa iustificationis doctrina*, viii. 16, *Opera omnia* 2.265B. 보다 깊이는 다음을 보라. Seybold, *Glaube und Rechtfertigung bei Thomas Stapleton*.
168) Seybold가 수집한 인용들을 보라. Seybold, *Glaube und Rechtfertigung bei Thomas Stapleton*, 89 n. 189.
169) *De iustificatione doctrina universa*, vi.10, fol. 86.
170) *De iustificatione doctrina universa*, vii.8, fol. 137.

안에서 하나님에 의해 값없이 의롭게 된 것이다.[171]

베가는 부채 때문이거나(ex debito), 엄격한 정의(ex rigore iustitiae)에 의해 서거나 인간이 하나님께 권리를 주장할 수 있다는 견해를 트렌트가 거부했다고 이해함이 분명하다. 그러나 그들이 신적 자비와 관대함에 의존할 수 있는 것도 아니다. '그러므로 우리 의회의 말들은 적합성으로부터(ex congruo)의 공로에 반대되는 어떤 것도 단정하지 않았음이 분명하다.'[172] 베가는 용어 메리툼(meritum)과 메레리(mereri)가 오직 가장 엄격한 의미에서의 공로를 언급하며, 적합한 공로에까지 사용을 확대시키지 않는다. 달리 말해, 칭의에 선행하는 공로에 대한 트렌트의 거부는 단지 공로에 의한, 즉 타당한 공로에 기반을 둔 칭의라는 펠라기우스주의의 칭의 교리에 대한 반대다. 그러므로 칭의를 향한 적합한 공로적 기질이라는 프란시스코파의 교리는 트렌트의 진술에 영향을 받지 않으며, 동사 프로메레리를 사용하건, 메레리를 사용하건 베가는 둘 다 '용어의 엄격하고 적절한 의미에서의 공로'라고 이해한다.

사실상 트렌트의 교부들이 해석적 자유를 의도했음을 시사하는 탁월한 이유가 있다. 의회는 인간이 자신의 칭의를 일으킬 수 있다(단어의 엄격한 의미에서)는 가능성을 배제하는 데 관심이 있었다. 이러한 가르침은 그들의 눈에 분명 펠라기우스주의로 보였으므로 받아들일 수 없는 것이었다. 그러나 트렌트 회의는 칭의를 향한 즉각적 기질이 용어의 가장 약한 의미에서도 공로적인 것으로 생각될 수 있는가 하는 가톨릭 신학 내부의 오랜 논쟁을 해결하는 데는 관심이 없었다. 트렌트의 프란시스코 신학자 대표단의 막대한 숫자, 특히 그들이 칭의 의사진행 기간 동안 행사한 두드러진 지위는 그들 종파의 전통적인 가르침에 대한 견책을 생각도 할 수 없게 만들었다. 결과적으로, 아퀴나스주의자들과 프란시스코파 모두(스승으로 보나벤투라를 받아들이든지, 스코투스를 받아들이든지 간에) 이 문제에 관한 한 자신들의

---

171) *De iustificatione doctrina universa*, viii.10, fol. 192.
172) *De iustificatione doctrina universa*, viii.10, fol. 194.

특징적 입장을 트렌트가 허용했다고 주장할 수 있었다.

루터의 1529년 『소요리 문답』(*Kleiner Catechismus*) 같은 초기 개신교의 교리문답서가 거둔 성공은 가톨릭 교리문답서라는 대응을 절실하게 만들었다. 트렌트의 칭의 포고문 직후 두 개의 비공식적인 대응이 이루어졌다. 피터 카니시우스(Peter Canisius)는 1555년 『대요리 문답』(*Catechismus Major*)을 내놓았고,[173] 프랑스의 에드문드 오게리우스(Edmund Augerius)가 독일 작품과 평행을 이루었다. 개혁자들에 대한 공식 교리문답서라는 반응이 1547년에 시작되었지만, 1563년까지 심각히 받아들여지지 않았다. 이 해는 트렌트 회의가 끝난 해이며, 개혁파의 영향력 있는 하이델베르크 교리문답서(Heidelberg Catechism)가 출판된 해다.

가톨릭교회의 결정적인 교리문답서인 『로마 교리문답서』(*Catechismus Romanus*)가 1566년 10월에 나타났다. 부제목(Catechismus ex decreta Tridentini)은 교리문답서에 트렌트 포고문에 대한 설명이 제공됨을 분명하게 암시한다. 그러나 실제로 이 작품은 트렌트 회의보다는 신조, 성례, 십계명과 주기도문에 대한 설명을 제공한다. 그럼에도 잡다한 관점에서 발견되어지는 다양한 요소와의 연관을 통하여 칭의에 관한 작품의 가르침을 지적할 수 있다.[174] 은총은 언제나 인간의 행위에 선행하고, 함께하며, 뒤따르며 공로는 은총과 분리될 수 없다.[175] 교리문답서는 타당한 공로와 적합한 공로를 구분하지 않지만, 공로에 대한 진술은 트렌트 포고문 자체처럼 정확히 똑같은 해석의 폭을 열어놓고 있다. 이는 또 한 번 의도적으로 보인다.

트렌트 회의는 가톨릭 칭의 교리에 대한 결정적이며 포괄적인 설명을 내어놓지 않았으므로, 미래에 대한 기대보다 과거의 오류에 대한 반응으로 간주되어야 한다. 특히 의회는 인간의 자유 의지의 실재성과 은총의 보편적 필

---

173) *Summa doctrina Christianae* (Vienna, 1555); 보다 짧은 판이 이듬해에 나온다.
174) G. Bellinger, *Der Catechismus Romanus und die Reformation*, Paderborn: Bonifacius-Druckerei, 1958, 95-8. 교리문답서가 믿음과 고해에 근거하여, 칭의를 향한 기질의 필요성을 가르친다는 Bellinger의 제안(97-9)은 그가 수집한 증거로 볼 때 생각하기 어렵다.
175) *Catechismus Romanus*, II.v.68, Leipzig: Tauchnitz, 1852, 247.

요성에 대해 인정하는 데서 만족했으며, 이 개념들이 어떻게 정확한 방식으로 화해를 이루는지 구체화하지 않았다. 적합한 공로에 대한 의회의 가르침은 이 문제들과 관련하여 트렌트의 교부들이 일정한 범위의 해석적 자유를 꿈꾸었음을 보여준다. 트렌트 회의 이후 시대의 일반적인 특징은 교부적인 낙관주의, 특히 히포의 어거스틴의 저작들에 대한 관심의 회복이다. 어거스틴이 조화시킨 인간의 자유 의지의 실재성과 신적 은총의 필요성이 일반적으로 수용되었다. 그러나 이 아프리카 주교에게는 수많은 후기-트렌트 해석자들이 있었기 때문에, 결국 어떤 해석이 그의 사상에 가장 근접한 해석을 대표하는지 결정하도록 교회를 강제했다.

칭의 교리와 관련하여 제기된 후기-트렌트의 가장 주요한 첫 논쟁은 바이우스주의(Baianism)다. 바이우스주의는 실체로서의 초자연에 대한 거부와 '자연'과 '초자연' 사이의 의미적 구분이 특징이었다.[176] 마이클 바이우스(Michel Baius) 신학의 주요 특징은 인간은 하나님에 의해 올곧게(rectus) 창조되었으며, 이것이 인간의 자연적 상태를 정의한다는 기본적 단정을 통해 추측할 수 있다.[177] 바이우스는 순수한 자연 개념(특히 수여되는 은총과 관련된 특징들은 도미니크 학파와 프란시스코 학파 사이의 오래 지속되는 논쟁의 주제였다)을 포기하면서, 인간의 자연적 상태의 특징과 성질이 확립될 수 있는 기초 위에 세 가지 원칙을 놓았다.[178] 첫째, 관련된 성질은 인간 본성의 절박성과 타협하지 않아야 한다. 둘째, 인간 본성의 구체적 요소 안에 필수적으로 암시되어 있는 어떠한 성질도 인간에게 '자연스러운' 것으로 간주되어야만 한다. 셋째, 인간 본성이 그것을 필수적인 보완물로 요구할 경우, 그 성질은 반드시 인간에게 '자연스러운' 것으로 간주되어야 하며, 그러므로 그것이 없이는 인간의 본성은 소극적인 악으로 고통 받는다. 그러므로

---

176) 이 점에 대해 다음을 보라. Abercrombie, The Origins of Jansenism, 87-93, 137-42. 보다 구체적인 신학적 이슈로 다음을 보라. Alfaro, 'Sobrenatural y pecado original en Bayo'; Kaiser, *Natur und Gnade im Urstand*; H. de Lubac, *Augustinisme et théologie moderne*, Paris: Aubier, 1965, 15-48.
177) *De prima hominis iustitia*, 1, Opera, 49.
178) *De prima hominis iustitia*, 9, Opera, 62-3. 참조. Kaiser, *Natur und Gnade im Urstand*, 69-157.

아담의 순전성은 초자연적인 선물이 아니라 그의 인간 본성의 필수적인 보완물이다. 아담이 창조 시에 성령을 받았다는 바이우스의 가설을 살펴보면 이 원칙들이 잘 드러날 것이다.

그것을 인류 본성의 일부로 하여 인간이 살아가야만 하므로, 바이우스는 삶에 필요한 것은 무엇이든지 필수적으로 부여받았다고 주장한다. 기본적인 신학적 전제에 의하면, 그러한 수여물 중에는 성령도 포함된다. 성령의 부재는 결핍을 야기하므로 악을 일으킨다. 더욱이 본성의 완성을 이끄는 능력과 재능은, 바이우스에 의하면, 본성 자체의 일부로 간주되어야 한다. 인간의 보다 낮은 본성의 보다 높은 영적 본성으로의 종속, 그리고 전인(totus homo)의 하나님으로의 종속은 인간 본성으로부터(ex natura rei) 성령의 내주하심에 즉각적으로 의존한다. 하나님이 아담의 존재의 완성에 필수적인 것을 거부했다고 생각할 수 없으므로, 아담이 창조 시에 성령을 받았다고 결론 내려지는 것이다.

인간의 '자연적' 상태에 관한 이러한 접근은 수많은 중대 결과로 이어진다. 아담의 견인은 지복(至福)을 보상으로 얻게 된다. 여기에 신적 은총을 관련시킬 필요는 없다. 왜냐하면 사람은 사물의 본성으로부터(ex natura rei) 하나님에 대한 어떤 권리를 지니기 때문이다. 따라서 '자연적' 인간은 은사가 아닌 영생을 보상으로 받는다. '자연적' 인간은 하나님 앞에서 어떤 권리를 소유한다. 인간이 필요로 하는 신적 지원은 그의 가계에서가 아니라 반드시 하나님 쪽에서의 의무에서 생기는 것으로 간주되어야 한다. 왜냐하면 이러한 지원은 그들의 '자연적인' 상태의 내적인 측면으로 간주되어야 하기 때문이다. 이 점에서 어거스틴과 바이우스의 비교는 도움이 된다. 둘 다 인간은 신적 원조를 필요로 하는 방식으로 창조되었다는 데 동의하며, 인간이 자기 스스로의 능력과 재능으로 도움 없이 자신의 운명을 개척할 수 있다는 가능성을 부인한다. 그러나 어거스틴은 인간이 초자연적인 운명(비록 어거스틴이 이 용어를 사용하지는 않았지만)을 얻게끔 이러한 신적 원조가 값없이 주어진다고 인정하는 반면, 바이우스는 하나님은 인간이 그들의 자연적인 상태를 얻도록, 그러한 지원을 수여할 의무 아래 있다고 주장한다. 또한 펠라기우스와 비교하는 것도 도움이 된다. 바이우스는 은총에서 멀어진 무기력과 필요한 것, 그리고 요구될 때 수여해야 하는 신적 의무를 동시에 주장했다. 펠라기우스가 하나님에 대한 인간의 독립성을 인정한 반면, 바이우스는 하나님에 대한 인간의 전적인 의존성을 인정하며, 그러므로 인간이 하나님으로부터 당연한 원조를 요청할 수 있는 권리(걸인이 아니라 소송자의 방식으로)를 인정한다.

아담의 원래 상태에 대한 바이우스의 정의는 아담이 그의 본성에 필수적인 바로 그 정도를 소유했다는 암시를 준다. 따라서 이 상태의 성질에서의 어떠한 결핍은 저하로 귀결된다. 타락의 결과 이제 인류는 '부자연스러운' 상태에 존재한다. 왜냐하면 그 순진무구함이 필수적인 자연적 특징의 결핍을 통하여 파괴되었고, '사악함'으로 대체되었기 때문이다. 원죄는 정욕의 상태(habitus concupiscentiae)라는 용어로 정의된다. 이것은 인간이 도움 없이 죄로부터 자유롭게 되는 것을 막는다. 사실 바이우스의 죄(concupiscentia)와 은총(caritas)의 급진적인 이원론은 칭의에 선행하는 모든 행위는 죄라는 그의 단정으로 이어진다. 이것은 어거스틴의 보다 주의 깊은 진술을 훨씬 넘어서며, 개혁자들의 보다 급진적인 견해에 다가서는 경향이 있다.

따라서 바이우스가 기술했듯이, 칭의의 문제는 죄의 상태에서 자비의 상태로 변화되는 효력을 미치는 수단과 관련된다. 그러나 칭의는 순전히 자연적인 용어로 생각되어져야 함이 강조되어야 한다. 그것은 근본적으로 순진함과 자연적 재능 상태로의 회복이며, 이로써 인간은 도덕적 존재로 살아갈 수 있다. 이것이 바로 피우스 5세가 즉시 정죄하게 된, 공로의 근거는 성령이 아니라, 율법에 대한 순종이라는 명제에 내재되어 있는 원리다.[179]

바이우스의 칭의 신학은 어거스틴의 견해를 중세의 흐릿함에서 회복시키려는 시도에도 불구하고 어거스틴 신학과 급진적으로 다르다. 어거스틴으로부터의 이탈은 실체로서의 초자연 개념을 거부한 데서 생긴 것 같다. 이 거부에서 바이우스의 견해 대부분이 출발했기 때문이다. 비록 어거스틴이

---

179) Proposition 13, *Opera*, 51; 참조. *D* 1913: 'Opera bona, a filiis adoptionis facta, non accipiunt rationem meriti ex eo, quod fiunt per spiritum adoptionis inhabitantem corda filiorum Dei, sed tantum ex eo, quod sunt conformia legi, quodque per ea praestatur oboedientia legi.'

'초자연적'이라는 용어를 사용하지 않았지만, 그의 칭의 신학 안에 이 개념이 암시적으로도 나타나 있지 않음을 가리킨다고 볼 수는 없다. 중세시기 어거스틴의 은총 신학의 발전은 이 개념을 외래적인 개념으로 부과하기보다, 어거스틴 신학 내부의 명시적인 개념으로 만든 데 있다고 보아야 한다. 바이우스는 초자연 개념을 모두 거부함으로써, 필경 어거스틴 신학을 순수한 자연주의로 축소시킨 셈이다.

도미니크파와 제수이트파 사이의 더 심화된 논쟁이 스페인에서 발생했다. 1582년 프루덴티우스 몬테마요르(Prudentius Montemayor)와 도밍고 바네즈(Domingo Báñez) 사이의 신랄한 발라돌리드(Valladolid) 대결 같은 것이다. 이 논쟁은 1588년 루이스 데 몰리나(Luis de Molina)의 『일치』(Concordia)의 출판으로 새 국면에 접어들었다.[180] 이 저작은 토마스 아퀴나스의 『신학대전』의 일부분에 대한 주석 형식을 취했는데, 내재적 은총(gratia ab intrinseco)의 효력을 부인함으로써 인간의 자유와 은총을 화해시키고, 신적 예지에서의 은총의 효력을 인간과 은총의 선물과의 협력이라는 중간적 지식(de scientia media)으로 대체시켰다.

몰리나는 은총과 자유 의지의 인과적 관계에 대한 토마스 아퀴나스의 가르침을 거부하면서,[181] 칭의에 있어 은총과 인간의 자유 의지 사이의 일치에 관한 논의의 중요한 결론으로 이어지는 일차 원인과 이차 원인 사이의 관련성 이론을 발전시킨다. 하나님은 지나가게 될 모든 것을 이차 원인을 통하여 자유롭게, 그리고 불확정적으로 미리 아신다.[182] 이러한 예지는 사물의 현 질서의 우발성이나 인간 자유 의지의 자율성과도 타협하지 않는다. 몰리나는 모든 경우에 있어 모든 자율적인 이차 원인의 행위에 관한 지식을 중간적 지식이라고 정의한다.[183] 이 중간적 지식은 가설적 지식, 그리고 우발적

---

180) 가장 우수한 연구로 남는 것은, G. Schneemann, *Die Entstehung und Entwickelung der thomistisch-molinistischen Kontroverse*, 2 vols., Freiburg: Herder, 1879-80. 보다 최근 것으로 다음을 보라. F. Stegmüller, *Geschichte des Molinismus*, Münster: Aschendorff, 1935.
181) 『신학대전』에 기술된 대로, Ia q. 105 a. 5; Molina, *Concordia liberi arbitrii cum gratiae donis*, Lisbon, 1588, disp. 26; 167-71.
182) *Concordia*, disp. 47; 298.
183) *Concordia*, disp. 50; 329-30. Molina는 *scientia media*를 *scientia visionis*(이것으로 신

지식과 관련이 있다. 중간적 지식에는 주어진 일련의 상황들 안에서 개인의 자유 의지의 결정들도 포함된다.

따라서 하나님은 개인의 자율성과 타협 없이도, 그(또는 그녀)에게 제공되는 은총에 개인이 어떻게 반응할지 실수 없이 아신다. 몰리나는 다음 두 명제를 조화시키는 데 중간적 지식 개념을 사용한다.

> 하나님은 영원으로부터 바울이 마케도니아로 가야 한다고 명령하셨다.
> 바울은 자신의 자유 의지로 마케도니아로 갔다.

하나님은 바울이 트로아(Troas)로 가야만, 마케도니아로 가는 소명을 받게 되고, 소명에 순종할 것이라는 사실을 당신의 중간적 지식을 통해 오류 없이 아셨다. 그러므로 몰리나는 다음처럼 주장한다. 하나님은 바울이 아주 적당한 순간에 자신이 트로아에 있음을 발견하게 되고, 그러므로 마케도니아로 가게 되는 상황이 설정된 세계를 창조하셨다. 따라서 하나님의 주권과 인간의 자유 모두가 유지된다. 그러나 은총의 효력은 유지되지만, 은총 자체의 내재적인 성질보다는 뭔가 은총에 외부적인 것(인간 의지의 승낙) 때문에 일어나는 것처럼 이해된다.[184]

스페인의 아퀴나스주의자들, 특히 바네즈는 이 견해를 날카롭게 공격한다. 그는 내재적인 효력이 있는 은총 개념을 지지했다. 인간에게 행동할 수 있는 능력을 수여하는 충분한 은총과 대조적으로, 효력 있는 은총은 인간 의지를 행동으로 이끈다. 몰리나는 하나님이 어떤 일이 자유 의지를 통하여 우발적으로 발생할 것임을 미리 아셨다고 주장했는데, 바네즈와 그의 지지자

이 사물을 안다) 및 *scientia simplicis intelligentiae*(이것은 하나님은 비현실 영역을 관조하신다)와 구분한다. 따라서 중간 지식이 인식하는 대상은 현실적 카테고리와 비현실적 카테고리의 사이에 존재하는, 즉 *futurabilia*로 오직 어떤 전제조건들이 현실화될 때에만 존재하는 것이다.

184) 이 점에서 몰리나주의는 특히 조화주의와 평행을 이루는데, 특히 Roberto Bellarmine 및 Francisco de Suárez와 관련을 이룬다. F. Stegmüller, *Zur Gnadenlehre des jungen Suárez*, Freiburg: Verlagsbuchhandlung, 1933. 이 가르침은 Gabriel Vásquez의 가르침과는 구별되어야 한다. J. A. de Aldama, 'Un parecer inédito del P. Gabriel Vásquez sobre la doctrina agustiniana de la gracia eficaz,' *EE* 23 (1949), 515-20.

들은 이에 대해 비판적이었다. 또한 신적 예지 때문에 무엇이 일어난다는 견해에 반대했다.[185] 따라서 바네즈식의 물리적 운동(praemotio physica)이 옹호되고, 중간적 지식은 거부되었다. 이 논쟁 동안 바네즈의 추종자들이 대적자인 몰리나주의자들의 교리를 묘사하면서, '반(半) 펠라기우스주의자'라는 용어를 도입한 사실이 흥미롭다. 결국 1594년 발라돌리드에서 제수이트파와 도미니크파와의 논쟁은 너무 과열되어 마드리드의 교황 대사는 논쟁 당사자들에게 침묵을 명했으며, 문제 해결을 위해 로마에 문제를 상정했다. 1597년 이 문제를 다루기 위한 위원회가 지명되었다.

1598년 유명한 보조 회합(Congregation de auxiliis)이 로마에서 시작되었고, 커다란 열정 없이 두 교황의 직무기간을 지나 1607년까지 계속되었다.[186] 비록 초기에 위원회는 몰리나주의를 견책하는 데 찬성했으나, 스페인 국왕과 예수회(the Society of Jesus) 대표단으로부터의 압력 때문에 위원회 성원의 수와 위원회 회기의 확대가 이루어졌다. 마침내 1607년 9월 5일 바네즈파의 교리는 칼빈주의가 아니며, 몰리나파의 교리도 펠라기우스주의가 아니라고 선언되었다. 제수이트 종단과 도미니크 종단 모두 이 문제에 관한 자신들의 가르침을 변호하는 것이 허용되었지만, 최종적 해결에 영향을 미치는 상호 비판은 금지되었다.[187] 이후 어떤 결정적인 해결책도 제기되지 않았지만, 문제는 안정을 되찾았다.

그러나 이러한 구원론적 교착상태라는 불편함은 얀센주의의 등장과 프랑스에서 교황의 영향력에 대한 정치적 위협의 전조였다.[188] 1640년 사후에

---

185) Báñez, *Apologia*, I.xxiii.1; in V. Beltrán de Heredia, *Domingo Báñez las controversias sobre la gracia: Textos y documentos* Madrid: Consejo Superior de Investigaciones Cientificas, Instituto Francisco Suárez, 1968, 210-11.
186) J. H. Serry, *Historia congregationum de auxiliis divinae gratiae*, Antwerp, 1709는 모임에 대한 고전적 설명으로 남아 있다.
187) D 1997.
188) 논쟁의 역사에 대해 다음을 보라. L. Ceyssens, *Sources relatives aux débuts du jansénisme et de l' antijansénisme 1640-1643*, Louvain: Bibliothèque de l' Université, 1957; Abercrombie, *The Origins of Jansenism*. 「어거스틴」은 세 부분으로 나누어져 있는데, 인용은 숫자가 아니라, 부분의 명칭으로 이루어질 것이다. 현 연구에 사용된 판본은 1641년 파리에서 출판된 것이다. 이 작품에 대한 편리한 영어 개요는 다음을 보라. Abercrombie, *The Origins of Jansenism*, 126-53.

출판된 얀센(Jansen)의 『어거스틴』(*Augustinus*)은 특히 '순수한 본성' 개념에 대한 반대와 '자연' 및 '초자연' 에 상응하는 구분 등으로 바이우스주의와의 강한 유사성을 나타낸다. 얀센은 창조 시 아담에게 수여된 은총을 필수조건인 도움(adiutorium sine quo non)으로 규정하면서, 어떤 도움(adiutorium quo)과 구별한다.[189] 창조 시 아담에게 수여된 필수조건인 도움은 그것 없이는 아무것도 할 수 없는 신적 은총이다. 인간의 눈이 제대로 기능하려면 조명이 필요하듯이, 인간의 자유 의지가 제대로 작동하려면 그 전에 필수조건인 도움을 필요로 한다. 그러므로 이 도움은 인간의 최초 본성의 근본적인 일부다.[190]

타락은 인간에게서 필수조건인 도움을 박탈했고, 그 결과 인간 본성은 급격히 저하되었다. 그러나 타락이 인간의 재능에 미친 심오한 결과 때문에, 인간의 능력은 자연적 수준에서 자연이하의 수준으로 감소되어, 시력이 회복되려면 더 많은 빛이 필요하게 되었다. 인간은 시력상실의 치료제를 필요로 한다.

급격히 저하된 인간 본성이 타락에서 회복되려면 은총이 실제적으로, 그리고 효과적으로 인간의 의지를 치유할 수 있어야만 하고, 인간이 건강을 회복해서 선행을 할 수 있도록 허용할 수 있어야만 충분하다고 할 수 있다. 따라서 얀센은 몰리나주의자들의 충분한 은총 개념을 모순이라며 거부한다. 그러한 은총은 아담의 자연적 상태에서는 적절한 것이지만, 타락한 인간의 경우에는 어떤 도움의 형식으로 치료하는 은총(gratia sanans)이 요청된다.[191] 얀센은 치료하는 은총은 필수적이며, 효과가 있고, 비(非)-보편적이어야 한다고 계속적으로 주장한다.[192]

특히 두 번째와 세 번째 요점이 중요하다. 얀센은 어거스틴의 경우, 은총이 '효과가 있는 은총' 을 뜻하지 않는 경우에는 결코 '은총' 이라는 용어를

---

189) *De gratia primi hominis*, 10-12; 51A-59A.
190) 용어상 차이에도 불구하고, 얀센의 *adiutorium sine quo non*은 *concursus generalis*의 일반적인 중세 개념과 널리 상응한다.
191) *De gratia Christi salvatoris*, ii.5; 36bE.
192) *De gratia Christi salvatoris*, ii-iii.

사용하지 않았다고 주장한다. 만약 은총이 주어지면, 행위의 수행이 필수적으로 뒤따르게 된다. 만약 그러한 은총이 주어지지 않으면 그에 상응하는 행위도 없다. 은총의 보편성에 대한 얀센의 거부는 그리스도의 죽음의 효과, 특히 그리스도가 만인을 위해 죽었다고 주장하는 사람들의 설명에 대한 비판으로 이어진다. 얀센에 의하면 어거스틴은 그리스도가 예외 없이 만인을 위해 돌아가셨음을 결코 인정하지 않았으며, 오직 그리스도의 죽음으로 혜택을 입는 사람들만을 위해 돌아가셨음을 인정했다.[193] 만일 그리스도가 만인을 위해 죽으셨다는 성경 구절이 제시된다면, 그 구절은 그리스도의 죽음이 모든 종류의 사람(왕과 신하, 귀족과 농부 또는 모든 민족과 모든 언어의 사람들 같은)들을 위한 것이라는 의미로 해석되어야 한다.[194] 어거스틴은 결코 모든 신자라고 해석되지 않는 한, 그리스도가 만인의 대속이 되셨다고 말하지 않았다. 얀센은 어거스틴의 모든 저작에서, 그리스도가 불신으로 남아 있는 불신자들의 죄를 위해 돌아가셨다는 어떠한 언급도 발견할 수 없었다고 기술한다.[195] 비록 그리스도의 행위가 만인에게 충분한 것이지만, 오직 일부에게만 효과가 있다. 따라서 얀센은 하나님께서 자신의 최선을 다하는 (quod in se est) 개인에게 반드시 은총을 수여해야만 한다는 입장을 거부했다. 그는 자기 결론이 어거스틴의 지지를 받는다고 주장한다.[196]

얀센주의의 등장에 비추어 볼 때, 트렌트의 칭의 포고문을 보충할 필요성이 분명해졌다. 이노센트 10세는 1653년 5월 31일 교황교서 「기회」(*Cum occasione*)를 통해, 얀센주의의 다섯 가지 명제를 정죄했다.[197] 뒤이어 1713년에는 교황 법령 「하나님의 유일하신 독생자」(*Unigenitus filius Dei*)를 통해 보다 포괄적으로 얀센의 입장(파스봐이어 퀘스넬이 기록했듯이)을 정죄한

---

193) *De gratia Christi salvatoris*, iii.20; 161bC-D; 161bE-162aA.
194) *De gratia Christi salvatoris*, iii.20; 162aE.
195) *De gratia Christi salvatoris*, iii.20; 162bD.
196) Augustine의 이 해석은 Baius에게 돌아간다. 그리고 Suárez에 의해 도전을 받았다. Suárez, *De gratia*, I.xxi.1; Opera, 1.468-9.
197) D 2001-7. 배경에 대해서 다음을 보라. L. Ceyssens, La Première Bulle contre Jansénius: sources relatives à son histoire (1644-53), 2 vols., Rome: Institut historique belge de Rome, 1961-2.

다.[198] 얀센의 정죄에 나타나는 강한 정치적 색조는 특히 갈리아(Gallicanism) 운동과 연관되어 두드러진다.[199] 「하나님의 유일하신 독생자」는 신학문서라 기보다는 정치 문서로 보아야만 한다는 주장에 무게가 더해진다.

후기-트렌트의 칭의 관련 토론은 다양한 아퀴나스주의와 몰리나주의는 제도적으로 관용하고, 얀센주의와 바이우스주의는 거절하는 것으로 끝맺는다. 비록 개별적인 가톨릭 신학자들은 칭의 문제에 관해 계속적으로 광범위한 기록을 남기지만, 이 문제에 관한 가톨릭 교리의 폭넓은 개요는 1713년경 최종적으로 완결된 것으로 간주된다.

이 단원을 마치면서 두 가지 측면에 주목할 필요가 있다. 첫째, 얀센주의와 개신교 사이의 상당한 접근이 분명함에도 불구하고 트렌트 직후 전체 가톨릭 전통(바이우스주의와 얀센주의처럼 이질적으로 여겨진 것들을 포함하여)은 계속적으로 칭의란 인간이 의롭게 만들어지는 것이며, 의의 전가보다는 활성화와 관계된 것이라고 여겼다. 개신교적 칭의 개념은 칭의의 발생 방식에 있어 개신교적 이해에 가장 근접한 사람들에 의해서도 수용되지 않았다. 후기-트렌트 논쟁의 모든 입장의 대표자들에게 칭의의 성격과 관련된 서구 전통의 내부적 연속성이 유지되었다.

둘째, '칭의'라는 용어 자체는 가톨릭의 설교학적 문헌과 교리문답서에서 완전히 제거되지 않았지만, 점차 주변부로 밀려난 것으로 보인다. 비록 16세기 가톨릭의 변증적 저작에서 광범위하게 사용되었고, 17세기의 설교에서 여전히 만날 수 있었으며,[200] 트렌트 회의에서 그 개념이 포괄적으로 사용되

---

198) D 2400-502. 보다 깊이는 다음을 보라. J. D. Thomas, *La Querelle de l'Unigenitus*, Paris: Presses universitaires de France, 1950; J. A. G. Tans, *Pasquier Quesnel et les Pays-Bas: correspondance, publiée avec introduction et annotations*, Groningen: Wolters, 1960.
199) V. Martin, *Les Origines du Gallicanisme*, 2 vols., Paris: Bloud & Gay, 1939; M. Vaussard, *Jansénisme et Gallicanisme aux origines religieuses du Risorgimento*, Paris: Letouzey & Ané, 1959.
200) 17세기 스페인에서 칭의 주제로 선포된 설교에 대한 연구는 이 문제에 관한 의회의 발표문을 평신도들에게 설명하는데 상당한 어려움이 있었음을 가리킨다. H. D. Smith, *Preaching in the Spanish Golden Age: A Study in Some Preachers of the Reign of Philip III*, Oxford: Oxford University Press, 1978, 특히 140-5.

었음에도 불구하고 17세기 말 이후 점차 용어의 연상적 의미들에 대한 사용이 꺼려지게 되었다. 이러한 소멸의 시기는 외부적 위협보다는 가톨릭 내부의 내적 발전에 대한 반응이라는 점을 시사한다. 달리 말해, 쇠퇴는 개신교에 대한 반응보다 얀센주의에 대한 반응이다.

이러한 흐름의 정점을 『가톨릭교회 교리문답서』(Catechism of the Catholic Church, 1992)에서 볼 수 있다. 이 책은 가톨릭교회의 가장 중요한 제도적 출판물 중의 하나다. 1985년 로마에 모인 특별 주교 대회는 제2차 바티칸 공회 20주년 기념식을 축하하면서, 이 저작을 발전시킬 방법을 모색했었다. 20세기 말의 교회의 요구를 반영하는 새로운 범용적 교리문답서 출판에 대한 압력이 상당했었다. 대회는 다음처럼 기록했다.

> 믿음과 도덕 모두에 관련된 모든 가톨릭 교리에 대한 교리문답서나 요약서가 준비되었으면 하는 바람을 표시하는 사람들이 많았다. 이 바람은 여러 지역에서 준비되는 교리문답서나 요약서에 대한 일종의 참고 사항으로 기여할 수 있었다. 교리의 제시는 성경적이며 예전적이어야 한다. 그것은 크리스천의 현재 삶에 적용되는 건전한 교리를 구현하는 일이다.

『가톨릭교회 교리문답서』는 이러한 바람의 직접적 결과다. 1992년에 출판된 저작은, 즉시 주요한 교육 자료로 자리잡았다. 교리문답서가 생성된 과정은 길었으며, 편집자들이 직면했던 많은 이슈들을 반영했다. 요한 바오로 2세는 1986년 11월 15일 이 작업을 수행하는 특별 위원회를 지명했다. 1992년 2월 14일 위원회가 작업을 마쳤다. 같은 해 6월 25일 교황은 교리문답서를 승인했다.

우리가 지금 서술 중인 현대 가톨릭 칭의 논의의 두 가지 특색은 이 저작의 압도적인 특징이기도 하다. 칭의에 대한 언급은 상대적으로 적으며, 작위적이며, 변화적인 용어로 정의된다.[201] 칭의는 '죄의 사면만이 아니라, 성화와 내적 사람의 신생' 이다. 예수 그리스도에 대한 믿음을 통하여 하나님의

---

201) *Catechism of the Catholic Church*, articles 1987-1995.

의를 받아들이는 것이므로 '믿음, 소망 그리고 자비가 우리 마음속에 부어진다.' 비록 교리문답서는 계속 전통적인 용어로 은총을(예를 들어, 성화시키는 은총을 '습관적인 은사, 안정적이고 초자연적인 기질로, 영혼 자체를 하나님과 함께 살 수 있도록 안전케 하는 것'이다) 말하지만,[202] 초기 루터주의에 전형적인 은총에 대한 보다 개인주의적인 착상 또한 인정되고 승인된다. '은총은 호의이며, 하나님이 하나님의 자녀, 입양된 아이들, 신적 성품과 영생의 분유자가 되라는 하나님의 부르심에 우리가 반응할 수 있게끔 우리에게 주시는, (우리에게) 거저 주어지는, 그리고 (우리가) 받을 자격이 부족한데도 주시는 도움이다.'[203]

그러나 교리문답서의 칭의 논의에서 가장 놀라운 사실은 아마도 개념, 용어 그리고 이 문제에 관한 기독교 내부 논쟁의(특히 16세기 동안의) 역사에 대한 놀랄 정도의 관심 부족일 것이다. 어떻게 개인이 하나님과 화해되는가 하는 질문은 주로 칭의 이외의 용어로 틀이 잡힌다.

6. 결론

이 장에 나타난 자료는 종교개혁의 신학적 어젠다에 대항해, 독특한 칭의 교리를 형성한 가톨릭교회의 반응에 관심을 가진다. 에큐메니칼 대화의 어젠다가 상기시키듯이, 당시 시대의 논쟁은 현재의 기독교에도 여전히 중요한 이슈다. 그러나 루터주의, 칼빈주의, 트렌트 회의 그리고 경건주의가 어떻게 칭의가 일어나는가에 대한 상당히 다른 이해를 향유했다 하더라도, 그 논쟁 속에는 인간이 하나님에게서 멀어졌으며, 참된 잠재성을 이루려면 하나님과의 화해가 필요하다는 공통적 전제가 깊이 새겨져 있었다. 비록 소시안주의 같은 운동은 그러한 질문조차 의문에 부쳤지만, 그 비판은 흔히 부수

---

[202] *Catechism of the Catholic Church*, articles 2000.
[203] *Catechism of the Catholic Church*, articles 1996. (우리에게), (우리가)는 이해의 편이를 위해 번역자가 첨가한 것이다.

적인 것으로 여겨졌다. 그러나 모든 것은 변화한다.

우리는 다음 장에서, 어떻게 계몽주의의 등장이 기독교 칭의 교리의 가장 근본적인 측면의 광범위한 부분에 의문을 제기했으며, 급진적인 새 어젠다를 교회에 강제했는지 탐구할 것이다. 더 이상 칭의 문제가 기독교 그룹만의 전유물이 아니게 되었다. 칭의 문제는 인간은 어떤 것 또는 누구와도, 어떤 이유로도 화해할 필요가 없다는 입장을 강화시키는 세속 문화와 기독교 사이의 논쟁이 되었다.

제5장
현대시대

실제적으로 이탈리아 르네상스 이래 인간 역사의 모든 시기는 어떤 면에서, 또 어느 정도는 자기 시기가 '현대' 시대를 열었다고 주장할 수 있을지도 모른다. 가령, 르네상스 이탈리아는 현대 정치 이론의 기초를 놓았으며,[1] 정치라는 특정 분야에서 중세로부터 '현대적' 이해로의 이전을 기록한다고 종종 주장된다. 따라서 이쯤에서 다음과 같은 질문이 생긴다. 칭의 신학의 인식은 언제 '현대'로의 이전이 시작되었다고 생각해야 하는가?

우리가 이 질문에 대답하려면, 어떤 주제들이 현대 시대를 정의하는지 알아낼 필요가 있다. 이는 매우 어려운 계획이다. 그럼에도 현대 시대의 가장 두드러진 주제 중의 하나는 계시와 구원 모두와의 관련성에 있어 인간의 자율성에 관한 새로운 강조로 규정되는 바, 근본적으로 신 중심적인 준거 틀에서 인간 중심적인 준거 틀로의 전환임에는 의심의 여지가 없다.[2] 제프리 스타우스(Jeffrey Stout)가 언급하듯이, '현대 사상은 권위의 위기에서 탄생했으며, 권위로부터의 이륙을 통해 형태가 갖춰졌고, 그것이 무엇이든 전통적인 영향력 전체에서 자율성을 향하려는 출발로부터 영감을 얻었다.'[3] 지역적 해방과 정치적 해방을 향한 이러한 바람은 종종 신화적 인물인 프로메테우스와 연결되는데, 그는 유럽 문학에서 해방의 상징으로 간주된다.[4] 이제 프

---

1) 특별히 다음을 보라. Q. Skinner, *The Foundations of Modern Political Thought*, Cambridge: Cambridge University Press, 1978; J. F. Rundell, *Origins of Modernity: The Origins of Modern Social Theory from Kant to Hegel to Marx*, Madison: University of Wisconsin Press, 1987; S. A. McKnight, *Sacralizing the Secular: The Renaissance Origins of Modernity*, Baton Rouge: Louisiana State University Press, 1989.
2) 현대 신학에서, 특히 Barth와 관련하여, 이 주제의 중요성에 대해서 다음을 보라. T. Gundlach, *Selbstbegrenzung Gottes und die Autonomie des Menschen*, Frankfurt: Peter Lang, 1992.
3) J. Stout, *The Flight from Authority: Religion, Morality and the Quest for Autonomy*, Notre Dame: University of Notre Dame Press, 1981, 2-3.
4) 프로메테우스의 문학적 의미에 대해서 다음을 보라. R. Trousson, *Le Thème de Prométhée dans la littérature européenne*, Geneva: Droz, 1976; L. M. Lewis, *The Promethean*

로메테우스가 풀려났으며, 인간은 하나님으로부터 독립하여, 자율과 진보의 새 시대로 진입하게 되었다.

이처럼 급격한 전환은 두 가지 중요한 의미를 지닌다. 첫째, 인간 존재의 목적으로서의 자기 실재화에 대한 계몽적 강조가 많든 적든 간에 칭의 교리(전통적으로 어떻게 인간이 신성과의 관계를 통하여 초월적인 존재의 차원으로 확립되는가 하는 문제를 지칭하는 것으로 알려진)를 전복시켰다. 이것은 현대에는 전통적 기독교의 구원론적 어젠다를 받아들이기 어렵다는 직, 간접적인 인식을 증가시켰다. 아마도 가장 눈에 띄는 표시는, 자비로우신 하나님을 향한 루터의 유명한 추구가 현대 문화에도 유효한 것인가에 대한 20세기 후반 루터파 서클 내부의 걱정일 것이다.[5]

둘째, 고전적인 칭의 교리의 공식은 인간의 죄성을 '주어진 것'으로 여겼다. 인간의 자율성에 대한 계몽의 강조는 이 점을 의문에 부쳤다. 때때로 '원죄' 같은 개념은 비합리적이며, 교회사적으로 고안된 것으로, 어떤 믿음 체계나 행동 체계에 인류를 종속시키기 위해 설계되었다고 암시한다.[6] 현대성의 도래와 함께, 그처럼 임의적이고 억압적인 생각은 낡은 미신이므로 한 쪽으로 치워져야 하며, 인간 본성에 대한 보다 계몽된 접근으로 대체되어야 한다는 것이다. 인류는 구원론적인 결핍을 메워 가기는커녕, 자기 충족과 자기 정당화에 필요한 모든 합리적 자원을 소유하게 되었다.

현대적 칭의 논의가 개신교 종교개혁에서 비롯되었다고 주장하는 사람들도 분명히 있다.[7] 그럼에도 불구하고 분석을 통해 분명해진 사실은, 개신교 개혁자들은 그들의 상대방과 동일한 신학 일반의 틀 안에서 하나님 앞에서(coram Deo)의 인간의 칭의 문제를 논의했다는 것이다. 또한 교리와 관련된

Politics of Milton, Blake and Shelley, London: University of Missouri Press, 1992.
5) E. Leppin, 'Luthers Frage nach dem gnädigen Gott-heute,' *ZthK* 61 (1964), 89-102가 좋은 예이다.
6) C. A. Holbrook, 'Original Sin and the Enlightenment,' in R. E. Cushman (ed.), *Heritage of Christian Thought*, New York: Harper & Row, 1965, 142-65. 프랑스 계몽과 관련된 원죄 교리에 대한 비평에 대해서 다음을 보라. Ernst Cassirer, *The Philosophy of the Enlightenment*, Boston: Beacon Press, 1960, 137-60.
7) Gerhard Ebeling, 'Luther und der Anbruch der Neuzeit,' *ZThK* 69 (1972), 185-213.

엄청나게 많은 논쟁의 여지없는 전제(전통적으로 원죄 교의에서 표현된, 인간의 하나님과의 화해의 필요성 같은 전제)들이 존재했다. 종교개혁 일반의 중세적 특성에 대한 인식 증진은 반드시 칭의 신학을 포함하는 데까지 확대되어야 한다. 소위 말하는 루터의 '코페르니쿠스적 혁명'에 잠재되어 있던 신 중심성은 새로운 발명이 아니며,[8] 중세 후기 사상 학파들의 잘 정립된 특징이었다. 그러므로 신 중심성이 태양계의 태양 중심성에 대한 인식의 참여와 평행선을 이루는, 신학적 형태에 대한 영구적이며 보편적인 수정을 대표하는 것으로 인식될 수는 없다. 17세기 말 루터파와 개혁파 전통 내부에 등장한 인간 중심적 칭의 신학은 분명 18세기와 19세기에 압도적인 지위를 차지함으로써, 루터의 신 중심성이 참으로 '현대적'일 수도 있다는 제안을 효과적으로 의문에 빠뜨렸다.

만약 칭의 교리의 발전에도 '현대' 시대라는 것이 있다면, 그 시대는 영국, 프랑스 및 독일의 계몽주의에 의해 18세기에 시작된 것으로 간주되어야 한다. 개신교나 가톨릭에 상관없이, 그때까지 칭의 신학의 기반이었으며, 그러한 전제들의 변호 수단마저 지정했던 전제(원죄 교의와 같은)에 대해서 의문을 표명한 것이 바로 이 운동이었다. 그러므로 우리는 교리 발전사에서 계몽주의가 가지는 중요성을 분석하면서 '현대'에 대한 논의를 시작하고자 한다.

1. 정통 칭의 교리에 대한 계몽주의의 비판

정통 칭의 교리에 대한 계몽적 비평의 기원은 아마도 이 운동의 두드러진 특징인 도덕적 행위자로서 인간의 자율성에 대한 새로운 강조일 것이다. 세계를 이해하고 지배하는 자연적인 인간 능력의 정도와 관련된 새로운 낙관은 인간의 자율성에 의문을 표했던 도덕적, 종교적 체계를 의심하게 만들었다. 계몽신학자들과 철학자들이 정통적인 원죄 교의를 향해 내보인 특별한 적대감은, 원죄 교의가 암시하는 타율적 조건과 개인의 도덕적 부적합성에

---

[8] Contra Althaus, 'Gottes Gottheit als Sinn der Rechtfertigungslehre Luthers.'

대한 궁극적 거부였을 것이다. 정통 칭의 신학(루터파이든, 개혁파이든, 가톨릭이든)이 하나님으로부터 개인의 필연적이며 자연적인 소외(달리 말하면, 개개인은 그들의 지속적인 행동 때문에 소외되었다기보다는, 하나님으로부터 이미 소외된 상태로 세계에 진입했다)를 전제로 했다는 점에서, 계몽주의의 도덕적 낙관주의와 합리주의의 등장은 정통 신학에 대한 심각한 도전을 제기했음이 분명하다. 우리는 지금 단원에서, 특히 정통 개신교의 칭의 신학에 대한 비평에 주목할 것이다. 처음에는 주로 영국의 이신론(Deism)과 관련하여, 다음으로 독일의 계몽(Aufklärung)과 관련하여 살펴볼 것이다.

비록 부정확하기는 해도, 체버리 경인 에드워드 허버트(Edward Herbert)는 영국 이신론의 창시자로 간주된다.[9] 허버트의 영향력 있는 논문 『종교의 진실성에 관하여』(*De veritate religionis*, 1624)는 신적 존재와 자연에 대한 합리적인 인식을 통하여, 인간 본성의 종교적 측면에 대한 생각을 개진했다. 존 톨랜드(John Toland)의 『신비하지 않은 기독교』(*Christianity not Mysterious*)는 원죄로 인해 복음의 진리를 인식할 수 없을 정도로 인간 이성이 부패되었다는 견해를 거부한다.[10] 마찬가지로, 이보다 앞선 존 로크(분명 톨랜드가 의존했던)는 원죄 개념을 하나님께 가치가 없는 것이라며 거부했다.[11] 전적으로 하나님께 순종하는 사람이 영생을 소유한 사람이다. 그러나 로크는 인간 본성의 연약함을 인정, 인간이 하나님의 법에 순종하려면 어떤 결핍이 보충되어야 함을 용인한다.

> 그러므로 올바른 규칙은 일찍이 그래왔던 것과 같으며 지켜야 할 의무 또한 같다. 행위의 법과 믿음의 법 사이의 차이점은 단지 이것뿐이다. 행위의 법은 어떤 경우에도 실패를 참작하지 않는다…그러나 믿음의 법에 의해 믿음은 전적 순종에 부족한 것을 공급하도록 허용된다. 그리고 신자들은 마

---

9) D. Pailin, 'Should Herbert of Cherbury Be Regarded as a "Deist"?,' *JThS* 51 (2000), 113-49.
10) Toland, *Christianity not Mysterious*, ed. Gawlick, 58-63. 보다 깊이는 다음을 보라. F. Heinemann, 'John Toland and the Age of Reason,' *Archiv für Philosophie* 4 (1950), 35-66.
11) Locke, *The Reasonableness of Christianity*, Works 7.6.

치 의롭게 된 듯이 생명과 불멸로 들어가게 된다.[12]

비록 로크는 믿음의 신학적 요소는 '예수는 메시아' 라는 사실에 대한 신앙이라고 정의하지만,[13] 믿음에 있어 도덕적 요소의 필요성도 주장했다는 점이 강조되어야 한다. 믿음의 신학적 요소 자체만으로 의롭게 되기는 적절치 않으며, 반드시 도덕적 요소가 보충되어야 한다.[14] '이 두 가지, 믿음과 회개, 즉 예수가 구세주이심을 믿는 것과 선한 생활이 새 언약의 필수불가결한 조건이며, 영생을 획득한 모든 사람들이 준행해야만 한다.'[15] 로크는 신자들이 복잡한 교리 문제 때문에 곤란에 처하지 않고, 도덕적인 삶을 살 수 있게끔 기독교의 교의적 내용을 한 문장으로 축소시켰음이 분명하다. 따라서 그리스도의 사역은 '덕스럽고 경건한 생활에 주시는 그리스도의 커다란 격려' 라는 의미로 정의된다.[16]

로크가 『인간 이해에 관한 에세이』(*Essay concerning Human Understanding*, 1690)에서 발전시킨 신학 방법론은 자유주의(영국 국교회 내의 자유주의, Latitudinarianism-역주)와 후기 이신론의 특징이었던 신적 본성에 대한 도덕주의적 이해를 구체화시킨다.[17] 그가 에세이에서 사용한 기본적 신학 방법은 선, 정의 등에 대한 인간의 사고를 무한(ad infinitum)에 투사시켜 하나님의 도덕적 특성으로 구성하는 것이다. 따라서 인간의 도덕관념을 비판하지 않고 인정하게 된다.[18] 점차 합리주의가 압도해 가는 시대에서, 하나님께서도 정확히 그러한 관념을 따르고 계실 거라는 생각은 어쩔 수 없었다. 점점

---

12) *The Reasonableness of Christianity*, Works 7.14. 참조. 112.
13) *The Reasonableness of Christianity*, Works 7.101, 110. 참조. L. Stephen, *History of English Thought in the Eighteenth Century*, 3rd edn, 2 vols., London: Smith Elder & Co., 1902, 1.95-6.
14) *The Reasonableness of Christianity*, Works 7.101-3.
15) *The Reasonableness of Christianity*, Works 7.105.
16) *The Reasonableness of Christianity*, Works 7.148.
17) 이에 관해 다음을 보라. P. A. Schouls, *The Imposition of Method: A Study of Descartes and Locke*, Oxford: Oxford University Press, 1980, 149-85.
18) Rogers의 분석을 보라. G. A. Rogers, 'Locke, Law and the Laws of Nature,' in R. Brand (ed.), *John Locke: Symposium Wolfenbüttel*, Berlin: de Gruyter, 1981, 146-62.

국가 기관 같은 것들이 정의의 궁극적인 조정자인 것으로 인식되어 갔다.

토마스 홉스(Thomas Hobbes)에 의하면, 국가는 사람들에게 제약을 가하지만, 결과적으로 혜택을 입게 한다. 자기 보존과 행복에 대한 개인의 주장이 궁극적인 현실로 인정된다. 만인이 만인에 대한 자연적인 욕구를 지니고 있으므로, 광범위한 전쟁의 방지책으로 작동할 수 있는 유일한 요소는 스스로-부과한 일정한 제약을 합리적으로 수용하는 것뿐이다. 그러므로 개인의 주관적인 권리는 권리 양도(translatio iuris)를 통해 객관적인 권리로 옮겨지며, 개개인은 자신의 개인적 권리의 일부를 국가에 양도하는 것이다.[19]

국가는 사실상 개인들이 구성하는 일반 의지의 대표로 간주되며, 개인에게 보호를 제공하고, 각자의 몫을 약속한다. '정의를 위해, 말하자면 계약의 실행, 그리고 각자의 몫을 주는 것이 자연 법의 명령이다.'[20] 따라서 국가는 시민 인격(persona civilis)으로 간주되며, 국가의 기능은 사람들의 행복과 복지의 증진이다. 이러한 통찰을 적용하면, 하나님에서 유래한 개념이 실증적으로 형상화된 국가는 인류의 박애적인 보존자처럼 된다. 또한 이러한 보존의 원칙에 근거할 때, 정당화되지 않는 신학적 개념(예를 들어 영원한 형벌)은 거부된다.

매튜 틴달(Matthew Tindal)의 『창조만큼 오래된 기독교』(Christianity as Old as the Creation)에서 이러한 행복론적인 하나님 개념이 동일하게 발견된다. 하나님의 명령은 순전히 인류의 혜택을 위한 것이다.

> 하나님의 합리적인 피조물들의 공동 이익과 상호 행복의 증진 외에, 아무것도 신성 법의 일부가 될 수 없습니다…하나님은 우리의 행복이 되는 것 말고는 아무것도 우리에게 요구하지 않으십니다. 그러므로 그분은…우리의 손해가 되는 것에 대해서만 우리를 막으십니다.[21]

---

19) G. Schedler, 'Hobbes on the Basis of Political Obligation,' *Journal of the History of Philosophy* 15 (1977), 165-70.
20) Hobbes의 양도 이론에서 '계약' 개념에 대해 다음을 보라. M. T. Delgano, 'Analysing Hobbes' Contract'; '자연법' 개념에 대해서는 다음을 보라. P. E. Moreau, 'Loi divine et loi naturelle selon Hobbes,' *Revue internationale de philosophie* 33 (1979), 443-51.
21) *Christianity as Old as the Creation*, ed. Gawlick, 14-15.

이신론의 다음 국면은 단지 원죄에 대한 거부와 기독교의 도덕적 측면에 대한 강조만이 아니었다. 이성에 모순된다고 여겨지는 기독교 신앙의 핵심 교의들에 대한 지속적인 공격이 이어졌다. 공격받는 교의의 대부분이 칭의 교리의 기독론적 차원에 관한 것이라는 점이 중요하다. 토마스 처브(Thomas Chubb)는 『예수 그리스도의 참된 복음』(The True Gospel of Jesus Christ, 1738)에서 그리스도의 법(lex Christi)과 영원한 이성법의 구분을 주장했다. 처브는 이에 따라 '예수 그리스도의 복음, 또는 기독교의 계시'를 세 가지 명제로 요약했다.[22]

1. 사람들은 자신들의 삶과 행동을 사물의 이성에 기초한 영원하고 불변한 행위율에 기반을 두어야만 한다.
2. 만약 사람들이 용서받기를 원한다면, 하나님은 생명율에서 떠난 개인의 회개와 개혁을 요구하신다.
3. 하나님은 사람들이 이 규율에 일치하여 살았는가 여부를 근거로 사람들을 판단하신다.

이러한 구원론적 기획에서, 그리스도는 단지 인간이 살아야 하는 법을 수립했다는 정도의 위치만 차지한다. 그리고 이 법들은 별다른 도움 없이 이성만으로도 똑같이 잘 세워질 수 있다. '말하자면, 그리스도는 자신의 삶을 살았고, 자신의 교리대로 살았다.'[23] 따라서 처브는 기독교의 핵심인 도덕적 단순성이 정당화될 수 없는 신학적 신념(전가된 의 교리, 그리스도의 죽음의 대속적 의미 같은)과 타협했다고 주장한다. 그리스도가 인류의 구원에 영향을 미칠 수 있는 유일한 방법은 그들을 회개와 회심으로 소환하는 것이다.[24] 따라서 '그리스도의 피가 죄를 씻는다'는 바울의 진술은, 그리스도의 죽음이라는 도덕적 모범을 통하여 죄인이 회개로 이끌어지며, 용서가 뒤따르게

---

22) *Posthumous Works* 2.18, 104-5, 140-1.
23) *Posthumous Works* 2.55.
24) *Posthumous Works* 2.32, 참조. 43-9, 112-20. 원죄에 대한 그의 비평에 대해 다음을 보라. 2.164.

된다는 뜻으로 해석되어야만 한다고 한다.[25] 그리스도는 '사람 안에 개인적인 변화를 일으킴으로써' 사람을 구원하신다. 왜냐하면 사람들은 변화를 통하여 신적 용서와 구원에 합당하게끔 이끌어지기 때문이다. 하나님께서 저 사람보다 이 사람을 더 좋아하시는 근거는 개개인 각자에게 있다.

처브의 분석에 나타나는 강한 자연주의적, 합리주의적 색조는 후기 이신론의 일반적 외양과 평행을 이룬다. 그러므로 토마스 모간(Thomas Morgan)은 기독교는 자연법에 대한 '가장 탁월한 설명'이며,[26] 그리스도는 모세, 짜라투스트라, 공자 또는 마호메트보다 우월한 도덕적 입안자라고 주장했다. 하나님은 '인류 존재의 전 기간을 통하여 오직 인류의 복지와 행복에 필요한' 방식으로 행동하시고 법을 만드신다는 말이 모간에게는 금과옥조다.[27] 이신론적 구원론의 핵심 요소는 그리스도에 의한 자연법 '재반포'에 대한 찬성과, 그리스도의 중보직 개념에 대한 거부였다. 조셉 버틀러(Joseph Butler)의 영향력 있는 『종교 유추』(*Analogy of Religion*, 1736)에서 하나님과 사람 사이에서 그리스도의 중보 개념이 특별히 열정적으로 변호되었지만, 이러한 생각과 관련된 사고에 대한 이신론의 비판은 공감을 불러 일으켰다. 처음에는 영국에서, 곧이어 프랑스와 독일에서 받아들여졌다. 때때로 이전에 소시누스의 비평과 유사한 비평에 기초하여, 기독교의 전통적 칭의 교리의 구조가 제거되었다. 이 문제에 관한 순전히 도덕적인 개념이 찬성되었다. 인간은 알미니우스적 의미에서 믿음을 통하여 의롭게 된다. 다시 말해, 인간은 도움 없이 하는 회개 행위로 의롭게 된다. 이 회개는 그리스도의 도덕적 모범과 가르침에 의해 감동받고, 회개가 그들에게 일으킬 선에 대한 지식에 고무되어 행해진 것이다. 이신론 윤리학의 강한 행복론적 색조는 도덕성이야말로 종교의 근원이며 척도라는 주장에 무게를 실어주면서, 전통적 이해를 뒤집었다.

경건주의가 정통 칭의 교리에 대한 합리주의적 비평에 끼친 간접적인 영향이 주의 깊게 다루어져야 한다. 독일 계몽주의의 수많은 대표자들이 경건

---

25) *Posthumous Works* 2.150.
26) Morgan, *The Moral Philosopher* 1.439, 참조. 412.
27) *The Moral Philosopher* 3.150.

주의 출신이었으며, 개신교(특히 루터파) 정통의 '마치 ~같은'(als-ob) 칭의 신학에 대한 전형적인 경건주의적 비판(즉 정통파는 실제적이지 않고, 결정적으로 허구적이다. 또한 도덕적 중생을 고양시키지도 않는다)에 익숙한 듯 보였다. 경건주의자들에게, 칭의의 목적은 잠재적으로든 실제적으로든 개인을 중생시키는 것이다. 도덕적 중생은 사람들의 칭의를 일으키며 동시에 드러낸다. 칭의의 도덕적 차원에 대한 강조, 그리고 칭의는 분석적 판단보다는 종합적 판단을 요한다는 견해에 대한 거부 또한 초기 계몽주의의 특징이다.[28] 그러므로 요한 프란쯔 부데(Johann Franz Budde)는 불경건한 자의 칭의가 사용되어야 할 곳에 그 개념을 전혀 언급하지 않으며, 사람이 의롭게 되는 것은 중생뿐이라고 주장한다. '의롭게 되는 사람에게는 무엇인가 변화가 있음에 틀림없다.'[29]

개신교 정통에서, 칭의는 종합적 판단에 따른 것이었다. 즉 칭의라는 평결의 전제가 되는 올바른 관계에 대한 판단이다. 경건주의에서 칭의는 적절한 변화가 이미 일어났을 것이라고 인정하는 분석적 판단에 의존한다.[30] 그러므로 부데에게 있어 신적 칭의의 목적은 내재적인 성질을 소유하거나 아니면 그러한 성질을 발생시키는 변화(mutatio)를 겪는 것이며, 다음과 같은 신적 선포를 합당하게 만든다. '중생을 통해 일어나는 변화가 칭의에서 미리 예시된다. 그러므로 갱신 없이는 아무도 의롭게 될 수 없다.'[31]

비록 칭의가 법정적인 신적 선포인 것으로 이해되지만, 선포는 인간 내부

---

28) 계몽의 구원론에 대해서 다음을 보라. F. C. Baur, *Die christiliche Lehre von der Versöhnung in ihrer geschichtlichen Entwicklung*, Tübingen: Osiander, 1838, 478-530; Baur, *Salus Christiana*, 111-79.
29) *Institutiones theologiae dogmaticae* IV.iv.4; 956. 참조. IV.iv.12; 978: 'neminem nisi regenitum iustificari.'
30) 신학적 차이에 대해서 다음을 보라. Härle, 'Analytische und synthetische Urteile in der Rechtfertigungslehre.'
31) *Institutiones theologiae dogmaticae* IV.iv.4; 956. Stolzenburg는, *Buddeus*와 Pfaff는 둘 다 인간이 정통의 의미에서 그리스도의 대속(*satisfacio Christi*)이 없이도 자연적으로 은총을 받을 수 있음을 전제한다고 강조한다. A. F. Stolzenburg, *Die Théologie des J. Fr. Buddeus und des Chr. M. Pfaff: Ein Beitrag zur Geschichte der Aufklärung in Deutschland*, Aalen: Scientia, 1979, 211.

의 도덕적 성질에 기초하여 이루어진다. 로렌쯔 폰 모쉐임(Lorenz von Mosheim)은 『교의신학원리』(Elementa theologiae dogmaticae, 1758)에서 도덕적 구원론의 기저에는 변화적 칭의 개념이 있다고 명시적으로 적었다. '칭의는 하나님의 행위로, 그 행위로 하나님은 불의한 사람을 변화시키고, 그 결과 그는 의롭게 된다'.[32] 칭의 과정에 내재되어 있는 신적 판정은 필연적으로 진리에 따르는 판정(iudicium secundum veritatem)이다. 따라서 심판이 전제하는 성질들이 칭의 대상 안에 실재로서 존재하는가 여부에 따라 이루어진다.

초기의 독일 계몽주의(Aufklärung)는 여러모로 후기 경건주의의 칭의 신학과 비슷하다. 하나님의 법정적 행위로서의 칭의 개념은 유지하면서, 정통파의 신적 판단의 종합적 개념의 자리를 신적 판단의 분석적 개념으로 대체한다. 그러나 이미 발생 과정에서 주요한 분기점이, 즉 칭의에서 그리스도의 역할에 대한 강조에서 생긴다. 계몽주의의 가장 중요한 신학적 성취 중의 하나는 11세기에 캔터베리의 안셈(Anselm of Canterbury)이 확립한 구원론적인 준거 틀 전체를 체계적으로 해체했다는 점인데, 이 틀은 그리스도의 사역에 대한 전통적인 이해의 형성에 결정적인 역할을 했었다. 이러한 대속 교리의 전통적인 틀의 해체가 광범위한 전선에서 일어났다. 이는 원죄, 그리스도의 대리적 속죄 및 하나님이 응보적 정의 개념에 대한 비판과도 연관되어 있다.

우리는 앞에서 국가의 성격과 기능 이론(홉스의 이론 같은)의 등장이 가지는 신학적 중요성에 주목했었다. 이 이론들은 개인의 복지라는 목적을 향한 수단으로 국가를 표현하며, 시민인격에 대한 이해는 우주의 복지라는 목적을 향해 일하시는, 도덕적 지배자로서 하나님을 포함하는 데까지 확대된다. 홉스는 국가가 개인을 처벌할 수 있다는 이론적 근거에 목적론적인 국가 이해를 포함시킨다. 국가는 개인의 복지 목표를 위한 수단으로 존재하므로, 근본적으로 개인들이 자신들의 복지를 악화시키는 행위를 못하도록 방지하거나, 그러한 방해가 실패하도록 개인들을 교화시키는 처벌 기능이 필요하다.[33] 처

---

32) Elementa theologiae dogmaticae 819.
33) Hobbes, Leviathan II.xxvii; 161-7.

벌의 근거에 대한 이러한 이해가 하나님에게도 적용된다는 사실이 특별히 중요하며, 기독교 칭의 교리에도 중요한 의미를 지닌다. 특히 요한 콘라드 디펠(Johann Konrad Dippel)에 의해서, 처벌의 근거에 대한 이해가 홉스의 국가 이론에서 명시적으로 칭의 신학으로까지 이전되었다. 이에 대해 자세히 고찰할 필요가 있다.[34]

디펠은 처벌의 이론적 근거에 대한 상황적 이해와 아울러 개인의 복지라는 국가의 기능을 하나님께로 이전했다. 디펠은 이에 근거하여 하나님이 죄인의 파멸을 원하신다고는 상상조차 할 수 없다고 주장한다. 왜냐하면 이것은 신적 목표에 대한 그의 이해와 일치하지 않기 때문이다. 신적 목표는 단지 사람들의 죄를 제거하고 교화하는 것뿐이다. 디펠에게 죄의 결과는, 단지 죄의 존재로 인간의 복지가 영향을 받는 정도로만 인간과 관련된다. 디펠은 캔터베리의 안셈 및 개신교 정통파와 현저한 대조를 이룬다. 그는 죄가 인류에게 가져온다고 여겨지는 손해 때문에 인류에 대한 하나님의 사랑이 슬픔에 빠진다는 간접적인 영향을 제외하고는, 어떠한 효력도 하나님께 미치지 못한다고 강조했다.

죄는 그 자체로 자연적인 형벌을 받게 되는 탈(脫) 목적적인 성격이 있다. 따라서 하나님께서 죄를 처벌하실 필요가 없다. 만약 하나님께서 형벌로 인류를 위협하신다면-디펠은 마지못해 그런 경우가 있음을 인정하는데-그것은 단지 그들이 죄를 짓지 못하게 하려는 목적 때문이다. 사람들에 대한 하나님의 위협은 하나님께 대항하는 죄 때문에 생긴 것이 아니라, 인류를 제일 첫째 자리에 만드신 하나님의 목적이 좌절될 수도 있는 잠재성 때문이다. 하나님은 인류에 대한 사랑 안에서 인류의 복지를 위해 능동적으로 일하신다. 마치 국가처럼, 인류의 복지를 위협하는 타고난 자기 파괴 행위를 막아야 할 의무에 묶이신다. 따라서 디펠은 '응보적인' 또는 '징벌의 정의'라는 말을 선호하지 않으며, 마지못해 신적 '분노'라고 말한다. 신적 분노도 죄를 향한 것이지 죄인을 향한 것이 아니라는 점이 이해되어야 한다.

---

[34] S. Goldschmidt, *Johann Konrad Dippel (1673-1734): Seine radikalpietistische Théologie und ihre Entstehung*, Götingen: Vandenhoeck & Ruprecht, 2001.

디펠의 화해 교리에서, 이러한 하나님의 속성 이해에 따른 결과를 살펴볼 필요가 있다. 첫째, 디펠은 신적 분노가 죄인을 향해 있는데, 그리스도의 죽음이 그것을 달래거나 만족시킨다는 정통파의 화해 계획과 결별한다. 둘째, 디펠이 죄는 자체의 자연적인 형벌을 동반하므로 그리스도는 죄에 대한 인간의 형벌을 제거한다고 말할 때, 거기에는 아무 의미도 없음이 분명하다. 디펠은 그리스도의 수난과 죽음은 죄를 향한 인류의 추구에 대항하는 모델이며, 성공적으로 모방되기 전에는 구원론적인 의미가 없다고 이해한다. 죄는 자체의 자연적인 처벌을 가지는데, 자연 질서가 폐기되기 전에는 하나님도 이 질서를 제거하실 수 없다. 따라서 그리스도의 죽음이 인류의 죄에 대한 신적 형벌을 사면시킨다고 말할 수 없다는 것이다.[35]

정통파의 화해 교리에 대한 디펠의 비판은 출판 당시 비교적 커다란 반향을 일으키지 못했지만, 나중에 행해진 비슷한 비판이 상당한 효과를 일으켰다. 이런 탁월한 비판의 사례로 그리스도의 능동적 순종의 대속적 가치에 대한 요한 고틀립 퇼너(Johann Gottlieb Töllner)의 유명한 비평이 있다.[36] 퇼너는 논문 「그리스도의 능동적 순종 연구」(*Der thätige Gehorsam Christi untersucht*, 1768)를 통해 이제까지 볼 수 없었던 엄격함으로 그리스도의 능동적 순종의 독립적인 대속적 가치 이론을 거부했다. 이전에 피스카토르(Piscator)는 그리스도의 능동적 순종(즉 율법에 대한 그의 순종)은 근본적으로 그의 수동적 순종(즉 십자가상에서의 그의 고난과 죽음)에 대한 전제였다고 주장했었다. 그리스도의 성품과 직위 개념, 그리고 대리 만족 자체의 성격 분석에 기초한 퇼너의 가설은 훨씬 급진적이다.

---

35) Dippel의 견해에 대해 가장 통렬한 현대의 비평이 Wolffian I. G. Kanz의 것임을 밝히는 일은 흥미롭다. 인류에 대한 신의 통치를 인류의 복지를 향한 수단이라고 간주한 Dippel과는 달리, Kanz는 하나님의 도성(*civitate Dei*), 자체가 목적이라고 보는 라이프니쯔적인 개념을 유지한다. 따라서 인류 안에서 도덕적 질서의 수립은 행복론적인 목적에 대한 수단이라기보다는, 그 자체가 목적이다. 이에 따라 Kanz는 Dippel이 용인했던 죄에 대한 순전히 자연적인 처벌에 덧붙여, 하나님의 응보적 정의 개념을 유지함으로써 Leibniz를 따를 수 있었다.

36) M. Pfizenmaier, *Mit Vernunft glauben: fides ratione formata. Die Unformung der Rechtfertigungslehre in der Théologie der deutschen Aufklärung dargestellt am Werk Johann Gottlieb Töllners (1724-1774)*, Stuttgart: Calwer Verlag, 1986.

사람으로서의 그리스도는 율법에 순종해야만 하는 보통 사람의 의무 아래 있었다.37) 그렇기 때문에 그는 오직 자신만을 위해서 율법을 성취할 수 있었으며, 남을 위한 것은 아니었다. 이 가설은 그리스도는 어떠한 의무에도 묶이지 않는다는 루터파의 율법 밖에서(exlex) 교리에 의문을 표시한다. 그러므로 그리스도의 능동적 순종이 독립적인 대리 만족의 가치를 지닐 가능성은, 만약 다음 두 조건 중 하나라도 만족되는 것을 보여줄 수 있을 때만 입증된다. 우선, 그리스도는 인류의 인증을 받은 성약적 대표자여야만 한다. 그럴 때에 그가 인류를 대신하여 수행하는 행동들이 정당하게 인류에게 돌려질 수 있다. 또는 하나님께서 그리스도의 순종이 그가 대표하는 자들을 위해서 수행된 것처럼 받아들이실 때에만 가능하다.

비록 퇼가 이 질문에 대한 개혁파 교리에 익숙하다는 어떠한 표시도 없지만, 구체적인 정황은 그리스도를 택자의 인도자이자 후원자(caput et sponsor electorum)로 이해하는 개혁파의 이해에 상응한다(제3장 7. 개신교 정통 중 '칭의의 객관적 기초' 참조). 칭의에서 그리스도와 신자의 연합은 그들 사이의 놀라운 교환(commercium admirabile)을 허락하며, 그 결과 그리스도의 의와 공로가 신자들의 것이 되며 신자들의 죄는 그리스도의 죄가 된다. 그러나 퇼너는 첫 번째 조건은 개연성이 없다고 거부한다. 그는 그리스도의 능동적 순종이 오직 인간에게만 혜택이 된다는 개념은 부정할 수 있다고 느낀다.

퇼너는 이런 결론을 기반으로, 죄를 위한 대속적 만족 개념이 거부된다고 주장한다.38) 그리고 위에서 언급한 방식으로, 개인의 갱신은 그리스도의 대속이 아니라, 은총의 수여(Begnadingung)로 이어진다고 강조한다. 그리스도

---

37) *Der thätige Gehorsam*, 419-21. 유용한 분석으로 다음을 보라. Baur, *Salus Christiana*, 132-44.
38) *Der thätige Gehorsam*, 42: 'nun ist es augenscheinlich, wie ohne den ganzen thäigen Gehorsam Christi die vertretende genugthuung desselben unmölich gewesen wäre.' 참조. 631-2, 특히 632: 'Ich stelle mich vor, daß Gott zur Begnadigung an sich niemals eine Genugthuung gefordert oder veranstaltet haben würde: und daß wir daher gar nicht auf dem rechten Wege sind, wenn wir sie als eine zur Begnadigung der Menschen nöthig befundne Veranstaltung betrachten.'

의 순종은 근본적으로 도덕적 성격을 지니며, 사람들이 용서받고 의롭게 되는 기초인, 인간 내부의 상응하는 도덕적 성질을 고양시킨다. 따라서 묄너는 분명히 정통파의 만족 교리에 대한 소시안주의자의 비평에 호소한다. 의롭게 된 사람들은 도덕적으로 중생한 개인들이며, 칭의는 그리스도의 죽음에서 추정되는 '객관적' 가치가 아니라 그들에게 미치는 주관적인 도덕적 영향에 달려 있다.[39]

따라서 그리스도의 죽음의 의미에 대한 모든 설명은 실제로 한 가지 요점으로 맞추어지는데(alle Erklärungsarten vom versöhnenden Tode Christi), 그것은 그리스도의 죽음은 우리를 향한 하나님의 자비로우심에 대한 우리 확신의 근거이며, 신적 은총의 수여와 관련하여 이전에 행해진 신적 약속의 신뢰성을 확고히 한다고 결론지어진다.[40] 이 단일 요점은 인류를 향한 하나님의 관계 또는 태도보다는, 하나님에 대한 인류의 관념에 적절한 것으로 강조될 수 있을 것이다.

고텔프 사무엘 슈타인바르트(Gotthelf Samuel Steinbart)의 강한 도덕주의적 저서 『행복론』(Glückseligkeitslehre, 1778)에서 이러한 관점이 발전되었다. 슈타인바르트의 경우, 인류를 향한 신의 섭리는 전적으로 '최고로 우수하고 완전한 도덕성'의 증진과 관련된 것으로,[41] 예수 그리스도에게서 그 구현을 발견한다. 하나님은 인간에게 직접 그리고 전적으로 도움이 안 되는 것은 아무것도 요구하지 않으신다. 따라서 슈타인바르트는 하나님은 즉시 그들의 행복과 완성의 증진으로 연결되지 않는 어떤 것도 그의 자녀들에게 요청하지 않는다고 주장한다.[42] 슈타인바르트는 전통적으로 성화(Heiligung)가 사용되는 곳에 개선(Besserung)을 사용함으로써, 자기 신학의 도덕적 색조를 강화시킨다.[43] 그러나 슈타인바르트에 의하면, 도덕적 복음의 핵심적인 간

---

39) *Der thätige Gehorsam*, 685.
40) 그의 주요한 에세이를 보라. 'Alle Erkärungsarten vom versöhnenden Tode Christi laufen auf Eins heraus,' in *Theologische Untersuchungen* 2.316-35.
41) *Glückseligkeitslehre*, 78.
42) *Glückseligkeitslehre*, 73.
43) *Glückseligkeitslehre*, 93-162.

략성이 '임의적인 가설'의 침입으로 모호해진다. 임의적인 가설 중 중요한 것들은 다음과 같다.[44]

1. 어거스틴적 원죄 교리
2. 어거스틴적 예정 교리
3. 안셈적 그리스도의 만족 교리
4. 개신교의 그리스도의 의의 전가 교리

이 '임의적인 가설들'이 우리 연구에 직접적으로 유효한 것임이 분명하다. 슈타인바르트는 광범위한 역사적 논증에 기초하여,[45] 이 개념들의 기원을 살펴볼 때, 가설들을 계속 사용해야 되는지 의문이 생긴다고 결론짓는다. 어거스틴의 원죄 교리와 예정 교리는 마니교의 흔적이므로 제거되어야 하며, 헬라 교부들과 펠라기우스의 가르침이 기독교의 보다 오래되고 정통적인 가르침으로 인정받아야 한다는 것이다. 마찬가지로, 안셈의 대리 만족은 어거스틴적인 전제에 기초하기 때문에, 그리스도의 죽음의 원래적인 도덕적 해석을 크게 왜곡했다고 주장한다. 대속 개념은 한 하나님 안에서의 마니교적인 선 원리와 악 원리의 연합을 통하여 생긴 것으로, 신성의 외부로부터 해결되어야만 하는 영구적이며 내적으로 화해할 수 없는 긴장을 형성했다는 것이다.[46] 예수의 가르침에는 이러한 긴장이 전혀 발견되지 않는다.[47] 더욱이 슈타인바르트는 역사적인 기원이 의심스럽기 때문에 이미 명목상 신뢰가 상실된 황량한 신학적 비평인, 그리스도의 능동적 순종에 관한 퇼너의

---

44) *Glückseligkeitslehre*, 83.
45) 여기서 Loofs의 유명한 언급을 상기해 볼 가치가 있다. 'Die Dogmengeschichte ist Kind der deutschen Aufklärungszeit' (F. Loofs, *Leitfaden zum Studium der Dogmengeschichte*, 4th edn, Halle: Niemeyer, 1904, 1). *Dogmengeschichte*의 원래 목적은 그 역사적 형식을 과학적으로 문서화하는 것이었다. 이 사실은 우리 연구와 관련하여 특히 중요하다. 왜냐하면 칭의 교리의 발전에 관한 초기 연구(Baur와 Ritschl의 연구 같은)는 순전히 학문적인 동기보다는 변증적인 동기에서 수행되었기 때문이다.
46) *Glückseligkeitslehre*, 146. '성화' 개념의 기독론적인 적용에 대한 그의 비평도 주목하라. *Glückseligkeitslehre*, 288.
47) *Glückseligkeitslehre*, 149.

비평에 의지한다.[48]

그렇다면 슈타인바르트가 인류 칭의의 객관적인 근거로 이해하는 것은 무엇일까? 슈타인바르트에 의하면, 그리스도는 하나님에 대한 잘못된 이해(분노의 하나님, 독재자, 또는 그의 피조물에 임의적인 벌칙이나 조건을 부과하는 하나님 같은)로부터 인류를 구출하셨다.[49] 우리가 위에서 언급한 견해(필경 홉스에서 기인하는)를 따르면서, 슈타인바르트는 인간에게 주어지는 유일한 벌칙은 그들의 죄에 대한 즉각적인 자연적 결과거나 개선시키기 위해 필요한 것이므로, 그들로 하여금 미래에 그러한 자연적 벌칙을 피할 수 있도록 한다. 슈타인바르트는 그리스도의 수난과 죽음의 필요성과 중요성 같은 질문들이 의미 있는 논의를 넘어선 것이며,[50] 인간의 행복과 도덕적 완성에 부적합한 것이라며 누락시켜 버린다. 대리 만족 개념은 신학적으로도 불가능하며, 실천적으로도 불필요하다는 것이다.[51]

칭의의 객관적 근거와 관련된 계몽주의의 일반적인 입장은 정통파의 화해 교리에 대한 전적인 해체로 귀결되었음이 분명하다. 특히 퇼너의 저작에서 뚜렷이 볼 수 있는[52] 인간의 지적, 도덕적 자율성에 대한 강조는, 인류는 자연적으로 하나님으로부터 소외되었다는 정통파의 주요 주장에 의문을 제기한다. 계몽주의에서 인간은 인간이 죄 행위로 자기 자신에게 소외를 부과한 것이지, 하나님으로부터 자연적으로 소외된 것은 아니다. 그러나 이러한 죄 행위는 탈 목적적이다. 달리 말해, 행복과 도덕적 완성이라는 용어로 정의되는 인류 자신의 이익에 반하여 작용한다. 인간에게 해를 끼치는 것이 죄라고 정의된다. 하나님은 인류의 운명과 관련된 한에서만, 간접적으로 죄의 영향을 받는다. 만약 그리스도의 죽음이 인류에게 어떤 의미를 지닌다면, 그 의미는 개인에게 미치는 효력 속에 자리한다.

---

48) *Glückseligkeitslehre*, 130.
49) *Glückseligkeitslehre*, 161-2.
50) *Glückseligkeitslehre*, 162.
51) *Glückseligkeitslehre*, 180: 'Gott forder so wenig, als irgends ein menschlicher Väter von schwachen unmündigen Kindern mehr als aufrichtigen Willen und treuen Gebrauch der vorhandnen Kräfte.'
52) Baur, *Salus Christiana*, 134-8.

이 중요한 결론은 그리스도의 죽음에 관한 '도덕적' 해석 또는 '모범주의적' 해석으로 표현되는데,[53] 이 해석은 후기 계몽신학자들의 특징이다. 그리스도의 죽음은 최상의 모범 또는 인간에 대한 영감으로 이해되는데, 사람들이 도덕적으로 두드러진 개인이 될 수 있도록 그리스도의 두드러진 도덕적 성격을 모방하도록 동기를 부여하고 용기를 심어준다.[54] 계몽주의의 강력한 도덕주의와 자연주의는 구원의 성격에 관한 기독교적 이해를 도덕주의로 축소시킨 데서 두드러지며, 그리스도의 죽음도 이런 방식으로 연관되어 있다. 만약 그리스도가 인류를 구원하신다고 말한다면, 그것은 엄격한 의미에서 '인류를 하나님에 대한 잘못된 생각'에서 구원한다는 뜻이다. 따라서 슈타인바르트는 그리스도는 하나님이 독재자라는 생각과 하나님 개념과 사탄이라는 생각에서 인류를 구원하신다고 선언하면서, '구속' 개념을 '지적인 해방'으로 묘사하는데, 이는 계몽주의 운동의 합리주의적 특징이다.

1780년 무렵, 기독교적 칭의 교리의 기반이 영국, 프랑스 및 독일 계몽주의의 파괴적인 비평에 굴복하고 있었으므로, 교리적 기반의 회복은 불가능할 정도로 느껴졌다. 그러나 사실 그 다음 시대는 정통파에 대한 계몽주의의 비판이 오히려 파괴적인 비평을 겪게 되는 것을 목도하게 된다. 이와 함께 교리 발전사에 중요한 결과가 빚어진다. 이제 우리는 화해 교리의 재-정립에 끼친 칸트와 슐라이어마허의 독특한 공헌을 살펴보고자 한다.

2. 계몽주의에 대한 도덕적 비판: 임마누엘 칸트

후기 계몽주의의 구원론은 합리성, 도덕주의 그리고 자연주의라는 용어로 특징지어질 수 있다. 종교는 특성상 근본이 윤리적인 것이며, 특별한 방식(비록 꼭 적절한 방식은 아니더라도)으로 일반적이며 보편적인 도덕적 진리를 표현하는 것으로 간주되었다. 조건이 어떠하든지, 인류의 칭의에 덧붙여

---

53) McGrath, 'The Moral Theory of the Atonement.'
54) Teller, *Religion der Vollkommnern*, 9-12, 특히 12.

지는 것은 근본적인 특성상 도덕적인 것으로 여겨졌다. 이러한 구원론에 근본적인 내용은 모든 개인은 자신의 칭의에 필요한 구원론적인 자원을 소유 중인 것으로 간주되어야만 된다는, 개인의 구원론적 자율성에 대한 금언이었다.

이 단원에서 우리는 1790년에서 1830년 사이에 등장하여 계몽주의의 구원론에 대해 비판한 두 비평가에 관심을 가진다. 두 사람 모두 종교와 도덕과의 관계에 관련되었는데, 칸트는 이러한 관계에 대한 전통적인 계몽의 설명은 부적절하다고 주장했고, 슐라이어마허는 철저히 종교적인 기독교의 신앙 이야기를 발전시킴으로써, 이 관계를 동시에 제거해 버렸다.

유럽 사상, 특히 인식론에 있어서 현대는 대개 칸트가 시작했다고 인정된다. 칸트가 일으킨 혁명은 이데올로기적 혁명의 규모에 있어 코페르니쿠스에 비견된다. 특히 그의 종합적인 선험(a priori) 판단 개념과 관련하여 볼 때 이는 정당한 비교다. 양도할 수 없는 주관적 판단에 대한 칸트적 선언이 기독교 신학에도 중요한 결과를 가져왔지만, 칭의 교리의 발전에 있어 칸트의 중요성은 다른 부분에 있음이 강조되어야 한다. 즉 도덕적 양심의 자율성과 절대성에 대한 그의 강조는 화해 교리에 심대한 영향을 미친다. 사실 교리사에서 칸트의 중요성은 그가 화해 개념의 전제를 분석했다는 데 있다. 그는 이 전제가 양심 안에 있는 도덕적 자유와 도덕적 죄책감이라고 정했는데,[55] 이 때문에 계몽주의의 도덕적 구원론과 모범주의적 구원론을 비판하게 되었다.

『순수이성비판』(Critique of Pure Reason)에도 도덕성과 종교의 관련에 대한 칸트의 설명이 나오지만, 가장 명쾌하고 지속적으로 논의되는 내용은 1793년의 중요 에세이인 『이성만의 한계 안에서의 종교』(Religion within the Limits of Reason Alone)에서 접할 수 있다. 이 에세이는 11년 지난 후에야 세상에 나왔다.

칸트 신학의 초석은 도덕적 의무는 모든 것을 능가한다는 인식의 선험성

---

55) 이 점에서 Kant의 중요성에 대한 Ritschl의 주의 깊은 분석을 보라. *A Critical History of the Christian Doctrine of Justification and Reconciliation*, 320-86.

이다. "모든 인간은 자기 삶의 도덕성 여부와는 별도로 자신이 하나님을 기쁘게 만들 수 있다고 믿는데, 이런 믿음은 단순한 '종교적 환상'(Religionswahn)이며, 하나님에 대한 '거짓-예배'(Afterdienst)다"라는 말은 칸트에게 있어, 신학의 기본 철칙이다.[56] 기독교의 도덕적 기반에 대한 강조와 인류의 하나님이 만들었다고 하는 '임의적인 요구사항들'이라는 생각에 대한 거부는 분명 초기 계몽주의 저술가들의 내용과 평행을 이룬다. 그러나 칸트는 두 가지 중요 측면에서 계몽주의 운동과 결별한다. 첫째, 도덕성에 대한 근본적으로 실용주의적이나 행복론적인 접근이 목적 자체로서의(인간의 완전 또는 행복이라는 목적의 수단이기 보다) 도덕적 의무 개념으로 대체되며, 이 개념은 '최고선'이라는 용어로 표현된다.[57] 둘째, 칸트는 도덕성을 하나님의 알려진 명령에 의존하는 것은 윤리학의 타율적인 속성을 인정하는 것이므로, 오히려 도덕성은 스스로-부과한 자율적인 인간 의지의 '정언(또는 무조건적) 명령'(unbedingte Forderung)에 기반을 두어야 한다고 주장한다. 도덕적 의무(das Sollen)에 관한 인간의 감각은 덕과 행복의 상호관계보다 앞선다.

더욱이 칸트는 정언 명령의 이해는 '인간 위에 있는 다른 존재'(달리 말해, 신)라는 개념과는 상당히 독립적이라고 주장한다. 그러나 칸트는 곧바로 그 존재에 대한 생각이, 믿음 행위를 통하여 일어날 수도 있음을 인정한다. 믿음 행위는 '인류와는 별도의 도덕 입안자'로서 하나님의 존재와 의무(das Sollen, 또는 당위<當爲>)를 결부시킨다. 설령 이런 해석이 종교가 근본적으로 실천 이성의 요구라는 사실의 인정과는 무관하더라도, 종교적 성향의 개인들은 당위(das Sollen)를 자신에게 부과된 신적 의무가 표현된 것으로 해석할 것이다. 칸트의 비판 철학은 의무를 순수 이성의 영역을 넘는 것으로 위치시켰다.

---

56) *Schriften* 6,170,15-19.
57) Döring의 고전적 연구를 보라. A. Döring, 'Kants Lehre vom höchsten Gut,' *Kantstudien* 4 (1898), 94-101. J. R. Silber의 보다 최근 연구도 주목되어야 하며, 특히 그의 에세이도 그렇다. 'The Importance of the Highest Good in Kant's Ethics,' *Ethics* 73 (1963), 179-97.

칸트는 인간의 의무가 최고선의 추구라는 신념은, 도덕적 완성이 가능하다는 필수적인 전제를 지닌다고 기록한다. 칸트에게 있어 도덕적 완성의 가능성을 부인하는 것은 최고선의 가능성을 부정하는 것으로 연결된다. 왜냐하면 전자는 후자의 무조건적 구성요소이기 때문이다. 그러므로 최고선의 가능성에 대한 거부는 도덕법에 대한 부정을 수반하므로, 칸트는 이를 실제적인 모순(absurdum practicum)이라며 고려에서 사라지게 한다. 칸트에게 있어 의무(das Sollen)에 대한 이해는 도덕적 완성의 가능성이라는 근본적이며 필수적인 전제를 필요로 한다. 이러한 전제가 그로 하여금 여러 가지 중요 측면에서 계몽주의(Aufklärung)와 단절하게 강제했음을 깨닫는 일이 아주 중요하다. '근본 악'(radical evil) 개념을 고찰해 보면 이 점이 더 분명해질 것이다.[58]

인간은 자유로운 피조물이지만, 바로 그 자유를 잘못 사용하는 능력도 있음을 정확히 파악한 것이 칸트의 장점이었다. 도덕적 의무에 관한 그의 해설은 사람들이 자기의 당위 인식을 무시할 수도 있는 가능성에 대해 설명한다(칸트가 한 개인이 악인지 알면서 일부러 악을 선택할 수도 있다는 암시는 배제했음에 유의하자). 인간 자유의 결과 '선과 악' 의지 모두에 도덕적 성질은 생긴다. 개개인 스스로 도덕적으로 선할 것인지 악할 것인지 결정해야만 한다. 만일 선택 하지 않거나 선택을 할 수 없다면, 개인이 자신의 도덕적 조건에 책임질 수 없게 되므로, 도덕적으로 선한 것인지 악한 것인지 구별될 수 없게 된다. 도덕적 당위 인식은 인간이 반드시 자유롭게 의무를 행하거나, 또는 행하려 결정해야만 한다는 결론으로 칸트를 이끌었다. 왜냐하면 그렇지 않을 경우 '당위' 개념이 도덕적 내용에서 철거되기 때문이다. 계몽주의와 마찬가지로 칸트에게도 원죄 개념이 거부된다. 따라서 인간 악의 기원은 인간 의지 안에서 찾아져야만 한다. 그러나 왜 인간 의지가 악을 선택해야 했는가? 만약 인간이 죄를 야기하기 전에는 그들 속에 악이 없었다면, 도대체 어떻게 의지가 부패하게 되었는가?

---

58) 이 개념에 대한 유용한 소개로 다음을 보라. G. E. Michalson, *Fallen Freedom: Kant on Radical Evil and Moral Regeneration*, Cambridge: Cambridge University Press, 1990.

칸트는 이 시급한 질문에 대답을 시도한다. 인간 의지 내부에 있는 이러한 근본적인 모순은 인간 의지(Willkür)가 기질적인 측면을 가지기 때문이라는 개념을 발전시킴으로써 설명한다. 그는 선의 부족이라는 용어로 악을 정의하므로, 악한 사람들이란 자신의 민감한 품성적 요구에 당위의 요청을 보강해야 하는 사람들이다. 악의 존재에 대한 접근은 분명히 도덕적 완성 가능성에 의문을 제기한다. '근본 악' 가설은 칸트 윤리학이 기반을 두고 있는 근본적 전제들을 배제시킨다. 왜냐하면 이 가설은 도덕적 완성이라는 목표나 완성의 성취보다는, 실질적으로 예상할 수 있는 한도에서의 최상의 진전을 가리키기 때문이다. 따라서 칸트는 이러한(성취될 수 없는) 목적을 향한 '성향'(Gesinnung)이라는 용어에 부합하게끔 도덕적 완성의 의미를 (재)정의한다. 성향은 일종의 원형(Urbild)인데, 사람이 이것을 선하다고 인식하게 되면, 능동적으로 선을 향하여 일하게 한다.

칸트는 '선한 성향'을 도덕적 완성의 원형을 향해 노력하는 것으로 정의하면서, 하나님은 도덕적 완성을 향하고자 하는 의도만을 지닌 사람도 마치 그들이 완전성 전체를 이미 소유한 것처럼 취급하신다는 주목할 만한 주장을 내세운다. 하나님께서 이처럼 놀라운 방식으로 대우하시리라고 기대조차 할 권리가 인간에게 없음을 인정하면서도, 하나님은 성향을 원형으로서 값없이 그냥(aus Gnaden) 인정하신다고 주장한다.[59] 경건주의와 계몽이 그토록 맹렬히 반대해 왔던, '마치 ~인 것 같은 신학'(als-ob-théologie) 또는 '법정적 드라마'의 놀랄 만한 재등장은 상당한 중요성을 지닌다. 앞에서 언급했듯이, 후기 계몽주의는 은총의 수여 또는 신적 수용이 도덕적 증진에 부수하는 것이라고 강조해 왔었다. 칸트에게는 은총이 칭의의 첫 단계서부터 뒤엉켜 있다. '하나님을 기쁘시게 하는 사람'(der wohlgefällige Mensch)은 하나님께서 그의(또는 그녀의) 결함을 눈감아 주시는 자비로운 행동에 기반을 둘 때에만 '기쁘시게' 할 수 있게 된다. 칸트가 어딘가에서 기록했듯이, '자신

---

59) *Schriften* 6.75.1-76.6 (필자의 이탤릭체). 이 놀랄 만한 진술의 배경에 대해 다음을 보라. 6.6214-66.18. 이 저작의 다른 곳에서, Kant는 도덕법을 느슨하게 만드는 관대한 심판은 용어상의 모순을 나타낸다고 단언한다. 6.141.9-142.3. 그러한 문장들 사이의 명백한 모순에 대해서는 논의되지 않는다.

의 능력이 미치는 정도에 따라'(so viel in seinem Vermögen ist) 하나님을 기쁘시게 하려는 개개인은 하나님께서 그들의 결함을 '보충'(ergänzen)해 주심에 의존할 수밖에 없다.[60]

이 점에서 칸트와 비아 모데르나(via moderna) 사이의 평행성이 분명해진다. 특히 자신의 최선을 다하는 사람(quod in se est-so viel in seinem Vermögen ist)이 엄격한 정의에 의해서가 아니라 은총의 행위에 의해 하나님을 기쁘시게 하거나 하나님께 받아들여진다는 공통의 전제에서 더욱 그러하다.

칸트와 계몽주의의 일반적인 공통점이 있음에도, 도덕적 삶을 살고 곧이어 회개를 결심하는 사람을 하나님이 어떻게 의롭게 하시는가에 대한 칸트의 논의에서 차이점이 더욱 분명히 드러난다. 칸트는 이것이야말로 진정한 가능성이라고 주장한다. 사실 최고선의 무조건적인 구성요소인 실제적 가능성이 심지어 가장 약한 의미에서라도 유지되려면, 반드시 진정한 가능성이어야만 한다. 그러나 칸트는 이런 가능성이 제기하는 세 가지 어려움을 언급하는데, 그 중에 세 번째가 특히 중요하다.[61] 자신들의 악한 성향을 선한 성향으로 교정하려는 개인은, 이전에 악한 행동을 자행하고, 그 결과 악과 관련된 죄책의 짐을 지고 있는 사람과 동일한 인물이다. 하나님께서 어떻게 그런 사람을 의롭게 하실 수 있을까? 칸트는 단순히 죄가 처벌받지 않도록 허용하는 것은 하나님께서 수용하실 만하다는 점을 부각시킴으로써, 그러한 개인이 행위의 마지막 국면에서 (엄격한 의미에서) 의롭게 되는가의 문제에 대한 해결책을 제시한다.

사실 어려움에 대한 칸트의 해결책은 명백히 그의 도덕 철학이 기반을 두고 있는 일반 원칙과 조화되지 않는다. 특히 개인이 자기 자신의 도덕적 행위에 책임이 있다는 명제와 부합하지 않는다. 어떤 개인도 다른 사람으로 인해 선해질 수 없으며, 도덕적으로 탁월한 사람의 선함이 다른 사람의 죄를

---

60) *Schriften* 6.120.10-16.
61) 첫 번째 어려움은 도덕적 행위와 도덕적 성향 사이의 관계에 대한 것인데, Kant로 하여금 어떻게 하나님이 선한 도덕적 성향을 완전히 선한 도덕적 행위와 동등하게 받아들일 수 있는지를 논의하게 만들었다. *Schriften* 6.61.21-67.16. 두 번째 어려움은 개인이 어떻게 확신을 지닌 채 그들의 새로운 성향이 실제로 선한 것임을 알 수 있는가 하는 것이다. *Schriften* 6.67.17-71.20.1.

대신 제거하도록 허락되지 않는다. 대리적 만족(stellvertretende Genugthuung) 개념을 칸트가 거부한 배경은, 죄란 공로처럼 엄격하게 이전될 수 없기 때문이다. 그러므로 위에서 언급된 어려움에 대한 칸트의 해결책은 놀랄 만한 것이다. 선한 성향을 얻고자 그의(또는 그녀의) 악한 성향으로부터 돌이키는 개인은 다른 사람이 된 것으로 간주된다는 것이다. 옛 성향은 새 성향과 도덕적으로 다른 것이 된다(ist moralisch ein anderer). 칸트는 옛 성향과 새 성향 사이의 불연속성 때문에, 그것들을 동일한 도덕적 개체로 단정하기를 거부한다. 이 결론은, 성향 자체가 도덕적 행위자의 정체성을 수립하는 수용 가능한 유일한 기초라는 가정에 의존하는 것 같다.

칸트는 이런 측면을 확립하면서 새 성향이 옛 성향에 맞추어 부착되어 있던 죄를 대신하는 것을 옛 성향을 '대체한다'(vertritt)고 주장하는 놀랄 만한 진전을 이룬다. 예전 잘못은 새로운 성향 때문에 취소되며, 그들은 하나님 앞에서 의롭게 된다. 칸트는 이러한 가정에 기반을 두어 하나님을 기쁘시게 하려고 시도하는 사람은 그들의 이전 죄가 폐기되었음(abgetan)을 나타내는, 즉 화해 교리로 표현되는 진리의 확신에 거하게 된다.[62] 그러므로 칸트는 도덕법을 지키려고 결심한 개인들이, 그들의 이전 역사가 어떠했던지 간에, 신적 은총을 통하여 자신의 도덕적 과거가 폐기되며, 현재의 도덕적 결함이 보완될 수 있다는 희망을 지닐 권리를 가지는 것이 화해 교리의 뜻이라고 해석한다.

칸트에게 있어, 종교(Religion)의 중요성은 실천 이성의 명령으로서, 신적 은총의 필요성을 인식하는 데 있다. '근본악'에 대한 그의 깊은 비관성은 좋은 성향으로의 보완과 이전의 악한 성향이 향한 도덕적 죄에 대한 폐지에 있어서 신적 은총이 하는 역할에 대한 긍정성(대리적 만족 과정에 의해)을 통해 중화된다. 비록 칸트가 화해 교리를 발전시켰다고 말할 수는 없지만(또는 사실 의도는 했다 하더라도), 실천 이성에 대한 그의 분석으로 칭의 교리와 화해 교리가, 비록 정통 교리와는 꽤 동떨어진 형식으로 기술되었음에도 불구하고 도덕 철학 안에서 적절하고 필수적인 위치를 지니게 되었다고 주

---

62) Schriften 6.183.37-184.3.

장할 수는 있을 것이다.

3. 계몽주의에 대한 종교적 비판: 슐라이어마허

18세기의 마지막 십년에, 계몽적 합리주의의 무미건조한 성질과 엄격한 영적 제한과 관련된 더 많은 오해가 표출되었다. 한때 해방자로 여겨지던 이성은 영적 노예화로 간주되었다. 이러한 우려들은 대학의 철학 교수진이 아니라 문학과 예술 서클, 특히 영향력 있는 베를린의 슐레겔 형제들, 오거스트 빌헬름(August Wilhelm, 1767-1845)과 프리드리히(1772-1829) 등이 표출시켰다. 흔히 '낭만주의'(Romanticism)로 알려진 이 운동은 정의가 어렵기로 악명이 높은데, 아마도 인간 이성은 실재를 파악할 수 있다는 계몽주의의 중심 주제에 대한 반동이라고 보는 것이 가장 적절할 것이다.

계몽주의가 인간 이성에 호소하는 것이라면, 낭만주의는 인간의 상상력에 호소하며, 인간 이성은 무한한 세계는 고사하고 유한한 세계조차 이해할 수 없다는 자각에서 생긴 심오한 신비 감각을 인정한다. 순수 이성으로는 알 수도 없고, 알려지지도 않은 무엇인가가 보다 광활한 실재의 경계지역에 존재한다는 낭만주의자들의 강한 인식이 운동으로 퍼지면서, 점차 합리주의의 식상함에 지루하고 좌절된 세대에 커다란 매력으로 다가왔다.[63]

비록 슐라이어마허(Schleiermacher)가 낭만주의자라고 말하는 것이 최상은 아니더라도, 인간의 '감정'(Gefühl)에 부여된 새로운 의미는 그로 하여금 이제껏 압도적이었던 합리주의적 개념의 축소 경향과 결별하는, 기독교의 신앙 이야기를 발전시킬 수 있도록 했다.[64] 기독교 교의의 근본적인 사실

---

63) 예를 들어, M. H. Abrams, *Natural Supernaturalism: Tradition and Revolution in Romantic Literature*, New York: Norton, 1973. 기독교와 낭만주의의 관계에 대한 일반적인 질문으로 다음을 보라. R. E. Brantley, 'Christianity and Romanticism: A Dialectical Review,' *Christianity and Literature* 48 (1999), 349-66.
64) 전반적인 배경에 대해서 다음을 보라. R. Eldridge, 'Kant, Hölderlin, and the Experience of Longing,' in The Persistence of Romanticism: Essays in *Philosophy and Literature*, Cambridge: Cambridge University Press, 2001, 31-51. Schleiermacher의

(Grundtatsache)은 개인의 믿음 또는 '경건'(Frömmigkeit)으로 존재하며, 기독교 교의의 임무는 우선 이 주어진 것(datum)을 세우는 것보다는 주어진 것의 내용을 설명하는 것이다.[65] 슐라이어마허가 모든 종교의 축소될 수 없는 요소라고 주장하는 '경건'의 정수는 무엇인가 합리적이거나 도덕적인 원칙이 아니라, '감정' 즉 즉각적인 자기 인식이다.[66] 따라서 기독교 교의는 본질상 기독교의 종교적 감정에 대한 개인들의 이야기다.[67] 슐라이어마허는 그리스도의 구속의 사실, 그리고 죄와 은총의 반정립 위에 자기 교의를 건설한다. 슐라이어마허는 『기독교 신앙』(Der Christliche Glaube)의 첫 부분에서 그의 반정립으로부터 고립되어 있는 인간의 종교 의식(Bewußtsein)에 대해 논의한다. 비록 종교 의식은 기독교적 경건을 전제로 하지만, 구체적으로 기독교적 의식은 경건과는 구별된다. 왜냐하면 그것은 믿음을 하나님 의식으로 해석하는 '절대 의존 감정'(das Gefühl schlechthinniger Abhängigkeit)이기 때문이다.[68]

슐라이어마허는 기독교적 경건, 특히 '절대 의존 감정'을 기독교 신학의 출발점으로 내세우면서, 이러한 경건의 기원은 기독교 공동체라는 집단의식 위에 그리스도가 덧붙여져 생긴 효과이므로 구원론적으로 설명되어야 한다고 주장한다. 이 주장은 이 문제에 대한 순전히 종교적인 접근이며, 계

신학에서 Gefühl의 역할에 대하여 다음을 보라. W. Schutz, 'Schleiermachers Theorie des Gefühl und ihre religiöse Bedeutung,' ZThK (1956), 75-103; F. W. Graf, 'Ursprungliches Gefühl unmittelbarer Koinzidenz des Differenten: Zur Modifikation des Religionsbegriffs in der verschiedenen Auflagen von Schleiermachers "Reden über Religion",' ZThK 75 (1978), 147-86.
65) J. Forstman, A Romantic Triangle: Schleiermacher and Early German Romanticism, Missoula: American Academy of Religion, 1977.
66) Der christliche Glaube, §3, 2-4; 1.7-13.
67) Der christliche Glaube, §15, 1; 1.99-100. Schleiermacher는 그러한 경험의 공공적 차원을 강조하며, 유아론(唯我論)의 형식으로 빠지지 않는다. 기독교 신앙은 근본적으로 그리고 주요하게 신앙의 공동체에 기반을 둔 것으로, 그리스도 안에 있는 믿음이다. 보다 깊이는 다음을 보라. D. Offermann, Schleiermachers Einleitung in die Glaubenslehre, Berlin: de Gruyter, 1969, 293-321.
68) Der christliche Glaube, §4, 4; 1.20-2. 참조. F. Beisser, Schleiermachers Lehre von Gott, Göttingen: Vandenhoeck & Ruprecht, 1970, 57-68; Offermann, Schleiermachers Einleitung, 47-65.

몽주의의 도덕주의와 날카롭게 구별된다는 점이 강조되어야 한다. 슐라이어마허는 그리스도를 인류에게 대속 효과가 있는 감화력으로 가득 차 있는, 절대적이고 강력한 신-의식(schlechthin kräftiges Gottesbewußtsein)에 귀속시킨다.[69] 대속의 정수는 비록 약하고 억압되어 있지만, 인간의 본성에는 이미 신-의식이 있다는 것이며 '그리스도의 살아 계신 영향력이라는 출입구'를 통하여 고양되고 증진된다.[70] 그리스도는 구속주(Erlöser)로서 정도 측면에서, 그리고 종류 측면에서 그의 막힘없는 신-의식의 힘 때문에 다른 모든 인류와 구별된다. 그리스도의 대속 활동은 그의 신-의식의 힘을 개개인의 것으로 만드는 것이다. 슐라이어마허는 이러한 전제에 기반을 두어, 계몽주의와 개신교 정통파의 구원론 모두를 비판한다.

슐라이어마허에게 있어, 계몽주의자들은 그리스도를 단지 예언자로만 취급하며, 주로 그를 하나님 사상의 교사 또는 종교적 원리 또는 도덕적 원리의 모범으로만 간주한다. 이러한 견해(슐라이어마허는 이런 견해를 그리스도의 사역에 대한 '경험적' 이해라고 지칭한다)는 '대속 활동을 그리스도 쪽에만 떠맡기고, 그리스도를 우리 속에 완성의 증진을 불러일으키는 분으로만 여기며, 오직 가르침과 모범으로만 그러한 활동을 일으킨다'고 보는 것이다.[71] 만약 그리스도의 의미에 관한 이런 설명이 옳다면, 참된 의미에서의(im eigentlichen Sinne) 구속에 대한 믿음은 불가능하게 된다고 슐라이어마허는 주장한다. 그리스도의 사역에 관한 정통파의 견해(슐라이어마허가 '마술적'이라고 지칭하는)는 그리스도를 '자연적인 어떤 것에 중개되지 않는' 순전히 목적적인 거래를 하는 이로 만든다. 슐라이어마허는 이런 접근법은 역사적 인물로서의 나사렛 예수를 정당하게 다룰 수 없는 가현설(Docetism)에 가깝다고 말한다. 만약 그리스도가 이처럼 초자연적주의자적인 방식으로 자신의 영향력을 발휘할 수 있었다면, 어떤 상황에서도

---

69) *Der christliche Glaube*, §94, 1-3; 2.40-5. 용어 *Urbild* 사용에 대하여 다음을 보라. P. Seifert, *Die Théologie des jungen Schleiermacher*, Gutersloh: Gütersloher Verlagshaus, 1960, 141-2.
70) *Der christliche Glaube*, §106, 1; 2.162.
71) *Der christliche Glaube*, §100, 3; 2.101.

정확히 똑같은 방식으로 일할 수 있었을 것이고, 그렇게 되면 역사 안에서의 그의 인격적 모습은 불필요한 것이 되고 만다.[72] 이런 관찰의 배경에는, 초자연주의적 접근은 자연스럽지 못한 신적 인과성 개념과 결부될 것이라는 슐라이어마허의 확신이 있다. 그에게 신적 인과성은 자연적 수단을 통하여 일어난다. 이 점에서 계몽주의와 슐라이어마허와의 유사성이 두드러진다. 그리스도의 압도적인 신-의식이 지닌 감화력은 자연적인 채널을 통하여 인간에게 중개된다.

슐라이어마허는 개별 신자가 어떻게 그리스도와의 교제로 들어가는지를 논하면서, 이것이 신자의 삶 속에 어떻게 표현되는지 고찰한다.[73] 이 시점에서, 슐라이어마허와 경건주의 사이에 중요한 신학적 연속성이 드러난다. 둘 다 칭의는 인간 안에서 일어나는 참된 변화에 부수되는 것이라고 주장한다.

> 칭의는 사람이 의롭게 되는 것과 관련된 무엇인가를 전제한다. 그리고 지고의 존재에게는 어떠한 실수도 없으므로, 개인의 이전 상태와 현 상태 사이에 무슨 일이 일어났다고 추정되어야만 한다. 그 일에 의해 신적 불쾌감이 제거되며, 그 일이 없으면 개인은 신적 호의의 대상이 될 수 없었을 것이다.[74]

같은 주제가 계몽주의 속으로 흘러 들어갔다. 신적 수용은-합리주의가 받아들일 준비가 된 어떤 형식이로든-인간의 변화에 달려 있다. 퇼너(Töllner), 슈타인바르트(Steinbart) 그리고 텔러(Teller)처럼, 슐라이어마허는 칭의란 인간 내부의 선행한 교정에 수반되는 것이라고 주장한다. 계몽주의에 있어 교정은 도덕적인 것으로 여겨진다(조건을 칭의보다는 회복이라고 언급하는 경향성에 주목하라). 슐라이어마허에게 신적 수용이 의존하는 중차대한 교정은 '믿음의 방식으로 그리스도를 붙잡는'(Christum gläubig ergreifen) 종교적인 것으

---

72) *Der christliche Glaube*, §100, 3; 2.101.
73) H. Pieter, *Theologische Ideologiekritik: Die praktische Konsequenzen der Rechtfertigungslehre bei Schleiermacher*, Göttingen: Vandenhoeck & Ruprecht, 1977.
74) *Der christliche Glaube*, §107, 2; 2.167-8.

로 사고된다.[75] 비록 이것이 인간 스스로 의롭게 할 수 있음을 시사하는 것으로 보일 수 있음을 인정하면서도 슐라이어마허는 칭의는 실제로 인간이 그리스도와 가지는 교제라는 가정에서 생긴다고 진술함으로써[76] 칭의 시 인간의 역할에 대한 이해를 채택하는데, 이는 계몽주의적 이해와 날카롭게 구별된다.

슐라이어마허는 칸트적인 개념인 근본악 개념을 발전시키면서, 인간은 도움이 없이는 압도적인 신-의식을 획득할 수 없다고 주장한다. 인간 속에는 '선에 대한 전적 무능'으로 이해될 만한, 죄를 향한 내재적 기질이 있으므로,[77] 인간으로 하여금 외부의 신적 지원이 필요함을 깨닫게 한다.

기독교의 네 가지 '자연적 이단'에 관한 슐라이어마허의 중요한 논의를 통해, 이 측면이 발전된다. 네 가지 자연적 이단은 그리스도의 위격에 대한 가현설적 해석과 에비온파적인 해석, 그리고 구원의 자원에 대한 펠라기우스적 해석과 마니교적 해석이다.[78] 슐라이어마허가 관찰하였듯이, 인간 구원의 원천에 대한 올바른 이해는, 구속이 인간 자신의 외부로부터 필요하다는 점을 설명할 수 있어야만 한다. 달리 말해, 왜 모든 인간은 구속의 주체가 될 수 없는지 설명할 수 있어야 한다. 구속 대상(인간)에 대한 이해는 반드시 슐라이어마허 구원론의 두 가지 기본 전제를 충족시키는 것이어야 한다. 즉 인간은 인간 밖으로부터 구속을 필요로 하고, 일단 구속이 제공되면 구속을 받아들이거나, 수용할 수 있어야 한다. 만약 인간의 구속 필요성이 인정되면서도, 그러한 구속 제공의 중요성이 부인된다면, 인간 스스로 자기 구속의 담당자가 되어야 한다는 결론이 내려져야 할 것이다. 그래야만 구원론적으로 충분한 개인에 의해서든지, 또는 다른 사람을 대신한 한 개인이든지, 구속이 효력을 발휘할 것이다. 만약 만인에 의한 것이 아니라면, 적어도 정도

---

75) *Der christliche Glaube*, §109, 4; 2.201. 그러나 믿음이 칭의의 도구적 원인이라는 제안에 대한 철저한 반대에 주목하라. §109,4; 2.202.

76) *Der christliche Glaube*, §107, 1; 2.165-7.

77) *Der christliche Glaube*, §70; 1.376 '[eine] aufzuhebende vollkommne Unfähigkeit zum Guten.'

78) *Der christliche Glaube*, §22, 1-3; 1.124-9. 보다 깊이는 다음을 보라. K.-M. Beckmann, *Der Begriff der Häresie bei Schleiermacher*, Munich: Kaiser Verlag, 1959, 36-62. 이 네 이단에 대한 보다 상세한 고려로 다음을 보라. 85-114.

차는 있겠지만 몇몇 사람에 의해서라도 그래야 할 것이다. 만약 자신을 구속하는 인간의 중요성이 인정되지만, 대속(일단 주어진다고 치고)을 충족시킬 만한 능력이 부정된다면 구속은 틀림없이 불가능하다. 비록 슐라이어마허가 형상화시킨 모습과 이들 이단들의 구체적인 역사적 형태가 다르긴 하지만 넓게 보면 이 두 가지 입장은 펠라기우스 이단, 그리고 마니교 이단과 일치한다.

이 논의는 기독교의 독특한 특색으로, '모든 종교적 감정은 그리스도 안에서의 구속과 연결된다' 는 원리에 대한 슐라이어마허의 정의와 관련하여 중요하다.[79] 인간의 구원론적 자율성에 관한 계몽주의의 철칙은, 어거스틴적 구속의 독특한 요소들을 제거했다. 왜냐하면 계몽주의는 인간 외부로부터의 구속은 인간의 자율성을 침해한다고 보았기 때문이다. 인간의 구원론적 원천이 지니는 이질적인 특성에 관한 슐라이어마허의 주의 깊은 진술은, 개신교 칭의 교리의 전통적인 측면을 다시금 포착하려는 중요한 시도로 보아야 할 것이다.

슐라이어마허가 계몽주의의 구원론에서 더 깊이 비판한 것은 죄의 개념에 대해서다. 잘 알려져 있듯이 슐라이어마허는 죄를 구속이라는 신적 목적에 종속시키며, 인간의 죄 인식을 그들의 구속에 필수적인 서막으로 간주한다. 죄가 실재한다는 최초의 인식은 구속의 가능성에 효력을 미치는 최초의 예감이다. 슐라이어마허는 자연적 처벌과 임의적 처벌 사이의 구분과 함께 처벌의 교정적 특성에 관한 계몽주의의 철칙을 거부한다.[80] 그에게 있어, 구속 의식을 일으키는 수단으로서의 죄와 죄에 대한 처벌 사이에서 하나님의 의로움은 긍정적인 상호관계를 형성시킨다.[81]

따라서 하나님의 의로움은 인간의 선(도덕적 행위 같은)과 신의 보상(칭의 같은) 사이에 긍정적인 상호관계를 인정한다는 계몽주의의 견해는 기각된다. '그것으로 인해 보편적인 죄의 상태 안에서 악과 실제의 죄 사이에 연결을 만드는 신적 인과성' 으로 '하나님의 의' 를 정의하면서, 선과 보상 사이

---

79) *Der christliche Glaube*, §22, 2: 1.125.
80) *Der christliche Glaube*, §84, 3: 1.470-1.
81) *Der christliche Glaube*, §84, 3: 1.471-3.

에 어떠한 상호관계도 인정하지 않는다는 점에서, 상당한 용어적 제약을 준다는 점을 슐라이어마허는 인정한다.[82] 그러나 그는 크리스천의 의식은, 그리스도라는 구체적이며 독특한 사례를 제외하고, 인간의 선과 신의 보상 사이에 어떠한 긍정적 상호관계도 인정하지 않는다고 진술하면서, 이러한 제약에 대해 변호한다.[83] 따라서 신적 의로움에 관한 인식은 오직 신의 징벌적 정의(strafende Gerechtigkeit)에 관한 의식이며, 구속의 가능성을 깨닫도록 이끈다. 그러므로 슐라이어마허는 계몽주의의 특징인 신적 처벌과 신적 의에 대한 도덕적 이해를 종교적 이해로 대체했으며, 근본적으로 종교적인 구원 개념에 이 이해들을 종속시켰다.

4. 칭의 개념의 재사용: 알브레히트 리츨

슐라이어마허의 구원론은 1820년에서 1870년 사이에 보다 급진적인 신학 전통과 보다 보수적인 신학 전통 모두로부터 상당한 비판에 처해졌지만, 독일의 신학 인식에 영구적인 충격을 주었음에 틀림없다. 하나님 앞에서 인간의 칭의에 관한 순전히 합리주의적이거나 도덕주의적인 설명은 종교적으로 결함이 있다고 여겨졌다. 그러나 슐라이어마허의 계몽주의 비판에는 칭의 교리의 목적론적 차원에 대한 재도입이 포함되지 않았다. 여전히 인간의 변화라는 관점에서 칭의가 주로 사용되었다.

페르디난트 크리스티안 바우어(Ferdinand Christian Baur)는 1838년 출판된 화해 교리의 발전에 관한 영향력 있는 연구에서, 역사발전의 성격에 관한 헤겔적 이해를 바탕으로[84] 이미 제거된 이 교리적 요소가 더 이상 회복되지 않을 것이라고 단언했다. 바우어의 헤겔주의는 그로 하여금 화해 교리에서 목

---

82) *Der christliche Glaube*, §84, 1; 1.465-6.
83) *Der christliche Glaube*, §84, 1; 1.466-7.
84) Baur, *Die christliche Lehre von der Versöhnung*, 748. Baur가 계몽과 Kant 및 Schleiermacher의 구원론들 사이의 차이를 최소화했음에 주목해야 한다. 필경 역사발전에 관한 자신의 헤겔적 이론에 일관성을 가지려고 그랬을 것이다.

적론적 구원론 개념이 영구적으로 제명될 것이라는 암시를 하게끔 만들었다. 헤겔주의의 사변적 카테고리의 사용은 신학 서클 내부에 널리 퍼졌다. 특히 바우어의 가장 유망한 제자 중 한 사람인 알브레히트 리츨(Albrecht Ritschl)의 첫 작품인 『고대 가톨릭교회의 기원』(Die Entstehung des altkatholischen Kirche, 1850)에도 이런 사용이 뚜렷이 나타난다. 바우어의 동시대인 대부분은 헤겔적 전제에 공감하고 있었으므로, 화해 교리의 전망에 관한 그의 견해에도 공감했다. 계몽주의가 거부한 교리의 객관적 요소는 일반적으로 돌이킬 수 없이 상실된 것으로 여겨졌다는 점에서, 어떻게 이러한 통합이 일어났는지 분명하지 않다.

1850년대에 헤겔주의가 급속히 붕괴하면서 역사발전의 성격에 관한 헤겔적 이해에도 전반적인 반대가 일어났다. 리츨의 『기원』 제2판(1857)에 그 결과가 즉각적으로 분명히 드러난다. 바우어 및 헤겔주의와의 단절은 명백하다. 현 연구의 관점에서 볼 때, 더욱 중요한 것은 바우어가 부과한 헤겔적인 해석 틀의 제한 없이, 기독교 칭의 교리의 발전을 재조사하겠다는 리츨의 결심이다.

리츨은 『독일신학 연감』(Jahrbuch für deutsche Théologie)에 일련의 예비적인 소논문을 기고한 후 『기독교의 칭의와 화해 교리』(Christliche Lehre von der Rechtfertigung und Versöhnung) 첫 권을 1870년 출판했다. 칭의 교리의 강화에 있어, 이 역사적 분석의 중요성이 아직까지도 완전히 평가되지 못하고 있다. 리츨은 이 저작을 통해, 바우어의 단언과는 반대로 한 세대가 제거한 화해 교리의 요소들을 곧이어 다른 세대가 복원시킬 수 있음을 입증했다. 리츨은 바우어가 헤겔 역사철학의 사변적이고 비경험적인 카테고리에 선험적(a priori) 지위를 부여한 것으로는, 객관적으로 주어진 역사적 데이터에 맞추어 화해 교리의 진보를 설명할 능력이 없음을 보여주었다. 그 다음 그는 교리에 대한 긍정적인 재진술로 향할 수 있었다. 이 작업은 바우어의 역사발전의 성격 이해가 만든 제약 때문에 재진술이 방해받지 않도록, 객관적 구원론 개념(죄와 같은)을 재사용하여 이루어졌다. 이것이 『기독교의 칭의와 화해 교리』 제3권의 주제를 구성하는 긍정적인 재진술 작업이다.

리츨에게 있어 모든 종교는 특성상 독점적으로 구원론적이며, 인간이 자신에게서 발견한 모순에 대한 해결책을 추구한다. 왜냐하면 인간은 한때, 그리고 지금도 자연 세계의 일부이며, 자연 질서에 의존하고 자연에 의해 제한되지만 또한 자연으로부터 독립을 유지하려는 결정으로 동기를 부여받는 영적 실체이기도 하기 때문이다.[85] 그러므로 종교는 근본적으로 인간과 하나님 및 세계에 대한 관계를 해석한 것으로, 하나님이 인류의 구속에 영향을 미치신다는 신념에 기반을 두고 있다. 리츨 신학은 역사 속에서 하나님의 구속 행위의 중심성에 그 전부를 의지하고 있는데 여기에 (연속하여) 인간의 반응과 의무가 더해진다. 리츨은 『고대 가톨릭교회의 기원』 제2판에서 초기의 참된 기독교와 후기의 참되지 않는 형식 사이에 중요하고도 커다란 영향을 미치는 구분선을 긋는다. 후기 형식은 근본적으로 이질적인 요소들이 복음 자체에 침범해서 생긴 결과로 본다.

리츨에 의하면, 기독교는 근본적으로 구원론적 지향성을 지니지만, 헬레니즘적인 형이상학이 기독론 중심의 종교에 침투하면서 부패되기 시작했다. 리츨은 신학에 있어 형이상학의 역할을 의심했는데, 이는 인간이 구속 행위의 범위 밖에서는 하나님에 대한 참된 지식을 가질 수 없다는 근본적인 확신을 반영한 것이다. 그리고 인간의 지식은 '가치-판단'(Werthurtheile)의 형식을 취하는데, 공평무사하고 편견 없는 지식과 동등한 수준에는 미치지 못한다.

리츨은 이상주의적 합리주의의 주장에 반대하는 변증에서, 하나님에 대한 기독교의 구체적인 지식은 신적 계시에 의해 발생하는 가치-판단의 형식을 가진다고 본다.[86] 리츨에게 있어, 그리스도와 하나님은 그분들이 우리에게 어느 정도 중요한가 하는 관점에서만 우리가 그분들의 성품에 대해 안다. 따라서 그는 그리스도를 아는 것은 그의 은택에 대해 아는 것(Hoc est Christum cognoscere, beneficia eius cognoscere)이라는 멜랑크톤의 유명한 말에 찬성하며 끊임없이 언급한다.[87] 리츨의 신학 방법은 믿음은 그리스도 안에서 하나

---

85) *Die christliche Lehre von der Rechtfertigung und Versöhnung*, §27; 189–90. 이 저작의 제3판(1888년)이 현 연구에 사용된다. 다른 판본들 사이의 차이를 보려면, C. Fabricius, *Die Entwicklung in Albrecht Ritschls Théologie von 1874 bis 1889 nach der verschiedene Auflagen seiner Haupwerke dargestellt und beurteilt*, Tübingen: Osiander, 1909.
86) *Die christliche Lehre von der Rechtfertigung und Versöhnung*, §28; 195–200.
87) *Loci communes* (1521년), 서문. 물론 Melanchthon은 이 진술을 신학적 프로그램의 기본으

님의 구원하시는 계시라는 가정에 의존하므로, 하나님에 관한 모든 기독교인의 증언이 인류의 실제적 칭의의 출발점이 된다고 정의한다. 하나님과 그리스도에 관한 모든 신자들의 증언은 그들이 인격적으로 그분들에게 붙어 있는지, 그들이 믿음을 결코 저버리지 않는지 등의 중요한 사실을 반영한다. 따라서 리츨에게 있어 '그리스도는 누구인가?' 라는 질문은 보다 적절하고 급진적인 질문인 '나에게 그리스도는 누구인가?' 라는 질문으로 좁혀져야 한다. 따라서 그리스도의 정체성에 관한 신학적 질문은 근본적으로 하나의 가치-판단이며, 결코 물자체(物自體, Ding-an-sich)와 분리될 수 없다.

리츨의 주요저작 첫 판에 이 점이 특히 선명하게 나와 있다. 이 저작은 물자체는 우리의 인식에서 모두 벗어난다(그것들이 인식되고 평가되는 형태는 제외하고)는 현상주의적 이론의 기독론적인 결과를 탐구한다.[88] 따라서 리츨에게 그리스도의 위격에 관한 우리의 지식은, 진정한 가능성을 나타내는 한, 그리스도의 사역에 관한 우리의 지식에서 유래한다. 달리 말해, 신학적 인식 순서에 있어 구원론이 기독론에 선행한다.

리츨은 모든 신학적 논의가 여기부터 진행되어야 하며, 논의의 궁극적인 근거인 근본적인 데이터로 인간의 칭의를 생각한다.[89] 기독교 신학에 관한 리츨의 체계적인 설명이 진행되는 형식으로 이러한 확신이 표현된다. 칭의 개념에 대한 초기 검토(§§5-26), 다음으로 죄에 대한 교리와 그리스도의 사역과 위격 등 인간 칭의의 전제들에 대한 분석(§§27-50)이 이어진다. 교리에서 발생 가능한 어려움을 논의한 다음(§§51-61), 인간 칭의의 결과에 대한

로 정의하지 않았고, 단지 이 저작에서 기독론과 관련된 위치들이 생략되었음을 설명했고, 주로 구원론에 관심을 가졌다는 사실이 언급되어야만 한다. Melanchthon의 신학적 비평은 당시의 기독론이 아니라, 중세의 구원론을 직접 대상으로 한 것이었다. 기독론적인 위치가 포함된 다음 판에서, 이 유명한 문구는 삭제된다.

88) *Die christliche Lehre von der Rechtfertigung und Versöhnung*, Bonn: Marcus, 1874, §44; 343: 'Wir erkennen nämlich die Art und die Eigenschaften, d.h. die Bestimmtheit des Seins, nur an dem Wirken eines Dinges auf uns, und wir denken die Art und den Umfang seines Wirkens auf uns als sein Wesen.'

89) H. Timm, *Theorie und Praxis in der Théologie Albrecht Ritschls und Wilhelm Herrmanns*, Gutersloh: Mohn, 1967; J. Richmond, *Ritschl: A Reappraisal*, London: Collins, 1978, 124-67.

분석으로 저작이 끝을 맺는다(§§62-8).

칭의에 관한 리츨의 초기 정의는 즉각적인 중요성을 지니는데, 체계적인 교리 논의 안에 객관적 개념이 재도입되었음을 알려주기 때문이다. '칭의 또는 죄의 용서(기독교에 근본적인, 인류에 대한 하나님의 종교적인 작동으로서)는, 죄인을 하나님과의 교제 속에 용납함으로써, 그 안에서 그들의 구원이 효과를 얻고 영생으로 발전해 간다.'[90] 칭의와 죄의 사면에 대한 리츨의 명시적인 구분은 칭의의 객관적인 차원을 강조하려는 의도를 보여주며, 일반적으로 종교개혁, 특별히 루터와 관련된 개념의 어떤 측면들이 재사용되고 있음을 보여준다.[91] 리츨에게 있어 죄는 인간을 하나님과 분리시키며, 죄인으로부터 하나님의 존재가 물러나게끔 작용한다. 그러므로 칭의란 죄인이 하나님과의 교제에서 회복을 이루는 신적 작동이다. 따라서 비록 칭의의 객관적인 차원을 나눌 수는 없지만, 용서라는 주관적 의식에 선행한다.[92]

따라서 리츨은 초기 루터파 신학자들을 비판한다. 왜냐하면 그들은 과도한 객관주의로 개인적 경험 및 실천이 칭의와 이별하게끔 이끌었기 때문이다.[93] 그러나 만약 개인이 도덕적으로 중생되지 않으면 하나님은 인류와 실질적인 관계로 들어가지 않으신다는 계몽주의의 금언에 대한 리츨의 비판은 심대한 중요성을 지닌다. 리츨에 의하면, 이 원칙은 하나님이 죄인들을 외롭게 하신다는 기독교의 중심이며 근본인 전제를 파괴한다. 리츨에게 칭의는 반드시 개인의 삶의 양식 속에서 그 표현을 찾게 된다. 인간과 하나님과의 교제의 회복과 관련된 칭의(Rechtfertigung)는 반드시 그 구체적인 표현을 화해(Versöhnung) 속에서, 즉 화해된 공동체의 생활양식 속에서 찾는다. 칭의와 화해의 도덕적 함의가 칭의에서 성립된 인류의 하나님에 대한 새로운 관계에서 비롯되고, 또 그에 기반을 두는 한 화해는 칭의의 윤리적인 구성요소라고 언급될 수 있다. 달리 말해, 하나님과의 교제에서 도덕적 측면

---

90) *Die christliche Lehre von der Rechtfertigung und Versöhnung*, §16; 83. Ritschl이 제기한 칭의의 다른 두 정의는 그의 기본 정의의 확장을 나타낸다.
91) Schäfer, 'Rechtfertigungslehre bei Ritschl und Kähler,' 69-70.
92) *Die christliche Lehre von der Rechtfertigung und Versöhnung*, §31; 58-9.
93) *Die christliche Lehre von der Rechtfertigung und Versöhnung*, §15; 72.

은, 구체적인 종교적 특성보다 부차적이라는 말이다.

리츨이 '화해' 개념을 아주 중요한 것으로 재해석했음이 분명하다. 정통파에게, '화해'는 칭의의 객관적인 측면, 특히 그리스도의 역사적 사역을 지칭한다. 리츨은 전통적인 준거 틀을 뒤집었다. 이제 하나님은 화해의 대상이 아니라, 주체로 이해된다.[94] 사실상 리츨은 칭의와 화해라는 용어를, 근본적으로 동의어로 생각하며, 그 차이는 각각이 가리키는 신-인간 관계의 측면에 있다고 보는 것 같다. 칭의는 신적 판단을 가리키며, 그것을 전유하는 개인 또는 공동체와는 독립적인, 무조건적인 의지의 행동으로 이해된다. 화해는 종합적인 신적 판단이라는 동일한 기본적 개념을 가리키며, 개인 또는 공동체에 적용된다. 달리 말해, 화해는 칭의에서 의도되었던 효과의 실제적 결과로 표현된다. 의롭게 된 개인이나 공동체는 실제로 의도했던 관계 속으로 들어간다.

리츨에게 있어 칭의라는 하나님의 자비로운 선물은 신적 행위의 윤리적 결과와 풀 수 없이, 그리고 돌이킬 수 없이 연결되어 있다. '말하자면, 기독교는 하나의 중심으로 묘사되는 원과 닮은 것이 아니라, 두 핵심에 의해 결정되는 타원과 닮았다.'[95] 첫 번째 핵심은 '그리스도를 통한 대속'이며, 두 번째는 '하나님의 왕국을 통한 기독교의 윤리적 해석'이다. 루터파 정통은 대속을 크리스천의 존재와 상호연관시키지 않은 채 대속에 집중하려는 경향이 있었다는 그의 확신은, 칭의와 화해에서 신적 요소와 인간적 요소 사이의 상호연관성이 필요하다고 주장하게 만든다.

칭의는 하나님 쪽에서의 종합적(synthetic) 판단과 관련되어 있다는 리츨의

---

94) U. Barth, 'Das gebrochene Verhältnis zur Reformation: Beobachtungen zum Protestantismusverständnis Albrecht Ritschls,' in M. Berger and M. Murrmann-Kahl (eds.), *Transformationsprozesse des Protestantismus: Zur Selbstreflexion einer christlichen Konfession an der Jahrtausendwende*, Gutersloh: Mohn, 1999, 80-99. 참조. W. von Loewenich, *Luther und der Neuprotestantismus*, Witten: Luther Verlag, 1963, 105; Schäfer, 'Rechtfertigungslehre bei Ritschl und Kähler,' 73-4.

95) *Die christliche Lehre von der Rechtfertigung und Versöhnung*, §1; 11. 이 구조에 대한 도움이 되는 분석으로 다음을 보라. G. Hok, *Die elliptische Théologie Albrecht Ritschls nach Ursprung und innerem Zusammenhang*, Uppsala: Uppsala Unversitets, 1941.

진술은 계몽주의의 구원론, 그리고 경건주의의 내부 선구자들의 구원론과 결정적인 결별을 이루는데 이는 슐라이어마허조차 가능하리라고 생각 못했던 것이다. 리츨은 이러한 행보를 취하면서, 자신이 '이성의 시대'가 거부했던 종교개혁 정통파 구원론의 중심 요소를 전용하고 있음을 명확하게 인정한다. 만약, 한편으로 칭의가 하나님 쪽에서의 분석적(analytical) 판단과 관련된 것이라면, 하나님은 이미 개인의 안에 존재하는 의를 '분석' 하시며, 그 분석을 기초로, 칭의 선언을 발표하신다고 이해된다. 따라서 이러한 선언은 이미 사람 속에 있는 성질에 기반을 두므로, 그들의 칭의에 선행한다. 하나님은 칭의라는 연속적인 평결로서 이를 인정하고 선언하시는 셈이다. 이미 '의'가 인간의 것으로 단정되며, 칭의 선포의 기능은 단지 하나님 앞(coram Deo)에서 그러한 현재 상태를 승인하는 것뿐이다. 이것은 명백히 계몽주의의 도덕주의적 구원론과 일치한다.

만약, 또 다른 한편으로 칭의가 종합적 판단과 연관된다면, 하나님은 인간이 전에는 소유하지 못했던 무엇인가를 덧붙이는 창의적인 방식으로 행동하신다고 이해된다. 하나님은 칭의라는 신적 판결이 진행되는 기초 위에 의를 '종합시킨다.' 칭의를 통해 이미 '죄인' 개념에는 포함되지 않는 속성을 인간에게 덧붙이는 것이다.[96] 리츨은 가톨릭과 계몽주의(특성상 본질적으로 소시안주의라고 간주한)의 도덕주의에서 자유롭게 벗어나려는 의도를 선언한다. 그는 칭의란 창의적인 신적 의지의 행위임을 승인한다. 이 행위는 개인의 의로움을 승인한다기보다, 효력을 미침을 통하여 죄인을 의롭다고 선언하는 것이다. 칭의가 종합적인 특성의 신적 판단이라는 리츨의 주장은 도덕을 통하여 새롭게 되기 때문에 사람이 의롭게 된다는 어떠한 주장도 제거시킨다.[97] 따라서 리츨은 경건주의(그리고, 암시적으로 계몽주의)는 '종교개혁적 관점의 전도(轉倒)' 라고 주장한다.

---

96) *Die christliche Lehre von der Rechtfertigung und Versöhnung*, §16; 78: 'ein Prädicat gesetzt wird, welches nicht schon in dem Begriffe des Sünders eingeschlossen ist.'
97) *Die christliche Lehre von der Rechtfertigung und Versöhnung*, §16; 77-83, 특히 82-3. 그의 *Geschichte des Pietismus*, 3 vols., Bonn: Marcus, 1880-6에서 전개되는, Ritschl의 경건주의에 대한 비평에 특히 주목하라.

칭의의 신적 판정에 대한 분석적 이해에 관해서 리츨이 한 비판에서 근본적인 것은, 그러한 판정이 이루어지는 긍정적인 법칙 또는 원칙에 대한 질문이다. '모든 법정적 판정은 지식에 대한 분석적 판단이다. 곧이은 처벌이나 무죄방면 선언 또한 금지법이나 허용법, 그리고 관련된 사람의 유죄성이나 무죄성에 대한 지식에 기초하여 결론내려진다는 점에서, 분석적인 판단이다.'[98] 만약 하나님의 칭의케 하는 평결이 법에 기반을 둔다면, 그 법과 관련하여 하나님의 지위에 관한 질문도 반드시 긍정적으로 수립되어야 한다. 물론 이 질문은 특히 알미니안 신학자 휴고 그로티우스(Hugo Grotius)와 관련되어 있다. 리츨은 칭의에 관한 전적으로 법정적인 해석을 배제하고자 이 알미니안 신학자와의 관련성 속에서 정통파 칭의 교리에 대한 비판을 확장시킨 것으로 보인다.

'구(舊) 신학이 칭의 신학을 이해하려는 시도에서 사용한 하나님의 속성은 율법수여자, 그리고 재판관의 속성(그로티우스의 정통파 칭의 신학 비평의 기저를 이루는)이다.'[99] 리츨은 이러한 용어로써 지도자이자 배심원으로서의 하나님이라는 상당히 소원한 개념을 전달하려고 의도했다. 리츨은 정통파가 칭의에서 죄인에 대한 신의 용서를 흔히 국가수반이 죄인 개개인에게 내리는 사면과 동일한 것으로 취급한다고 지적한다. 이 유추에 의하면, 개인이 유죄로 드러나지만 유죄로 드러난 법률적 과정과 동일한 과정을 통하여 사면이 일어나는 하나님의 법정적 행위가 칭의라고 주장된다. 신적 정의와 신적 은총 사이에서 어떠한 분명한 모순도 형벌 대체 이론의 발전을 통해 해결될 수 있어야만 한다. 결과적으로 죄인 개개인에 대한 사면에 있어 조금의 부정의가 있다는 암시도 해소될 수 있어야 한다.

그러나 리츨은 국가수반의 사면권 실시가 죄인에 대한 신적 칭의에 필적할 수는 없다고 주장한다. 국가수반은 국가의 개별 성원들의 최고 이익에 부합하도록 행동해야 할 의무가 있으므로 기성 법률은 단지 그 목적을 향한 수단일 뿐이며, 그 법은 보다 큰 국가적 선에 종속된다.

---

98) *Die christliche Lehre von der Rechtfertigung und Versöhnung*, §17; 90.
99) *Die christliche Lehre von der Rechtfertigung und Versöhnung*, §17; 84.

사면권(Begnadigung)은…법적 질서는 사람들의 도덕적 목표를 위한 수단일 뿐이며, 법적 행위의 결과가 유죄인 사람의 도덕적 지위뿐만 아니라 공공의 도덕성에 따른 관점과도 불일치를 이룬다고 생각할 수 있게 만든다.[100]

국가수반이 기성 법률에서 도덕적 자유재량을 선택할 수 있는 능력은 다음과 같은 직접적 결과를 야기한다. 즉 국민들의 도덕적 선이 엄격한 법 준수보다 더 중요한 것으로 되어, 법 준수는 단순히 목적을 위한 수단이 되어 버린다. 그러므로 죄인 개개인의 사면 문제는 법률상 문제가 아니라, 공공의 도덕적 이익의 문제가 된다. 따라서 국가는 자기 행동이 부적절하다는 인식을 피하려면 이 목적에 맞추어 법률을 완화시켜야만 할지도 모른다.[101] 왜 국가가 기성법률을 통해 자유재량을 행사할 수 있는가 하는 이유는, 국가는 잠재적인 충돌성을 지닌 두 원칙-법률에 복종해야 할 필요성, 그리고 국민의 최고선을 향해 움직여야 할 필요성-을 단 번에 그리고 동시에 유지하기 때문이다.

이런 원칙들 대부분이 조화 가능하지만, 때로는 동시에 유지할 수 없는 상황이 생기게 마련이다. 리츨은 그 경우 후자가 지지되어야 한다고 주장한다. 그러므로 리츨은 국가기관을 하나님의 모델로 생각하기는 불가능하며, 칭의에 있어 하나님의 행위는 분명한 치외법권적 영역이라는 의미에서 법정적인 것이라고 단언한다. 따라서 리츨은 율법수여자로서의 하나님의 역할은 공적 시혜자로서의 역할에 종속된다고 강조한 티프트렁크(Tieftrunk)를 인정한다고 기록한다.[102] 리츨은 그들이 죄인임에도 불구하고 사람들을 의롭게 하시는 의로우신 하나님이라는, 정통파의 신론이 처해 있는 곤경을 피하는 것으로 간주한다. 또한 이러한 치외법적 접근법은 공공 시혜자로서의 국가 이해와 평행을 이루는 목적론적인 원리에 기반을 둔 칭의 이해를 발전시키기 위한 것이다.

---

100) *Die christliche Lehre von der Rechtfertigung und Versöhnung*, §17; 86.
101) *Die christliche Lehre von der Rechtfertigung und Versöhnung*, §17; 87-9.
102) *Die christliche Lehre von der Rechtfertigung und Versöhnung*, §17; 89-90.

리츨은 기독교의 목적론적인 요소를 '하나님의 왕국'(Reich Gottes) 개념 속에 위치시킨다. 리츨은 이 입장을 채택함으로써 당시 신학자들의 일반적 추세를 따르고 있다.[103] 리츨의 발명은 칭의와 화해 교리의 연결성 속에서 그 개념을 덧붙였다는 데 중요한 의의가 있다. 그는 성경 연구를 통해, 하나님의 왕국 개념이야말로 예수의 전파 그리고 구약 및 신약을 통합시키는 원리의 열쇠라고 결론짓는다.[104] 이에 따라 리츨은 국가 모델에서 만들어진, 절대 주권으로서의 하나님이라는 '스코투스적' 원칙, 그리고 법정적인 하나님 개념을 거부하고 하나님의 왕국의 목적론적인 원리의 창시자이며 원천으로서의 하나님 개념에 찬성한다. 기독교 신학의 다른 모든 내용이 이 목적에 종속되는 것으로 간주된다. 리츨의 신의 속성 논의와 관련하여 이런 일반 원칙이 특별히 중요하다. 따라서 하나님의 영원성은 다음 사실을 언급하는 것으로 간주된다. 하나님은 '동일하시며, 그분이 창조하시고 인도하시는 세상을 향한 동일한 목적과 계획을 유지하신다.' 마찬가지로, '의' 라는 신적 속성도 하나님의 왕국 관점에서 목적론적으로 정의된다.

옛 언약과 새 언약의 특별 계시 안에서 전능성은 의라는 특수한 속성을 부여받는다. 구약은 '의'를 구원을 향한 신적 방향의 지속성을 뜻한다(die Folgerichtigkeit der göttlichen Leitung zum Heil)…하나님의 의가 구원의 압도적인 목적과 일치하는 그의 주권을 성취하는 한…그것은 성실이다. 따라서 신약에서도 하나님의 의는 그리스도의 공동체가 그 때문에 존재하게 되고, 완전으로 가게 되는 특수한 행동의 척도라고 인정된다. 그러므로 하나님의 의는 하나님의 은총과 구별할 수 없다.[105]

리츨은 '하나님의 의'에 관한 탈(脫)-대상화된 목적론적 이해야말로 정통

---

103) C. Walther, 'Der Reich-Gottes-Begriff in der Théologie Richard Rothes und Albrecht Ritschls,' *KuD* 2 (1956), 115-38; R. Schäfer, 'Das Reich Gottes bei Albrecht Ritschl und Johannes Weiß,' *ZThK* (1964), 68-88.
104) Schäfer, 'Das Reich Gottes,' 82-5.
105) A. Ritschl, *Unterricht in der christlichen Religion*, Bonn: Marcus, 1875, §16.

파 개념의 난제를 회피하며, 구약과 신약의 가르침을 회복시키는 것이라고 생각한다.[106] 리츨은 이 개념을 통해 분배적 의(iustitia distributiva) 개념과의 분명한 단절(정통파, 경건주의 또는 계몽주의와 관련된 어떤 형식이든 간에)을 이루면서, 어떻게 하나님이 죄인을 의롭게 하실 수 있는가의 문제(그의 신적 의에 대한 이해가 오직 하나님이 죄인을 의롭게 하시는 방식에만 연관되어 있다는 점에서)를 논의할 수 있게 되었다.

리츨은 구원의 경륜에 대한 목적론적인 이해에 기반을 두어, 루터파 정통의 구원론을 지속적으로 비판한다. 그는 칭의 교리의 교의적 분석에 있어 정통파의 접근법을 다음과 같이 특징짓는다.[107]

1. 원죄 교리는 로마서 5:12 같은 구절에 기초하여 발전된 것으로, 원죄는 아담과 하와의 실제적인 죄에서 유추된 것이다.
2. 인류가 보편적으로 유전 받은 죄가 구속의 필요성을 나타내는 기초로 사용된다. 이러한 구속 양식은 응보적인 의의 신적 속성과 죄를 비교하여 결정되는데, 이는 캔터베리의 안셈의 일반적 방법을 따른 것이다.
3. 여기서 그리스도의 인격과 사역 교리가 연역되는데, 신자 개개인과 공동체에 적용된다.

리츨은 이 접근법이 합리적인 하나님, 죄 및 구속 개념에 기초하고 있기 때문에 교리를 긍정적으로 설명하거나 합리주의적 비판을 방어하는 데도 적합하지 않다고 주장한다. 리츨은 특히 어거스틴적인 원죄 교리에 반대한다. 왜냐하면 개인이 성원인 인류에 대한 잘못된 실체화를 암시하고, 모든 인류가 정도는 다르더라도 죄인이라는 사실을 설명하는 데 실패하고 있기 때문이다. 리츨이 계몽주의 구원론과 가장 근접해 있는 부분이 이 측면이다.

---

106) 특별한 주의가 *Die christliche Lehre von der Rechtfertigung und Versöhnung*, Bonn: Marcus, 1874 §14와 §15에 주어져야 한다. 특히 다음 연구의 언급에 주의하라. L. Diestel, 'Die Idee der Gerechtigkeit, vorzüglich im Alten Testament, biblisch-theologisch dargestellt,' Jahrbuch für deutsche Théologie 5 (1860), 173-204: *Die christliche Lehre von der Rechtfertigung und Versöhnung*, §14; 102 n. 1.
107) *Die christliche Lehre von der Rechtfertigung und Versöhnung*, §1; 5.

그러나 칭의 교리에 관한 리츨의 설명은 초기 합리주의자들의 비판에 직면하여, 의미심장한 교리의 통합이 있었음을 보여준다. 특별히 중요한 세 가지 요점이 선정될 수 있다.

1. 칭의 교리 발전의 역사적 분석에 비추어 볼 때, 어떤 문화적 상황에서 거부된 교리 요소들이 또 다른 상황에서는 곧이어 다시 사용될 수 있음이 제시. 따라서 정통파 교리에 대한 계몽주의의 비판, 특히 칭의에 관한 객관적인 차원에서의 제명이 영구적인 중요성을 지니지는 않았다. 현대의 리더들이 이 점을 완벽하게 이해하기는 어렵다. 왜냐하면 비록 바우어(F. C. Baur) 같은 신학자들이 신학적 발전의 불가역성 이론을 헤겔적인 준거 틀 위에 건설했지만, 모두가 그 틀을 공유한 것으로 보이지는 않기 때문이다.
2. 칭의 논의에서 객관적 요소들에 대한 재평가. 비록 슐라이어마허의 구원론에서 강한 반(反)-합리주의적 기초가 드러나지만, 칭의 교리의 전통적인 준거 틀을 재수립하는 중요 단계를 택하지는 않았었다.
3. 칭의는 분석적 판단이 아니라 종합적 판단임을 분명히 명시하고, 계몽주의의 도덕적 구원론에 대한 신학적 기초를 제거한다.

또한 리츨의 지도자와 배심원의 차이에 관한 분석은, 특정 계몽주의 구원론에 상당한 암시를 지닌다. 사실 리츨이 계몽주의자인 티에프트렁크를 선택, 이 문제에 대한 그의 설명에 동의한 것은 의미가 있다. 그는 계몽주의의 도덕주의에 대한 칸트적 비판에 답한 소수의 사람이었기 때문이다.

그럼에도 불구하고 그리스도의 사역에 대한 논의에서 계몽주의, 슐라이어마허, 리츨 사이에는 여전히 강한 유사성이 탐지된다. 리츨의 그리스도의 사역에 관한 설명에는 초기 시기의 주관주의가 여전히 뚜렷하다. 그리스도는 하나님과 인간 사이에서 새로운 관계의 창시자라기보다는 변하지 않는 관계적 상황과 관련된 중요한(반드시 합리적일 필요는 없는) 통찰력을 계시한 분이다.[108] 마틴 캘러(Martin Kähler)는 리츨과 계몽주의 사이에 근본적인 연

---

108) Käler가 제기한 질문에 주목하라. M. Kähler, *Zur Lehre von der Versöhnung*, Leipzig: Deichert, 1898, 337: 'Hat Christus bloß irrige Ansichten über eine unwandelbare

속성이 남아 있다고 본다. 캘러에 의하면, 그리스도의 죽음의 의미에 대한 주관적인 접근은, 심각한 의미 저하(eine Entwertung des Werkes Christi)다. 왜냐하면 그리스도가 하나님의 은총과 근본적인 연결성이 전혀 없는, 단순한 은총의 상징인 것으로 축소되기 때문이다. 리츨의 칭의와 화해 개념에 대한 캘러의 비평은 바로 이 점을 지적한다. 캘러에게 화해는 그리스도의 역사적 사역을 통하여 생겨난 하나님과 인류 사이에서 수정된 객관적인 상황과 일치한다. 한편 칭의는 상황의 구체적인 측면, 즉 믿음을 통한 화해의 개인적인 재사용을 지칭한다. 반드시 화해의 객관적 현실은 화해에 대한 주관적 의식에 선행해야 한다.

캘러의 혹평에도 불구하고 1880년부터 1914년 동안 칭의에 관한 상당히 폭넓은 합의가 생겨났다. 역사적 예수의 '종교적 품성'이라는 주제가 중요하게 다루어지면서, 인류의 칭의는 최고로 강력한 종교적 품성이 존재에 침투하여 발생한다고 간주되었다.

5. 칭의의 변증법적 접근: 칼 바르트

제1차 세계대전의 발발은 유럽 신학에 새로운 시대를 강요했다. 세기 초 여명기의 부르주아적 낙관주의는 즉시 전후(戰後) 시대의 음침한 현실주의에 길을 내주었다. 전쟁이 독일 신학에 끼친 영향, 무엇보다도 설교에 끼친 영향이 막대했다. 독일 황제의 전쟁 정책은 리츨의 신학적 종합에서 가장 중요한 업적 중의 하나였던 기독교와 문화의 연결이 큰 불신을 받게 만들었다.

하나님의 문화로부터의 '타자성'(otherness)에 대한 인식이 증가된 것은 시대의 많은 발전, 특히 1917년 10월 31일 칼 홀(Karl Holl)의 유명한 강연 탓이었다. 강연은 베를린대학교에서 행해졌는데, 루터의 하나님 개념이 다소 거세된 자유주의 개신교의 신과 얼마나 다른지를 제시함으로써[109] 루터 르

Sachlage berichtigt, oder ist er der Begründer einer veränderten Sachlage?'
109) Karl Holl, 'Was verstand Luther unter Religion?,' in Gesammelte Aufsätze zur Kirchengeschichte, 1.1-110.

네상스를 촉발시켰다. 종교 사상의 세계에 일어난 급진전은 칭의 교리에도 영향을 미쳤다.

이 충격을 묘사하기 위해 필자는 1916년 1월 16일 아라우(Aarau) 국가교회에서 '하나님의 의'를 주제로 행해진 칼 바르트(Karl Barth)의 강연을 살펴보고자 한다.[110] 이 강연의 수사학적 힘은 현재에도 여전히 느껴지고 있다. 그가 '하나님의 의'의 참된 의미와 연결하여 의문을 제기했던 바, 하나님 목전에서 인간의 자기주장에 대한 지속적 비판의 강도는 시간의 행로에도 결코 줄어들지 않는다. 바르트에게 '가장 깊고, 최상이며, 가장 확실한 삶의 사실은 "하나님의 의로우시다"는 것'이다.[111]

삶의 사실은 인간을 양심으로 이끌며, 당시 유럽의 목전에 넘실거렸던 자본주의와 전쟁 세력을 통해 표출되는 인간의 불의함 속에서도 하나님의 의의 존재를 긍정하게 만든다.[112] 사람의 가장 깊은 내면 깊숙이 하나님의 의를 향한 열망이 있다. 그러나 역설적으로, 신적 의가 인간의 성격과 행동을 바꾸려는 듯 보이는 바로 그 순간, 인간은 자기 의를 주장한다. 사람은 자신의 통제를 넘어서 존재하는 '의' 개념을 관조할 수 없다. 만약 하나님의 의가 전쟁이나 총파업을 끝내게 한다면, 사람들은 신적 의의 간섭을 환영할 것이다. 그러나 인간의 불의함의 결과 뒤에는 측량 불가능한 인간 의 자체의 현실이 있다는 것을 깨닫게 되면, 위협받는다고 느끼게 된다. 인간적 불의함의 결과가 없어지면 인간의 불의함 자체가 없어지고, 전적으로 새로운 존재가 된다. 사람들은 이 사실을 못 받아들이므로, 다양한 인간적 의의 형식으로 '하나님의 의'를 왜곡시킨다. 바르트는 왜곡된 세 가지 형태를 선택하여 특별히 비판한다.[113]

첫째, 도덕적 의다. 바르트는 문화개신교주의(Kulturprotestantismus)가 인간의 도덕성 층위를 인간의 존재 영역(예를 들어, 가정이나 국가)에 위치시켰던 점을 거부한다. 도덕적 행위를 이 영역에 한정시키면, 인간은 다른 영

---

110) 'Die Gerechtigkeit Gottes,' in Das Wort Gottes und die Théologie, 5-17.
111) 'Die Gerechtigkeit Gottes,' 5.
112) 'Die Gerechtigkeit Gottes,' 7.
113) 'Die Gerechtigkeit Gottes,' 10-12.

역에서는 자기 행위가 부도덕적일 수도 있다는 사실을 간단히 무시할 수 있기 때문이다. 바르트에게 있어 자본주의 체제나 전쟁의 존재는 이러한 가설의 부당성을 보여주는 사례다. 자본주의와 전쟁은 도덕성이라는 미명 아래 해를 끼쳤다.

둘째, 법률적 의(die Gerechtigkeit des Staates una der Juristen)다. 바르트는 (제3제국의 예가 예언적으로 보여주듯이)[114] 인간의 법률은 근본적으로 국가 자체가 구체화시킨 목표를 지향한다고 강조한다. 기껏해야 법률은 인간적 불의의 효력을 제한하려는 시도 수준이며, 최악의 경우 국가 자체를 매개로 인간적 불의의 수립과 영속을 불러온다. 바르트는 신적 속성을 지니는 것으로 여겨져야만 하는 양심이 인간적 '의' 개념의 결함을 통해 증폭된 사례로 또다시 전쟁을 언급한다.

셋째, 종교적 의다. 바르트는 마치 자신의 성숙기의 종교 비판을 미리 보여주는 것처럼,[115] 인간의 종교, 즉 도덕성은 인간이 쌓는 바벨탑이라고 강조한다. 이 탑은 사람의 양심이 사람들에게 올바르라고 말하는 그 앞에, 그 말을 무시하면서 건설되었다.

바르트는 사람들이 이러한 세 가지 방식을 통해 '하나님의 의'가 자신들을 압도하거나 변화시키기를 원하지 않기 때문에 '하나님의 의'를 진지하게 받아들이지 못하고 있다고 주장한다. 인간은 현실은 회피하고 그림자를 상대하기 좋아한다.[116]

바르트에게 있어 제1차 세계대전은 하나님의 의에 대한 질문이면서 동시에 하나님의 의를 노출시키는 사건이다. 어떻게 '의로우신' 하나님이 그러한 무도함을 허용할 수 있었는지 이해할 수 없다는 점에서, 제1차 세계대전은 의에 대해 질문한다. 세계대전은 신적 의를 모방한 인간적 캐리커처를 폭

---

114) 제3제국 *Rechtwillkür*가 법의 신학적 의미에 관한 개신교 이해에 미친 충격에 관한 유용한 반성으로 다음을 보라. Ernst Wolf, 'Zum protestantischen Rechtsdenken,' in *Peregrinatio II: Studien zur reformatorischen Théologie, zum Kirchenrecht und zur Sozialethik*, Munich: Kaiser Verlag, 1965, 191-206.
115) J. A. Veitch, 'Revelation and Religion in the Thought of Karl Barth,' SJTh 24 (1971), 1-22.
116) 'Die Gerechtigkeit Gottes,' 12-13.

로시켜 실제로 인간이 어떤 존재인가를 알게 했다는 점에서 마찬가지로 의를 드러낸다. 인간은 자기의 의 개념을 하나님에게 집어넣었다. 결과적으로 하나님은 단지 '위대한 인격적 또는 비인격적, 신비적, 철학적 또는 순진한 심오함이자 우리 인간의 의, 도덕성, 국가, 문명 또는 종교의 수호성인' 일 뿐이다.[117] 바르트는 전쟁이 하나님의 이런 이미지를 영원히 파괴시켰으며, 이 이미지가 우상임을 폭로했다. 인류는 하나님 앞에서 자기 의 개념을 주장함으로써 전쟁의 최초 희생자이자 가장 적은 조문을 받는 희생자로 '의로우신' 하나님을 창조했다.[118] 신의 '죽음' 은 사람들로 하여금 '하나님의 의' 는 인간의 의 개념과는 질적으로 다르며, 그것을 넘어서고, 그것에 대항하는 것임을 깨닫게 했다.

이 강연은 여러 면에서 상당한 의미가 있다. 특별히 중요한 점은, 인간의 의와 신적 의 사이의 변증법으로 역사, 진보 및 문명의 성격에 관한 '자유주의' 적 인식과의 철저한 단절을 가리킨다. '우리 자신의 의지를 보다 좋게 투사한 것이 하나님의 의지가 아니다. 하나님의 의지는 우리의 의지와 반대쪽에 서 있으며, 완전히 떨어져 있다(als ein gänzlich anderer).'[119] 인간적 의와 신적 의 사이의 무한한 질적 차이야말로 하나님은 하나님이시며, 하나님으로 인식되어져야만 한다는 바르트의 반복적인 단정을 구성한다.

'하나님의 의' 개념에 대한 바르트의 비판적 프로그램에 선언한 하나님의 '타자성' 에 대한 급진적 강조는 젊은 루터의 신학적 개념과 분명히 평행을 이룬다.[120] 그러므로 바르트 초기의 변증 신학 또는 성숙기의 '하나님의 말씀의 신학' 은 칭의 항목(articulus iustificationis)의 중요성에 대한 개혁자의 통찰력을 회복시킨 것이라고 생각될 만하다. 그러나 사실은 그렇지 않다. 바르트는 역설적으로 하나님 앞에서의 인간의 칭의를 논의하는 데 있어 실제로는 계몽주의, 슐라이어마허 그리고 리츨이 세운 개념적 틀 안에 남아 있으며, 그 틀 안에서 움직인다.

---

117) 'Die Gerechtigkeit Gottes,' 13.
118) 'Die Gerechtigkeit Gottes,' 14.
119) 'Die Gerechtigkeit Gottes,' 15.
120) Althaus, 'Gottes Gottheit als Sinn der Rechtfertigungslehre Luthers.'

성숙기의 바르트 신학은 하나님이 인류에게 말씀하신다(Deus dixit)는 사실(그럼으로써 인류와 하나님 사이를 분리시키는 인식론적 간격을 없애버리는)에 대한 성찰의 확대로 간주될 수 있다. 때가 차매 하나님께서 인류에게 말씀하신다. 그리고 이 사건(또는 이러한 사건들)은 바르트의 신학적 관심에서 핵심으로 자리한다. 진정한 책임감이 있는 기독교 신학의 임무는, 하나님의 성품과 정체성이 드러나게끔 시도하는 것이다. 하나님은 데우스 딕시트 안에서 예시되는 인간을 향한 운동을 통해 죄인에게 말씀하셨다. 데우스 딕시트(하나님께서 말씀하신다)가 말씀하시는 하나님과 관련하여 기독교 신학이 말해야만 하는 바를 결정한다는 사실(사상이 아니라)이 신학의 구조와 내적 연쇄를 짐작하게 한다.

하나님이 말씀하신다는 사실을 특징으로 하는 내적 구조와 관계를 표출하는 것이 바르트 신학 체계의 본질이라고 볼 수 있다. 따라서 신학 활동은 사후 고려(Nach-Denken)의 실행이라고 묘사될 수 있는데, 하나님의 인간을 향한 운동의 역사 속에서 계시의 순서를 따라가는 것이다. 하나님은 인간과 하나님 사이를 갈라놓는 인식론적 심연을 가로질러 사람에게 말씀하시며, 그들에게 말씀하심으로 분리의 실재성과 폐지의 가능성을 함께 노출시킨다. 바르트는 하나님의 말씀을 들을 수 없는 인간의 무능력이, 바로 그 말씀에 의해 폭로된다는 역설에 우리를 직면하게 만든다. 하나님과 인류 사이의 인식론적 심연을 하나님께서 폐지하실 수 있다는 현실성과 죄인인 인간은 하나님의 말씀을 인식할 수 없다(homo peccator non capax verbi Dei)는 경구가, 바르트 신학 체계의 정수로 자리한다.

루터에게 복음이란 주로 죄진 인류에게 죄를 용서하시겠다는 약속과 관련된 것이지만, 바르트에게는 주로 하나님에 대한 올바른 지식의 가능성과 관련된다.[121] 따라서 바르트는 루터가 죄된 인류의 신적 칭의에 위치시킨 것을, 죄된 인류를 향한 신적 계시에 위치시킨다. 루터와 바르트 사이에 분명한 접촉점이 있지만, 바르트가 칭의 항목에 대한 루터의 높은 평가를 공유할

---

121) 탁월한 분석으로 다음을 보라. G. Ebeling, 'Karl Barths Ringen mit Luther,' in *Lutherstudien* III, Tübingen: Mohr, 1985, 428-573.

수 없었음 또한 분명하다. 필자는 이렇게 된 이유를 탐구하고자 한다.

바르트는 칭의 교리를 설명하면서, 개혁자들 전반, 특히 루터에게 있어 칭의 항목의 중요성을 분석한 에른스트 볼프(Ernst Wolf)에게 동의할 수 없음을 깨달았다.[122] 볼프는 칭의 항목의 중요성을 기능적 관점에 두었는데, 편리하게도 루터의 유명한 말에서 표현을 발견했다. '칭의 항목은 모든 종류의 교리에 대한 주인이며, 군주, 주, 통치자 그리고 재판관이며, 교회의 모든 교리를 보호하고 다스리며, 우리의 양심을 하나님께로 향하도록 한다.' 볼프는 칭의 항목의 기능에 대한 루터의 이해를 '종교개혁 신학의 중심이자 경계선' 이라는 관점에서 요약하여 정의한다.

볼프는 루터의 인간론과 교회론을 언급하면서 칭의 항목의 기능에 대한 해석을 묘사한다(결과는 설득력이 있다). 그는 기능과 관련하여 두 가지 중요 명제를 논증한다. 첫째, 칭의 항목은 루터 신학의 지도 원리로 성립되었으며, 동일한 맥락에서 구원론적 고려사항에서도 우선성을 지닌다. 둘째, 죄를 지은 인류를 향한 하나님의 구원적 행동으로 신학적 주제가 정의된다.[123] 긍정적인 신학 사색에서 압도적인 역할을 지닌다고 본 루터의 관심사와 비교할 때, 바르트의 구원론적 관심사는 온건함이 두드러진다. 더욱이 바르트는 잘 인식하지 못한 것 같지만, 루터의 신학적 맥락에서 계시는 이차적이며 부차적인 역할을 함이 틀림없다.[124]

그러므로 바르트는 볼프의 분석을 분명히 반박해야 함을 느끼면서[125] 칭

---

122) *Kirchliche Dogmatik*, IV/1 §61, 1; 581. Karl Barth의 칭의 교리에 대해 다음을 보라. Jüngel, *Das Evangelium von der Rechtfertigung*, 옛 연구인 H. Küng, *Rechtfertigung* 또한 참고될 수 있다.

123) Wolf, 'Die Rechtfertigungslehre als Mitte und Grenze reformatorischer Théologie,' 14. *subjectum theologiae*에 대한 언급은 WA 40/II.328.17-21에서 나온다. 'Theologiae proprium subiectum est homo peccati reus ac perditus et Deus iustificans ac salvator hominis peccatoris. Quicquid extra hoc subiectum in theologia queritur aut disputatur, est error et venenum.'

124) 따라서 *Deus absconditus*와 *Deus revelatus*에 대한 Luther의 유명한 구분은 그의 구원론이라는 맥락에서 나온 것이다. H. Bandt, *Luthers Lehre vom verborgenen Gott: Eine Untersuchung zu dem offenbarungsgeschichtlichen Ansatz seiner Théologie*, Berlin: Evangelische Verlagsanstalt, 1958. 서문에서 Barth에 관한 언급을 주목하라.

125) *Kirchliche Dogmatik*, IV/1 §61, 1; 581.

의 항목의 시대적 함의에 대한 중요 논의를 전개한다. 그는 루터와 그의 시대가 교리에 덧붙인 독특한 의미를 인정한다. 한 발 더 나가 루터는 단순히 로마에 대한 변증의 관점에서 칭의 항목을 최고 항목이자 제일 중요한 항목으로 간주했던 것이 아니라, 모든 형태의 분파주의에 대항한다는 관점에서 간주했음도 받아들인다. 그러나 그는 어떠한 복음주의적 신학자(마틴 캘러는 예외일 수 있음)도 감히 칭의 교리를 중심으로 교의학을 건설하려 하지는 못했을 것이라고 기록한다.

바르트의 관찰은 절차에 대한 비판으로 이어진다. 그는 교회사의 여러 사례에서 칭의 항목이 복음의 그 말씀으로 간주되었음을 인정한다. 하나님의 값없이 주시는 은총이라고 이해되는 복음이 위협(펠라기우스 논쟁에서처럼)을 받는 경우에 그러했음을 지적한다. 바르트는 다음으로 우발적 논쟁들로부터 신학적 분투를 해방시킬 필요가 있음을 주장한다.[126] 그는 칭의 항목이 기독교 선포의 중심이 아니라는 단정까지 이른다.[127] '예수 그리스도의 교회에서, 그 교리가 항상 복음의 그 말씀이었던 것은 아니며, 마치 그런 것처럼 취급하는 일은 한정적이며 부적절한 독단적 행동이다.'

이 말은 다음 의미에서 분명히 옳다. 칭의 항목이 언제나 신학적 탐구의 중심으로 여겨진 것만은 아니라는 것이 역사적 사실이다. 그러나 기도 법칙(lex orandi)이 기독교의 기도, 예배와 경배에서 기독교의 구원론적 차원의 중심임이 선언되어 왔다는 점에서, 또한 신앙 공동체가 단일한 구원론적인 기반 위에 자리한다고 이해된다는 점에서, 바르트가 상황을 정확히 반영하지 못했을 가능성도 있다. 더욱이 교부들의 교의적 논쟁은 근본적으로 구원론을 중심으로 지향해 왔다. 바르트가 어떤 의미를 부여하며 재해석했는지 여부에 상관없이, 삼위일체 교의와 기독론 교의는 초대교회의 구원론적 확신을 궁극적으로 표현한 것이라는 결론을 내리게 한다. 만약 칭의 항목이 교회의 영역 안에서 구원론적인 고려사항들이 우선함을 나타내고자 취해진 것이라면, 바르트의 진술은 심각히 잘못된 것으로 여겨져야 할 것이다.

---

126) *Kirchliche Dogmatik*, IV/1 §61, 1; 583.
127) *Kirchliche Dogmatik*, IV/1 §61, 1; 583.

그러나 바르트가 칭의 항목을 부차적인 위치로 강등시킨 중요한 이유는, 칭의 항목이 자신의 신학적 방법론에 심각하고도 광범위한 위협을 주기 때문임이 분명하다. 교회의 흥망이 걸린 항목(articulus stantis et cadentis ecclesiae)으로서 칭의에 대한 루터의 강조는 바르트의 신학적 과업을 전복시킬 잠재성이 있었기 때문이다. 이 때문에 바르트는 특별한 비판을 하기 위해서 초기 개혁자들의 신학에서 칭의 항목에 대해 연구한 볼프를 선택한 것이다. 그는 교회의 흥망이 걸린 항목은 적절히 이해되어야 하며, 칭의 교리가 아니라 '예수 그리스도의 고백'이 그 '기본과 정점'이라고 주장한다. 그러나 이 주장도 볼프 자신이 한 것이므로 반박하기 어렵다. 교회의 흥망이 걸린 항목이란 단순히 인류를 향한 하나님의 구원적 행동이 예수 그리스도 안에 집중된 사실을 편의에 따라 표현한 진술에 불과하다는 것이다.

바르트는 교회의 흥망이 걸린 항목으로서 칭의 항목이라는 전통적인 명칭을 유지할 준비가 되어 있었다. 그러나 그것은 단지 신앙 공동체가 자기 존재의 객관적인 기초를 알아야 할 필요성 때문이다. '칭의 교리의 진리가 없이, 참된 기독교교회는 (과거에도) 있을 수 없으며, (현재에도) 없다.'[128] 그럼에도 불구하고 바르트는 칭의 항목의 핵심적 진리가 거부되지 않는 선에서, 그만 이선으로 후퇴해야 한다고 주장한다.

> 인류의 칭의 자체, 그리고 칭의 교리의 객관적 진리에 대한 우리의 확신은 정확히 우리가 다음처럼 생각하는 것을 금지한다. 즉 참된 교회 안에서 칭의의 신학적 업무는 언제나, 모든 곳에서 그리고 모두에 의해서(semper, ubique et ab omnibus)여야 하므로, 필요한 유일한 것(unum necessarium)으로서, 기독교 선포와 교리의 핵심 또는 정점으로 여겨지고 취급되어야 한다는 생각을 가로막는다.[129]

---

128) *Kirchliche Dogmatik*, IV/1 §61, 1; 583. 참조. *Kirchliche Dogmatik*, IV/1 §61, 1; 578.
129) *Kirchliche Dogmatik*, IV/1 §61, 1; 584. 어떻게 자비로우신 하나님이 발견될 수 있는가 라는 질문에 대한 선입견이 '어떤 종류의 나르시시즘'으로 귀결될 수 있다는 Barth의 암시에도 주목하라. *Kirchliche Dogmatik*, IV/1 §61, 1; 588.

따라서 바르트는 자기 신학 방법의 직접적인 결과로서, 칭의 항목을 기독교 신앙의 중심으로 보는 사람들을 비판하는 것이다. 구원론은 반드시 계시의 사실, 즉 '하나님이 말씀하신다'(Deus dixit)에 종속되어야 한다. 적어도 부분적으로 바르트의 신학은 자유주의 학파의 인간 중심주의에 대한 하나의 반동으로 간주될지도 모른다. 이러한 반동은 특히 자유주의적인 하나님과 인간 이해를 각각 인식론의 목적과 주체로 전도시킨 데서 잘 드러난다. 그러나 바르트는 자유주의의 기본적 준거 틀의 수정 없이, 자유주의 신학의 본질만을 전도시켰다. 그러므로 바르트는 간접적으로(아마도 의식조차 못하고) 자유주의 학파의 신학적 이해와 관심사, 특히 하나님이 어떻게 알려지는가 하는 문제를 유지시켰다고 볼 수 있다.

대부분의 자유주의 개신교 신학자들에게는 인간의 굴레인 죄나 노예 됨이라는 관념이 없으므로, '범죄'라든지 '하나님 앞에서의 의'라든지 하는 질문에 관심이 없다. 그러므로 알브레히트 리츨은 죄에 대한 인간의 굴레 개념을 깊이 발전시킨 루터의 『노예 의지』(De servo arbitrio, 1525)를 '불행한 실패작'이라고 생각했다. 루돌프 오토(Rudolf Otto)는 이 책이야말로 루터를 정확히 이해하는 '심리적 열쇠'로 선정했음에도 말이다. 마찬가지로, 1917년 루터에 관한 칼 홀의 유명한 강연도 루터 사상의 구원론적 차원보다는 주로 하나님에 대한 정확한 지식과 관련된 것이었다. 초창기의 루터 르네상스는 루터의 신학적 맥락 안에서 칭의 항목의 중요성보다 신성과 '하나님의 타자성'에 대한 강조가 주목받는 데 기여했는데, 이는 상당히 중요한 사실이다.[130] 초기의 변증 신학 또한 하나님에 대한 올바른 지식 문제에 열정적인 관심을 가졌다. 이는 하나님에 대한 인간의 무지와 하나님에 관해서는 신학적으로 중요한 어떠한 자연적 지식도 불가능하다는 점에 고무된 것이었다. 하나님과 인류 사이에는 넓게 갈라진 틈(바르트는 '크레바스'라고 지칭한다)이 있는데, 인간 쪽에서 다리를 놓을 방법은 없다. 그러므로 하나님 쪽에서 다리를 놓으셨다는 소식은 최상의 진심에서 우러나온 것으로 받아들

---

130) Holl, 'Was verstand Luther unter Religion?' Holl은 Luther의 칭의 교리를 그의 Gewissenreligion의 한 측면으로 취급하는 것 같다.

여야 한다.

따라서 초기 변증 신학은 루터 신학의 한 측면(하나님의 '타자성')은 받아들이고, 또 다른 측면(인간의 굴레인 죄)은 지엽적인 것으로 간주했다. 그러므로 우리가 본 것처럼 젊은 바르트에게, '하나님의 의'의 중요성은 인간의 의 개념과 정반대라는 사실에 있었다. 자유주의 학파 및 19세기 신학 전반의 특징이었던 인간의 굴레인 죄에 대한 관심 부족이 20세기 초의 변증 신학 속으로 흘러 들어갔다. 이에 따라 기독교 신앙을 구성하는 신학적 드라마는 하나님과 죄, 세상과 악마 사이의 우주적 투쟁에 갇힌 죄인 된 인류의 구원보다는, 인간과 하나님에 대한 인간의 지식과 관련된 것이라고 주장되었다.[131] 바르트의 신학적 정황에서 위와 같은 투쟁은 불가능하다. 왜냐하면 근본적으로 일원적인 체계 안에 죄를 수용하기 어려운 헤겔의 어려움을 바르트가 공유하기 때문이다. 바르트에게는 단순히 죄 또는 악의 세력과 신의 조우라는 개념 자체가 없을 뿐이다(인식론적으로 '무지' 또는 '몰이해'라는 의미로 축소되지 않는다면). 대신 단지 하나님이 자신을 인류에게 알려지게 하신다는 말만 발견된다. 바르트는 심지어 십자가도(전통적으로 투쟁에 정확히 자리했던) 성부 하나님과 성자 하나님 사이의 독백으로 축소시킨다.[132] 그러나 죄, 죽음, 악과의 직접 대면을 지식의 분유가 대체할 수는 없다.

바르트가 칭의 항목에 역할을 부여한 볼프를 비판한 가장 중요한 측면은, 역할이 전제하고 있는 신학적 방법론에 대해서다. 후기 바르트에 있어, '그리스도 일원론'(알타우스) 또는 '기독론적 집중'(폰 발타자르) 개념이 점점 중요해진다. 기독론적 집중은 일반적으로 나사렛 예수의 역사나, 특별히 십자가형 또는 부활에서 표현을 찾을 수 없으며, 오히려 영생 이전의 그리스도의 존재에서 찾아진다.[133] 스스로를 나타내거나 나타내지 않는 신적 자유에

---

131) Luther의 신학에서 이 주제에 대해 다음을 보라. G. Aulén, 'Die drei Haupttypen des christlichen Versöhnungslehre,' *ZSTh* 7 (1930), 301–38; M. Leinhard, *Luther témoin de Jésus Christ*, Paris: Edition du Cerf, 1968.
132) Balthasar는 독백을 장난스럽게 'ein gespenstischer Spuk ohne Wirklichkeit'라고 조롱한다. H. U. von Balthasar, *Karl Barth: Darstellung und Deutung seiner Théologie*, Cologne: Hegner, 1951, 225–6, 380.
133) J. de Senarclens, 'La Concentration christologique,' in E. Wolff, C. von Kirschbaum

대한 바르트의 이해 속에 그 이유가 들어 있는데, 특히 그의 헤겔 비판에 잘 표현되어 있다.[134] 성자의 영원한 발출 교리의 선행성이 계시 속의 신적 자유를 유지시킨다.

결과적으로, 바르트는 이제 그리스도가 구원 역사의 모든 단계에 동일하게 존재하신다고 단언해야 할 의무가 있음을 깨닫게 된다. 바르트의 타락 전 예정론(supralapsarian)적 이해 안에서 죄가 있어야만 대속이 있다는 점은 정말로 수용하기 어렵다. 이미 시간이 시작되기도 전에 역사적 과정이 완벽한 계획에 의해 철저하게 결정되어 있음을 전제하는 신학적 정황 속으로 죄와 악의 존재를 신빙성 있게 집어넣기 어려웠을 뿐이다. 바울의 표현대로라면 죄가 '세상 속으로 들어왔다.' 바르트는 기독론적으로 결정된 역사 과정 속으로 죄가 '들어왔다'고 설득력 있게 말할 수 없었다.[135]

잠시 구원론에 관한 바르트의 전반적인 관심 부족은 별도로 치더라도, 영원으로부터 기독론적으로 결정된 내용에 대한 그의 강조는 지금, 여기에 적합한 부분들에 대한 관심 부족으로 귀결되었음이 분명하다. 칭의 항목은 지금, 여기에서 사람이 처한 곤경을 다루고 있다. 인류는 죄의 노예가 되었고, 스스로를 구원할 수 없게 되었다. 비록 바르트 신학이 궁극적으로 인간론적인, 그리고 인식론적인 고려의 결과를 반영한다고 주장될 수 있지만, 바르트의 관심은 죄를 진 인류가 아닌 다른 곳에 있음이 분명하다.

전반적인 신학 방법론과 관련된 더 중요한 사항이 있다. 만약 칭의 항목이 신학적 사색의 출발점으로 인정된다면, 분석적이며 귀납법적인 방법이 뒤따라야만 하며, 죄인에 대한 신적 칭의라는 특별한 사건으로부터, 그것이 설정되어 있는(선택 선언 같은) 정황에까지 논증이 이루어져야 한다. 이런 방법론은 첫 단계 개혁주의 신학의 특징이었으며, 또한 알미니우스의 특징이

---

and R. Frey (eds.), *Antwort: Karl Barth zum 70. Geburtstag*, Zürich: Evangelischer Verlag, 1956, 190–207.

134) Karl Barth, *Die protestantische Théologie im 19. Jahrhundert*, Zürich: Evangelischer Verlag, 1952, 375-7.

135) 이에 대해, 특히 Barth의 *das Nichtige* 개념에 대해서 다음을 보라. W. Krötke, *Sünde und Nichtiges bei Karl Barth*, Neukirchen-Vluyn: Neukirchener Verlag, 1983.

기도 했다. 그러나 개혁파 정통의 등장은 그리스도 안에서 죄인에 대한 칭의라는 구체적 사건으로부터, 선택과 유기라는 신적 포고로 신학적 사색이 이동하는 출발점이었다. 분석적, 귀납적 방법론 대신, 일반 원리(택자에 대한 신적 포고와 같은)로부터 구체적인 사건들(그리스도 안에서 택자의 칭의와 같은)에 이르는 요청과 관련된 종합적이며 연역적인 방법론이 채택되었다. 그 결과 구원의 서정(ordo salutis)에서 칭의에 낮은 지위가 부여되었다. 칭의란 선행한 택자에 대한 신적 포고가 구체적으로 현실화된 것에 불과하기 때문이다.

바르트는 대략 칼빈의 방법론보다 개혁파 정통의 신학 방법론에 더 가깝다. 성자의 영원한 발출 교리의 선재성에 대한 그의 고집이 종합적, 연역적 접근법을 요구하게 했으며, 그의 신학 방법론이라는 정황 안에서 성육신, 그리스도의 죽음과 부활이 우선성 순위에서 낮은 위치를 차지하게 만들었다. 바르트는 개혁파 정통 신학자들의(베자 같은) 종합적, 연역적 방법론의 적용이 추상적인 절대적 타당성을 끌어내었다고 심하게 비판한다. 그런데 자신의 신학 방법론이 개혁파 정통의 방법론과 그처럼 밀접하다는 사실은 하나의 아이러니다.

구원론에 관한 바르트의 미지근한 관심은 그리스도의 사역에 관한 그의 교리에서도 표현된다. 여기서 계몽주의, 슐라이어마허 그리고 리츨과의 놀랄 만한 연속성이 뚜렷하게 두드러진다.[136] 내용상의 차이에도 불구하고 자유주의 학파의 신학적 틀과 바르트 사이의 밀접한 친근성을 다시 한번 보여준다. 첫눈에 보면, 바르트의 그리스도 사역의 신학은 계몽주의 신학과는 화해가 불가능할 정도의 반대로 보인다. 바르트는 18, 19세기의 개신교 신학 연구에서, 계몽주의 신학을 싫어한다고 여러 차례 표현했다.[137] 그러나 그리스도의 사역 교리의 관계, 의롭게 하는 믿음의 수동성과 관련 교리인 노예 의지 및 선택 교리에 대한 분석을 통해 분명히 드러나는 사실은, 바르트가 계몽주의 구원론의 주요 특징들을 재생산하고 있다는 점이다. 필자는 이 점

---

136) McGrath, 'Karl Barth als Aufklärer?'
137) Barth, *Die protestantische Théologie*, 16-21.

을 분명히 하기 위해, 하나님에 대한 인간 지식에 있어 바르트의 기독론적 집중에 대한 분석을 시작하고자 한다.

바르트에게 있어 신학이란 근본적으로 예수 그리스도의 정체성과 의미에 대한 설명이다.[138] 사실 바르트는 기독론 안에 신학 전체를 집어넣는다. 창조, 선택 및 대속 교리 등이 기독론적 고려사항에 따라 결정되는 것처럼 논의된다. 따라서 바르트는 선택 교리를 설명하면서, 이 개념이 하나님의 전능성에 대한 증언을 포괄하는 신학적 추상물로 간주되어서는 안 된다고 주장한다. 그는 도르트 발표문은 칼빈의 선택의 표상(speculum electionis) 개념을 예수 그리스도는 선택하시는 하나님이시자 동시에 선택된 인간이라는 의미로 재해석하는 것이라며, 의식적으로 발표문과 거리를 둔다. 만약 그리스도가 선택하시는 하나님이 아니라면, 그리스도의 밖에서 선택의 근거를 찾아야만 한다. 따라서 바르트가 생각의 여지도 없다고 여긴 절대적 타당성 교리로 내몰리게 될 것이다. 더욱이 인간이 되고자 한 신적 결정은 예수 그리스도 안에서 만져볼 수 있게끔 표현된다. 선택에는 이중성이 있으므로, 바르트는 전통적인 의미를 통째로 바꾸면서도, 이중 예정(praedestinatio gemina)이라는 용어는 유지될 수 있다고 느꼈다.[139]

개혁파 정통은 이 용어가 하나님께서 불가항력적으로 어떤 이는 영생으로, 어떤 이는 영원한 죽음으로 작정하심을 뜻한다고 본다. 한편 바르트는 이 용어가 인류는 선택, 구원과 생명으로, 하나님 자신은 유기, 지옥, 죽음에 처하시려는 신적 결정을 언급한다고 주장한다.[140] 하나님의 자기 의지에 따라 정죄받고 거절되는 것은 그리스도 안에서 하나님께서 선택하신 사람들이 아니라 하나님 자신이다. 그러므로 하나님은 신적 예정의 부정적인 요소는 자신의 몫으로 돌리시고, 긍정적인 요소만 인간에게 돌리셨다. 예정이 부정

---

138) *Kirchliche Dogmatik*, IV/1 §57, 1; 16. 보다 깊이는 다음을 보라. H. J. Iwand, 'Vom Primat der Christologie,' in Wolff, Kirschbaum and Frey (eds.), Antwort, 172-89; S. W. Sykes, 'Barth on the Centre of Theology,' in *Karl Barth: Studies of his Theological Method*, Oxford: Oxford University Press, 1979, 17-54.
139) K. Stock, *Anthropologie der Verheißung: Karl Barths Lehre vom Menschen als dogmatisches Problem*, Munich: Kaiser Verlag, 1980, 65-72.
140) *Kirchliche Dogmatik*, II/2 §33, 2; 176-8.

적인 판정을 품고 있더라도, 그 판정이 인류에게 내려지지는 않는다.[141] 달리 말해, 예정에는 부정적 요소가 포함되어 있음을 바르트도 인정하지만, 그 요소는 더 이상 인류를 향한 것이 아니다.[142]

하나님은 인간 쪽에서의 어떤 협력도 없이 일방적으로(einseitig), 그리고 독단적으로(selbstherrlich) 인류를 선택하셨다.[143] 그리스도는 인간의 계약적 대표자이자 대리자로서 인간의 지위를 취하셨고, 우리의 구원에 필요한 모든 것을 인간의 동의나 협력 없이 행하셨다. 사실 바르트는 의롭게 하거나 구원을 발생시키는 데 있어, 하나님과 중요한 방식으로 협력하는 데 있어 인간의 전적 무능력을 주장한다. 바르트에게는 인간의 자유 의지와 하나님과의 협력이라는 망상에 대항해서 적극적 자세를 취할 필요가 있었다. 또한 하나님의 말씀은 '노예 의지에 대한 지식'과 하나님에게 자신의 최선을 다하지 못함으로써 스스로 의롭게 할 수 없는 인간의 무능력에 대한 지식도 포함한다고 재인식할 필요가 있었다.[144]

만약 인간이 자신의 칭의에 대해 할 말(서구 기독교에서 가톨릭 전통이 주장하듯이)이 있다면, 사람에게는 신적 은총에 응답할 자유가 있어야만 한다. 바르트는 사람이 그러한 자유를 소유하고 있지 않다고 단언함으로써, 1525년의 루터와 칼빈을 뒤따른다.[145] 인간 의지의 자유는 죄 때문에 전적으로 그리고 회복불가능하게 손상되었다. 인간 의지의 굴레에 대한 바르트의 주장과, 믿음은 단지 수동적인 것(res mere passiva)이라는 칼빈의 주장의 명백한 일치는 인간은 칭의에서 어떤 종류의 신적 주도권에 대해서도 절대적으로, 그리고 전적으로 어떤 응답도 할 수 없다는 주장을 더욱 강조하는 데 기여한다.[146] 인간의 구원론적 무능력에 대한 교리가 바르트의 선택 신학과 결합될 때 놀랄 만한 상황이 발생한다.

---

141) *Kirchliche Dogmatik*, II/2 §33, 2; 181.
142) *Kirchliche Dogmatik*, II/2 §33, 2; 183.
143) *Kirchliche Dogmatik*, IV/1 §57, 3; 72-3; §59, 2; 252.
144) *Kirchliche Dogmatik*, IV/1 §60, 1; 458.
145) *Kirchliche Dogmatik*, III/2 §43, 2; 43.
146) *Kirchliche Dogmatik*, IV/1 §61, 4; 679-718, 특히 701.

우리가 위에서 언급한 것처럼, 바르트에게는 하나님이 인간을 유기하시려고 선택하는 것은 불가능하다. 하나님은 이중 예정에서 이미 자신을 유기의 대상으로 택하셨기 때문이다. 예정론이 '아니다!'를 포함하더라도 그 '아니다'가 인류에게 말해져서는 안 된다.[147] 인간은 하나님께서 인류를 위해 선택한 것이 무엇이든지 전혀 거절할 수 없다. 바르트는 신적 은총에 직면한 불신앙의 궁극적인 무능을 강조하면서, 이 점을 반복적으로 언급한다. 불신앙은 인간을 선택하신 하나님의 결정을 불신앙이 취소시키지 못한다. 하나님의 심판은 그리스도에게 시행된다. 그리스도가 인간 대신 서 있기 때문에 결코 인간에게 집행되지 않는다. 사람이 믿을 수도, 안 믿을 수도 있지만 그들의 신앙 여부와 그들에 대한 선택과는 별로 관계가 없다. 아마 죄와 불신앙 때문에 사람이 선택되기 불가능할지라도, 사실은 전혀 반대다. 사람이 선택받지 못하는 것은 불가능한 일이다. 바르트 신학의 이러한 측면은 보편 구원론적 경향 때문에 비판받고 있다. 타락한 인간의 능력에 대한 이해와 연관된 그의 선택 교리는 필연적으로 만인회복 교리로 연결된다. 인간이 사실을 알든지 모르든지, 사실을 좋아하든지 싫어하든지 간에 모든 사람이 구원받는다.

이 점을 염두에 두면, 이제 선택에 대한 인간의 지식과 관련된 중요한 질문이 분명해진다. 바르트는 신학적 총체로서, 인간의 자기 지식의 중심이 그리스도라고 자주 강조한다. 인간은 자신이 죄인임을 안다. 이 사실은 사람의 신학적 존재와 지위가 오직 예수 그리스도의 빛 속에 있음을 암시한다.[148] 마찬가지로 바르트는 인간의 선택이 선택의 표상인 예수 그리스도를 통하여 사람들에게 알려진다고 주장한다. 바르트는 그리스도의 죽음과 부활의 긍정적 차원과 부정적 차원에 대한 논의에서, 지식의 결과에 대해 우선적인 관심을 드러낸다.

---

147) *Kirchliche Dogmatik*, II/2 §33, 2; 183: 'und heißt Prädestination Nicht-Verwerfung des Menschen.'
148) Kirchliche Dogmatik, IV/1 §60, 1; 410.

우리를 위해 제물이 되셨고, 제물로써 순종하신 예수 그리스도의 거울 속에서, 우리 자신이 누구인가 드러난다. 즉 그가 제물이 되신 것과 자신을 제물이 되도록 순종하신 이유는 바로 우리를 위해서다. 그가 참된 하나님으로 우리를 위해 행하신 일 속에 나타나는 겸손의 빛 속에, 우리가 노출되어, 우리는 우리 자신이 하나님이자, 주님, 구속주이자 조력자이기를 바란 교만한 피조물이며, 그렇게 함으로써 하나님에게서 멀어진 존재인, 우리 자신을 알고 인정하게 된다(durchschaut, erkannt und haben wir uns selbst zu erkennen).[149]

사람들이 구원이나 화해가 사용되리라고 기대하는 곳에, 지식(Erkenntnis)이나 동족어를 빈번히 집어넣은 것은 하나님 앞에서(coram Deo) 인간의 칭의에 대한 바르트의 논의에서 가장 두드러진 측면이며, 바르트가 신학적 성찰을 형성하는 중심으로, 하나님의 활동보다는 인간의 지식과 통찰력을 중시함을 보여준다. 바르트의 인류의 칭의에 관한 전체 논의는 인류가 처한 인식론적 상황을 언급한 것으로 보인다. 달리 말해, 기독론적으로 결정된 상황에 대해 기독론적으로 드러난 지식이다.

지식이 구원이라는 바르트의 잦은 강조는 쉽게 이해된다. 결국 모든 사람이 구원될 것이기 때문에(그의 선택 교리와 노예 의지 교리의 필연적 결론이다), 이 상황에 대한 현재의 지식이 막대한 중요성을 지니게 된다. 모든 사람이 구원받을 것이므로, 구원이 현재에 현실화된다는 사실이 (기독교 교의학과 윤리학 모두의 기본 전제로서) 중요하게 된다. 이 학문들은 '사람들이 자신들이 구원받으리라는 사실을 안다'는 전제에 전적으로, 그리고 절대적으로 의존한다. 더욱이 교의학은 신앙 공동체 안에서 사용되는 학문이므로, 신앙 공동체가 기반을 두고 있는 기본적 전제, 달리 말하면 구원에 대한 현재적 지식을 반영해야만 한다. 구원의 인식론적 특성에 대한 바르트의 반복적인 강조는, 궁극적으로 어떠한 구원이든지 이루어질 것이며, 구원은 분명 현재의 잘못된 생각으로부터의 해방이라는 점에서, 그의 선택 신학과 완벽

---

149) Kirchliche Dogmatik, IV/1 §61, 1; 574-5.

한 일치를 이룬다. 아마도 인류가 모두 길을 잃었으며, 죄와 불신이 스며든 세상에서 구원의 희망이 없다고 생각할지도 모르지만, 사실은 정확히 그 반대라는 것이다.

브루너(Brunner)가 지적했듯이,[150] 바르트의 선택 교리는 폭풍우 치는 바다 속에 빠져 익사직전이라고 생각하는 일단의 사람들에 비유될 수 있다. 사실 바다가 너무 얕기 때문에 익사할 가능성은 전혀 없다. 그러나 이에 관한 지식이 그들에게 보류되어 있다. 그러므로 필요한 일은, 외견적 상황의 근저에 있는 진정한 상황을 알리는 것이다. 따라서 바르트의 믿음 교리는 신자로 하여금 죄 많은 불신앙의 세상을 넘어서, 그 너머에 있는 신적 은총의 승리와 예수 그리스도 안에서 드러난 선택의 표상을 보게 한다. 성향이나 이해관계에 상관없이 결국은 모든 사람이 구원받을 것이기 때문에, 신자가 직면한 인식론적 혼동을 해결하는 데 바르트의 관심이 집중되는 것도 당연하다. 그러므로 그리스도는 거울 또는 중심이며, 그 안에서 기독론적으로 결정된 상황이 인간에게 노출된다.

이 점을 염두에 두고서 계몽주의와 슐라이어마허, 그리고 자유주의 학파의 구원론에 대한 마틴 캘러(Martin Kähler)의 비판으로 돌아가 보자. 캘러에게 있어 그리스도의 사역 신학은 두 종류 중 하나로 분류될 수 있다. 첫째, 계몽주의 유형과 일치하는 것으로, 그리스도는 불변의 상황과 관련된 중요한 통찰력과 교류를 하는 것으로 이해된다. 둘째, 캘러의 견해와 일치하는 것으로, 그리스도는 변화된 상황의 창시자로 이해된다.[151] 캘러의 구분은 그리스도의 죽음에 대한 전혀 다른 두 가지 접근법을 구별한다.

첫 번째, 참된 상황에 대해 모르는 것을 인간의 곤경으로 간주하는 접근법이다. 인간은 구원된다. 그러나 그 사실을 깨닫지는 못한다. 참된 상황이 알려지게 되면, 이제 사건의 참된 상태를 깨달은 바에 따라 자기 존재를 적응시키고 재조정한다. 이 상황에서 일어나는 수정은, 인간의 주체적인 인식에서 일어난다. 정말로 사람은 사실이 그러하다는 것을 깨닫지 못하는 한 참된

---

150) E. Brunner, Dogmatik I: Die christliche Lehre von Gott, Zürich: Theologischer Verlag, 1946, 375-9.
151) Kähler, Zur Lehre von der Versöhnung, 337.

상황이 적절치 못하다고 주장할 수도 있으므로, 사실이 알려져야 할 필요성이 강조되어야 한다.

두 번째, 죄 또는 악의 굴레에 있는 것이 인간의 곤경이라고 간주하는 접근법이다. 인간은 노예가 되어 있으며 그 사실을 깨닫지 못하고 있다. 참된 상황이 알려져도, 그들에게는 여전히 해방이 필요하다. 굴레에 관한 인간의 지식은 해방의 가능성을 재고하게 이끌지도 모르며, 그리하여 해방의 수단을 찾게 만든다. 그러나 해방은 인간의 참된 상황에 대한 지식과 일치하는 것(또는 동시에 주어지거나, 또는 심지어 필연적인 결과이거나)이 아니다. 만약 인간이 죄의 헤게모니에서 자유를 얻으려면, 인간이 자신의 것으로 취하거나 만들 수 있는 악에 대한 선의 승리, 죄에 대한 은총의 승리가 요구된다. 그리고 바로 그런 승리가 정확히 십자가 위에서 그리스도의 죽음을 통하여 이루어졌다.

바르트의 그리스도의 사역에 대한 이해는 정확히 첫 번째 유형에 속한다. 바르트와 계몽주의자들에게 그리스도는 인류가 처한 참된 상황에 대한 지식의 최고 폭로자이며, 그로 인해 인류는 자신들의 상황에 대한 잘못된 이해에서 해방된다. 바르트에게 있어 그리스도의 죽음은 구원론적 상황을 바꾸는 의미가 조금도 없다. 왜냐하면 구원은 영원 전부터 작정된 것이며, 오히려 그리스도는 기독론적으로 결정된 상황을 인간에게 폭로할 뿐이다. 인간의 딜레마는 죄 또는 악에 대한 굴레라기보다 하나님에 대한 지식과 관련된 것이다(만약 인식론적으로 축소된 '무지' 또는 '혼동'이라는 의미로 이해되지 않는다면).[152] 그러므로 바르트는 신학의 신 중심주의에 대한 그의 강조, 특히 하나님의 신성에 대한 그의 인식을 칭의 항목 안에 있는 관심사의 부흥과 연계하여 고려하지 않는다. 사실 바르트는 다른 부분에서의 분명한 차이점에도 불구하고 이 점에서 계몽주의자, 슐라이어마허, 자유주의 학파와 동일한 신학적 틀 안에서 작업하고 있는 것이다.

하나님의 계시의 우선성에 기반을 둔 기독교 교의학의 부흥에 대한 그의 제안, 그리고 전통적인 칭의의 틀 사이에 연결고리를 만드는 것에 바르트가

---

152) 더 깊은 논의로 다음을 보라. McGrath, 'Karl Barth als Aufklärer?,' 280-3.

내켜하지 않은 것은 20세기 신학, 특히 제2차 세계대전 이후의 일반적인 추세를 반영한 것으로 볼 수 있다. 필자는 이 책의 결론부에서 이러한 발전을 상세하게 다룰 것이다.

6. 칭의의 퇴조, 1950년-2000년

제2차 세계대전 이래, 기독교 교의학에는 칭의 개념을 주변부화하려는 경향이 일어났다. 물론 일반화에도 예외가 있기는 하지만, 이 경향은 루터파 전통에 가장 뚜렷하다.[153] 그러나 1945년 이후 다양한 전통(가톨릭, 앵글리칸, 루터란, 개혁주의 및 침례교)에서 출판된 조직신학 서적들을 섭렵한 결과, 칭의 교리의 언어와 개념적 틀이 주류 기독교 신학 안에서 회복되기 시작했다는 어떠한 합의도 도출되지 않음을 발견하게 되었다. 사실상, 내가 파악할 수 있었던 유일한 의견의 일치는, 이것들이 과거의 것이라는 느낌의 증가였다. 그러므로 기독교 교의학은 반드시 그리스도를 통한 용서와 변화라는 복음의 선포를 개념화시키는 또 다른 전통적 수단에 집중하거나, 새로운 것을 만들어야만 한다는 것이었다.

이러한 추세를 반영하거나 발전시킨 대표적인 영어권 저자들이 여기 언급될 수 있다. 1956년과 1957년 기포드 강연(Gifford Lectures)을 통하여, 레오나르드 혹슨(Leonard Hodgson)은 "'믿음에 의한 칭의'라는 구절은 유용성을 다했다'고 선포했다.[154] 그의 견해에 의하면, 칭의 개념은 '우리의 신학 어휘에서 빠지는 편이 낫다.' 존 맥케리(John Macquarrie)에도 비슷한 판단이 보인다. 그는 칭의에 대한 개신교의 전통적 강조는 '크게 과장된' 것임을 시사했다. 칭의는 기독교 신앙이라는 바퀴의 고정 핀이 되기는커녕, '필수불

---

153) 미국 교의학자인 Robert Jenson(1930년생)도 여기서 언급할 수 있다. Jenson, 'Justification as a Triune Event'; 동일 저자의, 'Rechtfertigung und Ekklesiologie.' 더 최근의 저작 Systematic Theology (2 vols., New York: Oxford University Press, 1997-9)는 의미가 있는 정도로 이 주제를 전개하지는 않는다.

154) Leonard Hodgson, *For Faith and Freedom*, 2 vols., Oxford: Blackwell, 1956, 1.108, 110.

가결한 것도 아니며, 특별한 빛을 비추는 것도 아니고' 단지 '화해라는 기독교적 경험의 한 요소'일 뿐이다.[155] 칭의란 단순히 은총에 의한 구원이라는 기독교적 이해를 개념화하는 한 방편일 뿐이다. 초기 세대는 역사적 상황이나 문화적 상황 때문에 도움이 되거나 필요했을지 몰라도, 이제는 더 이상 그렇지 않다.

앞에서(제3장 2. '하나님의 의'에 대한 루터의 발견 참조), 필자는 루터의 개혁 어젠다가 '은총에 의한 구원'을 '믿음에 의한 칭의'라는 구절로 대치시키면서, 서구 기독교 내부에 얼마나 막대한 용어적 발전을 일으켰는지 서술했다. 물론 두 구절 모두 바울적이다. 이제 발전은 반전의 과정을 겪는 것으로 보인다. (기독교에서 가장 능동적인 신학적 지속성을 보여주는) 가톨릭주의의 경우, '은총에 의한 구원'이라는 언어의 역전 과정은 17세기경부터 잘 진행되고 있었다. 20세기에도 『가톨릭교회 교리문답서』(Catechism of the Catholic Church) 안에 '믿음에 의한 칭의'라는 최소한의 언급으로 통합되었다. 그러나 심지어 개신교 내부에서도 1950년대에 개념적 소멸과 용어적 주변부화가 원활이 진행되어 지금은 대세가 된 듯하다. 도대체 그 이유가 무엇일까?

수많은 요인이 지적될 수 있고, 이 결론에서 탐구될 것이다. 아마도 가장 분명한 것은 다음의 경향성일 것인데, 특히 칭의 교리에 관한 에큐메니칼 논의에서 두드러진다. 즉 칭의는 원초적으로 역사적인 한계를 지닌 신앙의 표현이며, 16세기의 특징이라는 것이다. 흔히 존경심과 함께 다루어지긴 하지만, 칭의 교리에 대한 루터의 강조는 기독교의 핵심적 통찰력을 표현하는 특이한 방식으로 간주된다. 다른 개념을 사용해도 더 만족스럽게 기술될 것이라는 경향이 커지고 있다.

두 번째 요인은 2차 대전 이래 신약 연구에서 형성된 새로운 기후다. 이 기후는 바울 저작에 대한 전통적인 교의 해석의 신뢰성에 많은 의문을 표명하고 있다. 이러한 우려는 종종 믿음에 의한 칭의 문제, 특히 율법에 대한 바울의 태도 이해에 집중되고 있다. 특히 19세기 동안 점점 복잡한 성경 비평

---

155) John Macquarrie, *Principles of Christian Theology*, London: SCM Press, 1966, 304.

방법의 등장은 다음과 같은 제안으로 이어졌다. 예수의 가르침과 바울의 가르침 사이에는 급격한 분리점이 있었는데, 애초에 단순했던 그리스도의 메시지를 칭의 교리가 심각히 왜곡하여 제시했다는 것이다.

신약학자들은 바울의 복음이 칭의 개념에 집중된다는 가정에 의문을 제기하면서, 점차 루터가 서구 개신교에 미친 불균형적인 영향력 때문에 생긴 특이성으로 간주하기 시작했다.[156] 19세기 말 슈바이처(Schweitzer), 베르늘(Wernle), 브레데(Wrede) 같은 자유주의 신학자들은 믿음으로 인한 칭의라는 바울적 교리는 순전히 역사적인 이해에 속하며, 보편적인 대속 신학의 긍정적 선포라기보다 바울의 반-유대교적 변증의 한 측면이라고 주장했다.[157] 기껏해야 그리스도를 통해 인간의 상황이 변화된다는 바울 개념의 보조적인 한 측면이지, 핵심은 아니라는 것이다. 1950년대 말, 독일어권 신약학자들은 '바울의 탈(脫) 루터화'(die Entlutherisierung Pauli)에 대해 공공연히 말하기 시작했다.[158] 이러한 인식은 바울에 관한 '새로운 시각'(new perspec-tive)의 등장과 함께 영어권 학자들에게도 영향력이 점점 증가되었다.

세 번째 요소는 제1차 세계대전의 여파로 유럽에서 세속주의가 등장한 것과 관련 있다. 세속주의는 과연 '현대의 해방된 인간'에게 하나님이 적합한가라는 점증되는 회의주의로 이어졌다.[159] 그 결과 자비로우신 하나님에 대한 추구와 관련된 루터의 유명한 질문이 차지하는 비중이 줄어들게 되었

---

156) 탁월한 논의로 다음을 보라. Westerholm, *Perspectives Old and New on Paul*.
157) 부분적으로, 다음과 같은 종교사학파(*Religionsgeschichte*)의 견해를 반영했다. W. Bousset, *Kyrios Christos: Die Geschichte des Christusglaubens von den Anfängen des Christentums bis Irenaeus*, Göttingen: Vandenhoeck & Ruprecht, 1913. 보다 깊이는 다음을 보라. P. Wernle, *Die Anfänge unserer Religion*, Tübingen, 1904, 222-3; A. Schweizer, *Geschichte der paulinischen Forschung von der Reformation bis auf die Gegenwart*, 2nd edn, Tübingen, 1933, 132.
158) 이 구절에 대해서 다음을 보라. H. J. Schoeps, *Die Théologie des Apostels im Lichte der jüdischen Religionsgeschichte*, Tübingen: Mohr, 1959, 207.
159) Subilia, *La giustificazione per fede*, 343-51; J. Moltmann, 'Justification and New Creation,' in *The Future of Creation*, London: SCM Press, 1979, 149-71, 특히 151-2, 157-64.

다.[160] 초기 세대 신학자들은 주로 죄를 진 인간의 신적 칭의라는 교회의 선포에 대한 설명과 분석에 관심을 가진 반면, 최근의 서구 신학자들은 설명과 분석 모두에 대한 근본적인 도전에 직면하여, 적절성과 정통성을 방어해야만 하는 처지임을 발견한다. 더 이상 하나님 앞에서 인간이 의롭게 될 필요가 없다. 오히려 증가하는 인간의 회의주의 앞에서 정당화가 필요한 대상은 바로 하나님이다.[161] 왜냐하면 인간은 세상의 폭력과 고통, 그리고 제도적 종교의 명백한 실패로 어려움을 겪고 있기 때문이다. 이런 현실은 교의학자들로 하여금 전통적인 법정적 카테고리가 아니라 실존적 카테고리에서 칭의를 재해석하도록 강요했으며, 서구 문화에서 칭의 교리가 점점 자리를 잃어가고 있다는 인식을 강화시켰다. 필자는 앞에서 언급했던 두 가지 요소를 더 깊이 조사하기에 앞서, 소단원에서 이러한 현실에 대해 탐구할 것이다.

1) 재해석: 실존적 카테고리로서의 칭의

20세기는 칭의 교리를 하나님 앞에서 인간의 칭의로 제한하기보다, 인간 실존의 의미에 관한 질문과 연관시키는 경향의 증가를 목격한다.[162] 16세기의 법률적이며 법정적인 언어에서 현대 서구 문화의 공용어(lingua franca)로 번역되어야 할 시급한 필요성이 보인다. 사실상, 칭의 개념은 '탈신화화' 과정(불트만이 사용한 엄격한 용어 의미로서)이 시작되면서,[163] 16세기의 개념적 지평에서 20세기의 지평으로 이동했다. 이런 추세의 기저에는 교리의 실존주의적 재해석이 있었다. 이는 이제 필자가 살펴볼 불트만, 틸리히, 에벨링과 관련이 있다. 교리의 실존주의화를 이해하려면, 실존주의적 탐구와 재해석의 개념적 기초를 놓았다고 널리 인정받는 마틴 하이데거(Martin Heidegger)의 저작을 고려해 볼 필요가 있다.

---

160) Walter Kern, 'Atheismus – Christentum – emanzipierte Gesellschaft,' *ZKTh* 91 (1969), 289-321. 참조. C. Villa-Vicencio, 'Protestantism, Modernity and Justification by Faith,' *SJTh* 38 (1985), 369-82.
161) Subilia, *La giustificazione per fede*, 343-51.
162) Leppin, 'Luthers Frage nach dem gnädigen Gott-heute.'
163) F. Gogarten, *Entmythologisierung und Kirche*, Stuttgart: Vorwerk-Verlag, 1953.

마틴 하이데거는 커다란 영향을 미친 『존재와 시간』(Sein und Zeit, 1927)에서, 인간 존재 구조의 실존주의적 이해를 발전시키고자 훗설(Husserl)의 현상학적 방법론을 운용했다. 하이데거는 단어 '존재'의 기본적 의미가 '밖에 서 있다'(ex-sistere)에서 유래한다고 주장하면서, 인간의 존재를 사물 세계 밖에 설 수 있는 인간의 능력이라는 뜻으로 특징화한다. 인간 존재와 무생물을 구별하는 것은 무엇인가? 하이데거는 사물의 존재(Vorhandenheit)와 구별되는 인간의 독특한 존재 방식에는 세 가지 근본적인 의미가 있다고 주장한다.[164]

1. 인간은 자기 자신에 대해 주체이자 동시에 대상이라는 점에서 주체-대상의 관계를 초월한다. 인간은 스스로를 이해하고자 하며, 존재에 있어 자신에게 열려 있는 본성을 반영하는 독특한 능력을 지니고 있다. 현존재(Dasein)에 대한 인간의 관계가 열려 있고, 변경 가능하다는 점에서, 인간은 자신과 함께 있는 존재이자, 동시에 자신과 전쟁을 하고 있는 존재라고 말할 수 있다.
2. 인간은 결코 존재에 있어 고정되었거나 완성되어 있지 않다는 점에서, 인간 존재는 목적에 열려 있다고 간주되어야만 한다. 달리 말해, 현실성보다는 가능성이라는 용어로 이해되어야 한다.
3. 인간 존재는 개인적인 것으로 간주되어야만 한다. 하이데거는 존재의 '개별성'(Jemeinigkeit)을 강조했는데, 개별성은 논의 중인 개인과 분리될 수 없다.

비록 인간 존재 전반에 관한 하이데거의 분석이 상당히 잠재력 있는 신학적 의미를 지닌다고 하더라도,[165] 그의 분석에서 우리 연구와 특별한 적합성을 지니는 측면은 그가 진정한(eigentlich) 실존과 진정하지 않은(ineigentlich)

---

164) Heidegger, *Sein und Zeit*, Halle: Niemeyer, 1927, 41-2. 보다 깊이는 다음을 보라. P. Bourdieu, *L'Ontologie politique de Martin Heidegger*, Paris: Editions de Minuit, 1988.
165) J. Beaufret, 'Heidegger et la théologie,' in R. Kearny and J. S. O'Leary (eds), *Heidegger et la question de Dieu*, Paris: Grasset, 1980, 19-36.

실존을 구분한다는 점이다.[166] 인간은 세계 안에 존재하며, 그들이 직면하는 전장 안에서 다양한 가능성에 대해 열려 있다. 사람들은 세상 안에 있고, 그 존재에 묶여 있으며, 심지어 자신들의 존재 방식으로부터 상당히 떨어져 있기도 하다. 세계가 표상하는 존재방식에 의해 사람들이 압도될 가능성, 그리고 진정한 존재 양식으로부터 진정하지 않은 존재 양식으로의 '타락'은 하이데거의 실존 분석의 핵심 요소다. 인간은 아마 자신으로부터 떨어져 (abfallen) 세계 안에 흡수됨으로써 본질적으로 세계와 초연하다는 의식을 망각하고, 그들의 적절한 존재 방식으로부터 '뿌리가 뽑히게'(entwurzelt) 될 수도 있다. 따라서 인간은 세계로의 추락을 통하여 그들의 참된 실존으로부터 소외된다. 비록 하이데거의 퇴락(Verfallenheit)을 곧바로 원죄라는 신학적 개념과 등치시키는 일이 유혹이 되긴 하지만, 하이데거는 타락과 소외는 인간 존재에 대한 규범적 정의라기보다는 단순히 인류에게 열려 있는 실존적 가능성일 뿐이라고 주장한다.

기독교 칭의 신학에 대한 인간 존재의 실존주의적 분석의 적합성은 하이데거 본인에 의해서 입증되었는데, 그는 루터의 칭의 교리는 특히 구원의 확실성에 관한 질문과 관련하여, 실존주의적인 카테고리에서 해석되어야 한다고 지적했다.[167] 비록 비평가들은 루터가 주로 관심을 가진 것은, 특정한 실존적 상황 안에서 인간의 자기 칭의라기보다 하나님 앞에서 인간의 칭의라고 연이어 지적했지만,[168] 불트만과 틸리히의 저작을 통하여 막대한 영향력을 획득하게 된 칭의 교리의 의미는 바로 이런 식의 이해였다.

불트만에게 있어, 신약은 인간 존재의 성질에 대한 근본적인 질문에 관한 것이다. 신약에서 신화적 형태로 표현된 기독교의 케리그마는 인간에게 직접 지정된 신적 말씀이며, 인간의 현재 존재 상태가 진정한 것이 아님을 폭

---

166) J. A. Macquarrie, *An Existentialist Theology*, London: Collins, 1973, 29-105, 127-49.
167) R. Lorenz, *Die unvollendete Befreiung vom Nominalismus: Martin Luther und die Grenzen hermeneutischer Théologie bei Gerhard Ebeling*, Gutersloh: Mohn, 1973, 131-44.
168) G. Ebeling, 'Gewißheit und Zweifel: Die Situation des Glaubens im Zeitalter nach Luther und Descartes,' *ZThK* 64 (1967), 282-324.

로하고, 그리스도-사건을 통하여 진정한 존재의 가능성을 알려준다. 그리스도-사건은 믿음의 결정(Entscheidung)이라는 조건 위에 이루어지는데, 불트만은 바울의 믿음으로 인한 칭의 교리가 직접 지정한 이슈로서 채택한다.[169] 인류는 '잠재적 존재'(ein Sein-Können)이며, 진정한 실존을 위한 내재적 잠재성이 케리그마를 통해 드러나고 개발된다. 따라서 믿음으로 인한 칭의라는 바울적인 개념은 인간 존재의 근본적 측면과 관련된다. 케리그마에 대한 반응으로, 믿음의 결정에 이르게 되면서, 개인들은 자신들의 진정한 자아(sein eigentliches Sein)를 획득하게 된다. 비록 복음을 자연적 인간의 조건 분석으로 축소시켰다는 점에서 인간 실존에 관한 하이데거의 분석을 사용했다고 비판받지만,[170] 불트만은 어떻게 진정한 실존이 획득되는가 하는 질문에 대한 구체적인 기독교적 답변이 복음을 인간 실존에 관한 세속적 이해와 구별시키는 데 기여했다고 주장했다.[171]

실존주의적 칭의 교리 해석에서 비슷한 예가 폴 틸리히(Paul Tillich)다. 틸리히는 1924년의 중요한 에세이에서, 칭의 교리는 단지 도덕적 생활이라는 종교적 측면에만 적용되는 것이 아니라 종교의 지적 생활에도 적용된다고 기록했다. 왜냐하면 믿음에 의해 의롭게 되는 이는 단순한 죄인이 아니라 의심자이기도 하기 때문이다.[172] 따라서 틸리히는 교리의 영역을 존재의 의미와 관련된 절망과 의심에 빠진 인간의 우주적 상황으로 확장시킨다. 결과적으로 그는 바르게만 이해된다면 칭의 교리는 기독교 신앙의 핵심이라고 주장한다.[173] 19세기에 인간은 이상주의로 특징지어진 반면, 20세기의 사람들

---

169) J. M. Millás, 'Justicia de Dios: Rudolf Bultmann intérprete de la teologia paulina de la justifkcación,' *Gregorianum* 71 (1990), 259-291.
170) G. Kuhlmann, 'Zum theologischen Problem der Existenz: Fragen an Rudolf Bultmann,' *ZThK* 10 (1929), 28-57.
171) R. Bultmann, 'Die Geschichtlichkeit des Daseins und der Glaube: Antwort an Gerhardt Kuhlmann,' *ZThK* 11 (1930), 339-64.
172) 처음 에세이인 'Rechtfertigung und Zweifel'은 1924년에 출판되었다. *Vorträge der theologischen Konferenz zu Gießen.* 참조. P. Tillich, *The Protestant Era*, London: Nisbet, 1951, xxix.
173) 이어지는 것으로 다음을 보라. 'The Protestant Message and the Man of Today,' in *The Protestant Era*, 189-204.

은 실존적인 절망과 분노로 특징지어지며, 기독교의 메시지는 20세기의 사람들에게 적합성을 지니게 된다. 틸리히는 기독교의 선포가 인간 존재에서 발생하는 실존적 질문들과 '상호연관' 되어 있다는, '연관 방법'으로 임무를 시도한다. 틸리히에게 칭의 교리는 인간의 참된 필요를 알려주므로, 인간은 자신들이 받아들여질 만한 가치가 없음에도 받아들여졌다는 사실을 수용하는 법을 반드시 배워야만 한다.[174]

이와 비슷하게, 게르하르트 에벨링(Gerhard Ebeling)은 '칭의' 개념은 현대인에게 '이집트의 스핑크스'처럼 이상한 것이지만, 인간 존재 및 인간적 문제들과 필수적인 관련을 지녔음을 보여주기 위해, 비신화화되어 해석되어야 함을 주장한다.[175] 에벨링에게 있어, 칭의 사건에는 인간의 상황에 대한 근본적인 한 가지 변화가 발생하며, 이로써 인간은 비-존재(Nichtsein)의 상태에서 참된 존재(Sein)의 상태로 이전된다.[176]

비록 교리에 대한 에벨링의 접근법이 불트만이나 틸리히의 방법과 유사하지만, 에벨링은 루터의 오직 믿음 칭의 교리의 기저에 있는 해석학적 통찰에 주의를 기울임으로써 그들을 넘어선다. 따라서 교리의 성격을 생각과 실천을 판단하는 비평적인 원리로 명확화한다. 에벨링에 의하면, 말씀과 성례 안에서 하나님의 은총 선포는 그 자체로 구원하시는 사건이며, 기독교 신앙의 핵심이다. 왜냐하면 그리스도의 죽음과 부활을 선포함으로써, 그 선포가 효력을 발휘하도록 하기 때문이다.

이러한 분석에 기초하면, 칭의 교리를 인간 존재에 대한 해석과 연이은 변화를 위한 해석학적 원리로 다루려는 경향성의 증가는 당연한 것이다. 결과적으로 교리의 주체적인 선포 또는 인류학적 차원과 인간 조건에 대한 실존적 변화를 불러일으키는 선포에 대한 강조가 커지고 있다는 의견의 일치가

---

174) Tillich, 'You are Accepted,' in The Shaking of the Foundations, London: SCM Press, 153-63.
175) Ebeling, *Dogmatik des christlichen Glaubens*. 3 vols: Tübingen: Mohr, 1979, 3.20-6, 218. Ebeling의 진술의 기저를 이루는 '관계적인 존재론' 개념에 대해서 다음을 보라. Miikka Ruokanen, *Hermeneutics as an Ecumenical Method in the Theology of Gerhard Ebeling*, Helsinki: Agricola Society, 1982, 72-100.
176) *Dogmatik des christlichen Glaubens*, 3.195-200.

있다.[177] 케리그마 또는 하나님의 말씀의 역할에 대한 점증하는 강조는 분명 케리그마의 적합성 문제를 불러일으킨다. 달리 말해, 기독교교회가 칭의 교리 속에 표현된 나사렛 예수의 역사에 배치시킨 구원론적인 해석 또는 실존주의적 해석이 정당한가 하는 문제다. 불의한 사람들에 대한 칭의의 케리그마 배후에 있는 것은 케리그마 자체의 칭의 문제다.

이 문제는 특히 예수의 가르침과 바울의 선포 사이의 관계성에 대한 질문과 연결되어 있다. 즉 예수의 설교에서부터 예수에 관한 선포로의 전의에 대해서 신학적으로 일관성 있는 적합한 설명이 주어지고 있는가 하는 질문이다. 계몽주의 사상가들은 바울적인 예수 해석(칭의 교리에서 표현된)은 근본적으로 윤리가 핵심인 선포를 필요 없이 부적절하게 교의적으로 변형시켰다고 주장했다. 비록 20세기가 칭의 교리에 대한 전반적인 폐지를 목격하고 있는 것은 아니지만, 이전 세대가 당연하다고 생각해 온 교리적 측면에 대한 비판적 논의가 공공연히 일어나고 있다. 현재의 서구 신학자들이 고려해야만 하는 어려움들은 현대 이전 시기에는 어떤 의미에서 상상도 못한 것들이었다. 교리는 계속 하나님의 자유로운 은총에 의한 인류의 칭의를 선포하고, 이 메시지는 선포되는 대상으로부터 계속 반응을 얻겠지만, 무엇보다도 먼저 이 선포의 적절성과 적합성의 수립과 변호가 필요하다는 인식이 커지고 있다.

2) 주변부화: 에큐메니칼 문제로서의 칭의

이 책의 앞에서 나온 분석에서 볼 때, 칭의 교리는 16세기 동안 서구교회 내부에 균열을 만들고 그 균열을 지속시키는 데 중요한 역할을 했음이 분명하다. 세상으로부터 교회를 구분하는 것이든, 한 교파를 다른 교파와 구분하는 것이든, 교리적 진술의 구원론적 기능 중의 하나는 나누는 것이다.[178] 그

---

177) Eberhard Jüngel에 따른 인론, 하나님의 말씀 그리고 칭의와의 관계에 대해서 다음을 보라. J. B. Webster, *Eberhard Jüngel: An Introduction to His Theology*, Cambridge: Cambridge University Press, 1986, 93-103.
178) 다음 분석을 보라. A. E. McGrath, *A Scientific Theology*, III: *Theory*. Grand Rapids, MI: Eerdmans, 2003, 66-76.

러나 기독교 단체들이 보다 가깝게 함께 일하기 원해서, 공통점은 강조하고 분리시키는 것은 주변부화한다면 어떻게 될까?

교리적 분리의 역사적 극복에 대한 질문은 이론적 중요성 이상의 의미를 지니며, 지난 수십 년간 논의의 전면에 등장하고 있다. 제2차 세계대전 이래 기독교 안에 일어난 발전 중에서 가장 중요한 발전의 하나가 에큐메니칼 운동의 등장이다. 이 운동은 과거의 분열을 극복하기 위해 가능한 정도까지 과거의 분열에 대해 기꺼이 논의하려고 한다. 로마 가톨릭과 개신교교회들 사이에 새롭게 열린 관계는 부분적으로 제2 바티칸 공회(1962-1965)에서 채택된 진보적 태도 때문이라고 설명될 수 있다. 비록 서구 민주주의 국가들 안에서 교회 사이의 긴장이 감소되었다는 사회적 요인도 있지만, 위의 문제 또한 고려되어야 한다.

스위스 신학자인 한스 큉(Hans Küng)의 초기 저작이 로마 가톨릭 신학자들 쪽에서 논쟁적인 칭의 문제를 토론하고자 하는 새로운 의지의 동기를 부여했다고 널리 인정된다. 큉은 주요 연구서인 『칭의』(독일어판, 1957년; 영어판, 1964)에서, 칼 바르트의 견해와 트렌트 회의의 견해를 비교하면서, 바르트의 입장과 로마 가톨릭교회의 입장에는 그 전체성에서 볼 때, 근본적인 일치가 있다고 주장했다.[179] 당시(1957) 이 결론은 상당한 놀라움을 일으키는 원인이 되었으며, 마찬가지로 어느 정도 그 의미에 대한 무비판적인 낙관주의도 일어났다. 큉의 저작이 지니는 중요성을 신빙성 있게 판단해 보면, 만약 트렌트 회의가 아퀴나스적인 의미(프란시스코적 의미보다)로 해석되고, 바르트 칭의 교리의 어떤 측면들이 무시된다면, 트렌트와 바르트 사이에는 상당한 융합점이 발생함을 그가 보여준 셈이다.[180]

큉의 저작은 많은 비판에 노출되어 있다. 예를 들어, 아마도 큉은 그가 설명하려는 바르트 칭의 신학의 어떤 측면을 다소 적절치 않게 선택한 것 같다. 큉은 의지의 자유와 선택의 성격 문제에 관한 바르트와 트렌트의 분명한 차이를 다루지 않았다. 이 두 주제는 분명히 주의를 요한다. 더욱이 큉은 트

---

179) Küng, *Rechtfertigung*. 또한 그의 초기 아티클 'Ist in der Rechtfertigungslehre eine Einigung möglich?'를 보라.
180) McGrath, 'Justification: Barth, Trent and Küng.'

렌트의 칭의 포고문을 역사적 정황에서 해석하지 않고, 단지 트렌트에 대한 한 가지 해석만을 보여준다. 마치 바르트의 견해에 가장 가까운 해석이 트렌트의 칭의에 관한 유일한 해석인 것처럼 만들었다. 이 사실은 우리가 앞에서 언급했듯이, 트렌트의 공로 교리와 관련하여 특히 중요하다. 큉은 트렌트가 '칭의에 앞서는 어떠한 형태의 공로도 없다'고 가르친다고 제시했지만, 이 제시는 (적합한 공로 개념의 역할을 간과했다는 점에서) 의문투성이다. 여기에 덧붙여 큉은 트렌트 이후 시기의 칭의 논의가 현재 로마 가톨릭의 칭의 이해에 미친 함의를 고려하는 데 실패한다.

큉의 책은 이러한 비판에도 불구하고 에큐메니칼 논의를 촉발시켰으며, 로마 가톨릭과 개신교 사이에 칭의 교리에 있어 최소한도의 동의에 도달할 수 있다는 사실을 제시했다. 물론 큉이 16세기의 불일치보다 16세기의 오해를 주로 다룬 것은 사실이다. 그 결과 그는 로마 가톨릭과 개신교가 그리스도 중심의 반(反)-펠라기우스적 칭의 신학을 공유하고 있음을 제시하는 이상의 역할을 했다. 그러나 이 성취에도 불구하고 그는 개신교와 로마 가톨릭 모두에 넘쳤던 잘못된 개념들을 너무 많이 강조했으며, 에큐메니칼 위원회에 의한 교리의 지속적인 논의 가능성을 너무 앞서 지적하고 있다.

큉의 책은 이제까지 에큐메니칼 대화에서 극복할 수 없는 장애물로 여겨지던 교리 부분에서 긍정적인 에큐메니칼 논의라는 새로운 시대의 여명을 보여주었다고 해도 과언이 아니다.[181] 상당한 대화가 20년 동안(1970-1989) 이루어졌는데, 필자는 이 중에 두 가지를 지목하고자 한다. 하나는 로마 가톨릭과 루터파의 대화이며, 또 다른 하나는 로마 가톨릭과 영국성공회 사이의 대화다. 이 두 대화는 교리의 현재적 역할에 있어, 상당히 다른 접근법을 채택했다. 처음 대화는 신학적 어려움에 맞서려는 시도를 우선했으며, 다음 대화는 여러 면에서 에큐메니칼적 일치를 확보하고자 칭의 개념을 주변부화했다.

1972년 루터교 세계연맹(the Lutheran World Federation)의 공동연구위원회

---

181) 문서화와 평가에 대해서 다음을 보라. Lane, *Justification by Faith in Catholic-Protestant Dialogue*.

(the Joint Study Commission)와 기독교 통합 촉진을 위한 바티칸 서기국(the Vatican Secretariat for Promoting Christian Unity)은 흔히 '말타 보고서'(the Malta Report)로 알려진 문서를 출판했다.[182] 위원회는 칭의 교리에 관한 에큐메니칼적 합의가 증진되고 있다고 보고했다. 이러한 진전은 1978년 미국에서 루터파와 로마 가톨릭 신학자들 사이에 시작되었던 중요한 논의를 바탕으로 이루어졌으며, 칭의 교리의 역사에서 가장 중요한 에큐메니칼 문서의 출판으로 이어졌다.

1983년 9월 30일 미국의 루터파-로마 가톨릭 대화 그룹은 2만 4천자 분량의 문서를 배포했다. 이는 칭의 교리에 관한 6년간 논의의 열매였다. 『믿음에 의한 칭의』(*Justification by Faith*)라는 제목의 이 문서는,[183] 당시까지 칭의 주제를 다룬 문서 중 가장 중요한 에큐메니칼 문서로, 에큐메니칼 논의의 이정표가 되었다. 개신교와 로마 가톨릭 신학자 사이의 칭의에 관한 대화를 다루려는 모든 이들은 이 문서를 출발점으로 삼아야 할 것이다. 문서는 교리의 역사적 발전에 대한 철저한 분석과 루터파와 로마 가톨릭의 논쟁적 이슈의 성격과 의미에 대한 주의 깊은 평가로 구성된다.

문서는 문제의 역사를 다루면서 시작된다. 16세기 이전 교리의 발전에 대한 주의 깊은 연구를 통하여 핵심적인 역사적·신학적 질문(펠라기우스 논쟁의 성격과 같은)들에 관한 가장 최근의 학문적인 통찰이 논쟁에서 드러났다. 다음으로 16세기 칭의 논쟁에 관해서 굉장히 종합적이며, 탁월하고 통찰력 있는 설명이 뒤따랐다. 또한 루터주의와 트렌트 회의 사이의 쟁점 사항들이 파악되고 분석되었다. 루터파와 트렌트의 입장 사이에 조화를 촉진시키고자 '루터주의'는 일치 공식을 언급하는 것으로 정의되었다. 왜냐하면 루터는 칼빈 및 개혁주의 정통과 칭의 교리에서 너무 밀접하기 때문에, 조화를 위한 기초로 작용할 수 없었기 때문이다. 그럼에도 불구하고 문서는 루터의 개혁적인 프로그램이 수행된 그의 사상과 역사적인 정황에서 루터를 공

---

182) 'The Gospel and the Chruch'는 *Lutheran World* 19 (1972), 259-73과 *Worship* 46 (1972), 326-51에 공동으로 출간되었다.

183) 'Justification by Faith,' *Origins: NC Documentary Service*, 6 October 1983, 277-304.

평하게 다룬다.

그 다음, 16세기 이후의 발전에 대한 분석이 이어진다. 여기에는 얀센주의, 바이우스주의, 경건주의 및 제2차 바티칸 회의에 대한 탁월한 요약과 루터교 세계 연맹 헬싱키 대회(1963)에서 특히 중요했던 논의가 포함되어 있다. 역사적 분석의 끝 부분에 이르면, 비판적인 독자라도 이 문서의 기고자들은 능숙하며 많은 정보를 지닌 사람들임에 틀림없다고 설득될 것이다. 그래서 독자들은 신학적 반성과 해석을 다루는 중요 부분으로 확신 있게 나갈 수 있을 것이다. 여기서 종교개혁의 거대한 논쟁이라는 역사적 경로의 현재적 적합성이 평가된다. 이 부분은 특히 두 가지 거대 전통의 역사적 기억과 친밀해지려는 명쾌한 시도이며, 참으로 과거의 차이에 대한 현재의 에큐메니칼적 신학적 반성을 위한 모델로서 기여할 것이다.

여섯 분야에서 융합점('일치'라는 용어를 사용 않기로 결정했음에 주의하라)이 기록된다. 이는 칭의의 외래적 성격, 의롭게 된 자의 죄인 됨, 믿음의 충분성, 공로와 만족의 개념, 진정성의 척도 등이다. 대화 그룹은 이 분야들에서, 다른 신학적 전망과 사고 구조에도 불구하고 각 교회의 구체적인 교리 공식들의 기저에는 비슷한 관심사와 근본적인 믿음이 두드러짐을 강조한다. 따라서 문서의 마지막 부분은 재구성의 전망을 드러낸다. 문서는 '복음에 대한 근본적 합의'를 인정하다. 루터파와 로마 가톨릭 양측에서 가장 탁월한 신약 학자들의 빛 안에서 적절한 텍스트들을 철저히 살펴봄으로써 여기에 도달한 것이다. 따라서 가장 최근의 학문을 통해 분명히 드러난 융합점은 상당한 에큐메니칼적 유익을 가져다준다.

두 교회의 교리에서 많은 중요 측면에 '차이가 남아 있다'는 사실이 명시적으로 인정되었다. 그러나 이 차이들은 교리에 대한 상호 대립적인 접근법이 아니라 상호 보완적인 의미로 해석된다. 문서는 이런 식으로 두 교회 사이에 상당히 먼 교회적 접근법들을 인정하며, 그것들은 모순적이며 어긋나는 것이 아니라 보완적이며 통합적이라고 주장한다. 따라서 문서는 법정적 칭의와 내재적인 의에 의한 칭의라는 동떨어진 사고들도 근본적으로 동일한 신학 원리를 개념화한 두 가지 방식으로 인정한다.

우리는 신자들이 궁극적으로 신뢰하는 분은 오직 그리스도 안에 계시는 하나님이라는 사실에 대해 공감한다. 이는 하나님의 구원하시는 사역을 개념화하거나 묘사하는 데 어떤 한 가지 특정한 방식만을 요구하는 것이 아니라는 점이 강조되어야 한다. 하나님의 이미지 안에 표현될 수 있는 사역은, 죄인들이 무죄이며 의롭다고 선포하시는 재판관일 수도 있고 주입된 은총에 의해 죄인 안에서 일어나는 변화를 강조하는 변화주의적 관점일 수도 있다.[184]

따라서 16세기 분열의 진정한 핵심이었던 칭의의 공식적 원인에 대한 중요한 질문은, 두 가지 입장(외래적 의에 의한 칭의와 내재적 의에 의한 칭의) 모두 예수 그리스도 안에서 하나님의 행위로 우리 칭의의 궁극적 기초를 개념화하는 적절한(똑같은 것은 아니지만) 방식들이라고 주장함으로써 해소된다. 문서는 이것이 단순한 말의 차이가 아니라는 점을 인정한다. 이 차이는 상당히 다른 신학적 준거 틀, 어휘, 해석학, 강조점 그리고 신적 행위를 개념화하는 방식에 관한 것이다. 문서가 인정하는 근본적인 사항은 두 입장 모두 아주 중요하며 동일한 통찰력을 보호하려는 적절한 시도라는 점이다.

제2차 성공회-로마 가톨릭 국제위원회(ARCIC II)의 보고서인 『구원과 교회』(*Salvation and the Church*, 1987)에는 문제에 대한 보다 실용적인 태도를 반영하는 상이한 접근법이 제시된다.[185] 이 문서는 16세기 말과 17세기 초 고전적 성공회신학자들이 그들과 로마 사이에 존재한다고 생각했던 불일치를 주저하며 언급한다. 이러한 불일치에는 핵심 이슈와 심지어 로마와 영국 교회 사이에 '지금도 논쟁중인 거대한 질문'(후커)인 칭의의 공식적 원인에 대한 캐롤라인 신학자들의 강조 등이 포함된다.

위원회는 차이 때문에 생긴 어려움을 분명히 인식한다. 그렇지만 말을 돌리기보다 어려움을 알리는 쪽을 선택한다. 여기서 칭의의 공식적 원인에 관한 문제가 해결된 것으로 여겨야 하는지, 아니면 부적절한 것이라고 선언된 것으로 여겨야 하는지 분명하지 않다. 그래도 상당히 주변부화되었다는 인

---

184) 'Justification by Faith,' §158; 298.
185) *Salvation and the Church: An Agreed Statement by the Second Anglican-Roman Catholic International Commission*, London: Church House Publishing, 1987.

상을 받았다. 문서는 칭의의 외래적 성격을 인정하지만, 이러한 이미지는 '구원에 대한 다른 성경적 생각들과 이미지들'에 의해 보완되어야만 한다고 주장한다. 그러므로 구원의 다른 차원들(재생, 성화 등등)이 포함된다.

심지어 제목에조차 '칭의'라는 용어에 대한 회피가 분명히 드러난다. 왜냐하면 문제가 다분한 역사적 연상 작용 없이, 느슨하게 구원론적 이슈를 강조함으로써 에큐메니칼적 일치 추구를 나타내고자 하기 때문이다. '칭의'가 에큐메니칼적 화해의 기초가 되기에는 수사학적, 신학적으로 심한 과부하가 걸려 있다. 가장 쉬운 절차는 그것을 주변부화하고, 인류에 대한 하나님의 화해에 관해 다른 방식으로 말하는 데 집중하면 된다. 신학적 손재주가 발휘된 절차를 너그러이 눈감아 주는 것이 아니다. 오히려 20세기의 에큐메니칼적 관심에 따라 칭의 교리는 교회의 정체성에 근본적인 것이라기보다, 교회의 통일에 방해가 되는 것으로 인식되기 때문이라고 언급한다. 20세기 초입의 기독교 신학에서 조용히 칭의 교리를 주변부화한 일은 중요한 기여라는 것이다.

이제 우리의 주의를 '바울에 대한 새로운 관점'의 발전으로 돌리고자 한다. 이 새로운 전망은 칭의에 관한 몇 가지 전통적인 개념들, 특히 종교개혁의 루터파 쪽에서 내려온 개념들에 의문을 제기한다.

3) 비판: 바울에 대한 '새로운 관점'

19세기 말 독일의 신약 학자들은 루터파의 바울 읽기에 커다란 의문의 여지가 있다고 생각했다. 신약 해석의 종교사학파(religionsgeschichtlich)적 접근법에 대한 점증하는 관심에 비추어 볼 때 작은 일이 아니었다.[186] 바울의 사고 형성 과정에서 유대교 문화와 헬레니즘 문화의 배경을 탐구하면서, 관심의 폭발이 일어났다. 많은 결론들이 구체화되지 않고 잠정적인 것이었지만, 두 가지 합의가 도출되었다. 첫째, 신약의 지적, 문화적 배경에 대한 폭넓은 이해에 비추어 볼 때, '루터파'의 바울 읽기에는 문제점이 더욱 많아지

---

186) 논쟁에 대해 다음을 보라. J. Gottschick, 'Paulinismus und Reformation,' *ZThK* 7

고 있다. 둘째, 칭의가 기독교 복음 자체의 중심은 아닐 뿐더러, 더 이상 바울신학의 중심을 구성하거나 결정하는 것으로도 인정할 수 없다.

'루터파'의 바울에 대한 관점을 비판하는 과정이 급속도로 진행되었다. 그런데 놀랄 정도로 루터에 대한 언급이 없었음이 지적되어야 한다. 1964년 롱게네커(R. N. Longenecker)는 유대교는 어떠한 용어적 의미에서도 '율법주의'가 아니며, 오히려 '유명론'으로 간주되어야 한다고 주장했다.[187] 1970년대 샌더스(E. P. Sanders) 저작의 등장은 종교개혁 시대에서 전해진 바울식 해석 구도에 대한 의심의 분위기를 촉진시켜, 점차 그 구도는 당시의 교회적 변증과 문화적 전제들이 그 구도를 결정한 것이라고 주장했다.

대략적으로 말해서, 비평의 골자는 서구인들은 깊이 뿌리박힌 현대의 개인주의적 전제의 견지에서 바울을 읽은 경향이 있으며, 이 때문에 바울이 엄청나게 다른 세계에 살았다는 사실을 파악하는 데 실패했다는 것이다.[188] 서구가 관심을 지닌 것은 바울의 텍스트로부터 읽어가는 것이 아니라, 텍스트 안으로 읽어 들어가는 방식이었다. 바울은 루터와 대조적으로 '어떻게 개인이 하나님의 안전(眼前)에서 의롭게 될 수 있는가?'라는 질문에 관심이 없었으며, '이방인들이 마지막 날에 어떤 근거에서 하나님의 백성에 참여할 수 있는가?'라는 판이한 질문에 관심을 가졌던 것이다.[189]

던(J. D. G. Dunn)은 루터가 재발견하고, 이어서 개신교에서 설명한 칭의 교리는 바울의 선교라는 정황 속에서 바울의 원래 교리의 공식 특히 중요한

(1897), 398-460; E. Vischer, 'Jesus und Paulus,' *Theologische Rundschau* 8 (1905), 129-43, 173-88; W. Heitmüller, 'Zum Problem Paulus und Jesus,' *ZNW* 13 (1912), 320-37; W. Michaelis, 'Rechtfertigung aus Glauben bei Paulus,' in K. L. Schmidt (ed.), *Festgabe für Adolf Deißmann zum 60. Geburtstag*, Tübingen: Mohr, 1927, 117-158.

187) R. N. Longenecker, *Paul: Apostle of Liberty*, New York: Harper & Row, 1964, 65-85.
188) Stendahl, 'Paul and the Introspective Conscience of the West'; S. Stowers, *A Re-Reading of Romans*, New Haven: Yale University Press, 1994, 6.
189) E. P. Sanders, *Paul*, Oxford: Oxford University Press, 1991, 50. Sanders의 접근법에 대한 탁월한 조사로 다음을 보라. Westerholm, *Israel's Law and the Church's Faith*, 46-51.

측면들을 무시해 왔다고 주장했다.[190] 던이 개신교의 칭의 교리를 심하게 비판하지는 않지만, 바울이 전체로서의 유대교적 전형인 변질된 유대교 율법주의에 대항하는 교리를 승인했다는 전제 등은 '바울을 심각히 오해한 것'이라고 말한다.[191] 던은 바울의 칭의 교리는 이방인에 대한 자기 임무의 표현이며, 이방인에 대한 민족적, 인종적인 선입견과 혐오에 대한 저항을 구현시킨 것으로 긍정한다. 따라서 복음은 모든 믿는 자들을 위한 것이다. 첫째는 유대인에게 그리고 이방인에게도 마찬가지다. 반면 루터는 '율법의 행위'라는 구절을 인간의 도덕적 자기의식 전반을 지칭하는 것으로 해석했으며, '율법의 행위'의 내적인 측면은 이방인으로부터 이스라엘의 독특성과 구별됨을 유지하려는 관심의 일환이었다고 던은 주장한다. 그리고 바울의 핵심적 신학 공식을 정식화하는 시도에서 이러한 측면이 무시되어, 우리는 '율법의 행위와는 별도로 믿음에 의해 의롭게 됨'(롬 3:28)을 인정하게 되었다는 것이다.

바울에 대한 '새로운 관점'에서 루터를 향한 다양한 비판들 중 이 연구를 위해 두 가지가 특별히 중요하다. 왜냐하면 이 두 비평은 칭의 교리의 신학적 지위 및 내용에 직접 관련된 것이기 때문이다.

1. 칭의는 바울 사상의 중심이나 기독교의 중심으로 간주될 수 없다. 칭의 교리가 '교회가 서거나 무너지는 항목'이라는 어떠한 제안에도 적절한 성경적 보증이 없다.
2. 믿음에 의한 칭의 교리를 정식화하면서 바울이 바라본 상황은 펠라기우스주의자들이 하나님의 호의를 주장하게 만든 인간의 보편적인 자기 의가 아니라, 하나님의 백성들의 언약적인 제약에 관한 구체적인 유대적 관심사다. 만일 사실이 그렇다면, 어거스틴을 지나서 루터와 그 이후까지 바울의 칭의 교리에 대한 전통적인 해석은 수정이 요구된다.

---

190) Dunn, 'The Justice of God.'
191) Dunn, 'The Justice of God,' 5-8.

논쟁이 끝나려면 멀었다. 수많은 문서들이 바울에 대한 '새로운 관점'에는 정말로 문제가 있으며, 오히려 바울에 대한 전통적 독법이 일반적인 생각 이상의 호응을 받고 있음을 지적한다.[192] 그럼에도 불구하고 이 논쟁은 칭의 교리에 대한 현재의 신학적 사색과 기독교 교의학 안에서 교리의 지위에 계속적인 그림자를 드리우고 있다.

아마 더 심각한 사실은 과연 조직신학자들과 신약 학자들이 서로 대화하고 있으며, 서로의 책을 읽고 있는가 하는 염려를 일으킨다는 점이다. '바울에 대한 새로운 관점'은 조직신학이 성경 안에 있는 선착장을 상실하고 있으며, 성경 구문과 직접 대면하기보다 과거 조직신학자들과의 논쟁을 선호한다는 인식이 커지도록 만들었다.

따라서 칭의 개념에 관한 질문은 미래를 향해 열려 있다. 21세기는 칭의 교리의 중요성에 대한 확신이 새로워짐을 목격하게 될 것인가? 아니면 20세기 후기 칭의 개념의 주변부화 현상이 성경신학과 기독교 교의학 양측에서 더욱 통합적으로 발생할 것인가?

7. 결론

오늘날 교회가 직면한 상황 속에서 칭의 교리가 어떻게 재진술되고, 다시 발전해야 하는지 필자의 견해를 설명하는 것으로 이 특정한 기독교 교리의 역사를 조사한 결론을 내리는 것이 통상적인 방식일 것이다. 따라서 칭의 교리의 역사는 순전히 이 책의 참된 목적을 위한 도입부를 구성하며, 때때로 그 목적에 종속될 것이다. 그러나 이 책에 그런 의도는 전혀 없다. 이 책에서 그 자취를 찾아보고 문서화한 기독교 칭의 교리의 발전사는 엄청나게 흥미롭고도 복잡한 주제이며, 주의 깊게 고려할 만한 가치가 있다. 이 책에 사용

---

[192] 보라, 예를 들어 F. Thielman, *The Law and the New Testament*, New York: Herder & Herder, 1999; D. A. Carson et al. (eds.), *Justification and Variegated Nomism: A Fresh Appraisal of Paul and Second Temple Judaism*, Tübingen: Mohr Siebeck, 2001; 그리고 특히, Westerholm, *Perspective Old and New on Paul*.

된 자료는 에큐메니칼 논쟁에 관심을 가진 이들, 개신교와 가톨릭의 종교개혁 신학의 역사에 관심을 가진 이들 그리고 기독교 교리의 발전에 관심을 가진 이들을 포함한 세 유형의 분명한 독자들에게 커다란 흥미 거리가 될 것이다.

그러나 필자가 감히 언급하건대, 이 책의 참된 기쁨은, 저자가 25년간 역사신학자로서 교수 사역을 하면서 신학자들과 성경학자들의 방대한 저작들을 읽고, 내가 발견한 것들을 분석하며, 연결시키고, 요약하면서 만들었다는 데 있다. 만약 이 책이 다른 사람에게도 같은 일을 하도록 고무시킨다면 이 책이 유용하게 쓰인다는 증거가 될 것이다.

중세 구원론 관련 용어 모음

거저 주어진 은총(gratia gratis data): 아마도 죄와 함께 살고 있는 상태의 순례자에게 주어지는 임시적인 은총의 선물을 가리키는 듯하다.

받아들여지게 하는 은총(gratia gratum faciens): 순례자를 하나님께 받아들여질 만하게 하는 상존하는 은총의 선물로, 일반적인 죄의 상태에서는 공존할 수 없다.

불완전한 참회(attritio): 죄에 대한 회개의 형태 중 불완전하고 자연적인 것으로, 하나님의 처벌에 대한 두려움에서 생기며, 완전한 참회(contritio)와 구별된다.

사물의 본성에서(ex natura rei) **하나님의 승인으로**(ex pacto divino): 중세 칭의 논의 근저의 인과성 개념들로, 근본적으로 다른 두 개념이다. 존재론적인 또는 '사물의 본성에서'는 관련된 실체들 또는 과정들 사이에 내재적인 관련성이 있다는 전제에 기반을 둔 것이 인과성이며, 서로간의 인과적 관계를 필요조건으로 한다고 본다. 계약적 또는 '하나님의 승인으로'는 어떠한 연관에서도 관련된 실체들 또는 과정들에 존재하는 인과성은 오직 그러한 관계가 존재하라는 신적인 명령 때문에 존재하게 된 것이라는 전제에 의거하여 인과성을 설명한 것이다.

순례자(viator): 문자적으로 '도보여행자' 또는 '순례자'를 말함. 천상의 예루살렘으로 향하는 도상에 있는 신자들을 나타내기 위해 사용된 전통적인 중세 용어이다.

순수한 자연적 능력으로부터(ex puris naturalibus): 일반 협력을 제외하고는 어떠한 하나님의 특별한 도움 없이, 인간이 순수한 자연적 상태에서 가지는 능력. 이 개념은 후에 카제탄이 도입한 순수 자연(natura pura) 개념과 혼동되지 않아야 한다.

습성(habitus): 순례자 안에 있는 영구적인 상태 또는 기질로, 임시적인 행동과는 구별된다. 은총의 습성은 순례자의 영혼 안에 창조된 형태로 이해되며, 신적 본성과 인간적 본성 사이의 매개이며, 그 영향력을 통하여 순례자는 더욱 하나님처럼 변해간다. 상존 은총(habitus gratiae)은 성령 본인의 창조되지 않은 은총(gratia increata)과 구별하기 위해 종종 창조된 은총(gratia creata)으로 언급되기도 한다.

신적 수용(acceptatio divina): 하나님께서 인간에게 영생을 허용하시는 신적 행동. 중세 후기 신학에서 이 용어는 인간의 구원이란 개인들이 보유하고 있을 수 있는(창조된 습성 같은) 어떠한 자질보다는 인간을 받아들이시는 하나님의 결정에 궁극적으로 의존함을 강조하기 위해 사용되었다. 신적 수용을 개인적 수용(acceptio personarum)이라는 용어와 혼동하지 말아야 한다. 후자는 에클라눔의 줄리안과 여러 사람들이 신적 선호성이라는 개념을 지칭한 것인데, 신적 공정성(aequitas)이라는 용어가 더 선호되어 폐기되었다.

언약(pactum): 하나님과 인류 사이의 '언약'으로 비아 모데르나 신학을 지배했다.

완전한 참회(contritio): 하나님에 대한 사랑(amor amicitiae)에서 솟아나는 죄에 대한 완전한 회개의 형태로 불완전한 참회(attritio)와 구별된다. 완전한 참회는 흔히 오직 신적 은총의 도움만으로 가능하다고 여겨진다.

우애(amor amicitiae): 어떤 저의 없이 사랑 그 자체를 위해 다른 사람을 순전하게 사랑하는 것. 흔히 비아 모데르나 신학자 사이에서 칭의의 전제조건을 논할 때, 이 용어가 자주 사용되었다.

일반 협력(concursus generalis): 창조에 대한 하나님의 자연적인 영향, 또한 일반 영향(influentia generalis). 이 개념은 흔히 아리스토텔레스 물리학의 용어로 논의되었다. 제1원인(즉 하나님)의 일반 협력은 제2원인의 잠재성이 활성화되기 위해 필수불가결한 것으로 이해한다.

자신의 힘으로 최선을 다하는 것(facere quod in se est): 인간이 자신을 하나님의 은총을 수용하는 방향으로 향하게 하는 데 필요한 조건으로 하나님께서 인간에게 부여하신 것이다.

준(準) 공로(meritum de congruo, 또는 적합한 공로): 약한 용어적 의미로서의 공로. 용어의 엄격한 의미로서의 공로적이지는 않지만, 은총의 상태 밖에서 수행된 도덕적 행동으로, 의롭게 하는 은총(gratia prima) 주입의 근거가 되기에는 '적합한' 것으로 간주된다. 이 개념은 주로 "하나님은 자신의 최선을 다하는 자에게 결코 은총을 거절하시지 않을 것이다"(facienti quod in se est Deus non denegat gratiam)라는 경구와 관련하여 논의된다.

타당한 공로(meritum de condigno, 또는 가치 있는 공로): 엄격한 용어적 의미로서의 공로, 즉 은총의 상태에서 수행된 도덕적 행동으로, 그 대가로 신적 수용의 가치를 지닌다.

하나님의 절대적인 권능(potentia Dei absoluta): 하나님의 절대적인 힘. 하나님께서 창조와 곧 이은 구속을 통하여 예정된 질서의 수립으로 귀결되는 행동의 과정과 관련되어 어떤 결정을 내리시려 하기 이전에, 하나님 앞에 열려 있는 가능성들을 말한다. 주요하게는 어떤 일이든 하실 수 있는 하나님의 능력을 말하는데, 그 결과가 논리적 모순에 연루되지 않아야 된다는 조건에만 구애된다.

하나님의 질서적인 능력(potentia Dei ordinata): 하나님의 예정된 힘. 즉 비록 우발 상황이 있더라도 수립된 구원 서정은 전적으로 일어날 개연성이 있다. 하나님의 절대적인 권능과 질서적인 능력 사이의 변증법은 후기 프란시스코 학파, 비아 모데르나 그리고 스콜라 아우구스티니아나 모데르나의 신학자들이 칭의에 있어 창조된 은총의 습성과 관련된 우발성을 나타내기 위해 사용했다.

I. 일차 문헌

1.1 전집

Die Bekenntnisschriften der evangelisch-lutherischen Kirche. 2nd edn. Göttingen: Vandenhoeck & Ruprecht, 1952.

Die Bekenntnisschriften der reformierten Kirche, ed. E. F. K. Müller. Leipzig: Deichert, 1903.

Concilium Tridentinum diarorum, actorum, epistularum, tractatuum nova collectio. Freiburg: Societas Goersiana, 1901-50.

Corpus Christianorum Series Latina. Turnholt: Brepols, 1953-.

Corpus Scriptorum Ecclesiasticorum Latinorum. Vienna: Verlag der österreichischen Akademie der Wissenschaften, 1886-.

Denzinger, H., *Enchiridion Symbolorum Definitionum et Declarationum de Rebus Fidei et Morum*, 39th edn. Freiburg: Herder, 2001.

Hardwick, C., *A History of the Articles of Religion*, 3rd edn. London: Bell, 1890.

Lloyd, C., *Formularies of Faith put forth by Authority during the Reign of Henry VIII*. Oxford: Oxford University Press, 1825.

Migne, J. P., *Patrologia cursus completus series Graeca*. 162 vols. Paris: Migne, 1857-66.

_____. *Patrologia cursus completus series Latina*. 221 vols. Paris: Migne, 1844-64.

1.2 성경

Biblia Hebraica, ed. R. Kittel. 17th edn. Stuttgart: Württembergische Bibelanstalt, 1972.

Biblia Sacra iuxta Vulgatam versionem. Stuttgart: Württembergische Bibelanstalt, 1975.

Septuaginta, ed. A. Rahlfs. 9th edn. Stuttgart: Württembergische Bibelanstalt, 1975.

1.3 주요 자료

Aegidius Romanus, *Commentarius in secundum librum sententiarum*. 2 vols. Venice, 1581.

Albertus Magnus, *Opera omnia*, ed. S. C. A. Borgnet. 38 vols. Paris: Vives, 1890-9.

Alexander of Hales, *Glossa in IV. libros sententiarum*. 4 vols. Quaracchi: Typographia Collegii S. Bonaventurae, 1951-7.

_____. *Quaestiones disputatae antequam esset frater*. 3 vols. Quaracchi: Typographia Collegii S. Bonaventurae, 1960.

Alexander of Hales (attributed), *Summa theologia*. 4 vols. Quaracchi: Typographia Collegii S. Bonaventurae, 1924-48.

Alsted, Johann Heinrich, *Theologia scholastica didactica*. Hanover, 1618.

Andrewes, Launcelot, *Works*. 11 vols. London, 1841-52.

Anselm of Canterbury, *Opera omnia*, ed. F. S. Schmitt. 6 vols. Stuttgart: Frommann, 1968.

Anselm of Laon, *Anselms von Laon systematische Sentenzen*, ed. F. P. Bliemetzrieder. Münster: Aschendorff, 1919.

Arminius, Jakobus, *Works*. 3 vols. London: Thomas Baker, 1825-75.

Baius, Michel, *Opera*. Cologne, 1696.

Barlow, Thomas, *Two Letters written by the Rt Rev. Thomas Barlow*. London, 1701.

Barrow, Isaac, *Theological Works*, ed. A. Napier. 9 vols. Cambridge, 1859.

Barth, Karl, *Das Wort Gottes und die Theologie*. Munich: Kaiser, 1925.

_____. *Kirchliche Dogmatik*. 13 vols. Zurich: Evangelischer Verlag, 1932-68.

Baxter, Richard, *Aphorisms on Justification*. London, 1649.

_____. *A Treatise of Justifying Righteousness*. London, 1676.

[Benedetto da Mantova, Dom?], *Il beneficio di Cristo con le versioni del secolo XVI.*, ed. Salvatore Caponetto. Florence: Salvatori, 1972.

Beveridge, William, *Theological Works*. 12 vols. Oxford, 1844-8.

Beza, Theodore, *Tractationes theologicae*, 2nd edn. Geneva, 1632.

Biel, Gabriel, *Canonis missae expositio*, ed. H. A. Obermann and W. J. Courtenay. 4 vols. Wiesbaden: Steiner, 1963-67.

_____. *Collectorium circa quattuor libros sententiarum*, ed. W. Werbeck and U. Hoffmann. 4 vols. Tubingen: Mohr, 1973-84.

_____. *Sermones dominicales de tempore*. Hagenau, 1510.

Bonaventure, *Opera omnia*. 10 vols. Quaracchi: Typographia Collegii S. Bonaventurae, 1882-1902.

Bradwardine, Thomas, *De causa Dei contra Pelagium*. London, 1618.

Bramhall, John, *Works*. 5 vols. Oxford, 1842-5.

Brochmand, Jesper Rasmussen, *Universae theologiae systema*. Ulm, 1638.

Bucanus, Guillaume, *Institutiones theologicae*, N.p., 1604.

Bucer, Martin, *Praelectiones in epistolam ad Ephesios*. Basel, 1561.

_____. *Metaphrasis et enarratio in epistolam ad Romanos*. Basel, 1562.

Budde, Johann Franz, *Institutiones theologiae dogmaticae*. Jena, 1723.

Bull, George, *Harmonia apostolica*. London, 1842.

Bullinger, Heinrich, *Sermonum decades quinque*. Zurich, 1552.

_____. *De gratia Dei iustificante*. Zurich, 1554.

Burmann, Franz, *Synopsis theologiae*. Amsterdam, 1699.

Calov, Abraham, *Systema locorum theologicorum*. Wittenberg, 1655.

Calvin, John, *Opera omnia quae supersunt*. 59 vols. Brunswick, 1863-1900.

_____. *Opera selecta*, ed. P. Barth and W. Niesel. 5 vols. Munich: Kaiser, 1922-36.

Chemnitz, Martin, *Loci theologici*. 3 vols. Frankfurt, 1599.

_____. *Examinis Concilii Tridentini*. Frankfurt, 1646.

Clarke, Samuel, *The Saints Nosegay, or, 741 Spiritual Flowers*. London, 1642.

Cocceius, Johannes, *Summa theologiae*. Amsterdam, 1665.

_____. *Opera*. 8 vols. Amsterdam, 1673-5.

Contarini, Gasparo, *Regesten und Briefe*, ed. F. Dittrich. Braunsberg: Emil Bender, 1881.

_____. *Gegenreformatorische Schriften 1530-42*. Münster: Aschendorf, 1923.

Cosin, John, *Works*. 5 vols. Oxford, 1843-55.

Cotton, John, *Christ the Fountaine of Life*. London, 1651.

_____. *Gods Mercie mixed with his Iustice*. London, 1641.

_____. *A Treatise of the Covenant of Grace*. London, 1659.

Cranmer, Thomas, *Works*. 2 vols. Cambridge, 1844-6.

Dante Alighieri, *La divina commedia*, ed. D. Mattalia. 3 vols. Milan: Rizzoli, 1975.

Davenant, John, *A Treatise on Justification, or the 'Disputatio de Iustitia Habituali et Actuali'*. London, 1844.

Downham, George, *A Treatise on Justification*. London, 1639.

Duns Scotus, *Commentaria Oxoniensia*. 2 vols. Quaracchi: Typographia Collegii S. Bonaventurae, 1912-14.

_____. *Opera omnia*, ed. C. Balic. Rome: Typis Polyglottis Vaticanis, 1950-.

Durandus of St Pourçain, *In Petri Lombardi sententias theologicas commentariorum*. 2 vols. Venice, 1571.

Eck, Johannes, *Chrysospassus praedestinationis*. Augsburg, 1514.

_____. *In primum librum sententiarum annotatiunculae*, ed. L. Moore. Leiden: Brill, 1976.

Edwards, Jonathan, *Five Discourses on Justification by Faith*. Boston, 1738.

_____. *Works*, ed. E. Hickman. 2 vols. London, 1834.

Erasmus, Desiderius, *Novum instrumentum omne*. Basel, 1516.

_____. *Opera omnia*, ed. J. Clericus. 10 vols. Leiden, 1703-6.

Fisher, John, *English Works*, ed. J. E. B. Mayor. EETS extra series 27. London, 1876.

_____. *Opera*. Würzburg, 1597.

Forbes, William, *Considerationes modestae et pacificae*. 2 vols. London, 1850-6.

Frith, John, *Whole Works*. London, 1573.

Gerhard, Johann, *Loci communes*, ed. Cotta. 10 vols. Tübingen, 1768.

Godescalc of Orbais, *Oeuvres théologiques et grammaticales*, ed. C. Lambot. Louvain: Spicilegium Sacrum Lovaniense, 1945.

Goodwin, John, *Imputatio fidei; or A Treaties of Justification*. London, 1615.

Gregory of Rimini, *Lectura super primum et secundum sententiarum*, ed. A. D. Trapp. 6 vols. Berlin/New York: de Gruyter, 1979-84.

Gropper, Johann, *Enchiridion Christianae institutiones*. Cologne, 1536.

Hafenreffer, Matthias, *Loci theologici*. Tübingen, 1603.

Hall, Joseph, *Works*. 12 vols. Oxford, 1837-9.

Hammond, Henry, *A Practical Catechism*. London, 1847.

Heidegger, Johann Heinrich, *Medulla theologiae Christianae*. Zurich, 1616.

Henke, Heinrich Philipp Konrad, *Lineamenta institutionum fidei Christianae*. Helmstedt, 1793.

Hincmar of Reims, 'Zwei Schriften des Erzbischofs Hinkmar von Reims', ed. W. Gundlach. *ZKG* 10 (1889), 92-145, 258-310.

Holcot, Robert, *Opus super sapientiam Salomonis*. Hagenau, 1494.

_____. *Quaestiones super IV libros sententiarum*. Leiden, 1497.

Hooker, Richard, *Works*, ed. J. Keble. 3rd edn. 3 vols. Oxford, 1845.

Hooker, Thomas, *The Soules Humiliation*. London, 1638.

_____. *The Soules Preparation for Christ*. London, 1632.

_____. *The Unbeleevers Preparing for Christ*, London, 1638.

_____. *Thomas Hooker: Writings in England and Holland 1626-33*. Cambridge, MA: Harvard University Press, 1975.

Huss, John, *Opera omnia*, ed. V. Flajshans. 3 vols. Prague, 1903-8.

Hutter, Leonhard, *Compendium locorum theologicorum*. Wittenberg, 1652.

Jackson, Thomas, *Works*. 12 vols. Oxford, 1844.

Jansenius, Cornelius, *Augustinus*. Paris, 1641.

John of La Rochelle, *Die neuen Quästionen der Gnadentheologie des Johannes von Rupella*, ed. L. Hodl. Munich: Hueber, 1964.

Kant, Immanuel, *Gesammelte Schriften*. 22 vols. Berlin: de Gruyter, 1902-42.

Knewstub, John, *Lectures upon the Twentieth Chapter of Exodus*. London, 1577.

Knox, Alexander, *Remains*, ed. J. H. Newman. 2nd edn. 4 vols. London, 1836-7.

Koenig, Johann Friedrich. *Theologia positiva acroamatica*. 11th edn. Rostok/Leipzig, 1703.

Locke, John, *Essay concerning Human Understanding*, ed. P. H. Nidditch. Oxford: Oxford University Press, 1975.

_____. *The Reasonableness of Christianity*, in Works, VII, London, 1823, 1-159.

Löscher, V. E., *Vollständiger Timotheus Verinus oder Darlegung der Wahrheit unddes Friedens in denen bisherigen Pietistischen Streitigkeiten*. 2 vols. Wittenberg, 1718-21.

Luther, Martin, *Kritische Gesamtausgabe*. Weimar: Böhlau, 1883-.

Maresius, Samuel, *Collegium theologicum*. Geneva, 1662.

Mastricht, Peter van, *Theoretico-practica theologia*. Amsterdam, 1725.

Matthew of Aquasparta, *Quaestiones disputatae de gratia*, ed. V. Doucet. Quaracchi: Typographia Collegii S. Bonaventurae, 1935.

Melanchthon, Philip, *Opera omnia quae supersunt*. 28 vols. Brunswick, 1834-60.

. *Werke in Auswahl*, ed. R. Stupperich. 8 vols. Gütersloh: Bertelsmann, 1951-.

Molina, Luis de, *Concordia liberii arbitrii cum gratiae donis*. Lisbon, 1588.

Morgan, Thomas, *The Moral Philosopher*. 3 vols. London, 1738-40.

Mosheim, Lorenz vom, *Elementa theologiae dogmaticae*. Nuremburg, 1758.

Mosse, Miles. *Iustifying and Saving Faith distinguished from the Faith of the Devils*. Cambridge, 1614.

Musculus, Wolfgang, *Loci communes sacrae theologiae*. Basel, 1561.

Newman, John Henry, *Lectures on the Doctrine of Justification*. 3rd edn. London/Cambridge, 1874.

_____. *Remarks on Certain Passages in the Thirty-Nine Articles*. Tract 90. Oxford, 1841.

Odo Rigaldi, *In II Sent. dist. xxvi-xxix*, ed. J. Bouvy, in 'Les Questions sur la grâce dans le Commentaire des Sentences d'Odon Rigaud'. *RThAM* 27 (1960), 305-43; 'La Nécessité de la grâce dans le Commentaire des Sentences d'Odon Rigaud'. *RThAM* 28 (1961), 69-96.

Owen, John, *Works*, ed. T. Russell. 21 vols. London, 1826.
Perkins, William, *Workes*. 3 vols. Cambridge, 1608-9.
Petavius, Dionysius, *Opus de theologicus dogmatibus*. 3 vols. Antwerp, 1700.
Peter Aureoli, *Commentarorium in primum librum sententiarum*. Rome, 1596.
Peter of Bergamo, *Summa aurea*. venice, 1593.
Peter Cantor, *Summa de sacramentis et animae consiliis*, ed. J.-A. Dugauquier. 5 vols. Louvain: Nauwelaerts, 1954-67.
Peter Lombard, *Libri IV Sententiarum*. 2nd edn. 2 vols. Quaracchi: Typographia Collegii S. Bonaventurae, 1916.
Peter of Tarantaise, *In IV libros sententiarum commentaria*. 4 vols. Toulouse, 1649-52.
Pfaff, Christoph Matthaeus, *Institutiones theologiae dogmaticae et moralis*. Tübingen, 1720.
Polanus a Polansdorf, Amandus, *Syntagma theologiae Christianae*. Geneva, 1612.
Quenstedt, Johannes Andreas, *Theologia didactico-polemica*. Wittenberg, 1685.
Richard of Middleton, *Supra quattuor libros sententiarum*. 4 vols. Brescia, 1591.
Rijssen, Leonhard van, *Compendium theologiae didactico elencticae*. Amsterdam, 1695.
Ritschl, A. B., *Die christliche Lehre von der Rechtfertigung und Versöhnung*. III. *Die positive Entwickelung der Lehre*. 3rd edn. Bonn: Marcus, 1888.
Robert of Melun, *Questiones theologice de epistolis Pauli*, ed. R. M. Martin. Louvain: Spicilegium Sacrum Lovaniense, 1938.
Roger of Marston, *Quaestiones disputatae de statu naturae lapsae*. Quaracchi: Typographia Collegii S. Bonaventurae, 1932.
Roland of Cremona, *Summae magistri Rolandi Cremonensis*, ed. A. Cortesi. Bergamo: Edizioni Monumenta Bergomensia, 1962.
Sanderson, Robert, *Sermons*, ed. P. Montgomery. 2 vols. London, 1841.
Scherzer, J. A., *Breviculus theologicus*. 3rd edn. Leipzig, 1680.
Schleiermacher, F. D. E., *Der christliche Glaube*. 4the edn. 2 vols. Berlin, 1842-3.

Simon of Tournai, *Les disputationes de Simon de Tournai*, ed. J. Warichez. Louvain: Spicilegium Sacrum Lovaniense, 1932.

Soto, Domingo de, *De natura et gratia*. Paris, 1549.

_____. *In epistolam ad Romanos commentarii*. Antwerp, 1550.

Stapleton, Thomas, *Opera*. 4 vols. Paris, 1620.

Steinbach, Wendelin, *Opera exegetica quae supersunt omnia*, ed. H. Feld. Wiesbaden: Steiner, 1976.

Steinbart, Gotthilf Samuel, *System der reinen Philosophie oder Glückseligkeitslehre des Christenthums*. Zullichau, 1778.

Suárez, Francisco de. *Opera omnia*. 28 vols. Paris Vives, 1856-78.

Taylor, Jeremy, *Works*, ed. C. P. Eden. 10 vols. London, 1847-54.

Teller, Wilhelm Abraham, *Die Religion der Volkommnern*. Berlin, 1792.

Thomas Aquinas, *Opera omnia*. 31 vols. Rome: Typis Polyglottis Vaticanis, 1882-1947.

_____. *Scriptum super libros sententiarum Magistri Petri Lombardi*, ed. P. Mandonnet and F. Moos. 4 vols. Paris: Lethielleux, 1929-47.

Thomas of Strasbourg, *Commentaria in IIII libros sententiarum*. Venice, 1564.

Tindal, Matthew, *Christianity as Old as the Creation*, ed. G. Gawlick. Stuttgart: Frommann-Holzboog, 1968.

Toland, John, *Christianity not Mysterious*, ed. G. Gawlick. Stuttgart: Frommann, 1964.

Töllner, Johann Gottlieb, *Der thätige Gehorsam Christi untersucht*. Breslau, 1768.

_____. *Theologische Untersuchungen*. 2 vols. Riga, 1772-4.

Turrettini, Franciscus, *Institutio theologiae elencticae*, Geneva, 1688.

Tyndale, William, *Works*. 3 vols. Cambridge, 1848.

Ussher, James, *Whole Works*, ed. C. R Elrington and J. H. Todd. 17 vols. Dubline/London, 1847-64.

Valdés, Juan de, *Las ciento diez divinas consideraciones*, ed. J. I. T. Idigoras. Salamanca: Centro de Estudios Orientales y Ecuménicos, 1975.

_____. *Diálogo de doctrina cristiana*, ed. B. F. Stockwell. Mexico: Mexico

City, 1946.

Vega, Andrés de, *De iustificatione doctrina universa*. Cologne, 1572.

_____. *Opusculum de iustificatione*, Venice, 1546.

Walker, George. *A Defence of the True Sense and Meaning of the Words of the Holy Apostle: Rom. 4 ver. 3.5.9*. London, 1641.

Wendelin, Friedrich. *Christianae theologiae*. Amsterdam, 1646.

Wesley, John, *Standard Sermons*. 2 vols. London: Epworth Press, 1921.

_____. *Works*. 14 vols. London, 1829-31.

William of Auvergne, *Opera omnia*. 2 vols. Paris. 1674.

William of Auxerre, *Summa aurea in quattuor libros sententiarum*. Paris, 1500.

William of Ockham, *Commentaria in quattuor libros sententiarum*. Leiden, 1495.

_____. *Opera philosophica et theologica*. 9 vols. New York: Franciscan Institute, 1966-.

_____. *Tractatus de praedestinatione et de praescientia Dei et de futuris contingentibus*, ed. P. Boehmer. New York: Franciscan Institute, 1945.

Wollebius, Johannes, *Christianae theologiae compendium*. Amsterdam, 1637.

Zwingli, huldrych, *Sämtliche Werke*. 4 vols. Zurich: Theologischer Verlag, 1905-.

2. 이차 연구서

Abercrombie, N., *The Origins of Jansenism*. Oxford: Oxford University Press, 1936.

Alfaro, J., 'Sobrenatural y pecado original en Bayo'. *RET* 12 (1952), 3-76.

Althaus, P., 'Gottes Gottheit als Sinn der Rechtfertigungslehre Luthers'. *Luther Jahrbuch* 13 (1931), 1-28.

Alzeghy, S., *Nova creatura: la nozione della grazia nei commentari medievali di S. Paolo*. Rome: Pontificia Universita Gregoriana, 1956.

Amand de Mendieta, D., *Fatalisme et liberté dans l'antiquité grecque*. Louvain: Bibliothèque de l'université, 1945.

Anciaux, P., La *Théologie du sacrament du pénance au XIIe siècle*. Louvain:

Bibliothèque de l'université, 1949.

Armstrong, B. G., *Calvinism and the Amyraut Heresy: Protestant Scholasticism and Humanism in Seventeenth-Century France*. Madison: University of Wisconsin Press, 1969.

Auer, J., *Die Entwicklung der Gnadenlehre in der Hochscholastik*. 2 vols. Freiburg: Herder, 1942-51.

_____. *Die menschliche Willensfreiheit im Lehrsystem des Thomas von Aquin und Johannes Duns Sckotus*. Munich: Hueber, 1938.

Avemarie, F., *Tora und Leben: Untersuchungen zur Heilsbedeutung der Tora in der frühen rabbinischen Literatur*. Tübingen: Mohr, 1996.

Bakhuizen van den Brink, J. N., 'Mereo(r) and meritum in Some Latin Fathers'. *Studia Patristica* 3 (Berlin: de Gruyter, 1961), 333-40.

Ball, D., 'Les Développements de la doctrine de la liberté chez Saint Augustin'. *AThA* 7 (1946), 400-30.

_____. 'Libre arbitre et liberté dans Saint Augustin'. *AThA* 6 (1945), 368-82.

Bannach, K., *Die Lehre von der doppelten Macht Gottes bei Wilhelm von Ockham*.

_____. Wiesbaden: Steiner, 1975.

Bauke-Ruegg, J., 'Die Frage nach dem gnädigen Gott: Erinnerungen an einige Implikationen der reformatorischen Rechtfertigungslehre'. *EvTh* 57 (1997), 474-95.

Baur, J., *Salus Christiana: Die Rechtfertigungslehre in der Geschichte des christlichen Heilsverständnisses*, Gütersloh: Mohn, 1968.

Bavaud, G., 'La Doctrine de la Justification d'aprés Calvin et le Concile de Trent'. *VCaro* 22 (1968), 83-92.

_____. 'La Doctrine de la justification d'aprés Saint Augustin et la Réforme', *REAug* 5 (1959), 21-32.

Beachy, A. J., *The Concept of Grace in the Radical Reformation*. Nieuwkoop: De Graaf, 1977.

Beck, H., *Vorsehung und Vorherbestimmung in der theologischen Literatur der Byzantiner*. Rome: Institutum orientalium studiorum, 1937.

Becker, K. J., *Die Rechtfertigungslehre nach Domingo de Soto: Das Denken eines Konzilsteilnehmers vor, in und nach Trient*. Rome: Gregorian University Press, 1967.

Beltrán de Heredia, V., 'Controversia de certitudine gratiae entre Domingo de Soto y Ambrosio Catarino'. *Ciencia Tomista* 62 (1941), 33-62.

Betz, O., 'Rechtfertigung in Qumran', in O. Betz (ed.), *Jesus: Der Messias Israels: Aufsätze zur biblischen Theologie*. Tübingen: Mohr, 1976, 39-58.

Beumer, J., 'Gratia supponit naturam: Zur Geschichte eines theologischen Prinzips'. *Gregorianum* 20 (1939), 381-406, 535-52.

Bizer, E., *Fides ex auditu: Eine Untersuchung über die Entdeckung der Gerechtigkeit Gottes durch Martin Luther*. 3rd edn. Neukirchen: Neukirchener Verlag, 1966.

_____. *Theologie der Verheissung: Studien zur theologische Entwicklung des jungen Melanchthon 1519-1524*. Neukirchen: Neukirchener Verlag, 1964.

Blomme, R., *La Doctrine du la péché dans les écoles théologiques de la premiére moitié du XIIe siècle*. Louvain: Publications universitaires de Louvain, 1958.

Boisset, J., 'Justification et sanctification chez Calvin', in W. H. Neuser (ed.), *Calvinus Theologus: Dei Referate des Congrès Européen de recherches Calviniennes*. Neukirchen: Neukirchener Verlag, 1976, 131-48.

Bornkamm, H., 'Zur Frage der Iustitia Dei beim jungen Luther'. *ARG* 52 (1961), 16-29; 53 (1962), 1-60.

Bouillard, H., *Conversion et grâce chez S. Thomas d'Aquin*. Paris: Aubier Editions Montaigne, 1944.

Braunisch, R., *Die Theologie der Rechtfertigung im 'Enchiridion'(1538) des Johannes Gropper: Sein kritischer Dialog mit Philipp Melanchthon*. Münster: Aschendorff, 1974.

Bruch, R, 'Die Urgerechtigkeit als Rechtheit des Willens nach der Lehre des hl. Bonaventuras'. *FS* 33 (1951), 180-206.

Brunner, P., 'Die Rechtfertigungslehre des Konzils von Trient', in *Pro veritate: Eine theologischer Dialog*. Münster/Kassel, 1963, 59-96.

Burger, C. P., 'Das auxilium speciale Dei in der Gnadenlehre Gregors von

Rimini', in H. A. Oberman (ed.), *Gregor von Rimini: Werk und Wirkung bis zur Reformation*. Berlin: de Gruyter, 1981, 195-240.

Burnaby, J., *Amor Dei: A Study of the Religion of St. Augustine*, London: Hodder & Stoughton, 1947.

Buuck, F., 'Zum Rechtfertigungsdekret', in G. Schreiber (ed.), *Das Weltkonzil von Trient: Sein Werden und Wirken*. 2 vols. Freiburg: Herder, 1951, 117-43.

Capánaga, V., 'La deificación en la soteriología agustiniana', in *Augustinus Magister*. 3 vols. Paris: Etudes Augustiniennes, 1954, 2.745-54.

Chéné, J., 'Que significiaient "initium fidei" et "affectus credulitatis" pour les sémipélagiens' *RSR* 35 (1948), 566-88.

_____. 'Le Sémipèlagianisme du Midi et de la Gaule d'aprés les lettres de Prosper d'Aquitaine et d'Hilaire à Saint Augustin'. *RSR* 43 (1955), 321-41.

Cosgrove, C. H., 'Justification in Paul: A Linguistic and Theological Reflection'. *JBL* 106 (1987), 653-70.

Courtenay W. J., *Adam Wodeham: An Introduction to his Life and Writings*. Leiden: Brill, 1978.

_____. 'Covenant and Causality in Pierre d'Ailly'. *Speculum* 46 (1971), 94-119.

_____. 'The King and the Leaden Coin: The Economic Background of Sine Qua Non Causality'. *Traditio* 28 (1972), 185-209.

Courtney, F., *Cardinal Robert Pullen: An English Theologian of the Twelfth Century*. Rome: Pontificia Università Gregoriana, 1954.

Dalmau, J. M., 'La teología de la disposición a la justificación en visperas de la revolución protestante'. *RET* 6 (1946), 249-75.

Davids, E. A., *Das Bild vom neuen Menschen: Ein Beitrag zum Verständnis des Corpus Macarianum*. Salzburg/Munich: Pustet, 1968.

Davies, W. D., *Paul and Rabbinic Judaism: Some Rabbinic Elements in Pauline Theology*. 4th edn. Philadelphia: Fortress Press, 1980.

Dettloff, W., 'Die antipelagianische Grundstruktur des scotischen Rechtfertigungslehre'. *FS* 48 (1966), 267-70.

_____. *Die Entwicklung der Akzeptations-und Verdienstlehre von Duns Scotus bis Luther mit besonderer Berücksichtigung der Franziskanertheologen.* Münster: Aschendorff, 1963.

_____. *Die Lehre von der acceptatio divina bei Johannes Duns Scotus mit besonderer Berücksichtigung der Rechtfertigungslehre.* Werl: Dietrich Coelde Verlag, 1954.

Dhont, R.-C., *Le Probléme de la préparation à la grâce: débuts de l'école franciscaine.* Paris: Editions Franciscaines, 1946.

Doms, H., *Die Gnadenlehre des sel. Albertus Magnus.* Breslau: Müller & Seiffert, 1929.

Donfried, K. 'Justifcation and Last Judgement in Paul'. *ZNW* 67 (1976), 90-110.

Douglass, E. J. D., *Justification in Late Medieval Preaching: A Study of John Geiler of Strassburg.* Leiden: Brill, 1966.

Dunn, J. D. G., 'The Justice of God: A Renewed Perspective on Justification by Faith'. *JThS* 43 (1992), 1-22.

_____. 'The New Perspective on Paul'. BJRL 65 (1983), 95-122.

Ehrle, F., *Der Sentenzenkommentar Peters von Candia des Pisanerpapstes Alexander V.* Münster: Aschendorff, 1925.

Eno, R. B., 'Some Patristic Views on the Relationship of Faith and Works in Justification'. *RechAug* 19 (1984), 3-27.

Ernst, W., *Gott und Mensch am Vorabend der Reformation: Eine Untersuchung zur Moralphilosophie und -theologie bei Gabriel Biel.* Leipzig: St Benno-Verlag, 1972.

Feckes, C., *Die Rechtfertigungslehre des Gabriel Biel und ihre Stellung innerhalb der nominalistischen Schule.* Münster: Aschendorff, 1925.

Flick, M., *L'attimo della giustificazione secondo S. Tomasso.* Rome: Pontificia Universita Gregoriana, 1947.

Fock, O., *Der Socianismus nach seiner Stellung.* Kiel, 1847.

Gibbs, Lee W., 'Richard Hooker's Via Media Doctrine of Justification'. *HThR* 74 (1991), 211-20.

Gillon, B., 'La grace incréée chez quelques théologiens du XiVe siècle'. *Divinitas* 11(1967), 671-80.

Göhler, A., *Calvins Lehre von der Heiligung dargestellt auf Grund der Institutio, exegetischer und homiletischer Schriften*. Munich: Kaiser Verlag, 1934.

Gonzáles Rivas, S., 'Los teólogos salmantinos y el decreto de la justificación'. *EE* 21(1947), 147-70.

Grabmann, M., *Die Geschichte der scholastischen Methode*. 2 vols. Berlin: Akademie Verlag, 1957.

_____. *Mittelälterliches Geistesleben: Abhandlungen zur Geschichte der Scholastik und Mystik*. 3 vols. Munich: Hueber, 1926-56.

Grane, L., 'Augustins "Expositio quarumdam propositionum ex Epistola ad Romanos" in Luthers Römerbriefvorlesung'. *ZThK* 69 (1972), 304-30.

_____. *Contra Gabrielem: Luthers Auseinandersetzung mit Gabriel Biel in der Disputatio contra scholasticam theologiam 1517*. Copenhagen: Gyldendal, 1962.

_____. 'Gregor von Rimini und Luthers Leipziger Disputation'. *StTh* 22 (1968), 29-49.

Grass, H., 'Die durch Jesum von Nazareth vollbrachte Erlösung: Ein Beitrag zur Erlösungslehre Schleiermachers', in O. Kaiser (ed.), *Denkender Glaube: Festschrift für Carl Heinz Ratschow*. Berlin/New York: de Gruyter, 1976, 152-69.

Greschat, M., *Melanchthon neben Luther: Studien zur Gestalt der Rechtfertigungslehre zwischen 1528 und 1537*. Witten: Luther-Verlag, 1965.

Gross, J., *La Divinisation du chrétien d'aprés les pères grecs*. Paris: Gabalda, 1938.

Guerard des Lauriers, M. L., 'Saint Augustin et la question de la certitude de la grâce au Concile de Trente', in *Augustinus Magister* (congrès international augustinien). 3 vols. Paris: Etudes augustiniennes, 1954, 2.1057-69.

Gundry, R. H., 'Grace, Works, and Staying Saved in Paul', *Biblia* 60 (1985), 1-38.

Gyllenkrok, A., *Rechtfertigung und Heiligung in der frühen evangelischen Theologie Luthers*. Uppsala: Lundequistska bokhandeln, 1952.

Hahn, F., 'Gibt es eine Entwicklung in den Aussagen über die Rechtfertigung bei Paulus?' EvTh 53 (1993), 342-66.

Hamm, B., *Promissio, pactum, ordinatio: Freiheit und Selbstbindung Gottes in der scholastischen Gnadenlehre*. Tübingen: Mohr, 1977.

Häring, N., *Die Theologie der Erfurter Augustiner-Eremiten Bartholomäus Arnoldi von Usingen*. Limburg: Pallottiner Verlag, 1939.

Härle, W., 'Analytische und synthetische Urteile in der Rechtfertigungslehre'. *NZSTh* 6 (1974), 17-34.

_____. 'Zur Gegenwartsbedeutung der "Rechtfertigungs"-Lehre. Eine Problemskizze'. *ZThK* 10 (1998), 101-39.

Harnack, A., *History of Dogma*. 7 vols. Edinburgh: Williams & Norgate, 1894-9.

Hauke, R., *Gott-Haben, um Gottes Willen: Andreas Osianders Theosisgedanke und die Diskussion um die Grundlagen der evangelisch verstandenen Rechtfertigung*. Frankfurt am Main: Peter Lang, 1999.

Hefner, J., *Die Entstehungsgeschichte des Trienter Rechtfertigungsdekretes: Ein Beitrag zur Geschichte des Reformationszeitalters*. Paderborn: Verlag Bonifacius-Druckerei, 1939.

Heil, J. P., 'Christ, the Termination of the Law (Romans 9:30-10:8)'. *CBQ* 63 (2001), 484-98.

Hermann, R., *Luthers These 'Gerecht und Sünder zugleich': Eine systematische Untersuchung*. Darmstadt: Wissenschaftliche Buchgesellschaft, 1960.

Hernández, M. O., 'La certeza del estado de gracia según Andrés de Vega: Oportación cientifica al decreto de la justificatión del concilio de Trento'. *VyV* 3 (1945), 46-98, 325-56, 502-43.

Heynck, V., 'Die aktuelle Gnade bei Richard von Mediavilla'. *FS* 22 (1935), 297-325.

_____. 'Der Anteil des Konzilstheologen Andreas de Vega O. F. M. an dem ersten amtlichen Entwurf des Trienter Rechtfertigungsdekretes'. *FS* 33 (1951), 49-81.

_____. 'Die Bedeutung von "mereri" und "promereri" bei dem Konzilstheologen Andreas de Vega O.F.M.'. *FS* 50 (1968), 224-38.

_____. 'A Controversy at the Council of Trent concerning the Doctrine of Duns Scotus', *FrS* 9 (1949), 181-258.

_____. 'Untersuchungen über die Reuelehre der tridentinischen Zeit'. *FS* 29 (1942), 25-44, 120-50; 30 (1943), 53-73.

_____. 'Zum Problem der unvollkommenen Reue auf dem Konzil von Trient', in G. Schreiber (ed.), *Das Weltkonzil von Trient: Sein Werden und Wirken*. 2 vols. Freiburg: Herder, 1951, 231-80.

_____. 'Zur Kontroverse über die Gnadengewissheit auf dem Konzil von Trient'. *FS* 37 (1955), 1-17, 161-88.

Hinlicky, P. R., 'Theological Anthropology: Toward Integrating Theosis and Justification by Faith'. *Journal of Ecumenical Studies* 34 (1997), 38-73.

Hirsch, E., *Die Theolgie des Andreas Osiander und ihre geschichtlichen Voraussetzungen*. Göttingen: Mohn, 1919.

Hocedez, E., *Richard de Middleton: sa vie, ses oeuvres, sa doctrine*. Louvain: Spicilegium Sacrum Lovaniense, 1925.

Hochstetter, E., 'Nominalismus?' *FrS* 9 (1949), 370-403.

Hohenberger, T., *Lutherische Rechtfertigungslehre in den reformatorischen Flugschriften der Jahre 1521-2*. Tübingen: Mohr, 1996.

Holfelder, H. H., Solus Christus: Die Ausbildung von Bugenhagens Rechtfertigungslehre in der Paulusauslegung (1524/25) und ihre Bedeutung für die theologische Argumentation im Sendbrief 'Von dem christlichen Glauben'. Tübingen: Mohr, 1981.

_____. Tentatio et consolatio: Studien zu Bugenhagens Interpretatio in librum psalmorum. Berlin/New York: de Gruyter, 1974.

Holl, K., Gesammelte Aufsätze zur Kirchengeschichte. 3 vols. Tübingen: Mohr, 1928.

_____. 'Die Justitia Dei in der vorlutherischen Bibelauslegung des Abendlandes', in Gesammelte Aufsätze zur Kirchengeschichte. 3 vols. Tubingen: Mohr, 1928, 3.171-88.

Horn, S., Glaube und Rechtfertigung nach dem Konzilstheologer Andrés de Vega. Paderborn: Verlag Bonifacius-Druckerei, 1972.

Hövelmann, H. 'Die ökumenische Vereinbarung zur Rechtfertigungslehre im Diskurs der Lutherforscher'. *Luther* 71 (2000), 143-50.

Hultgren, A. J., *Paul's Gospel and Mission*. Philadelphia: Fortress Press, 1985.

Hünermann, F., *Wesen und Notwendigkeit der aktuellen Gnade nach dem Konzil von Trient*. Paderborn: Verlag Bonifacius-Druckerei, 1926.

Huthmacher, H., 'La Certitude de la grâce au Concile de Trente'. *NRTh* 60 (1933), 213-26.

Iserloh, E., *Gnade und Eucharistie in der philosophischen Theologie des Wilhelm von Ockham: Ihre Bedeutung für die Ursachen der Reformation*. Wiesbaden: Steiner, 1956.

Jansen, F.-X., *Baius et la Baianisme*. Louvain: Editions du Muséum Lessianum, 1927.

Janz, D., 'A Reinterpretation of Gabriel Biel on Nature and Grace'. *SCJ* 8 (1977), 104-8.

Jedin, H., *Geschichte des Konzils von Trient*. 4 vols. Freiburg: Herder, 1951-75.

_____. *Kardinal Contarini als Kontroverstheologe*. Münster: Aschendorff, 1949.

Jenson, R., 'Justification as a Triune Event'. *MoTh* 11 (1995), 421-7.

_____. 'Rechtfertigung und Ekklesiologie'. *KuD* 42 (1996), 202-17.

Joest, W., *Gesetz und Freiheit: Das Problem des tertius usus legis bei Luther und die neutestamentliche Paruinese*, Göttingen: Vandenhoeck & Ruprecht, 1956.

_____. 'Die tridentinische Rechtfertigungslehre', *KuD* 9 (1963), 41-59.

Jorissen, H., 'Einig in der Rechtfertigungslehre: Das Verständnis der Rechtfertigung im Konzil von Trient und bei Martin Luther', in M. Beintker (ed.), *Rechtfertigung und Erfahrung*. Gütersloh: Gütersloher Verlagshaus, 1995, 81-103.

Jüngel, E., *Das Evangelium von der Rechtfertigung des Gottlosen als Zentrum des christlichen Glaubens: Eine theologische Studie in ökumenischer Absicht*. Tübingen: Mohr Siebeck, 1999.

Kähler, E., *Karlstadt und Augustin: Der Kommentar des Andreas bodenstein von Karlstadt zu Augustins Schrift De spiritu et litera*. Halle: Niemeyer, 1952.

Kaiser, A., *Natur und Gnade im Urstand: Eine Untersuchung der Kontroverse zwischen Michael Baius und Johannes Martinez de Ripaldi.* Munich: Hueber, 1965.

Käsemann, E., *Commentary on Romans.* Grand Rapids: Eerdmans, 1980.

_____. *New Testament Questions of Today.* London: SCM Press, 1969.

Kaup, J., 'Zum Begriff der justitia originalis in der älteren Franziskanerschule', FS 29 (1942), 44-55.

Kertelge, K. *'Rechtfertigung' bei Paulus: Studien zur Struktur und zum bedeutungsgehalt des paulinischen Rechtfertigungsbegriffs.* Münster: Aschendorff, 1971.

Knox, D. B., *The Doctrine of Faith in the Reign of Henry VIII.* London: James Clarke, 1961.

Kolb, R., *Nikolaus von Amsdorf: Popular Polemics in the Preservation of Luther's Legacy.* Nieuwkoop: De Graaf, 1978.

Kooij, A. van der, 'Zur Theologie des Jesajabuches in der Septuaginta', in H. Reventloh (ed.), *Theologische Probléme der Septuaginta und der Hellenistischen Hermeneutik.* Gütersloh: Kaiser Verlag, 1997, 9-25.

Kriechbaum, F., *Gründzuge der Theologie Karlstadts: Eine systematische Studie zur Erhellung der Theologie Andreas von Karlstadts.* Hamburg: Reich, 1967.

Kroeger, M., *Rechtfertigung und Gesetz: Studien zur Entwicklung der Rechtfertigungslehre beim jungen Luther.* Göttingen: vandenhoeck & Ruprecht, 1968.

Kruger, F., *Bucer und Erasmus: Eine Untersuchung zum Einfluss des Erasmus auf die Theologie Martin Bucers.* Wiesbaden: Steiner, 1970.

Küng, H., 'Ist in der Rechtfertigungslehre eine Einigung möglich?' Una Sancta 12 (1957), 116-21.

_____. *Rechtfertigung: Die Lehre Karl Barths und eine katholische Besinnung.* Einsiedeln: Johannes Verlag, 1957.

Kuula, K., *The Law, the Covenant, and God's Plan: Paul's Polemical Treatment of the Law in Galatians.* Göttingen: vandenhoeck & Ruprecht, 1999.

Landgraf, A. M., *Dogmengeschichte der Frühscholastik*, 8 vols. Regensburg: Verlag Friedrich Pustet, 1952-6.

_____. *Einführung in die Geschichte der theologischen Literatur der Frühscholastik*. Regensburg: Verlag Friedrich Pusatet, 1948.

_____. 'Mitteilungen zur Schule Gilberts de la Porrée'. *CFr* 3 (1933), 185-208.

_____. 'Neue Funde zur Porretanerschule'. *CFr* 6 (1936), 354-63.

_____. 'Der Porrestanismus der Homilien des Radulphus Ardens'. *ZKTh* 64 (1940), 132-48.

_____. 'Untersuchungen zu den Eigenlehren Gilberts de la Porrée'. *ZKTh* 54 (1930), 180-213.

Lane, A. N. S., 'Cardinal Contarini and Article 5 of the Regensburg Colloquy (1541)', in O. Meuffels and J. Bründl (eds.), *Grenzgänge der Theologie: Alxandre Ganoczy zum 75. Geburtstag*. Münster: LIT Verlag, 2004, 163-90.

_____. *Justification by Faith in Catholic-Protestant Dialogue: An Evangelical Assessment*. London: T. & T. Clark, 2002.

Laplanche, F., *Orthodoxie et prédication: l'oeuvre d'Amyraut et la querelle de la grâce universelle*. Paris: Presses universitaires de France, 1965.

Laun, J. F., 'Die Prädestination bei Wiclif und Bradwardin'. in H. Bornkamm (ed.), *Imago Dei: Festschrift für G. Kruger*. Giessen: Topelmann, 1932, 63-84.

Leff, G., *William of Ockham: The Metamorphosis of Scholastic Discourse*. Manchester: Manchester University Press, 1975.

Lennerz, H., 'De historia applicationis principii "omnis ordinate volens prius vult finem quam ea quae sunt ad finem" ad probandam gratuitatem praedestinationis ad gloriam'. *Gregorianum* 10 (1929), 238-66.

Lennerz, J., 'Voten auf dem Trienter Konzil über die Rechtfertigung'. *Gregorianum* 15 (1934), 577-88.

Lexutt, A., *Rechtfertigung im Gespräch: Das Rechtfertigungsverständnis in den Religionsprächen von Hagenau, Worms und Regensburg, 1540/41*. Göttingen: Vandenhoeck & Ruprecht, 1996.

Lindbeck, G., 'Nominalism and the Problem of Meaning as Illustrated by Pierre d'Ailly on Prédestination and Justification'. *HThR* 52 (1959), 43-60.

Loewenich, W. von, *Duplex Iustitia: Luthers Stellung zu einer Unionsformel des 16. Jahrhunderts*. Wiesbaden: Steiner, 1972.

_____. *Von Augustin zu Luther*. Witten: Luther-Verlag, 1959.

Logan, E. M. T., 'Grace and Justification: Some Italian Views on the 16th and Early 17th centuries'. *JEH* 20 (1969), 67-78.

Lonergan, B. J. F., *Grace and Reason: Operative Grace in the Thought of St. Thomas Aquinas*. London: Darton, Longman & Todd, 1971.

Loofs, F., 'Der articulus stantis et cadentis ecclesiae'. *ThStKr* 90 (1917), 323-400.

_____. *Leitfaden zum Studium der Dogmengeschichte*, 4th edn. Halle: Niemeyer, 1906.

Lottin, O., 'Le Concept de justice chez les théologiens du moyen âge avant l'introduction d'Aristôte'. *RThom* 44 (1938), 511-21.

_____. *Psychologie et morale aux XIIe et XIIIe siècles*. 8 vols. Gembloux: Duculot, 1942-60.

McGrath, A. E., 'The Anti-Pelagian Structure of "Nominalist" Doctrines of Justification'. *EThL* 57 (1981), 107-19.

_____. ' "Augustinianism?" A Critical Assessment of the So-Called 'Medieval *Augustinian* Tradition" on Justification'. Augustiniana 31 (1981), 247-67.

_____. 'Divine Justice and Divine Equity in the Controversy between Augustine and Julian of Eclanum'. *DR* 101 (1983), 312-19.

_____. 'Forerunners of the Reformation? A Critical Examination of the Evidence for Precursors of the Reformation Doctrines of Justification'. *HThR* 75 (1982), 219-42.

_____. 'Humanist Elements in the Early Reformed Doctrine of Justification'. *ARG* 73 (1982) 5-30.

_____. 'The Influence of Aristotelian Physics upon St Thomas Aquinas' Discussion of the 'Processus Iustificationis"'. *RThAM* 51 (1984), 223-9.

_____. *The Intellectual Origins of the European Reformation*. 2nd edn. Oxford: Blackwell, 2003.

_____. 'John Calvin and Late Medieval Thought: A Study in Late Medieval

Influences upon Calvin's Theological Thought'. *ARG* 77 (1986), 58-78.

_____. 'Justice and Justification: Semantic and Juristic Aspects of the Christian Doctrine of Justification'. *SJTh* 35 (1982), 403-18.

_____. 'Justification: Barth, Trent and Küng'. *SJTh* 34 (1981), 517-29.

_____. 'Justification and the Reformation: The Significance of the Doctrine of Justification by Faith to Sixteenth Century Urban Communities'. *ARG* 81 (1990), 5-19.

_____. 'Karl Barth and the Articulus Iustificationis: The Significance of His Critique of Ernst Wolf within the Context of His Theological Method'. *ThZ* 39 (1983), 349-61.

_____. 'Karl Barth als Aufklärer Der Zusammenhang seiner Lehre vom Werke Christi mit der Erwählungslehre'. *KuD* 30 (1984), 273-83.

_____. *Luther's Theology of the Cross: Martin Luther's Theological Breakthrough*. Oxford: Blackwell, 1985.

_____. 'Mira et nova diffinitio iustitiae: Luther and Scholastic Doctrines of Justification'. *ARG* 74 (1983), 37-60.

_____. 'The Moral Theory of the Atonement: An Historical and Theological Critique'. *SJTh* 38 (1985), 205-20.

_____. 'Rectitude: The Moral Foundations of Anselm of Canterbury's Soteriology'. *DR* 99 (1981), 201-13.

_____. ' "The Righteousness of God" from Augustine to Luther'. *StTh* 36 (1982), 63-78.

MacQueen, D. J., 'John Cassian on Grace and Free Will, with Particular Reference to Institutio XII and Collatio XII'. *RThAM* 44 (1977), 5-28.

McSorley, H. J., *Luther - Right or Wrong? An Ecumenical-Theological Study of Luther's Major Work, The Bondage of the Will*. Minneapolis: Augsburg Publishing House, 1969.

Martin, R. M., *La Controverse sur le péché originel au début au XIVe siècle*, Louvain: Spicilegium sacrum Lovaniense, 1930.

Mitzka, F., 'Die Anfänge der Konkurslehre im 13. Jahrhundert'. *ZKTh* 54 (1930), 161-79.

_____. 'Die Lehre des hl. Bonaventura von der Vorbereitung auf die heiligmachende Gnade'. *ZKTh* 50 (1926), 27-72, 220-52.

Modalsi, O., *Das Gericht nach den Werken: Ein Beitrag zu Luthers Lehre vom Gesetz*. Göttingen: Vandenhoeck & Ruprecht, 1963.

Molteni, P., *Roberto Holcot O. P. Dottrina della grazia e della giustificazione*. Pinerolo: Editrice Alzani, 1968.

Moltmann, G., 'Prädestination und Heilsgeschichte bei Moyse Amyraut'. *ZKG* 65 (1954), 270-303.

Müller, O., *Die Rechtfertigungslehre nominalistischer Reformationsgegner, Bartholomäus Arnoldi von Usingen und Kaspar Schatzgeyer, über Erbsünde, erste Rechtfertigung und Taufe*. Breslau: Müller & Seiffert, 1940.

Neuser, W. H., 'Calvins Urteil über den Rechtfertigungsartikel des Regensburger Buches', in M. Greschat and J. F. G. Goeters (eds.), *Reformation und Humanismus: Robert Stupperich zum 65. Geburtstag*. Witten: Luther Verlag, 1969, 176-94.

Niesel, W., 'Calvin wider Osianders Rechtfertigungslehre', *ZKG* 46 (1982), 410-30.

Nygren, A., 'Simul iustus et peccator bei Augustin und Luther'. *ZSTh* 16 (1940), 364-79.

Nygren, G., *Das Prädestinationsproblem an der theologie Augustins*. Göttingen: Vandenhoeck & Ruprecht, 1956.

Oakley, F., 'Pierre d'Ailly and the Absolute Power of God: Another Note on the Theology of Nomianalism.' *HThR* 56 (1963), 59-73.

Oberman, H. A., *Archbishop Thomas Bradwardine: A Fourteenth Century Augustinian*. Utrecht: Kemink & Zoon, 1957.

_____. 'Facientibus quod in se est Deus non denegat gratiam: Robert Holcot O. P. and the Beginnings of Luther's Theology'. *HThR* 55 (1962), 317-42.

_____. *Forerunners of the Reformation: The Shape of Late Medieval Thought*. New York: Holt, Rinehart & Winston, 1966.

_____. *The Harvest of Medieval Theology: Gabriel Biel and Late Medieval Nominalism*. Cambridge, MA: Harvard University Press, 1963.

_____. 'Headwaters of the Reformation: Initia Lutheri - Initia Reformationis', in H. A. Oberman (ed.), *Luther and the Dawn of the Modern Era*. Leiden: Brill, 1974, 40-88.

_____. ' "Iustitia Christi" and "Iustitia Dei": Luther and the Scholastic Doctrines of Justification'. *HThR* 59 (1966), 1-26.

_____. 'Das tridentinische Rechtfertigungsdekret im Lichte spätmittelalterlicher Theologie'. *ZThK* 61 (1964), 251-82.

_____. *Werden und Wertung der Reformation: Vom Wegestreit zum Glaubenskampf*. Tübingen: Mohr, 1977.

Olazarán, J., 'La controversia Soto-Caterino-Vega sobre la certeza de la gracia', *EE* 19 (1942), 145-83.

_____. *Documentos inéditos tridentinos sobre la justificación*. Madrid: Ediciones Fax, 1957.

Olley, J. W. 'The Translator of the Septuagint of Isaiah and "Righteousness"'. *BIOSCS* 13 (1980), 58-74.

Pannenberg, W., *Die Prädestinationslehre des Duns Skotus in Zusammenhang der scholastischen Lehrentwicklung*. Göttingen: Vandenhoeck & Ruprecht, 1954.

_____. 'Die Rechtfertigungslehre im ökumenische Gespräch'. *ZThK* 88 (1991), 232-46.

_____. 'Das Verhältnis Zwischen der Akzeptationslehre des Duns Skotus und der reformatorischen Rechtfertigungslehre', in C. Bérubé (ed.), *Regnum hominis et regnum Dei: Acti quarti congressus Scotistici Internationalis*. Rome: Societas Internationalis Scotistica, 1978, 213-18.

Pas, P., 'La Doctrine de la double justice au Concile de Trente'. *EThL* 30 (1954), 5-53.

Peñamaria de Llano, A., *La salvación por la fe: La noción 'fides' in Hilario de Poitiers: Estudio filólogico-teológico*. Burgos: Aldecoa, 1981.

Pesch, O. H., *Die Theologie der Rechtfertigungslehre bei Martin Luther und Thomas von Aquin*. Mainz: Grünewald, 1967.

Peters, A., *Glaube und Werk: Luthers Rechtfertigungslehre im Lichte der heiligen*

Schrift. 2nd edn. Berlin/Hamburg: Lutherisches Verlagshaus, 1967.

Pfnür, V., *Einig in der Rechtfertigungslehre? der katholischen Kontroverstheologie zwischen 1530 und 1535*. Wiesbaden: Steiner, 1970.

Philips, G., 'La Justification luthérienne et la Concile de Trente'. *EThL* 47 (1971), 340-58.

_____. 'La Théologie de la grâce chez les préscholastiques'. *EThL* 48 (1972), 479-508.

_____. 'La Théologie de la grâce dans la "Summa Fratris Alexandris"'. *EThL* 49 (1973), 100-23.

_____. *L'Union personnelle avec le Dieu vivant: essai sur l'origine et le sens de la grâce créée*. Gembloux: Duculot, 1974.

Rich, A., *Die Anfänge der Theologie Huldrych Zwinglis*. Zurich: Zwingli-Verlag, 1949.

Ritschl, A. B., *A Critical History of the Christian Doctrine of Justification and Reconciliation*, Edinburgh: Edmonston & Douglas, 1871.

Ritter, G. *Studien zur Spätscholastik I: Marsilius von Inghen und die okkamistische Schule in Deutschland*. Heidelberg: Carl Winters Universitätsbuchhandlung, 1921.

_____. *Studien zur Spätscholastik II: Via Antiqua und Via Moderna auf den deutschen Universtitaten des XV Jahrhunderts*. Heidelberg: Carl Winters Universitätsbuchhandlung, 1922.

Rivière, J., 'Le Dogme de la rédemption au XIIe siècle d'aprés les derniéres publications'. *RMAL* 2 (1946), 101-12.

_____. *Le Dogme de la rédemption qu début du moyen âge*. Paris: vrin, 1934.

Roo, J. C. R. de, 'The Concept of "Works of the Law" in Jewish and Christian Literature', in S. E. Potter and B. W. R. Pearson (eds.), *Christian-Jewish Relations through the Centuries*. Sheffield: Sheffield Academic Press, 2000, 116-47.

Rückert, H., 'Promereri: Eine Studie zum tridentinischen Rechtfertigungsdekret als Antwort an H. A. Oberman'. *ZThK* 68 (1971), 162-94.

_____. *Die Rechtfertigungslehre auf dem Tridentinischen Konzil*. Bonn: Marcus

& Weber, 1925

Rupp, E. G., *The Righteousness of God: Luther Studies*. London: Hodder & Stoughton, 1953.

_____. *Studies in the Making of the English Protestant Tradition*. Cambridge: Cambridge University Press, 1966.

Sagués, J., 'Un libro pretridentino de Andrés de Vega sobre la justificación'. *EE* 20 (1946), 175-209.

Salguiero, T., *La Doctrine de Saint Augustin sur la grâce d'aprés le traité à Simplicien*. Porto: Faculdade de Letras de Coimbra, 1925.

Sanders, E. P., *Paul, the Law, and the Jewish People*. London: SCM Press, 1983.

_____. *Paul and Palestinian Judaism*, London: SCM Press, 1977.

Santoro, S., 'La giustificazione in Giovanni Antonio Delfini, teologo del Concilio di Trento'. *MF* 40 (1940), 1-27.

Schäfer, R., 'Die Rechtfertigungslehre bei Ritschl und Kähler'. *ZThK* 62 (1965), 66-85.

Schelkle, K. H., *Paulus Lehrer der Väter: Die altkirchliche Auslegung von Römer 9-11*. Düsseldorf: Patmos, 1959.

Schierse, F. J., 'Das Trienterkonzil und die Frage nach der christliche Gewissheit', in G. Schreiber (ed.), *Das Weltkonzil von Trient: Sein Werden und Werken*. 2 vols. Freiburg: Herder, 1951, 145 67.

Schreiber, G. (ed.), *Das Weltkonzil von Trient: Sein Werden und Wirken*. 2 vols. Freiburg: Herder, 1951.

Schreiner, T. R., *The Law and Its Fulfillment: A Pauline Theology of Law*. Grand Rapids: Baker, 1998.

Schrenk, G., *Gottesreich und Bund im älteren Protestantismus*. Darmstadt: Wissenschaftliche Buchgesellschaft, 1967.

Schupp, J., *Die Gnadenlehre des Petrus Lombardus*. Freiburg: Herder, 1932.

Schwan, R., *Fides, spes und caritas beim jungen Luther, unter besonderer Berücksichtigung der mittelälterlichen Tradition*. Berlin: de Gruyter, 1962.

Schwarz, R., 'Luthers Rechtfertigungslehre als Eckstein der christlichen Theologie und Kirche'. *ZThK* 10 (1998), 14-46.

Seifrid, M. A., *Justification by Faith: The Origin and Dévelopment of a Central Pauline Theme*. Leiden: Brill, 1992.

Serry, J. H., *Historia congregationis de auxiliis*. Louvain, 1700.

Seybold, M., *Glaube und Rechtfertigung bei Thomas Stapleton*. Paderborn: Bonifacius-Druckerei, 1967.

Sheridan, T. L., *Newman on Justification: A Theological Biography*. Staen Island, NY: Alba House, 1967.

Sider, R. J., *Andreas Bodenstein von Karlstadt: The Dévelopment of His Thought 1517-1525*. Leiden: Brill, 1974.

Siewerth, G., *Thomas von Aquin: Die menschliche Willensfreiheit*. Düsseldorf: Patmos, 1954.

Söding, T., 'Der Skopos der paulinischen Rechtfertigungslehre: Exegetische Interpretationen in ökumenische Absicht'. *ZThK* 97 (2000), 404-33.

Stadtland, T., *Rechtfertigung und Heiligung bei Calvin*. Neukirchen: Neukirchener Verlag, 1972.

Staedtke, J., *Die Theologie des jungen Bullinger*. Zurich: Zwingli-Verlag, 1962.

Stakemeier, A., *Das Konzil van Trient über die Heilsgewissheit*. Heidelberg: Kerle, 1949.

Stakemeier, E., *Der Kampf um Augustin: Augustinus und die Augustiner auf dem Tridentinum*. Paderborn: Bonicacius-Druckerei, 1937.

_____.'Die theologischen Schulen auf dem Trienter Konzil während der Rechtfertigun-gsverhandlung'. *ThQ* 117 (1936), 188-207, 322-50, 446-504.

Stegmüller, F., *Francisco de Vitoria y la doctrina de gracia en la escuela salmantina*. Barcelona: Librería Cervantes, 1934.

_____. 'Zur Gnadenlehre des spanischen Konzilstheologen Domingo de Soto', in G. Schreiber (ed.), *Das Weltkonzil von Trient*. Freiburg: Herder, 1951, 169-230.

Steinmetz, D. C., *Misericordia Dei: The Theology of Johannes von Staupitz in its Late Medieval Setting*. Leiden: Brill, 1968.

Stendahl, K., 'The Apostle Paul and the Introspective Conscience of the West'. *HThR* 56 (1963), 199-215.

Stoeckle, B., *'Gratia supponit naturam': Geschichte und Analyse eines theologischen Axioms*. Rome: Pontificia Universita Gregoriana, 1962.

Studer, B., 'Jesucristo, nuestra justicia, según san Augustin'. *Augustinus* 26 (1981) 253-82.

Stufler, J., 'Die entfernte Vorbereitung auf die Rechtfertigung nach dem hl. Thomas'. *ZKTh* 47 (1923), 1-23, 161-83.

_____. 'Der hl. Thomas und das Axiom omne quod movetur ab alio movetur'. *ZKTh* 47 (1923), 369-90.

Stuhlmacher, P., *Gerechtigkeit Gottes bei Paulus*. Göttingen: Vandenhoeck & Ruprecht, 1966.

Stupperich, R., 'Der Ursprung des Regensburger Buches von 1541 und seine Rechtfertigungslehre'. *ARG* 36 (1939), 88-116.

Subilia, V., *La giustificazione per fede*. Brescia: Paideia Editrice, 1976.

Tellechea, I., 'El articulus de iustificatione de Fray Bartolomeo de Carranza'. *RET* 15 (1955), 563-635.

Toner, N., 'The Doctrine of Justification according to Augustine of Rome (Favaroni)'. *Augustiniana* 8 (1958), 164-89, 229-327, 497-515.

Trape, A., *Il concorso divino nel pensiero di Egidio Romano*. Tolentino: Tipografia S. Nicola, 1942.

Trapp, D., 'Augustinian Theology of the Fourteenth Century'. *Augustiniana* 6 (1956), 146-274.

Vanneste, A., 'Nature et grâce dans la théologie du XIIe siècle'. *EThL* 50 (1974), 181-214.

_____. 'Nature et grâce dans la théologie de Saint Augustin'. *RechAug* 10 (1975), 143-69.

Van't Spijker, W., 'Prädestination bei Bucer und Calvin', in W. Neusner (ed.), *Calvinus Theologus*. Neukirchen: Neukirchener Verlag, 1976, 85-111.

Vignaux, P., *Justification et prédestination au XIVe siècle*. Paris: Vrin, 1934.

_____. *Luther, commentateur des Sentences (livre I, distinction XVII)*. Paris: Vrin, 1935.

_____. 'Sur Luther et Ockham'. *FS* 32 (1950), 21-30.

Villalmonte, A. de, 'Andrés de Vega y el proceso de la justificación según el Concilio Tridentina'. *RET* 5 (1945), 311-74.

Vogelsang, E., *Die Anfänge von Luthers Christologie nach der ersten Psalmenvorlesung*. Berlin/Leipzig: de Gruyter, 1929.

Walz, A., 'La giustificazione tridentina'. *Angelicum* 28 (1951), 97-138.

Watson, N. M., 'Justified by Faith, Judged by Works: An Antimony?' *NTS* 29 (1983), 209-21.

Weingart, R. E., *The Logic of Divine Love: A Critical Analysis of the Soteriology of Peter Abailard*, Oxford: Oxford University Press, 1990.

Weisweiler, H., 'L'École de Laon et de Guillaume de Champeaux'. *RThAM* 4 (1932), 237-69, 371-91.

Werbeck, W., *Jacobus Perez von Valencia: Untersuchungen zu seiner Psalmenkommentar*. Tübingen: Mohr, 1959.

Werbick, J., 'Rechtfertigung des Sünders - Rechtfertigung Gottes: Thesen zur ökumenischen Diskussion um die Rechtfertigungslehre'. *KuD* 27 (1981), 45-57.

Westerholm, S., *Israel's Law and the Church's Faith: Paul and His Recent Interpreters*. Grand Rapids: Eerdmans, 2004.

Wolf, E., 'Die Rechtfertigungslehre als Mitte und Grenze reformatorischer Theologie', in *Peregrinatio* II: *Studien zur reformatorischen Theologie, zum Kirchenrecht und zur Sozialethik*. Munich: Kaiser Verlag, 1965, 11-21.

Wörter, F., *Die christliche Lehre über das Verhältnis von Gnade und Freiheit von _____. den apostolischen Zeiten bis zu Augustinus*. 2 vols. Freiburg: Herder, 1855-60.

Wright, N. T., *The Climax of the Covenant: Christ and the Law in Pauline Theology*. Edinburgh: T. & T. Clark, 1991.

Xiberta, B., 'La causa meritoria de la jusificación en las controversias pretridentinas'. *RET* 5 (1945), 87-106.

Yarnold, E. J., 'Duplex iustitia: The Sixteenth Century and the Twentieth', in G. R. Evans (ed.), *Christian Authority*. Oxford: Oxford University Press, 1988, 204-23.

Yinger, K. L., *Paul, Judaism and Judgment according to Deeds*. Cambridge: Cambridge University Press, 1999.

Zahl, P. F. M., *Die Rechtfertigungslehre Ernst Käsemanns*. Stuttgart: Calwer Verlag, 1996.

Zimmermann, G., 'Calvins Auseinandersetzung mit Osianders Rechtfertigungslehre', *KuD* 35 (1989), 236-56.

Zumkeller, A., 'Der Augustiner Angelus Dobelinus, erster Theologieprofessor der Erfurter Universität, über Gnade, Rechtfertigung und Verdienst'. *AnAug* 44 (1981), 69-147.

_____. 'Der Augustinertheologe Johannes Hiltalingen von Basel über Erbsünde, Gnade und Verdienst'. *AnAug* 43 (1980), 57-162.

_____. *Dionysius de Montina: Ein neuentdeckter Augustinentheologe des Spätmittelalters*. Wurzburg: Augustinus Verlag, 1948.

_____. 'Erbsünde, Gnade und Rechtfertigung im Verständnis der Erfurter Augustinertheologen des Spätmittelalters'. *ZKG* 92 (1981), 39-59.

_____. 'Hugolin von Orvieto über Prädestination, Rechtfertigung und Verdienst'. *Augustiniana* 4 (1954), 109-56; 5 (1955), 5-51.

_____. 'Hugolin von Orvieto über Urstand und Erbsünde'. *Augustiniana* 3 (1953), 35-62, 165-93; 4 (1954), 25-46.

_____. 'Johannes Klenkok O.S.A. im Kampf gegen den "Pelagianismus" seiner Zeit: Seine Lehre über Gnade, Rechtfertigung und Verdienst'. *RechAug* 13 (1978), 231-333.

_____. 'Die Lehre des Erfurter Augustinertheologen Johannes von Dorsten über Gnade, Rechtfertigung und Verdienst'. *ThPh* 53 (1978), 7-64, 127-219.

_____. 'Der Wiener Theologieprofessor Johannes von Retz und seine Lehre von Urstand, Erbsünde, Gnade und Verdienst'. *Augustiniana* 22 (1972), 118-84; 540-82.

색인

[ㄱ]

가브리엘 바스케즈(Gabriel Vasquez) _ 393, 397

가브리엘 비엘(Gabriel Biel) _ 10, 48, 106, 126-129, 144-147, 164-165, 177-179, 207, 216-218, 234-236, 252, 272-276, 296, 314-315, 424-426, 443

가스파로 콘타리니(Gasparo Contarini) _ 410-413, 417-420, 428

가톨릭교회 교리문답서(Catechism of the Catholic Church) _ 19, 469, 532

게르하르트 에벨링(Gerhard Ebeling) _ 534, 538

게오르그 메이어(Georg Major) _ 324-326, 331

겐트의 헨리(Henry of Ghent) _ 130, 132, 212, 267

고텔프 사무엘 슈타인바르트(Gotthelf Samuel Steinbart) _ 485-488, 498

공로 개념 _ 156, 195-199, 206-207, 457, 541

교회가 서고 무너지는 항목 _ 286

그리스도의 외래적 의 _ 288-289, 301, 310, 313, 315, 319, 323, 345

꾸엔스테트(Quenstedt) _ 366

[ㄴ]

낭송자 피터 _ 199, 257, 528

노예 의지 _ 67, 144, 309-310, 313, 331-332, 409, 521, 524-526

니사의 그레고리(Gregory of Nyssa) _ 61

니콜라우스 폰 암스도르프(Nikolaus von Amsdorf) _ 327

니콜라스 오레슴(Nicolas Oresme) _ 273

[ㄷ]

다비스(W. D. Davies) _ 20

단테 알리기에리(Dante Alighieri) _ 175

대 그레고리(Gregory the Great) _ 118

던(J. D. G. Dunn) _ 547

데이비드 홀라츠(David Hollaz) _ 366

데시데리우스 에라스무스(Desiderius Erasmus) _ 180

도밍고 데 소토(Domingo de Soto) _ 424

도밍고 바네즈(Domingo Banez) _ 463

도르트 회의(Synod of Dort) _ 354, 379

둔스 스코투스(Duns Scotus) _ 105, 125-127, 176, 212, 229, 242,245, 268, 279, 282, 291, 424, 425, 443

듀들리 펜너(Dudley Fenner) _ 378

뚜네의 시몬(Simon of Tournai) _ 175

[ㄹ]

라둘푸스 아드덴스(Radulphus Ardens) _ 155, 123, 148, 157

라 로쉘의 존(John of La Rochelle) _ 167

라바누스 마우루스(Rabanus Maurus) _ 196

라보란스 추기경(Cardinal Laborans) _ 196
라엘리우스 소시누스(Laelius Socinus) _ 208
라이트(N. T. Wright) _ 13, 53
라트람누스(Ratramnus) _ 228
라티스본 회의 _ 418
락탄티우스(Lactantius) _ 182
랑게(Lange) _ 389
랜슬롯 앤드류스(Launcelot Andrews) _ 369
랭스의 힌크마르(Hincmar of Reims) _ 225
레겐스부르크 의회(Diet of Regensburg) _ 418, 440
레링의 빈센트(Vincent of Lerins) _ 139
레지날드 폴(Reginald Paul) _ 420, 446
로렌조 발라(Lorenzo Valla) _ 179
로렌쯔 폰 모쉐임(Lorenz von Mosheim) _ 253, 279, 481
로마의 가일스(Giles of Rome) _ 279-280, 282
로버트 바네스(Robert Barnes) _ 345
로버트 바클레이(Robert Barclay) _ 386, 388
로버트 젠슨(Robert Jenson) _ 9, 531
로버트 풀렌(Robert Pullen) _ 156
로버트 홀코트(Robert Holcot) _ 164, 271-272
로베르토 벨라민(Roberto Bellarmine) _ 372
로완 윌리엄스(Rowan Williams) _ 398
로카 콘트라타의 아우렐리우스(Aurelius of Rocca Contrata) _ 439
루돌프 오토(Rudolf Otto) _ 521
루돌프 불트만(Rudolf Bultmann) _ 48
루엔의 휴(Hugh of Rouen) _ 132

루이스 데 몰리나(Luis de Molina) _ 463
루키두스(Lucidus) _ 222
리미니의 그레고리(Gregory of Rimini) _ 162, 204, 206, 215, 240, 253, 255, 260, 278, 280-282, 315, 423
리옹의 이레니우스(Irenaeus of Lyons) _ 158
리옹의 플로루스(Florus of Lyons) _ 225-227
리즈의 파우스투스(Faustus of Riez) _ 141-142
리처드 백스터(Richard Baxter) _ 381
리처드 후커(Richard Hooker) _ 352, 369, 374
릴의 알랑(Alan of Lille) _ 199

[ㅁ]

마니교(Manichaeism) _ 167, 486, 499-500
마르칸토니오 플라미니오(Marcantonio Flaminio) _ 421
마르쿠스 라우레우스(Marcus Laureus) _ 431-433, 442
마르쿠스 툴리누스 키케로(Marcus Tullinus Cicero) _ 37, 81-83, 110-111, 113, 115, 117, 122-123
마리아누스 펠트리누스(Marianus Feltrinus) _ 439
마이클 바이우스(Michel Baius) _ 460
마실리아주의(Massilianism) _ 138-139
마티아스 플라키우스(Matthias Flacius) _ 327

색인 583

마틴(R. P. Martin) _ 48
마틴 루터(Martin Luther) _ 10, 17, 20, 129, 146, 167, 217, 260, 276, 282, 284, 288
마틴 부써(Martin Bucer) _ 336, 513, 519, 529
마틴 캘러(Martin Kahler) _ 513, 519, 529
마틴 켐니츠(Martin Chemnitz) _ 324, 330
마틴 하이데거(Martin Heidegger) _ 534-535
말스톤의 로저(Roger of Marston) _ 151
매튜 틴달(Matthew Tindal) _ 477
메츠의 크로데강(Chrodegang of Metz) _ 168
모제스 아미라우트(Moses Amyraut) _ 358
몬티나의 디오니시우스(Dionysius of Montina) _ 241, 255
뮐러(A. V. Muller) _ 277, 427
미들톤의 리처드(Richard of Middleton) _ 151
밀라노의 심플리키아누스(Simplicianus of Milan) _ 220
밀라노의 암브로스(Ambrose of Milan) _ 220

[ㅂ]

발렌스 공의회 _ 228
발렌시아의 야코부스 페레즈(Jacobus Perez of Valencia) _ 277, 281, 428, 439
발렌틴 뢰셔(Valentin Loscher) _ 389
바로우(Barlow) _ 374-377
버고의 디오니시우스(Dionysius de Burgo) _ 279
벌게이트 번역판 _ 30, 33, 134, 318, 321
법정적 칭의 개념 _ 285, 319-322, 359, 368, 415
베르첼리의 아토(Atto of Vercelli) _ 111
베버리지(Beveridge) _ 374, 376
벤델린 슈타인바흐(Wendelin Steinbach) _ 207, 272-273
보나벤투래(Bonaventure) _ 101-102, 145, 148, 159, 186-187, 200, 229, 265, 268, 277, 424, 426
볼로냐의 그라티안(Gratian of Bologna) _ 257
부르즈-듀의 헤르바에우스(Hervaeus of Bourg-Dieu) _ 94
부세(Bossuet) _ 286, 294
브라반트의 시거(Sieger of Brabant) _ 211
브레이트하웁트(Breithaupt) _ 389
브루너(Brunner) _ 529
비아 모데르나(현대의 길) _ 104-107, 126-127, 130, 144, 147, 163-165, 167, 198, 203, 207-209, 216-217, 243, 252-253, 255, 259, 261, 271-276, 281-282
비테르보의 가일스(Giles of Viterbo) _ 428
쁘와티에의 곳프리(Godfrey of Poitiers) _ 123, 199
쁘와티에의 피터(Peter of Poitiers) _ 95, 122, 147, 175, 184
삐에르 달리(Pierre D'Ailly) _ 272

(ㅅ)

사도 바울 _ 236, 303, 313, 322, 377

샤르트르의 이보(Ivo of Chartres) _ 257
사무엘 홉킨스(Samuel Hopkins) _ 286
샌더스(E. P. Sanders) _ 20, 48, 51-53, 55
세르바투스 루푸스(Servatus Lupus) _ 228
세빌의 이시도레(Isidore of Seville) _ 222
세둘리우스 스코투스(Sedulius Scotus) _ 168
세스티노의 스테판(Stephen of Sestino) _ 439
세인트 가일스의 존(John of St Giles) _ 259
세인트 빅터의 앤드류(Andrew of St Victor) _ 256
세인트 빅터의 휴(Hugh of St Victor) _ 121, 124, 172, 185, 258
세인트 셔의 휴(Hugh of Cher) _ 157, 170
세인트 뿌샹의 두란듀스(Durandus of St Puorcain) _ 98
소시누스(Socinus) _ 208, 361, 363-364, 479
순교자 저스틴(Justin Martyr) _ 159
슐라이어마허(F. D. E. Schleiermacher) _ 488-489, 495-501, 507, 512, 517, 524, 529, 530
스코투스 에리게나(Scotus Erigena) _ 183, 224
스콜라 아에기디아나 _ 244, 253, 256, 279-282
스콜라 아우구스티니아나 모데르나 _ 162, 208, 237, 240, 253, 256, 259-260, 271, 279-282, 284, 289, 290, 293-294, 301, 315, 340, 552
스테판 랑톤(Stephen Langton) _ , 156
스트라스부르의 토마스(Thomas of Strasbourg) _ 161, 244, 253, 280-281

(ㅇ)

아고스티노 파바로니(Agostino Favaroni) _ 277
아기디우스 로마누스(Aegidius Romanus), '로마의 가일스'를 보라. _ 280, 554
아돌프 폰 하르낙(Adolf von Harnack) _ 197
아리스토텔레스 _ 34-35, 41, 61, 97, 99-101, 106, 119, 124-125, 128, 152-154, 159, 162, 171, 201, 216, 219, 248, 261, 264, 266, 268, 278, 301, 354, 360, 432, 551
아우그스부르크 고백서 _ 322, 340, 349-350
아워스캠프의 오도(Odo of Ourscamp) _ 196
아쿠아스파르타의 매튜(Mattew of Aquasparta) _ 102, 150, 267
아퀴테인의 프로스퍼(Prosper of Aquitaine) _ 84, 139, 141
아퀼레이아의 파울리누스(Paulinus of Aquileia) _ 168
아툰의 호노리우스(Honorius of Autun) _ 172
안드레스 데 베가(Andres de Vega) _ 431-433, 442, 456-457
안드레아스 오시안더(Andreas Osiander) _ 324
안드레아스 포치(Andreas Poach) _ 327
안디옥의 이그나티우스(Ignatius of Antioch) _ 58
안토니오 델피니(Antonio Delfini) _ 443
안토니오 솔리스(Antonio Solis) _ 439
안토니우스 프렉시우스(Antonius Frexius) _ 442

안톤 오토(Anton Otho) _ 327
알렉산더 녹스(Alexander Knox) _ 392-393
알렉산드리아의 필로(Philo of Alexandria)
    _ 58
알미니우스(Arminius), 알미니안주의
    (Arminianism) _ 369-370, 479, 524
알버트 슈바이쳐(Albert Schweitzer) _ 18,
    47
알베르투스 마그너스(Albertus Magnus)
    _ 97, 124, 260, 262-263, 270
알브레히트 리츨(Albrecht Ritschl) _ 501-
    502, 521
알퀸(Alcuin) _ 168-169
알폰소 살메론(Alfonso Salmeron) _ 434,
    436
암브로시애스터(Ambrosiaster) _ 62, 108,
    111, 295
앙겔루스 도벨리누스(Angelus Dobelinus)
    _ 241, 255, 279
앙코나의 아우구스티누스 트리엄푸스
    (Augustinus Triumphus of Ancona) _ 281
앨프릭(AElfric) _ 92-93, 221
야콥 뵈흐메(Jakob Bohme) _ 388
얀센(Jansen) _ 454, 465-469, 543
언약적 율법주의 _ 51
에듀아르드 슈타케마이어(Eduard Stake-
    meier) _ 277, 422
에드문드 오게리우스(Edmund Augerius)
    _ 459
에드워드 허버트(Edward Herbert) _ 475
에른스트 캐제만(Ernst Kasemann) _ 580
에베소 공의회 _ 140

에클라눔의 줄리안(Julian of Eclanum) _ 67,
    69, 82, 110, 222, 297, 551
영지주의 _ 59-60, 220
예루살렘 회의 _ 140
예정과 칭의 _ 220, 248
오도 리갈디(Odo Rigaldi) _ 148, 158, 200, 265
오르바의 고데스칼크(Godesclac of Orbais)
    _ 223-224
오르비에토의 위골리노(Hugolino of Orvieto)
    _ 241, 254, 260, 277, 279, 282, 427
오버뉴의 윌리엄(William of Auvergne)
    _ 199, 259
오캄의 윌리엄(William of Ockham) _ 133,
    203, 232, 250, 272
옥세레의 레미기우스(Remigius of Auxerre)
    _ 111
옥세레의 윌리엄(William of Auxerre) _ 96,
    185, 200-201
옥세레의 하이모(Haimo of Auxerre) _ 169
올레비우스(Wollebius) _ 355-356
요하네스 가일러(Johannes Geiler) _ 166
요하네스 그로퍼(Johann Gropper) _ 413
요하네스 드 팔츠(Johannes de Paltz) _ 281
요하네스 알텐슈타이그(Johannes Altenstaig)
    _ 242
요하네스 에크(Johann Eck) _ 241
요하네스 외콜람파디우스(Johannes
    Oecolampadius) _ 336
요하네스 클렌콕(Johannes Klenkok) _ 162,
    241, 255
요하네스 폰 레츠(Johannes von Retz)
    _ 162, 253, 280

요하네스 폰 슈타우피츠(Johannes von Staupitz) _ 155, 162, 242, 255, 276, 281, 289, 315
요하네스 힐탈링겐(Johannes Hiltalingen) _ 162, 241, 255
요한 게르하르트(Johann Gerhard) _ 362
요한 고틀립 너(Johann Gottlieb Tollner) _ 483-487, 498
요한 부겐하겐(Johann Bugenhagen) _ 318
요한 아그리콜라(Johann Agricola) _ 326
요한 카프레올루스(Johann Capreolus) _ 261, 423, 425
요한 콘라드 디펠(Johann Konrad Dippel) _ 482
요한 페핑거(Johann Pfeffinger) _ 328
요한 프란쯔 부데(Johann Franz Budde) _ 480
울프스탠(Wulfstan) _ 92
울필라스(Ulphilas) _ 93
원조석 의 _ 115, 262, 264-267, 271, 275, 279, 281
윌리엄 라우드(William Laud) _ 369
윌리엄 마샬(Willam Marshall) _ 348
윌리엄 바렛(William Barrett) _ 369
윌리엄 브레데(William Wrede) _ 18, 47
윌리엄 틴데일(William Tyndale) _ 345
윌리엄 퍼킨스(William Perkins) _ 378
윌리엄 포브스(William Fobes) _ 372
율법의 행위 _ 51-54, 62, 547
은자 마크(Mark the Hermit) _ 59
은총 개념 _ 73, 103, 137, 148, 182, 188, 191, 193, 252-253, 267, 464, 466

은총의 습성 _ 104-105, 107, 192-193, 205, 215, 236, 244, 253-255, 262, 266, 268-269, 281-282
의미쟁칭의와 관련된 _ 32-33, 41
의인이자 동시에 죄인 _ 304
의지의 자유 _ 59-60, 66, 94, 136, 144, 226, 526 541
이노센트 3세 _ 172, 258
이중 칭의론 _ 312
이집트의 마카리우스(Macarius of Egypt) _ 60
임마누엘 칸트(Immanuel Kant) _ 488
잉헨의 마르실리우스(Marsilius of Inghen) _ 273

(ㅈ)

자카리아스 우르시누스(Zacharias Ursiuns) _ 378
장 부리당(Jean Buridan) _ 272
잭슨(Jackson) _ 371
전가된 의 77
제레미 테일러(Jeremy Taylor) _ 373
제롬(Jerome) _ 38, 142
제2차 오렌지 공의회 _ 141-142, 144, 146, 222
제임스 배(James Barr) _ 128
제임스 어셔(James Ussher) _ 371, 376
조나단 메이휴(Jonathan Mayhew) _ 387
조나단 에드워즈(Jonathan Edwards) _ 385
조셉 버틀러(Joseph Butler) _ 479
조셉 벨라미(Joshep Bellamy) _ 386

조지 다운햄(George Downham) _ 371
조지 불(George Bull) _ 373, 406
조지 워커(George Walker) _ 381
조지 조이(George Joye) _ 346
존 굿윈(John Goodwin) _ 381
존 뉴스터브(John Knewstub) _ 378
존 레이놀즈(John Reynolds) _ 369
존 로크(John Locke) _ 475
존 메이저(John Major) _ 209
존 오웬(John Owen) _ 379, 382
존 웨슬리(John Wesley) _ 389
존 위클리프(John Wycliffe) _ 206-207
존 카메론(John Cameron) _ 357
존 카시안(John Cassian) _ 139
존 칼빈(John Calvin) _ 208, 301, 339
존 크리소스톰(John Chrysostom) _ 160
존 톨랜드(John Toland) _ 475
존 프리스(John Frith) _ 345
존 헨리 뉴맨(John Henry Newman) _ 375, 391
종교개혁 칭의 교리의 선구자들 _ 292, 294
질베르 드 라 포레(Gilbert de la Porree) _ 171, 195
지롤라모 세리판도(Girolamo Seripando) _ 277, 421, 427
지롤라모 잔키우스(Girolamo Zanchius) _ 378
지옥의 정복 _ 88

(ㅊ)

창조된 은총의 습성 _ 105, 107-108, 193-194, 216-217, 245, 255-256, 265, 267, 282-283, 450, 552
체버리 경 475
초기 도미니크 학파 _ 96-97, 149, 151, 159, 161, 200, 203, 229, 244, 260-263
초기 프란시스코 학파 _ 101, 145, 148-152, 157, 160, 164, 178, 200, 203, 229-231, 242, 261, 264-268
초자연 개념 _ 182-184, 462-463
최선을 다하여 행하는 자 _ 160, 163-164, 179
칭의
　종교개혁의 원인으로서 _ 18, 283-284, 343-344
　16세기의 어휘 변화와 관련하여 _ 18, 21-23, 469-470
　-향한 기질 _ 261, 425, 448-449, 454-455, 457, 459
　에큐메니칼 논의 _ 11, 532
　종교개혁 교리의 선구자? _ 285-294
　그리고 은총 _ 188, 394
　동방정교회 안의 _ 20-21
　그리고 은총의 습성 _ 243-256
　히브리적 배경 _ 41
　그리고 전가된 의 _ 373
　내적 구조 _ 95, 97, 101, 243, 517
　'의롭게 만드는 것'으로서 의 _ 345, 350, 413, 433
　그리고 공로 _ 268
　-에 대한 새로운 관점 _ 19-23, 50-56, 545-548
　구 영어에서 _ 92-93
　어거스틴-이전 전통에서 _ 56-64

그리고 예정론 _ 220-243, 331
그리고 하나님의 의 _ 36-38, 108-134, 296-301
성례에서의 역할 _ 168-181
70인역에서 _ 34-36, 39-42
—의 주관적 전유 _ 135, 167, 359, 365-367
그리고 초자연 _ 182-186, 243-256
그리고 하나님의 두 능력 _ 209-220
칭의 과정 _ 94-95, 102, 194, 301-302, 304, 394, 417, 420, 481
칭의를 향한 기질 _ 261, 425, 448-449, 454-455, 457, 459
칭의에서 성례의 역할 _ 135

(ㅋ)

카르타고 공의회 _ 140, 146
카시아의 시몬 피다티(Simon Fidati of Cascia) _ 277, 427
카스파르 올레비아누스(Kaspar Olevianus) _ 378
카시오도루스(Cassiodorus) _ 168
카르투지오 수도회 설립자 브루노(Bruno the Carthusian) _ 194
칼 돈프리드(Karl Donfried) _ 45
칼로프(Calov) _ 366
칼 바르트(Karl Barth) _ 513-514, 540
칼 홀(Karl Holl) 302, 513, 521
캔터베리의 안셈(Anselm of Canterbury) _ 88, 112, 121, 126, 143, 170, 174, 263, 481-482, 511

코세이우스(Cocceius) _ 356-358
코신(Cosin) _ 371
코튼 마터(Cotton Mather) _ 386
퀴에르씨 대회 _ 228
크랜필드(C. E. B. Cranfield) _ 47, 50
크레모나의 롤란드(Roland of Cremona) _ 200-201, 259
크레모나의 프래포시티누스(Praepositinus of Cremona) _ 184
크리스터 스탕달(Krister Stendahl) _ 58
클라우드 몽테피오레(Claude G. Montefiore) _ 20
클래보의 버나드(Bernard of Clairvaux) _ 122, 171
클레멘트 박스데일(Clement Barksdale) _ 370

(ㅌ)

타랑테즈의 피터(Peter of Tarantaise) _ 260
터툴리안(Tertullian) _ 61, 62, 63, 71
테오도레 베자(Theodore Beza) _ 354
텔러(Teller) _ 498
토마소 데 비오 카제탄(Tommaso de Vio Cajetan) _ 409
토마스 모간(Thomas Morgan) _ 479
토마스 브래드워딘(Thomas Bradwardine) _ 204, 206, 237, 278, 301
토마스 빌네이(Thomas Bilney) _ 345
토마스 아퀴나스(Thomas Aquinas) _ 97, 125, 142, 152, 159, 177, 185, 187-188,

200, 207, 210, 229, 244, 252, 260, 262-263, 270, 277, 280, 423, 425-426, 432, 463
토마스 윌튼(Thomas Wilton) _ 248
토마스 처브(Thomsa Chubb) _ 478
토마스 크랜머(Thomas Cranmer) _ 349
토마스 홉스(Thomas Hobbes) _ 477
토마스 후커(Thomas Hooker) _ 282
톨레도의 줄리앤(Julian of Toledo) _ 186
트렌트 회의(Council of Trent) _ 15, 22, 145-146, 182, 256, 269, 313, 353, 408-410, 415, 417, 421-422, 424, 429, 446-447, 454-455, 457-460, 469-470, 540, 542

(ㅍ)
파두아의 마르실리우스(Marsilius of Padua) _ 219
파두아의 알베르트(Albert of Padua) _ 281
파올로 쥐스티니아니(Paolo Giustiniani) _ 412
펠라기우스(Pelagius), 펠라기우스주의(Pelagianism) _ 60-62, 64-65, 67, 70, 73-74, 85, 109-110, 136-142, 144-147, 153, 159, 173, 183, 190, 194, 204-205, 207, 214-215, 221, 235, 237-238, 297
폴 틸리히(Paul Tillich) _ 537
퐁뗀느의 곳프리(Godfrey of Fontaines) _ 132
프라이마르의 헨리(Henry of Friemar) _ 281
프란시스코 데 비토리아(Francisco de Vitoria) _ 424
프란체스코 스탄카리(Francesco Stancari) _ 325

프루덴티우스 몬테마요르(Prudentius Montemayor) _ 463
프리울리(Priuli) _ 421
피기우스(Pighius) _ 338, 414
피스카토르(Piscator) _ 361-362, 483
피터 롬바르드(Peter Lombard) _ 10, 38, 84, 87, 104, 142-143, 172-173, 178, 186, 229, 258
피터 마터 베르미글리(Peter Martyr Vermigli) _ 289, 301
피터 바로(Peter Baro) _ 370
피터 스툴마커(Peter Stuhlmacher) _ 150
피터 아벨라르드(Peter Abelard) _ 121-122, 130, 171, 174, 176
피터 오레올(Peter Aureole) _ 213
피터 올리비(Peter Olivi) _ 267
피터 카니시우스(Peter Canisius) _ 459
필립 멜랑크톤(Philip Melanchthon) _ 288, 347, 402
필립 야콥 슈페너(Philipp Jakob Spener) _ 388

(ㅎ)
하나님의 두 능력 사이의 변증 _ 204, 253, 255, 281, 314
하나님의 예정 _ 227-228, 365
하나님의 의 _ 5, 24, 26, 29, 32, 35, 37-38, 43, 48-50, 54, 63, 72, 81-82, 88-89, 108-113, 117, 120, 122-135, 210, 221, 283, 294-300
하나님의 절대적인 권능 _ 107, 210, 217, 251, 552

하이코 오베르만(Heiko A. Oberman) _ 455

하인리히 데니플(Heinrich Denifle) _ 295

하인리히 불링거(Heinrich Bullinger) _ 336, 378

학장 필립(Philip the Chancellor) _ 159, 185

한스 큉(Hans Kung) _ 540

할레의 알렉산더(Alexander of Hales) _ 145, 148, 229, 259, 265, 424, 426

헤르만 크레머(Hermann Cremer) _ 31

헤이키 레이세넨(Heikki Raisanen) _ 45

헨리 하몬드(Henry Hammond) _ 369, 372

홀(Hall) _ 371

후기 프란시스코 학파 _ 203, 208, 231, 267-268, 270-271, 281, 292-293, 424, 428, 432-433, 552

후스(Huss) _ 207, 239

후안 데 발데스(Juan de Vald?s) _ 411, 420

훌드리히 츠빙글리(Huldrych Zwingli) _ 288

히포의 어거스틴(Augustine of Hippo) _ 21, 23, 42, 40, 56, 64, 134, 220, 460

힌톤의 사이먼(Simon of Hinton) _ 123

하나님의 칭의론
IUSTITIA DEI

2008년 5월 15일 초판 발행
2015년 3월 20일 초판 2쇄 발행

지은이 | 앨리스터 맥그래스
옮긴이 | 한성진

펴낸곳 | 제16-25호(1980. 1. 18)
등 록 | 서울시 서초구 방배로 68
주 소 | 02) 586-8761~3(본사) 031) 942-8761(영업부)
전 화 | 02) 523-0131(본사) 031) 942-8763(영업부)
팩 스 | www.clcbook.com
홈페이지 | clckor@gmail.com
이 메 일 | 기업은행 073-000308-04-020, 국민은행 043-01-0379-646
온 라 인 | 예금주: 사)기독교문서선교회

ISBN 978-89-341-1004-0 (93230)
* 낙장 · 파본은 교환해 드립니다.